所以直養而無害則塞於天地之間地之正氣而人得以生者體段本

其為氣也配義與道無是餒也

義所生者非義襲而取之也行有不慊於心則餒矣我故

曰告子未嘗知義以其外之也

平道義而其養之之始乃由事皆合義自然發生於中非由只行一事偶合於義便可掩襲於外而得之也慊快也足言所行一有不合於義而自反不直則不足於心而其體有所不充矣然則

義豈在外哉告子不知此理乃曰仁內義外而不復以義為事則必不能集義以生浩然之氣矣

必有事焉而勿正

心勿忘勿助長也無若宋人然宋人有閔其苗之不長而

揠之者芒芒然歸謂其人曰今日病矣予助苗長矣其子

孟子

東洋思想의 原形을 찾아서 ❷

朴 琪 鳳 譯注

比峰出版社

머 리 말

　우리는 어려서부터 맹자에 대한 이야기를 듣고 자라 왔다. 새로운 환경에 천진난만하게 적응해 가는 어린 맹자와, 주변 환경이 자식의 교육에 미치는 영향을 염려하여 세 번이나 이사를 다녔다는 맹자 어머니에 관한 이야기가 그것이다. 뿐만 아니라, 우리는 일상생활에서 맹자가 처음 쓰기 시작한 말들을 자주 쓰고 있다. 예컨대 오십보백보(五十步百步), 교육(敎育), 영재(英才), 사숙(私淑) 등의 단어가 그것이다. 그리고 또 우리 나라의 부모들은 자식 교육에 대한 열의가 대단한데, 이것도 맹자 어머니의 이야기(孟母三遷之敎)로부터 영향받은 바가 있지 않을까 생각한다.

　그러나 우리는, 어린 맹자가 자라서 학문을 배우고, 그리고 학문을 통달한 후 인류의 큰 스승이 되어서 전 인류에게 들려주고 있는 가르침에 대해서는 귀를 기울이지 않는다. 맹자가 제세안민(濟世安民)의 뜻을 품고 각국의 군왕들을 상대로 인간의 본성(本性)을 이야기해 주고, 어진 정치를 펴야 할 이유와 그 효용을 설명해 주고, 정치·사회·경제의 온갖 원칙들을 제시해 주었던 위대한 가르침들에 대해서는 들어 보려고 하지 않는다. 따라서 그의 인물됨과 그의 사상에 대해서는 실제로 아는 바가 별로 많지 않다.

　이렇게 된 원인은 어디에 있는가? 물론 옛날에는 글을 읽을 수 있는 사람이 얼마 되지 않았고, 절대 다수의 민중들은 글을 읽을 줄 몰랐으므로, 그들이 맹자의 말을 들을 수 없었던 것은 당연했다. 그러나 거의 모든 사람들이 글을 읽을 수 있게 된 오늘날에도 여전히 그의 말에 관심을 갖는 사람들이 별로 많지 않은 이유는 어디에 있는가?

모든 가치관이 바뀌었고, 사회제도가 바뀌었으며, 과학문명의 발달로 인간과 사회, 자연과 우주의 많은 신비가 벗겨지고 있는 현대에 사는 우리가, 원시시대와 다름 없었던 2천 3백년 이전에 살았던 사람의 말을 들어 본다고 해서 무슨 도움이 있겠느냐 하는 생각 때문일까? 그것은 아닌 것 같다. 역시 2천년 이전에 살았던 부처와 예수의 말들이 여전히 열심히 읽혀지고 숭배되고 있는 것을 보면 알 수 있다.

아니면, 지난 오백년 동안 공자와 맹자를 그토록 열심히 읽고 숭상하였던 사람들이 한 정치가 결국 나라를 망하게끔 하는 수준밖에 안 되었다면, 공자·맹자를 아무리 읽어봐야 우리에게는 전혀 도움이 되지 않을 것이고, 심지어는 유해할 수도 있다는 역사적 인식 때문일까? 그런 요소들도 없지는 않을 것이다. 그러나 『맹자』를 읽어 보면 그 책임이 공자·맹자의 사상에 있지 않고, 그들의 가르침을 거역하였던 우리 자신에게 있음을 금방 알 수 있다.

역자의 생각에는, 아무래도 그 원인이 누구나 쉽게 읽을 수 있는 번역서가 없다는 사실에 있는 것으로 여겨진다. 당연히, 역자의 이러한 견해에 의아해할 사람들도 많을 것이다. 역자의 이러한 견해는 개인적 체험과 직업상의 경험에 의하여 형성되고 검증된 것일 뿐, 그것의 객관 타당성을 주장할 근거는 전혀 갖고 있지 않다. 역자가 말하는 개인적 체험이란, 기독교의 경전인 신약성서는 국민학교 시절에도 읽을 수 있었지만, 『맹자』 번역서는 대학시절에도, 심지어는 지금도 읽기가 쉽지 않다는 것이다. 그리고 직업상의 경험이란, 대부분의 경우, 가장 엄중한 시간이라는 검증과정을 거쳐 살아남은 고전들을 읽기 어렵게 만드는 가장 큰 원인은 바로 잘못된 번역에 있다는 사실을 확인하였다는 것이다. 맹자 자신도, "그 말이 알아듣기 쉬우면서도 그 뜻은 심원(深遠)한 것, 그것이 곧 훌륭한 말"이라고 했다. 맹자처럼 언어에 대한 이해가 깊고 정확했으며, 특히 언어구사에 뛰어났던 사람이 일반 사람들이 읽고도 무슨 뜻인지 이해하기 어려운 말을 하였을 리는 없을 것이다. 이러한 이유에서, 신약성서처럼 쉽게 읽을 수 있는 새로운 형태의 번역서가 필요하다는 인식에 도달하였던 것이다.

그리고 또한, 정식으로 한학(漢學)을 배운 적이 없는 역자로 하여금 천학비재(淺學菲才)를 무릅쓰고 『맹자』의 번역출판을 결심하고 작업에 착수하도록 하였던 것은 2년전의 우리 사회의 모습이었다. 그리고 그 당시의 사회적 모습은 지금도 별로 개선되지 못한 채 일시적인 휴지기를 맞고 있는 데 불과하고, 그런 현상을 근본적으로 치유할 제도적 개선은 기득 이익을 잃지 않으려는 세력들의 저항으로 지연되고 있다.

한 마디로, 그 당시의 우리 사회는 배금주의(拜金主義)의 병마가 고황(膏肓)에까지 이르러 있었다. 부정과 부패는 도처에서 악취를 풍기고 있었고, 불로소득과 일확천금을 노린 온갖 투기가 기승을 부림으로써 성실하게 일하던 사람들은 좌절감과 절망감을 맛보아야 했다. 투기로 엄청난 불로소득을 향유하게 된 자들의 사치와 낭비, 그리고 퇴폐적인 행위들은 사회를 병들게 했고, 그리고 또다시 성실하게 일하던 사람들을 조롱하였다. 거기다가, 약간의 돈을 위하여 고귀한 인간생명을 저당잡는 인신매매범들의 창궐로 사람들은 집밖 나들이를 겁낼 지경이었다. 윤리니 도덕이니 하는 말들처럼 진부하게 느껴지는 것이 없었고, 사회 어느 구석에서도 정의(正義)의 이름에 어울리는 것을 구경할 수 없게 되었다. 한 나라가 이런 지경에 이르렀는데도 정부에서는 계속 '利', 즉 경제성장만 외쳐 대고 실종된 '義'를 찾을 생각은 하지 않고 있었다. 그러나, '義'를 중시하지 않고 윤리와 도덕을 바로 세우지 않고서는 '利'의 추구 그 자체가 더이상 가능하지 않은 그러한 처지에 도달하였다. 이것이 당시의 우리 사회의 모습이었고, 따라서 역자에게는 맹자의 말이 가슴 절절히 와 닿는 시대 상황이었다.

역자는, 현실에 대한 이러한 인식으로부터, 맹자의 말에 모든 사람들이 귀를 기울여야 할 필요성을 절감하고, 그리고 수많은 번역서가 이미 나와 있음에도 불구하고 또 하나의 번역서를 추가하려면 그것은 다음과 같은 특색을 지닌 것이어야 한다는 생각을 가지고, 번역작업에 임하였다.

첫째, 맹자가 실제로 한 말은 누가 들어도 이해할 수 있을 정도로 쉬웠을 것이다. 비록 그 말 속에 함축되어 있는 깊은 뜻까지는 제대로 파악하지 못한다고 하더라도. 이 점은 앞에서 인용한 맹자 자신의 말에 의해서도 확인되고 있다.

둘째, 지금까지 맹자의 말이라고 알려진 많은 부분들이 실제로는 특정인의 시각에서 해석된 특정인의 말일 가능성이 높다. 따라서 가능한 모든 자료와 방법을 동원하여 맹자의 참 뜻에 접근할 수 있어야 한다.

셋째, 성현들의 말은, 비록 그 강조하는 바는 조금씩 다를 수 있어도, 인간과 인간사회의 본질을 꿰뚫고 있으므로 시공(時空)을 초월하여 보편타당성을 갖는 것이 대부분이다. 따라서 2천년 이상의 시간의 흐름을 견뎌 온 사상이라면 현대의 우리에게 대해서도 여전히 타당할 뿐만 아니라 매우 교훈적일 것이다. 그러므로, 그 내포된 의미가 극히 다의적(多義的)이어서 우리말로 확정하기 어려운 때에는 맹자 자신에게 물어보는 방식을 취해야 한다. "만약 지금, 우리나라에서, 우리말로, 그때의 생각을 말한다면, 맹자 당신은 우리에게 어떻게 말할 것인가?"라고. 다시 말하면, 그러한 경우에는 가급적 우리의 현실에 대해서 교훈을 줄 수 있는 방향으로 그 의미를 해석하려고 했다는 것이다.

 비록 이상과 같은 자세를 견지하고 번역작업에 임하기는 했지만, 천학비재한 역자 자신의 근본적인 한계는 극복될 수 없었다. 거기다가, 맹자의 사상은 아무리 퍼내어도 고갈되지 않는 큰 샘처럼 느껴졌고, 아무리 애써도 끝까지 오를 수 없는 큰 봉우리처럼 보였으며, 발을 움직일수록 더욱 깊이 빠져드는 수렁처럼 생각되었고, 끝없이 넓은 바다처럼 느껴졌다. 어설픈 수영솜씨로 덤비다가는 익사하지나 않을까 겁이 나서, 서둘러 빠져나오지 않을 수 없었다. 그 결과 수많은 오류들을 남겨놓은채 세상에 내어놓게 된 것이 못내 부끄럽고 죄송할 따름이다. 앞으로 더욱 노력하면서 가다듬고, 독자들의 가르침을 받아 가면서 그것들을 바로 잡아 갈 생각이다.

 끝으로, 이 자리를 빌려서 역자의 대학시절 은사이신 趙淳 선생님께 감사를 드린다. 무능한 줄 알면서도 이 작업을 시도하려는 용기를 갖게 된 것 자체가 모르는 것은 선생님께 물어 보면 된다는 믿음이 있었기 때문이었다. 선생님께서는 역자에게 경제학뿐 아니라 인생에 대한 많은 가르침을 주셨고, 기회 있을 때마다 동양의 고전들에 관하여 이야기를 해 줌으로써 역자에게 한문공부를 하도록 동기부여해 주셨으며, 또 역자의 우둔한 질문에 대해서도 자상하고 명쾌하게 깨우쳐 주셨다.

 그리고 우리 출판사의 전 직원들에게도 감사드린다. 직원들은 거의 모든 업무를 팽개친 채「맹자」에만 빠져 있는 역자를 원망하지 않았고, 또 각자 맡은 바 직무를 충실히 수행해 준 덕택에, 역자는 지난 2년간 오로지 「맹자」와 더불어 한없이 행복한 시간을 가질 수 있었던 것이다. 그리고 또, 동국전산의 朴光鉉 대리 이하 전산실의 담당 직원들에게도 진심으로 감사드린다. 이들은 다섯 번에 걸쳐 수정된 원고의 교정작업을 불평 한 번 하지 않고 성실하게 해 주었다. 만약 이 책에 오자가 비교적 적게 나온다면, 그것은 전적으로 이들의 덕택이다. 그리고 마지막으로, 「맹자」를 핑계대고 역자가 응당 해야 할 일조차 소홀히 한 점에 대해서, 관련된 모든 분들에게 이 자리를 빌려 진심으로 사과드린다.

    이러한 모든 기회비용에도 불구하고, 이 작은 성과가 보다 많은 사람들에게 맹자의 말을 들려 줄 수 있는 계기로 된다면, 역자에게는 더 이상의 기쁨이 없을 것 같다.

1992년 11월 5일

譯注者

일러두기

1. 이 책은, 〈孟子〉 사상의 실체에 가장 가까이 접근해 보겠다는 생각에서, 後漢의 趙岐(『孟子章句』), 宋의 朱熹(『孟子集注』), 淸의 焦循(『孟子正義』), 中共의 楊伯峻(『孟子譯注』) 네 학자의 해석을 기초로 하여 번역한 것이다. 어느 한 사람의 해석에 치우치지 않기 위하여, 各章, 各句마다 그에 대한 위 네 학자의 해설을 동시에 듣고 나서 譯者 나름으로 취사, 정리, 종합하는 방식을 택하였다.
2. 이밖에, 지금까지 『孟子』 연구로 유명한 학자들의 견해를 모두 들어보고, 그 가운데 설득력있는 해석은 모두 이 책에 반영시켜 보겠다는 생각으로 번역에 임하였다. 이를 위하여, 『孟子正義』에 소개된 모든 학자들의 해석, 陳器之의 『孟子通譯』(湖南大學出版社·中共), 譚承耕의 『孟子研究』(湖南敎育出版社·中共), 宇野精一의 『孟子』(集英社·日本), 車柱環의 『孟子』(明文堂·韓國), 이기석·한용우의 『新譯孟子』(弘新文化社·韓國)를 全篇에 걸쳐 모두 참고하였다. 그리고 『孟子』에서 인용되고 있는 『詩經』의 해설은 金啓華譯注, 『詩經全譯』(中華書局)을 참고로 하였다.
3. 일반적으로, 漢文을 포함하여, 외국 번역서들을 읽기 어려운 까닭은 대부분 虛詞(連詞, 介詞, 語助詞)에 대한 부정확한 번역에 기인한다는 것이 역자의 평소 생각이다. 實詞를 잘못 해석하면 한 단어의 뜻에 차질이 생기지만, 虛詞를 잘못 해석하면 한 文章의 뜻이 통하지 않게 된다는 淸代의 학자 劉淇의 말에 동감하면서, 語法과 虛詞의 정확한 이해를 위해서는 『古代漢語知識辭典』(四川人民出版社), 王力著, 『古代漢語』(中華書局), 張學賢編著, 『古代漢語語法比較』(陝西人民敎育出版社), 金元中編著, 『虛詞辭典』(玄岩社)

을 참고하였다.
4. 모든 言語가 다 그렇듯이, 同一한 漢字도 시대의 변천에 따라 그 의미가 달라지는 경우가 많은데, 孟子가 생존하였던 당시의 의미 내용을 정확히 파악하기 위해서는『辭源』(商務印書館)을 가장 많이 참고하였고, 本書에 등장하는 事物의 역사적 배경을 이해하기 위해서는 司馬遷의 『史記』「五帝本紀」, 鍾毓龍의 『上古神話演義』(浙江文藝出版社)를 참고하였다.
5. 對話에 있어서는, 쌍방이 이미 알고 있는 事實은 생략하는 것이 보통이고, 또한 文章의 향취를 높이기 위해서 漢文에서는 과감한 생략이 많이 이루어지는데, 그것을 우리말로 번역할 때는 그 생략된 부분을 그 자리에서 바로 보충해 주는 편이 초심자들로서는 읽기에 편하다는 것이 역자의 견해이다. 그러므로, 原文에는 생략되고 없으나 역자가 꼭 필요하다고 생각해서 보충한 부분은 [ ]부호로 묶어 표시해 두었다. 그러나 번역과정에서 통상 역자에게 허용된다고 생각되는 정도의 번역상의 보충은 굳이 [ ]로 묶지 않고 본문으로 처리하였다. 이렇게 함으로써, 번역문을 읽고 나서도 무슨 뜻인지 몰라 다시 해설을 읽어 보아야 하는 독자들의 번거로움을 덜어 주려고 하였다.
6. 『孟子』의 原文은 토(吐)를 다는 전통적인 방식을 지양하고, 현대적 문장부호를 사용하는 방식을 택하였고, 인명과 지명 등 고유명사는 밑에 선(一)을 긋고, 『시경』과 『서경』 등 책명 밑에는 물결 모양의 선(〜)을 그어 표시하는 중국의 표준적인 방식을 택하였다. 그렇게 한 이유는, 첫째, 漢文의 경우에는 句讀을 어떻게 하느냐에 따라 뜻이 크게 달라질 수 있는데, 일단 토를 달게 되면 토를 단 사람의 해석에 따라서 文의 의미내용도 획일화되고 고착화되어 버리며, 그리하여 새로운 해석을 원천적으로 불가능하게 만드는 폐단이 있다고 생각했기 때문이다. 둘째, 우리에게 있어서 漢文은 어디까지나 外國語일 따름이므로, 외국어를 읽을 때 중간

에 우리말 토를 다는 것은 부자연스럽다는 생각에서이다. 셋째, 우리말과 한문은 語順이 근본적으로 다르므로, 토를 단다고 그것이 우리말로 될 리도 없다고 생각했기 때문이다. 넷째, 한문에서는 고유명사인지 보통명사인지의 구분이 쉽지 않은데, 그것이 어떤 형식으로든 표시되면 문장의 이해가 크게 용이해진다고 생각했기 때문이다.

7. 原文의 句讀과 문장부호는 앞(1)에서 말한 세 가지 本을 참고로 하여, 서로 일치하는 부분은 그대로 따랐으나, 句讀이 서로 다른 부분은 역자의 판단에 따라 취사선택하였다. 그러나 그것을 일일이 밝히지는 않았다.

8. 注는 될수록 상세하게 하여 『孟子』를 처음으로 읽는 독자들에게 도움을 주고 싶었으나, 各章마다의 紙面을 고려하여, 체계의 일관성은 희생시켰다. 그리하여 注가 요구되는 부분에서 注를 생략하기도 하고, 앞 부분에서 응당 설명되었어야 할 것이 뒷부분에 가서야 설명되는 불합리한 경우도 드물지 않게 되었다.

9. 맹자 사상의 체계적인 이해를 돕기 위해서, 〈부록〉으로 맹자의 생애와 사상을 장황한 느낌이 들 정도로 길게 정리해 보았다. 그것을 먼저 읽고 본문을 읽어도 좋고, 아니면 본문을 다 읽고 나서 〈부록〉을 읽는다면 전체적인 정리에 도움이 될 것이다.

목 차

- 머리말
- 일러두기

1. 양혜왕 上 —————————————— 1

1·1 利를 앞세우고 義를 뒤로 하면 나라가 망한다 · 2
1·2 여민동락(與民同樂) · 4
1·3 오십보 백보 · 7
1·4 칼로 죽이는 것과 정치로 죽이는 것 · 12
1·5 몽둥이만 들려 줘도 강대국을 이길 수 있다 · 14
1·6 어진 자에게 천하의 민심(民心)이 돌아간다 · 16
1·7 죽으러 가는 소를 차마 보지 못하는 마음 · 18

2. 양혜왕 下 —————————————— 33

2·1 백성들과 함께 즐긴다 · 34
2·2 문왕(文王)의 수렵장 · 37
2·3 대용(大勇)과 대노(大怒) · 39
2·4 流·連의 놀이와 荒·亡한 행동 · 42
2·5 왕도정치와 물욕 및 색욕 · 46
2·6 국왕이 나라를 잘못 다스릴 때는 · 51
2·7 백성들의 소리를 들으라 · 52
2·8 포악한 왕은 왕이 아니다 · 54
2·9 옥돌은 옥장이에게 맡겨야 한다 · 55
2·10 다른 나라를 병탄(倂呑)해도 되는 경우 · 56
2·11 악을 징벌하되 그 재물을 탐내지는 말아야 · 58
2·12 자기가 지은 악(惡)은 자기에게로 돌아간다 · 61
2·13 백성들과 함께 지킨다 · 63

2·14 선을 행할 뿐, 결과는 하늘에 맡겨야 · 64
2·15 대왕(大王)은 백성들을 위해서 땅을 버렸다 · 65
2·16 노군(魯君)을 만나지 못한 것은 하늘의 뜻이다 · 67

3. 공손추 上 ——————————————— 71

3·1 어찌 나를 관중과 안자와 비교하려 하는가 · 72
3·2 호연지기(浩然之氣) · 77
3·3 힘의 정치와 인(仁)의 정치 · 89
3·4 화복(禍福)은 자초하는 것이다 · 91
3·5 천리(天吏)가 되기 위하여 해야 할 다섯 가지 · 93
3·6 인의예지(仁義禮智)의 사단(四端) · 96
3·7 화살 만드는 사람과 갑옷 만드는 사람 · 98
3·8 최고의 덕행은 남과 더불어 선을 행하는 것이다 · 100
3·9 백이(伯夷)와 유하혜(柳下惠) · 102

4. 공손추 下 ——————————————— 105

4·1 天時와 地利와 人和 · 106
4·2 임금이 앉아서 불러들일 수 없는 신하 · 108
4·3 노자(路資)와 뇌물 · 113
4·4 백성들의 고통은 정치가의 책임이다 · 115
4·5 직책에 따른 책임 · 117
4·6 사람을 대하는 방법 · 118
4·7 부모의 장례에는 재물을 아끼지 않는다 · 120
4·8 天吏만이 不義를 징벌할 수 있다 · 122
4·9 소인(小人)은 잘못을 안 고치고 변명만 한다 · 124
4·10 부귀를 독점하려는 천한 짓 · 127
4·11 현자를 대우하는 법 · 130
4·12 떠나는 사람의 태도 · 131
4·13 나 이외에 누가 천하를 태평하게 하겠는가 · 134

4·14 관직에 있으면서 봉록을 받지 않는 이유 · 135

5. 등문공 上 ─────────────────────── 137

5·1 마음만 먹으면 누구나 요·순처럼 될 수 있다 · 138
5·2 부모상(父母喪)을 치룰 때의 마음가짐 · 139
5·3 정전법(井田法) · 143
5·4 자급자족을 주창하는 허행(許行)의 도(道) · 152
5·5 후장(厚葬)은 자연스러운 것이다 · 164

6. 등문공 下 ─────────────────────── 169

6·1 자신을 굽혀서 남을 바로잡아 줄 수는 없다 · 170
6·2 진짜 대장부 · 173
6·3 정당한 절차와 도리 · 175
6·4 정당한 대우 · 179
6·5 어진 정치만 한다면 천하에 두려울 것이 없다 · 182
6·6 나쁜 환경에서 한 사람의 선한 힘은 무력하다 · 185
6·7 먼저 찾아가 만나지 않는 이유 · 187
6·8 잘못은 당장에 고쳐야 · 189
6·9 변론을 좋아하는 진짜 이유 · 190
6·10 진중자(陳仲子)의 청렴 · 196

7. 이루 上 ─────────────────────── 201

7·1 나라 망하는 가장 빠른 방법 · 202
7·2 요·순을 본받아야 한다 · 206
7·3 취하기는 싫어하면서 폭음하는 짓 · 208
7·4 잘못된 원인을 자신에게서 찾아라 · 209
7·5 천하의 기초 · 210
7·6 좋은 정치의 첫걸음 · 210

- 7·7 지배당하기 싫으면 인의 덕을 닦아야 한다 · 211
- 7·8 패가망신은 자초하는 것 · 214
- 7·9 칠년 지병에 삼년 말린 약쑥을 찾으려면 · 216
- 7·10 자포(自暴)와 자기(自棄) · 218
- 7·11 진리는 가까운 곳에 있다 · 219
- 7·12 성심성의를 다 하는 것이 사람의 도리다 · 219
- 7·13 백성들은 명망있는 어른들을 따른다 · 221
- 7·14 땅 때문에 사람을 죽여서야 · 222
- 7·15 먼저 그 눈동자를 살펴보라 · 224
- 7·16 공손과 근검절약 · 224
- 7·17 형수가 물에 빠지면 손을 잡아 구해 준다 · 225
- 7·18 자기 자식을 직접 가르치지 못하는 이유 · 227
- 7·19 부모의 마음을 받들어야 한다 · 228
- 7·20 군주가 바르면 모든 백성이 바르게 된다 · 229
- 7·21 예기치 못한 명예와 비방 · 230
- 7·22 말을 쉽게 하는 이유 · 231
- 7·23 남의 스승이 되기를 좋아하는 병폐 · 231
- 7·24 먼저 어른부터 찾아뵈어야 한다 · 232
- 7·25 학문을 한 목적이 먹고 마시자는 것인가 · 233
- 7·26 후손 없음이 가장 큰 불효이다 · 234
- 7·27 인(仁)과 의(義)의 주요 내용 · 235
- 7·28 부모의 사랑을 받는 일처럼 큰 일은 없다 · 236

8. 이루 下 ——————————— 239

- 8·1 순(舜)과 문왕(文王)의 도(道) · 240
- 8·2 작은 은혜 베푸는 것은 정치가의 일이 아니다 · 241
- 8·3 임금과 신하의 관계 · 242
- 8·4 죄 없는 사람들을 죽이면 · 244
- 8·5 임금의 영향력 · 244
- 8·6 사이비(似而非) · 245

8·7 자기보다 못한 사람은 가르쳐 줘야 한다 · 245
8·8 하지 않는 것이 있어야 한다 · 246
8·9 비방에 따를 후환을 어떻게 하려는가 · 246
8·10 무슨 일이든 너무 심하게 하지 않는다 · 247
8·11 오직 의(義)만이 표준이 된다 · 247
8·12 어린아이의 마음을 간직한 사람 · 248
8·13 장례야말로 정말로 큰 일이다 · 248
8·14 진리를 탐구하는 옳바른 자세 · 249
8·15 널리 배우는 목적 · 250
8·16 마음에서 우러나와 복종하게 하는 법 · 250
8·17 불상(不祥)스러운 말 · 251
8·18 근원이 없는 물 · 252
8·19 仁義를 따르는 것과 행하는 것 · 253
8·20 삼대(三代) 성왕들의 도를 겸비한 주공 · 254
8·21 시(詩)와 춘추(春秋) · 256
8·22 사숙(私淑) · 258
8·23 청렴과 은혜와 용기를 해치는 행동 · 259
8·24 잘못된 제자를 둔 스승의 책임 · 259
8·25 더러운 미인과 깨끗한 추남 · 261
8·26 지혜의 활용도 자연의 순리를 따라야 · 262
8·27 더불어 이야기하고 싶지 않은 사람 · 263
8·28 군자의 평생 동안의 고민 · 265
8·29 직책에 따라 처신은 달라도 그 도(道)는 같다 · 267
8·30 광장(匡章)의 불효 · 269
8·31 입장에 따라 처신도 달라져야 한다 · 271
8·32 요순도 보통 사람들과 똑같은 인간이었다 · 273
8·33 출세하려고 애쓰는 모습을 아내가 본다면 · 274

9. 만장 上 ——————————————— 277

9·1 순(舜)의 대효(大孝) · 278

- 9·2 순이 아내를 맞이한 사정 · 281
- 9·3 상(象)을 유비(有庳)에 봉하다 · 286
- 9·4 시(詩)를 이해하는 올바른 태도 · 289
- 9·5 천자도 천하를 마음대로 남에게 줄 수는 없다 · 294
- 9·6 세습(世襲)도 하늘의 뜻이다 · 297
- 9·7 선각자 이윤(伊尹) · 301
- 9·8 집 주인과 손님의 인품 · 305
- 9·9 백리해(百里奚)의 지혜로움 · 307

10. 만장 下 ——————————— 311

- 10·1 집대성(集大成)한 공자 · 312
- 10·2 주(周)의 작위와 봉록의 제도 · 318
- 10·3 친구를 사귀는 올바른 방법 · 321
- 10·4 교제를 위한 예물 · 324
- 10·5 가난 때문에 관직에 나아가는 경우 · 330
- 10·6 임금이 현자를 참으로 존중하는 방법 · 331
- 10·7 불러도 가지 않는 이유 · 335
- 10·8 책을 통하여 옛사람을 벗으로 사귄다 · 340
- 10·9 공경(公卿)의 처신 · 341

11. 고자 上 ——————————— 343

- 11·1 인간의 본성(本性)은 버드나무와 같다 · 344
- 11·2 인간의 본성은 물과 같다 · 345
- 11·3 소의 본성과 사람의 본성은 같은가 · 347
- 11·4 인의(仁義)에는 내외(內外)의 구분이 없다 · 348
- 11·5 의(義)는 내재적(內在的)인 것이다 · 351
- 11·6 인간의 본성은 선량하다 · 354
- 11·7 사람의 본성은 다 비슷하다 · 357
- 11·8 우산(牛山)의 나무 · 360

11·9　하루는 덥게, 열흘은 춥게 하면 살 나무가 없다 · 363
11·10　생선 요리와 곰 발바닥 요리 · 365
11·11　학문의 道는 잃은 양심을 되찾는 것이다 · 368
11·12　자기의 마음보다 약손가락이 더 중요한가 · 369
11·13　나무는 키울 줄 알고 자신은 키울 줄 모르면 · 370
11·14　소인과 군자가 기르는 것의 차이 · 371
11·15　대체(大體)를 기르면 대인(大人)이 된다 · 373
11·16　천작(天爵)과 인작(人爵) · 374
11·17　참으로 존귀한 것 · 375
11·18　물은 불을 이기지 못하는가 · 377
11·19　익지 않는 오곡은 돌피만도 못하다 · 377
11·20　배우는 데 있어서는 기초가 중요하다 · 378

12. 고자 下 ─────────── 379

12·1　비교할 때는 기준부터 정해야 한다 · 380
12·2　하려고만 하면 누구나 다 요순이 될 수 있다 · 382
12·3　소변(小弁)과 개풍(凱風)의 시(詩) · 385
12·4　전쟁을 중지시킬 명분 · 388
12·5　정성이 담기지 않은 예물 · 390
12·6　군자가 하는 일을 소인들이 어찌 알랴 · 392
12·7　오패(五覇)는 삼왕(三王)의 죄인들이다 · 397
12·8　땅을 위해 백성들을 전쟁터로 내몰 수는 없다 · 401
12·9　소위 훌륭하다는 신하들 · 404
12·10　소맥(小貉)과 대맥(大貉) · 405
12·11　백규(白圭)의 치수(治水) · 407
12·12　군자에게 신(信)의 덕이 없다면 · 408
12·13　악정자(樂正子)의 장점 · 409
12·14　관직에 나아가고 물러나는 세 가지 경우 · 411
12·15　하늘이 장차 대임(大任)을 맡기려 할 때 · 413
12·16　가르치는 데에는 여러 가지 방법이 있다 · 416

13. 진심 上 — 419

- 13·1 안신입명(安身立命)의 방법 · 420
- 13·2 천명(天命) 아닌 것이 없다 · 421
- 13·3 구하면 얻을 수 있는 것 · 422
- 13·4 서(恕)의 정신을 실천해 나가야 · 423
- 13·5 행하면서도 그 원인을 알지 못하는 사람들 · 424
- 13·6 사람은 수치심이 있어야 한다 · 425
- 13·7 수치심이 없으면 발전도 없다 · 426
- 13·8 善言과 善行을 좋아하고 권세를 잊다 · 427
- 13·9 유세(遊說)할 때의 옳바른 태도 · 428
- 13·10 호걸지사(豪傑之士)의 분발 · 429
- 13·11 재물에 관심이 없는 사람 · 430
- 13·12 편안하게 해 주기 위해서 일을 시킨다 · 431
- 13·13 패자의 백성과 성왕의 백성 · 431
- 13·14 좋은 교육은 백성들의 마음을 얻는다 · 433
- 13·15 양지(良知)와 양능(良能) · 435
- 13·16 순(舜)이 선(善)을 좋아한 모습 · 436
- 13·17 하지 말아야 할 일은 하지 말라 · 437
- 13·18 외로운 신하와 서자(庶子) · 438
- 13·19 인물의 네 가지 종류 · 439
- 13·20 군자의 삼락(三樂) · 440
- 13·21 군자의 본성(本性) · 441
- 13·22 노인들을 잘 봉양한 문왕(文王) · 443
- 13·23 양식이 물과 불처럼 풍족하면 · 445
- 13·24 태산에 올라가 보면 천하가 작게 보인다 · 446
- 13·25 순(舜)과 도척(盜蹠)의 차이 · 448
- 13·26 양자(楊子)와 묵자(墨子)와 자막(子莫) · 448
- 13·27 기갈(飢渴)은 정상적인 미각을 해친다 · 450
- 13·28 지조(持操)가 높은 지위보다 더 중요하다 · 451

13·29 일하는 것과 우물을 파는 것은 같은 이치다 · 452
13·30 오패(五覇)는 인의(仁義)를 빌렸다 · 453
13·31 신하가 임금을 내쫓을 수 있는 경우 · 454
13·32 군자는 결코 놀고 먹지 않는다 · 455
13·33 선비가 힘써 할 일 · 456
13·34 청렴결백한 진중자(陳仲子) · 457
13·35 살인자를 부친으로 둔 천자(天子)의 처신 · 458
13·36 거처하는 환경이 기상(氣像)을 바꾼다 · 460
13·37 허식(虛飾)으로 군자를 붙들어 둘 수는 없다 · 461
13·38 聖人만이 신체의 기능을 다 발휘할 수 있다 · 462
13·39 거상(居喪) 기간을 지키는 문제 · 463
13·40 교육의 다섯 가지 방법 · 465
13·41 서투른 제자를 위해 표준을 낮출 수는 없다 · 466
13·42 자신이 도(道)를 따라야 한다 · 467
13·43 질문에 대답해 주지 않아도 되는 경우 · 468
13·44 그만두지 말아야 할 때 그만두는 사람 · 469
13·45 군자가 만물을 대하는 태도 · 469
13·46 중요한 일부터 서둘러 한다 · 470

14. 진심 下 ─────────── 473

14·1 땅을 위해서 자식을 죽인 양혜왕 · 474
14·2 춘추(春秋)에는 정의를 위한 전쟁이 없다 · 475
14·3 책의 내용을 그대로 다 믿을 수는 없다 · 476
14·4 임금이 인(仁)을 좋아하면 천하에 적수가 없다 · 477
14·5 가르쳐 줄 수 없는 것 · 478
14·6 성인이 환경에 따라 처신하는 모습 · 479
14·7 남의 부모형제를 죽이는 것은 끔찍한 일이다 · 479
14·8 같은 제도도 사용에 따라 선도 악도 된다 · 480
14·9 자신이 바르지 않으면 남을 바로잡지 못한다 · 481
14·10 준비가 많으면 곤경에 빠지지 않는다 · 481

14·11 참된 명예심이 있는 자와 없는 자 · 482
14·12 정치의 3대 요소 · 483
14·13 어진 사람만이 천하를 얻는다 · 484
14·14 백성은 귀하고 군왕은 가벼운 존재다 · 484
14·15 성인은 백대의 스승이다 · 486
14·16 인(仁)이란 곧 사람이다 · 487
14·17 조국을 떠나는 태도 · 488
14·18 교제가 없으면 성인도 곤경에 빠질 수 있다 · 488
14·19 정도만 갈 뿐, 남의 비난에 신경쓰지 않는다 · 489
14·20 자신은 어두우면서 남을 밝히려 한다 · 491
14·21 오솔길도 계속 지나다니면 길이 된다 · 491
14·22 성문 밑의 수레바퀴 자국이 깊이 난 이유 · 493
14·23 나서지 말아야 할 때를 모르는 풍부(馮婦) · 494
14·24 본성으로 돌릴 것과 운명으로 돌릴 것 · 496
14·25 인격 완성의 여섯 단계 · 497
14·26 묵가(墨家)와 양가(楊家)와 유가(儒家) · 498
14·27 인정의 시작은 세 부담의 경감으로부터 · 500
14·28 나라의 세 가지 보배 · 501
14·29 덕이 없는 작은 재주는 자기 몸을 망친다 · 501
14·30 맹자의 교육방식 · 502
14·31 인의(仁義)의 마음을 확충시켜 나가야 · 503
14·32 훌륭한 말과 훌륭한 도 · 505
14·33 행동은 법도에 맞게, 결과는 운명에 맡겨라 · 506
14·34 권력자를 상대로 유세할 때의 마음가짐 · 508
14·35 가장 좋은 수양 방법은 욕심을 줄이는 것 · 509
14·36 증자(曾子)가 고욤을 먹지 않은 이유 · 510
14·37 광견(狂獧)과 향원(鄕原) · 511
14·38 도통(道統)이 끊어지겠구나 · 517

■ 부록 : 『孟子』와 孟子 ──────────── 519

1.
양梁혜惠왕王上

1·1 利를 앞세우고 義를 뒤로 하면 나라가 망한다

맹자께서 양 혜왕을 찾아뵈었다. 왕이 말했다. "어르신께서는 천리길을 멀다 않으시고 찾아와 주셨으니, 저의 나라에 큰 이익을 줄 어떤 방도를 갖고 오셨겠지요?"

맹자께서 대답하셨다.

"왕이시여! 어찌 이익에 대하여 말씀하십니까? 왕께서는 오로지 인의(仁義)의 덕만을 추구하시면 됩니다. 왕께서 만약, '어떻게 해야 내 나라에 이익이 될까?'라고 말씀하신다면, 대부(大夫)들도, '어떻게 해야 내 봉지(封地)에 이익이 될까?'라고 말할 것이고, 그렇게 되면 일반 선비와 백성들까지 모두, '어떻게 해야 내 자신에 이익이 될까?'라고 말할 것입니다. 위 아래가 서로 다투면서 사리(私利)만을 추구하다 보면 나라 전체가 위태로워질 것입니다.

전차(戰車) 일만 대를 가진 대국에서 그 임금을 시해(弑害)하는 자는 반드시 전차 일천 대를 가진 제후 가운데서 나오는 법이고, 전차 일천 대를 가진 제후국에서 그 군주를 시해하는 자는 반드시 전차 일백 대를 가진 대부 가운데서 나오는 법입니다. 일만 대의 전차를 가진 나라에서 제후는 그것의 십분의 일인 일천 대를 가지고 있고, 일천 대의 전차를 가진 나라에서 대부는 그것의 십분의 일인 일백 대를 가지고 있으니, 이들이 결코 적게 가졌다고 할 수는 없습니다. 그러나 만약 정의[義]를 무시하고 이익[利]만 앞세운다면, 자기 임금의 것을 모두 빼앗아 갖지 않고서는 만족할 수 없을 것입니다. 평소에 인(仁)의 덕을 추구하던 사람으로서 자기 부모를 버린 사람은 없었고, 정의[義]를 추구하던 사람으로서 자기 임금 섬기기를 태만히 한 사람은 없었습니다. 왕께서는 오직 인의(仁義)의 덕만 추구하시면 됩니다. 어째서 하필이면 이익에 대하여 말씀하십니까?"

> 1·1   孟子見梁惠王。王曰:"叟！ 不遠①千里而來, 亦將有以利吾國乎？"
>
>   孟子對曰:"王！ 何必曰利？ 亦有仁義而已矣②。王曰, '何以利吾國？'大夫③曰, '何以利吾家？'士庶人曰, '何以利吾身？'上下交征④利而國危矣⑤。萬乘之國⑥, 弑其君者, 必千乘之家；千乘之國, 弑其君子, 必百乘之家。萬取千焉, 千取百焉, 不爲⑦不多矣。苟爲後義而先利, 不奪不饜⑧。未有仁而遺⑨其親者也, 未有義而後其君者也。王亦曰仁義而已矣, 何必曰利？"

〈注〉

① 不遠(불원) : 멀다고 생각하지 않다. (遠은 여기서 意動詞로 사용되었다).
② 亦有仁義而已矣(역유인의이이의) : 亦 ; 단지. 오직(祇也). 而 ; 連詞. 已 ; 止의 뜻. 而已矣 ; …일 따름이다. 句末에서 단정이나 감탄의 어기를 나타내는 助詞로서, 이것이 陳述句임을 표시한다.
③ 大夫(대부) : 제후의 신하. 周代에는 천자나 제후의 臣下의 身分이 卿, 大夫, 士로 나뉘어 있었다. 이들은 일정한 면적의 封地(封邑)를 받아 그것을 다스렸는데, 그것을 家라고 불렀다.
④ 交征(교정) : 交 ; 서로, 상호. 征 ; 추구하다. 취하다.
⑤ 而國危矣(이국위의) : 而 ; (그렇게) 하면. 則과 같은 뜻의 連詞. 矣 ; 확신이나 단정을 나타내는 語氣助詞.
⑥ 萬乘之國(만승지국) : 전차 1만대를 가진 나라. 乘 ; 수레를 세는

量詞. 고대에는 한 국가의 國力이나 武力의 규모를 兵車의 숫자로 표시하였는데, 兵車 1乘은 그 위에 타는 士官 3人과 步卒 72人(一說에는 10人)으로 그 대오가 짜여졌다. 이 兵車 1乘을 제공해야 할 의무가 1成, 즉 사방 10리의 농토와 900 가구의 농가에게 부과되었으므로, 兵車 1萬乘을 보유하려면 사방 1,000리의 농토와 9백만 가구의 농업생산 인구가 필요한데, 이것은 天子·만이 보유할 수 있는 규모였으나, 맹자 당시에는 제후들 가운데서도 萬乘을 보유할 정도의 세력을 가진 나라가 등장하였다(劉寶楠, 『論語正義』).
⑦ 不爲(불위) :　爲 ; 謂와 同.
⑧ 不奪不饜(불탈불염) : 빼앗지 않고는 만족해 하지 않는다.
⑨ 遺(유) : 내다 버리다(遺, 猶棄也 — 朱子).

1·2 여민동락(與民同樂)

맹자께서 양 혜왕을 찾아뵈었다. 양 혜왕은 연못가에 서서 온갖 새들과 짐승들을 바라보면서 맹자께 물었다. "어진 사람들도 이러한 것들을 즐깁니까?"
맹자께서 대답하셨다.
"어진 사람만이 이런 것들을 제대로 즐길 수 있습니다. 어질지 않은 사람은 비록 이러한 것들을 가지고 있더라도 제대로 즐길 수 없습니다. [왜 그런지 周의 文王과 夏의 桀王을 예로 들어 설명해 보겠습니다.] 『시경(詩經)』(大雅·靈臺)에 이런 구절이 있습니다.

　'영대(靈臺)를 세우기 시작하시어
　　땅을 재고 푯말을 세우시니
　　백성들이 달려와 애를 써서
　　며칠도 되지 않아 완성되었네

왕께서는 서두르지 말라고 이르셨지만
백성들은 부모의 일처럼 더욱 열심이었네
왕께서 동산을 거닐으시니
암사슴들은 느긋이 엎드려 있네
암사슴은 살이 쪄 번질번질 윤이 나고
백조의 털들은 희디 희어라
왕께서 못가에 이르시니
아, 못에 가득한 물고기들 뛰어오르네'

　문왕(文王)은 백성들의 힘을 빌려 대(臺)를 세우고 못을 팠지만, 그러나 백성들은 모두 크게 기뻐하고 즐거워하였기 때문에, 그 대를 '신령한 대'[靈臺], 그 못을 '신령한 못'[靈沼]이라 부르고, 그곳에 사슴과 물고기와 자라들이 있음을 기뻐했습니다. 이와 같이, 예전의 어진 왕들은 그 즐거움을 백성들과 함께 누리셨기 때문에, 이런 것들을 참으로 즐길 수 있었습니다.
　[그러나 夏의 폭군인 桀은 이와 반대였다. 백성들이 그를 원망하자 그는 도리어 자신을 저 태양에 비유하면서, '저 태양이 없어질 때가 언제이겠느냐. 그때 가서야 나도 죽을 것이다.'라고 말했다.] 『서경(書經)』의 탕서(湯誓)에는, 백성들이 걸(桀)을 원망하는 노래 구절이 있습니다.

'저놈의 해는 언제나 없어지려나
내 차라리 너와 함께 죽어 버리고 싶구나!'

백성들의 원한이 그와 함께 차라리 죽기를 원할 지경에까지 이른다면, 아무리 높은 대(臺)와 깊은 못과 기이한 새와 짐승들이 있다 한들, 무슨 수로 혼자서 즐길 수 있겠습니까?"
　[앞 章에 이어서 仁義에 기초한 정치란 어떤 것인지를 구체적으로 설명하고 있다. 『시경』과 『서경』을 인용한 것은 그것으로써 설득력을 높이기 위한 것으로, 『孟子』에는 이러한 설명 방식이 많이 보인

다. 백성들과 함께 즐긴다[與民同樂]는 것은 儒敎의 근본 자세이다. 양 혜왕 下(2·4) 참조.]

1·2   孟子見梁惠王。王立於沼上, 顧鴻鴈麋鹿①, 曰:"賢者亦樂此乎?"
   孟子對曰:"賢者而後樂此, 不賢者雖有此, 不樂也。詩云:'經始靈臺, 經之營之②, 庶民攻之③, 不日④成之。經始勿亟⑤, 庶民子來⑥。王在靈囿, 麀鹿攸伏⑦, 麀鹿濯濯⑧, 白鳥鶴鶴⑨。王在靈沼, 於牣⑩魚躍。'文王以民力爲臺爲沼, 而民歡樂之, 謂其臺曰靈臺, 謂其沼曰靈沼, 樂其有麋鹿魚鼈。古之人與民偕樂, 故能樂也。湯誓曰:'時日害喪⑪, 予及女⑫偕亡。'民欲與之偕亡, 雖有臺池鳥獸, 豈能獨樂哉?"

〈注〉

① 鴻鴈麋鹿(홍안미록): 鴻;고니(또는 큰 기러기). 鴈;기러기. 麋;순록(또는 큰 사슴). 鹿;사슴. 즉, 온갖 새 종류와 짐승종류를 말한다.

② 經之營之(경지영지): 經;측량하다(度之也 — 趙岐). 營;위치를 표시하다(表其位也 — 鄭玄). 도모하다(謀爲也 — 朱子). 之;영대.

③ 攻之(공지): 攻;만들다. 세우다(攻;作也 — 趙岐).

④ 不日(불일):세 가지 해석이 있다. ㉠ 완성해야 할 시한을 정해 놓지 않았다(不設期限 — 鄭玄·趙岐). ㉡ 하루 해도 다 가기 전에(不終日也 — 朱子). ㉢ 며칠 되지도 않아서(不多日也 — 嚴粲).

⑤ 勿亟(물극): 亟;서두르다. 급히 하다.

⑥ 子來(자래):'자식들이 부모의 일을 돕기 위해 달려오듯이 했다'(如子來趨父事也)는 뜻이라는 說(朱子)과, 子를 '滋'(=益)의 同音假借로 보고, (文王이 서두르지 말라고 너그럽게 일을 시키자,

백성들은 오히려) 더 많이 달려 왔다.'는 뜻이라는 說(兪樾)이 있다.
⑦ 麀鹿攸伏(우록유복) : 麀鹿 ; 암사슴. 攸伏 ; '攸'를 '느긋이'(安其所, 不警動也)란 뜻의 副詞로 보는 說(朱子)과, '암사슴이 그 새끼에게 젖을 먹이면서 움직이지 않는 모습'이라 하는 說(王念孫)과, 주어와 동사 사이에 사용되는 連詞로 보는 說(楊樹達)이 있다.
⑧ 濯濯(탁탁) : 살찐 모습(肥澤貌―朱子). 고자上(11-8)에서는 산에 나무가 없는 벌거숭이 모습을 '濯濯'이라 하였다.
⑨ 鶴鶴(학학) : 희고 깨끗한 모양.
⑩ 於牣(오인) : 於(오) ; 감탄사. 아아! 牣 ; 가득차다(滿也).
⑪ 時日害喪(시일할상) : 時 ; 是(지시대명사). 害(할) ; 어느, 어느 때(曷, 何와 같은 뜻이다). 湯書에는 曷로 되어 있다. 喪 ; 멸망하다. 사라지다.
⑫ 及女(급여) : 너와 함께. 及 ; 與와 同. 女 ; 汝(너).

1·3 오십보 백보

양 혜왕이 말했다. "과인은 나라를 다스리는 데 있어서 백성들을 위하여 전심전력을 다했습니다. 하내(河內) 지방에 흉년이 들면 그곳 백성들 중 일부를 하동(河東)으로 옮기고, 동시에 하동에 있는 곡식 중 일부를 하내로 옮겨 먹고 살게 하였고, 하동에 흉년이 들었을 때도 역시 그와 같이 해 주었습니다. 이웃 나라의 정치를 살펴보았지만, 나처럼 백성들을 위해 마음쓰는 나라는 하나도 없었습니다. 그런데도 그들 나라의 백성들이 그 때문에 더 줄어들지도 않고, 나의 백성들이 더 늘어나지도 않는데, 그것은 무엇 때문입니까?"

맹자께서 대답하셨다. "왕께서 전쟁을 좋아하시니 전쟁에 비유해서 설명할까 합니다. 전쟁을 할 때 진격의 북소리가 둥둥 울리면 양쪽 군대의 창칼이 서로 부딪치면서 백병전(白兵戰)이 벌어집니다. 그리고는 곧, 갑옷은 벗어던지고 무기는 질질 끌면서 달아나는 자들이 나오는데, 어떤 자는 단숨에 백 걸음을 달아난 후에 멈추어 서고, 어떤 자는 단숨에 오십 걸음을 달아난 후에 멈추어 섰습니다. 그런데 이 오십 걸음 달아난 자가 백 걸음 달아난 자를 보고 겁 많은 놈이라고 비웃어도 되는 것입니까?"

왕 : "안 되지요, 백 걸음 달아나지 않았다고 해도 그 역시 달아난 것은 마찬가지지요."

맹자 : "왕께서 만약 그 도리를 이해하신다면, 왕의 백성들이 이웃 나라보다 많아지기를 바라서는 안 됩니다. 농민들이 밭갈고 씨뿌리고 수확하는 계절에 [징병이나 부역으로] 농사 일을 방해하지 않는다면, 양식은 다 먹을 수 없을 만큼 풍족해질 것입니다. 큰 못에 촘촘한 그물을 던져 물고기 새끼까지 몽땅 잡아 버리지 못하도록 한다면, 어류(魚類)도 다 먹을 수 없을 만큼 많아질 것입니다. 나무를 벌채하는 데도 일정한 시기를 정해서 한다면, 목재도 다 쓸 수 없을 만큼 많아질 것입니다. 양식과 어류가 다 먹을 수 없을 만큼 풍족하고, 목재도 다 쓸 수 없을 만큼 많게 된다면, 백성들로 하여금 산 사람을 봉양하고 죽은 사람을 장사지내는 데 유감이 없게 할 수 있습니다. 산 사람을 봉양하고 죽은 사람을 장사지내는 데 아무런 유감이 없도록 하는 것, 이것이 왕도정치(王道政治)의 시작입니다.

그 넓이가 다섯 묘[畝 ; 1묘는 약 55평] 정도 되는 집안에 뽕나무를 심어 누에를 친다면, 쉰 살이 넘은 노인들은 따뜻한 명주옷을 입게 할 수 있습니다. 닭, 돼지, 개 등의 가축을 기름에 있어서, 새끼나 새끼 밴 어미를 잡아 먹지 못하게 하여 잘 번식시켜 나간다면, 칠십이 넘은 노인들은 모두 고기를 먹게 할 수 있습니다.

한 가족에게 논밭[田] 백 묘(畝)씩을 배당해 주고, [징병이나 부역 등으로] 농사 일을 방해하지만 않는다면, 한 가족 몇 식구가 굶는 일은 없게 할 수 있습니다. 그리고 나서는 각급 학교를 충분히 세워서, 부모에게 효도하고 어른을 공경하는 도리로써 백성들을 반복해서 가르치고 이끌어 나간다면, [사람들은 모두 노인을 받들고, 어진 사람을 존경하게 되며, 노인들을 위해 대신 일해 줄 것이므로,] 반백 노인이 물건을 등에 지거나 머리에 이고 길을 다니는 일은 없게 될 것입니다. 칠십 넘은 노인이 따뜻한 비단옷을 입고, 고기를 먹으며, 일반 백성들이 굶주리지 않고 추위에 떨지 않게 하고서도 천하 사람들을 귀복(歸服)시킬 수 없었던 자는 지금까지 있은 적이 없습니다.

[그러나 현재는 어떠한가.] 부귀한 집안에서는 개와 돼지가 사람들이 먹어야 할 양식을 먹고 있는데도 이를 제지할 줄 모르고 있습니다. 길거리에는 굶어 죽은 시체가 딩굴고 있어도 창고의 곡식을 풀어서 백성들을 구휼(救恤)해 줄 생각을 않고 있습니다. 사람들이 죽어가는 것을 보면서도, '이것은 내 탓이 아니다. 흉년 탓이다.'라고 말합니다. 그렇게 말하는 것은 사람을 칼로 찔러 죽인 뒤에, '이는 내가 죽인 것이 아니라 이 칼이 죽인 것이다.'라고 말하는 것과 무엇이 다르겠습니까? 만약 왕께서 죄를 흉년 탓으로 돌리지만 않으신다면, [그리고 仁政을 편다면,] 다른 나라 백성들도 왕에게로 의탁해 올 것입니다."

1·3　梁惠王曰:"寡人之於國也, 盡心焉耳矣。河內凶, 則移其民於河東, 移其粟於河內。河東凶亦然。察鄰國之政, 無如寡人之用心者。 鄰國之民不加少, 寡人之民不加多, 何也?"

孟子對曰:"王好戰, 請以戰喩。塡然①鼓之, 兵刃旣接, 棄甲曳兵而走②。或百步而後止, 或五十步而後止。以五十步笑百步, 則何如?"

曰:"不可; 直不百步耳③, 是亦走也。"

曰:"王如知此, 則無望民之多於鄰國也。

不違農時, 穀不可勝食④也; 數罟⑤不入洿池⑥, 魚鼈不可勝食也; 斧斤以時入山林, 材木不可勝用也。穀與魚鼈不可勝食, 材木不可勝用, 是使民養生喪死無憾也。養生喪死無憾, 王道之始也。

五畝之宅⑦, 樹之以桑, 五十者可以衣帛矣。雞豚狗彘之畜⑧, 無失其時, 七十者可以食肉矣。百畝之田, 勿奪其時, 數口之家可以無飢矣。謹庠序之敎⑨, 申⑩之以孝悌之義, 頒白者⑪不負戴於道路矣。七十者衣帛食肉, 黎民⑫不飢不寒, 然而不王者, 未之有也。

狗彘食人食而不知檢⑬, 塗有餓莩⑭而不知發⑮; 人死, 則曰, '非我也, 歲也'。是何異於刺人而殺之, 曰, '非我也, 兵也。'王無罪歲, 斯⑯天下之民至焉。"

〈注〉

①塡然(전연): 둥둥. 북이 울리는 소리의 형용. 진격의 신호이다.
②走(주): 달아나다. 천천히 걷는 것은 步, 빨리 걷는 것은 趨(추), 趨보다 더 빠르고 거의 달리는 것(跑)에 상당하는 것이 走이다.
③直不百耳(직불백이): 단지 백보가 안 된다는 것일 뿐. 直; 단지. 다만.
④勝食(승식): 다 먹다. 勝+動詞;다…하다.
⑤數罟(촉고): 數(촉); 조밀하다. 罟(고); 어망. 網의 눈이 가로 세로 4寸(약 9cm) 이하인 것을 數罟라 한다(『毛傳』).

⑥ 洿池(오지) :   洿 ; 크다(大), 깊다(深)는 뜻. 큰 못.
⑦ 五畝之宅(오묘지택) : 劉寶楠의 『論語正義』에 의하면, 1畝는 廣一步(약 1.35m)×長百步(약 135m), 즉 지금의 55평 정도 되는 면적으로, 五畝之宅이란 한 농가에 주어지는 275평 정도의 택지를 말한다. 택지 외에 한 농가에는 100畝(廣百步×長百步 ; 약 5,500평)의 농경지가 주어지는데, 이것을 一夫라 하고, 九夫(900畝)가 一井이 되어, 井田制의 기본 면적 단위가 된다. (井田制에 대해서는 등문공上(5-3) 참조).
⑧ 雞豚狗彘之畜(계돈구체지축) : 닭과 새끼돼지와 개와 암퇘지 등의 가축.
⑨ 謹庠序之敎(근상서지교) :   謹 ; 엄격하게 시행한다는 뜻(謹, 嚴也 ― 焦循). 庠序는 鄕里의 교육기관으로 周代에는 庠, 殷代에는 序라 불렀다. (등문공 上(5-3) 참조).
⑩ 申(신) : 거듭하다. 반복하다(重也 ― 趙岐).
⑪ 頒白者(반백자) : 머리가 반백이 된 노인 (頒=班=半).
⑫ 黎民(여민) : 朱子는 黎를 黑으로 해석, 흑발, 즉 젊은 사람이라 하였으나, 黎는 衆의 뜻으로, 衆民, 즉 일반 백성으로 풀이하는 것이 통설이다.
⑬ 不知檢(부지검) : 두 가지 해석이 있다. ㉠ 檢을 斂(렴)으로 해석하여, 풍년에는 곡식이 흔하므로 가축들까지 사람이 먹는 곡식을 먹고 있는데도 국가에서 그것을 사들이거나 세금으로 거두어 들일 줄 모른다는 뜻이라고 한 해석으로, 이것은 李悝의 '平糴'(평적)이나 管子의 '國蓄'(국축)과 같은 제도를 염두에 둔 해석이다(『漢書』「食貨志, 贊」, 顔師古, 註. 錢大昕, 『養新錄』). ㉡ 다음 章의 '庖有肥肉'의 내용과 결부시켜, 권력자가 국민들로부터 가렴주구하여 자기 집의 가축들에게까지 사람이 먹을 곡식을 먹이고 있는데도 그것을 검문, 즉 단속하거나 제지시키지 않는다는 뜻이라고 한 해석이다(閻若璩, 『四書釋地三續』).
⑭ 餓莩(아표) : 굶어서 죽은 시체.
⑮ 發(발) : 비축해 두었던 식량창고를 열어서 백성들에게 식량을 나

누어 주는 것(趙岐・朱子).
⑯ 斯(사) : 이렇게 한다면(則과 同).

1·4 칼로 죽이는 것과 정치로 죽이는 것

양 혜왕이 말했다. "저는 기꺼이 선생님의 가르침을 받고자 합니다."
맹자께서 말씀하셨다. "몽둥이로 사람을 때려 죽이는 것과, 칼로 사람을 찔러 죽이는 것에 그 어떤 다른 점이 있습니까?"
왕 : "다른 점이 없습니다."
맹자 : "칼로 사람을 찔러서 죽이는 것과 정치로 사람을 해쳐서 죽이는 것에 다른 점이 있습니까?"
왕 : "다른 점이 없습니다."
맹자 : "지금 왕의 주방에는 기름진 고깃덩어리가 그득히 쌓여 있고, 마굿간에는 건장한 말들이 있지만, 그러나 백성들의 얼굴에는 굶주린 기색이 역력하고, 들에는 굶어 죽은 시체가 딩굴고 있다면, 이것은 윗자리에 있는 사람이 짐승들을 끌고 가서 사람들을 잡아먹게 하는 것과 같습니다. 짐승들끼리 서로 잡아 먹는 것조차도 사람들은 보기 끔찍해 합니다. 그런데 백성의 부모로서 정치를 하는 마당에, 짐승들을 끌고 가서 사람을 잡아 먹게 하는 일이 없도록 못한대서야 어찌 백성의 부모라고 할 수 있겠습니까? 일찍이 공자께서는 말씀하셨습니다 : '처음으로 나무나 흙으로 인형을 만들어 순장(殉葬)에 썼던 사람은 아마도 그 자손이 절멸하여 대가 끊어졌으리라!'라고. [왜 공자께서 이처럼 극언을 하였는가?] 그것은 흙이나 나무 인형이 사람의 모습을 닮았는데, 그것들을 순장에 썼기 때문입니다. [사람의 모습을 닮은 흙이나 나무 인형조차

순장에 써서는 아니 될 일인데,] 어찌 살아 있는 백성들을 굶어 죽게 만들 수 있습니까?"

> **1·4** 梁惠王曰:"寡人願安承敎①。"
> 孟子對曰:"殺人以梃與刃, 有以異乎?"
> 曰:"無以異也。"
> ②"以刃與政, 有以異乎?"
> 曰:"無以異也。"
> 曰:"庖有肥肉, 廄③有肥馬, 民有飢色, 野有餓莩, 此率獸而食人也。獸相食, 且④人惡之; 爲民父母, 行政, 不免於率獸而食人, 惡在其爲民父母也? 仲尼曰:'始作俑者, 其⑤無後乎!' 爲其象人⑥而用之也。 如之何其⑦使斯民飢而死也?"

〈注〉
① 願安承敎(원안승교):기꺼이 가르침을 받고자 한다. 安;기꺼이. 즐거운 마음으로(副詞). 承;받다. 접수하다(動詞).
② 이곳에서 曰字가 빠져 있는 것은, 맹자가 양혜왕의 말이 끝나자마자, 또는 채 끝나기도 전에, 곧 이어서 말했음을 나타낸다. 이것은 古代人들의 修辭體의 한 예로서, 『孟子』에는 이런 예가 매우 많다.
③ 廄(구):마굿간.
④ 且(차):조차도(副詞). '尙且'의 뜻. 이 文의 원형은 人且惡之.
⑤ 其(기):아마도, 어찌면(副詞). 추측을 나타낸다.
⑥ 爲其象人(위기 상인):그것이 사람을 닮았기 때문에. 爲;… 때문에. 원인을 나타내는 介詞. 象;닮다.
⑦ 其(기):若之何, 如之何, 若是, 如是, 如此 등의 뒤에서 의문이나 반문의 語氣를 크게 하는 助詞.

1·5 몽둥이만 들려 줘도 강대국을 이길 수 있다

양 혜왕이 말했다. "위(魏) 나라는 당시 천하에 상대할 나라가 없을 정도로 막강했습니다. 그 점은 어르신께서도 잘 알고 계실 것입니다. 그런데 저의 때에 와서 동쪽으로는 제(齊) 나라와 싸워 패하고, 나의 맏아들까지 희생당했습니다. 서쪽으로는 진(秦) 나라에게 패하여 하서(河西)의 땅 칠백 리를 빼앗겼습니다. 그뿐만 아니라, 남쪽으로는 초(楚) 나라에게 [여덟 개의 城을 빼앗기는] 모욕을 당하였습니다. 저는 이것을 큰 치욕으로 여기고 있습니다. 나라를 위하여 싸우다가 죽은 모든 전사자들을 위해서라도 원수를 갚아 설욕(雪辱)을 하고 싶은데, 어떻게 하면 좋겠습니까?"

맹자께서 대답하셨다.

"사방 백 리 정도의 작은 나라일지라도 인정(仁政)을 실시함으로써 천하 모든 사람들을 귀복(歸服)시킬 수 있습니다. [하물며 魏 나라는 大國이 아닌가?] 만약 왕께서 백성들에게 어진 정치를 행하여 형벌을 줄이고, 세금을 경감해 주고, 밭갈이를 깊게 하고 김매기는 속히 하도록 하고, 젊은 사람들로 하여금 농한기를 이용하여 부모에게 효순하고, 어른을 공경하고, 모든 일에 성심성의를 다하고[忠], 말과 행동을 일치시키는[信] 덕을 배우고 닦게 하며, 가정에서는 부형을 잘 섬기고, 사회에 나가서는 윗사람을 잘 섬기도록 한다면, 이러한 백성들에게는 몽둥이만 들려 주더라도 견고한 갑옷과 예리한 무기로 무장한 진 나라와 초 나라같은 강대국의 군대를 물리칠 수 있을 것입니다.

[그 이유는 무엇인가?] 저들 진(秦) 나라나 초(楚) 나라에서는 [징병이나 부역으로] 백성들의 일할 시간을 빼앗음으로써, 밭갈고

김매어 부모를 봉양할 수 없게 합니다. 그들의 부모는 추위에 떨고 굶주리며, 형제와 처자식들은 살 길이 없어 뿔뿔이 흩어져 버립니다. 진 나라나 초 나라 왕들이 자기의 백성들을 고통 속에 빠뜨릴 때에 왕께서 쳐들어가 정벌한다면, 그 누가 왕에게 대적할 수 있겠습니까? 그래서, '어진 사람에게는 천하에 적이 없다.'고 했습니다. 왕께서는 이 점을 의심하지 마십시오."

1·5 梁惠王曰: "晋國①, 天下莫强焉②, 叟之所知也。及寡人之身, 東敗於齊, 長子死焉; 西喪地於秦七百里; 南辱於楚。寡人恥之, 願比死者壹洒之③, 如之何則可?"

孟子對曰: "地方百里④而可以王。王如施仁政於民, 省刑罰, 薄稅斂, 深耕易耨⑤; 壯者以暇日修其孝悌忠信, 入以事其父兄, 出以事其長上, 可使制梃⑥以撻秦楚之堅甲利兵矣。

彼奪其民時, 使不得耕耨以養其父母。父母凍餓, 兄弟妻子離散。彼陷溺其民, 王往而征之, 夫誰與王敵? 故曰: '仁者無敵。'王請勿疑!"

〈注〉

① 晋國(진국): 魏 나라를 晋國이라 불렀다(劉寶楠).
② 莫强焉(막강언): 莫; …한 사람(물건, 일)이 없다(無指代詞). 焉; 於是, 於之(兼詞). 이때 於는 比(비하여), 之는 晋國을 말하는데, 진 나라에 비해서 더 강한 나라는 없다(無國家比晋國强)는 뜻이다.
③ 比死者壹洒之(비사자일세지): 죽은 자를 위하여 철저히 설욕하다. 比; 위하여(朱子). 대신하여(焦循). 壹; 전부, 모두, 철저히(副詞). 洒; 복수하다. 설욕하다(洗와 同).
④ 地方百里(지방백리): '地, 方百里.' 方百里는 사방 百里로, 일만 평방리.

⑤ 易耨(이누) : 속히 김을 매다. 易 ; 副詞로서 속히. 빨리의 뜻(王引之, 『經義述聞』). 耨 ; 괭이. 여기서는 김을 매다, 밭을 갈다 (動詞)는 뜻.
⑥ 制梃(제정) : 制를, 趙岐는 '만들어 주다'(制造)는 뜻이라 하였고, 焦循은, '손으로 끌다'(挈)는 뜻이라 했다.

1·6 어진 자에게 천하의 민심(民心)이 돌아간다

맹자께서 양 양왕(梁襄王)을 만나보시고 나와서 사람들에게 말씀하셨다.
"멀리서 바라보아도 임금다운 기품이라곤 없고, 가까이 가 보아도 위엄이라곤 찾아볼 수 없었다. 그런데 왕이 느닷없이 묻기를, '천하는 어떻게 해야 안정이 될까요?' 하는 것이었다. 그래서 내가 '하나로 통일되어야 안정이 될 것입니다.' 라고 대답해 주었다. 그러자 다시 왕이, '누가 천하를 통일할 수 있을까요?' 하고 묻기에, '사람 죽이기를 좋아하지 않는 임금이 천하를 통일할 수 있을 것입니다.' 라고 대답해 주었다. 또 다시 왕이, '그를 따를 사람들이 어디 있을까요?' 하고 묻기에 내가 대답해 주었다. '이 세상에서 그를 따르지 않을 사람은 없을 것입니다. 왕께서는 저 벼들이 자라는 모습을 보셨습니까? 칠팔월에 오랫동안 날이 가물면 벼들은 자연히 바싹바싹 시들어 갑니다. 그러다가 하늘에 시커먼 먹구름이 피어나서, 비가 좍좍 쏟아지기 시작하면 다시 싱싱하게 살아나기 시작합니다. 만약 이처럼 된다면 어느 누가 그것을 막아낼 수 있겠습니까? 지금 각국의 군왕들 가운데는 사람 죽이기를 좋아하지 않는 자가 한 사람도 없습니다. 만약에 사람 죽이기를 좋아하지 않는 군왕이 나온다면, 온 천하의 백성들은 모두 목을 길게 빼고 그가 구제해 주기를 기대하게 될 것입니다. 정말 이렇게 된다면, 백성들이 그에게로 돌아가는 것은 마치 물이 아래로 쏟아져 내리는 것과 같을 터인데, 그것을 어느 누가 감히 막을 수 있겠습니까?'라고."

1·6 孟子見梁襄王①, 出, 語人曰：“望之不似人君, 就之而不見所畏焉. 卒然②問曰：‘天下惡乎定？’
吾對曰：‘定於一.’
‘孰能一之？’
對曰：‘不嗜殺人者能一之.’
‘孰能與③之？’
對曰：‘天下莫不與也. 王知夫④苗乎？ 七八月之間旱, 則苗槁矣. 天油然作雲, 沛然下雨, 則苗浡然興之⑤矣. 其如是, 孰能禦之？ 今夫天下之人牧⑥, 未有不嗜殺人者也. 如有不嗜殺人者, 則天下之民皆引領而望之矣. 誠如是也, 民歸之, 由⑦水之就下, 沛然誰能禦之？’”

〈注〉
① 梁襄王(양양왕)：惠王의 아들로, 在位 연대는 B.C. 334-319年. 襄은 諡號이고, 이름은 嗣이다.
② 卒然(졸연)：갑자기, 느닷없이(猝然과 同).
③ 與(여)：따르다(從一趙岐), 귀의하다(歸也一朱子).
④ 夫(부)：저, 저런(指示形容詞).
⑤ 浡然興之(발연흥지)： 浡然；힘차게 일어나는 모양. 然；如, 爾, 若, 乎, 焉 등과 마찬가지로 형용사나 부사 뒤에 붙어 ‘…한 모양’을 나타내는 形容詞 語尾(또는 助詞)(예：油然, 沛然). 興之의 之는 賓語 비슷하지만 賓語가 아니고 무의미한 語末助詞이다.

⑥ 人牧(인목) : 백성을 다스리는 사람. 즉 君王을 가리킨다. (牧羊, 牧牛에서 由來되었다).
⑦ 由(유) : … 같다 (音과 義가 '猶'와 同).

1·7 죽으러 가는 소를 차마 보지 못하는 마음

제 선왕(齊宣王)이 맹자께 물었다. "춘추시대에 제 환공(齊桓公)과 진 문공(晋文公)이 패자(霸者)가 되었던 사실에 대하여 말씀해 주시겠습니까?"

맹자께서 대답하셨다. "공자[仲尼 : 공자의 字]의 제자들 중에는 무력으로 패자가 되었던 제의 환공과 진의 문공의 일에 대해 말한 사람이 없었습니다. 그래서 후세에 전해져 내려오는 바가 없습니다. 저도 그것에 대해서는 들어 본 적이 없습니다. 환공과 문공의 일에 대해서는 말씀드릴 게 없습니다만, [도덕적 역량으로 천하를 통일한] 왕도(王道)에 대하여 말씀드려 보면 어떨까요?"

왕 : "그 덕(德)이 어떠해야 천하를 통일할 수 있습니까?"

맹자 : "백성들의 생활을 안정시키기 위해 노력함으로써 천하를 통일하려 하신다면, 그 누구도 막을 수 없습니다."

왕 : "저같은 사람도 백성들의 생활을 안정시켜 줄 수 있겠습니까?"

맹자 : "있습니다."

왕 : "무엇에 근거해서 내가 할 수 있다는 것을 아십니까?"

맹자 : "저는 호흘(胡齕)이라는 왕의 신하가 말해 준 한 가지 사건을 들은 적이 있습니다. 왕께서 어느 때엔가 대전(大殿)에 앉아 계실 때, 어떤 사람이 대전 아래로 소를 끌고 지나갔는데, 왕께서 그것을 보고는 물으셨습니다. '그 소를 어디로 끌고 가느

냐?'라고. 그러자 그 사람은, '흔종[釁鍾 : 짐승의 피를 새로 만든 종의 틈에 바르는 의식]을 준비하려고 합니다.'라고 대답했습니다. 그러자 왕께서는, '그 소를 놓아 주어라! 무서워 부들부들 떨면서 죄도 없이 도살장으로 끌려가는 가련한 꼴을 내 차마 보지 못하겠다.'라고 말씀하셨습니다. 그러자 그 사람이 말했습니다. '그러면 흔종의 의식을 폐지할까요?'라고. 그러자 왕께서는, '그거야 어찌 폐지할 수 있겠느냐? 소 대신에 양으로 바꾸도록 하여라!'라고 말씀하셨다는데, 그런 일이 정말로 있었는지는 모르겠습니다."

왕 : "있었습니다."

맹자 : "그런 선한 마음씨라면 천하를 통일할 수 있습니다. 백성들은 모두 왕께서 인색해서 그렇게 했다고 생각합니다만, 저는 본래 왕께서 그 불쌍한 꼴을 차마 볼 수 없어서 그렇게 하신 것으로 알고 있습니다."

왕 : "맞습니다. 정말로 그렇게 생각할 백성들도 있을 것입니다. 그러나 제(齊) 나라가 아무리 작은 나라라 하더라도, 내가 어찌 소 한 마리가 아까워서 그랬겠습니까? 그것은 곧 무서워 부들부들 떨면서 죄도 없이 도살장으로 끌려가는 꼴을 내 차마 보지 못하겠기에 그것을 양으로 바꾸라고 했던 것입니다."

맹자 : "왕께서는 백성들이 왕을 인색한 분이라 여긴다고 해서 너무 언짢게 생각하지 마십시오. [양은 작고 소는 큰데,] 작은 것으로 큰 것을 바꾸라고 하셨으니 그렇게 생각할 따름이지, 그들이 어찌 왕의 깊은 뜻까지 알겠습니까? 만약 왕께서 그 소가 죄없이 도살장으로 끌려 가는 모습을 불쌍하게 여기셨다면, [죄없이 죽는 것은 소나 양이나 모두 마찬가지인데,] 어째서 소와 양 중에 하나를 택하셨습니까"

왕이 웃으면서 말했다. "정말 무슨 마음에서 그랬는지 저도 모르겠습니다. 나는 결코 재물이 아까워서 소를 양으로 바꾸라고 했던 것은 아닙니다. [말씀을 듣고 보니,] 백성들이 나를 인색하다고 여기는 것도 당연하군요."

맹자 : "[백성들이 그처럼 오해한다고 해서] 신경쓰실 것은 없습니다. 왕의 그 불쌍한 꼴을 차마 보지 못하는 마음이 바로 인애(仁愛)의 마음입니다. 왕께서는 소는 보셨으나 양은 안 보셨기 때문입니다. 덕이 있는 군자는 금수(禽獸)에 대하여, 그것들이 살아 있는 것을 본 다음에 그것들이 죽어가는 모습을 차마 보지 못하고, 그들의 비명소리나 슬퍼우는 소리를 듣고 나서는 차마 그 고기를 먹지 못합니다. 군자가 부엌을 멀리하는 이유가 여기에 있습니다."

왕이 기뻐하면서 말했다. "『시경』(小雅・巧言)에,

    '다른 사람이 품고 있는 마음
    나는 그것을 헤아려 알 수 있도다'

라고 했는데, 선생께서 바로 그러하십니다. 나는 그렇게 하고 나서 다시 돌이켜 생각해 보았지만, 왜 그랬는지 그 이유를 몰랐습니다. 선생께서 그렇게 말씀해 주시니, 저의 마음이 확 트이면서 분명해졌습니다. 그러나 나의 그런 마음이 왕도(王道)의 실천과 합치된다고 하셨는데, 그것은 또 무슨 이유에서인가요?"

맹자 : "가령 어떤 자가 왕께 다음과 같이 보고한다고 합시다. '내 힘은 삼천 근의 무게를 들어올릴 수 있으나, 새의 깃털 하나는 들 수 없습니다. 시력(視力)은 가을철 새의 가는 털끝까지 분명하게 볼 수 있으나, 눈 앞의 장작 실은 수레는 볼 수 없습니다.' 라고. 그러면 왕께서는 그 말을 믿으시겠습니까?"

왕 : "아니오."

맹자 : "지금 왕의 은덕이 금수에게까지 미치면서 왕의 은덕이 백성들에게는 미치지 못하는 것은 무엇 때문이겠습니까? 새털 하

나를 들 수 없는 것은 바로 힘을 쓰려고 하지 않기 때문이고, 장작 실은 수레를 볼 수 없는 것은 시력을 쓰려 하지 않기 때문입니다. 그리고 백성들이 안정된 생활을 누릴 수 없는 것은 왕께서 은덕을 베풀려고 하지 않기 때문입니다. 그러므로 왕께서 어진 정치를 시행하여 천하를 통일하려고 하지 않는 것은, 단지 하려고 하지 않는 것이지, 할 수 없는 것이 아닙니다."

왕 : "하려고 하지 않는 것과, 할 수 없다는 것은 구체적으로 어떻게 다릅니까?"

맹자 : "태산을 옆에 끼고 북해(北海)를 건너뛰는 일을 다른 사람에게 말하기를, '나는 할 수 없다.'고 한다면, 그것은 정말로 할 수 없는 것입니다. 그러나 어른을 위하여 팔 다리를 주물러 드리는 일을, '나는 할 수 없다.'고 말한다면, 이것은 하려 하지 않는 것이지 할 수 없는 것이 아닙니다. 지금 왕께서 어진 정치를 시행하지 않는 것은 태산을 끼고 북해를 뛰어넘는 것과 같은 불가능한 종류의 일이 아닙니다. 그것은 어른을 위하여 팔 다리를 주물러 드리는 것과 같은 종류의 일입니다. 자기 집 어른을 공경하는 마음을 넓혀서 남의 집 어른도 공경하며, 자기 자식을 귀여워하고 보살피는 마음을 넓혀서 남의 자식도 귀여워하고 보살펴 주어야 합니다. [모든 정치가 이러한 원칙 하에 이루어진다면,] 천하를 통일하는 것은 마치 손바닥에 물건을 올려 놓고 움직이는 것처럼 쉬울 것입니다. 『시경』(大雅·思齊)에,

　　'아내에게 모범이 되시니
　　그것이 형제에게 미치고
　　나아가 온 나라 안에 퍼지도다'

라고 한 말은, 가까운 사람을 대하는 선한 마음을 다른 방면으로도 넓혀 간다는 뜻입니다. 그러므로 이처럼 가까운 곳에서 먼 곳으로 은혜를 넓혀 나가면 천하를 안정시킬 수 있고, 그렇게 하지

않으면, 심지어 자기 처자식마저도 제대로 보호해 줄 수 없게 됩니다. 옛날의 성현들께서 보통 사람들보다 크게 뛰어났던 까닭은, 다름이 아니라, 그들의 선한 행동을 넓혀 나가는 일을 잘 했기 때문입니다. 지금 왕의 은덕이 금수에게까지 넉넉히 미치면서도 백성들은 그 은덕을 입을 수 없는 것은 도대체 무엇 때문이겠습니까?

저울로 달아 본 뒤에야 그 가볍고 무거운 것을 알 수 있고, 자로 재어 본 뒤에야 그 길고 짧은 것을 알 수 있습니다. 모든 것이 다 그렇지만, 사람의 마음은 더욱 그러합니다. 왕께서는 부디 잘 헤아려 보십시오. 혹시 왕께서는, 군대를 동원하여 병사와 신하들로 하여금 위험을 무릅쓰게 하고, 다른 나라의 제후들과 원한을 맺어야만 마음에 통쾌함을 느끼십니까?"

왕이 대답했다. "아니오, 내가 어찌 그렇게 해야만 통쾌하겠습니까? [그렇게 하는 것은,] 내가 크게 원하는 바를 달성하고 싶어서입니다."

맹자 : "왕의 큰 바램이 무엇인지 들어 볼 수 있겠습니까?"

왕이 웃으면서 말하지 않았다.

맹자 : "그것은 기름지고 맛좋은 음식이 먹기에 부족하기 때문입니까? 가볍고 따뜻한 옷이 입기에 부족하기 때문입니까? 아니면 아름다운 여인들이 보기에 부족하기 때문입니까? 아름다운 음악이 듣기에 부족하기 때문입니까? 좌우에서 왕을 모시는 자들이 부리시기에 부족하기 때문입니까? 왕의 여러 신하들이 이런 것들을 충분히 공급해 드리고 있을 터이니, 설마 이런 것들 때문은 아니겠지요?"

왕 : "아니오, 그런 것들 때문이 아닙니다."

맹자 : "그렇다면 왕께서 크게 바라시는 바를 알 수 있겠습니다. 국토를 확장하여 진(秦)이나 초(楚) 나라와 같은 나라들로부

터 조공을 받으며, 천하의 맹주(盟主)가 되셔서 사방의 낙후된 오랑캐들을 위무(慰憮)하려는 것이지요? 그러나 지금과 같은 방법으로 지금 품고 계신 바와 같은 욕망을 이루고자 생각하는 것은, 마치 나무 위에 올라가서 물고기를 잡으려는 것과[緣木求魚] 같습니다."

왕: "그토록 심한 것입니까?"

맹자: "아마 그보다도 더 심할 것입니다. 나무에 올라가서 물고기를 잡으려는 것은 비록 물고기를 얻지 못하더라도 후환은 없을 것입니다. 그러나 지금과 같은 방법으로 지금 품고 계신 욕망을 추구하고자 하신다면, 그리고 만약 전심전력을 다해 그것을 추구하신다면, [목적을 이루지 못할 뿐만 아니라,] 뒤에 반드시 후환(後患)이 뒤따를 것입니다."

왕: "[왜 그런지, 그 이유를] 들어 볼 수 있겠습니까?"

맹자: "만약에 추(鄒) 나라와 초(楚) 나라가 싸운다면, 왕께서는 어느 쪽이 이기리라고 생각하십니까?"

왕: "초 나라가 이기겠지요."

맹자: "그렇다면, 작은 나라는 본래 큰 나라를 대적할 수 없고, 인구가 적은 나라는 본래 인구가 많은 나라를 대적할 수 없으며, 약한 나라는 본래 강한 나라를 대적할 수 없습니다. 지금 중국의 토지 면적은 약 9백만 평방리(里)인데, 제 나라의 땅은 전부 다 해 봐야 1백만 평방리에 불과합니다. 9분지 1의 힘으로 9분지 8을 대적하려고 하는 것은 추 나라가 초 나라를 대적하는 것과 무엇이 다르겠습니까? [그 방법은 통하지 않을 것이다. 그렇다면,] 왜 근본적인 문제로 돌아가지 않으십니까?

만약 왕께서 좋은 정치를 행하여 인덕(仁德)을 베푸신다면, 천하의 벼슬하는 사람들은 모두 제(齊) 나라에 와서 관리가 되고 싶어할 것이며, 농사짓는 사람들은 모두 제 나라에 와서 농사짓고 싶어할 것이며, 행상(行商)이나 좌고(坐賈)들도 모두 제 나라로 와서 장사를 하고 싶어할 것이고, 여행자들도 모두 제 나라의 길 위를 지나가고 싶어할 것이며, 자기 나라 임금을 미워하는 천하의 모든 사람들은 모두 왕에게로 찾아와서 하소연하려 할 것입니다. 만약 이렇게 된다면 누가 이들을 막을 수 있겠습니까?"

선왕(宣王)이 말했다. "나는 어리석어서 그런 이상(理想)을 더 이상 이해하지 못하겠습니다. 선생께서 저의 뜻을 보필해 주시고, 분명하게 저를 가르쳐 주십시오. 내가 비록 불민(不敏)하나 그것을 한번 시도해 보고자 합니다."

맹자 : "고정적인 생업(生業)이 없어도 항심[恆心 : 즉, 일정한 도덕관념과 행동원칙]을 가질 수 있는 것은 선비[士人]라야만 가능합니다. 그러나 일반 백성들은, 일정한 생업이 없으면 따라서 항심도 가질 수 없습니다. 그렇게 되면 제멋대로 나쁜 짓을 저지르며, 법을 어기고 사회기강을 어지럽히며, 못하는 짓이 없게 됩니다. 백성들이 죄를 저지르기를 기다린 다음 붙잡아서 처벌한다면, 이것은 마치 [법이라는] 그물을 쳐 놓고 백성들이 걸려들기를 기다렸다가 잡아들이는 것과 같습니다. 어찌 인자한 사람들이 조정에 있으면서 그물을 쳐 놓아 백성들을 잡아들이는 일을 할 수 있습니까? 그러므로 영명(英明)한 임금은 백성들에게 일정한 생업을 제정해 줌으로써 반드시 백성들이 위로는 부모를 섬기기에 충분하고, 아래로는 처자식을 먹여 살리기에 충분하며, 풍년에는 내내 배불리 먹고, 흉년에도 굶어 죽지 않게 합니다. 그런 뒤에 백성들이 선한 길로 나아가도록 이끌어 주면 백성들은 쉽게 따를 수 있습니다. 그러나 지금의 상황을 보면, 백성들의 생업을 제정해 준다는 것이, 거기에서 얻는 수입으로 위로는 부모를 섬기기에 부족하고, 아래로는 처자식을 먹여 살리기에 부족하며, 풍년에도 내내 고생만 하다가 흉년에는 굶어 죽고 얼어 죽는 것을 면할 수 없

는 실정입니다. 있는 힘을 다해 노력해 봐야 자기 목숨 하나 구제하기에도 부족하니, 어느 겨를에 예의를 배우고 닦겠습니까?

　왕께서 인정(仁政)을 베풀고자 한다면, 어찌 근본적인 문제로 돌아가지 않으십니까? 집집마다 그 넓이가 다섯 묘(畝)인 택지를 주고, 그 담장 밑으로 뽕나무를 심어서 누에를 치게 한다면, 쉰 살 이상의 늙은이는 따뜻한 명주옷을 입을 수 있습니다. 닭, 돼지, 개 등의 가축을 힘껏 기르고 잘 번식시켜 나가게 한다면, 일흔 살 이상의 노인들은 모두 고기를 먹을 수 있습니다. 한 집에 논밭 백 묘씩을 주고, 그리고 징병이나 부역 등으로 농사지을 시간을 빼앗지만 않는다면, 한 가족 여덟 식구가 배를 굶주리는 일은 없게 됩니다. 그리고 나서 각급 학교를 충분히 세워 부모에게 효순하고 어른을 존경하는 도리로써 그들을 가르치고 이끌어 간다면, 반백 노인이 무거운 짐을 머리에 이거나 등에 지고 길 위를 다니는 일은 없게 될 것입니다. 노인은 비단옷을 입고 고기를 먹으며, 백성들은 굶주리지도 추위에 떨지도 않게 하고서도, 천하의 인심을 귀복시키지 못한 자는 있은 적이 없습니다."

1·7　齊宣王①問曰：＂齊桓、晋文之事可得聞乎？＂

　孟子對曰：＂仲尼之徒無道桓文之事者，是以後世無傳焉，臣未之聞②也。無以③，則王乎？＂

　曰：＂德何如則可以王矣？＂

　曰：＂保民而王，莫之能禦也。＂

　曰：＂若寡人者，可以保民乎哉？＂

　曰：＂可。＂

　曰：＂何由④知吾可也？＂

　曰：＂臣聞之胡齕曰，王坐於堂上，有牽牛而過堂下者，王見之, 曰:'牛何之⑤?' 對曰:'將以釁鍾.'王曰:'舍之! 吾不忍其觳觫若⑥, 無罪而就死地.' 對曰:'然則廢釁鍾與?' 曰:'何可廢也? 以羊易之!'—— 不識有諸⑦?"

曰:"有之."

曰:是心足以⑧王矣. 百姓皆以王爲愛⑨也, 臣固知王之不忍也."

王曰:"然; 誠有百姓者⑩. 齊國雖褊小, 吾何愛一牛? 卽不忍其觳觫若, 無罪而就死地, 故以羊易之也."

曰:王無異於百姓之以王爲愛也. 以小易大, 彼惡知之? 王若隱⑪其無罪而就死地, 則牛羊何擇焉?"

王笑曰:"是誠何心哉? 我非愛其財而易之以羊也. 宜乎百姓之謂我愛也."

曰:"無傷也, 是乃⑫仁術也, 見牛未見羊也. 君子之於禽獸也, 見其生, 不忍見其死; 聞其聲, 不忍食其肉. 是以君子遠庖廚也."

王說⑬曰:"詩云:'他人有心, 予忖度⑭之.' 父子之謂也⑮. 夫我乃行之, 反而求之, 不得吾心. 夫子言之, 於我心有戚戚焉. 此心之所以合於王者, 何也?"

曰:"有復⑯於王者曰:'吾力足以擧百鈞, 而不足以擧一羽; 明足以察秋毫之末, 而不見輿薪, 則王許⑰之乎?"

曰:"否."

"今恩足以及禽獸, 而功不至於百姓者, 獨何與⑱? 然則一羽之不擧, 爲不用力焉; 輿薪之不見, 爲不用明焉; 百姓之不見保, 爲不用恩焉. 故王之不王, 不爲也, 非不能也."

曰:"不爲者與不能者之形, 何以異?"

曰:"挾太山以超北海, 語人曰, '我不能.' 是誠不能也。爲長者折枝⑲, 語人曰, '我不能.' 是不爲也, 非不能也。故王之不王, 非挾太山以超北海之類也;王之不王, 是折枝之類也。

老吾老⑳, 以及人之老;幼吾幼, 以及人之幼。天下可運於掌。詩云, '刑于寡妻㉑, 至于兄弟, 以御于家邦.'言擧斯心加諸彼而已。故推恩足以保四海, 不推恩無以㉒保妻子。古之人所以大過人者, 無他焉, 善推其所爲而已矣。今恩足以及禽獸, 而功不至於百姓者, 獨何與?

權, 然後知輕重;度, 然後知長短。物皆然, 心爲甚。王請度之! 抑㉓王興甲兵, 危士臣, 構怨於諸侯, 然後快於心與?"

王曰:"否;吾何快於是? 將以求吾所大欲也."

曰:"王之所大欲可得聞與?

王笑而不言。

曰:"爲肥甘不足於口與? 輕煖不足於體與? 抑㉔爲采色不足視於目與? 聲音不足聽於耳與? 便嬖㉕不足使令於前與? 王之諸臣皆足以供之, 而王豈爲是哉?"

曰:"否;吾不爲是也."

曰:"然則王之所大欲可知已。欲辟土地, 朝秦楚, 莅㉖中國而撫四夷也。以若㉗所爲求若所欲, 猶緣木而求魚也."

王曰:"若是其㉘甚與?"

曰:"殆有㉙甚焉。緣木求魚, 雖不得魚, 無後災。以若所爲求若所欲, 盡心力而爲之, 後必有災."

曰:"可得聞與?"

曰:"鄒人與楚人戰, 則王以爲孰勝?"

曰:"楚人勝。"

曰:"然則小固不可以敵大, 寡固不可以敵衆, 弱固不可以敵强。海內之地方千里者九, 齊集有其一。以一服八, 何以異於鄒敵楚哉? 蓋㉚亦反其本矣。

今王發政施仁㉛, 使天下仕者皆欲立於王之朝, 耕者皆欲耕於王之野, 商賈皆欲藏於王之市, 行旅皆欲出於王之塗, 天下之欲疾㉜其君者, 皆欲赴愬㉝於王。其若是, 孰能禦之?"

王曰:"吾惛, 不能進於是矣。願夫子輔吾志, 明以教我。我雖不敏, 請嘗試之。"

曰:"無恒產而有恒心者, 惟士爲能㉞。若㉟民, 則㊱無恒產, 因無恒心。苟無恒心, 放辟邪侈, 無不爲已。及陷於罪, 然後從而刑之, 是罔㊲民也。焉有仁人在位, 罔民而可爲也? 是故明君制民之產, 必使仰足以事父母, 俯足以畜妻子, 樂歲終身飽, 凶年免於死亡; 然後驅而之善, 故民之從之也輕。

今也制民之產, 仰不足以事父母, 俯不足以畜妻子; 樂歲終身苦, 凶年不免於死亡。此惟救死而恐不瞻㊳, 奚暇治禮義哉?

王欲行之, 則盍反其本矣。五畝之宅, 樹之以桑, 五十者可以衣帛矣。雞豚狗彘之畜, 無失其時, 七十者可以食肉矣。百畝之田, 勿奪其時, 八口之家可以無飢矣。謹庠序之教, 申之以孝悌之義, 頒白者不負戴於道路矣。老者衣帛食肉, 黎民不飢不寒, 然而不王者, 未之有也。"

〈注〉
① 齊宣王(제선왕) : 威王의 아들로, 在位 연대는 B.C. 342-324. 이름은 辟疆. 맹자는 梁襄王을 만나본 후 魏 나라를 떠나 齊 나라로 갔는데, 이때는 齊宣王이 즉위한 지 2년밖에 되지 않았다.
② 未之聞(미지문) : 未聞之의 倒置. 否定句나 疑問句에서는 동사+賓語의 어순이 부정사(의문사)+賓語+동사의 순으로 도치된다.
③ 無以(무이) : 以를 已의 뜻으로 보아서, '不得已'의 뜻이라고 해석하는 것이 통설이다. 그러나 『孟子』에서는 '부득이'란 뜻을 나타낼 때는 '不得已'(양혜왕 下(2-14). 공손추 下(4-12)), 또는 '無已'(양혜왕 下(2-13))를 쓰고 있으므로, '無以'를 '不得已'로 해석하는 것은 무리가 있다. 焦循의 『孟子正義』에는, '無以, 無以言也. 桓文之事, 旣無以言, 則言王道可乎?'라고 해석한 一說(『四書辯疑』)이 소개되고 있는데, 문맥상 이 해석이 가장 자연스럽다. (이와 같은 용법으로 사용된 예는 『荀子』「勸學篇」에 나타난다. "不積跬步, 無以至千里. 不積小流, 無以成江海.")
④ 何由(하유) : 어떤 근거에서. 何;의문대사. 由;介詞. 의문대사가 介詞의 賓語로 사용될 때는 介詞+賓語의 어순이 賓語+介詞의 순으로 도치된다.
⑤ 牛何之(우하지) : 牛之何의 도치. (注② 참조)
⑥ 觳觫若(곡속약) : 종래에는 觳觫과 若을 띄워서, 若을 뒤의 문장에 붙이고, 뒷 문장을 "마치 죄도 없이 죽으러 가는 것처럼"의 뜻으로 해석했다. 그러나 이것은 말이 안 되는 해석이다. 여기서의 若은 然, 如, 爾 등과 마찬가지로 형용사나 부사의 뒤에 붙어 "…한 모양"을 나타내는 형용사 어미이다. (예:"桑之未落 其葉沃若"『詩衛風氓』)
⑦ 諸(제) : 之乎의 合音.
⑧ 足以(족이) : …할 수 있다(助動詞). '可以', '能'과 同.
⑨ 以王爲愛(이왕위애) : 왕이 인색하다고 생각하다. 以;…라고 생각하다(動詞). 愛;인색하다.
⑩ 誠有百姓者(성유백성자) : 정말로(그렇게 생각할) 백성들도 있을 것이다(有는 動詞). 여기서 '有'를 주로 고유명사(때로는 명사나

형용사) 앞에 붙는 무의미한 接頭詞로 보아서, '참으로 백성들이란! (한심한 것들이다.)'라고 해석하는 것은 부자연스럽다.

⑪ 王若隱(왕약은) : 왕께서 만약 측은히 여기신다면.

⑫ 是乃(시내) : 是 ; 이것(指示代詞). 乃 ; 곧, 바로(副詞). 乃는 판단사 '是'처럼 보이지만, 실은 副詞이다. 文言文의 판단구는 판단사 '是'를 생략하고, 副詞가 명사 앞의 판단사의 위치에 놓이는 일이 많다.

⑬ 說(열) : 기뻐서 (悅).

⑭ 忖度(촌탁) : 헤아리다. 추측하다.

⑮ 父子之謂(부자지위) : 謂父子의 도치문으로, 도치문임을 나타내기 위해서 賓語(父子)+之+動詞(謂)처럼, 結構助詞(之, 是, 焉)를 첨가한다. 아래의 羽之不擧도 같은 文形이다.

⑯ 復(복) : 보고하다.

⑰ 許(허) : (말을) 믿어주다. 인정해 주다.

⑱ 獨何與(독하여) : 獨 ; 反問할 때 사용되는 副詞.

⑲ 折枝(절지) : 세 가지 해석이 있다. ㉠ 나뭇가지를 꺾다(陸善經・朱子). ㉡ 허리를 굽혀 인사하다(陸筠・趙佑). ㉢ 안마를 해 주고 가려운 곳을 긁어 주다(趙岐・鄭玄). 문맥의 앞뒤 정황으로 볼 때, ㉢의 해석이 가장 자연스럽다.

⑳ 老吾老(노오로) : 나의 집 어른을 (어른으로서)공경하다. 앞의 老는 動詞. 뒤의 老는 名詞. (幼吾幼도 같다.)

㉑ 刑于寡妻(형우과처) : 刑 ; 모범을 보이다(法 또는 型과 같은 뜻). 寡妻 ; 정실 아내(嫡妻).

㉒ 無以(무이) : 無所以…之物(道). 즉, …할 수단(방법)이 없다.

㉓ 抑(억) : 혹시. 도리어(轉折連詞).

㉔ 抑(억) : 아니면. 또한(選擇連詞).

㉕ 便嬖(편폐) : 왕의 총애를 받고 있는 近臣.

㉖ 蒞(리) : 臨하다.

㉗ 若(약) : … 처럼(如此).

㉘ 其(기) : 若是, 如是, 如此 등의 뒤에서 반문의 語氣를 강하게 하는 助詞.

㉙ 殆有(태우) : 아마도 더. 殆 ; 부정을 표시하는 부사. 有(우) ; 더욱(又)의 뜻.
㉚ 蓋(합) : 何不의 合音. 어찌 … 아니 하는가.
㉛ 發政施仁(발정시인) : 發 ; 행하다는 뜻. 좋은 정치를 행하여 仁政을 베푼다.
㉜ 疾(질) : 미워하다. 증오하다.
㉝ 赴愬(부소) : 하소연하다.
㉞ 惟士爲能(유사위능) : 惟 … 爲(是) … 의 文形은 강조를 나타낸다. 오직 선비라야 할 수 있다.
㉟ 若(약) : … 에 이르러서는(至于). 화제를 바꿀 때 쓰는 轉折連詞.
㊱ 則(즉) : 만약(假設連詞).
㊲ 罔(망) : 그물(網). 그물을 쳐 놓아서 잡다(動詞).
㊳ 贍(섬) : 넉넉하다. 충분하다.

2.

양梁혜惠왕王下

2·1 백성들과 함께 즐긴다

[齊 나라 宣王의 신하인] 장포(莊暴)가 맹자를 찾아와서 말했다. "제가 왕을 뵈었을 때, 왕께서는 저에게, 자신은 음악을 좋아한다고 말씀하셨습니다. 그러나 그에 대해서 저는 어떻게 대답해야 할지 몰랐습니다." 그러고 나서 또 말했다. "음악을 좋아한다는 것은 좋은 일입니까?"

맹자께서 대답하셨다. "왕께서 만약 음악을 대단히 좋아하신다면, 제 나라는 곧 잘 되어 갈 것이오."

뒷날 맹자께서 왕을 뵙고 물으셨다. "왕께서는 얼마 전에 장포에게 음악을 좋아하신다고 말씀하신 적이 있다는데, 그것이 사실입니까?"

왕은 안색이 변하면서 말했다. "저같은 사람이 어찌 성왕(聖王)들께서 즐기셨던 고대(古代)의 음악을 좋아할 수 있겠습니까. 단지 요즘 세상에서 유행하는 음악을 좋아할 따름입니다."

맹자 : "왕께서 음악을 대단히 좋아하신다면, 제 나라는 곧 잘 되어 갈 것입니다. 요즘 유행하는 음악도 고대의 음악과 똑같습니다."

왕 : "그 이유를 들려 주실 수 있겠습니까?"

맹자 : "혼자서 음악을 듣고 즐기는 것과 다른 사람들과 함께 음악을 듣고 즐기는 것 중에서 어느 쪽이 더 즐겁겠습니까?"

왕 : "당연히 다른 사람들과 함께 하는 편이 더 낫겠지요."

맹자 : "소수의 사람들과 함께 음악을 듣고 즐기는 것과 많은 사람들과 함께 음악을 듣고 즐기는 것 중에서 어느 쪽이 더 즐겁겠습니까?"

왕 : "당연히 많은 사람들과 함께 하는 편이 더 낫겠지요."
　(맹자) : "그렇다면 제가 왕께 음악과 오락의 도리에 대해서 말씀드려 보겠습니다. 가령 왕께서 지금 음악을 연주하시는데, 백성들이 왕께서 연주하는 종 소리와 북 소리, 그리고 피리 소리와 퉁소 소리를 듣고서는 모두들 골치 아파하고 눈살을 찌푸리면서 서로 말하기를, '우리 임금은 저처럼 음악을 좋아하면서 왜 우리는 이토록 죽을 지경으로 몰아넣는가? 부자(父子)가 서로 만나보지도 못하고, 형제와 처자는 뿔뿔이 흩어져 버리게 하다니.'라고 불평한다고 합시다. 가령 왕께서 지금 사냥을 하시는데, 백성들이 왕의 수레가 달리는 소리를 듣고, 사냥에 쓰는 깃발들의 화려한 행렬을 보고서는 모두들 골치 아파하고 눈살을 찌푸리면서 서로 말하기를, '우리 임금은 저처럼 사냥을 즐기면서, 어째서 우리는 이토록 죽을 지경으로 몰아넣는가? 부자가 서로 만나보지도 못하고, 형제와 처자는 뿔뿔이 흩어져 버리게 하다니.'라고 불평한다고 합시다. [왜 이처럼 불평하겠습니까?] 그것은 다름이 아니라, 왕께서 백성들과 함께 즐기시지 않기 때문입니다.
　가령 왕께서 지금 음악을 연주하시는데, 백성들이 왕께서 연주하는 종 소리와 북 소리, 그리고 피리 소리와, 퉁소 소리를 듣고서는 모두들 기뻐하면서 반가운 얼굴빛으로 서로 말하기를, '우리 임금께서는 아마도 건강하신 모양이야, 그렇지 않다면 어떻게 음악을 연주하실 수 있겠어!'라고 한다고 합시다. 그리고 가령 왕께서 지금 사냥을 하시는데, 백성들은 왕의 수레가 달리는 소리를 듣고, 사냥에 쓰는 깃발들의 아름다운 행렬을 보고서는 모두들 기뻐하면서 반가운 얼굴빛으로 서로 말하기를, '우리 임금께서는 아마도 건강하신 모양이야, 그렇지 않다면 어떻게 사냥을 하시겠어?'라고 한다고 합시다. [왜 이처럼 기뻐하겠습니까?] 그것은 다름이 아니라, 왕께서 백성들과 함께 즐기시기 때문입니다. 만약 왕께서 백성들과 함께 즐기신다면, 천하의 인심은 왕에게로 귀복해 올 것입니다."

2·1　莊暴見孟子, 曰:"暴見於王①, 王語暴以好樂②, 暴未有以對也." 曰:"好樂何如?"

　孟子曰:"王之好樂甚, 則齊國其庶幾乎③!"

　他日, 見於王曰:"王嘗語莊子以好樂, 有諸?"

　王變乎色④, 曰:"寡人非能好先王之樂也, 直好世俗之樂耳."

　曰:"王之好樂甚, 則齊其庶幾乎! 今之樂由⑤古之樂也."

　曰:"可得聞與?"

　曰:"獨樂樂⑥, 與人樂樂, 孰樂?"

　曰:"不若與人."

　曰:"與少樂樂, 與衆樂樂, 孰樂?"

　曰:"不若與衆."

　"臣請爲王⑦言樂. 今王鼓樂於此, 百姓聞王鍾鼓之聲, 管籥⑧之音, 擧⑨疾首蹙頞而相告曰:'吾王之好鼓樂, 夫何使我至於此極也? 父子不相見, 兄弟妻子離散.' 今王田獵於此, 百姓聞王車馬之音, 見羽旄之美, 擧疾首蹙頞而相告曰:'吾王之好田獵, 夫何使我至於此極也? 父子不相見, 兄弟妻子離散.' 此無他, 不與民同樂也.

　今王鼓樂於此, 百姓聞王鍾鼓之聲, 管籥之音, 擧欣欣然有喜色而相告曰:'吾王庶幾無疾病與, 何以能鼓樂也?' 今王田獵於此, 百姓聞王車馬之音, 見羽旄之美, 擧欣欣然有喜色而相告曰:'吾王庶幾無疾病與, 何以能田獵也?' 此無他, 與民同樂也。今王與百姓同樂, 則王矣。"

〈注〉
① 見於王(현어왕) : 왕의 부름을 받아서 찾아가 만났다는 뜻이다.
② 以好樂(이호악) : 介詞(以)＋賓語(好樂) 구조로서 補語가 되고 있다.
③ 則齊國其庶幾乎(즉제국기서기호) : 則 ; 그렇다면(承接連詞). 其 ; 아마도(추측을 나타내는 副詞). 庶幾 ; 좋아지다. 괜찮다(形容詞). 乎 ; 其, 殆, 或, 無乃, 得無 등과 호응해서 추측의 어기를 나타내는 語氣助詞.
④ 變乎色(변호색) : 乎 ; 介詞로서 於, 于의 뜻이다. (예 : '達乎四境'(3-1), '或問乎曾子'(3-1)도 같은 용법이다).
⑤ 由(유) : … 와 같다(猶와 同).
⑥ 獨樂樂(독락악) : 혼자서 음악을 즐기다. 앞의 樂은 즐기다(動詞). 뒤의 樂은 음악(名詞). 趙岐와 朱子는, 獨樂을 혼자서 연주하는 음악으로 해석하고, '독악락'으로 읽어야 한다고 했다. 그러나 이곳에서는 연주한다는 측면보다 음악을 듣고 즐긴다는 뜻으로 보는 것이 자연스럽다.
⑦ 爲王(위왕) : 왕에게. 爲 ; … 에게. 介詞로서 '向'의 뜻이다.
⑧ 管籥(관약) : 취주(吹奏)악기.
⑨ 擧(거) : 모두. 다.

2·2 문왕(文王)의 수렵장

제 선왕(齊宣王)이 물었다. "문왕(文王)의 수렵장은 사방이 칠십 리였다고 하는데, 사실입니까?"

맹자께서 대답하셨다. "사적(史籍)에는 그렇게 기록되어 있습니다."

왕: "정말 그렇게 컸습니까?"

맹자: "백성들은 오히려 너무 작다고 생각했습니다."

왕: "나의 수렵장은 사방 사십 리인데도 백성들은 오히려 너무 크다고 생각하고 있습니다. 그 이유는 어디에 있습니까?"

맹자: "문왕의 수렵장은 사방 칠십 리였지만, 풀 베는 사람이나 나무꾼도 그곳에 들어가고, 새나 짐승을 잡으려는 사람들도 그곳에 들어감으로써 그것을 백성들과 함께 사용했습니다. 그러니 백성들이 너무 작다고 생각한 것도 당연하지 않습니까? [그러나 제 선왕의 수렵장은 어떤가] 제가 처음 제(齊) 나라 국경에 도착했을 때, 제 나라에서 가장 엄중한 금령(禁令)이 무엇인지 물어 본 뒤에야 들어왔습니다. 그때 들으니, 제 나라 서울의 교외에 수렵장이 하나 있는데, 그 크기가 사방 사십 리이고, 그곳의 사슴을 죽이는 자는 살인죄를 범한 것과 똑 같은 벌을 받는다고 했습니다. 그렇다면 이 사방 사십 리의 땅은, 백성들이 볼 때는, 나라 안에 만들어 놓은 사방 사십 리의 함정과 같습니다. 그러니 백성들이 너무 크다고 여기는 것도 당연하지 않습니까?"

2·2 齊宣王問曰:"文王之囿方七十里, 有諸?"

孟子對曰:"於傳有之。"

曰:"若是其大①乎?"

曰:"民猶②以爲小也。"

曰:寡人之囿方四十里, 民猶以爲大, 何也?"

曰:"文王之囿方七十里, 芻蕘者③往焉, 雉兔者往焉, 與民同之。民以爲小, 不亦宜乎? 臣始至於境, 問國之大禁, 然後敢入。臣聞郊關之內有囿方四十里, 殺其麋鹿者如殺人之罪, 則是方四十里爲阱於國中。民以爲大, 不亦宜乎?"

〈注〉
① 若是其大(약시기대) : 이처럼 크다. 其 ; 若是, 如是 등의 뒤에 오는 語氣助詞.
② 猶(유) : 오히려.
③ 芻蕘者(추요자) : 꼴 베는 사람과 땔나무 하는 사람. 名詞＋者의 結構에서, 者(助詞) 앞의 名詞는 動詞로 된다. (芻：꼴→꼴을 베다. 蕘：땔나무→땔나무를 하다. 雉：꿩→꿩을 잡다. 등)

2·3 대용(大勇)과 대노(大怒)

제 선왕이 물었다. "이웃 나라와 사귀는 데에 어떤 원칙과 방법[道]이 있습니까?"

맹자께서 대답하셨다. "있습니다. 어진 사람만이 대국(大國)의 신분으로 소국(小國)을 섬길 수 있습니다. 대국인 은(殷) 나라의 탕(湯) 임금이 소국인 갈(葛)을 섬겼고, 대국인 주(周) 나라의 문왕(文王)이 소국인 곤이(昆夷)를 섬긴 것이 그 예입니다. 총명한 사람만이 소국의 신분으로 대국을 섬길 수 있습니다. 태왕[太王 ; 주 나라 문왕의 조부인 古公亶父]이 훈육[獯鬻：서북지역의 오랑캐. 흉노.]을 섬기고, 구천(句踐)이 오(吳)나라를 섬겼던 것이 그 예입니다. 대국의 신분으로 소국을 섬기는 사람은 하늘의 덕(德)을 즐기는 자이고, 소국의 신분으로 대국을 섬기는 사람은 하늘의 위엄[威]을 두려워하는 자입니다.＊ 하늘의 덕을 즐기는 자는 천하를 안정시킬 수 있고, 하늘의 위엄을 두려워하는 자는 자기 나라를 보호해 나갈 수 있습니다. 이것은 마치 『시경』(周頌・我將)에서,

　'하늘의 위엄을 두려워하니
　[근신하고 조심함으로써,] 나라를 안정시켜 나가도다'
라고 한 것과 같습니다.

왕이 말했다. "참으로 훌륭하신 말씀입니다. 하지만 나에게는 나쁜 버릇이 있으니, 그것은 용기를 좋아하는 것입니다."〔그래서 다른 나라를 섬길 수 없을 것 같다.〕

맹자께서 대답하셨다.

"그렇다면 왕께서는 작은 용기를 좋아하지 마십시오. 어떤 사람이 손으로는 칼을 만지고 눈을 부릅떠 노려 보면서, '네가 어찌 감히 나를 당해 낼 수 있겠느냐?' 하고 말하는 것은 필부의 용기로서, 겨우 한 사람을 대적할 수 있을 따름입니다. 왕께서는 그 용기를 키우시기 바랍니다. 『시경』(大雅・皇矣)에는 이런 글이 있습니다.

　'우리 왕께서 불끈 노하시사
　군대를 정비하여 나아가시니
　거(莒) 나라 적들의 침공을 막으시고
　주(周) 나라의 위세를 굳건히 하사
　주 나라에 대한 천하의 기대에 보답하셨네'

라고 했습니다. 이것은 문왕의 용기입니다. 문왕은 한 번 화를 냄으로써 온 천하의 백성들을 편안하게 해 주었습니다.

『서경』(泰誓)에〔周의 武王이 殷의 紂王을 토벌한 선서문 가운데,〕이런 글이 있습니다. '하늘이 이 땅에 백성을 내려 보내고, 그들을 위해 군주(君主)도 세우고, 그들을 위해 스승도 세웠으니, 그들에게 맡겨진 유일한 책임은 하늘의 뜻을 받들어 백성들을 보살펴 주라는 것이었다. 그러므로 사방의 죄 있는 자든 죄 없는 자든 그것은 모두 나의 책임에 속하는 일, 천하의 그 누가 감히 자기 본분을 어길 수 있겠느냐?'

당시에 주왕(紂王) 한 사람이 천하를 제멋대로 하면서 백성들을 괴롭혔는데, 무왕은 그것을 치욕으로 생각했습니다. 이것이 무왕의 용기였습니다. 이에 무왕께서 한 번 화를 냄으로써 온 천하의 백성들을 편안하게 해 주었습니다. 만약 왕께서도 한 번 화를 냄으로써 온 천하의 백성들을 편안하게 해 주신다면, 천하의 백성들은 왕께서 용기를 좋아하지 않는 것을 오히려 걱정할 것입니다."

＊[여기서 하늘이라는 것은 자연의 이치이다. 자연의 이치는 사람과 만물을 낳고 기름에 있어서 두루 함께 살아가고 함께 자라기를 바란다. 그래서 어진 임금은 하늘의 뜻을 따라 두루 함께 살아가고 커 나가게 하는 것을 樂으로 삼는다. 큰 나라가 작은 나라를 길러 주고, 작은 나라가 큰 나라를 섬기는 것은 모두 자연의 이치에 합당한 것이다. 그래서 樂天이라고 하는 것이다. 감히 이 이치를 어기지 않는 것을 畏天이라고 한다. 그 시기를 잘 살피고 하늘의 뜻을 두려워할 줄 아는 자는 곧 智者이다. 지자는 절제하고 법도를 따라 조심하며 함부로 행동하지 않음으로써 한 나라를 보존할 수 있는 것이다.]

2·3 齊宣王問曰 : "交鄰國有道乎?"

孟子對曰 : "有。惟仁者爲①能以大事小, 是故湯事葛, 文王事昆夷。惟智者爲能以小事大, 故太王事獯鬻, 句踐事吳。以大事小者, 樂天者也; 以小事大者, 畏天者也。樂天者保天下, 畏天者保其國。詩云: '畏天之威, 于時保之②。'"

王曰 : "大哉言矣! 寡人有疾, 寡人好勇。"

對曰 : "王請無好小勇。夫撫劍疾視③曰, '彼惡敢當我哉!' 此匹夫之勇, 敵一人者也④。王請大之!

詩云: '王赫斯⑤怒, 爰⑥整其旅, 以遏徂莒, 以篤周祜, 以對于⑦天下。' 此文王之勇也。文王一怒而安天下之民。

書曰: '天降下民, 作之君, 作之師, 惟曰其助上帝寵之⑧。四方有罪無罪惟我在, 天下曷敢有越厥⑨志?' 一人衡行⑩於

> 天下, 武王恥之。此武王之勇也。而武王亦一怒而安天下之
> 民。今王亦一怒而安天下之民, 民惟恐王之不好勇也。"

〈注〉

① 爲(위):惟…爲(是)…의 文形.(강조를 나타낸다).
② 于時保之(우시보지):이에 나라를 안정시키다(於是安其國). 時;是.('時日害喪'(1-2)참조).
③ 疾視(질시):눈을 부릅뜨고 노려보다. 疾;화가 나서 노려보는 모습(副詞).
④ 者也(자야):…따름이다. 語氣助詞 '者'와 '也'를 連用한 것으로, 중점은 也에 있다.
⑤ 赫斯(혁사):赫然과 같다.
⑥ 爰(원):이에(於是).
⑦ 以對于(이대우):以(介詞)의 賓語가 생략되어 있는데, 여기서는 위에서 말한 文王의 태도를 말한다. 對;答하다는 뜻. 于;於(天下各國向周之心)의 뜻.
⑧ 惟曰其助上帝寵之(유왈기조상제총지): 其;명령이나 권유의 語氣를 나타내는 助詞.『集注』에는 이 句가 "惟曰其助上帝, 寵之四方"으로 나뉘어져 있다.
⑨ 厥(궐):其(代詞)와 같다.
⑩ 衡行(횡행): 橫行. 古書에서는 橫이나 衡이 같은 音과 뜻으로 사용된다.(예;衡於慮'(고자下 (12-15)).

2·4 유·연(流連)의 놀이와 황·망(荒亡)한 행동

제 선왕이 별궁인 설궁(雪宮)에서 맹자를 보고 물었다. "덕이 높은 현자(賢者)들도 이러한 것을 즐깁니까?"
맹자께서 대답하셨다.

"그렇습니다. 사람들은 이러한 즐거움을 누릴 수 없으면 그들의 임금을 비난하게 됩니다. 누릴 수 없다고 해서 그들의 임금을 비난하는 것도 잘못이지만, 임금이 되어 백성들과 즐거움을 같이 하지 않는 것도 옳지 않습니다. 백성들의 즐거움을 자기의 즐거움으로 삼는 임금이라면, 백성들도 그 임금의 즐거움을 자신들의 즐거움으로 삼게 됩니다. 백성들의 근심을 자기의 근심으로 삼는 임금이라면, 백성들도 그 임금의 근심을 자신들의 근심으로 삼게 됩니다. 천하의 사람들과 그 즐거움을 같이 하고, 천하의 사람들과 그 근심을 같이 하면서도, 천하의 인심을 자신에게로 귀복시키지 못한 적은 없었습니다.

예전에 제 경공(齊景公)이 안자(晏子)에게 '나는 전부(轉附)와 조무(朝儛)의 산들을 구경하고, 해안을 따라 남쪽으로 가서 낭야(琅邪)에 이르고 싶은데, 내가 어떻게 해야만 선왕(先王)들께서 순유(巡遊)하셨던 모습과 비슷하게 될 수 있겠소?' 하고 물었습니다. 그러자 안자는 이렇게 대답했습니다: '참으로 좋은 질문이십니다. 천자가 제후의 나라로 찾아가는 것을 순수(巡狩)라고 합니다. 순수라고 한 이유는, 제후가 관할지역을 잘 지키고 있는지 어떤지 돌아보는 것이기 때문입니다. 제후가 천자를 찾아가는 것을 술직(述職)이라고 합니다. 술직이라고 한 이유는, 자기의 직무와 관련된 일들을 보고하는 것이기 때문입니다. 이것은 모두 일과 관련된 것들로서, 단순히 놀기 위해 나가는 일은 없었습니다. 봄에는 밭갈고 씨뿌리는 일을 살펴서 가난한 농가에 부족한 것들을 보조해 주고, 가을에는 수확상황을 살펴서 식량이 모자라는 농가에 보조를 해 줍니다. 하(夏) 나라의 민요에,

'[봄철에] 우리 임금께서 와 보시지 않으시면
우리가 어떻게 쉬어 보나
[가을철에] 우리 임금께서 와 보시지 않으시면

우리가 어디서 도움을 받나
우리 임금님의 찾아오시는 모습
제후들이 본받을 법도가 되네'
라고 했습니다.
 그러나 지금은 그렇지 않습니다. 임금이 한 번 시찰나가는데, 수많은 군사들과 사람들을 동원하여 가는 곳마다 양식을 징발해 갑니다. 그렇지 않아도 굶주린 자들이 먹을 것이 없어지고, 고생하는 사람들도 쉴 수가 없습니다. 그러니 모든 사람들은 이를 갈고 눈을 흘기며 원성이 자자하고, 백성들은 몹쓸 짓을 마구 하게 됩니다. [이러한 시찰은,] 하늘의 뜻을 어기고 백성들을 학대하며, 호음폭식(豪飮暴食)으로 음식의 낭비가 물 흐르듯 합니다. 이처럼 유(流), 연(連), 황(荒), 망(亡)한 행위들은 그 왕의 관할 내에 있는 다른 모든 제후들의 걱정거리로 됩니다. [상류에서 하류로,] 흐르는 물을 따라 떠내려 가는 배에 몸을 맡겨서 돌아오기를 잊어버리는 것을 유(流)라 하고, [하류에서 상류로,] 배를 끌게 해서 되돌아 올 줄 모르는 것을 연(連)이라 하며, 사냥에 정신이 빠져 싫증낼 줄 모르는 것을 황(荒)이라 하며, 술에 빠져 모든 것을 잊어 버리는 것을 망(亡)이라 합니다. 예전의 성왕들은 유·연(流連)의 놀이와 황·망(荒亡)한 행위들은 하지 않았습니다. [앞에서 든 것은 업무상의 순행이고, 뒤의 것은 자신의 쾌락만 추구하는 유·연·황·망의 행동들이다.] 왕께서 어떤 방식을 따르시든 그것은 왕께서 실천하기 나름입니다.'라고.
 이 말을 듣고 경공(景公)은 기뻐하면서 먼저 도성 내에서 준비를 철저히 하게 되고, 도성 밖으로 나가 교외에 머물면서 양곡 창고를 열어 가난한 백성들을 구제해 주었습니다. 그리고 악관장(樂官長)을 불러서 말하기를, '나를 위하여 임금과 신하가 함께 즐길 수 있는 노래를 하나 지어 주게!' 하였으니, 그 곡이 바로 치소

(徵招)와 각소(角招)입니다. 그 곡의 가사에는, '임금을 좋아하는 것[畜君]이 무엇이 잘못이랴?'라는 말이 있는데, 축군(畜君)이란 곧 임금을 좋아한다는[好君] 뜻입니다."

[맹자는 제 나라를 중흥한 유능한 군주 景公과 그의 신하 晏子 사이에 있었던 고사를 예로 들어, 화려한 순시행렬과 사치스런 놀이로 인한 재정낭비를 중지하고, 정신을 차려 가난에 허덕이는 백성들을 구제하고 인정을 베풀 것을 간곡하게 타일러 주었다.]

2·4 齊宣王見孟子於雪宮。王曰:"賢者亦有此樂乎?"

孟子對曰:"有。人不得,則非其上矣。不得而非其上者,非也;爲民上而不與民同樂者,亦非也。樂民之樂者,民亦樂其樂;憂民之憂者,民亦憂其憂。樂以①天下,憂以天下,然而不王者,未之有也。

昔者齊景公問於晏子曰:'吾欲觀於轉附、朝儛,遵海而南,放②於琅邪,吾何修而可以比於先王觀也?'

晏子對曰:'善哉問也! 天子適諸侯曰③巡狩。巡狩者,巡所守也。諸侯朝於天子曰述職。述職者,述所職也。無非事者。春省耕而補不足,秋省斂而助不給。夏諺曰:'吾王不遊,吾何以休? 吾王不豫④,吾何以助? 一遊一豫,爲諸侯度。'今也不然:師行而糧食,飢者弗食,勞者弗息。睊睊胥讒⑤,民乃作慝⑥。方命⑦虐民,飲食若流。流連荒亡,爲諸侯憂。從流下而忘反謂之流,從流上而忘反謂之連,從獸無厭謂之荒,樂酒無厭謂之亡⑧。先王無流連之樂,荒亡之行。惟君所行也。'

景公悅,大戒於國,出舍於郊。於是始興發補不足。召大師

曰：'爲我作君臣相說之樂！'蓋徵招角招⑨是也。其詩曰：'畜
君何尤？'畜君者，好君也。"

〈注〉
① 以(이) : 與와 同. … 와 함께(介詞).
② 放(방) : … 에 이르다(至와 同).
③ 曰(왈) : A曰B. A를 B라고 한다. A는 B라는 개념(단어나 말)을 해설하는 것이다. 曰 대신에 爲, 之謂, 謂之를 쓰는 경우도 같다.
④ 豫(예) : 즐겁게 놀다. 行樂하다(遊와 同). 『晏子春秋』「內篇問下」에, "春省耕而補不足者謂之遊, 秋省實而助不給者謂之豫."라 하였다.
⑤ 睊睊胥讒(견견서참) : 睊睊 ; 원한을 품고 눈을 흘겨보는 것. 胥 ; 서로(相). 讒 ; 근거없는 말로 헐뜯는 것. 참소.
⑥ 慝(특) : 사특하다. 사악하다.
⑦ 方命(방명) : 方 ; 거역하다, 위배하다(逆也一朱子). 命 ; 하늘의 뜻. 朱子는 王命이라 했다.
⑧ 亡(망) : 빠지다. 잃다(猶失也一朱子).
⑨ 徵招角招(치소각소) : 徵와 角은 각각 고대의 五音(宮, 商, 角, 徵, 羽)의 하나. 招 ; 舜 임금이 지은 음악(朱子).

2·5 왕도정치와 물욕 및 색욕

제 선왕이 물었다. "사람들이 모두 나에게 명당(明堂)을 헐어 버리라고 하는데, 헐어 버릴까요, 아니면 그대로 둘까요？"
맹자께서 대답하셨다. "명당이란 것은 [德으로 천하를 통일한] 왕자(王者)의 전당(殿堂)입니다. 왕께서 왕도정치를 행하고자 하신다면 그것을 헐지 마십시오."

왕이 물었다. "어떻게 해야 왕도정치를 행할 수 있는지 말씀해 주시겠습니까?"

맹자: "예전에 주 나라 문왕(文王)께서 서백(西伯)으로 계시면서 기(岐)의 땅을 다스릴 때, 다음과 같이 하셨습니다. 농민들에게는 정전법(井田法)을 실시하여 9분의 1의 세금을 부과하고, 공경대부(公卿大夫) 이상의 관직에 있던 사람들에게는 자손 대대로 먹고 살아갈 땅을 내려 주셨습니다. 세관과 시장에서는 입국하는 여행자와 상인들을 검문검색은 하지만 세금은 징수하지 않았습니다. 누구나 방죽을 막고 어량(魚梁)을 놓아 고기를 잡을 수 있게 했으며, 죄를 범하더라도 그 죄를 범한 본인만 처벌할 뿐, 그의 처자식들까지 처벌하지는 않았습니다. 처가 없는 늙은이를 홀아비[鰥]라 부르고, 남편 없는 늙은이를 과부[寡]라 부르고, 자식이 없어 의지가지 없는 늙은이를 외로운 늙은이[獨]라 부르고, 부모 없는 어린애를 고아[孤]라 부릅니다. 이 네 종류의 사람들은 사회에서 곤궁하고 의지가지 없는 자들입니다. 문왕께서는 인정(仁政)을 행하는 데 있어서 반드시 이 네 종류의 사람들을 최우선적으로 돌보아 주셨습니다. 『시경』(小雅·正月)에서도,

'부유한 자들이야 무슨 걱정이냐
외롭고 의지가지 없는 이 자들이 불쌍하구나'

라고 했습니다."

왕: "참으로 좋은 말씀이십니다."

맹자: "만약 왕께서 그 말을 좋게 생각하신다면, 왜 실천하지 않으십니까?"

왕: "나에게는 결점이 있습니다. 나는 재물을 좋아합니다."
[그래서 인정을 행하기 곤란하다.]

맹자: "예전에 명군으로 이름난 주(周)의 공류(公劉)란 사람도 재물을 좋아했습니다. 그에 대해서 『시경』(大雅·公劉)에는 다

음과 같은 시가 있습니다.
  '통가리와 창고에는 양식을 가득 채우고
  전대와 자루에는 말린 밥을 싸서
  백성들 편케 하고 국위(國威)를 드높이려
  활과 화살 둘러메고
  방패와 창과 도끼 높이 쳐들고
  위무(威武)도 당당하게 진군하였네'
라고 했습니다. 남아 있는 노약자들은 창고의 양식을 갖고, 행군하는 장정들은 말린 양식을 담아 가졌으니, 그렇게 하고서야 진군(進軍)을 할 수 있었습니다. 만약 왕께서 재물을 좋아하신다면, 그것을 백성들과 함께 하십시오. 그렇게만 하신다면, 재물을 좋아한다고 해서 무슨 문제가 있겠습니까?"

왕이 말했다. "나에게는 또 한 가지 결점이 있는데, 나는 여자를 좋아합니다."

맹자께서 대답하셨다.

"예전에 문왕(文王)의 조부(祖父)이신 태왕[太王 ; 古公亶父]께서도 여자를 좋아하였는데, 자기 아내를 무척 사랑했습니다. 『시경』(大雅·綿)에는,
  '고공단보(古公亶父)께서는
  새벽 일찍 말을 달려
  빈(邠)땅 서쪽 물가를 따라
  기산(岐山) 밑에 이르셨네
  자기 아내 강(姜)씨와 함께
  그곳에 와서 집터를 살피셨네'
라고 했습니다. 그 당시에는 신랑감을 못찾아 원망하는 노처녀도 없었고, 색시감을 못찾아 외로워 하는 사내도 없었습니다. 만약 왕께서 여자를 좋아하시더라도 백성들과 함께만 하신다면, 그것이

왕도를 실천하여 천하를 통일하는 데 무슨 문제가 되겠습니까?"

2·5 齊宣王問曰:"人皆謂我毀明堂①, 毀諸? 已乎②?"

孟子對曰:"夫明堂者, 王者之堂也。王欲行王政, 則勿毀之矣。"

王曰:"王政可得聞與?"

對曰:"昔者文王之治岐也, 耕者九一, 仕者世祿, 關市譏而不征③, 澤梁無禁, 罪人不孥④。老而無妻曰鰥, 老而無夫曰寡, 老而無子曰獨, 幼而無父曰孤。此四者, 天下之窮民而無告者。文王發政施仁, 必先斯四者。詩云:'哿矣富人, 哀此煢獨⑤。'"

王曰:"善哉言乎!"

曰:"王如善之, 則何爲不行?"

王曰:"寡人有疾, 寡人好貨。"

對曰:"昔者公劉好貨, 詩云:'乃積乃倉⑥, 乃裹餱糧⑦, 于橐于囊⑧。思戢用光⑨。弓矢斯張, 干戈戚揚⑩, 爰方啓行。'故居者有積倉, 行者有裹囊也, 然後可以爰方啓行。王如好貨, 與百姓同之, 於王何有⑪?"

王曰:"寡人有疾, 寡人好色。"

對曰:"昔者太王好色, 愛厥妃。詩云:'古公亶父, 來⑫朝走馬, 率西水滸⑬, 至于岐下, 爰及姜女, 聿來胥宇⑭。'當是時也, 內無怨女, 外無曠夫⑮。王如好色, 與百姓同之, 於王何有?"

〈注〉

① 明堂(명당):원래는 魯 나라의 泰山 밑에 있었으나, 齊 나라에 의

해서 점령당했다. 周의 天子가 동쪽으로 巡狩 와서 태산에 이르면, 明堂에서 하늘에 제사지내고 제후들의 朝觀을 받았다.

② 已乎(이호) : 그만둘까요. 已 ; 止.(動詞).
③ 譏而不征(기이부정) : 기찰은 하되 세금은 거두지 않는다.
④ 不孥(불노) : 孥 ; 원래는 처자식이란 뜻이지만, 여기서는 '처자식까지 함께 처벌한다'(動詞)는 뜻으로 쓰였다.
⑤ 哿矣富人, 哀此煢獨(가의부인, 애차경독) : 哿 ; 괜찮다(可也). 煢 ; 외롭다. 고단하다. 獨 ; 의지할 데가 없다.
⑥ 積倉(적창) : 積 ; 露積. 倉 ; 창고에 곡식을 쌓는 것.
⑦ 裹餱糧(과후량) : 裹 ; 싸다. 포장하다. 餱糧 ; 말린 밥. 즉 乾糧.
⑧ 于橐于囊(우탁우낭) : 橐 ; 전대. 囊 ; 주머니
⑨ 思戢用光(사집용광) : 思 ; 무의미한 語首助詞. 戢 ; 輯과 同. 편안하게 하다(安也. 和也 — 趙岐). 불러 모으다(集也 — 朱子). 用 ; …을 가지고(以). 光 ; 빛내다(光大其國家也 — 朱子).
⑩ 干戈戚揚(간과척양) : 干 ; 방패. 戈 ; 찌르는 창. 戚 ; 도끼의 일종으로 날이 세로로 된 것. 揚 ; 큰 도끼. 一說에는 휘두른다는 뜻으로 해석하고 있다(何楷).
⑪ 於王何有(어왕하유) : 왕에게 있어 안 될 것이 무엇 있겠느냐. 전혀 어려울 게 없다는 뜻이다(趙岐).
⑫ 來(래) : 무의미한 語首詞.
⑬ 率西水滸(솔서수호) : 率 ; 따르다(循也). 滸 ; 물가
⑭ 聿來胥宇(율래서우) : 聿 ; 무의미한 語首詞. 胥 ; 살펴보다. 시찰하다(相視). 宇 ; 집, 집터(居).
⑮ 曠夫(광부) : 결혼하지 못한 남자(曠, 空也 — 朱子).

2·6 국왕이 나라를 잘못 다스릴 때는

맹자께서 제 선왕에게 말씀하셨다. "왕의 신하 중에, 자기 친구에게 처자식을 돌봐 달라고 부탁하고 초(楚) 나라로 놀러간 사람이 있었는데, 돌아와 보니 처자식들이 헐벗고 굶주리고 있었다면, 그런 친구를 어떻게 해야 되겠습니까?"

왕: "그런 자와는 절교해야지요."

맹자: "형벌(刑罰)을 관장하고 있는 사법관(司法官)이 자기 부하들을 잘 다스리지 못한다면, 어떻게 하시겠습니까?"

왕: "파면시켜 버려야지요."

맹자: "[정치가 잘못되어,] 나라 안이 잘 다스려지지 않고 있다면 어떻게 하시겠습니까?"

왕은 시선을 돌려 좌우를 바라보면서 화제를 다른 데로 돌려 버렸다.

> **2·6** 孟子謂齊宣王曰:"王之臣有託其妻子於其友而之楚遊者, 比其反也①, 則②凍餒其妻子, 則如之何?"
> 王曰:"棄之。"
> 曰:"士師③不能治士, 則如之何?"
> 王曰:"已之。"
> 曰:"四境之內不治, 則如之何?"
> 王顧左右而言他。

〈注〉
① 比其反也(비기반야): 돌아왔을 때에. 比;이르러(及也, 至也).

反 ; 돌아오다(返과 同).
② 則(즉) : 일의 결과가 처음에 예상했던 것과 다르게 되어 도저히 어찌 해 볼 수 없는 지경에 이르렀음을 말한다(連詞).
③ 士師(사사) : 고대의 司法官. 그 아래에 鄕士, 遂士 등이 있었다.

2·7 백성들의 소리를 들으라

맹자께서 제 선왕을 뵙고 말씀하셨다. "우리가 평소에 말하는 '고국'(故國)이라는 것은 아름드리 큰 나무가 있는 나라라는 의미가 아니라, 누대(累代)에 걸쳐 공훈(功勳)을 세운 신하들이 있다는 의미입니다. 그런데 왕께서는 지금 참으로 믿을 만한 신하가 없습니다. 과거에 등용하였던 신하들이 지금에 와서는 모두 떠나가 버리고 없다는 사실조차 모르고 계십니다."

왕 : "어떻게 하면 처음부터 그 인물됨이 유능하지 못함을 알고, 그런 자를 쓰지 않을 수 있습니까?"

맹자 : "한 나라의 임금은 현자(賢者)를 골라 써야 합니다. 만약 부득이해서 신진(新進)을 써야 할 경우에는, 비천한 자를 존귀한 사람 위로 발탁하고, 소원한 자를 친근한 자 위로 발탁하는 경우처럼 해야 하는 바, 이런 일에 신중을 기하지 않을 수 있겠습니까? 그러므로 좌우의 모든 근신(近臣)들이 그가 좋은 사람이라고 하더라도 가볍게 믿어서는 안 됩니다. 여러 대부들이 모두 그가 좋은 사람이라고 하더라도 또한 가볍게 믿어서는 안 됩니다. 온 나라 사람들이 모두 입을 모아 그가 좋은 사람이라고 말한 뒤에야 비로소 직접 살펴보시고, 실제로 그가 좋은 사람임을 발견하고 난 다음에야 등용하십시오.

좌우의 모든 근신들이 그 사람은 안 되겠다고 하더라도 그 말을 듣지 마시고, 여러 대부들이 모두 그 사람은 안 되겠다고 하더라도 그 말을 듣지 마십시오. 온 나라 사람들이 모두 입을 모아 그 사람은 안 되겠다고 한 후에야 직접 살펴보시고, 실제로 안 되겠다는 것을 확인한 뒤에야 그를 파면하십시오. 좌우의 근신들이 모두 그 자는 죽여야 한다고 말하더라도 그 말을 듣지 마시고, 여러 대부들이 모두 그 자는 죽여야 한다고 말하더라도 그 말을 듣지 마십시오. 온 나라 사람들이 입을 모아 그 자는 죽여야 한다고 말한 뒤에야 그 사람을 살펴보아서 실제로 죽일 만한 점을 확인하시고 나서 죽이십시오. '온 나라 백성들이 그를 죽인 것이다.'고 말하는 것은 이 때문입니다. 이렇게 하셔야만 백성의 부모가 될 수 있습니다."

2·7　孟子見齊宣王, 曰:"所謂故國者, 非謂有喬木之謂也, 有世臣之謂也。王無親臣矣, 昔者所進, 今日不知其亡①也。"

王曰:"吾何以識其不才而舍之?"

曰:"國君進賢, 如不得已②, 將使卑踰尊, 疏踰戚, 可不愼與? 左右皆曰賢, 未可也;諸大夫皆曰賢, 未可也;國人皆曰賢, 然後察之;見賢焉, 然後用之。左右皆曰不可, 勿聽;諸大夫皆曰不可, 勿聽;國人皆曰不可, 然後察之;見不可焉, 然後去之。左右皆曰可殺, 勿聽;諸大夫皆曰可殺, 勿聽;國人皆曰可殺, 然後察之;見可殺焉, 然後殺之。故曰, 國人殺之也。如此, 然後可以爲民父母。"

〈注〉
① 亡(망):떠나가다(去也―朱子).
② 如不得已(여부득이):부득이 해서 하는 것처럼, 극도로 신중을 기한다는 말(謹之至也―朱子).

2·8 포악한 왕은 왕이 아니다

제 선왕이 물었다. "은의 탕(湯) 임금은 하의 걸왕(桀王)을 내쫓고, 주의 무왕(武王)은 은의 주왕(紂王)을 정벌하였다는데, 사실입니까?"

맹자께서 대답하셨다. "사적(史籍)에 그런 기록이 있습니다."

왕 : "신하가 자기 임금을 시해(弑害)하는 일이 있을 수 있습니까?"

맹자 : "인애(仁愛)를 파괴하는 자를 '적'(賊)이라 부르고, 도의(道義)를 파괴하는 자를 '잔'(殘)이라 부릅니다. 잔적(殘賊)한 자를 독부(獨夫)라 부릅니다. 우리는 주의 무왕이 독부인 주(紂)를 죽였다는 말은 들었으나, 신하가 임금을 죽였다는 말은 듣지 못했습니다."

[맹자는 어떠한 군주이든 간에 임금으로서의 덕을 지니지 못하고 포악무도하게 구는 경우에는 민심이 그로부터 이탈하는데, 그렇게 되면 임금으로서의 실질적인 자격이 없어지고 고립된 한 사내[一夫]에 불과하게 된다는 견해에서, 독부인 주(紂)를 죽였을 따름이라고 한 것이다. 여기에서 우리는, 백성의 지지를 받지 못하는 왕은 왕이 아니라는 맹자의 民本主義 思想의 일단을 볼 수 있다.]

> **2·8** 齊宣王問曰:"湯放桀①, 武王伐紂②, 有諸?"
> 孟子對曰:"於傳有之。"
> 曰:"臣弑其君, 可乎?"
> 曰:"賊仁者謂之'賊', 賊義者謂之'殘'。殘賊之人謂之'一夫'。聞誅③一夫紂矣, 未聞弑君也。"

〈注〉
① 湯放桀(탕방걸) : 湯 임금은 殷의 開國之君. 夏 나라의 桀王이 포악한 정치를 하였으므로 湯이 그를 정벌하고 南巢의 땅으로 유배 보냈다고 한다.
② 武王伐紂(무왕벌주) : 殷의 紂王이 포악무도하여 周의 武王이 그를 치자, 스스로 몸에 불을 질러 자살했다고 한다.
③ 弑,誅(시, 주) : 弑 ; 신하가 도리에 어긋나게 자기 임금을 죽이고, 자식이 그 부모를 죽였을 때 쓰는 말이고, 誅 ; 죄를 지은 자를 正義에 합당하게 죽일 때 쓰는 말이다.

2·9 옥돌은 옥장이에게 맡겨야 한다

맹자께서 제 선왕을 만나 말씀하셨다.
"큰 집을 지으려면 반드시 공장(工匠) 우두머리를 시켜서 큰 재목을 구해 오도록 할 것입니다. 그가 큰 재목을 구해 오면 왕께서는 기뻐하면서, 그는 맡은 바 임무를 다 해낼 수 있었다고 생각합니다. 그런데 어떤 목공(木工)이 그 나무를 너무 잘게 쪼개어 버린다면, 왕께서는 화를 내시면서, 그는 자기의 책임을 제대로 감당해 내지 못했다고 생각하게 됩니다.
사람이 어려서부터 배우는 것은 장성한 뒤에 그 배운 것을 실행하기 위해서입니다. 그런데 왕께서 그에게, '잠시 네가 배운 것을 덮어 두고 내 말대로 따르라.'고 하신다면, 어떻게 되겠습니까? 가령 여기에 다듬지 않은 옥돌이 있다면, 비록 그것이 아무리 값비싼 것일지라도, 반드시 옥장이를 시켜서 다듬게 할 것입니다. 그런데 나라를 다스리는 데 이르러서는, [정치를 전문으로 배운 정치가에게,] '잠시 네가 배운 것을 내버려 두고 내 말대로 따르라.'고 말합니다. 이것은 옥장이에게 왕의 방식대로 옥을 다듬도록 시키는 것과 무엇이 다르겠습니까?"

[훌륭한 정치인은 자신이 배운 옳바른 뜻을 펼치고 싶어하는데, 어리석은 당시의 군주는 그의 뜻을 굽히고 자신의 탐욕적 계책을 따르도록 강요하는 점을 한탄하신 것이다.]

> **2·9**　孟子見齊宣王, 曰 : "爲巨室①, 則必使工師②求大木。工師得大木, 則王喜, 以爲能勝其任也。匠人斲③而小之, 則王怒, 以爲不勝其任矣。夫人幼而學之, 壯而欲行之, 王曰, '姑舍女所學而從我', 則何如？ 今有璞玉④於此, 雖萬鎰⑤, 必使玉人彫琢之。至於治國家, 則曰, '姑舍女所學而從我', 則何以異於敎玉人彫琢玉哉？"

〈注〉
①室(실) : 옛날에는 室이나 宮이나 모두 일반 가옥, 집의 뜻으로 사용되었다. 宮이 임금이 사는 집(궁궐)의 뜻으로 사용되기 시작한 것은 秦, 漢 이후부터이다.
②工師(공사) : 관직명. 각종 工匠을 주관한다.
③斲(착) : 깎다.
④璞玉(박옥) : 돌 속에 박혀 있는 玉. 다듬지 않은 玉.
⑤萬鎰(만일) : 一鎰(또는 溢)은 20兩. 萬鎰은 그 양이 많음을 가리키는 것이 아니라, 그 귀중함을 가리킨다.

2·10　다른 나라를 병탄(倂呑)해도 되는 경우

제 나라 사람들이 연(燕) 나라를 쳐서 이겼다. 그러자 제 선왕이 물었다. "어떤 사람은 나에게 연 나라를 병탄(倂呑)하지 말라고 하고, 어떤 사람은 나에게 연 나라를 병탄해 버리라고 합니다.

만승(萬乘)의 대국인 제 나라가 마찬가지로 만승의 대국인 연을 쳐서 50일만에 점령해 버렸으니, 이것은 사람의 힘으로는 될 수 없는 일입니다. 우리가 만약 연 나라를 병탄하지 않는다면, [하늘의 뜻을 어겼다고 해서,] 도리어 하늘이 재앙을 내릴 것입니다. 병탄해 버리는 것이 어떨까요?"

맹자께서 대답하셨다.

"연 나라를 병탄해서 연 나라 백성들이 기뻐한다면 병탄해 버리십시오. 옛날 성인들 가운데 그렇게 하셨던 분이 있으니, 그가 바로 주의 무왕(武王)입니다. 병탄해서 연 나라 백성들이 기뻐하지 않는다면 병탄하지 마십시오. 옛날 성인들 가운데 그렇게 하셨던 분이 있으니, 그가 바로 주의 문왕(文王)입니다. 만승의 대국인 제 나라가 만승의 대국인 연 나라와 싸우는데, 저쪽 백성들이 대그릇에는 밥을 담고, 병에는 식혜를 담아 왕의 군대를 환영한다면, 여기에 어찌 다른 이유가 있겠습니까? 그것은 단지 학정(虐政)의 물불을 피하려는 것입니다. 그런데 만약 [제 나라의 학정이 더 심하여] 그 피하려던 물이 더 깊고, 피하려던 불이 더 뜨겁다면, 그것은 [통치자가 연 나라에서 제 나라로] 옮겨진 것에 지나지 않습니다."

> **2·10**　齊人伐燕, 勝之。宣王問曰:"或謂寡人勿取, 或謂寡人取之。以萬乘之國伐萬乘之國, 五旬而舉之, 人力不至於此①。不取, 必有天殃②。取之, 何如?"
>
> 孟子對曰:"取之而燕民悅, 則取之。古之人有行之者, 武王是也。取之而燕民不悅, 則勿取。古之人有行之者, 文王是也。以萬乘之國伐萬乘之國, 簞食壺漿③以迎王師, 豈有他哉? 避水火也。如水益深, 如火益熱, 亦運而已矣④。"

〈注〉

① 人力不至於此(인력부지어차) :『史記』「燕世家」에는 그 당시의 상황이 이렇게 적혀 있다. "병사들은 싸우려 하지 않고, 城門은 닫히지가 않았다. 燕王 噲(쾌)가 죽자 齊 나라는 연 나라와 싸워서 크게 이기니, 子之는 도망쳤다." 그래서 齊 나라가 크게 이길 수 있었던 것이니, 이는 사람의 힘만으로 될 수 있는 것이 아니었다는 뜻이다.

② 不取, 必有天殃(불취, 필유천앙) :『國語』「越語篇」에는, "得時無怠, 時不再來. 天與不取, 反爲之災."란 말이 있다. 하늘이 주는데도 받지 않으면, 반드시 하늘의 재앙이 따른다는 생각이 당시에 유행하였던 것 같다.

③ 簞食壺漿(단사호장) : 簞;대나무로 만든 밥을 담는 그릇. 食(사);밥. 漿;밥을 푹 익혀서 신맛이 나게 한 즙, 즉 식혜의 일종으로(국이나 장이 아니다), 이것을 술 대용으로 마셨다.

④ 亦運而已矣(역운이이의) : 亦;단지(祇也). 運;옮기다(轉也). 朱子는 이것을, "백성들은 또다시 다른 왕에게로 옮겨가서 그로부터 구원받고자 할 것이다."라고 하였으나, 亦(단지)과 而已矣(… 한 것에 지나지 않는다)가 나타내는 語氣와 일치하지 않는다(楊伯峻).

2·11 악(惡)을 징벌하되 그 재물을 탐내지는 말아야

제 나라가 연 나라를 쳐서 병탄해 버렸다. 그러자, 제후들이 연 나라를 구조할 방책을 의논했다.

선왕(宣王)이 물었다. "많은 나라들이 나를 치려고 의논하고 있는데, 어떻게 대처하면 좋겠습니까?"

맹자께서 대답하셨다.

"저는 사방 칠십 리의 소국으로서 천하를 통일한 사람이 있다는 말은 들어 본 적이 있습니다. 그가 곧 은(殷) 나라의 탕(湯) 임금입니다. 그러나 사방 천 리나 되는 대국으로서 다른 나라들을 두려워한 사람이 있었다는 말은 들어 본 적이 없습니다. 『서경』에, '탕(湯) 임금의 정벌은 갈(葛) 나라에서부터 시작되었다.'고 했습니다. 온 천하 사람들은 모두 그를 신뢰했기 때문에, 동쪽으로 진군(進軍)하면 서쪽 나라 사람들이 원망하고, 남쪽으로 진군하면 북쪽 나라 사람들이 원망하면서, '왜 우리는 뒤로 미루는가?' 하고 말했습니다. 이처럼 백성들은 탕 임금 기다리기를 마치 오랜 가뭄에 비구름과 무지개를 기다리듯 하였습니다. 〔탕 임금이 자기들을 해치지 않을 줄로 믿어 의심치 않았기 때문에,〕 장사하는 사람들은 평소처럼 장사하였고, 농사짓는 사람들은 평소처럼 들에 나가 일했습니다. 오직 포악한 임금만을 죽이고 박해받던 그 백성들을 위로해 주었으므로, 그가 온다는 것은 마치 하늘이 때맞추어 비를 내리는 것과 같았으며, 따라서 백성들은 매우 기뻐했습니다. 『서경』에서는 또, '우리 임금님을 기다렸는데, 그가 오셨으니, 이제 우리는 살겠구나.'라고 하였습니다. 지금 연 나라 왕이 자기 백성들을 학대하고 있을 때 왕께서 가서 그를 정벌하시니, 연 나라의 백성들은 왕께서 장차 그들을 물과 불의 재난으로부터 구원해 줄 것으로 생각하여, 대그릇에는 밥을 담고 병에는 식혜를 담아 들고 와서 왕의 군대를 환영하였던 것입니다. 그런데도 왕께서는 그들의 부형을 죽이고, 그들의 자제들을 꽁꽁 묶어 끌어가고, 그들의 종묘와 사당을 헐어 버리고, 그 나라의 귀중한 기물(器物)들을 가져 갔으니, 어찌 그럴 수 있습니까? 천하의 모든 나라들은 원래 제 나라가 강대해지는 것을 두려워하고 있었는데, 이제 또 다시 그 땅을 두 배로 넓히고, 그러고서도 인정(仁政)은 베풀지 않고 있으니, 이 때문에 여러 나라의 군대가 동원되는 것입니다. 왕께서는 급히 명령을 내리시어, 남녀 노소의 모든 포로들을 돌려 보내고, 연 나라의 귀중한 기물들을 옮기던 일을 중지하고, 연 나라의 인사들과 협상하여 새 왕을 뽑아 세운 뒤에 연 나라에서 물러나십시오. 그렇게 한다면 [여러 나라의 군대동원을] 사전에 막을 수 있을 것입니다."

> 2·11 齊人伐燕, 取之。諸侯將謀救燕。宣王曰:"諸侯多謀伐寡人者, 何以待之?"
> 孟子對曰:"臣聞七十里爲政於天下者, 湯是也。未聞以千里畏人者也。書曰:'湯一征, 自葛始①。'天下信之, 東面而征, 西夷怨;南面而征, 北狄怨, 曰:'奚爲後我?'民望之, 若大旱之望雲霓②也。歸市者不止, 耕者不變, 誅其君而弔③其民, 若時雨降。民大悅。書曰, '徯我后④, 后來其蘇⑤。'今燕虐其民, 王往而征之, 民以爲將拯己⑥於水火之中也, 簞食壺漿以迎王師。若殺其父兄, 係累其子弟, 毁其宗廟, 遷其重器⑦, 如之何其可也? 天下固畏齊之强也, 今又倍地而不行仁政, 是動天下之兵也。王速出令, 反其旄倪⑧, 止其重器, 謀於燕衆, 置君而後去之, 則猶可及止也。"

〈注〉
① 湯一征, 自葛始(탕일정, 자갈시):이 文은 등문공下(6-5)에서는 '湯始征, 自葛載'로 되어 있다. 一은 곧 '始'의 뜻이다.
② 雲霓(운예): 霓;무지개. 朱子는, '구름이 모이면 비가 오고, 무지개가 보이면 비가 그친다.'고 하였다. 그러나 여기서 말하는 무지개는 아침 무렵에 서쪽에서 나타나는 무지개로, 이것은 비가 올 징조이다. 무지개가 저녁 무렵에 동쪽에서 나타나면, 그것은 비가 그친다는 징조가 되는데, 큰 가뭄에 비가 그치기를 바란다는 것은 부자연스럽다.

③ 弔(조) : 위로하다.
④ 徯我后(해아후) : 徯 ; 기다리다(待也). 后 ; 임금(君).
⑤ 后來其蘇(후래기소) : 其 ; 將, 且, 行과 마찬가지로, 행위가 장차 발생하려 함을 나타내는 時間副詞. 蘇 ; 소생하다(復生).
⑥ 拯己(증기) : 자기들을 구원해 주다.
⑦ 重器(중기) : 귀중한 器物. 寶器.
⑧ 旄倪(모예) : 旄 ; 耄(모)와 同. 80~90세의 노인을 말한다. 倪 ; 小兒. 旄倪는 곧 남녀노소의 뜻이다.

2·12 자기가 지은 악(惡)은 자기에게로 돌아간다

추(鄒) 나라와 노(魯) 나라가 싸움을 벌였다. 그러자 추 나라의 목공(穆公)이 맹자께 물었다. "지난 번의 충돌로 나의 책임자급 관리들로 희생된 자가 33인이나 되는데, 백성들 중에 그들을 위해 죽은 자는 아무도 없었습니다. 그렇다고 그들을 죽여 버리자니 그 많은 자들을 모조리 다 죽일 수도 없고, 죽이지 않고 살려 두자니, 자신들의 상관이 죽어가는 모습을 빤히 보고서도 구하려 하지 않았던 그 소행(所行)이 실로 얄밉기 짝이 없습니다. 어떻게 하면 좋겠습니까?"

맹자께서 대답하셨다.

"흉년으로 기근이 든 해에 왕의 백성들은, 노약자(老弱者)들의 버려진 시체가 산골짜기나 들판에 굴러다니고, 젊은 사람들은 먹을 것을 찾아서 사방으로 떠나가 버렸는데, 그런 자들이 천 명 가까이나 되었습니다. 그런데도 왕의 양곡창고에는 곡식이 가득 차 있었고, 재화를 넣어 두는 창고에는 온갖 재보(財寶)들이 가득 차 있었습니다. 그런 상황에서도 왕의 담당 관리들 중에 이런 처참한 사정을 왕께 보고하는 자가 하나도 없었으니, 이는 곧 높은 지위에 있는 자가 백성들에게 무관심하고 그들을 잔인하게 다룬 것입니다. 증자(曾子)께서 일찍이 말씀하시기를, '조심하고 또 조심하여라. 네가 다른 사람에게 하는 그대로 다른 사람도 네게 그렇게 할 것이다.'라고 했습니다. 왕의 백성들은 지금에야 보복할 기회를 갖게 되었던 것입니다. 왕께서는 그들을 책망하지 마십시오! 왕께서 만약 어진 정치만 펴신다면, 백성들은 자연히 윗사람들을 친애하게 될 것이며, 자기들의 상관을 위해서 기꺼이 목숨을 바치게 될 것입니다."

> **2·12** 鄒與魯鬨①。穆公問曰:"吾有司②死者三十三人, 而民莫之死③也。誅之, 則不可勝誅; 不誅, 則疾視其長上之死而不救④, 如之何則可也?"
>
> 孟子對曰:"凶年饑歲, 君之民老弱轉⑤乎溝壑, 壯者散而之四方者, 幾⑥千人矣; 而君之倉廩實, 府庫充, 有司莫以告, 是上慢而殘下也。曾子曰:'戒之戒之! 出乎爾者, 反乎爾者也。'夫民今而後得反⑦之也。君無尤焉! 君行仁政, 斯民親其上, 死其長矣。"

〈注〉

① 鬨(홍): 전쟁하다. 교전하다.
② 有司(유사): 책임자급 관리(有關官吏). 옛날에는 직업군인과 일반 관리 사이의 구별이 없었고, 전쟁시에는 관리들이 장교 역할을 하였다.
③ 莫之死(막지사): 莫死之의 도치. 死之; 그들(有司)을 위해서 죽다. (이 章 끝의 '死其長'과 같은 형식의 文이다).
④ 疾視其長上之死而不救(질시기장상지사이불구): 이 文에서 疾(미워하다, 원망하다)은 主語(我, 穆公)에 속한 動詞이고, (民)視其長上之死而不救는 賓語(句)이다. 이때의 疾은 『論語』「衛靈

公篇」, 15의 "君子疾沒世而名不稱焉'의 疾과 그 뜻과 용법이 동일하다.
⑤ 轉(전) : 시체가 굴러다니다(轉尸).
⑥ 幾(기) : 거의. 가깝다. 幾千은 千에 가깝다는 뜻이지, 몇천이나 된다는 뜻이 아니다.
⑦ 反(반) : 보복하다.

2·13 백성들과 함께 지킨다

등 문공(滕文公)이 물었다. "등 나라는 약소국인데, 초(楚) 나라와 제(齊) 나라 사이에 끼여 있으니, 제 나라를 섬겨야 합니까, 초 나라를 섬겨야 합니까?"

맹자께서 대답하셨다.

"이 문제는 저의 능력으로는 해결할 수 없습니다. 그러나 굳이 말씀드려야 한다면, 한 가지 방법이 있습니다. 이곳 성 둘레에 못을 깊게 파고 성을 견고하게 쌓아서, 백성들과 함께 지키되, 죽으면 죽었지 백성들이 이곳을 떠나려 하지 않는다면, 이것은 한번 해 볼만한 방법입니다."

> **2·13** 滕文公問曰:"滕, 小國也, 間於齊、楚。事齊乎? 事楚乎?
> 孟子對曰:"是謀非吾所能及也。無已, 則有一焉① : 鑿斯池②也, 築斯城也, 與民守之, 效③死而民弗去, 則是可爲也。"

〈注〉
① 無已, 則有一焉(무이, 즉 유일언) : 꼭 말해야 한다면, 한 가지

길은 있다. 無已;'不得已'의 뜻으로 쓰이고 있다. (양혜왕上
(1-7)참조).
② 池(지): 城池. 성 둘레에 판 濠.
③ 效(효): 바치다. (목숨을) 바치다.

2·14 선(善)을 행할 뿐, 결과는 하늘에 맡겨야

등 문공이 물었다. "제 나라 사람들이 설(薛) 땅에다 성(城)을 쌓으려 하고 있어서 저는 몹시 겁이 납니다. 어떻게 하면 좋겠습니까?"

맹자께서 대답하셨다.

"옛날에 대왕(大王;古公亶父)께서 빈(邠) 땅에 사실 때에, 북방의 이민족인 적인(狄人)들이 침공해 왔습니다. 그러자 그는 그곳을 버리고 기산(岐山) 밑으로 가서 자리를 잡으셨습니다. 그것은 대왕께서 자발적으로 그곳을 골라 자리를 잡게 된 것이 아니라, 부득이 해서 그렇게 한 것입니다. 만약 군주가 인정(仁政)만 행할 수 있다면, [비록 그 자신은 성공하지 못하더라도,] 그 후대 자손들 가운데서 반드시 천하를 다스릴 제왕이 나오게 될 것입니다. 군자(君子)가 공업(功業)을 세워 그것을 자손에게 물려 주는 것은, 자손 대대로 그것을 계승해 나갈 수 있도록 하기 위해서입니다. 그러나 그것이 성공하느냐 않느냐는 하늘의 뜻에 달려 있습니다. 왕께서 제 나라 사람들을 어찌하겠습니까? 힘써 인정을 베풀도록 노력할 따름입니다."

2·14 滕文公問曰:"齊人將築薛, 吾甚恐, 如之何則可?"

孟子對曰:"昔者大王居邠, 狄人侵之, 去之①岐山之下居焉。非擇而取之, 不得已也。苟爲善, 後世子孫必有王者矣。君子創業垂統, 爲可繼也。若夫②成功, 則天也。君如彼何③哉? 强④爲善而已矣。"

〈注〉
① 去之(거지) : 그곳(邠)을 떠나다. 之;장소를 표시하는 代詞.
② 若夫(약부) : …에 이르러서는(至于). 轉折連詞.
③ 如彼何(여피하) : 如……何의 構文으로, 그들(齊人)을 어찌 하겠는가? 如에는 처리하다. 상대하다는 뜻이 담겨 있다.
④ 强(강) : 힘써(副詞).

2·15 대왕(大王)은 백성들을 위해서 땅을 버렸다

등 문공이 물었다. "등은 소국입니다. 있는 힘을 다해서 주위의 대국(大國)들을 섬겨도 그 화를 면할 길이 없으니, 어떻게 하면 좋겠습니까?"

맹자께서 대답하셨다.

"옛날에 대왕(大王)께서 빈(邠) 땅에 사실 적에, 북방 이민족인 적인(狄人)들이 침공해 왔습니다. 대왕께서는 모피와 비단을 바쳐 가며 그들을 섬겼지만, 그들은 침공을 멈추지 않았습니다. 명견(名犬)과 명마(名馬)를 바쳐 가며 섬겼지만, 그들은 역시 침공을 멈추지 않았습니다. 또다시 진주와 보옥(寶玉)을 바쳐 가며 섬겼지만, 역시 적인들은 침공을 멈추지 않았습니다. 마침내 대왕께서는 빈의 땅에 사는 어른들을 불러 모아 놓고서, '적인들이 바라는 것은 우리의 땅이다. 내가 들은 바로는, 군자는 사람을 기르는 물건[땅] 때문에 사람들이 해를 입게 하지는 않는다고 했다. 너희들은 어찌 임금 없음을 걱정하느냐? 나는 이곳을 떠날 것이다.'라고 말하고 빈 땅을 떠나, 양산(梁山)을 넘어, 기산(岐山) 아래에 가서 성을 쌓고 살았습니다. 빈 땅 사람들이, '이 분이야말로 어진 분이다. 놓쳐서는 안 된다.'라고 말하면서 그를 따라 간 자들이 장(場)을 이루듯이 많았습니다. 그러나 어떤 사람들은, '이곳 땅은 조상 대대로 물려받은 것이므로, 우리 마음대로 버릴 수는 없다. 죽는 한이 있어도 이곳을 떠나서는 안 된다.'라고 말했습니다. 왕께서는 이 두 가지 길 가운데 어느 하나를 선택하십시오."

2·15　滕文公問曰："滕, 小國也；竭力以事大國, 則不得免焉①, 如之何則可？"

孟子對曰："昔者大王居邠, 狄人侵之。事之以皮幣②, 不得免焉；事之以犬馬, 不得免焉；事之以珠玉, 不得免焉。乃屬③其耆老④而告之曰：'狄人之所欲者, 吾土地也。吾聞之也：君子不以其所以養人者害人。二三子何患乎無君？我將去之。'去邠, 踰梁山, 邑⑤于岐山之下居焉。邠人曰：'仁人也, 不可失也。'從之者如歸市。或曰：'世守也, 非身⑥之所能爲也。效死勿去。'君請擇於斯二者。"

〈注〉

① 不得免焉(부득면언) : 그것에서 벗어날 수 없다.　焉；介詞 겸 代詞로서 於是, 於之에 해당하고, 동사나 형용사 뒤에서 補語가 된다.

② 皮幣(피폐) : (여우나 오소리 털로 만든) 갖옷과 비단

③ 屬(촉) : 모으다. 집합시키다.

④ 耆老(기로) : 『禮記』「曲禮」에 의하면, "六十曰耆, 七十曰老"라

하였다. 耆老는 노인을 가리키는 총칭이다.
⑤ 邑(읍) : 城邑을 쌓다(動詞).
⑥ 身(신) : 여기서는 本身(名詞). 등문공 下(6-10)의, '彼身織屨'에 서의 身은 몸소(副詞)란 뜻으로 사용되고 있다.

2·16 노군(魯君)을 만나지 못한 것은 하늘의 뜻이다

노 평공(魯平公)이 외출(外出)하려 하고 있는데, 임금의 총애를 받고 있는 장창(臧倉)이 여쭈웠다. "평소에는 나가실 때 반드시 담당자에게 가실 곳을 말씀해 주셨습니다. 그런데 지금은 수레 준비가 다 되었는데도, 담당 신하들이 가시는 곳을 모르고 있습니다. 말씀해 주시기 바랍니다."

평공이 말했다. "맹자를 만나 보려 한다."

장창 : "임금께서 몸을 낮추어 필부(匹夫)를 먼저 찾아가는 이유가 무엇입니까? 맹자를 어진 사람이라 생각하고 계십니까? 어진 사람이라면 반드시 예의(禮義)의 모범을 보여야 합니다. 그러나 맹자는 나중에 치른 모친상을 먼저 치른 부친상보다 훨씬 성대하게 치렀습니다. [이처럼 예의를 어긴 것을 보면, 그는 어진 사람이 아니다.] 임금께서는 그를 찾아가지 마십시오."

평공이 말했다. "좋아! 그렇게 하지."

맹자의 제자이자 평공의 신하인 악정자(樂正子)가 들어가서 평공을 만나뵙고 물었다. "임금께서는 왜 맹자를 만나보지 않으십니까?"

왕 : "어떤 자가 나에게 이르기를, '맹자는 나중에 치른 자기 모친상을 먼저 치른 부친상보다 훨씬 더 성대하게 치렀다.'고 하기에, [예법을 아는 어진 사람이 아니라고 생각하여,] 만나러 가는

것을 그만두었다."

악정자: "더 성대하게 치렀다니, 그게 무슨 뜻입니까? 부친상을 치를 때에는 사(士)의 신분에 맞는 예로써 하였고, 모친상을 치를 때에는 대부(大父)의 신분에 맞는 예로써 한 것을 말합니까? 부친상을 치를 때는 사(士)의 신분에 맞게 삼정(三鼎)에 제물을 진설(陳設)하였고, 모친상을 치를 때에는 대부의 신분에 맞게 오정(五鼎)에 제물을 진설하였던 것을 말합니까?"

왕: "아니다. 속의 관과 밖의 관, 그리고 수의(壽衣)가 너무 좋았다는 말이다."

악정자: "그것은 지나친 것이 아닙니다. 빈(貧)과 부(富)의 차이입니다. [부친상을 치를 때는 가난하였고, 모친상을 치를 때는 부유했다.]"

악정자가 맹자를 만나서 말했다. "제가 임금께 여쭈어 보았더니, 임금께서는 선생님을 찾아 뵐 작정이었습니다. 그런데 임금의 총애를 받고 있는 장창이라는 자가 임금을 막았습니다. 그래서 임금께서 오실 수 없게 된 것입니다."

맹자: "어떤 사람이 어떤 일을 하게 되는 것은, 그로 하여금 그 일을 하도록 시키는 어떤 힘이 있어서이고, 그 일을 할 수 없게 되는 것은, 그로 하여금 그 일을 못하도록 막는 어떤 힘이 있어서이다. 하거나 하지 못하는 것은 사람의 힘만으로 되는 것이 아니다. 내가 노(魯) 나라 임금을 만나지 못한 것은 하늘의 뜻이다. 장가(臧哥) 따위 소인배가 어찌 내가 노 나라 임금을 만나지 못하도록 할 수 있겠느냐?"

2·16 魯平公將出, 嬖人臧倉者請曰:"他日君出, 則必命有司所之。今乘輿①已駕矣, 有司未知所之, 敢請。"

公曰:"將見孟子。"

曰:"何哉, 君所爲輕身以先於匹夫者? 以爲賢乎? 禮義由賢者出; 而孟子之後喪踰前喪②。君無見焉!"

公曰:"諾。"

樂正子入見, 曰:"君奚爲不見孟軻也?"

曰:"或告寡人曰:'孟子之後喪踰前喪', 是以不往見也。"

曰:"何哉, 君所謂踰者? 前以士, 後以大夫③; 前以三鼎, 而後以五鼎④與?"

曰:"否; 謂棺椁衣衾⑤之美也。"

曰:"非所謂踰也, 貧富不同也。"

樂正子見孟子, 曰:"克⑥告於君, 君爲⑦來見也。嬖人有臧倉者沮君, 君是以不果⑧來也。"

曰:"行或使之; 止或尼⑨之。行止, 非人所能也。吾之不遇魯侯, 天也。臧氏之子焉能使予不遇哉?"

〈注〉

① 乘輿(승여): 임금이 타는 수레.
② 後喪踰前喪(후상유전상): 後喪;맹자의 母親喪. 前喪;맹자의 父親喪.
③ 以士, 以大夫(이사, 이대부): 부친상은 士禮에 따라서, 모친상은 大夫禮에 따라서 치루었음을 말한다.
④ 三鼎五鼎(삼정오정): 鼎은 고대의 제사용 器物로서, 여기에 제물을 담아 제사지냈다. 『禮記』에 의하면, 三鼎의 내용물은, 첫째 鼎에는 소나 양, 둘째 鼎에는 생선, 셋째 鼎에는 사냥해서 잡은 짐승의 고기를 담는다. 五鼎의 내용물은 양, 돼지, 자른 고기, 생선, 사냥해서 잡은 짐승의 고기를 담는다. 그리고 『公羊傳』에 의하면, 제사의 禮는, 天子는 九鼎, 제후는 七鼎, 卿大夫는 五鼎, 元士는 三鼎으로 정해져 있었다.

⑤ 棺槨衣衾(관곽의금) :   棺;내관. 槨;외관. 衣衾;죽은 자를 염할 때 쓰는 옷. 棺槨衣衾은 죽은 사람을 장사지낼 때 쓰는 일체의 器物이란 뜻이다.
⑥ 克(극) : 樂正子의 이름
⑦ 爲(위) : '장차…하려 한다'는 뜻의 副詞. (將과 同).
⑧ 不果(불과) :   果;과연(表態副詞). 예상과 결과가 일치할 때에 果라 하고, 양자가 일치하지 않을 때에 不果라 한다.
⑨ 尼(니) : 중지시키다. 멈추게 하다(止也―高誘).

3.
공公 손孫 추丑 上

3·1 어찌 나를 관중과 안자와 비교하려 하는가

맹자의 제자인 공손추가 물었다. "만약 선생님께서 제 나라에서 요직을 맡게 되신다면, 관중(管仲)과 안자(晏子)가 세웠던 공적을 다시 세우실 수 있겠습니까?"

맹자께서 말씀하셨다. "자네는 정말로 제 나라 사람이군, 관중과 안자만 알고 있는 것을 보니. 어떤 사람이 증서[曾西 ; 曾子의 아들]에게 물은 적이 있네, '선생과 자로(子路)를 비교하면 누가 더 훌륭하지요?'라고. 그러자 증서는 거북해 하면서, '그 분은 나의 선친께서도 존경하셨던 분이오.'라고 말했다. 그 사람이 다시, '그러면 선생과 관중을 비교하면 누가 더 훌륭하지요?'라고 묻자, 증서는 화를 내면서, '자네는 어찌하여 나를 드디어 관중 따위와 비교하려 드는가? 관중은 제 환공의 신임을 그토록 독차지하여, 국정(國政)을 그처럼 오랫동안 도맡아 처리했는데도, 공적이 그토록 보잘것 없었다. 자네는 어찌하여 나를 드디어 그런 자와 비교하려 드는가?' 하였네."

잠시 후 맹자께서는 계속하여 말씀하셨다. "관중은 증서조차도 비교되기 싫어한 인물이었다. 그런데도 자네는 내가 관중처럼 되고 싶어하리라고 생각하느냐?"

공손추 : "관중은 환공을 도와 그로 하여금 패업(霸業)을 성취하게 했고, 안자는 경공(景公)을 보좌해서 그가 제후들 사이에서 이름을 떨치게 했습니다. 그런데도 관중과 안자는 본받을 만한 인물들이 아니란 말입니까?"

맹자 : "제 나라가 천하를 통일하기는 손바닥을 뒤집는 것만큼이나 쉬운 일이었다."

공손추 : "그렇게 말씀하시니 저는 더욱 의혹이 생깁니다. 하물며 문왕(文王)처럼 덕이 있고, 백 세나 사시면서 인정(仁政)을 베푸신 분도 그 교화가 널리 천하에 미치게 하지는 못했습니다. 무왕(武王)과 주공(周公)께서 그의 사업을 계승하고 나서야 겨우 왕도(王道)가 대대적으로 행하여졌습니다. 선생님께서는 지금 천하를 통일하는 것이 그처럼 쉬운 일인 듯 말씀하셨는데, 그렇다면 문왕도 본받을 만하지 않다는 말입니까?"

맹자 : "문왕과 어찌 비교할 수 있겠느냐? [그 당시의 역사적 상황을 보면,] 은(殷) 나라는 탕(湯) 임금에서 무정(武丁)에 이르기까지 현명한 군주가 예닐곱 분이나 나왔으며, 그리고 천하의 백성들이 은 나라에 귀순한 지도 이미 오래 되었으니, 그처럼 오랜 시간이 지나면 세상을 뒤바꾼다는 것은 매우 어려운 법이다. 그래서 무정이 제후들의 조회를 받고 천하를 보존하기는 마치 그것을 손바닥 안에 넣고 움직이는 것처럼 쉬웠다. 주(紂)왕은 무정의 시대로부터 그리 오래 되지 않았으므로, 당시에는 아직도 훈구세가(勳舊世家)들과 좋은 풍속들이 남아 있었으며, 전해져 내려오는 아름다운 기풍과 어진 정치의 교화가 그때까지 남아 있었다. 그리고 또 미자(微子), 미중(微仲), 왕자 비간(王子比干), 기자(箕子), 교격(膠鬲) —— 이들은 모두 어질고 덕이 있는 분들이었다 —— 등이 힘을 합쳐 그를 보좌해 주었기 때문에, 상당히 오랜 세월이 지난 다음에야 나라를 잃어 버리게 되었던 것이다. 그때는 한 자의 땅도 주왕의 소유가 아닌 것이 없었고, 한 명의 백성도 주왕의 신하가 아닌 자가 없었다. 그러한 상황에서도 문왕께서는 겨우 사방 백 리의 소국으로 대업(大業)을 일으킬 수 있었는 바, 그것이야말로 참으로 어려운 일이었다. 제 나라의 속담에, '아무리 총명하더라도 형세(形勢)를 타야만 하고, 아무리 좋은 농기구가 있더라도 농사철을 기다려야만 한다.'는 말이 있다. 지금과 같은 형세라면

왕정(王政)을 행하기가 쉬울 것이다. 하(夏), 은(殷), 주(周)가 가장 번성했을 때에도 그 땅이 사방 천 리를 넘는 일이 없었다. 그런데 지금 제 나라는 이처럼 넓은 땅을 가지고 있다. 닭 우는 소리와 개 짖는 소리를 계속 들으면서 수도에서 사방의 국경까지 갈 수 있을 정도로, 제 나라는 백성들도 많다. 땅을 더 넓힐 필요도 없고, 백성을 더 늘릴 필요도 없으니, 어진 정치를 베풀어 천하를 통일한다면 이를 막을 수 있는 자가 없을 것이다. 그리고 또 천하를 통일한 현군(賢君)이 나타나지 않은 지가 역사상 지금보다 더 오래 된 적이 없었고, 백성들이 포악한 정치에 시달려 초췌해져 있는 것도 지금보다 더 심한 적이 없었다. 배고픈 자는 먹을 것을 가리지 않으며, 목마른 자는 아무 것이나 잘 마시는 법이다. 공자(孔子)께서는, '덕치(德治)의 힘이 뻗어 나가는 것은 파발마로 정령(政令)을 전달하는 것보다 더 빠르다.'고 말씀하셨다. 지금과 같은 때에 만승의 대국이 어진 정치만 베푼다면, 백성들의 기뻐함은 마치 거꾸로 매달려 있던 사람이 풀려났을 때와 같을 것이다. 그러므로, 일은 옛 사람의 절반만 하고서도 그 성과는 반드시 그 갑절이나 될 터이니, 오직 지금과 같은 때에만 그렇게 될 수 있는 것이다."

> **3·1** 公孫丑問曰:"夫子當路①於齊, 管仲、晏子之功, 可復許②乎?"
>
> 　　孟子曰:"子誠齊人也, 知管仲、晏子而已矣。或問乎曾西曰:'吾子③與子路孰賢?' 曾西蹵然④曰:'五先子⑤之所畏也。'曰:'然則吾子與管仲孰賢?' 曾西艴然⑥不悅, 曰:'爾何曾⑦比予於管仲? 管仲得君如彼其專也, 行乎國政如彼其久也, 功烈如彼其卑也; 爾何曾比予於是?'"曰⑧:"管仲, 曾西之所不爲也, 而子爲⑨我願之乎?"

曰:"管仲以其君霸, 晏子以其君顯。管仲、晏子猶不足爲
與?"

曰:"以齊王, 由反手也。"

曰:"若是, 則弟子之惑滋甚。且⑩以文王之德, 百年而後
崩, 猶未洽於天下; 武王、周公繼之, 然後大行。今言王若易
然, 則文王不足法與?"

曰:"文王何可當也? 由湯至於武丁, 賢聖之君六七作⑪,
天下歸殷久矣, 久則難變也。武丁朝諸侯, 有天下, 猶運之⑫
掌也。紂之去武丁未久也⑬, 其故家遺俗, 流風善政, 猶有存
者; 又有微子、微仲、王子比干、箕子、膠鬲⑭ —— 皆賢人也
—— 相與輔相⑮之, 故久而後失之也。尺地, 莫非其有也; 一
民, 莫非其臣也; 然而文王猶方百里起, 是以難也。齊人有言
曰:'雖有知慧, 不如乘勢; 雖有鎡基, 不如待時。'今時則易
然也: 夏后、殷、周之盛, 地未有過千里⑯者也, 而齊有其地
矣; 雞鳴狗吠相聞, 而達乎四境, 而齊有其民矣。地不改⑰辟
矣, 民不改⑰聚矣, 行仁政而王, 莫之能禦也。且王者之不
作, 未有疏於此時者也; 民之憔悴於虐政, 未有甚於此時者
也。飢者易爲食, 渴者易爲飲。孔子曰:'德之流行, 速於置郵
而傳命⑱。'當今之時, 萬乘之國行仁政, 民之悅之, 猶解倒懸
也。故事半古之人, 功必倍之, 惟此時爲然。"

〈注〉
① 當路(당로): 요직을 맡다. 중요한 직위.
② 許(허): 일으켜 세우다(猶興也 — 趙岐).
③ 吾子(오자): 상대를 친밀하게 부르는 말.
④ 蹵然(축연): 삼가는 모양. 불안한 모양(不安貌 — 朱子).

⑤先子(선자) : 이미 돌아가신 祖父나 父親을 일컫는 말. 여기서는 曾西의 부친인 曾子(曾參)를 가리킨다. 先子를 祖父로 해석, 曾西가 曾子의 손자라고 한 說(趙岐·朱子)도 있으나, 焦循이 상세한 古證을 통하여 손자가 아니라 아들임을 밝혔다.
⑥艴然(발연) : 화를 내는 모습(愠怒色也 ― 趙岐).
⑦曾(증) : 마침내. 드디어(副詞).
⑧曰(왈) : 맹자의 말이 계속되는 중에 또다시 曰이 나온 것은, 맹자가 여기서 잠시 말을 쉬었음을 나타낸다.
⑨爲(위) : 謂와 同.
⑩且(차) : 더군다나. 下句의 맨 앞에서 한층 더 나아감을 표시하는 連詞.
⑪作(작) : 일어나다(興也. 起也 ― 趙岐).
⑫運之(운지) : 之 다음에 '於'가 생략되었다. 손바닥 안에서 물건을 움직이다.
⑬紂之去武丁未久也(주지거무정미구야) : 『史記』「殷本紀」에 의하면, 武丁에서 紂에 이르기까지, 중간에 祖庚, 祖甲, 廩辛, 庚丁, 武乙, 太丁, 帝乙의 七帝가 있었으며, 그리고『尙書』에 의하면, 이들은 모두 在位 기간이 짧았는데, 길게는 10년, 짧게는 3~4년 밖에 在位에 있지 않았다고 한다.
⑭微子, 微仲, 王子比干, 箕子, 膠鬲 : 微子(미자) ; 이름은 啓로, 紂王의 庶兄(『孟子』고자上(11-6)에는 叔父로 되어 있다.). 微仲(미중) ; 微子의 동생으로, 이름은 淵. 王子比干(왕자 비간) ; 紂王의 叔父로 여러 번 주왕의 잘못을 간했으나, 주왕이 "성인의 심장에는 구멍이 일곱 개 있다고 들었다."고 하면서 그를 해부하여 그 심장을 구경했다고 한다. 箕子(기자) ; 주왕의 叔父로, 比干이 피살되는 것을 보고 거짓으로 미친 채하자 주왕은 그를 잡아 감옥에 가두었다고 한다. 膠鬲(교격) ; 주왕의 賢臣으로서, 殷이 멸망한 후 周 왕조에서 일하였는지의 여부는 알려져 있지 않다. 鬲의 音은 (격) 또는 (력)의 두 종류가 있지만, 人名일 때는 (격)이 맞다. (고자 下(12-15)참조).
⑮相與輔相(상여보상) : 相與 ; 함께. 공동으로. 輔相 ; 돕다. 보좌

하다.
⑯ 千里(천리) : 方千里.
⑰ 改(개) : 더욱(副詞).
⑱ 置郵而傳命(치우이전명) : 置와 郵는 모두 驛站(역참)의 뜻. 이 둘을 엄격하게 구분하자면, 政令을 말이 끄는 수레를 사용해서 전달하는 제도가 置(馬遞曰置), 사람이 직접 걷거나 달려서 전달하는 제도가 郵(步遞曰郵)이다.

3·2 호연지기(浩然之氣)

공손추가 물었다. "만약 선생님께서 제 나라의 경상(卿相)이 되셔서 선생님의 주장을 실현할 수 있게 된다면, 그 지위를 이용하여 작게는 패업(霸業)을 이루고 크게는 왕업(王業)을 이루더라도 전혀 이상할 게 없습니다. 만약 그런 상황을 만나게 되면, 선생님의 마음이 [무거운 책임과 해결하기 어려운 일들 때문에,] 흔들리는 일이 없겠습니까?"

맹자 : "아니다. 나는 나이 사십이 된 후부터는 어떠한 경우에도 마음이 흔들리지 않게 되었다."

공손추 : "그렇다면 선생님께서는 저 옛날의 용사(勇士)인 맹분(孟賁)보다 훨씬 더 굳세고 용감하십니다."

맹자 : "그것은 어려운 일이 아니다. 고자(告子)는 나보다 더 일찍 마음이 흔들리지 않을 수 있었다."

공손추 : "마음이 흔들리지 않게 되는 데에도 무슨 방법이 있습니까?"

맹자 : "있지. 북궁유(北宮黝)라는 용사가 용맹을 기른 방법을 보면, 피부가 찔려도 꿈쩍조차 하지 않았고, 눈이 찔려도 눈을 깜박거리지 않았다. 남에게서 털끝만큼이라도 모욕을 당하는 것을,

마치 장터의 여러 사람들 앞에서 매를 맞는 것처럼 생각하였다. 낡고 헐렁한 옷을 걸친 비천한 사람으로부터 모욕당하는 것을 참아낼 수 없었을 뿐 아니라, 대국의 군주로부터 모욕당하는 것도 참아내지 못했다. 대국의 군주를 찔러 죽이기를 마치 비천한 사람을 찔러 죽이는 것처럼 여겼다. 그는 각국의 제후들조차 전혀 무서워하지 않았으며, 욕하는 소리를 들으면 반드시 보복하였다. [이것은 용맹을 기름으로써 不動心을 기르는 방법이다.]

맹시사(孟施舍)가 용기를 기른 방법은 이와는 달랐다. 그는 말하기를, '나는 이길 수 없는 적을 대할 때에도 이길 수 있는 적을 대하는 것처럼 한다. 만약 적의 역량을 계산해 본 뒤에야 진군하고, 승산이 있을 때에야 부딪쳐 싸운다면, 그런 사람은 대군(大軍)을 만나면 반드시 겁을 먹을 것이다. 나라고 어찌 반드시 이길 수야 있겠느냐? 다만 겁내지 않을 수 있을 뿐이다.' [이것은 마음에 두려움을 없앰으로써 不動心을 기르는 방법이다.] 맹시사가 용기를 기른 방법은 증자(曾子)를 닮았고, 북궁유가 용기를 기른 방법은 자하(子夏)를 닮았다. 이 두 사람의 용기 중 어느 쪽이 강하고 어느 쪽이 약한지는 모르겠으나, [그 기르는 방법을 가지고 말한다면,] 맹시사의 방법이 실천하기에 더 간편하다.

예전에 증자께서 그의 제자 자양(子襄)에게 말하시기를, '자네는 용기를 좋아하는가? 나는 일찍이 선생님[孔子]으로부터 큰 용기(大勇)에 대해 들은 적이 있는데 ; 스스로 반성해 보아서 내가 옳지 않을 때에는, 비록 상대가 비천한 사람이라 하더라도, 나는 그를 겁주지 않으며, 스스로 반성해 보아서 내가 옳으면, 비록 상대가 천군만마(千軍萬馬)라 하더라도, 나는 용감하게 앞으로 나아간다 라고 하셨다.' —— [단지 두려워하지 않는] 기운을 기르는 맹시사의 방법은, [도리에 맞는지 맞지 않는지를 행동의 기준으로 삼음으로써] 실천하기에 간편한 증자의 방법보다 못하다."

공손추 : "감히 묻사온데, 선생님의 부동심과 고자(告子)의 부동심에 대해서 말씀해 주시겠습니까?"

(맹자) : "고자는 말한 적이 있다. '그 말[言]에서 상대를 납득할 수 없을 때, 마음[心]의 도움을 구하려 하지 말라.[마음 속으로 천착하지 말라.] 그 마음에서 상대를 납득할 수 없을 때, 기(氣)의 도움을 구하려 하지 말라.'[감정을 쉽사리 발동시키지 말라.]라고. [그러나 내 생각에는,] '그 마음에서 상대를 납득할 수 없을 때, 기(氣)의 도움을 구하려 하지 말라.'라는 말은 맞으나, '그 말에서 상대를 납득할 수 없을 때, 마음의 도움을 구하려 하지 말라.'라는 말은 맞지 않는다. [왜 그런가?] 우리의 마음, 즉 의지[志]는 기[氣 : 감정이나 体氣]의 통솔자이며, 기는 우리 몸 속에 가득 차 있는 힘이다. 마음이 이르는 곳으로 기 또한 따라간다. 그래서 '자신의 마음을 단단히 붙들고 자신의 기를 함부로 발동시키지 말라.'라고 말한 것이다."

공손추 : "이미 '마음[志]이 이르는 곳으로 기(氣) 또한 따라간다.'고 말씀하시고, 또다시, '자신의 마음을 단단히 붙들고, 자신의 기를 함부로 발동시키지 말라.'라고 말씀하셨는데, 그것은 무슨 뜻입니까?"

맹자 : "마음이 한 곳으로 집중되면, 기 또한 그곳으로 옮겨간다. 만약 기가 한 곳으로 집중되면, 그것은 다시 마음에 영향을 미치게 된다. 예를 들어, 넘어지면서 앞으로 내달을 때, 그것은 몸의 기가 어느 한 곳으로 집중되는 것이지만, 그것은 다시 마음에 작용해서 마음을 움직인다."[사람이 넘어지면서 뛰어갈 때, 그것은 氣의 작용이지만, 그 때문에 마음[心=志]도 움직인다. 認識과 行爲의 상호작용 관계쯤으로 이해해 두면 무난하다.]

공손추 : "감히 여쭈어 보겠습니다만, 선생님께서 잘 하실 수 있는 것은 어떤 것입니까?"

맹자 : "나는 남이 하는 말의 참 뜻을 제대로 알아낼 수 있고, 나의 호연지기(浩然之氣)를 잘 기를 수 있다."

공손추 : "호연지기란 무엇을 말합니까?"

맹자 : "말로 설명하기는 어렵다. 그 기(氣)는 지극히 크고 지극히 강하니, 정의(義)로써 길러 주고 부정(不正)으로 해치지 않는다면, 마침내 이 넓은 하늘과 땅 사이에 가득차게 된다. 그 기(氣)는 반드시 정의(義) 및 도(道)와 배합됨으로써 길러지는 것이므로, 이들이 없으면 허약해진다. 그것은 평소에 정의로운 생각과 행동을 쌓아감으로써 생겨나는 것이지, 우연히 정의로운 생각이나 행동을 한 번 했다고 해서 생겨나는 것은 아니다. 마음에 조금이라도 부끄러운 행동을 하게 되면, 그 기(氣)는 허약해져 버린다. 그래서 나는, '고자(告子)는 의(義)를 이해한 적이 없다.'고 말한 것이니, 그것은 그가 의(義)를 마음 밖에 있는 것으로 보았기 때문이다. [호연지기를 기르기 위해서는,] 정의로운 일을 꾸준히 실천해 나가고, 중도에 그만두지 말며, 마음에서 그것을 잊어 버리지도 말고, [빨리 효과를 보려고, 인위적으로] 그것의 성장을 도와 주려고 해서도 안 된다. 마치, [덜 자란 보리 이삭을 빨리 자라게 하려다가 도리어 죽여 버린,] 송(宋) 나라 사람처럼 되어서는 안 된다.

송 나라에 보리 이삭이 빨리 자라지 않는 것을 안타깝게 여겨 이삭을 뽑아 올렸던 사람이 있었는데, [이삭을 모조리 뽑아 올리고 나서,] 지친 모습으로 집에 돌아가 집안 사람들에게 말했다. '오늘은 몹시 고단하구나. 나는 보리 이삭이 자라도록 도와 주었다.' 라고. 그 사람의 아들이 놀라 뛰어가 보았더니, 이삭은 이미 말라 버렸더라는 이야기다. 사실, 세상에는 이삭이 자라도록 도와 주지 않는 사람이 별로 없다. [氣를] 기르는 것이 무익하다고 해서 그대로 내버려 두는 사람은, 보리가 자라도록 김을 매어 주지 않고 내버려 두는 사람과 같고, [그것이 자라나는 이치를 무시하고] 그것의 성장을 도와 주려는 사람은, 성급하게 이삭을 뽑아 올리는 사람과 같다. 그러한 행위는 무익할 뿐만 아니라 도리어 그것을 해치게 된다."

공손추 : "다른 사람이 말하는 뜻을 제대로 알 수 있다[知言]는 것은 무엇을 말합니까?"

맹자 : "공정하지 못하고 한 쪽으로 치우친 말[詖辭]을 들으면, 그가 무엇을 감추고 있는지 알 수 있고, 허황된 말[淫辭]을 들으면, 그 마음이 어디에 빠져 있는지 알 수 있다. 부정한 말[邪辭]을 들으면, 어떤 점이 정도에서 벗어나 있는지 알 수 있고, 변명하는 말[遁辭]을 들으면, 그가 어떤 궁지에 몰려 있는지 알 수 있다. 이 네 가지 말은 마음 속에서 생겨나 밖으로 나타나는 것으로, 반드시 정사(政事)에 해를 끼치게 된다. 만약 그것을 정책으로 실현하려 한다면, 반드시 국가 대사에 해를 끼치게 된다. 비록 성인이 다시 나타난다고 해도 반드시 나의 말이 맞다고 인정하실 것이다."

공손추 : "재아(宰我)와 자공(子貢)은 말을 잘 하였으며, 염우(冉牛), 민자(閔子), 안연(顏淵)은 덕행에서 뛰어 났다고 하며, 공자는 이 두 가지 장점을 겸비하시고서도, '나는 언어 구사에 서툴다.'고 말씀하셨습니다. 선생님께서는, [다른 사람의 말하는 뜻도 잘 알아내고, 호연지기도 잘 기르며, 덕행까지 겸비하였으니,] 이미 성인이시군요?"

맹자 : "아니, 그건 또 무슨 소리냐! 예전에 자공이 공자께 물었다. '선생님께서는 성인이시지요?'라고. 그러자 공자께서 말씀하셨다. '성인이라니, 내가 어찌 성인이 될 수 있겠나. 나는 다만 배우는 데 싫증내지 않고, 남을 가르치는 데 있어 피곤함을 모를 따름이다.'라고. 자공이 그 말을 듣고 다시 말했다. '배우는 데

싫증내지 않는 것은 지혜로움이요, 남을 가르치는 데 있어 피로를 모르는 것은 어짊입니다. 어지시고 지혜로우시니 선생님께서는 이미 성인이십니다.'라고. 성인이란, 공자조차도 감히 자처(自處)할 수 없었는데, [나를 성인이라니,] ── 그게 무슨 말이냐!"

공손추 : "예전에 제가 들은 바로는, 자하(子夏), 자유(子游), 자장(子張)은 모두 공자의 장점들 중에서 일부분을 계승하였고, 염우(冉牛), 민자(閔子), 안연(顔淵)은 공자의 장점들을 두루 계승하였으나 그 계승한 것이 공자처럼 크고 정밀하지 못하고 미약하였다고 하던데, 감히 묻사온데, 선생님께서는 어느 편에 속하시는지요?"

맹자 : "그 얘기는 잠시 접어 두세."

공손추 : "백이(伯夷)와 이윤(伊尹)은 어떠했습니까?"

맹자 : "두 분은 각기 걸어 간 길이 같지 않았다. 이상적인 임금이 아니면 섬기지 않았고, 이상적인 백성이 아니면 부리려 하지 않았으며, 천하가 태평할 때에는 나아가 벼슬을 하였으나, 천하가 혼란해지면 물러나 숨어 버린 사람, 백이는 바로 그런 분이었다. 어떤 임금이라도 섬길 수 있었고, 어떤 백성이라도 부릴 수 있었으며, 천하가 태평할 때에도 나아가 벼슬을 하였고, 천하가 혼란할 때에도 벼슬을 하였던 사람, 이윤이 바로 그런 분이었다. 관직에 나아가야 할 때는 관직에 나아가고, 물러나야 할 때는 물러나고, 계속 오래 머물러 있어야 할 때는 계속 오래 머물러 있고, 빨리 떠나야 할 때는 빨리 떠났던 사람, 공자께서는 바로 그런 분이셨다. 이들은 모두 옛날의 성인들인데, [애석하게도] 나는 어느 분도 따라갈 수 없지만, 내가 바라는 바는 공자의 도를 배우는 것이다."

(공손추) : "백이와 이윤과 공자, 그 세 분들은 그처럼 비등했습니까?"

맹자 : "아니다. 인류가 있은 이래 공자와 비견될 만한 인물은 아직 없었다."

공손추 : "그렇다면 그 세 분들 사이에 공통점은 있습니까?"

맹자 : "있지. 만약 사방 백 리의 땅을 얻어서 군왕(君王)의 자리에 있게 되었다면, 그들은 모두 그 땅을 근거로 제후들의 조회를 받고 천하를 통일할 수 있었을 것이다. 그러나 만약 한 가지라도 도리에 어긋난 일을 하거나, 단 한 사람이라도 죄없는 사람을 죽이거나 한다면 천하를 차지할 수 있게 된다고 하더라도, 그분들은 모두 천하를 차지하지 못할지언정 그런 일은 절대로 하지 않았을 것이다. 이것이 그 분들의 공통점이다."

공손추 : "그 분들의 서로 다른 점은 어떤 것입니까?"

맹자 : "재아(宰我)와 자공(子貢)과 유약(有若), 이 세 분들은 성인을 알아볼만한 지혜가 있었다. 그리고 설령 그들이 아무리 자신을 굽힌다 하더라도 자기들이 좋아하는 사람에게 빈말로 아첨할 분들은 아니다. [그런데도 그 세 분들이 공자를 어떻게 칭찬했는지 보자.] 재아는, '내가 본 바에 의하면, 우리 선생님은 요(堯) 임금, 순(舜) 임금보다 훨씬 더 훌륭하셨다.'고 하였다. 자공은, '그 나라의 예제(禮制)를 보면 그 나라의 정치를 알 수 있고, 그 나라의 음악을 들어 보면 그 나라의 덕교(德敎)를 알 수 있다. 백 대 이후에 가서 백 대 이래의 군왕(君王)들을 평가해 보더라도, 공자를 능가할만한 인물은 하나도 없을 것이다. 인류가 있은 이래로 아직까지 우리 선생님같이 훌륭한 분은 없었다.'고 말했다. 그리고 유약은 이렇게 말했다. '어찌 사람에게서만 그렇겠는가? 기린과 뛰어다니는 짐승, 봉황과 날으는 새들, 태산과 언덕, 황하와 도랑의 관계를 보면, 이들은 모두 서로 같은 종류[同類]에 속해 있다. 성인과 백성 역시 [인간이라는] 같은 종류에 속하고 있다. 그러나 이들은 그 동류들 가운데서 멀리 뛰어났고, 그 무리들 가

운데서 빼어난 것들이다. 인류가 있은 이래로 공자보다 더 훌륭했던 인물은 아직까지 없었다."

3·2 公孫丑問曰：“夫子加①齊之卿相，得行道焉，雖由此霸王，不異矣。如此，則動心否乎？”

孟子曰：“否；我四十不動心。”

曰：“若是，則夫子過孟賁遠矣”。

曰：“是不難，告子先我不動心。”

曰：“不動心有道乎？”

曰：“有。北宮黝之養勇也：不膚撓②，不目逃，思以一豪挫於人，若撻之於市朝③；不受④於褐寬博⑤，亦不受於萬乘之君；視刺萬乘之君，若刺褐夫；無嚴⑥諸侯，惡聲至，必反之。

孟施舍之所養勇也，曰：‘視不勝猶勝也；量敵而後進，慮勝而後會⑦，是畏三軍者也。舍豈能爲必勝哉？能無懼而已矣。’孟施舍似曾子，北宮黝似子夏。夫二子之勇，未知其孰賢，然而孟施舍守約⑧也。

昔者曾子謂子襄曰：“子好勇乎？吾嘗聞大勇於夫子矣：自反而不縮⑨，雖褐寬博，吾不惴⑩焉；自反而縮，雖千萬人，吾往矣'。孟施舍之守氣，又不如曾子之守約也。”

曰：“敢問夫子之不動心與告子之不動心，可得聞與？”

“告子曰：‘不得於言，勿求於心⑪；不得於心，勿求於氣⑫。’不得於心，勿求於氣，可；不得於言，勿求於心，不可。夫志，氣之帥也；氣，體之充也。夫志至焉，氣次焉⑬；故曰：‘持其志，無暴其氣。’”

"旣曰,'志至焉, 氣次焉.'又曰,'持其志, 無暴其氣.'何也?"

曰:"志壹⑭則動氣, 氣壹則動志也。今夫蹶者趨者, 是氣也, 而反動其心。"

"敢問夫子惡乎長?"

曰:"我知言, 我善養吾浩然⑮之氣。"

"敢問何謂浩然之氣?"

曰:"難言也。其爲氣也, 至大至剛, 以直養而無害, 則塞於天地之間。其爲氣也, 配義與道; 無是, 餒也。是集義所生者, 非義襲而取之也。行有不慊⑯於心, 則餒矣。我故曰, 告子未嘗知義, 以其外之也⑰。必有事焉而勿正⑱, 心勿忘, 勿助長也。無若宋人然:宋人有閔其苗之不長而揠⑲之者, 芒芒然⑳歸, 謂其人㉑曰:'今日病㉒矣! 予助苗長矣!'其子趨而往視之, 苗則㉓槁矣。天下之不助苗長者寡矣。以爲無益而舍之者, 不耘苗者也; 助之長者, 揠苗者也——非徒無益, 而又害之。"

"何謂知言?"

曰:"詖辭㉔知其所蔽, 淫辭㉕知其所陷, 邪辭㉖知其所離, 遁辭知其所窮㉗。——生於其心, 害於其政; 發於其政, 害於其事。聖人復起, 必從吾言矣。"

"宰我、子貢善爲說辭; 冉牛、閔子、顏淵善言德行。 孔子兼之, 曰:'我於辭命, 則不能也。'然則夫子旣聖矣乎?"

曰:"惡, 是何言也? 昔者子貢問於孔子曰:'夫子聖矣乎?'孔子曰:'聖則吾不能, 我學不厭而敎不倦也。'子貢曰:'學不厭, 智也; 敎不倦, 仁也。仁且智, 夫子旣聖矣。'夫聖,孔子不居──是何言也？"

"昔者竊㉘聞之：子夏、子游、子張皆有聖人之一體， 冉牛、閔子、顏淵則具體而微，敢問所安。"

曰："姑舍是。"

曰："伯夷、伊尹何如？"

曰："不同道。非其君不事，非其民不使；治則進，亂則退，伯夷也。何事非君，何使非民；治亦進，亂亦進，伊尹也。可以仕則仕，可以止則止㉙，可以久則久，可以速則速，孔子也。皆古聖人也，吾未能有行焉；乃所願，則學孔子也。"

"伯夷、伊尹於孔子，若是班㉚乎？"

曰："否；自有生民以來，未有孔子也。"

曰："然則有同與？"

曰："有。得百里之地而君㉛之，皆能以朝諸侯，有天下；行一不義，殺一不辜，而得天下，皆不爲也。是則同。"

曰："敢問其所以異。"

曰："宰我、子貢、有若，智足以知聖人，汙不至㉜阿其所好。宰我曰：'以予觀於夫子， 賢於堯、舜遠矣。'子貢曰：'見其禮而知其政，聞其樂而知其德，由㉝百世之後， 等㉞百世之王，莫之能違也。自生民以來， 未有夫子也。'有若曰：'豈惟民哉？ 麒麟之於走獸，鳳凰之於飛鳥，太山之於丘垤㉟，河海之於行潦㊱，類也。聖人之於民，亦類也。出於其類，拔乎其萃㊲，自生民以來，未有盛於孔子也。'"

〈注〉

① 加(가)：(자리나 지위에) 있다(居也 ─ 趙岐).

② 不膚橈(불부요)： 橈；구부리다. 휘다. 피부를 찔려도 움찔하지

않다.
③ 市朝(시조) : 市場과 朝廷이 아니라 市場만을 말한다. 上古에는 조정에서 사람을 매질하는 일이 결코 없었으며, 관원이 일을 처리하는 장소, 즉 공적인 장소를 朝라고도 하므로, 여기서는 시장처럼 사람들이 많이 모이는 곳을 말한다(閻若璩).
④ 受(수) : 賓語(侮辱)가 생략되어 있다.
⑤ 褐寬博(갈관박) : 거친 베로 짠 넓고 헐렁한 옷(을 입은 사람). 비천한 사람을 가리키며, 다음의 褐夫와 같은 뜻이다.
⑥ 嚴(엄) : 두려워하다(畏憚也 — 朱子).
⑦ 會(회) : 싸운다는 뜻(合戰, 合兵).
⑧ 守約(수약) : 約 ; 중요한 곳. 요점. 요령(約, 要也). 중요한 곳을 지키고 있다. 즉, 실천하기에 간편하다는 뜻이다.
⑨ 縮(축) : 옳다(義也 — 趙岐).
⑩ 惴(췌) : 놀라게 하다. 겁을 주다(恐懼 — 朱子).
⑪ 不得於言, 勿求於心(부득어언, 물구어심) : 매우 다양한 해석들이 있다. ㉠ 趙岐는, "남이 나에게 좋지 않은 말을 하거든, 굳이 그 본마음의 착한 점을 이해하려고 하지 말라."라는 뜻이라 했다. ㉡ 朱子는, "이치에 닿지 않는 말을 듣거든, 그 말을 무시해 버리고, 그런 말을 하게 된 이유를 그 사람의 마음속에서 찾으려 할 필요는 없다."는 뜻이라 하였다. ㉢ 焦循은, 남이 나에게 나쁜 말을 하면, 그 말을 액면 그대로 받아들이고, 본마음이 어떠한지 알려고 할 필요는 없다는 뜻이라 했다. 즉 '不得於言'과 '不得於心'의 不得은 '不得於君', '不得於親'의 경우와 같은 用法이라 하였다. 다시 말하면, 그 사람의 말이나 마음이 나에게 호의적이 아니라는 뜻이라는 것이다. ㉣ 毛奇齡은, 告子는, 말과 마음의 관계를 중요시하는 맹자와는 달리, 양자 사이의 관계를 단절시킴으로써 不動心을 가지려 하였던 바, 이 때문에 맹자로부터 비판받고 있다고 하였다. ㉤ 楊伯峻은, 이 곳에서의 주제는 용기를 기르는 일에 관한 것이므로, 이것은 승부에 관계된 이야기다. 따라서 '不得於言'은 내가 말로써는 남에게 지더라도, 그가 나의 마음까지 승복시킬 수는 없다는 뜻이라고 했다. 趙岐와 朱子, 焦

循, 毛奇齡의 해석을 참고하여 意譯했다.
⑫ 不得於心, 勿求於氣(부득어심, 물구어기) : 마음에 들지 않는 것이 있을 때, 굳이 마음에 드는 것을 얻겠다고 혈기로 덤비지 말라는 뜻이다.
⑬ 志至焉, 氣次焉(지지언, 기차언) : 志가 향하여 이르는 곳에 氣도 뒤따른다. 次를 둘째의 뜻으로 보아, 志가 첫째이고 氣는 그 다음이라고 하는 해석도 있으나, 부자연스럽다.
⑭ 壹(일) : 오로지 한 곳으로 모이다(專一也 ― 朱子).
⑮ 浩然(호연) : 크고 풍성하게 흐르는 모양(盛大流行之貌 ― 朱子).
⑯ 慊(겸) : 마음에 흡족하다(快也. 足也 ― 趙岐).
⑰ 以其外之也(이기외지야) : 以 ; 원인을 표시하는 連詞. 其 ; 그 (것이). 外 ; 밖에 있다고 생각한다(意動詞). 之 ; 義를 가리킨다.
⑱ 正(정) : 세 가지 해석이 있다. 朱子는, '(그 효과를) 미리 예기한다'는 뜻으로 해석하고(正, 預期也), 그 典據로『公羊傳』의 "戰不正勝"을 들고 있다. 王引之는, '반드시 이루려고 한다'는 뜻으로 해석하고(正 ; 定也, 必也),『穀梁傳』의 "戰不必勝"을 그 증거로 제시하고 있다. 焦循은, 멈춘다는 뜻으로 해석하고(正, 猶止也), 勿止는 곧 自强不息을 말한다고 하였다.
⑲ 揠(알) : 뽑다. 뽑아올리다(拔也).
⑳ 芒芒然(망망연) : 趙岐는, 지친 모습(罷倦之貌)이라 하였고, 朱子는 무지한 모습(無知之貌)이라 하였다.
㉑ 其人(기인) : 집안 사람(家人 ― 趙岐).
㉒ 病(병) : 피곤하다. 고단하다(疲倦也 ― 朱子).
㉓ 則(즉) : 앞의 句가 표시하는 상황이 발생하기 전에 이미 뒤의 句가 표시하는 상황이 발생해 있어서 어찌 해 볼 도리가 없음을 나타내는 連詞. '… 하였더니, 벌써.'의 뜻이다.
㉔ 詖辭(피사) : 한 쪽으로 치우친 말(偏陂也 ― 朱子).
㉕ 淫辭(음사) : 도를 지나친 말. 淫 ; 도를 지나친 것을 말한다(孔穎達,『五經正義』, "淫者過度之意, 故爲過也."『說文』, "久雨爲淫".『禮記』「曲禮」, "非其所祭而祭之名曰淫祀"). 朱子는, 淫은 방탕함

㉖ 邪辭(사사) : 부정(不正)한 말. 간사한 말. 邪 ; 정도에서 벗어난 것을 말한다(離於正則爲邪).
㉗ 遁辭知其所窮(둔사지기소궁) : 遁辭 ; 변명의 말. 遁 ; 도피하다(逃避也 ― 朱子). 숨다(隱也 ― 高誘). 정당한 이유가 없을 때 궁색해지고, 궁색해지면 도망가기 위해서 핑계를 대고 변명한다.
㉘ 竊(절) : 겸손을 표시하는 表敬副詞. 뜻은 없다.
㉙ 可以止則止(가이지즉지) : 여기서의 可以는 가능을 나타내기 보다는 의무(반드시 해야 함)를 나타낸다. 止는 仕에 대응하는 말로서 관직에서 물러난다는 뜻이다(止, 處也 ― 趙岐).
㉚ 班(반) : 대등하다. 비등하다(齊等之貌 ― 趙岐).
㉛ 君(군) : 임금이 되다(動詞).
㉜ 汙不至(오부지) : 몸을 굽히더라도 …에 이르지 않다. 아무리 타락하더라도 … 할 정도까지는 되지 않다(汙, 下也 ― 趙岐).
㉝ 由(유) : 介詞. …에서, …으로부터(自, 從).
㉞ 等(등) : 등급매기다. 즉, 비교평가하다(差等).
㉟ 丘垤(구질) : 丘 ; 낮은 언덕, 垤 ; 개미둑(蟻封). 언덕.
㊱ 行潦(행료) : 비올 때 길바닥 위에 고여 있거나 흐르는 물(道上無源之水也 ― 朱子).
㊲ 萃(췌) : 무리(聚).

3·3 힘의 정치와 인(仁)의 정치

맹자께서 말씀하셨다.
"자기의 실력을 믿고서 [정벌의 명분으로] 인의(仁義)의 이름을 빌리는 자는 패제후(霸諸候)라 하는데, 패자(霸者)가 되는 데는 반드시 국력이 강대해야 한다. 덕(德)으로써 인의(仁義)를 행하는 자는 천하를 귀복시킬 수 있으니, 그렇게 하는 데는 반드시 강대국일 필요는 없다. 은 나라 탕(湯) 임금은 사방 칠십 리의 땅으로, 주 문왕(文王)은 사방 백 리의 땅으로 천하 인심을 귀복시킬 수 있었다. 실력으로 복종시키는 자는, 사람들이 마음으로부터 진정으로 복종하는 것이 아니라, 그들의 실력이 모자라기 때문이며, 덕으로 복종시키는 자는, 사람들이 마음속으로 기뻐서 진정으로 복종하는 것이니, 그것은 마치 칠십 명의 제자들이 공자에게 복종한 것과 같은 것이다. 『시경』(大雅·文王有聲)에서는,

 '동쪽에서 서쪽에서
 남쪽에서 북쪽에서
 [무왕의 덕을 사모하여]
 귀복하지 않는 자 없었네'

라고 하였는데, 바로 이것을 두고 한 말이다."

3·3   孟子曰:"以力假仁者霸, 霸必有大國; 以德行仁者王, 王不待大 —— 湯以七十里, 文王以百里①。以力服人者, 非心服也, 力不贍②也; 以德服人者, 中心悅而誠服也, 如七十子③之服孔子也。詩云:'自西自東, 自南自北, 無思④不服。'此之謂也。"

〈注〉
① 湯以七十里, 文王以百里 : 이것은 湯以(方)七十里(而王), 文王以(方)百里(而王)의 생략문이다.
② 贍(섬) : 많다. 충분하다(足也 — 趙岐).
③ 七十子(칠십자) : 『史記』「孔子世家」에, "공자께서 제자들에게 詩書禮樂을 가르치는데, 배우는 자가 3천명이나 되었으며, 六藝에 통달한 자도 72명이나 되었다."고 기록되어 있다. 그래서 보통 '칠십명의 제자'라고 부르게 되었다.
④ 思(사) : 흔히 詩句에서 쓰이는 무의미한 助詞(王引之). 趙岐는, '無思不服'은 곧 '無不心服'의 뜻이라 했다.

3·4 화복(禍福)은 자초하는 것이다

맹자께서 말씀하셨다.
"어진 정치(仁政)를 베풀면 영광을 누릴 수 있고, 어질지 못한 정치를 하면 치욕을 당하게 된다. 지금, 치욕을 당하는 것은 싫어하면서도 어질지 못한 정치를 하는 자가 있는데, 이는 마치 축축한 것을 싫어하면서도 낮은 지대에 사는 것과 같다. 만약 치욕당하는 것을 정말로 싫어한다면, 덕이 있는 자를 숭상하고 유능한 선비를 존중하여, 덕이 있는 자가 합당한 지위에 있게 하고, 능력있는 자가 합당한 직무를 맡게 하라. 그리하여 나라가 태평무사하게 되면, 그 때를 틈타서 정치제도나 법제도들을 잘 정비해 나간다면, 비록 이웃하고 있는 나라가 강대국이라 하더라도 반드시 그를 두려워할 것이다. 『시경』(豳風·鴟鴞)에는,

　'장마비 오기 전에
　뽕 뿌리 껍질 벗겨
　창과 문을 동여맸네
　저 낮은 데 사는 인간들이
　감히 우릴 깔볼 수 있을까'

라는 시가 있다. 공자께서는 말씀하셨다. '이 시를 지은 사람은 나라 다스리는 방도를 알고 있었을 것이다. 이처럼 자기 나라를 잘 다스릴 수 있다면, 누가 그를 깔볼 수 있겠는가?'라고. 지금 국가가 태평하다고 해서, 이럴 때 향락이나 추구하고 태만해져 놀기만 한다면, 그것은 스스로 재난을 불러들이는 것이다. 화(禍)와 복(福)은 스스로 불러들이지 않는 것이 없다. 『시경』(大雅·文王)에서는,

'영원토록 하늘[天命]의 짝이 되니
　스스로 많은 복 누리시도다'
라고 하였으며, 『서경』의 태갑(太甲)에서는, '하늘이 내린 재앙은 피할 수 있지만, 스스로 불러들인 재앙은 피할 길이 없다.'고 하였으니, 바로 이것을 두고 한 말이다."

> **3·4**　孟子曰："仁則榮, 不仁則辱；今惡辱而居不仁①, 是猶惡濕而居下也。如惡之, 莫如貴德而尊士, 賢者在位, 能者在職；國家閒暇, 及是時, 明其政刑②, 雖大國, 必畏之矣。詩云：'迨天之未陰雨, 徹彼桑土③, 綢繆牖戶④。今此下民⑤, 或敢侮予？' 孔子曰：'爲此詩者, 其知道乎！ 能治其國家, 誰敢侮之？' 今國家閒暇, 及是時, 般樂怠敖⑥, 是自求禍也。禍福無不自己求之者。詩云：'永言配命⑦, 自求多福。' 太甲曰：'天作孽, 猶可違⑧；自作孽, 不可活⑨。' 此之謂也。"

〈注〉

① 居不仁(거불인) : 不仁에 거처하다. 즉, 말이나 행동이 모두 仁하지 못함을 말한다.

② 政刑(정형) : 政治와 法.

③ 桑土(상두) : 뽕나무 뿌리(껍질). 『方言』에 의하면, 齊 나라에서는 뿌리(根)를 杜(두)라 부른다고 했다. (桑土, 桑根也. —『毛傳』).

④ 綢繆牖戶(주무유호) : 창문을 동여매다.

⑤ 下民(하민) : 낮은 곳에 사는 인간들. 이 詩는 나무 위에 집을 짓고 사는 올빼미를 노래한 것이다.

⑥ 般樂怠敖(반락태오) : 般；樂(즐기다)의 뜻으로, 般樂은 同義複音詞. 怠；게으르다. 敖；놀다(敖는 遨와 同. 遊의 뜻이다).

⑦ 永言配命(영언배명) : 永；길이. 영원히. 言；무의미한 語中 助詞. 配命；周朝의 命이 天命과 짝이 되다.

⑧ 違(위) : 피하다(避也 — 朱子).
⑨ 活(활) : 도망가다. 『禮記』「緇衣」에는 活이 '逭'(환)으로 되어 있는데, 逭은 逃의 뜻이고, 活은 이것의 借字이다. 朱子는 生(살아남다)의 뜻이라 했다.

3·5 천리(天吏)가 되기 위하여 해야 할 다섯 가지

맹자께서 말씀하셨다.
"덕망있는 사람을 존중하고 능력있는 사람에게 일을 맡기며, 뛰어난 인물들이 관직에 있게 되면, 천하의 선비들은 모두 기꺼이 [미관말직이라도 얻어] 그 조정에 참여하고 싶어할 것이다. 시장에서는, 화물을 쌓아 둘 장소를 제공해 주되 화물세(貨物稅)는 거두지 않고, [오랫동안 팔리지 않는 물건이 있을 때에는,] 법의 규정에 따라 구입(購入)해 줌으로써 오래 쌓여 있지 않게 해 준다면, 천하의 상인들은 모두 기꺼이 그 나라의 시장에다 자기의 상품을 쌓아 두고자 할 것이다. 관문(關門)에서는, 드나드는 사람들을 조사만 하고 세금은 거두지 않는다면, 천하의 여행자들은 모두 즐거운 마음으로 그 나라의 도로 위를 지나가고자 할 것이다. 농부들에게는, 공전(公田)의 경작을 돕도록만 하고, [私田에 대해서는] 세금을 거두지 않는다면, 천하의 농부들은 모두 즐거운 마음으로 그 나라의 들에서 농사짓고자 할 것이다. 사람들이 거주하는 곳에서는, [일정한 액수의 세금 이외에,] 노역전(勞役錢)이나 지세(地稅)를 징수하지 않는다면, 천하의 백성들은 모두 기꺼이 그곳으로 옮겨 와서 살고자 할 것이다. 임금으로서 이 다섯 가지를 정말로 잘 실행할 수 있다면, 이웃 나라 백성들은 모두 그를 부모같이 생각하고 사모하게 될 것이다. 그 자식들을 끌고 가서 자기 부모를 치도록 하는 일은, 인류가 있은 이래 성공한 적이 없다. 이렇게 되면, 천하에 무적일 수 있다. 천하 무적인 사람은 곧 천리[天吏 ; 즉, 하늘을 대신하여 다스리는 사람]이다. 이렇게 되고서도 천하를 통일할 수 없었던 사람은 여지껏 있어 본 적이 없다."

> **3·5**　孟子曰:"尊賢使能, 俊傑在位, 則天下之士皆悅, 而願立於其朝矣; 市, 廛而不征①, 法而不廛②, 則天下之商, 皆悅而願藏於其市矣; 關, 譏而不征③, 則天下之旅, 皆悅而願出於其路矣; 耕者, 助④而不稅, 則天下之農, 皆悅而願耕於其野矣; 廛⑤, 無夫里之布⑥, 則天下之民, 皆悅而願爲之氓⑦矣。信能行此五者, 則鄰國之民仰之若父母矣。率其子弟, 攻其父母, 自有⑧生民以來, 未有能濟者也。如此, 則無敵於天下。無敵於天下者, 天吏⑨也。然而不王者, 未之有也。"

〈注〉
① 廛而不征(전이부정): 廛;시장 안의 점포를 말한다는 說(市宅―趙岐·朱子)과, 城內의 주거지역을 말한다는 說(鄭玄), 및 시장 안에 화물을 쌓아두는 空地를 말한다는 說(鄭司農, 『周禮』「載師職」, 注에 所載)이 있다. 鄭氏의 說을 취한다. 征;세금을 징수(부과)하다. 즉, 시장 안에 화물을 쌓아 둘 장소를 제공하되, 세금은 징수하지 않는다는 뜻이다. (趙岐와 朱子는, 점포에 대해서만 세금을 부과하고 貨物에 대해서는 세금을 징수하지 않는다는 뜻이라 했다.)
② 法而不廛(법이부전): (시장에 화물이 장기간 쌓여 있고 팔리지 않을 때,) 官에서 법의 규정에 따라 사들여 줌으로써 화물의 장기 적체로 발생하는 損耗나 부패를 방지해 준다는 뜻이다(鄭司農의 說. 『周禮』「地官」, 「廛人」, 注에 所載). 趙岐는, 법에 규정된 10분의 1稅로 그 土地에 대해서는 세금을 징수하되, 점포(廛

宅)에 대해서는 세금을 징수하지 않는다는 뜻이라 하였고, 朱子는 市場管理法으로 다스리되, 그 점포(廛)에 대해서는 세금을 징수하지 않는다는 뜻이라고 하였다.

③ 譏而不征(기이부정) : 국경에 설치된 관문에서는 이상한 복장을 하거나 이상한 말을 쓰는 사람을 검사하기는 하지만, 세금(지금의 관세나 출입국세)을 징수하지는 않는다. ("譏 ; 譏異服, 譏異言."—『禮記』「王制」, 鄭玄의 注).

④ 助(조) : 古代의 租稅制度의 하나로, 井田制에서는 900묘의 토지를 '井'字 모양으로 9등분하여, 그 중앙의 100묘는 公田, 주의의 800묘는 8농가에 100묘씩 나누어 주어 私田으로 하는데, 8농가가 공동으로 公田을 경작하여 그 수확을 세금으로 납부하도록 하는 제도가 곧 '助'이다. '助'란 명칭은, 백성들의 힘을 빌리거나 도움을 받아서 公田을 경작한다는 뜻에서 붙은 것이다. (등문공上 (5-3) 注, 참조).

⑤ 廛(전) : "여기서는 주거지역의 宅地를 말한다. 등문공(上5-4)의 '許行願受一廛'의 '廛'의 뜻과 같다."(江永, 『羣經補義』).

⑥ 夫里之布(부리지포) : 夫布 ; 고정적인 직업이 없고 남에게 품을 팔아 살아가는 자는 公田의 경작을 통한 세금의 납부가 불가능하므로 그 대신에 내도록 한 세금으로, 후세의 僱役錢과 비슷하다. 里布 ; 집 안에는 뽕나무나 삼을 심어 길쌈을 해야 하는데, (이 경우에는 布縷라는 세금을 낸다.) 宅地를 不毛로 방치하는 경우에는 세금을 부과한다. 일종의 空閑地稅라 할 수 있다. 그런데 나중에 가서는 이 제도가 문란해져서, 과세대상이 되지 않는 사람들에게도 夫布, 里布란 이름으로 마구 세금을 부과하였으므로 이것의 폐지를 주장한 것이다. (江永, 『羣經補義』. 典據 ; 『周禮』「閭師」,「載師」).

⑦ 之氓(지맹) : 其氓. 다른 나라에서 귀의해 온 백성을 말한다.

⑧ 有(유) : 대부분의 本에는 이 '有'字가 있으나, 朱子의 『集注』에는 이 '有'字가 없다.

⑨ 天吏(천리) : 吏는 곧 다스리는 사람이란 뜻이다. (大官을 官, 小官을 吏라고 부르는 것과는 다른 뜻이다).

3·6 인의예지(仁義禮智)의 사단(四端)

맹자께서 말씀하셨다.

"사람이라면 누구나 차마 남에게 모질게 할 수 없는 마음을 가지고 있다. 옛날의 선왕(先王)들은 이 차마 남에게 모질게 할 수 없는 마음이 있었기 때문에, 차마 남에게 모질게 할 수 없는 정치를 하였던 것이다. 이처럼 차마 남에게 모질게 할 수 없는 정치를 한다면, 천하를 다스리는 일은 마치 손바닥 안에 있는 작은 물건을 움직이는 것처럼 쉽게 할 수 있다. 사람이라면 누구나 차마 남에게 모질게 할 수 없는 마음이 있다고 내가 말하는 이유는 다음과 같다. 가령 지금 어떤 사람이 별안간 어린 아이가 우물 안으로 떨어지려는 것을 보았다고 하자. 그가 누구든지 간에, 그는 깜짝 놀라서 동정하는 마음이 일어나 구해 주려고 뛰어간다. [그러한 마음이 생겨나는 것은,] 어린 아이를 구해 준 것을 인연으로 그 아이의 부모와 교제를 맺기 위해서도 아니고, 어린 아이를 구해 준 일로 마을 사람들이나 친구들로부터 칭찬을 받기 위해서도 아니며, 어린 아이가 죽는 것을 보고도 구해 주지 않았다는 비난을 듣게 될 것이 싫어서도 아니다. [즉, 利害得失을 따져 본 후의 행동이 아니고 무의식적인 행동이다.]

이로부터 본다면, 남을 동정하는 마음[惻隱之心]이 없다면 그야말로 사람이 아니고, 수치를 느끼는 마음[羞惡之心]이 없다면 그야말로 사람이 아니며, 사양하는 마음[辭讓之心]이 없다면 그야말로 사람이 아니며, 옳고 그른 것을 판단하는 마음[是非之心]이 없다면 그야말로 사람이 아니다. 동정하는 마음은 인(仁)의 싹[端]이다. 수치를 느끼는 마음은 의(義)의 싹이다. 사양하는 마음은 예(禮)의 싹이다. 옳고 그름을 가리는 마음은 지(智)의 싹이다. 인간에게 이 네 가지 종류의 싹[四端]이 있음은 마치 사람에게 손과 발의 사지(四肢)가 있는 것과 같다. 이 네 가지 싹을 가지고 있으면서도 자기는 할 수 없다고 생각하는 사람은 자포자기(自暴自棄)하는 자이고, 자기 임금은 할 수 없다고 생각하는 사람은 자기 임금을 포기하는 자이다. 이 네 가지 싹을 가지고 있는 사람은 누구나, 만약 그것을 확충(擴充)시켜 나갈 줄만 안다면, 마치 막 타오르기 시작한 불꽃이나 막 솟아나기 시작한 샘물처럼 된다.[그 시작은 微小하나 확충해 나가면 한없이 커진다.] 만약 그것을 확충시켜 나갈 수 있다면, 그는 천하까지 안정시킬 수 있고, 만약 그것을 확충시켜 나갈 수 없다면, 자기 부모조차 제대로 섬길 수 없게 된다."

[맹자의 性善說에 관한 설명이다. 차마 '남에게 모질게 할 수 없는 마음'이란 남의 불행이나 고통을 그냥 보아 넘길 수 없는 동정심이다. 양혜왕 上(1·7)에서 제 선왕이 소의 죽으러 가는 모습을 차마 보지 못했다는 것도 같은 마음이다. 맹자는 여기에서, 그것은 인간의 본성으로서 누구에게나 이미 갖추어져 있으며, 인간의 본성이 善한 증거라고 한다. 인간의 본성에는 仁義禮智의 싹이 갖추어져 있는 바, 문제는 부단한 수양으로 그것을 확충시켜 나가느냐 포기해 버리고 마느냐 하는 데 있는 것이다.]

3·6 孟子曰:"人皆有不忍人之心。 先王有不忍人之心, 斯有不忍人之政矣。以不忍人之心, 行不忍人之政, 治天下可運之掌上。 所以謂人皆有不忍人之心者, 今人乍①見孺子將入於井, 皆有怵惕惻隱②之心 —— 非所以內交③於孺子之父母也, 非所以要④譽於鄉黨朋友也, 非惡其聲而然也。由是觀之, 無惻隱之心, 非人也 ; 無羞惡之心, 非人也 ; 無辭讓之心, 非人也；無是非之心, 非人也。惻隱之心, 仁之端⑤也；羞惡之心, 義之端也；辭讓之心, 禮之端也；是非之心, 智之端也。人之有是四端也, 猶其有四體也。有是四端而自謂不能者, 自賊者也；謂其君不能者, 賊其君者也。凡有四端於我者, 知皆擴而充之矣⑥, 若火之始然⑦, 泉之始達。苟能充之, 足以保四海；苟不充之, 不足以事父母。"

〈注〉

① 乍(사) : 별안간. 갑자기(忽也, 卒也, 暫也).
② 怵惕惻隱(출척측은) : 怵惕 ; 깜짝 놀라다. 겁내고 두려워하다(恐懼也. 驚動之貌─朱子). 惻隱 ; 애통해 하다. 가슴아파하다(惻, 隱 ; 痛也─『說文』).
③ 內交(납교) : 교제를 맺다(納과 同. 結也).
④ 要(요) : 추구하다. 요구하다.
⑤ 端(단) : 싹. 端의 本字는 耑으로, 『說文』에 의하면, 耑은 식물이 처음 싹을 틔웠을 때의 모습을 형상화한 것이다. 이것을 실마리로 해석하는 것은 적합하지 않다. 실마리는 풀어나가도 단순히 길어지는 데 불과하지만, 싹은 커 나감에 따라 그 줄기와 뿌리 모두가 굵고 길게 확장되어 간다.
⑥ 知皆擴而充之矣(지개확이충지의) : 假定을 나타내는 連詞(如, 若, 苟 등)는 없지만, 이것은 假定句이다.
⑦ 然(연) : 燃(태우다)의 本字.

3·7 화살 만드는 사람과 갑옷 만드는 사람

맹자께서 말씀하셨다.

"화살 만드는 사람이라고 해서 어찌 갑옷 만드는 사람보다 그 본성이 더 잔인하겠느냐? [단지 배운 기술이나 직업 때문에,] 화살 만드는 사람은, [자기가 만든 화살이] 사람을 상하게 할 수 없을까 봐 걱정하고, 갑옷 만드는 사람은, [자기가 만든 갑옷이 칼이나 화살을 막지 못하여] 사람을 상하게 할까봐 걱정한다. 무당이나 장의사도 이와 마찬가지다. [무당은 자기의 呪術에 신통력이 없어서 병자의 병이 낫지 않을까봐 걱정하고, 장의사는 병자의 병이 나아 관을 팔 수 없게 될까봐 걱정한다.] 그러므로 살아가기 위한 기술[직업]을 선택하는 데 있어서는 신중을 기하지 않을 수 없다. 공자께서는 말씀하셨다. '인(仁) 안에 거처하는 것이 좋다. 스스로 선택해서 인(仁) 안에 거처하지 않는 자라면, 어찌 지혜롭다 할 수 있겠는가?'라고. 인(仁)은 하늘이 사람에게 내려 준 가장 존귀한 작위이며, 사람이 거처하기에 가장 편안한 집이다. 그렇게 하지 못하도록 막는 사람이 아무도 없는데도 불인(不仁)하다면, 그야말로 지혜롭지 못한 자이다. 어질지 못하고, 지혜롭지 못하고, 무례하며, 의롭지 못한 사람은 남의 하인밖에 될 수 없다. 남의 하인인 주제에 하인노릇 하는 것을 창피스럽게 여기는 것은, 활 만드는 사람이 활 만드는 일을 창피스럽게 여기고, 화살 만드는 사람이 화살 만드는 일을 창피스럽게 여기는 것과 마찬가지다. 만약 그것을 창피스럽게 여긴다면, 열심히 인(仁)을 행하는 길밖에 없다. 인을 행하는 사람의 태도는 활 쏘기 시합을 하는 사람과 같다. 활을 쏘는 사람은 먼저 자신의 자세를 바르게 하고 난 뒤에 화살을 쏘는데, 화살이 과녁에 맞지 않더라도 자기를 이긴 사람을 원망하지 않고, 스스로 돌이켜 보고 자기 잘못을 반성한다."

3·7 孟子曰:"矢人豈不仁於函人①哉? 矢人惟恐不傷人, 函人惟恐傷人。巫匠②亦然。故術不可不慎也。孔子曰: '里仁爲美。擇不處仁, 焉得智③?' 夫仁, 天之尊爵也, 人之

> 安宅也。莫之禦而不仁, 是不智也。不仁、不智、無禮、無義,
> 人役也。人役而恥爲役, 由④弓人而恥爲弓, 矢人而恥爲矢
> 也。如恥之, 莫如爲仁。仁者如射：射者正己而後發, 發而不
> 中, 不怨勝己者, 反求諸己而已矣。"

〈注〉

① 函人(함인)：갑옷 만드는 사람("函人爲甲"―『周禮』「函人」).
② 巫匠(무장)： 巫；고대에는 병을 고치는 사람을 巫라 했다. 匠；목공. 여기서는 棺 만드는 사람, 즉 장의사를 말한다.
③ 焉得智(언득지)：어찌 지혜롭다 할 수 있겠는가. 이 文은『論語』「里仁篇」에 나온다.
④ 由(유)：같다(猶와 同).

3·8 최고의 덕행은 남과 더불어 선을 행하는 것이다

맹자께서 말씀하셨다.

"공자의 제자인 자로(子路)는 남이 자신의 잘못을 지적해 주면 기뻐했다. 하(夏) 나라의 우(禹) 임금은 좋은 말을 들으면 그에게 절을 하고 고마워했다. 위대한 순(舜) 임금은 이들보다 더 훌륭한 인물이었다. 그는 선(善)을 행하는 데 있어서는 남과 자기의 구별이 없었으니, 자신의 잘못을 버리고 남의 옳음을 받아들였으며, 기꺼이 다른 사람의 좋은 점들을 받아들여 그 자신이 선을 행하였다. 농사를 짓고, 질그릇을 굽고, 고기를 잡을 때부터 천자가 될 때까지, 그는 남들로부터 [좋은 점들을] 받아들이지 않은 적이 없었다. 남의 장점을 받아들여 스스로 선을 행하는 것, 이것이야말로 남과 더불어 선을 행하는 것이다. 그러므로 군자의 최고의 덕행(德行)은 남과 더불어 선을 행하는 것이다."

　[남의 의견을 받아들여 선을 실천하는 순 임금의 정치야말로 진정한 민주정치라 할 수 있다. 자기의 의견을 고집하면[執一] 남과 함께 할 수 없고, 자신을 버릴 수도[捨己] 없으며, 따라서 세상 사람들이 자기를 따라오도록 만드려고만 한다. 그렇게 되면 독재가 된다. 여러 사람의 서로 다른 의견을 듣고 종합해서 그 좋은 점들만 받아들여[執中], 남들과 함께 선을 행하는 것[與人爲善], 이것이야말로 가장 민주적인 지도자상이 아닐까?]

3·8　孟子曰:"子路, 人告之以有過, 則喜。禹聞善言, 則拜。大舜有①大焉, 善與人同, 捨己從人, 樂取於人以②爲善。自耕稼、陶、漁③以至爲帝, 無非取於人者。取諸人以爲善, 是與④人爲善者也。故君子莫大乎與人爲善。"

〈注〉

① 有(우):더욱(又와 同).

② 以(이):而와 같다(連詞).

③ 耕稼陶漁(경가도어):『史記』「五帝本紀」에는, "舜이 歷山에서 농사를 짓고 살 때에는, 역산의 사람들이 모두 밭의 둑을 서로 양보하였으며, 雷澤에서 고기를 잡고 살 때에는, 뇌택 사람들이 모두 고기잡는 자리를 서로 양보하였으며, 河賓에서 질그릇을 굽고 살 때에는, 하빈에서 구워지는 그릇들 가운데 거칠거나 이지러진 것들이 없어졌으며, 그가 1년 동안 머무는 곳에는 부락(聚)이 이루어졌고, 2년 동안 머무는 곳에는 큰 마을(邑)이 형성되었고, 3년 동안 머무는 곳에는 큰 도시(都)가 형성되었다."라는 기록이 있다. 그리하여 그의 별명이 '都君'이 된 것이다. (만장 上 (9-2) 참조).

④ 與(여):더불어. 함께. 朱子는 이것을 '돕다'(助也)는 뜻이라 하였다. 즉, 남의 장점을 취하여 갖는 것은 곧 그로 하여금 더욱

열심히 선을 행하도록 돕는 것이 된다고 해석했다. 뜻은 통하지만, 논리가 복잡해진다.

3·9 백이(伯夷)와 유하혜(柳下惠)

맹자께서 말씀하셨다.

"백이(伯夷)는 이상적인 군주가 아니면 섬기지 않았고, 이상적인 친구가 아니면 사귀지 않았다. 나쁜 사람의 조정에서는 벼슬을 하지 않았고, 나쁜 사람들과는 얘기를 나누지도 않았다. 나쁜 사람의 조정에서 벼슬을 살고, 나쁜 사람들과 얘기하는 것을, 마치 예복을 입고 예모를 쓰고서 진흙탕이나 잿더미 위에 앉아 있는 것처럼 생각했다. 이처럼 나쁜 사람들과 나쁜 일들을 미워하는 마음을 더욱 확대시켜, 그는 마을 사람들과 함께 있으려고 생각하다가도, 어떤 사람의 관(冠)이 비뚤어져 있는 것을 보고는, 그 때문에 마치 자기까지 더러워지기라도 할 것처럼, 뒤돌아 보지도 않고 그곳을 떠나갔던 것이다. 그런 식이었으므로, 각국의 제후들이 비록 정중한 말로써 그를 초청하였지만 그는 응하지 않았다. 응하지 않았던 까닭은, 그런 제후들에게 나아가는 것을 달갑게 여기지 않았기 때문이다.

노(魯) 나라의 대부인 유하혜(柳下惠)는, 나쁜 임금을 섬기는 것도 치욕으로 여기지 않았고, 자기의 관직이 낮다고 해서 그것을 창피하게 여기지도 않았다. 관직에 나아가서는 자기의 재능을 숨김없이 발휘하였지만, 반드시 자신이 세운 원칙에 따라 일을 처리하였다. 버림을 당해도 원망하지 않았으며, 가난으로 고생해도 걱정하지 않았다. 그런 식이었으므로, 그는 말했다. '너는 너고, 나는 나다. 네가 비록 내 옆에서 웃옷을 벗고 알몸뚱이를 내놓고 있은들, 네가 어찌 나를 더럽힐 수 있겠느냐?'라고. 그러므로 그는 언제나 흔쾌히 그런 자들과 함께 있으면서도 스스로의 자세를 잃는 일이 없었다. 억지로 끌어다가 관직에 있게 하면 그대로 머물러 있었다. 억지로 끌어다가 관직에 있도록 한다고 해서 그대로 따른 까닭은, 또한 꼭 물러날 필요가 없었기 때문이다."

이어서 맹자께서는 말씀하셨다.

"백이는 도량이 좁았고, 유하혜는 공순하지 못했다. 도량이 좁고 공순하지 못한 것, 그것은 군자로서 취할 태도가 아니다."

3·9　孟子曰：“伯夷，非其君，不事；非其友，不友。不立於惡人之朝，不與惡人言；立於惡人之朝，與惡人言，如以朝衣朝冠坐於塗炭。推①惡惡之心，思②與鄉人立，其冠不正，望望然③去之，若將浼④焉。是故諸侯雖有善其辭命而至者，不受也。不受也者，是亦不屑就已。柳下惠不羞汙君，不卑小官；進不隱賢⑤，必以其道；遺佚⑥而不怨，阨窮而不憫。故曰：‘爾爲爾，我爲我，雖袒裼裸裎⑦於我側，爾焉能浼我哉？’故由由然⑧與之偕而不自失焉，援而止之⑨而止。援而止之而止者，是亦不屑去已。”

孟子曰：“伯夷隘，柳下惠不恭。隘與不恭，君子不由⑩也。”

〈注〉

① 推(추)：주체를 伯夷로 보아서, '밀다. 확장하다'(推己及人의 推)의 뜻으로 해석할 수도 있고, 주체를 話者, 즉 맹자로 보아서, '추측하다'(推測의 推)의 뜻으로 해석할 수도 있다.

② 思(사)：의미없는 語首助詞로 보는 해석도 있고(焦循), 앞의 心과 붙여 읽으면서 心思의 뜻으로 보는 해석도 있으나, 念(마음속

으로 생각하다)의 뜻으로 보는 趙岐의 해석이 자연스럽다.
③ 望望然(망망연) : 뒤도 돌아보지 않고 떠나가 버리는 모양(去而不顧之貌—朱子).
④ 浼(매) : 더럽히다.
⑤ 進不隱賢(진불은현) : 趙岐는, 관직에 나아가서는 자신의 어진 재능을 숨기지 않고 다 발휘하였다는 뜻이라 하였고, 朱子는, 관직에 나아가서는 道를 굽히지 않았다는 뜻으로 해석했다.
⑥ 遺佚(유일) : 버림받다. 유실되다(佚;逸失과 通).
⑦ 袒裼裸裎(단석라정) : 袒과 裼은 둘 다 웃옷을 벗는 것이고, 裸와 裎은 둘 다 벌거벗는다는 뜻이다(朱子).
⑧ 由由然(유유연) : 흔쾌히(自得之貌—朱子).
⑨ 援而止之(원이지지) : 끌어다가 그를 관직에 머물러 있게 하다.
⑩ 由(유) : 취하다. 따르다. 행하다(用也, 取也, 行也).

4.
공公 손孫 추丑 下

4·1 천시(天時)와 지리(地利)와 인화(人和)

맹자께서 말씀하셨다.

"[전쟁을 할 때에는 天時, 즉 계절과 기후, 晝夜, 日辰과 같은 것의 이점과, 지리적인 이점, 군대의 士氣나 人和, 이 세 가지 요소가 중요하다. 그러나,] 천시는 지리적 이점만 못하고, 지리적 이점은 인화만 못하다. [비유해서 말하자면,] 그 내성(內城)은 사방 삼리이고 외성(外城)은 사방 칠리밖에 안 되는 조그만 성이 있는데, 적이 그것을 완전히 포위하고 공격하여도 이기지 못하는 수가 있다. 그것을 포위하여 공격하고 있다는 것은 반드시 이미 천시(天時)는 얻은 것이라 할 수 있다. 그러면서도 이기지 못하는 것은, 결국 천시가 지리적인 이점[地利]만 못하기 때문이다. [예컨대,] 성곽이 높지 않은 것도 아니고, 성 둘레에 파여진 호(濠)가 깊지 않은 것도 아니며, 무기와 갑옷이 예리하고 견고하지 않은 것도 아니며, 양식의 비축이 많지 않은 것도 아닌데, [적이 쳐들어 오면, 성을 지키는 자가] 성을 포기하고 도망가는 수가 있으니, 이것은 지리적인 이점이 인화(人和)만 못하기 때문이다. 그래서 나는, '백성들이 떠나가지 못하도록 묶어 두기 위해서 국경선이 있어야 할 필요는 없으며, 국가를 방위하기 위해서 산천의 험준함에 의지할 필요는 없고, 천하에 위세를 떨치기 위해서 뛰어난 성능을 가진 무기에 의존할 필요는 없다.'고 주장하는 것이다. 인정(仁政)을 행하는 자에게는 그를 돕는 자가 많을 것이고, 인정을 행하지 않는 자에게는 그를 돕는 자가 적을 것이다. 돕는 자가 적은 정도가 극에 달했을 때에는, 친척들까지도 그를 배반하게 될 것이며, 돕는 자가 많은 정도가 극에 달했을 때에는, 온 천하의 백성들이 모두 그에게 순종하게 된다. 온 천하의 백성들이 순종하는 그 힘으로 친척에게까지 배반당하는 자를 공격한다면, 만약 인(仁)의 덕이 있는 군주가 싸움을 하지 않는다면 몰라도, 싸운다면 반드시 이기는 법이다."

> **4·1**   孟子曰:"天時不如地利, 地利不如人和。三里之城, 七里之郭, 環①而攻之而不勝。夫環而攻之, 必有得天時者矣;然而不勝者, 是天時不如地利也。城非不高也, 池②非不深也, 兵革③非不堅利也, 米粟非不多也;委④而去之, 是地利不如人和也。故曰:域⑤民不以封疆之界, 固國不以山谿之險, 威天下不以兵革之利。得道者多助, 失道者寡助。寡助之至, 親戚畔之⑥;多助之至, 天下順之。以天下之所順, 攻親戚之所畔;故君子有⑦不戰, 戰必勝矣。"

〈注〉
① 環(환):포위하다(圍也 — 朱子).
② 池(지):성 둘레에 판 호. 城濠.
③ 兵革(병혁): 兵;무기. 革;가죽. 즉 甲冑. 고대에는 갑주를 가죽 또는 구리나 쇠로 만들었다.
④ 委(위):버리다. 포기하다(棄也 — 朱子).
⑤ 域(역):거주하다. 머물게 하다. 경계선을 긋다(界限也 — 朱子).
⑥ 畔之(반지):그를 배반하다(畔, 叛과 同).
⑦ 有(유):'有無'의 有로 보아도 되고, '或'의 뜻으로 보아도 된다. 古書에서는 有와 或은 보통 통용된다.

4·2 임금이 앉아서 불러들일 수 없는 신하

맹자께서 제(齊) 나라 왕을 만나보려고 갈 준비를 하고 있는데, 마침 왕이 사람을 보내어 말했다. "제가 마땅히 찾아가 뵈어야 하는데, 감기가 들어서 찬 바람을 쏘일 수가 없습니다. 아침에 조정에 나오신다면, 저 역시 조정에 나갈 예정이니, 거기서 선생님을 뵐 수 있을지 모르겠습니다."라고.

맹자께서 말씀하셨다. "불행히도 저 역시 병이 나서 조정에 나가지 못하겠습니다."

그 다음날, 맹자께서 제 나라의 대부인 동곽(東郭)씨의 집에 문상(問喪)을 가려 하셨다. 그러자 제자인 공손추가 말했다. "어제는 병을 핑계삼아 왕의 부르심을 사절하시고, 오늘은 문상을 가려 하시는데, 잘은 모르겠습니다만, 그렇게 하실 수는 없는 게 아닙니까?"

맹자 : "어제는 병을 앓았고 오늘은 나았는데, 왜 문상을 갈 수 없다는 것인가?"[그리고 문상을 가셨다.]

그러자 왕께서 문병하도록 사람을 보내고 의사까지 보냈다.

그때, 집을 지키고 있던 맹중자[孟仲子 : 맹자의 從弟]가 둘러대어 말했다. "어제는 조정에 나오라는 왕명이 있었지만, 병이 나서 나가지 못했습니다. 오늘은 병이 좀 나아서 서둘러 조정으로 나갔습니다. 무사히 도착했는지는 모르겠습니다만…."

그리고 나서 맹중자는 몇 사람을 시켜 길목에서 기다리다가 맹자를 만나 말씀드리도록 했다. '어떤 일이 있어도 집으로 돌아오지 마시고 빨리 조정으로 가십시오!'라고.

맹자는 [조정으로 가고 싶지는 않고, 그렇다고 집으로 돌아올 수도 없어서, 하는 수 없이] 제 나라의 대부인 경추(景丑)의 집으로 가서 묵었다.

경추가 전후 사정을 듣고 나서 말했다. "집 안에서는 아버지와 아들(父子), 집 밖에는 임금과 신하(君臣), 이것이 사람과 사람 사이의 관계 중에서 가장 중요한 것입니다. 부자 관계는 자애(慈愛)를 주(主)로 삼고, 군신관계는 공경(恭敬)을 주로 삼습니다. 그런데 제가 보니, 왕께서는 선생을 존경하고 계시는데, 선생께서 왕을 공경하시는 것은 볼 수 없었습니다.".

맹자 : "아니, 그게 무슨 말씀입니까? 제 나라 사람들 중에는 인의(仁義)의 도리로써 왕에게 진언(進言)드리는 사람이 하나도 없는데, 그들 모두 인의(仁義)를 좋지 않게 생각하기 때문입니까? 그들은 마음 속으로, '이 왕은 인의의 도(道)를 함께 이야기할 만한 인물이 아니다.'라고 생각하고 있을 따름입니다. 그렇다면 이보다 더 심한 불경(不敬)이 어디 있겠습니까? 나는 요순(堯舜)의 도가 아니면 감히 왕께 진언드릴 수가 없습니다. 그러니 제 나라 사람들 중에는 나만큼 왕을 공경하는 사람이 하나도 없는 셈입니다."

경추가 말했다. "아닙니다. 제가 말씀드린 것은 그 문제가 아닙니다. 『예기』(禮記)에 보면, '부친께서 부르시면 곧바로 예! 하고 대답하면서 몸을 일으키고, 임금께서 부르실 때는 마차가 준비되기를 기다릴 새도 없이 달려간다.'고 하였는데, 선생께서는 본래 왕을 뵈러 갈 준비까지 하셨다가, 왕의 부름을 듣고서는 도리어 그만두었으니, 선생께서 하신 행동은 아무래도 『예기』에서 말한 것과는 다른 것 같습니다."

맹자 : "어찌 그런 말씀을 하십니까? 증자(曾子)께서는, '진(晋) 나라와 초(楚) 나라의 부(富)는 내가 도저히 미칠 수 없다. 그러나 그들이 부를 갖고 있다면 나에게는 인(仁)의 덕이 있다.

그들이 작위(爵位)를 갖고 있다면 나에게는 의(義)의 덕이 있으니, 내가 그들에게 꿇릴 이유가 어디 있겠느냐?'라고 하셨습니다. 어찌 도리에 맞지 않는 말을 증자께서 하셨겠습니까? 이것도 아마 한 가지 도리일 것입니다. 존귀한 것으로 천하가 공인하는 것에 세 가지가 있으니, 작위[爵]와 연령[齒]과 도덕[德]이 그것입니다. 조정에서는 제일 먼저 작위를 따지고, 동네에서는 제일 먼저 나이를 따지며, 임금을 도와 백성을 다스리는 데는 도덕으로써 하는 것이 가장 좋습니다. 그가 이 세 가지 가운데 한 가지 [즉, 작위]를 갖고 있다고 해서, 어찌 내가 가진 두 가지[연령과 도덕]를 무시할 수 있겠습니까?

그러므로 큰 일을 하려는 임금은 반드시 앉아서 불러들일 수 없는 신하가 있게 마련이니, 상의할 일이 있을 때에는 스스로 그 신하에게 찾아가야 합니다. 덕(德)을 높이 받들고 인정(仁政)을 즐겨 행하기를 이처럼 하지 않는다면, 그런 사람과는 더불어 함께 큰 일을 할 수 없습니다. 그래서 은(殷)의 탕(湯) 임금과 이윤(伊尹)의 관계를 보면, 먼저 이윤에게서 배운 다음에 그를 신하로 삼았기 때문에 힘들이지 않고 천하를 통일할 수 있었던 것입니다. 환공(桓公)과 관중(管仲)의 관계를 보아도, 먼저 관중에게서 배운 다음에 그를 신하로 삼았기 때문에, 힘들이지 않고 제후들 가운데서 패자가 될 수 있었던 것입니다. 지금 천하의 크다는 나라들을 보면, 영토의 크기는 다 비슷하고, 하는 행동들도 서로 비슷하여 누가 누구보다 뛰어나다는 것이 없는데, 그것은 다른 이유에서가 아니라, 자기 말을 들을 사람을 신하로 삼기를 좋아하고, 자기를 가르치고 이끌어 줄 수 있는 사람을 신하로 삼기를 좋아하지 않기 때문입니다. 탕 임금이 이윤을 대한 것이나, 환공이 관중을 대한 것을 보면, 감히 함부로 불러들이지 못했습니다. 관중조차도 함부로 불러들일 수 없었는데, 하물며 관중을 대수롭지 않게 여기는 사람이야 더 말할 나위가 있겠습니까?"

[권력을 갖고 있다고 해서 인의의 도덕을 가볍게 여기고, 덕 있는 연장자를 얕보아 그들을 조정으로 불러들이는 지도자라면 큰 일을 할 수 없다는 뜻이다.]

4·2 孟子將朝王, 王使人來曰:"寡人如①就見者也, 有寒疾, 不可以風。朝, 將視朝②, 不識可使寡人得見乎?"

對曰:"不幸而有疾, 不能造③朝。"

明日, 出弔於東郭氏。公孫丑曰:"昔者④辭以病, 今日弔, 或者⑤不可乎?"

曰:"昔者疾, 今日愈, 如之何不弔?"

王使人問疾, 醫來。

孟仲子對曰:"昔者有王命, 有采薪之憂⑥, 不能造朝。今病少愈, 趨造於朝, 我不識能至否乎?"

使數人要⑦於路, 曰:"請必無歸, 而造於朝!"

不得已而之景丑氏宿焉。

景子曰:"內則父子, 外則君臣, 人之大倫也。父子主恩, 君臣主敬。丑見王之敬子也, 未見所以敬王也。"

曰:"惡! 是何言也! 齊人無以仁義與王言者, 豈以仁義爲不美也? 其心曰, '是何足與言仁義也'云爾, 則不敬莫大乎是。我非堯舜之道, 不敢以陳於王前, 故齊人莫如我敬王也。"

景子曰:"否;非此之謂也。禮曰, '父召, 無諾⑧;君命召, 不俟駕。'固將朝也, 聞王命而遂不果⑨, 宜⑩與夫禮若不相似然。"

曰:"豈謂是與? 曾子曰:'晋楚之富, 不可及也;彼以其富, 我以吾仁;彼以其爵, 我以吾義, 吾何慊⑪乎哉?'夫豈不義而曾子言之? 是或一道也。天下有達尊三:爵一, 齒一, 德一。朝廷莫如爵, 鄕黨莫如齒, 輔世長民莫如德。惡得有其一, 以慢其二哉? 故將大有爲之君, 必有所不召之臣;欲有謀焉, 則就之。其尊德樂道, 不如是, 不足與有爲也。故湯之於伊尹, 學焉而後臣之, 故不勞而王;桓公之於管仲, 學焉而後臣之, 故不勞而霸。今天下地醜德齊⑫, 莫能相尙, 無他, 好臣其所敎, 而不好臣其所受敎。湯之於伊尹, 桓公之於管仲, 則不敢召。管仲且猶不可召, 而況不爲管仲者乎?"

〈注〉

① 如(여) : 응당 … 해야 한다(助動詞).
② 朝, 將視朝(조, 장시조) : 두 가지 해석이 있다. ㉠ "혹시 조정에 나오신다면, (저도 병을 무릅쓰고 조정에 나갈 터이니,) 그곳에서 선생님을 뵙겠습니다."(趙岐). ㉡ "아침이 되면, 조정에서 뵙겠습니다."(朱子).
③ 造(조) : 가다(到也, 去也 —『辭源』).
④ 昔者(석자) : 옛날 사람들은 말하는 시점 이전은 모두 昔이라 했다. 여기서는 어제를 말한다.
⑤ 或者(혹자) : 어쩌면. 의심이나 의문을 표시하는 副詞.
⑥ 采薪之憂(채신지우) : 憂;病. 땔나무 하느라 얻은 병.『禮記』「曲禮下」에, "임금이 士에게 활을 쏘라고 했을 때, 쏠 수 없는 경우에는 병을 핑계대어 사양하는데, '負薪之憂' 때문에 쏠 수 없다고 말한다."고 했다. 負薪之憂나 采薪之憂는 모두 가벼운 병을 가리키는 말로서, 당시 교제할 때 썼던 관용어로서, 요즈음 말하면 감기나 몸살 정도에 해당하는 것 같다.
⑦ 要(요) : 중도에서 기다리다.

⑧ 父召, 無諾(부소, 무약) : 부를 때 대답하는 말로서, 곧바로 대답하는 것이 唯이고, 천천히 대답하는 것이 諾이다(疾應曰唯, 緩應曰諾—『辭源』).
⑨ 不果(불과) : 뜻밖에. 결과가 예상과 다를 때 쓴다.
⑩ 宜(의) : 아마도(猶殆也—王引之).
⑪ 慊(겸) : 마음에 차지 않다. 적다(少也—趙岐). 이곳에서는 '적게 여기다.'는 뜻의 意動用法으로 사용되었다.
⑫ 地醜德齊(지추덕제) : 醜;類也, 同也. 齊;等也. 땅의 크기도 같고, 그 덕행도 비슷하다.

4.3 노자(路資)와 뇌물

제자인 진진(陳臻)이 물었다. "지난 날 제(齊) 나라에 계실 때에는 왕이 겸금(兼金) 백일(百鎰)을 보내왔으나 받지 않으셨습니다. 그후 송(宋) 나라에 계실 때에는 칠십 일(鎰)을 보내오자 받으셨고, 설(薛)에 계실 때에는 오십 일(鎰)을 보내오자 받으셨습니다. 만약 지난 날에 받지 않은 것이 옳다면 그후에 받은 것은 잘못이고, 그후에 받은 것이 옳다면, 지난 날에 받지 않은 것은 잘못입니다. 선생님께서는 이 두 가지 중 어느 한 가지는 반드시 잘못하신 것입니다."

맹자께서 말씀하셨다.

"받은 것이나 안 받은 것이나 둘 다 옳았다. 송 나라에 있을 때에는 내가 먼 길을 떠나려고 준비하던 중이었는데, 먼 길 떠나는 사람에게는 반드시 노자(路資)를 주어 전송하는 법이다. 그래서 그가 말하기를, '노자로 쓰십시오.'라고 하는데, 내가 어찌 안 받을 수 있겠느냐? 설에 있을 때에는 [오가는 길이 위험하다고 들었기에,] 경계하는 마음이 있었는데, 돈을 보내면서 말하기를, '경호문제로 신경을 쓴다고 들었습니다. [경호용] 병기구입 자금으로 쓰십시오.'라고 하면서 보냈는데, 내가 어찌 안 받을 수 있겠느냐? 그런데 제 나라에 있을 때에는 돈을 받아야 할 이유가 없었다. 아무런 이유 없이 돈을 보내온 것은 결국 돈으로 나를 매수하려는 것이었다. 군자가 어찌 돈으로 매수당할 수 있겠느냐?"

4·3 陳臻問曰:"前日於齊, 王餽①兼金一百②, 而不受;於宋, 餽七十鎰而受;於薛, 餽五十鎰而受。前日之不受是, 則今日之受非也;今日之受是, 則前日之不受非也。夫子必居一於此矣。"

孟子曰:"皆是也。當在宋也, 予將有遠行, 行者必以贐③;辭曰:'餽贐。'予何爲不受? 當在薛也, 予有戒心④;辭曰:'聞戒, 故爲兵餽之。'予何爲不受? ⑤若於齊, 則未有處⑥也。無處而餽之, 是貨之⑦也。焉有君子而可以貨取乎?"

〈注〉

① 餽(궤) : 음식이나 물건을 보내 주다.
② 兼金一百(겸금일백) : 質이 좋은 金으로, 보통 금보다 값이 두 배나 되는 것을 兼金이라 했다. 옛날의 소위 金이란 오늘날의 黃金이 아니라 실제로는 銅에 가까운 것이었다. 一百;一百鎰. (一鎰은 20兩).
③ 贐(신) : 여행 떠나는 사람에게 노잣돈이나 물품을 주는 禮.
④ 戒心(계심) : 경계심. 당시 나쁜 자들이 맹자를 해치려고 했으므로, 맹자는 이를 경계하고 있었다.
⑤ 若(약) : …에 이르러(至于). 轉折連詞로서, 화제를 바꾸려고 할 때 쓴다.
⑥ 處(처) : 이유.
⑦ 貨之(화지) : 貨;매수하다(動詞). 之;나, 1인칭 代詞.

4·4 백성들의 고통은 정치가의 책임이다

맹자께서 평륙(平陸)에 가서서 그곳의 읍장[邑宰]에게 말씀하셨다. "당신의 부하 병사들 중에 하루에 세 번이나 대오(隊伍)를 이탈한 자가 있다면, 그를 파면하겠소, 아니면 그냥 두겠소?"
대부: "세 번까지 기다릴 필요도 없습니다."
(맹자): "그렇다면 당신 자신도 맡은 바 직무를 태만히 한 점이 많소. 흉년으로 기근이 든 해에 당신의 백성들 가운데 노약자들은 굶주려서 먹을 것을 찾아다니다 죽어서 그 시체가 도랑이나 골짜기에 굴러다니고, 젊은이들은 먹을 것을 찾아서 사방으로 떠나 버린 자가 천 명 가까이나 되었소."
대부: "그것은 서도서는 어떻게 해 볼 도리가 없는 문제였습니다."
맹자: "가령 지금 다른 사람의 소와 양을 맡아 그것들을 기르는 사람이 있다고 합시다. 그렇다면 그는 반드시 소와 양을 위해 목장과 목초를 찾아내야 할 것입니다. 만약 목장과 목초를 찾아다녔지만 결국 찾아내지 못했다고 한다면, 그 소와 양을 원주인에게 되돌려 주어야 하겠소? 아니면 가만히 서서 그들이 죽어가는 것을 보고만 있어야 하겠소?"
대부: "알겠습니다. 그것은 저의 잘못입니다."
얼마 후 맹자께서 왕을 만나서 말씀드렸다. "왕의 지방장관들 중에 다섯 사람을 제가 알고 있습니다. 그 가운데 자기의 잘못을 분명히 알고 있는 자는 공거심(孔距心) 한 사람뿐이었습니다."
그리고 왕에게 공거심과 나누었던 대화를 그대로 말해 주었다.
왕이 말했다. "그것은 결국 저의 잘못입니다."

4·4 孟子之平陸, 謂其大夫①曰:"子之持戟之士②, 一日而三失伍③, 則去之否乎?"

曰:"不待三。"

"然則子之失伍也亦多矣。凶年饑歲, 子之民, 老羸④轉於溝壑, 壯者散而之四方者, 幾千人矣。"

曰:"此非距心之所得爲也。"

曰:"今有受人之牛羊而爲之牧之者, 則必爲之求牧⑤與芻矣。求牧與芻而不得, 則反諸其人乎? 抑亦立而視其死與?"

曰:"此則距心之罪也。"

他日, 見於王曰:"王之爲都⑥者, 臣知五人焉。知其罪者, 惟孔距心。"爲王誦之⑦。

王曰:"此則寡人之罪也。"

〈注〉

① 大夫(대부): 읍장(邑宰)이나 현장(縣長). (大夫, 治邑大夫也 — 趙岐).
② 持戟之士(지극지사): 戟;兵器의 일종. 고대에는 戰士를 보통 持戟이라 불렀다. (『戰國策』「秦策」, "楚地持戟百萬."『史記』「高祖紀」, "持戟百萬")
③ 失伍(실오): 대오를 이탈하다. 즉, 직무를 태만히 하다. 伍;대오. 행렬.
④ 老羸(노리): 늙은이와 신체가 약한 사람.
⑤ 牧(목): 목초지.
⑥ 爲都(위도): 邑을 다스리다. 邑 중에서 先王들의 종묘가 있는 것을 都, 없는 것은 그냥 邑이라 한다(『左傳』, 莊公二十八年). 爲;治也(趙岐)
⑦ 誦之(송지): 맹자와 孔距心 사이의 대화를 다시 반복하다.

4·5 직책에 따른 책임

맹자께서 제(齊) 나라의 대부인 지와(蚳鼃)에게 말씀하셨다. "당신이 제 나라 변경지역인 영구(靈丘)의 읍장직을 사직하고 사법관〔士師〕의 직책을 맡고자 한 것은 그런 대로 일리가 있었소. 왜냐하면, 그 자리는 왕에게 진언(進言)드릴 수 있는 자리이기 때문이오. 그런데 지금, 당신이 그 직책을 맡은 지가 몇 달이나 지났는데도, 아직 왕에게 진언드릴 기회가 없었단 말이오?"

지와가 〔맹자의 충고에 분발하여〕 왕에게 간언(諫言)을 드렸으나, 그것이 왕에게 받아들여지지 않자 사직하고 물러나 버렸다. 그러자 제 나라 사람들 중에, "맹자가 지와를 위해서 생각해 준 것은 좋았다. 그러나 그가 자기 자신에 대해서는 어떻게 생각하고 있는지 모르겠다."라고 비아냥거리는 사람이 있었다.

제자인 공도자가 그 이야기를 맹자께 해 드리자 맹자께서 말씀하셨다.

"내가 들은 바로는, 고정된 직무를 맡고 있는 자가 그 직책을 제대로 수행하지 못할 때에는 그 자리에서 물러나야 한다. 왕에게 진언을 드려야 할 책임이 있는 사람은 자기의 진언이 받아들여지지 않으면 그 자리에서 물러나야 한다. 그러나 나에게는 고정된 직무가 없고, 또 진언드려야 할 책임도 없다. 그러니 나아가든지 물러나든지 간에 나의 행동에는 여유가 만만하지 않겠느냐?"

4·5 孟子謂蚳鼃曰:"子之辭靈丘而請士師①, 似也, 爲② 其可以言也。今旣數月矣, 未可以言與?"

蚳鼃諫於王而不用, 致爲臣③而去。

齊人曰:"所以爲蚳鼃則善矣;所以自爲, 則吾不知也。"
公都子以告。
曰:"吾聞之也:有官守者, 不得其職則去;有言責者, 不得其言則去。我無官守, 我無言責也, 則吾進退, 豈不綽綽然④ 有餘裕哉?"

〈注〉

① 士師(사사):司法官. 獄長((2-6), (4-8), 참조)
② 爲(위):…때문에(介詞).
③ 致爲臣(치위신): 致;반납하다. 되돌려 주다. 즉, 사표를 낸다는 뜻. (예;致仕, 致政, 致祿). 爲臣;'신하가 되다'는 뜻으로부터 그 의미가 확장되어 벼슬, 관직을 말한다
④ 綽綽然(작작연):여유만만한 모습.

4·6 사람을 대하는 방법

맹자께서 제 나라의 객경(客卿)이 되어, 정사(正使)의 자격으로 등(滕) 나라로 조문을 가게 되었는데, 왕은 개(蓋)의 읍장인 대부 왕환(王驩)을 부사(副使)로 삼아 동행하게 하였다. 왕환과 맹자는 하루 종일 함께 있었으나, 제와 등 두 나라 사이를 왕복하는 동안, 맹자께서는 조문행사에 관해서 그와 한 마디도 말씀을 나누지 않으셨다.

그것을 이상하게 여겼던 공손추가 귀국 후에 물었다. "제 나라 객경의 지위가 낮은 것도 아니고, 제 나라와 등 나라가 가까운 것도 아닙니다. 그런데도 그 먼 길을 왕복하는 동안 선생님께서는 조문행사에 관해서 그와 한 마디도 나누지 않으셨는데, 그것은 무

엇 때문입니까?"

맹자: "그가 이미 제멋대로 판단하여 일을 처리하고 있는데, 내가 무슨 말을 하겠느냐?"

[왕환은 왕에게 아첨하여 왕의 총애를 받아 나중에는 右師의 자리에까지 오른 자이다. 맹자는 왕환의 사람됨을 싫어하여 滕 나라로 國喪을 弔問하러 같이 가기는 하였으나, 그와 행사에 관해서 말을 한 마디도 나누지 않았다. 왕환은 왕의 총애를 믿고 행사에 관하여 맹자께 물어보지도 않고 자기 마음대로 처리함으로써 맹자의 비위를 거슬렸던 것이다. 맹자께서는 그를 대놓고 나무라지는 않고 다만 그와 말을 하지 않음으로써 불편한 심기를 표출하셨던 것이다.]

4·6   孟子爲卿於齊, 出弔於滕, 王使蓋大夫王驩爲輔行. 王驩朝暮見, 反齊滕之路, 未嘗與之言行事也.

公孫丑曰:"齊卿之位, 不爲小矣; 齊滕之路, 不爲近矣, 反之而未嘗與言行事, 何也?"

曰:"夫旣或治之①, 予何言哉?"

〈注〉
① 夫旣或治之(부기혹치지) : 그가 이미 그것을 처리하고 있다. 夫 ; 그(彼). 或 ; 有也(趙岐). 或과 有는 같은 뜻으로 흔히 통용된다(王念孫,『廣雅疏證』).

4·7 부모의 장례에는 재물을 아끼지 않는다

맹자께서 제(齊) 나라에서 고향인 노(魯) 나라로 모친상을 치르기 위하여 가셨다가 제 나라로 돌아오는 도중에, 영(嬴) 읍에 이르러 그곳에서 머무셨다.

제자인 충우(充虞)가 물었다. "전날에는 선생님께서 저를 잘 보아 주셔서 저에게 관 만드는 일의 감독을 맡기셨습니다. 그때는 일이 급해서 감히 여쭈어 보지 못했다가 오늘에야 비로소 여쭈어 봅니다만, 관(棺) 만드는 데 썼던 목재들이 너무 좋았던 것같습니다."

맹자께서 말씀하셨다.

"상고(上古) 시대에는 내관과 외관을 만드는 데 일정한 기준이 없었다. 그러다가 중고(中古) 시대에 와서야 내관의 두께는 일곱 치로 정하고, 외관도 그것에 어울리게 하였으니, 이는 천자로부터 서민에 이르기까지 모두 같았다. [그처럼 관을 만드는 데 좋은 나무를 쓰고, 관 외부에 온갖 아름다운 장식을 달았던 것은,] 단지 겉모양을 아름답게 꾸미기 위해서만은 아니었고, 그렇게 해야만 어버이를 장사지내는 자식의 마음을 다할 수 있었기 때문이다.

[만약 사용할 수 있는 관의 두께나 재료 등에 관해서 법으로 규제를 가한다면, 법에 규정된 신분상의 제약 때문에, 좋은 재료를] 쓸 수 없는 자식들의 마음은 흡족할 수 없을 것이며, [좋은 재료를 쓸 수 있는 지위에는 있으나,] 재력이 없어서 그것을 쓸 수 없는 자식들의 마음도 흡족할 수 없을 것이다. 그것을 쓸 수 있는 지위에 있고, 또 그것을 구입할 만한 재력이 있다면, 옛날 사람들도 모두 그것을 썼는데, 어찌 나 혼자만 그렇게 하지 않겠느냐? 그리고

또, 돌아가신 분에게 흙이 살갗에 닿지 않도록 하는 것이 자식된 자의 마음에도 흡족하지 않겠느냐? 내가 들은 바로는, "군자는 어떤 경우에도 자기 부모의 몸을 위하는 데에는 재물을 아끼지 않는다.'고 했다."

4·7 孟子自齊葬於魯, 反於齊, 止於嬴。

充虞請曰:"前日不知虞之不肖, 使虞敦匠事①。嚴②, 虞不敢請。今願竊有請也:木若以③美然。"

曰:"古者棺椁無度④, 中古棺七寸, 椁稱之⑤。自天子達於庶人, 非直爲觀美也, 然後盡於人心。不得⑥, 不可以爲悅;無財, 不可以爲悅。得之爲⑦有財, 古之人皆用之, 吾何爲獨不然? 且比⑧化者⑨無使土親膚, 於人心獨無恔⑩乎? 吾聞之也:君子不以天下儉其親⑪。"

〈注〉

① 敦匠事(돈장사): 敦;관리하다. 감독하다(治也―孔廣森). 匠事;목공 일, 여기서는 관 만드는 일.
② 嚴(엄):다급하다(急也―朱子).
③ 以(이):너무(太也. 甚也).
④ 古者棺椁無度(고자관곽무도):上古代에는 관곽의 두께에 관한 규정이 없었고, 周代에 와서 비로소 제정되었다.
⑤ 椁稱之(곽칭지):외관(椁)의 두께를 내관(棺)의 두께와 서로 대칭되게, 즉 어울리게 하였다.
⑥ 不得(부득):여기서는 法의 규정 때문에 할 수 없는 것을 말한다(朱子).
⑦ 爲(위):…와 더불어(猶與也―王引之).
⑧ 比(비):…을 위하여(猶爲也―朱子).
⑨ 化者(화자):죽은 자(化, 猶死也). 化에 '죽다'는 뜻이 있지만,

死라 하지 않고 化라고 한 것은, 형체의 변화까지 의미하기 때문이다(焦循).
⑩ 恔(교) : 흡족하다. 기쁘다(快也 — 趙岐).
⑪ 不以天下儉其親(불이천하검기친) : 천하의 재물을 다 쓰는 한이 있어도 부모 몸을 위하는 일이라면 그것을 아끼지 않는다는 뜻. (不以天下人所得用之物儉約於其親, 言事親竭其力者也 — 趙岐)

4·8 天吏만이 不義를 징벌할 수 있다

제 나라의 대신인 심동(沈同)이 개인적으로 찾아와서 물었다. "연(燕) 나라를 정벌해도 되겠습니까?"
맹자께서 대답하셨다. "정벌해도 되겠지요. 자쾌(子噲)라도 [비록 그가 연 나라의 왕이긴 하지만, 자기 마음대로] 연 나라를 다른 사람에게 물려 줄 수는 없고, 연 나라의 재상인 자지(子之)도 자쾌로부터 연 나라를 받을 수는 없습니다. [그런데도 그들은 그렇게 했다.] 가령 여기에 어떤 사람이 있는데, 당신은 그 사람을 매우 좋아하여, 왕에게 아뢰어 허락도 받지 않은 채 당신 멋대로 당신의 녹봉과 벼슬자리를 그 사람에게 주고, 그 사람도 또한 왕의 임명도 없이 자기 멋대로 당신으로부터 녹봉과 벼슬자리를 받아들인다면, 어찌 되겠습니까?"
제 나라는 결국 연 나라를 정벌하였다.
그러자 어떤 사람이 맹자께 물었다. "제 나라에게 연 나라를 정복하도록 권하신 적이 있다는데, 사실입니까?"
맹자 : "없다. 심동이 개인적으로 찾아와서, '연 나라를 정벌해도 되겠습니까?' 하고 묻기에, '그래도 된다.'고 대답했을 뿐이다. 그랬더니 그들이 저처럼 연 나라를 친 것이다. 그러나 만약 그가 나에게 다시, '누가 연 나라를 정벌할 수 있겠습니까?' 하고

물었더라면, 나는 이렇게 대답해 주었을 것이다. 천리[天吏 : 즉 하늘의 命을 받들어 행하는 자]라야 연 나라를 정벌할 수 있다.'라고. 가령 지금 여기에 사람을 죽인 자가 있는데, 어떤 사람이 나에게, '이 범인을 죽여야 되겠습니까?'하고 묻는다면, 나는 '죽여도 된다.'고 대답할 것이다. 만약 그가 나에게 다시, '누가 그를 죽일 수 있습니까?' 하고 묻는다면, 나는 대답할 것이다. '사법관 [士師]만이 그를 죽일 수 있다.'라고. 그러나 이번의 경우에는, 연 나라와 똑같이 포악무도한 제 나라가 연 나라를 정벌한 것인데, 내가 무엇 때문에 그것을 권하였겠는가?"

> **4·8** 沈同以其私問曰 : "燕可伐與?"
> 孟子曰 : "可 ; 子噲不得與人燕, 子之不得受燕於子噲. 有仕①於此, 而子悅之, 不告於王而私與之吾子之祿爵 ; 夫②士也, 亦無王命而私受之於子, 則可乎? —— 何以異於是?"
> 齊人伐燕.
> 或問曰 : "勸齊伐燕, 有諸?"
> 曰 : "未也 ; 沈同問 '燕可伐與', 吾應之曰, '可,' 彼然而伐之也. 彼如曰, '孰可以伐之?' 則將應之曰, '爲天吏, 則可以伐之.' 今有殺人者, 或問之③曰, '人可殺與?' 則將應之曰, '可.' 彼如曰, '孰可以殺之?' 則將應之曰, '爲士師, 則可以殺之.' 今以燕伐燕, 何爲勸之哉?"

〈注〉
① 仕(사) : 고대에는 仕와 士가 통용되는 경우가 많았다. 여기서는 문맥으로 보아 士의 뜻이다.
② 夫(부) : 그. 이(此也). 指示代詞.
③ 之(지) : 1인칭 代詞(我). 之가 1인칭대사로 사용될 때는 반드시

賓語로만 사용된다. (예 : 『論語』「雍也篇」, "予所否者, 天厭之! 天厭之!")

4·9 소인(小人)은 잘못을 안 고치고 변명만 한다

[제 나라가 연 나라를 점령한 지 2년만에,] 연 나라 사람들이 [公子 平을 왕으로 옹립하고,] 제 나라에 반기를 들었다. 제의 선왕이 말했다. "맹자를 뵐 면목이 없구나."

제 나라 대부인 진가(陳賈)가 위로하여 말했다. "왕께서는 너무 걱정하지 마십시오. 왕께서는 자신을 주공(周公)과 비교할 때 누가 더 인자하고 지혜롭다고 생각하십니까?"

왕 : "아니, 그게 무슨 말인가?" [내가 어찌 감히 주공과 비교될 수 있겠는가?]

진가 : "[殷 나라를 멸망시킨 뒤에] 주공이 자기의 형 관숙(管叔)에게 은 나라를 감독하도록 했는데, 관숙은 은 나라의 유민(遺民)들을 이끌고 반란을 일으켰습니다. 만약 그런 결과를 예견하고 있었으면서도 관숙에게 그 일을 맡겼다면, 그것은 주공이 인자하지 못한 것이고, 만약 그런 결과를 예견하지 못하고 그에게 그 일을 맡겼다면, 그것은 주공이 지혜롭지 못했기 때문입니다. 인자하고 지혜로운 면에서는 주공조차도 완전하지 못했는데, 하물며 왕께서야 어찌 완전할 수 있겠습니까? 제가 맹자를 만나서 해명해 주겠습니다."

그리고 나서 진가가 맹자를 찾아와서 물었다. "주공은 어떤 사람이었습니까?"

맹자 : "옛날의 성인이셨지요."

진가 : "주공이 관숙에게 은 나라를 감독하도록 하였더니, 관

숙은 은 나라의 유민들을 이끌고 반란을 일으켰다고 하는데, 그런 일이 있었습니까?"

맹자 : "있었지요."

진가 : "주공께서는 그가 반란을 일으킬 줄 미리 알고 있었으면서도 그에게 그 일을 맡겼습니까?"

맹자 : "그럴 줄은 몰랐겠지요."

(진가) : "그렇다면 성인조차도 잘못하는 수가 있습니까?"

맹자 : "주공은 아우였고 관숙은 형이었소. [동생으로서 어찌 형이 반란을 일으킬지도 모른다고 의심할 수 있겠소?] 주공의 그런 잘못은 오히려 사람의 정리(情理)에 합당하지 않소? 그리고, 예전의 군자는 잘못을 저지르면 즉시 그것을 고쳤는데, 요즘의 군자들은 잘못을 저지르고도 고치기는 커녕 그것을 계속 밀고 나갑니다. 예전의 군자는, 그 잘못이 일식(日蝕)이나 월식(月蝕) 같아서, 백성들이 모두 그것을 볼 수 있었으며, 그가 잘못을 고쳤을 때에는 해와 달이 다시 밝아지듯이 백성들은 모두 그를 우러러 보았소. 그러나 요즘의 군자들은 잘못을 저지르고도 고치기는 커녕, 그 잘못을 계속 밀고 나갈 뿐만 아니라, 그것에 대해서 변명까지 합니다."

[정치가나 관리들이 잘못을 저지르고도 그것을 인정하고 고치기는 커녕 변명을 늘어놓거나, 또는 그것을 계속 밀고 나가는 것이 마치 소신있는 행동인 양 생각하는 것은 맹자께서 살았던 그 당시나 지금이나 별로 달라진 것이 없는 것같다. 여기서 군자란 학식과 덕이 있는 사람이란 뜻이 아니고, 백성들을 다스리는 일에 종사하는 사람, 즉 정치가나 관리를 말한다.]

4·9 燕人畔①。王曰:"吾甚慙②於孟子。"

陳賈曰:"王無患焉。王自以爲與周公孰仁且智?"

王曰:"惡! 是何言也!"

曰:"周公使管叔監殷, 管叔以殷畔③。知而使之, 是不仁也; 不知而使之, 是不智也。仁智, 周公未之盡也, 而況於王乎? 賈請見而解之。"

見孟子, 問曰:"周公何人也?"

曰:"古聖人也。"

曰:"使管叔監殷, 管叔以殷畔也, 有諸?"

曰:"然。"

曰:"周公知其將畔而使之與?"

曰:"不知也。"

"然則聖人且有過與?"

曰:"周公, 弟也; 管叔, 兄也。周公之過, 不亦宜乎? 且古之君子, 過則改之; 今之君子, 過則順之。古之君子, 其過也, 如日月之食④, 民皆見之; 及其更也, 民皆仰之。今之君子, 豈徒順之, 又從爲之辭⑤。"

〈注〉

① 畔(반): 배반하다. 반란을 일으키다(叛과 同).

② 慙(참): 부끄러워하다(慚과 同字).

③ 管叔以殷畔(관숙이은반): 『史記』「管蔡世家」에, "武王이 돌아가시자, 成王은 아직 나이 어렸으므로, 周公旦이 조정의 정권을 전담하였다. 管叔과 蔡叔은 주공이 하는 방식이 成王에게 이롭지 못할 것으로 의심, 武庚(殷人)을 끼고 반란을 일으켰다. 周公旦은 成王의 命을 받들어 武庚을 토벌하여 죽이고, 管叔도 죽였으며, 蔡叔은 유배보냈다."고 하였다.

④ 日月之食(일월지식): 日蝕과 月蝕. 古書에는 食과 蝕이 같은 뜻으로 쓰이고 있다.

⑤ 辭(사) : 변명하다. 小人들이 변명하는 것에 대한 다른 설명으로는 "小人之過也, 必文"(『論語』「子張篇」), "順非而澤"(『禮記』「王制」) 등이 있다.

4·10 부귀를 독점하려는 천한 짓

맹자께서 제 나라의 객경(客卿) 벼슬을 그만두고 고향으로 돌아갈 준비를 하고 있을 때, 제(齊) 왕이 직접 맹자를 찾아와서 말했다. "옛날에는 [선생님의 명성을 이야기로만 전해 듣고,] 만나뵙기를 원했지만 그렇게 할 수 없었는데, 다행히 그 뒤에 한 조정에서 모시게 되어 저로서는 매우 기뻤습니다. 그런데 이제 또 저를 버리고 돌아가려 하시니, 이후로도 계속해서 만나뵐 수 있을지 모르겠습니다."

맹자 : "그것은, 저로서는 감히 간청드릴 수는 없지만, 진심으로 원하는 바입니다."

얼마 후, 제 왕이 신하인 시자(時子)에게 말했다. "나는 수도인 임치(臨淄)의 성 안에다 맹자께 집을 마련해 드리고, 해마다 일만 종(鍾)의 곡식을 드려서 그 제자들을 부양할 수 있게 함으로써, 우리 나라의 관리들과 백성들이 모두 그를 본받게 하고 싶다. 자네가 나를 대신하여 맹자께 말씀드려 주지 않겠나?"

시자는 맹자의 제자인 진자(陳子 : 陳臻)에게 그 말을 전해 주도록 부탁하였고, 진자는 시자의 말을 맹자께 전해 드렸다.

그 말을 듣고 맹자께서 말씀하셨다.

"그래, 저 시자 따위가 그렇게 할 수 없는 이유를 어찌 알겠느냐? 만약 내가 부를 탐낸다면, 그래 십만 종이나 되는 객경의 녹을 버리고 만 종을 하사받는 것이 부를 탐내는 사람이 취할 행동이겠느냐? 계손(季孫)이 이런 말을 한 적이 있었지. '자숙의(子叔疑)는 참 이상하구나! 자기가 벼슬을 하려다가 임용되지 못하면 그만두고 말 일이지, 기어이 자기 자식들과 형제들에게 경대부(卿大夫)의 벼슬을 시키는구나! 사람이라면 그 누군들 부귀를 원하지 않겠는가? 그런데 부귀를 독차지하려는 자숙의의 태도는 부귀를 추구하는 데 있어서 일종의 농단(龍斷) 행위로구나.'라고. [왜 이것을 농단이라고 불렀는가?] 옛날에 교역하는 모습을 보면, 자기에게 있는 물건을 가지고 가서 자기에게 없는 것과 바꾸었으니, 시장담당 관리는 그것을 관리하기만 했다. 그런데 어떤 비천한 사내가 기를 쓰고 장터 옆의 높은 곳[龍斷]까지 올라가서는 좌우를 둘러보고, [장사하기에 좋은 장소를 찾아서,] 매매의 이익을 독차지하려고 했다. 사람들은 모두 그 사내를 천하게 여겼다. 그 때문에 그 사내로부터 세금을 거두어 들이게 되었던 것이다. 상인에게서 세금을 거두어 들이는 일은 이 천한 사내로부터 시작되었다." [내가 지금 구차스럽게 만 종의 녹을 받으려 하다가는, 그 사내 꼴이 되지 않겠느냐?]

4·10 孟子致爲臣而歸。王就見孟子, 曰:"前日願見而不可得, 得侍同朝①, 甚喜; 今又棄寡人而歸, 不識可以繼此而得見乎?"

對曰:"不敢請耳, 固所願也。"

他日, 王謂時子曰:"我欲中國②而授孟子室, 養弟子以萬鍾③, 使諸大夫國人皆有所矜式④。子盍爲我言之!"

時子因陳子而以告孟子, 陳子以時子之言告孟子。

孟子曰:"然; 夫時子惡知其不可也? 如使⑤予欲富, 辭十萬而受萬, 是爲欲富乎⑥? 季孫曰:'異哉, 子叔疑! 使己爲政, 不用, 則亦已矣, 又使其子弟爲卿⑦。人亦孰不欲富貴？而獨於富貴之中, 有私龍斷⑧焉.' 古之爲市也, 以其所有易其所無者, 有司者治之耳。有賤丈夫⑨焉, 必求龍斷而登之, 以左右望而罔市利。人皆以爲賤, 故從而征之。征商, 自此賤丈夫始矣."

〈注〉
① 得侍同朝(득시동조) : 맹자와 한 조정에서 君臣 관계로 있을 수 있었다는 뜻.
② 中國(중국) : 中 ; 介詞. ⋯안에. 國 ; 수도인 임치성.
③ 萬鍾(만종) : 옛날 齊 나라의 부피를 재는 단위로는 豆, 區, 釜, 鍾의 네 가지가 있었는데, 4升(되)이 1豆, 4豆(16升, 즉 1斗(말) 6升)가 1區, 4區(64升, 즉 6斗 4升)가 1釜, 10釜(64斗, 즉 6石4斗)가 1鍾이었으므로, 萬鍾은 6만 4천석. 그러나 고대의 1升은 지금의 0.1937升에 해당하므로, 6만 4천석은 지금의 1만 2천 5백石이 조금 못된다(『左傳』, 昭公三年・楊伯峻).
④ 所矜式(소긍식) : "矜, 敬也. 式, 法也."(朱子). 공경하여 모범으로 삼는 것.
⑤ 如使(여사) : 만약. 가령(假設連詞).
⑥ 乎(호) : 反問할 때 쓰는 語氣助詞로 의문의 형식을 취하지만, 그 실질 내용은 의문이 아니다.
⑦ 爲卿(위경) : 趙岐는, 季孫과 子叔은 맹자의 두 제자의 이름이며, 계손의 말은 "異哉! 子叔疑."(이상하구나! 자숙은 그것을 의아하게 생각하던데)까지이고, 그 다음의 "使己⋯. ⋯爲卿."은 맹자가 제자들의 의혹을 풀어주기 위해 설명한 것이라 하였다. 그러나 朱子, 周廣業, 焦循 등은, 季孫과 子叔疑는 모두 사람이름이고, 이들에 대해서는 알려진 것이 없으며, 以下 3句(⋯龍斷焉.)까지가 계손의 말이라고 하였다. 이것이 통설이다.
⑧ 龍斷(농단) : 龍 ; 壟(롱)또는 隴(롱)으로 밭두둑, 언덕, 구릉.

壟斷 ; 조금 높은 언덕이란 뜻과, 利益을 독점한다는 뜻이 있는데, 어떤 자가 시장 근처의 높은 언덕에 올라가서 좌우를 둘러보아 시장상황을 다 파악한 다음 利益을 독차지하였다는 故事에서 유래된 말이다.

⑨ 丈夫(장부) : 성인 남자의 통칭(『穀梁傳』, "男子二十而冠, 冠而列丈夫.")

4▪11 현자(賢者)를 대우하는 법

맹자께서 마침내 제(齊) 나라를 떠나, [제 나라의 서남쪽에 있는] 주(晝)라는 고을에서 주무셨다. 왕을 위하여 맹자께서 떠나는 것을 만류하려는 사람이 맹자 앞에 공손히 꿇어 앉아서 말했다. 그러나 맹자께서는 그 사람의 말에 대꾸조차 하지 않고, 안석에 기댄 채 눈을 감고 주무시는 체하셨다.

그 사람이 불쾌하게 여겨 말했다. "저는 선생님을 찾아뵙기 위하여 어제 하루 종일 몸과 마음을 깨끗이 하고 나서 오늘에 와서야 선생님께 감히 말씀드리는데, 선생님께서는 주무시는 체하면서 저의 말은 듣지도 않으시는데, 다시는 찾아뵙지 않겠습니다."

맹자 : "거기 앉게나! 내가 자네에게 분명히 말해 주겠네. 옛날 노 나라의 목공(繆公)은, [현인들을 어떻게 대했는 줄 아느냐?] 만약 자사(子思) 가까이에 사람을 두어 자사의 의견을 수시로 들어 주지 않았다면, 자사로 하여금 머물러 있도록 할 수 없었을 것이며, 설류(泄柳)와 신상(申詳)같은 현인들의 경우에는, 왕의 측근의 신하들이 [그 두 사람과 가까이 지내면서, 그들의 권고를 받아들여 정치에 반영하는 일이] 없었다면, 그들을 머물러 있게 할 수 없었을 것이다. 자네가 이 늙은 나를 위해서 염려해 주는 것은 좋지만, 자사가 목공에게서 어떤 대접을 받았는지에 대해서는 생각

조차 못하고 있다. [제 왕에게 현자를 대하는 태도를 고치라고 진언 드리지는 않고, 나를 머물러 있게 하려고 쓸데없는 짓만 하고 있다.] 그러니 자네가 이 늙은 나를 거절하는 것인가? 아니면 이 늙은이가 자네를 거부하는 것인가?"

> **4·11** 孟子去齊, 宿於晝。有欲爲王留行者, 坐①而言。不應, 隱几②而臥。
>
> 客不悅曰:"弟子齊宿③而後敢言, 夫子臥而不聽, 請勿復敢見矣。"
>
> 曰:"坐! 我明語子。昔者魯繆公無人乎子思之側, 則不能安子思;泄柳、申詳無人乎繆公之側, 則不能安其身。子爲長者④慮, 而不及子思;子絕長者乎? 長者絕子乎?"

〈注〉
① 坐(좌):꿇어 앉다(危坐). 연장자 앞에 앉을 때 두 무릎을 방바닥에 대고 앉는 것을 말한다.
② 隱几(은궤): 隱;기대다(依, 倚와 同). 几;안석. 노인들이 앉을 때 기대는 기구.
③ 齊宿(재숙):목욕재계한 다음 하룻밤을 보내다. 齊;齋.
④ 長者(장자):맹자가 年老하였으므로 스스로를 長者라 불렀다.

4·12 떠나는 사람의 태도

맹자께서 제 나라를 떠나셨다.
  제 나라 사람 윤사(尹士)가 다른 사람에게 말했다. "제 나라 왕이 은의 탕(湯) 임금이나 주의 무왕(武王)처럼 될 수 없다는 것을 몰랐다면, 그것은 곧 맹자의 안목이 어두웠기 때문이다. 그리고 될 수 없다는 것을 알면서도 찾아왔다면, 그것은 맹자가 부귀를 탐냈기 때문이다. 천리 먼 길을 찾아와 우리 왕을 만나 보고나서, 자기의 뜻이 받아들여지지 않자 떠나가면서도, 주(晝)에서 사흘 밤이나 묵은 뒤에야 갔으니, 왜 그렇게 꾸물거렸는가? 나는 그 점이 몹시 불쾌하다."

맹자의 제자인 고자(高子)가 이 말을 맹자께 전했다.

맹자 : "저 윤사같은 자가 어찌 나를 알겠느냐? 천리 먼 길을 찾아와서 왕을 만나본 것은 내가 원했던 일이다. 그러나 내 뜻이 받아들여지지 않아 제 나라를 떠나가는 것이야 어찌 내가 바라는 일이겠느냐? 부득이해서 떠나는 것이다. 내가 주(晝)에서 사흘을 묵고 나서야 떠났지만, 내 마음에는 오히려 너무 서두르지 않았나 생각된다. [그때 나는 이렇게 생각했다.] '왕께서는 태도를 바꾸실지도 모른다! 왕께서 만약 태도를 바꾸신다면, 반드시 나를 다시 부르실 것이다.'라고. 그러나 내가 주 현을 떠날 때까지 왕은 나를 다시 불러들이기 위해 사람을 보내지 않았으며, 그래서 나도 아무 미련없이 고향으로 돌아갈 생각을 했다. 비록 그렇다고 하더라도, 내가 어찌 왕을 포기하겠는가? 제 나라 왕 또한, [비록 탕 임금이나 무왕처럼 될 수는 없다고 하더라도,] 선정을 배풀 수 있는 능력은 있다. 왕이 만약 나를 등용해 쓴다면, 어찌 제 나라 백성만 편안해지겠느냐? 온 천하의 모든 백성들이 편안히 살 수 있게 될 것이다. 왕께서는 태도를 바꾸실지도 모른다! 나는 지금도 날마다 그것을 고대하고 있다. 내가 어찌 그런 소인배들처럼 행동하겠는가? 임금에게 간언드렸으나 왕이 받아들여 주지 않는다고 해서 발끈 화를 내며, 그 화난 기색을 얼굴에 그대로 드러낸 채, 떠날 때에는 온 몸의 힘이 다 빠져 더 이상 갈 수 없을 때까지 간 다음에야 멈추는, 그런 식의 행동을 내가 어찌 하겠느냐?"

윤사가 그 말을 전해 듣고 말했다. "나야말로 소인이구나."

(4·12) 孟子去齊。 尹士語人曰:"不識王之不可以爲湯武,則是不明也;識其不可, 然且至, 則是干澤①也。 千里而見王, 不遇故去, 三宿而後出晝, 是何濡滯也? 士則玆不悅②。"

高子以告。

曰:"夫尹士惡知予哉? 千里而見王, 是予所欲也;不遇故去, 豈予所欲哉? 予不得已也。 予三宿而出晝, 於予心猶以爲速, 王庶幾③改之! 王如改諸, 則必反予。 夫出晝, 而王不予追也, 予然後浩然④有歸志。 予雖然, 豈舍王哉! 王由⑤足用⑥爲善; 王如用予, 則豈徒齊民安, 天下之民擧安。 王庶幾改之! 予日望之! 予豈若是⑦小丈夫然哉? 諫於其君而不受, 則怒, 悻悻然⑧見⑨於其面, 去則窮日之力而後宿哉?"

尹士聞之, 曰:"士誠小人也。"

〈注〉

① 干澤(간택): 干;구하다(求也). 澤;봉록(祿也—趙岐).
② 玆不悅(자불열):不悅玆의 도치. 玆;이것(此).
③ 庶幾(서기): 희망을 표시하는 副詞.
④ 浩然(호연):넓고 거침이 없는 모양. 아무 미련없이 떠나는 모습 (安行也—趙岐). 물이 흘러가듯 멈추지 않는 모양(如水之流不可止也—朱子).
⑤ 由(유): 또한. 여전히(猶와 同). ('其橫逆由是也'(8-28), 참조).
⑥ 足用(족용): 할 수 있다(足以, 可以와 同). 可能을 표시하는 助動詞.
⑦ 是(시):이, 저(夫와 同). 指示形容詞
⑧ 悻悻然(행행연):발끈 화를 내는 모양. 기량이 협소한 자의 화내는 모습(趙岐).
⑨ 見(현):現.

4·13 나 이외에 누가 천하를 태평하게 하겠는가

맹자께서 제 나라를 떠나가는 도중에 제자인 충우(充虞)가 물었다. "선생님께서는 우울해 보이는 기색이십니다. 옛날 저는 선생님께서, '군자는 하늘을 원망하지 않고, 남을 탓하지도 않는다.'라고 말씀하신 것을 들은 적이 있습니다."

맹자 : "그때는 그때고, 지금은 지금이지. [상황이 다르다. 역사를 되돌아 보면,] 오백 년마다 반드시 성군(聖君)이 나왔고, 그 중간에는 반드시 그 이름을 세상에 떨친 훌륭한 인물이 나왔었다. 주(周) [무왕과 주공] 이래 지금까지 이미 칠백 년도 더 지났다. 햇수로 따져 보아도 이미 그럴 때가 지났고, 현재 세상 돌아가는 사정으로 보더라도 지금이 바로 성군과 현신(賢臣)이 나타날 때이다. 하늘이 천하를 태평하게 할 생각이 없다면 그만이지만, 만약에 천하를 태평하게 할 생각이 있다면, [그렇게 할 수 있는 사람이,] 지금 세상에 나 말고 누가 있겠느냐? 내가 무엇 때문에 우울해 하겠느냐?" [다만 천하의 일을 근심하고 있을 따름이다.]

> (4·13) 孟子去齊, 充虞路問曰:"夫子若有不豫色①然。前日虞聞諸夫子曰:'君子不怨天, 不尤人②。'"
> 曰:"彼一時, 此一時也。五百年必有王者興, 其間必有名世者③。由周而來, 七百有餘歲矣。以其數, 則過矣;以其時考之, 則可矣。夫天未欲平治天下也;如欲平治天下, 當今之世, 舍我其誰也? 吾何爲不豫哉?"

〈注〉

① 豫色(예색): 豫;기뻐하다(悅也 — 朱子).

② 君子不怨天, 不尤人(군자 불원천, 불우인) : 이 말은 孔子가 한 말로서 『論語』「憲問篇」에 나온다. 맹자는 단지 그것을 전하였을 뿐이다.
③ 名世者(명세자) : 趙岐는, 名을 命으로 보아서, 세상을 구할 인물, 즉 次聖之才를 말한다고 하였다. 朱子는, 뛰어난 덕망과 공적으로 그 명성이 일세를 풍미한 사람, 즉 名臣과 賢臣을 말한다고 하였다.

4·14 관직에 있으면서 봉록을 받지 않은 이유

맹자께서 제 나라를 떠나 휴(休)라는 고을에 머무셨다. 공손추(公孫丑)가 물었다. "벼슬을 하면서도 봉록을 받지 않는 것이 옛 사람들의 도리였습니까?"

맹자 : "아니다. 숭(崇)에 있을 때, 제 나라 임금을 만나보고 나오면서부터 나는 제 나라를 떠날 생각을 하고 있었다. 그래서 [客卿의 지위에 있는 동안에도,] 떠나려는 생각을 바꾸지 않으려고 봉록을 받지 않았던 것이다. 그후 곧바로, 제 나라에 전쟁이 일어나서 떠나 가겠다는 말을 할 수가 없었다. 제 나라에 오래 머물러 있었던 것은 내 본뜻이 아니었다."

(4·14) 孟子去齊, 居休。公孫丑問曰 : "仕而不受祿, 古之道乎?"

曰 : "非也 ; 於崇, 吾得見王, 退而有去志, 不欲變①, 故不受也。繼而有師命②, 不可以請。久於齊, 非我志也。"

〈注〉
① 變(변) : 그 初志를 바꾸다.

②師命(사명) : 군대의 명령(師旅之命 — 趙岐). 즉, 전쟁이 시작되었다는 뜻이다.

5.

5·1 마음만 먹으면 누구나 요·순처럼 될 수 있다

등 문공(文公)이 세자로 있을 때, 초(楚) 나라로 가기 위해서 송 나라를 지나다가 맹자를 찾아뵈었다. 맹자께서 그에게 인간의 본성이 선한 이치[性善說]를 설명해 주셨는데, 말할 때마다 요·순(堯舜)을 예로 드셨다. 세자가 초 나라에서 돌아오는 길에 또 맹자를 찾아뵈었다.

맹자께서 말씀하셨다.

"세자께서는 내 말을 믿지 못하겠습니까? 천하의 진리는 이것 하나뿐입니다. 예전에 성간(成覸)이라는 제 나라의 용사(勇士)는 제 경공(景公)을 보고 말했습니다. '저 사람도 사나이고, 나도 사나인데, 내가 왜 저 사람을 겁내겠는가?'라고. 그리고 공자의 제자 안연(顏淵)은 말했습니다. '순 임금은 어떤 사람이며, 나는 어떤 사람인가.[다 같은 인간이 아닌가?] 되려고 노력만 한다면 나도 순 임금처럼 될 수 있다.'라고. 노 나라의 현자인 공명의(公明儀)도 말했습니다. '문왕(文王)은 나의 스승이시고, 주공(周公)은 믿을 수 있는 분이다.'[문왕과 주공의 행하신 바대로 따라서 하면 나도 그분들처럼 될 수 있을 것이다.]라고. 지금의 등 나라는, 비록 소국이기는 하나, 그 토지의 긴 곳을 잘라서 짧은 곳에 보탠다면, 대략 사방 오십 리는 될 것이니, 잘만 다스린다면 또한 좋은 나라로 만들 수 있습니다. 『서경』에서는, '약을 먹어도 어지러움증을 느낄 수 없다면, 그 병은 고칠 수 없다.'[병을 고치기 위해서는 먼저 고통을 각오해야 한다.]고 했습니다."

> (5·1) 滕文公爲世子, 將之楚, 過宋而見孟子。孟子道性善, 言必稱堯舜。

世子自楚反, 復見孟子。

孟子曰:"世子疑吾言乎? 夫道一而已矣。成覵謂齊景公曰:'彼, 丈夫也;我, 丈夫也;吾何畏彼哉?'顏淵曰:'舜, 何人也? 予, 何人也? 有爲者亦若是。'公明儀曰:'文王, 我師也;周公豈欺我哉?'今滕, 絶長補短, 將①五十里也, 猶可以爲善國。書曰:'若藥不瞑眩, 厥疾不瘳②。"

〈注〉
① 將(장) : 將과 且는 대략적인 숫자를 나타내는 約數詞로, 거의 접근하지만 조금 모자람을 나타낸다.
② 厥疾不瘳(궐질불추) : 厥;그(其). 瘳;병이 낫다(愈).

5·2 부모상(父母喪)을 치룰 때의 마음가짐

등 정공[定公:文公의 父]이 세상을 떠나자, 세자가 사부(師傅)인 연우(然友)에게 말했다. "전번에 송 나라에 갔을 때, 맹자께서는 많은 것을 말씀해 주셨는데, 나는 마음 속으로 줄곧 그것들을 잊지 못하고 있습니다. 지금 불행히도 부모님의 상(喪)을 당하게 되었는데, 먼저 선생님을 맹자께 보내어 어떻게 해야 좋을지 여쭈어 보고 나서 장례를 치르고자 합니다."

연우가 추(鄒) 나라로 가서 맹자께 물었다.

맹자께서 말씀하셨다. "역시 착하십니다. 부모의 상사(喪事)는 본래 스스로 몸과 마음을 다해야 하는 것입니다. 증사께서도 말씀하신 적이 있습니다. '부모가 살아 계실 적에는 예에 따라 극진히 섬기고, 돌아가시고 나면 예에 따라 장례를 치르고, 예에 따라 제사를 지낸다. 그렇게 해야 효도를 다 했다고 할 수 있다.'라고. 저는 제후의 예절에 관해서 배운 바는 없지만 들어본 적은 있습니다. 삼년상을 치를 때에는 거친 상복을 입고 죽을 먹는데, 이것은 천자로부터 서민에 이르기까지, 그리고 하(夏), 은(殷), 주(周) 삼대에 걸쳐 모두 그렇게 해 왔습니다."

연우가 돌아가서 보고를 하자, 세자는 삼년상으로 하기로 결정하였다. 그러자 등 나라의 종실(宗室) 어른들과 조정의 백관들이 모두 반대하면서 말했다. "우리의 종주국인 노(魯) 나라의 역대 임금들도 삼년상을 행하지 않았고, 우리 나라의 역대 임금들도 또한 삼년상을 행하지 않았는데, 지금에 와서 그것을 바꾸려 하시다니, 그렇게 해서는 안 됩니다. 그리고 기록에도, '상례(喪禮)와 제례(祭禮)는 선조들의 법도를 따른다.'라고 쓰여 있으니, 이 말은 곧, '우리에게는 우리들대로 물려받은 법도가 따로 있다.'는 뜻입니다."

세자가 연우에게 말했다. "과거에 나는 학문에 힘쓰지 않고 오로지 말 달리기와, 검술만을 좋아했다. 그래서 지금 내가 삼년상을 치르려고 하니, 종실 어른들과 조정의 백관들이 모두 나를 믿어 주지 않고, 내가 자칫 대사를 극진히 치루어 내지 못할까봐 걱정하는 것이다. 선생님은 나를 위하여 맹자께 가서 이럴 때에는 어떻게 해야 좋을지 물어봐 주시오."

연우가 다시 추 나라로 가서 맹자께 물었다. 맹자께서 말씀하셨다. "그렇습니다. 이번 일은 다른 사람이 이래라 저래라 할 수 있는 성질의 것이 아닙니다. 공자께서도 말씀하신 적이 있습니다. '임금이 돌아가면, 세자는 일체의 국정을 총재[冢宰 : 首相]에게 맡기고, 죽을 마시고, 얼굴은 슬픔으로 시커멓게 변해서, 상주(喪主)의 자리에 나아가 곡을 한다면, 대소의 모든 관리들 중에 감히 슬퍼하지 않을 사람은 하나도 없을 것이니, 그것은 세자가 몸소 솔선수범하기 때문이다. 윗 자리에 있는 사람이 어떤 것을 좋아하면, 그 아래 사람들은 반드시 그것을 더욱 심하게 좋아하게 된다.

군자의 덕은 바람과 같고, 소인의 덕은 풀과 같으니, 풀 위로 바람이 불어오면, 풀은 반드시 눕게 마련이다.'라고. 이번 일은 세자 자신이 결정하기에 달렸습니다."

연우가 돌아가서 그대로 보고하니, 세자가 말했다. "맞습니다. 이 일은 제가 결정하여 실천하기에 달려 있습니다."

그리고 나서 세자는 다섯 달 동안 초막에서 거처하면서 명령이나 금령(禁令)을 내리지 않았다. 처음에는 반대했던 모든 관원들과 종실 사람들도 마침내 세자의 결정을 찬성하고, 그가 예를 알고 있음을 인정하게 되었다. 장례식을 거행할 때가 되자 사방에서 사람들이 장례식을 보러 찾아왔는데, 세자의 얼굴 색은 비참하였으며, 곡(哭)하고 울 때에는 애통스럽기 그지 없었지만, 조문왔던 사람들은 모두 세자의 그런 모습을 보고 크게 만족해 하였다.

(5·2) 滕定公薨, 世子謂然友曰:"昔者孟子嘗與我言於宋, 於心終不忘。今也不幸至於大故①, 吾欲使子問於孟子, 然後行事。"

然友之鄒問於孟子。

孟子曰:"不亦善乎! 親喪, 固所自盡也。曾子曰:'生, 事之以禮; 死, 葬之以禮, 祭之以禮, 可謂孝矣②。'諸侯之禮, 吾未之學也; 雖然, 吾嘗聞之矣。三年之喪, 齊疏③之服, 飦粥④之食, 自天子達於庶人, 三代共之。"

然友反命, 定爲三年之喪。父兄百官皆不欲, 曰:"吾宗國⑤魯先君莫之行, 吾先君亦莫之行也, 至於子之身而反之, 不可。且志⑥曰:'喪祭從先祖。'曰;'吾有所受之也⑦。'"

謂然友曰:"吾他日未嘗學問, 好馳馬試劍。今也父兄百官不我足⑧也, 恐其⑨不能盡於大事, 子爲我問孟子!"

然友復之鄒問孟子。

孟子曰:"然;不可以他求者也。孔子曰:'君薨, 聽於冢宰⑩, 歠粥⑪, 面深墨⑫, 卽位而哭, 百官有司莫敢不哀, 先之也。'上有好者, 下必有甚焉者矣。君子之德, 風也;小人之德, 草也。草尙之風⑬, 必偃。是在世子。"

然友反命。

世子曰:"然;是誠在我。"

五月居廬⑭, 未有命戒。百官族人可, 謂曰知⑮。及至葬, 四方來觀之, 顏色之戚, 哭泣之哀, 弔者大悅。

〈注〉

① 大故(대고):여기서는 大喪을 말한다.
② 可謂孝矣(가위효의):이 文은 『논어』「爲政篇」, 5에 나온다. 이것은 원래 孔子가 樊遲에게 한 말인데, 맹자는 曾子가 한 말로 잘못 알고 있었던 것 같다.
③ 齊疏(자소): 『儀禮』「喪服」에, "疏衰裳齊"(소최상자)라 하였는데, 疏는 거칠다. 衰(최)는 상복 중에서 上衣. 裳은 下衣. 齊(자)는 꿰매다(緝)는 뜻. 즉, 아랫단을 꿰맨, 거친 베로 만든 상복을 말한다. 꿰매지 않은 것은 斬衰(참최)라 한다.
④ 飦粥(전죽):飦이나 粥이나 모두 죽이란 뜻이지만, 굳이 구분하자면, 飦은 빽빽한 죽, 粥은 묽은 죽을 말한다(孔穎達).
⑤ 宗國(종국):같은 姓氏의 나라, 또는 宗主國. 滕 나라와 魯 나라는 모두 文王의 후예들로서, 周公이 魯에 봉해졌으므로 魯 나라를 종주국으로 삼았다.
⑥ 志(지):기록(記). 어떤 책인지는 분명하지 않다.
⑦ 吾有所受之也(오유소수지야): 喪事와 祭祀의 법도에 관하여, 우리는 우리들대로 조상 대대로 물려받은 것을 갖고 있다.
⑧ 不我足(불아족): 不足我의 도치문. 나를 만족스럽게 여기지 않는다.

⑨ 其(기) : 나. 其는 보통 3인칭 代詞로 사용되지만, 여기서는 1인칭 代詞로 사용되었다.
⑩ 冢宰(총재) : 六卿의 長으로, 지금으로 말하자면 국무총리.
⑪ 歠粥(철죽) : 歠 ; 마시다(飮也).
⑫ 深墨(심묵) : 深, 甚也. 墨, 黑也(趙岐).
⑬ 草尙之風(초상지풍) : 草加之以風. 尙, 加也(趙岐). 『論語』「顔淵篇」에는 "草上之風"으로 되어 있다.
⑭ 五月居廬(오월거려) : 『左傳』, 隱公元年에, "天子七月而葬, 諸侯五月而葬, 大夫三月而葬, 士踰月而葬."이라 기록되어 있다. 즉, 제후는 죽은 후 다섯달 째 장사지내는데, 그때까지 자식들은 초막(이것을 廬(려)또는 梁闇(양암)이라 부른다)에서 지낸다.
⑮ 百官族人可, 謂曰知(백관족인가, 위왈지) : 이 文은 해석이 분분하고 그 뜻도 명확하지 않다. 趙岐는, '세자가 禮를 행할 줄 안다고 모든 신하들과 同姓의 친족들이 말했다.'라고 해석했으나 어색하고, 朱子도, 可謂曰知를 하나의 句로 읽어야 한다고 말하면서도 무언가 빠져 있지 않나 의심하였다. 楊伯峻의 意譯을 따른다.

5.3 정전법(井田法)

등 문공이 나라 다스리는 도리에 대해서 물었다.
맹자께서 말씀하셨다.
"백성들의 일은 시기를 놓치면 안 됩니다. 『시경』(豳風·七月)에 이르기를,
　'낮에는 띠를 베고
　밤에는 새끼 꼬아
　서둘러 지붕잇고
　봄이 오면 온갖 곡식 씨를 뿌리네'

라고 했습니다. 백성들은 일반적으로, 일정한 생업을 가진 사람은 항심[恆心 : 즉, 일정한 도덕관념과 행동원칙]을 가질 수 있지만, 반대로 일정한 생업이 없는 사람은 항심을 가질 수 없습니다. 만약 항심이 없으면 몹쓸 짓을 마구 하며, 법을 어기고 사회 기강을 어지럽히며, 무슨 나쁜 짓이든지 마구 하게 됩니다. 백성들이 죄를 짓기를 기다린 다음에 붙잡아 처벌하는 것은, 마치 [법이라는] 그물을 쳐 놓고 백성들이 거기에 걸려들기를 기다리는 것과 같습니다. 어찌 어진 사람들이 조정에 있으면서 백성들을 그물질하는 일을 할 수 있겠습니까? 그러므로 옛날의 어진 임금은 반드시 일은 성실하게 하고, 씀씀이는 절약하였으며, 신하에게도 예의를 지켰으며, 백성들로부터 세금을 걷는 데에도 일정한 한도가 있었습니다. [예전에 노 나라 季氏의 家臣이었던] 양호(陽虎)는 말했습니다. '부(富)를 추구하면 인(仁)을 실행할 수 없고, 인을 실행하면 부유해질 수 없다.'라고.

[지배자가 富를 추구하면 백성들은 무거운 세금에 시달리게 된다. 仁政을 실행하려면 먼저 과세의 표준을 정하여 그 이상 거두어들여서는 안 된다. 고대의 租稅制度를 보면 다음과 같았다.]

하(夏) 나라 때에는 한 집에 오십 묘(畝)의 땅을 주어 농사짓게 하는, [그리고 五畝에 상당하는 수확량을 세금으로 바치게 하는,] 공법(貢法)을 실시하였습니다. 은(殷) 나라 때에는 한 집에 칠십 묘의 땅을 주어 농사짓게 하는, [그리고 세금 대신에 七畝의 公田을 경작하는 데 필요한 노동력만을 제공하게 하는,] 조법(助法)을 실시하였습니다. 주(周) 나라 때에는 한 집에 백 묘의 땅을 주어 농사짓게 하는, [그리고 매년 十畝에 해당하는 수확고를 세금으로 거두어들이는,] 철법(徹法)을 실시하였습니다. [이 세 가지 稅制는 비록 그 형식은 달라도,] 그 실질 내용은 모두 수확의 십분의 일을 세금으로 바치게 한 것입니다. 철(徹)이라고 한 것은, 개개의 사정을 감안하지 않고 전반적으로 십분의 일이란 세율을 적용한다는 뜻이고, 조(助)라고 한 것은, 백성들의 힘을 빌려서 공전(公田)을 경작하게 한다는 뜻입니다. [예전의 현인] 용자(龍子)는 말했습니다. '토지 세제로는 조법(助法)보다 나은 것이 없고, 공법(貢法)보다 나쁜 것이 없다.'라고. 공법은 몇 해 동안의 수확량을 비교한 다음 일정한 수량을 정해서 해마다 그것을 세금으로 바치게 하는 것입니다. [풍년이나 흉년, 재난 등을 고려하지 않고 이 정해진 수량을 세금으로 징수해 간다. 따라서,] 풍년에는 알곡들이 여기저기 굴러 다닐 정도이므로, 세금을 좀 많이 거두어 가더라도 가혹하게 여기지 않을 것인데, 오히려 수확에 비하여 적게 거두어 갑니다. 그러나 흉년에는 각 농가의 수확량이 그 다음 해의 거름 값에도 모자랄 지경인데도 정해진 양의 곡식을 꼭 채워서 세금으로 거두어 갑니다. 백성의 부모가 되어서, 백성들이 일년 내내 고생하며 부지런히 일해도 자기 부모조차 봉양할 수 없고, 심지어 빚을 내어 이자까지 물어 가면서 정해진 수량의 세금을 채워서 내게 만드니, 그 결과 한 집안의 늙은이와 어린이들이 먹을 것을 찾아 돌아다니다가 죽은 시체가 도랑이나 구렁에 굴러다니게 된다면, 백성의 부모된 자로서 도대체 하는 일이 무엇이란 말입니까?

높은 지위에 있는 사람에게는 일정한 지조(地租) 수입을 갖게 하고, 또 그것을 자손에게 상속시켜 주는 제도를 등 나라는 이미 실시하고 있습니다. [그렇다면 어째서 일반 백성들은 田地로부터 일정한 수입을 가질 수 없게 하는가? 이제부터는 고생하고 있는 백성들을 잘 돌봐 주어야 한다.]』『시경』(小雅·大田)에는,

'비야, 우리 공전(公田)에 내려라
그리고 나서 우리 땅[私田]에도 내려라'

라고 한 시가 있습니다. 은 나라 때의 조법(助法)에서만 공전(公田)이 있다고 했지만, 이 시에서 본다면, 주 나라 때에도 또한 조

법을 실시했음을 알 수 있습니다.

  [助法에 대해서는 뒤의 井田法에서 더 상세한 설명이 나온다. 농민에게 사유지와 공유지를 함께 경작하게 하고, 그 공전으로부터의 수확을 세금으로 거두어 가는 제도이다. 백성들의 생활이 안정되면 다음으로 해야 할 일은 교육이다.]

  상(庠), 서(序), 학(學), 교(校)를 설치하여 백성들을 가르칩니다. 상(庠)은 노인 봉양하는 것[養]을 가르친다는 뜻이고, 교(校)는 예악을 가르친다[敎]는 뜻이며, 서(序)는 활쏘기를 배운다[射]는 뜻입니다. 이와 같은 향리(鄕里)의 교육기관을 하(夏) 나라에서는 교(校)라고 불렀고, 은 나라에서는 서(序)라고 불렀으며, 주 나라에서는 상(庠)이라고 불렀습니다. 대학[學]은 삼대(三代)가 모두 같은 이름으로 불렀는데, 이들은 모두 인륜(人倫)을 밝히고 가르치려는 것이었습니다. 윗사람들이 인륜에 밝게 되면 아래 백성들도 자연히 서로 친밀해지고 하나로 단결됩니다. 만약에 성왕(聖王)이 나타나게 된다면, 그도 반드시 이곳에 와서 이것을 배우고 본받아야 할 것인데, 그렇게 되면 등 나라는 성왕의 스승이 되는 것입니다. 『시경』(大雅·文王)에 이르기를,

  '기(岐) 땅의 주(周) 나라는 오래된 나라지만
  국운이 새로운 기상으로 가득 찼도다'

라고 했습니다. 이것은 천하를 다시 일으켜 세운 문왕(文王)을 칭송한 시입니다. 만약 세자께서도 힘써 실행하신다면, 등 나라의 기상을 완전히 새롭게 할 수 있습니다."

  등 문공은 신하 필전(畢戰)을 맹자께 보내어 정전법(井田法)에 대하여 상세하게 배워 오도록 하였다.

  맹자께서 말씀하셨다.

  "자네의 임금께서는 장차 어진 정치를 실시하려고 자네를 특별히 골라서 보낸 것 같으니, 자네는 잘 배워 두어야만 하네. 어진

정치의 실행은 반드시 전지(田地)의 경계를 정확하게 하는 데서부터 시작되는 법이다. 만약 전지의 경계가 정확하지 않으면 정전의 대소(大小)가 고르지 못하게 되고, 봉록으로 지급될 지조(地租)의 수입도 공평하고 합리적으로 되지 못한다. 그래서 폭군이나 탐관오리들은 반드시 정확한 전지의 경계구분을 어지럽히려고 했다. 전지의 경계구분이 정확하면 백성들에게 전지를 나누어 주고 관리들의 봉록을 정하는 일쯤은 전혀 힘들이지 않고서도 할 수 있다.

등 나라는, 비록 그 땅은 사방 오십리로 협소하지만, 그 안에는 관리도 있을 것이고, 농업에 종사하는 야인(野人)도 있을 것이다. 관리가 없으면 야인들을 다스릴 사람이 없고, 야인이 없으면 그 관리들을 먹여 살릴 사람이 없다. 건의하건데, 교외의 농지는 구백 묘 중에서 일백 묘를 공전으로 하는 조법(助法)을 실시하고, 성내의 [주택용지나 텃밭의] 토지에 대해서는 수입(收入)의 10분의 1을 세금으로서 각자가 납부하도록 한다. 공경(公卿) 이하의 모든 관리들에게는 반드시 [제사용으로 쓸] 규전(圭田)을 갖게 하는데, 규전은 오십 묘로 한다. 한 집에서 가장(家長) 이외에 성인 남자의 잉여노동력(餘夫)에 대해서는 매 잉여노동력마다 추가로 25묘의 땅을 준다. [이와 같이, 官民 모두에게 생업의 근거를 제공해 준다면,] 가족이 죽어 장사를 지내거나 이사를 가더라도 고향 땅을 떠나는 백성은 없을 것이며, 한 마을의 같은 정(井)에서 함께 살다 보면, 평소에 나가고 들어올 때 서로 짝이 되어 주고, 도둑을 막는 데 서로 도와 주며, 병이 나면 서로 돌보아 주게 될 것이고, 그렇게 되면 백성들은 자연히 서로 친해지고 화목하게 지내게 된다. [이것을 실시하는 방법은,] 사방 1리[里 : 300步. 약 360미터]의 땅을 하나의 정전(井田)으로 하는데, 1정은 9백 묘가 되며, [이것을 井字 모양으로 나누어,] 그 한가운데의 1백 묘는 공전(公田)으로 만든다. [주위의 8백 묘는 私田이 되는데,] 여덟 가구가 각각 일백 묘씩을 갖게 하고, 공전은 이들이 공동으로 경작한다. 공전의 일을 끝내고 나서야 개인의 일들을 할 수 있으니, 이것이 곧 관리와 야인을 구별하는 방법이다. 이것은 정전제(井田制)의 대략적인 내용에 불과하고, 이것을 실정에 맞도록 수정, 보완하는 일은 자네 임금과 자네에게 달려 있다."

5·3 滕文公問爲國。

孟子曰:"民事不可緩也。詩云:'晝爾于茅①, 宵爾索綯②; 亟其乘屋③, 其④始播百穀。'民之爲道也, 有恒産者有恒心, 無恒産者無恒心。苟無恒心, 放辟邪侈, 無不爲已。及陷乎罪, 然後從而刑之, 是罔民也。焉有仁人在位, 罔民而可爲也? 是故賢君必恭儉禮下, 取於民有制。陽虎曰:'爲富不仁矣, 爲仁不富矣。'

夏后氏⑤五十⑥而貢, 殷人七十而助, 周人百畝而徹⑦, 其實皆什一也。徹者, 徹也; 助者, 藉也。龍子曰:'治地莫善於助, 莫不善於貢。'貢者, 挍數歲之中⑧以爲常。樂歲, 粒米狼戾⑨, 多取之而不爲虐, 則寡取之; 凶年, 糞其田而不足, 則必取盈焉。爲民父母, 使民盻盻然⑩, 將終歲勤動, 不得以養其父母, 又稱貸⑪而益之, 使老稚轉乎溝壑, 惡在其爲民父母也? 夫世祿, 滕固行之矣。詩云:'雨我公田, 遂及我私。'惟助爲有公田。由此觀之, 雖周亦助也。

設爲庠序學校⑫以敎之: 庠者, 養也; 校者, 敎也; 序者, 射也。夏曰校, 殷曰序, 周曰庠; 學則三代共之, 皆所以明人倫也。人倫明於上, 小民親於下。有王者起, 必來取法, 是爲王者師也。

詩云:'周雖舊邦, 其命惟新⑬。'文王之謂也。子力行之, 亦以⑭新子之國!"

　使畢戰問井地⑮。

　孟子曰:"子之君將行仁政,選擇而使子,子必勉之!夫仁政,必自經界⑯始。經界不正,井地不鈞,穀祿不平。是故暴君汙吏必慢其經界。經界旣正,分田制祿可坐而定也。

　夫滕,壤地褊小,將爲⑰君子焉,將爲⑰野人焉。無君子,莫治野人;無野人,莫養君子。請野九一而助,國中什一,使自賦⑱。卿以下必有圭田,圭田五十畝。餘夫⑲二十五畝。死徙無出鄕,鄕田同井,出入相友,守望⑳相助,疾病相扶持,則百姓親睦。方里而井,井九百畝,其中爲公田。八家皆私百畝,同養公田;公事畢,然後敢治私事,所以別野人也。此其大略也;若夫潤澤之㉑,則在君與子矣。"

〈注〉

① 晝爾于茅(주이우모): 爾;趙岐와 鄭玄은 汝(너)의 뜻이라 하였으나, 무의미한 助詞로 보는 해석도 있다. 于;가다(往也). 茅;띠풀을 베다(取茅也). 朱子는 于를 往取, 茅를 띠(명사)로 해석하였다.

② 宵爾索綯(소이삭도): 宵;밤(夜). 索(삭);(새끼를)꼬다. 綯;새끼. 노끈.

③ 亟其乘屋(극기승옥): 亟(극);급히(急). 其;동사 앞에서 명령이나 권유를 나타내는 副詞(또는 助詞). 乘;손질하다(治也—鄭玄). 올리다(升也—朱子). 즉, 띠와 새끼로 지붕을 잇다.

④ 其(기): 장차. 將, 且, 行 등과 같은 時間副詞.

⑤ 夏后氏, 殷人, 周人: 夏의 경우는 禹 임금이 왕위를 선양받았으므로 后(君의 뜻)라 하였고, 殷과 周는 민심에 따라서 기존의 왕조를 정벌하여 세운 왕조이므로 人이라 하였다(趙岐).

⑥ 五十, 七十, 百畝: 1畝의 크기 자체가 시대에 따라 달랐을 뿐이

고, 그 전체 면적의 크기는 비슷하였다(顧炎武, 『日知錄』).
⑦ 貢, 助, 徹(공, 조, 철) : ㉠ 貢;夏代에 한 농가에 50畝의 田地를 주고 5畝의 收入을 세금으로 바치게 한 조세제도. ㉡ 助;殷代에 실시한 井田制로서, 630畝(＝900畝)를 井字 모양으로 9등분하여, 중앙의 70畝(＝100畝)는 公田, 둘레의 560畝(＝800畝)는 8농가에 70畝씩 私田으로 나누어 주고, 여덟 농가가 공동으로 公田을 경작하게 해서 그 수확을 세금으로 바치게 한 제도. 70묘의 公田 중에서 14묘는 농사철 동안 여덟 농가가 사용하는 廬舍(여사)를 지을 택지로 사용하였으므로, 실제로 경작에 사용된 公田의 면적은 56묘이고(朱子), 따라서 한 농가당 7畝의 수확을 세금으로 바친 셈이 된다. 수확물 그 자체가 아니라 勞動力을 빌려서(藉) 公田을 경작하게 하였다는 뜻에서 助(빌리다)라는 명칭이 붙었다고 한다. ㉢ 徹;周代의 조세제도로, 기본적인 형태는 殷代의 助와 비슷하나, 公田 및 私田이 모두 100畝씩이고, 公田 중앙의 20畝는 廬舍로 사용하였으므로, 여덟 농가가 공동으로 경작한 실제 면적은 80畝, 즉 한 농가당 10畝씩이다. 이 조세제도에 徹이란 명칭이 붙은 이유는, 그것이 예외없이 전체적으로 통용된 제도였기 때문이라는 說(徹, 通也―鄭玄·朱子)과, 收入의 10분의 1을 취했기 때문이라는 說(徹, 取也―趙岐·劉熙)이 있다. 이 세 가지 제도는 각각, 농지제도의 형태와 경지면적은 달랐지만, 모두 수확의 10분의 1을 조세로 징수하였다는 점에서 동일하다고 하였다(其實皆什一也). 그러나 지금의 稅率 계산법과 같은 식으로 계산하면, 助法과 徹法은 10분의 1이 아니라 11분의 1이 된다(즉, 1농가당 세금으로 내는 수입 10畝÷한 농가당 총 경작면적 110畝＝11분의 1).
⑧ 挍數歲之中(교수세지중) : 수년간의 수확량을 비교해서 그 평균치나 중간치를 찾아내는 것. 挍;校(계산하다)와 同字.
⑨ 狼戾(낭려) : 낭자하다. 알곡이 땅에 여기저기 흩어져 있는 모양.
⑩ 盻盻然(혜혜연) : 고생만 하고 쉬지 못하는 모양(勤苦不休息之貌―趙岐). 원망의 눈초리로 보는 것(恨視也―朱子).
⑪ 稱貸(칭대) : 稱;擧也. 貸;借也. 즉, 이자를 주기로 하고 빚을

얻는 것.

⑫ 庠, 序, 學, 校(상, 서, 학, 교) : 이것에 관한 기록은 『周禮』, 『禮記』, 『左傳』 등에 나오는데, 모두 鄕學, 즉 鄕里의 교육기관을 말하고, 學은 大學, 즉 國學을 가리킨다.

⑬ 其命惟新(기명유신) : 그 國運이 새롭다. 惟 ; 乃의 뜻(副詞). 文王은 后稷의 후손으로 옛날에는 일개 제후에 불과하였으나, 새롭게 천명을 받아 천하를 갖게 되었음을 말한다(朱子).

⑭ 以(이) : 介詞. 賓語 '之'가 생략되어 있다.

⑮ 井地(정지) : 井田制.

⑯ 經界(경계) : 國境을 말한다는 說(趙岐)과, 井田의 경계를 말한다는 說(朱子)이 있다.

⑰ 爲(위) : 있다(有也 — 趙岐).

⑱ 國中什一, 使自賦(국중십일, 사자부) : 세 가지 說이 있다. ㉠ 趙岐는, 國中을 城內로 보고, 성내에서는 원래 20분의 1세를 받도록 규정되어 있었으나(『周禮』, "園廛二十而稅一"), 당시에는 이것이 10분의 1로 중과되고 있었으므로, 원래의 규정된 세율(賦)에 따르도록(自, 從也) 환원시켜야 한다는 뜻이라고 하였다. ㉡ 朱子는, 國中을 성밖 200리까지로 해석하고(郊門之內, 鄕遂之地), 이곳은 井田制가 실시되지 않는 지역이므로, 貢法을 실시하여 10분의 1세로 하고, 스스로(自) 납부하도록(賦) 하라는 뜻이라고 하였다. ㉢ 折衷說 : 國中을 城內로 해석하고, 성내에서는 10분의 1세율로 徹法을 실시하고, 助法에서 세금의 납부가 공동책임인 것과는 달리, 각자가 납부하게 하라는 뜻으로 해석한다. 참고로 程瑤田의 『周官畿內經地考』에 의하면, 都城으로부터의 거리에 따라서, 城中에서 50리까지가 近郊, 50리에서 100리까지가 遠郊(近郊와 遠郊를 합하여 郊 또는 鄕이라 부른다), 200리까지가 遂(甸), 300리까지가 稍, 400리까지가 縣, 500리까지가 都(畺)인데, 鄕遂까지를 郊內로 보고, 郊內를 國이라 부르고, 郊外를 鄙 또는 野라 부르기도 한다(朱子).

⑲ 餘夫(여부) : 위로 부모를 모시고 아래로 처자를 거느리고 있는 남자의 경우에는 100畝의 田地를 받게 되는데, 만약 그에게 16세

이상의 노동능력이 있는 남자 동생이 있다면, 그 동생은 餘夫가
되어 25畝를 추가로 배분받는다. 그후 그가 결혼하게 되면, 그는
다시 100畝를 받게 된다(朱子).
⑳ 守望(수망):도적이나 외적을 방어하는 것(朱子).
㉑ 若夫潤澤之(약부윤택지): 若夫;…에 이르러서는(至于). 轉折
連詞. 潤澤;때와 실정에 맞게 조정함으로써 본래의 취지를 살린
다는 뜻이다(朱子).

5·4 자급자족을 주창하는 허행(許行)의 도(道)

[먼 옛날 三皇의 한 사람으로 농사짓는 법을 가르쳤다는 전설상의 인물인,] 신농씨(神農氏)의 도(道)를 신봉하는 허행(許行)이라는 사람이 초(楚) 나라로부터 등(滕) 나라로 와서 등 문공을 찾아뵙고 그에게 말하였다. "먼 곳에서 살던 저희들은 왕께서 인정(仁政)을 베푸신다는 소문을 들었습니다. 한 채의 살 집을 얻어 왕의 백성이 되고자 합니다."

문공은 그에게 거처할 집을 주었다. 그러자 허행의 제자 수십 명은 모두 거친 베옷을 걸치고, 짚신을 삼고 돗자리를 짜서 먹고 살았다.

한편, 유학자(儒學者)인 진량(陳良)의 제자 진상(陳相)이 자기의 아우 진신(陳辛)과 함께 농기구들을 짊어지고 송 나라로부터 등 나라로 와서 문공에게 말하였다. "왕께서는 성인의 정치를 펴고 계시다는 말을 들었는데, 그렇다면 왕 또한 성인이십니다. 저희들은 성인의 백성이 되고자 합니다."

[이렇게 하여 등 나라에 와 있게 된] 진상이 허행을 만나보고 나서는 대단히 기뻐하면서, 자기가 배웠던 유학을 모두 버리고 허행으로부터 그의 학설을 배웠다.

진상이 맹자를 찾아뵙고는 허행이 한 말을 그대로 전하면서 말하였다. "등 나라 임금께서는 정말로 현명한 임금이십니다. 그렇지만 아직 성인의 대도(大道)는 들어 본 적이 없는 모양입니다. 현명한 임금이라면 백성들과 같이 손수 농사지어 먹어야 하며, 아침 저녁도 손수 지어 먹으면서 나라를 다스려야 합니다. 그러나 지금 등 나라에는 양곡창고와 재물창고에 양식과 재물들이 가득 차 있는데, 그것은 바로 백성들을 착취해서 자신의 배를 불리는 것이니, 어찌 현명한 임금이라고 할 수 있겠습니까?"

맹자께서 말씀하셨다. "허자(許子)는 반드시 손수 농사를 지어서 먹고 사는가?"

진상 : "그렇습니다."

(맹자) : "허자는 반드시 손수 천을 짜서 옷을 해 입는가?"

진상 : "아닙니다. 허자는 거친 베옷을 입습니다."

맹자 : "허자는 관(冠)을 쓰는가?"

진상 : "네, 관을 씁니다."

맹자 : "어떤 관을 쓰는가?"

진상 : "흰 비단으로 짠 관을 씁니다."

맹자 : "그는 손수 그것을 짜는가?"

진상 : "아닙니다. 양식을 주고 바꿉니다."

맹자 : "허자는 어째서 손수 그것을 짜지 않는가?"

진상 : "농사짓는 데 방해가 되기 때문입니다."

맹자 : "허자는 솥과 시루로 밥을 짓고, 쇠로 만든 농기구로 밭을 가는가?"

진상 : "그렇습니다."

(맹자) : "그것들을 손수 만드는가?"

진상 : "아닙니다. 양식을 주고 그것들과 바꿉니다."

(맹자) : "농부가 양식을 솥이나 시루, 농기구와 바꾼다고 해

서, 그것이 옹기장이나 대장장이에게 손해를 입히는 것이 아니라고 한다면, 옹기장이나 대장장이가 그들의 솥이나 시루, 농기구를 양식과 바꾼다고 해서 그것이 어찌 농부에게 손해를 입히는 것이 되겠는가? 그리고 또, 왜 허자는 손수 옹기를 굽고 쇠를 달구어 각종 그릇이나 기구를 만들어, 무슨 물건이나 모두 집안에 쌓아 두고서는 [필요할 때마다] 꺼내 쓰지 않는가? 무엇 때문에 허자는 그처럼 번거롭게 일일이 각종 공장(工匠)들과 사고 파는 일을 하는가? 왜 허자는 그런 일을 번거롭게 여기지도 않는가?"

진상 : "각종 공장(工匠)들이 하는 일은 본래 [너무 복잡해서,] 한편으로 농사지어 가면서 동시에 [부업삼아] 할 수는 없기 때문입니다."

(맹자) : "그렇다면, 국가를 다스리는 일만은 한편으로 농사지어 가면서 동시에 부업삼아 할 수도 있다는 말인가? 일이란, 관리가 해야 할 일이 따로 있고, 일반 백성들이 해야 할 일이 따로 있네. 그리고 또, 한 사람이 살아가는 데는 각종 공장(工匠)들이 만들어 낸 온갖 물건들이 다 구비되어 있어야 하는데, [비록 한 사람이 각종 기술을 다 가지고 있다 하더라도,] 만약 각자가 필요한 물건을 일일이 손수 만들어 쓰도록 한다면, 이는 곧 천하 모든 사람들을 이리저리 끌고 다니면서 고달프게 만드는 것이 되네. 그래서, 어떤 사람은 머리[心]로 일하고, 어떤 사람은 육체[力]로 일한다.'고 한 것이다. 머리로 일하는 사람[勞心者]은 남을 다스리고, 육체로 일하는 사람[勞力者]은 남에게 다스림을 받으며, 다스림을 받는 사람은 남을 먹여 살리고, 남을 다스리는 사람은 남에게 의지해서 먹고 살아가는 것은 천하에 통하는 일반적인 원칙이다.

[모든 사람은 자신에게 맡겨진 한 가지 일에 전념하고, 그리고 교환을 통해서 서로의 有無를 상통하는 것이 사회발전에 유익할 뿐만

아니라 사회정의에도 부합된다. 특히 한 국가를 제대로 다스린다는 것은 전심전력을 기우려도 쉽지 않은 일이다. 맹자는 이를 증명하려고 요·순 시대에 있어서조차 나라를 다스리는 일이 얼마나 어렵고 힘겨운 일이었던가를 설명하고 있다.]

요(堯) 임금의 시대는 천하가 아직 안정되지 않아서, 큰 물은 제멋대로 흘러 온 세상이 물에 휩쓸렸으며, 초목은 무성하고, 금수는 들끓었으며, 오곡은 여물지 않았고, 금수는 사람들을 해쳤으며, 도처에 금수의 발자국들이 어지럽게 나 있는 상태였다. 요 임금 또한 이런 상태를 걱정하시다가, 순(舜)을 선발해서 다스리는 일을 총괄하게 한 것이다. 순은 백익(伯益)에게 명령해서 불을 다스리게 했는데, 백익은 초목이 무성한 산과 늪지에 불을 질러 그것들을 모두 태워 버림으로써 금수들이 모두 도망쳐 자취를 감추도록 했다. [또한 禹에게 명령해서 물을 다스리도록 했는데,] 우(禹)는 아홉 개의 작은 물줄기가 황하의 큰 물줄기로 흘러들어 가도록 만들어 홍수를 다스리고, 제수(濟水)와 탑수(漯水)를 끌어 바다로 들어가도록 만들고, 또 여수(汝水)와 한수(漢水)의 막힌 물줄기를 뚫었으며, 회수(淮水)와 사수(泗水)의 물길을 터 주어 장강(長江)으로 흘러 들어가게 만들었다. 그렇게 한 후에야 비로소 중원의 땅들은 농사를 지어 먹고 살 수 있게 되었다. 그때 우(禹)는 치수 사업 때문에 팔 년간이나 집을 떠나 있었는데, 세 번이나 자기 집 앞을 지나면서도 집에 들어가 보지 못했다. 그렇게 바쁜 우가, 비록 손수 농사를 짓고 싶어했던들, 그것이 가능했겠는가?

후직(后稷)은 백성들에게 씨뿌리고 수확하는 법과 오곡의 재배법을 가르쳐 주었다. 그래서 오곡이 익자 비로소 백성들을 먹여 살릴 수 있게 되었다. 사람이 사람된 도리는 배불리 먹고, 따뜻하게 입고, 편안하게 살더라도, 교육이 없으면 금수와 다를 바가 없다는 점이다. 성인께서는 또한 이 점을 걱정하여서 설(契)에게 사도(司徒)의 관직을 주어 교육을 주관하게 하였다. 그리고 사람과 사람 사이에 지켜야 할 큰 도리로써 백성들을 가르치게 하였으니, 그것은 아버지와 자식간에는 [피와 살을 나눈 사이의] 친함이 있어야 하고[父子有親], 임금과 신하간에는 정의(正義)가 있어야 하고[君臣有義], 남편과 아내 사이에는 [서로 사랑하되] 내외의 구별이 있어야 하고[夫婦有別], 연장자와 연소자 사이에는 차례가 있어야 하고[長幼有序], 친구들 사이에는 성실과 신의의 덕이 있어야 한다[朋友有信]는 것이다. 요 임금께서는, '[재난 당한 백성들을] 따뜻이 위로해 주고, [재난으로 비뚤어진 인심을] 바로잡아 주고, 도와 주고 부축해 주어서, 백성들 스스로 [선한 본성을] 되찾도록 해 주고, 더 나아가 [빈궁한 자들을] 구제해 주고, 은덕을 베풀어 주라.'고 말씀하셨다. 성인께서 백성들을 염려하기를 이와 같이 하셨으니, 어느 겨를에 농사를 지을 수 있었겠는가?

요 임금은 순과 같은 좋은 신하를 얻을 수 없을까봐 걱정하셨고, 순 임금은 우(禹)나 고요(皐陶)같은 인물을 얻지 못할까봐 걱정하셨다. 그러나 자기 논밭의 농사를 제대로 잘 짓지 못할까봐 걱정하는 사람은 농부이다.[맡은 일에 따라 그 걱정거리가 각각 다르다.] 다른 사람에게 재물을 나누어 주는 것을 혜(惠)라 하고, 다른 사람에게 훌륭한 도리를 가르쳐 주는 것을 충(忠)이라 하고, 천하 사람들을 위하여 뛰어난 인재를 찾아내는 것을 인(仁)이라 한다. 그러므로 온 천하를 다른 사람에게 양보하기는 쉽지만, 천하를 위하여 뛰어난 인재를 찾아내기는 어렵다. 그래서 공자께서도 말씀하셨다. '위대하도다, 요의 임금노릇 하심이여! 하늘처럼 높은 것이 없거늘, 요 임금만은 하늘을 본받으셨도다. 그 성덕이 너무도 크고 넓어, 백성들은 제대로 칭송할 말을 찾을 수 없구나! 위대한 임금이로다, 순께서는! 그 성덕은 높고 높아, 천자의 자리에 계시면서도 그것을 즐거움으로 여기지 않으셨도다!'라고. 요 임금과 순 임금이 천하를 다스리는 데 있어, 어찌 마음 쓰는 일이 없었겠는가? 단지 손수 농사짓는 일에까지 마음을 쓸 수는 없었던 것이다.

　나는 중국의 높은 문화로써 낙후된 나라들을 변화시킨다는 말은 들었으나, 낙후된 나라의 문화에 의해 중국이 변화된다는 말은 들어본 적이 없다. [그대의 선생인] 진량(陳良)은 본래 [문화수준이 낮은] 초(楚) 나라 태생이면서, 주공과 공자의 도를 좋아하여, 남쪽으로부터 북쪽의 중국으로 와서 배운 결과, 북방의 학자들 중에서도 그를 뛰어넘을 수 있는 자가 없었으니, 진량이야말로 흔히 말하는 호걸지사이다. 그런데 그대들 형제는 수십년 동안 그에게서 배웠으면서도 스승이 죽자 결국 그를 배반하고 마는구나.

　옛날에 공자께서 돌아가시자, [그의 모든 제자들이 삼년상을 모셨는데,] 삼년이 지난 후, 제자들은 각자 짐을 꾸려 고향으로 돌아가려고, [그 당시 喪事를 주관하고 있던] 자공(子貢)의 방에 들어가서 고별인사를 나누며 서로 마주보고 울었는데, 모두 목이 메어 말을 할 수 없게 된 후에야 겨우 돌아갔다. 그러나 자공은 다시 돌아와 무덤 옆에 초막을 짓고, 혼자서 다시 삼년을 보내고 난 후에야 겨우 고향으로 돌아갔다. 그후 어느 날, 자하(子夏), 자장(子張), 자유(子游)는 유약(有若)이 공자를 닮았다고 생각하여 그를 공자 섬기듯이 섬기자고 의논하고는, 증자에게도 이에 동의해 줄 것을 강요한 일이 있었다. 그랬더니 증자께서 말씀하셨다. '안 된다. [선생님께서는, 비유해서 말하자면,] 이미 장강(長江)과 한수(漢水)의 깨끗한 물로 빨아내고, 또 오뉴월의 뙤약볕에 말려서 지극히 희고 깨끗하므로, 그 위에다 다시 무엇을 더한다는 것은 불가능하다.' [그 누구도 공자와 비슷할 수 없다.] 라고 하면서 허락하지 않았다. 그런데 지금, [許行이라는] 남쪽의 오랑캐로서, 때까치 울어대듯이 몹쓸 소리를 지껄여 대는 자가, 성왕들의 도(道)를

비난하고 있고, 거기다가 자네들은 자기 스승을 배반하고 그 자한
테 배우고 있으니, 아무래도 [스승을 향한] 증자의 태도와는 판이
하다고 할 수밖에 없다. [새에 비유하면,] 나는 어두컴컴한 깊은
골짜기에서 나와 높은 나뭇가지 위로 올라간다는 말은 들었어도,
높은 나뭇가지에서 내려와 어두컴컴한 골짜기로 들어간다는 말은
들어 보지 못했다.[밝은 성왕의 도를 버리고 태고적의 케케묵은 학설
을 따라가는 일은, 새들조차 하지 않는 행동이다.]

　노(魯) 나라의 노래(魯頌·閟宮篇)에는,
　'서북의 오랑캐는 무찌르고
　남방의 오랑캐는 징계하셨다'
라고 하였다. 이렇듯 주공께서도 오랑캐들은 곧바로 응징하려고
했는데, 자네는 도리어 그러한 자에게 배우고 있으니, 그야말로
갈수록 나빠져만 가고 있구나."

　[진상은 맹자의 질책이 너무 가혹하다고 생각, 허행의 주장 가운
데 감명을 받은 부분을 예로 들면서 이의를 제기한다.]

　진상 : "만약 허자의 학설을 따르게 되면, 시장에 나온 물건의
값은 한 가지로 통일되고, 따라서 사람들 사이에는 속이는 일이
없어집니다. 설사 삼척동자를 시장에 심부름 보내더라도 그를 속
이는 사람은 결코 없습니다. 삼베든 비단이든 그 길이가 같으면
값도 같고, 마(麻)와 마사, 명주실과 솜 등도 그 무게가 같으면
가격도 같으며, 오곡도 그 양이 같으면 값도 같고, 신발도 그 크
기가 같으면 값도 같습니다."

　맹자 : "물건마다 그 품질에 차이가 있다는 것은 극히 자연스
러운 일이다. [그래서, 같은 물건이라도 품질에 따라서는] 값이 한
배나 다섯 배, 또는 십 배나 백 배, 또는 천 배나 만 배로 차이가
날 수 있는 것이다. 자네는 [그 質은 따져 보지도 않고] 종류만 같
으면 모두 똑 같은 것으로 간주하는데, 그렇게 해서는 천하를 혼

란에 빠뜨릴 따름이다. 예를 들어, 거칠게 만든 신발과 정성들여 만든 신발에 같은 값을 매긴다면, 누가 정성들여 좋은 신발을 만들려 하겠는가? 허자의 학설에 따르는 것은 사람들을 거짓으로 이끄는 것이며, [물건도 날림으로 만들게 하는 것이니,] 그렇게 하고서야 어떻게 나라를 옳바로 다스릴 수 있겠는가?"

5·4 有爲神農之言者許行, 自楚之滕, 踵①門而告文公曰:"遠方之人聞君行仁政, 願受一廛而爲氓."

文公與之處.

其徒數十人, 皆衣褐, 捆屨②、織席以爲食.

陳良之徒陳相與其弟辛, 負耒耜③而自宋之滕, 曰:"聞君行聖人之政, 是亦聖人也, 願爲聖人氓."

陳相見許行而大悅, 盡棄其學而學焉.

陳相見孟子, 道許行之言曰:"滕君則誠賢君也;雖然, 未聞道也. 賢者與民並耕而食, 饔飧④而治. 今也滕有倉廩府庫, 則是厲⑤民而以自養也, 惡得賢?"

孟子曰:"許子必種粟而後食乎?"

曰:"然."

"許子必織布而後衣乎?"

曰:"否;許子衣褐."

"許子冠乎?"

曰:"冠."

曰:"奚冠?"

曰:"冠素⑥."

曰:"自織之與?"

曰:"否;以粟易之。"

曰:"許子奚爲不自織?"

曰:"害於耕。"

曰:"許子以釜甑爨⑦,以鐵耕乎?"

曰:"然。"

"自爲之與?"

曰:"否;以粟易之。"

"以粟易械器者,不爲厲陶冶⑧;陶冶亦以其械器易粟者,豈爲厲農夫哉? 且許子何不爲陶冶,舍⑨皆取諸其宮⑩中而用之? 何爲紛紛然與百工交易? 何許子之不憚煩?"

曰:"百工之事,固不可耕且爲也。"

"然則治天下獨可耕且爲與? 有大人⑪之事,有小人之事。且一人之身,而百工之所爲備,如必自爲而後用之,是率天下而路⑫也。故曰:或勞心,或勞力;勞心者治人,勞力者治於人;治於人者食人,治人者食於人,天下之通義也。

當堯之時,天下猶未平,洪水橫流,氾濫於天下,草木暢茂,禽獸繁殖,五穀不登,禽獸偪人,獸蹄鳥跡之道,交於中國。堯獨憂之,舉舜而敷⑬治焉。舜使益掌火,益烈山澤而焚之,禽獸逃匿。禹疏九河,瀹濟漯⑭而注諸海,決汝漢,排淮泗而注之江,然後中國可得而食也。當是時也,禹八年於外,三過其門而不入,雖欲耕,得乎?

后稷教民稼穡⑮,樹藝五穀⑯;五穀熟而民人育。人之有⑰道也,飽食,煖衣,逸居而無教,則近於禽獸。聖人有⑱憂之,使契爲司道,教以人倫,——父子有親,君臣有義,夫婦有別, 長幼有敍, 朋友有信。放勳曰:'勞之來之, 匡之直之, 輔之翼之⑲, 使自得之, 又從而振德之。'聖人之憂民如此, 而暇耕乎?

堯以不得舜爲己憂, 舜以不得禹、皐陶爲己憂。夫以百畝之不易⑳爲己憂者, 農夫也。分人以財謂之惠, 敎人以善謂之忠, 爲天下得人者謂之仁。是故以天下與人易, 爲天下得人難。孔子曰:'大哉堯之爲君! 惟天爲大, 惟堯則之, 蕩蕩乎民無能名焉! 君哉舜也! 巍巍乎有天下而不與焉㉑!'堯舜之治天下, 豈無所用其心哉? 亦㉒不用於耕耳。

吾聞用夏變夷者, 未聞變於夷者也。陳良, 楚產也, 悅周公、仲尼之道, 北學於中國。北方之學者, 未能或之先也。彼所謂豪傑之士也。子之兄弟事之數十年, 師死而遂倍㉓之! 昔者孔子沒, 三年之外, 門人治任㉔將歸, 入揖於子貢, 相嚮而哭, 皆失聲, 然後歸。子貢反, 築室於場㉕, 獨居三年, 然後歸。他日, 子夏、子張、子游 以有若似聖人, 欲以所事孔子事之, 強曾子。曾子曰:'不可; 江漢以濯之, 秋陽㉖以暴之, 皜皜乎不可尙已。'今也南蠻鴃㉗舌之人, 非先王之道, 子倍子之師而學之, 亦異於曾子矣。吾聞出於幽谷遷於于木者, 未聞下喬木而入於幽谷者。魯頌曰:'戎狄是膺㉘, 荊舒是懲。'周公方且膺之, 子是之學, 亦爲不善變矣。"

"從許子之道, 則市賈㉙不貳, 國中無僞; 雖使五尺之童適市, 莫之或欺㉚。布帛長短同, 則賈相若; 麻縷絲絮㉛輕重同, 則賈相若; 五穀多寡同, 則賈相若; 屨大小同, 則賈相若。"

曰:"夫物之不齊, 物之情也; 或相倍蓰㉜, 或相什百, 或相千萬。子比㉝而同之, 是亂天下也。巨屨小屨㉔同賈, 人豈爲之哉? 從許子之道, 相率而爲僞者也, 惡能治國家?"

〈注〉
① 踵(종) : 발꿈치. 도달하다(至也 — 趙岐).
② 捆屨(곤구) : 짚신을 삼다. 捆 ; 짚이나 삼을 두드려서 견고하고 치밀하게 하다. 屨 ; 짚이나 가죽으로 만든 신.
③ 耒耜(뢰사) : 쟁기와 보습. 농기구.
④ 饔飧(옹손) : 아침밥과 저녁밥. 여기서는 손수 밥을 짓는다는 뜻.
⑤ 厲(려) : 해치다(病也 — 鄭玄).
⑥ 冠素(관소) : 冠 ; (모자를) 쓰다(이곳에서는 모두 動詞로 사용되었다). 素 ; 흰 비단천(으로 만든 관).
⑦ 釜甑爨(부증찬) : 釜 ; 솥.(밥 하는 데 쓴다). 甑 ; 시루.(떡 같은 것을 찌는 데 쓴다). 爨 ; 불을 때다.
⑧ 陶冶(도야) : 시루는 도기로 만들고(陶), 솥이나 농기구는 쇠로 만들므로(冶), 陶冶라 했다.
⑨ 舍(사) : 세 가지 說이 있다. ㉠ 그만두다, 그치다(止也)의 뜻이라고 한 해석과(趙岐・朱子), ㉡ 舍를 家의 뜻으로 보면서 上句에 붙여 읽음으로써, '왜 陶冶의 家를 만들어 모든 것들을 그 집안에서 가져다 쓰지 않는가?'라는 뜻이라고 한 해석과(『集注』의 一說), ㉢ 舍를 何(무엇, 무슨 물건)의 뜻을 갖는 의문대사로 보는 해석(楊樹達)이 있다. 어느 것이나 뜻은 통한다.
⑩ 宮(궁) : 宮이나 室이나 모두 일반 가옥의 뜻이다. 宮이 왕의 처소라는 뜻으로 사용된 것은 秦・漢代 이후의 일이다.
⑪ 大人(대인) : 君子와 마찬가지로, 有德者란 뜻으로 사용될 때와 在位者란 뜻으로 사용될 때가 있는데, 이곳에서는 在位者를 가리킨다.
⑫ 路(로) : 고달프다(趙岐). 길 위를 분주하게 뛰어다님으로써 쉴 틈이 없다(朱子).
⑬ 敷(부) : 펴다(布也 — 朱子). 다스리다(治也 — 趙岐). 두루 (偏也 — 楊伯峻).

⑭ 瀹濟漯(약제탑) : 瀹;다스리다. 治水하다. 제수와 탑수를 다스리다.
⑮ 稼穡(가색) : 稼;심다. 穡;거두다. 수확하다. 즉, 농사일을 말한다.
⑯ 樹藝五穀(수예오곡) : 樹;씨앗을 심다. 藝;번식시키다. 五穀;稻(쌀)·黍(기장)·稷(조)·麥(밀)·菽(콩)
⑰ 有(유) : …이 되다(猶爲也 ─ 王引之). 人之有道;사람된 도리. 사람으로서 지켜야 할 도리.
⑱ 有(우) : 또한 (又와 同).
⑲ 輔之翼之(보지익지) : 勞와 來는 위로한다는 뜻. 匡과 直은 바로잡는다는 뜻. 輔와 翼은 돕는다는 뜻이다.
⑳ 易(이) : 관리하다. 다스리다(治也 ─ 趙岐).
㉑ 不與焉(불여언) : 그것에 집착하지 않았다는 뜻이다. 朱子는, 천자의 지위에 있음을 즐거움으로 여기지 않았다는 뜻으로 해석했다.
㉒ 亦(역) : 다만, 난지. ((1-1), (8-28), 참조).
㉓ 倍(배) : 배반하다(背也 ─ 朱子).
㉔ 治任(치임) : 보따리를 챙기다(任, 擔也 ─ 趙岐).
㉕ 場(장) : 묘지 앞에 제사지내기 위하여 평탄하게 쌓아 놓은 높은 땅(焦循).
㉖ 秋陽(추양) : 周의 秋는 夏의 5~6月로, 햇볕이 가장 강한 때다.
㉗ 鴃(격) : 때까치(博勞, 伯勞).
㉘ 戎狄是膺(융적시응) : 융적을 응징하다. 賓語를 도치시킬 때는 빈어와 동사 사이에 是, 之, 焉 등의 結構助詞가 사용된다. (아래 세번째 句의 子是之學에서는 '之'가 結構助詞).
㉙ 賈(가) : 價.
㉚ 莫之或欺(막지혹기) : 莫或欺之. 이를 속이는 자가 아무도 없다. 或은 否定句에서 否定의 語氣를 강하게 할 뿐, 실제적인 뜻은 없다. 앞의 文段의 세번째 句의 '未能或之先也'도 같다.
㉛ 麻縷絲絮(마루사서) : 마, 마사, 명주실과 솜.
㉜ 蓰(사) : 다섯 배

㉝ 比(비) : 비교하다. 같게 보다. 차이를 무시하고 같은 것으로 보다(不論精粗, 使之同價 — 朱子).
㉞ 巨屨小屨(거구소구) : 巨 ; 粗也. 小 ; 細也(趙岐). 朱子는, 巨를 大로 해석하여, "큰 신발과 작은 신발에 같은 값을 매긴다면, 누가 큰 신발을 삼으려 하겠는가?"라는 뜻이라고 해석했으나, 下句의 之는 정교한 신발(小屨)을 가리킨다. 큰 신발은 삼기가 쉽다.

5·5 후장(厚葬)은 자연스러운 것이다

[검소한 생활과 兼愛를 주창하는] 묵자(墨子)의 학설을 신봉하는 이지(夷之)라는 사람이 맹자의 제자인 서벽(徐辟)을 통하여 맹자에게 면담을 요청하였다.

맹자께서 말씀하셨다. "나도 진작부터 만나보고 싶었다. 그러나 지금은 아직도 병중이니, 병이 나으면 내가 나중에 찾아갈 테니, 이자(夷子)더러 찾아오지 말라고 해라."

얼마 후에 또 맹자께 면담을 신청하였다.

맹자께서 서벽에게 말씀하셨다. "내가 지금은 만나볼 수 있겠다. 바른 말로 설명해 주지 않으면 바른 도리가 제대로 드러나지 못할 것이니, 내가 잠시 만나서 바른 말로 설명해 주겠다. 내가 들은 바로는, 이자는 묵가(墨家)의 학설을 따르는 사람이라 하는데, 묵가에서는 장례를 소박하고 간소하게 치르는 것[薄葬]이 옳바른 도리라고 여긴다. 이자 또한 그러한 도리를 실천함으로써 천하의 풍속을 바꾸어 보려고 하는 사람이니, 어찌 [장례를 소박·간소하게 치르는 것은] 옳지 못하고 천한 행위라고 생각하겠느냐. 그러면서도 이자 자신은 자기 부모의 상(喪)을 성대하게 치렀는데, 그것은 말하자면 자기가 천하게 여기는 방식으로 자기 부모를 섬긴 것이다."

서벽이 맹자의 이 말을 이자에게 전하자 그는 말했다. "유가(儒家)의 학설에 의하면, 고대의 군왕들은 [백성 보호하기를] 마치 갓난아이 보살피듯 하였다고 하는데, 이 말은 무슨 뜻입니까? 저는 그 말을, 사람과 사람 사이의 사랑에는 결코 친소후박(親疏厚薄)의 차등이 없으며, 단지 사랑을 실천함에 있어서는 가까운 부모 친척에서부터 시작한다는 뜻으로 이해합니다." [그렇다면 묵가의 兼愛說도 유가의 주장과 비슷하며, 따라서 제가 부모의 장례를 후하게 지낸 것에 대한 설명도 된다고 생각한다.]

서벽이 이 말을 맹자께 전하였다.

맹자께서 말씀하셨다. "이자는 정말로 사람들이 자기 형의 아이를 사랑하는 것과 이웃집 아이를 사랑하는 것이 똑같다고 생각하는가? 그가 생각하는 것은 이런 것이다: 즉, 어린 아이가 엉금엉금 기어가다가 우물에 빠지려 하고 있는데, 그것은 어린 아이의 죄가 아니다. [이때, 그것이 누구의 아이건 간에, 그리고 누가 그것을 보았든 간에, 모두 그 아이를 구하려고 달려간다. 이자는 이것을 가지고 사랑에는 그 어떤 차별도 없기 때문이라고 생각하는데, 그것은 사실은 사랑이 아니라 惻隱之心인 것이다.] 하늘이 만물을 낳는 데는 단 하나의 근원이 있을 따름이다. [사람으로 말하자면, 부모가 있을 따름이다.] 그런데도 이자는 두 개의 근원이 있다고 생각한다. [즉, 나의 부모와 남의 부모간에는 구별이 없으며, 따라서 그 둘을 똑같이 사랑해야 한다고 생각한다. 그러나 이것은, 나의 부모를 섬기는 마음을 넓혀서 남의 부모에게까지 미치게 하려는 유가의 입장과는 다른 것이다.]

아마도 먼 옛날에는 부모가 죽어도 장사를 지내지 않고, 부모가 죽으면 그 시신을 가져다 골짜기에 내버렸을 것이다. [자기 부모의 시신을 갖다 버린 사람이,] 그후 어느날 그곳을 지나가는데, 여우와 너구리가 그것을 뜯어 먹고, 파리, 모기떼가 새까맣게 달라

붙어 그것을 빨아먹고 있었다. 그 사람은 자신도 모르게 이마에 식은 땀을 줄줄 흘리면서 시선을 돌려 버렸다. 그가 식은 땀을 줄줄 흘린 것은 다른 사람이 볼까봐 겁이 나서가 아니고, 그 뉘우치는 본마음이 얼굴에 이르렀기 때문이니, 그래서 아마도 그는 바삐 집에 돌아와 삼태기와 삽을 가지고 가서 흙을 퍼다가 그것을 덮었을 것이다. 그것을 흙으로 덮은 것이 참으로 옳은 일이었다면, 후세의 효자와 어진이들이 그 부모를 안장(安葬)하는 것도 틀림없이 도리에 맞을 것이다."[厚葬이 도리에 맞다.]

서벽이 이 말을 이자에게 전하자, 이자는 멍하니 있다가 잠시 후에 말했다. "알겠습니다."

5.5 墨者夷之因徐辟而求見孟子。 孟子曰:"吾固願見, 今吾尙病, 病愈, 我且往見, 夷子不來①!"

他日, 又求見孟子。孟子曰:"吾今則可以見矣。不直, 則道不見②; 我且直之。吾聞夷子墨者, 墨之治喪也, 以薄爲其道也; 夷子思以易天下, 豈以爲非是而不貴也; 然而夷子葬其親厚, 則是以所賤事親也。"

徐子以告夷子。

夷子曰:"儒者之道, 古之人若保赤子, 此言何謂也? 之則以爲愛無差等, 施由親始③。"

徐子以告孟子。

孟子曰:"夫夷子, 信以爲人之親其兄之子爲若親其鄰之赤子乎? 彼有取爾也。赤子匍匐將入井, 非赤子之罪也。且天之生物也, 使之一本, 而夷子二本④故也。蓋上世嘗有不葬其親者, 其親死, 則擧而委⑤之於壑。他日過之, 狐狸食之, 蠅蚋姑嘬⑥之。其顙有泚⑦, 睨而不視。夫泚也, 非爲人泚, 中心達於面目, 蓋歸反虆梩而掩之。掩之誠是也, 則孝子仁人之掩其親, 亦必有道矣。"

徐子以告夷子。夷子憮然爲間⑨曰:"命之⑩矣。"

〈注〉
① 不來(불래):오지 말라고 하라(不;毋也, 勿也 — 王引之).
② 見(현):現
③ 施由親始(시유친시):그것을 실행하는 데 있어서는 가까운 부모에서부터 시작한다(施, 行也).
④ 一本二本(일본이본): 一本;근본은 자기 부모라고 생각하는 것. 二本;자기 부모나 남의 부모나 똑같다고 생각하는 것.
⑤ 委(위):갖다 버리다(棄也 — 趙岐).
⑥ 蠅蚋姑嘬(승예고최): 蠅;파리. 蚋;모기. 姑;빨다. '잠시'란 뜻의 副詞로 보는 해석도 있다(朱子). 嘬;물다. 깨물다.
⑦ 有泚(유체):땀을 뻘뻘 흘리는 모습. 有;의미없는 助詞(명사, 고유명사, 형용사 앞에 붙는다)
⑧ 虆梩(라리): 虆;흙을 담아 나르는 기구, 즉 소쿠리. 梩;흙을 파는 기구. 즉 삽.
⑨ 憮然爲間(무연위간): 憮然;멍하니 정신나간 모습(茫然自失之貌 — 朱子). 爲間;잠시 후, 잠시 사이를 두고(有頃之間也 — 趙岐).
⑩ 命之(명지): 命;가르쳐 주다(敎). 之;나(1인칭 代詞). 나를 가르쳐 주다. 즉, 알았습니다(受命敎矣)란 뜻.

6. 등滕문文공公 下

6·1 자신을 굽혀서 남을 바로잡아 줄 수는 없다

　제자인 진대(陳代)가 맹자께 말했다. "선생님께서 제후들을 찾아가시지 않는 것은 소절(小節)에 너무 구애받는 태도인 듯합니다. 만약 한번 찾아가 만나 보신다면, [상대방의 인물 여하에 따라서는,] 크게는 천하를 통일할 수도 있고, 작게는 그를 패제후로 만들 수도 있을 것입니다. 옛 기록에도, '한 자를 굽힘으로써 여덟 자를 곧게 편다.'고 했습니다. 그렇다면 한번 해 보실 만하지 않습니까?"
　맹자께서 말씀하셨다.
　"예전에 제 경공(齊景公)이 사냥을 갔을 때, 왕의 전용 수렵장의 관리인을 부르고자, [관리인을 부른다는 신호로, 사람에게 깃대 위에 물소 꼬리를 달고 새털로 장식한] 정(旌)이라는 기를 들려 보냈더니, [그것이 가죽으로 만든 관을 써 오던 관례와 어긋난다 해서,] 그 관리인이 오지 않자, 그를 붙잡아 죽이려고 했다. [붙잡혀 온 관리인이, '돌아가신 임금께서 사냥하실 적에는, 旌으로 대부를 부르시고, 旂로 士를 부르시고, 가죽으로 만든 관으로 저를 부르셨습니다. 저는 가죽으로 만든 관을 보지 못했기에 감히 나갈 수가 없었습니다.'라고 말하자, 왕은 그를 풀어 주었다. 공자께서 이 일에 대하여 말씀하셨다.] '지사(志士)는 [義를 지키기 위해서] 자신의 시체가 도랑이나 골짜기에 버려지는 것도 두려워하지 않고, 용사(勇士)는 [義를 행하기 위해서] 자기의 목이 달아나는 것도 두려워하지 않는다. 공자께서는 그 수렵장 관리인의 어떤 점을 높이 평가하셨겠느냐? 그것은 곧, 자신이 마땅히 받아야 할 부름의 예로써 부르지 않을 때는 결코 가지 않았다는 점이다. [수렵장 관리인 조차도 부르는 방법이 예에 어긋난다 해서 가지 않았는데], 만약 내가 제후들이 부르지도 않는데 찾아간다면, 그 모양이 어찌 되겠느냐? 그리고 또, 한 자를 굽힘으로써 여덟 자를 곧게 펼 수 있다는 것은 이익[利]이란 관점에서 한 말이다. 만약 이익이란 관점에서 말한다면, 그리고 만약 여덟 자를 굽혀서 한 자를 곧게 펴는 것이 이익이 된다면, 그 또한 해도 되겠느냐?

　옛날에 [晋 나라의 卿으로 있던] 조간자(趙簡子 : 趙鞅)가 [당시 말을 잘 몰기로 이름났던] 왕량(王良)이라는 사람에게 자기가 총애하는 가신(家臣)인 해(奚)를 위해서 마차를 몰아 사냥을 하게 했는데, 그는 하루 종일 새 한 마리도 잡지 못했다. 해(奚)가 돌아와서 조간자에게 보고하였다. '왕량은 천하에 형편없는 마부였습니다.' 어떤 사람이 그 이야기를 왕량에게 일러 주었다. 그러자 왕량은, '말을 다시 한 번 몰게 해 주시오.'라고 간청했다. 그리하여 강요하다시피 해서 간신히 허락을 받아, [그를 태우고 다시 사냥을 나갔더니,] 이번에는 조반(朝飯) 전에만도 새를 열 마리나 잡았다. 해(奚)가 사냥에서 돌아와 보고하였다. '왕량은 천하 제일의 마부였습니다.'라고. 그러자 조간자가 말했다. '그렇다면 내가 그를 너의 전속 마부로 삼아 주겠다.' 그리고 나서 왕량에게 그 이야기를 했더니, 왕량은 이를 거절하면서 말했다. '제가 그를 위해 법도에 맞게 마차를 몰았더니, 하루 종일 한 마리의 새도 잡지 못하다가, [말을 모는 법도를 무시하고,] 새들을 옆에서 쏘아 잡도록 해 주었더니, 그는 조반 전에만도 열 마리나 잡았습니다. 『시경』(小雅·車攻)에서도,

　　'법도에 맞게 말을 모니
　　화살을 쏘자마자 바로 맞아 떨어지네'
라고 했습니다. 저는 [법도에 맞게 말을 몰면] 한 마리도 잡지 못하는 그런 소인을 위하여 마차를 모는 데는 익숙하지 못합니다.

제발 그것만은 사양하겠습니다.'라고. 말 모는 사람조차 그런 사수(射手)와 함께 일하는 것을 수치로 여겨서, 그런 자와 함께 새나 짐승을 잡는 일은, 비록 산더미처럼 많이 잡는다 하더라도, 결코 하지 않았던 것이다. 만약 내가 나의 뜻과 주장을 굽혀 가면서 제후들을 따른다고 치자. 그래서 무엇을 어떻게 하겠다는 것이냐? 그리고 자네가 잘못 생각하고 있는 것이 하나 있다. [자네는 자신을 조금 굽힘으로써 남을 크게 바로 잡는다고 했지만,] 자기 자신을 구부러뜨리면서 다른 사람을 곧게 펴 줄 수 있었던 사람은 아직까지 있은 적이 없다."

6·1 陳代曰:"不見諸侯, 宜若小①然; 今一見之, 大則以王, 小則以霸. 且志曰:'枉尺而直尋②.'宜若可爲也."

孟子曰:"昔齊景公田, 招虞人以旌, 不至, 將殺之. 志士不忘在溝壑, 勇士不忘喪其元③. 孔子奚取焉? 取非其招④不往也. 如不待其招而往, 何哉? 且夫枉尺而直尋者, 以利言也. 如以利, 則枉尋直尺而利⑤, 亦可爲與?

"昔者趙簡子使王良與嬖奚乘⑥, 終日而不獲一禽. 嬖奚反命曰:'天下之賤工也.'或以告王良. 良曰:'請復之.'强而後可, 一朝⑦而獲十禽. 嬖奚反命曰:'天下之良工也.'簡子曰:'我使掌⑧與女乘.'謂王良. 良不可, 曰:'吾爲之範我馳驅, 終日不獲一; 爲之詭遇⑨, 一朝而獲十. 詩云:"不失其馳, 舍矢如破⑩."我不貫⑪與小人乘, 請辭.'御者且羞與射者比⑫; 比而得禽獸, 雖若丘陵, 弗爲也. 如枉道而從彼, 何也? 且子過矣:枉己者, 未有能直人者也."

〈注〉
① 小(소):小節.

② 尋(심) : 여덟 자(尺).
③ 元(원) : 머리(首). '志士…, … 其元'의 두 句는 孔子의 말이다.
④ 其招(기초) : 그에 합당한 부름의 禮. (之禮가 생략되었다).
⑤ 則枉尋直尺而利(즉왕심직척이리) : 만약 여덟 자를 굽혀서 한 자를 곧게 펴는 것이 이익이 된다면. 則 ; 만약(假設連河).
⑥ 與嬖奚乘(여폐해승) : 與 ; 위하여(爲). 嬖 ; 왕의 총애를 받는 신하. 왕의 총신 奚를 위하여 말을 타다(몰다).
⑦ 一朝(일조) : 날이 밝고 나서 아침식사 하기 전까지(自晨至食時 — 朱子)
⑧ 掌(장) : 주관하다(專也. 主也).
⑨ 詭遇(궤우) : 예법에 어긋나게 옆에서 쏘는 것(橫而射之 — 趙岐). 옆에서 쏘아 맞히다(旁射也 — 王念孫). 옳지 못한 방법으로 새들을 마주치게 해 주는 것(不正而與禽遇也 — 朱子).
⑩ 舍矢如破(사시여파) : 舍矢 ; 發矢. 如破 ; 而破(如, 猶而也 — 王引之). 화살을 쏘아 죽이는 모습이 마치 파열시키는 것과 같다. (發矢而死者如破矣 — 趙岐).
⑪ 貫(관) : 익숙하다. 습관이 되다(習也 — 趙岐).
⑫ 比(비) : 친하게 사귀다. 한 패거리가 되다(比, 阿黨也 — 朱子).

6·2 진짜 대장부

[당시에는 국제외교 전문가라고 할 수 있는 縱橫家들이 설치고 있었다. 각국의 이해관계를 이용, 제후들을 설득해서 출세하려는 자들로서, 국제정세의 통찰과 변설에 능란하였나. 張儀와 蘇秦은 송횡가의 대표적인 인물들이다. 이들은 세 치의 혀를 놀려 제후들을 위협하거나 설복시킴으로써 천하 정세를 그들 마음대로 좌지우지하였다.]

[종횡가의 한 사람인] 경춘(景春)이 말했다. "공손연(公孫衍)과

장의(張儀)야말로 어찌 진정한 대장부가 아니겠습니까? 그들이 일단 노하면, [제후들을 들쑤셔서 전쟁을 일으키기 때문에,] 제후들이 모두 두려워했습니다. 그들이 가만히 있으면 온 천하가 평온해지고 전쟁이 없어졌습니다." [세 치의 혀로써 천하를 움직일 수 있었으니, 정말로 대단한 대장부였다.]

맹자께서 말씀하셨다.

"그런 것을 가지고 어찌 대장부라고 할 수 있겠느냐? 자네는 예를 배우지 않았느냐? [예법에 따르면,] 남자가 성년이 되어 관례(冠禮)를 올릴 때에는, 그 아버지가 아들에게 훈계하고, 여자가 시집갈 때에는 어머니가 딸에게 훈계하는데, 문 밖까지 따라가면서, '시집에 가거든 반드시 공경하고 조심해서 남편의 뜻에 어긋남이 없어야 한다.'라고 훈계한다. 이와 같이 순종을 옳바른 원칙으로 생각하는 것이 곧 부녀자들의 도리이다. [그러나 남자의 경우에는,] 천하에서 가장 넓은 집[仁] 안에 살면서, 천하에서 가장 바른 자리[禮] 위에 서고, 천하에서 가장 큰 길[義]을 따라 걸어가며, 뜻을 펼 수 있게 되었을 때에는 백성들과 함께 그 길을 걸어가고, 뜻을 펼 수 없을 때에는 혼자서 그 길을 걸어가야 한다. 부귀(富貴)도 그 마음을 어지럽히지 못하고, 빈천(貧賤)도 그 지조를 옮기지 못하며, 위무(威武)도 그 뜻을 굴복시킬 수 없는 자라야 비로소 진정한 대장부라고 할 수 있다."

6·2 景春曰:"公孫衍、張儀豈不誠大丈夫哉? 一怒而諸侯懼,安居而天下熄。"

孟子曰:"是焉得爲大丈夫乎? 子未學禮乎? 丈夫之冠也,父命之①;女子之嫁也,母命之,往送之門,戒之曰:'往之女家,必敬必戒,無違夫子!'以順爲正者,妾婦之道也。居天下之廣居②,立天下之正位②,行天下之大道②。得志,與民由之；不得志, 獨行其道。富貴不能淫③, 貧賤不能移④, 威武不能屈⑤, 此之謂大丈夫。"

〈注〉
① 父命之(부명지) : 부모가 그(자식)에게 훈계하다. 그 훈계의 내용은, 「士冠禮」에 의하면, "順爾成德"으로 되어 있으나, 趙岐는, '順'이 부녀자의 도리라고 생각하여, "就爾成德"으로 바꾸어 해설하고 있다.
② 廣居, 正位, 大道(광거, 정위, 대도) : 趙岐는, "廣居, 天下也; 正位, 男子純乾正陽之位也; 大道, 仁義之道也."라 하였고, 朱子는, "廣居, 仁也; 正位, 禮也; 大道, 義也."라 하였다. 『孟子』의 다른 곳에서는, "仁, 人之安宅也"((3-7), (7-11)), "義, 人路也"(11-11)라 하였다.
③ 淫(음) : 마음을 어지럽게 하다(亂其心也 — 趙岐).
④ 移(이) : 그 행동을 바꾸게 하다(易其行也 — 趙岐). 그 지조를 변하게 하다(變其節也 — 朱子).
⑤ 屈(굴) : 굴복시키다. 좌절시키다(挫其志也 — 趙岐).

6·3 정당한 절차와 도리

[魏 나라의] 주소(周霄)라는 사람이 물었다. "옛날의 군자들도 관직생활을 하였습니까?"
맹자께서 말씀하셨다. "관직생활을 하였지. 전기(傳記)에는, '공자께서는 세 달이 지나도록 자기를 써 주는 군주가 없으면 매우 초조해 하셨으며, 한 나라를 떠나 다른 나라로 찾아갈 때에는 반드시 [찾아가는 나라의 임금을 만날 때 드릴] 예물을 준비하여 싣고 가셨다.'라고 쓰여 있다. 현자인 공명의(公明儀)도 말한 적이

있다. '옛날 사람들은 세 달이 지나도록 써 주는 군왕을 만나지 못한 사람이 있으면, 그를 찾아가 위로해 주었다.'라고."
　(주소) : "세 달이 지나도록 써 주는 군주를 만나지 못했다고 찾아가 위로까지 해 준다는 것은 너무 성급하지 않습니까?"
　맹자 : "선비가 관직을 잃는 것은 제후가 나라를 잃는 것과 마찬가지다. 『예기』(禮記)에서도 말했다. '제후들은 몸소 적전[籍田 : 임금이 직접 경작하는 田地]을 경작하여 제사에 바칠 곡물을 마련하고, 그 부인은 몸소 누에치고 실을 뽑아 제복(祭服)을 만든다. 제사에 쓸 소나 양이 비쩍 마르고, 제사에 쓸 곡물도 정결하지 못하고, 제복도 갖춰지지 않으면, 제사를 지내고 싶어도 감히 지낼 수 없다. 선비에게 규전[圭田 : 즉, 제사용 田地]이 없다면, 그 또한 제사를 지낼 수 없다.'라고. 제사에 쓸 소나 양, 제기(祭器), 제복(祭服)이 갖춰지지 않으면 감히 제사를 지낼 수 없고, [따라서 제사가 끝난 후에 친척들을 모아 베푸는] 연회도 베풀 수 없으니, 가서 위로해 주어야 하지 않겠느냐?"
　(주소) : "공자께서는 한 나라의 국경을 벗어날 때에는 반드시 [찾아가는 나라의 군주를 만날 때 드릴] 예물을 준비해서 수레에 싣고 가셨다는데, 그것은 무슨 까닭입니까?"
　맹자 : "선비가 관직에 나아가는 것은 농부가 농사짓는 것과 같다. 농부가 한 나라의 국경을 벗어나 다른 나라로 간다고 해서 어찌 자기의 농기구마저 버리고 가겠느냐?"[관직을 얻기 위해서는 우선 군왕을 만나야 하고, 그때는 반드시 예물을 드리는 것이 禮이다. 시험치러 가는 사람이 필기도구를 가지고 가는 것이나 마찬가지다.]
　주소 : "위(魏) 나라 역시 많은 사람들이 관직생활을 하고 있는 나라입니다. 그러나 저는 이때까지 관직을 구하는 일이 그렇게까지 급박한 일이란 말을 들어 보지 못했습니다. 관직을 구하는 일이 그처럼 급박하다면서도 군자들은 쉽사리 관직을 맡으려 하지

않는데, 그 이유는 무엇입니까?"

맹자 : "남자가 태어나면, [부모는] 그 아들을 위해서 좋은 색시를 찾아 장가보내 주고자 하며, 여자가 태어나면, [부모는] 그 딸을 위해 좋은 신랑감을 찾아 시집보내 주고자 하는 법이다. 이런 부모의 마음은 사람이라면 누구나 다 가지고 있다. 그러나, 만약 부모가 먼저 말을 꺼내거나 중매장이가 소개해 주기를 기다리지 않고, 스스로 담장에 구멍을 뚫거나 문틈을 벌려 그 사이로 훔쳐보고, 담장을 타넘어가 은밀하게 서로 만난다면, 부모뿐만 아니라 다른 모든 사람들도 그들을 천하게 여길 것이다. 옛 사람들이 관직을 맡고 싶어하지 않았던 것은 아니지만, 정당한 절차를 밟지 않고 관직에 나아가는 것은 싫어하였다. 정당한 절차를 밟지 않고 관직에 나아가는 사람은, 담장에 구멍을 뚫고 문틈 사이로 훔쳐보는, [그리고는 담장을 타넘어가 서로 만나는,] 천한 남녀와 같은 부류의 인간들이다."

6·3 周霄問曰:"古之君子仕乎?"

孟子曰:"仕。傳曰:'孔子三月無君, 則皇皇如①也, 出疆必載質②。' 公明儀曰:'古之人三月無君, 則弔。'"

"三月無君則弔, 不以③急乎?"

曰:"士之失位也, 猶諸侯之失國家也。禮曰:'諸侯耕助④, 以供粢盛⑤;夫人蠶繅⑥, 以爲衣服。犧牲不成⑦, 粢盛不潔, 衣服不備, 不敢以祭。惟士無田, 則亦不祭。'牲殺、器皿、衣服不備, 不敢以祭, 則不敢以宴, 亦不足弔乎?"

"出疆必載質, 何也?"

曰:"士之仕也, 猶農夫之耕也;農夫豈爲出疆舍其耒耜哉?"

曰:"晉國亦仕國也, 未嘗聞仕如此其急. 仕如此其急也, 君子之難仕, 何也?"

曰:"丈夫生而願爲之有室, 女子生而願爲之有家;父母之心, 人皆有之. 不待父母之命, 媒妁⑧之言, 鑽穴隙相窺, 踰牆相從, 則父母國人皆賤之. 古之人未嘗不欲仕也, 又惡不由其道. 不由其道而往者, 與鑽穴隙之類也."

〈注〉

① 皇皇如(황황여):구해도 얻지 못하여 허둥대거나 초조해 하는 모습(救而不得之貌 — 趙岐) 如;형용사 語尾(또는 助詞).

② 質(지):고대에는 처음 찾아볼 때 반드시 일정한 예물로써 성의를 표시했는데, 그 예물을 質(贄, 摯와 同)라 하였다. 士의 신분인 사람은 일반적으로 말린 꿩고기를 썼다고 한다.

③ 以(이):너무(太, 甚).

④ 耕助(경조): 助는 곧 籍으로, 고대에 天子는 畿內의 千畝의 전지를 籍田으로, 제후는 百畝를 籍田으로 갖고, 매년 봄이 되면 卿大夫들을 데리고 가서 손수 농사지었다. 그러나 그것은 어디까지나 농사짓는 시늉만 한 것이고, 실제로는 백성들의 힘을 빌려서(籍) 경작하였으므로, 그 田地를 籍田, 그 적전을 경작하는 것을 '籍'이라 하였다.

⑤ 粢盛(자성): 粢;祭器에 담아 놓을 수 있는 곡식들(쌀, 밀, 기장, 좁쌀 등). 盛;이미 제기에 담겨져 있는 곡식들(段玉裁, 『說文解字注』).

⑥ 夫人蠶繅(부인잠소): 夫人;제후의 정실부인. 제후가 籍田을 경작하는 것과 비슷한 방식으로, 부인이 일반 부녀자들의 도움을 받아 손수 고치농사를 지어 그것으로 祭服을 만들었다.

⑦ 不成(불성):살이 찌지 않다(不實肥腯也 — 趙岐).

⑧ 媒妁(매작):중매쟁이. ("媒, 謀也. 謀合二姓;妁, 酌也. 斟酌二姓也." — 『說文解字』).

6·4 정당한 대우

　제자인 팽경(彭更)이 물었다. "수십 대의 수레와 수백 명의 수행원을 데리고 제후의 나라를 전전하면서 그들이 주는 음식을 얻어 먹고 있는 것은, 너무 과분한 일이 아닙니까?"
　맹자께서 말씀하셨다. "도리에 어긋난다면 한 그릇의 밥도 얻어 먹어서는 안 되며, 도리에 맞는다면 순 임금이 요 임금의 천하를 물려받은 것조차 과분하다고 할 수는 없다. 자네는 그것을 과분하다고 생각하나?"
　팽경 : "그런 의미가 아닙니다. [제가 생각하기에는,] 선비가 하는 일 없이 남의 대접을 받는 것은 옳지 않다는 것입니다."
　맹자 : "자네가 만약 각자의 성과를 서로 융통시켜 주고, 각자의 생업에서 만들어진 것들을 서로 교환시켜 주어서, 남는 것으로 부족한 것을 보충시켜 주지 않는다면, [다른 사람들에게는 먹을 것이 없어도,] 농부에게는 곡식이 남아 돌아가고, [다른 사람들에게는 입을 옷이 없어도,] 베 짜는 여인에게는 옷감이 남아 돌아가는 사태가 벌어진다. 만약 자네가 그 유무(有無)를 서로 융통시켜 줄 수 있다면, 목수와 수레공들도 모두 자네한테서 먹을 것을 얻을 수 있을 것이다.
　가령 여기에 한 사람이 있는데, 그는 집에 들어가서는 부모에게 효도하고, 집 밖에 나가서는 윗사람을 섬기며, 옛 성왕들의 예법과 도의를 준수함으로써 후대의 학자들을 기르고 있는데도, 자네에게서 먹을 것을 얻지 못한다고 가정하자. [그렇다면 자네는 그를 경시하고 있는 셈인데,] 자네는 어찌하여 목수와 수레공들은 존중하면서 인의(仁義)를 가르치는 선비들은 경시하는가?"

팽경 : "목수와 수레공은, 그들의 동기가 원래 먹을 것을 얻는 데 있습니다. 그러나 군자가 학문을 연구하고 도를 펴는 것도 그 동기가 먹을 것을 얻는 데 있습니까?"

맹자 : "자네는 어째서 그 동기를 가지고 이야기하는가? [중요한 것은 그 동기가 아니라 성과이다.] 그들이 자네에게 공적이 있으며, 따라서 그들에게 먹을 것을 줄 만하면 먹을 것을 주는 것이다. 그리고 자네는 그 동기를 보고 먹을 것을 주는가, 아니면 그 성과를 보고 먹을 것을 주는가?"

팽경 : "그 동기를 보고 줍니다."

맹자 : "가령 여기에 어떤 장인(匠人)이 있는데, 그가 지붕의 기왓장을 깨뜨려서 새로 칠한 담장에다 제멋대로 그림을 그렸다고 하자. 그의 동기가 먹을 것을 얻기 위해서였다면, 그래도 자네는 그에게 먹을 것을 주겠는가?"

팽경 : "안 줍니다."

맹자 : "그렇다면 자네도 그 사람의 동기를 보고 먹을 것을 주는 것이 아니라, 그 사람이 한 일의 공적을 따져 보고 먹을 것을 주는 것이다."

6·4 彭更問曰:"後車數十乘, 從者數百人, 以傳食①於諸侯, 不以泰②乎?"

孟子曰:"非其道, 則一簞食不可受於人;如其道, 則舜受堯之天下, 不以爲泰——子以爲泰乎?"

曰:"否;士無事而食, 不可也。"

曰:"子不通功易事, 以羨③補不足, 則農有餘粟, 女有餘布;子如通之, 則梓匠輪輿④皆得食於子。於此有人焉, 入則孝, 出則悌, 守先王之道, 以待⑤後之學者, 而不得食於子;

子何尊梓匠輪輿而輕爲仁義者哉?"

曰:"梓匠輪輿, 其志將以求食也;君子之爲道也, 其志亦將以求食與?"

曰:"子何以其志爲哉? 其有功於子, 可食⑥而食⑥之矣. 且子食⑥志乎? 食⑥功乎?"

曰:"食志."

曰:"有人於此, 毀瓦畫墁⑦, 其志將以求食也, 則子食之乎?"

曰:"否."

曰:"然則子非食志也, 食功也."

〈注〉
① 傳食(전식):이곳 저곳 전전하면서 얻어 먹다(轉食과 同). 제후들이 제공해 주는 客館에 유숙하면서, 그가 주는 음식을 얻어 먹는 것을 말한다.
② 以泰(이태):지나치게 사치스럽다. 너무 과분하다. 以;너무(太). 泰;甚也(鄭玄). 侈也.
③ 羨(선):나머지, 잔여. 부러워하다(羨望).
④ 梓匠輪輿(재장륜여):梓人과 匠人은 木工, 輪人(수레바퀴 만드는 사람)과 輿人(차체 만드는 사람)은 車工이다.
⑤ 待(대):趙岐는 이것을 '持'(지)로 읽고, '선왕의 도를 지켜서 後學들을 부축하고 바로잡아 준다.'는 뜻으로 해석했다.
⑥ 食(사):먹여 주다. 먹을 것을 주다.
⑦ 墁(만):흙을 바를 때 쓰는 기구. 즉 흙손. 그러나 여기서는 새로 바르거나 칠해 놓은 벽을 말한다.

6·5 어진 정치만 한다면 천하에 두려울 것이 없다

제자인 만장(萬章)이 물었다. "송(宋) 나라는 작은 나라입니다. 이제 어진 정치를 하려 해도, 대국인 제(齊) 나라와 초(楚) 나라가 그것을 미워하여 송 나라를 공격해 올 터인데, 그때는 어떻게 해야 합니까?"

맹자께서 말씀하셨다.

"은 나라의 탕(湯) 임금이 [일개 제후로서] 박(亳) 땅에 있을 때, 그 이웃에는 갈(葛) 나라가 있었다. 갈백(葛伯)은 방자무도하여 예법을 무시하고 제사도 지내지 않았으므로, 탕 임금이 그에게 사람을 보내어 물어 보았다. '왜 조상에게 제사를 지내지 않느냐?'라고. 그러자 갈백은, '제물로 바칠 소와 양이 없기 때문이다.'라고 대답했다. 그래서 탕 임금이 그에게 제물로 쓰라고 소와 양을 보내 주었는데, 갈백은 그것들을 잡아 먹고는 제사를 지내지 않았다. 탕 임금이 또 사람을 보내어 물어 보았다. '왜 조상에게 제사를 지내지 않느냐?'라고. 그러자 갈백은, '제물로 바칠 곡식이 없기 때문이다.'라고 대답했다. 그래서 탕 임금이 박 땅의 백성들을 대신 보내어 그들을 위하여 논밭을 갈아 주게 하고, 노약자들에게는 밭가는 사람들에게 먹을 것을 날라 주도록 하였다. 그러나 갈백은 자기 백성들을 데리고 나와 도중에서 길을 막고서는 술과 음식을 나르는 사람들로부터 그것을 빼앗고, 주지 않으려는 자들은 죽여 버렸다. 어떤 아이가 밥과 고기를 가지고 갔었는데, 갈백은 그 아이까지 죽이고는 그것을 빼앗았다. 『서경』에, '갈백이 점심밥을 나르던 사람들과 원수가 되었다.'는 구절은 바로 이것을 두고 한 말이다. 갈백이 죄없는 어린애까지 죽였기 때문에 탕 임금이 그를 정벌하자, 온 천하 사람들은 모두 이렇게 말했다. '탕이 갈백을 친 것은 천하의 부(富)를 탐내서가 아니고, 자기 백성의 원수를 갚기 위해서였다.'라고. 탕 임금의 정복작전은 갈 나라로부터 시작되었는데, 모두 열 한 차례 출정하는 동안 그를 대적할 수 있는 자가 아무도 없었다. 그가 동쪽을 향하여 출정하면 서방 사람들이 원망하고, 남쪽을 향하여 출정하면 북방 사람들이 원망하여 말하기를, '왜 우리 쪽은 뒤로 미루는가?'라고 하였다. 백성들이 탕 임금 기다리기를 마치 큰 가뭄에 비오기를 기다리듯 하였다. [탕의 군대가 가는 곳에서는,] 상인들은 사고 팔기를 멈추지 않았고, 김매던 농부들도 몸을 피하지 않고 계속 김을 매었다. 탕 임금은 폭군을 죽이고 불쌍한 백성들을 위로해 주었기 때문에, 때 맞추어 비가 내리는 것처럼 백성들은 모두 크게 기뻐했던 것이다. 『서경』에서 말하기를, '우리의 임금님을 기다렸네. 임금님께서 오셨으니, 이제 곧 형벌에서 벗어나겠네.'라고 한 것은 그 당시의 상황을 묘사한 것이다.

  그리고 또, '유(攸) 나라가 신종(臣從)하기를 거부하므로, 무왕(武王)이 동쪽으로 가 정벌하여 그 나라의 남녀 백성들을 편안하게 해 주었다. 그들은 흑색과 황색 비단을 대광주리에 넣어 와서 예물로 바치고, 무왕을 뵙기를 간청하였으며, 뵙고 나서는 그 덕스러운 모습에 감복해서, 대주(大周)의 신민(臣民)이 되었다.'라고 했다. [이것은 周 나라 초에 동쪽의 攸國을 정벌한 사정을 설명한 것이다.] 이처럼 그 나라의 관원들은 흑색과 황색 비단을 대광주리에 가득 넣어 와서 주 나라의 관원들을 환영하였고, 또 그 나라의 백성들은 대그릇에 밥을 담고 단지에 식혜를 넣어 와서 주 나라 사병들을 환영하였으니, 이것은 주 나라 무왕께서 그 나라의 백성들을 물과 불의 재난으로부터 구해 주고, 잔학하고 포악한 임금을 제거해 주었기 때문이다. 그래서 『서경』의 태서(泰誓)편에,

'우리의 무왕(武王)께서 위무(威武)를 떨치시고, 우(邘) 나라의 영토로 쳐들어 가셨네. 우 나라의 잔학한 임금을 죽이고, 죽여야 할 자 모조리 죽였으니, 그 공적, [桀을 쫓아낸] 탕 임금보다 더욱 빛나도다.'라고 했던 것이다. 인정(仁政)을 펴지 않는다면 그만이지만, 만약 인정을 베풀기만 한다면, 천하의 백성들은 모두 목을 길게 빼고 기다리면서, 그를 자기들의 임금으로 삼고자 할 것이니, 제 나라와 초 나라가 아무리 강대국이라 한들 무엇이 두렵겠는가?"

6·5　萬章問曰:"宋, 小國也; 今將行王政, 齊楚惡而伐之, 則如之何?"

孟子曰:"湯居亳, 與葛爲鄰。葛伯放①而不祀, 湯使人問之曰:'何爲不祀?' 曰:'無以供犧牲也。' 湯使遺之牛羊, 葛伯食之, 又不以祀。湯又使人問之曰:'何爲不祀?' 曰:'無以供粢盛也。' 湯使亳衆往爲之耕, 老弱饋食。葛伯率其民, 要其有酒食黍稻者奪之, 不授者殺之。有童子以黍肉餉, 殺而奪之。書曰:'葛伯仇餉②。'此之謂也。爲其殺是童子而征之, 四海之內皆曰:'非富天下也, 爲匹夫匹婦復讎也。'湯始征, 自葛載③,' 十一征而無敵於天下。東面而征, 西夷怨; 南面而征, 北狄怨, 曰:'奚爲後我?' 民之望之, 若大旱之望雨也。歸市者弗止, 芸者不變④, 誅其君, 弔其民, 如時雨降。民大悅。書曰:'徯⑤我后, 后來其⑥無罰!' '有攸⑦不惟臣, 東征, 綏厥士女⑧, 匪厥玄黃, 紹我周王見休⑨, 惟臣附于大邑周。' 其君子實玄黃于匪以迎其君子, 其小人簞食壺漿以迎其小人; 救民於水火之中, 取其殘而已矣。太誓曰:'我武惟揚, 侵于⑩之疆, 則取于⑩殘, 殺伐用張, 于湯有光。' 不行王

政云爾；荀行王政，四海之內皆擧首而望之，欲以爲君；齊
楚雖大，何畏焉？"

〈注〉
① 放(방) : 방종무도하다(放縱無道 — 趙岐).
② 仇餉(구향) :   仇；원수. 餉；점심. 즉, 점심밥을 나르던 사람들
   과 원수가 되었다는 뜻.
③ 載(재) : 시작하다(始也. — 『毛詩傳』)
④ 芸者不變(운자불변) : 김매던 자가 쉬지 않다. 芸 : 김을 매다. 變 ;
   쉬다(休也 — 趙岐).
⑤ 徯(해) : 기다리다.
⑥ 其(기) : 시간부사. 멀지 않은 장래를 나타낸다
⑦ 有攸(유유) : 攸國. 종래는 攸를 '所'의 뜻으로 보고, "有所不惟
   (=爲)臣"(신종하기를 거부하는 자가 있어서)의 뜻으로 해석했으
   나, 甲骨文과 殷 후기의 金文에 攸國의 이름이 나온다(楊伯峻).
   有는 명사나 고유명사 또는 형용사 앞에 붙는 接頭詞. (예 : 有夏.
   有周 등).
⑧ 綏厥士女(수궐사녀) :   綏；편안하게 해 주다(安也). 그 나라의
   남녀들을 편안하게 해 주다(焦循).
⑨ 休(휴) : 아름답다(美也 — 朱子).   선하다(善也 — 趙岐)
⑩ 于(우) : 이 引用句의 두 '于'는 國名, 즉 邘國을 말한다.

6·6 나쁜 환경에서 한 사람의 선한 힘은 무력하다

맹자께서 송(宋) 나라의 대부 대불승(戴不勝)에게 말씀하셨다.
"당신은 당신의 왕이 선량해지기를 바랍니까? 내가 당신에게
분명히 말해 줄 게 있습니다. 가령 여기에 초 나라 대부가 있는
데, 자기 아들이 제 나라 말을 할 수 있기를 원한다면, 제 나라

사람을 선생으로 삼아 가르치겠습니까, 아니면 초 나라 사람을 선생으로 삼아 가르치겠습니까?"

 대불승 : "그야 물론 제 나라 사람을 선생으로 삼겠지요."

 맹자 : "제 나라 사람 혼자서 선생이 되어 제 나라 말을 가르치더라도, 수많은 초 나라 사람들이 그 옆에서 초 나라 말로 떠들어댄다면, 설령 매일 채찍으로 때려 가면서 제 나라 말을 쓰게 하더라도, 안 될 것입니다. 그러나 만약 그를 제 나라의 수도 임치(臨淄)의 장가(莊街)나 악리(嶽里)의 번화가로 데리고 가서 그곳에서 몇 년 동안 살게 한다면, 설령 그를 매일 채찍으로 때려 가면서 초 나라 말을 쓰게 하더라도, 역시 안 될 것입니다. [매일 듣는 말이 제 나라 말이기 때문이다.] 당신은 설거주(薛居州)가 좋은 선비라 해서 그를 왕궁에 들여 보내려 하지만, [그리하여 왕에게 좋은 영향을 주고자 하지만,] 만약 왕궁에 있는 사람들이 나이가 많은 사람이나 젊은 사람이나, 지위가 높은 사람이나 낮은 사람이나 모두 설거주와 같은 좋은 사람들이라면, 왕이 누구와 더불어 나쁜 일을 할 수 있겠습니까? 그러나 만약 왕궁에 있는 사람들이 나이가 많은 사람이나 젊은 사람이나, 지위가 높은 사람이나 낮은 사람이나 모두 설거주와 같은 좋은 사람들이 아니라면, 왕이 누구와 더불어 좋은 일을 하겠습니까? 설거주 한 사람의 힘으로 송 나라 왕을 어떻게 하겠습니까?"

 [告子 章에도 이와 같은 내용의 이야기가 있다. '단지 하루 동안만 햇볕에 쪼여 덥게 해 주고 열흘을 춥게 그늘에 둔다면 식물이 자라나지 못하듯이, 仁義를 권면하여 양심을 자라게 해 줄 신하가 적고, 불의와 부정을 가지고 양심을 시들어 버리게 만드는 신하들로 둘러싸여 있다면, 왕은 좋은 정치를 할 수 없게 된다는 것이다.]

> **6·6** 孟子謂戴不勝曰:"子欲子之王之善與? 我明告子。有楚大夫於此,欲其子之齊語也,則使齊人傅①諸? 使楚人傅諸?"
> 曰:"使齊人傅之。"
> 曰:"一齊人傅之,衆楚人咻②之,雖日撻而求其齊也,不可得矣;引而置之莊、嶽之間數年,雖日撻而求其楚,亦不可得矣。子謂薛居州,善士也,使之居於王所。在於王所者,長幼卑尊皆薛居州也,王誰與③爲不善? 在王所者,長幼卑尊皆非薛居州也,王誰與爲善? 一薛居州,獨如宋王何?"

〈注〉
① 傅(부) : 스승. 가르치다.
② 咻(휴) : 떠들다. 지껄이다.
③ 誰與(수여) : 與誰. 介詞의 賓語가 의문대사이므로 도치되었다.

6·7 먼저 찾아가 만나지 않는 이유

제자인 공손추(公孫丑)가 물었다. "선생님께서 제후들을 먼저 찾아보지 않는 것은 무슨 까닭입니까?"
맹자께서 말씀하셨다.
"옛날에는, 제후의 신하가 아닌 사람은 제후를 찾아가는 일이 없었다. [魏 나라의 고명한 선비였던] 단간목(段干木)은 [魏의 文侯가 그를 만나보려고 그의 집으로 찾아갔으나,] 담을 넘어 피해 버렸고, [魯 나라 사람인] 설유(泄柳)는 [魯의 繆公이 그의 집으로 찾아가서 그를 만나려 했으나,] 문을 닫아 걸어 집안으로 들어오지 못

하게 했다고 한다. 그렇게까지 한 것은 모두 너무 지나친 행동들
이었다. 일부러 찾아와 꼭 만나보고자 한다면 만나 줄 수도 있는
것이다.

　예전에 [魯 나라의 대부였던] 양화(陽貨)가 공자를 불러들여 만
나 보려 했으나, [공자를 불러들인다면] 무례하다는 소리를 듣게
될 것이 싫었다. [당시의 예절에 따르면,] 대부(大夫)의 신분에 있
는 사람이 사(士)의 신분에 있는 사람에게 선물을 보내면, 그가
집에 없어서 직접 받고 인사를 하지 못했을 때에는, 그 대부의 집
으로 찾아가서 고맙다는 인사를 해야 한다. [그 점을 이용하여,]
양화는 공자가 출타하고 없는 틈을 엿보아 공자께 삶은 돼지를 보
냈다. 공자께서도 역시 [만나보고 싶지 않았기 때문에,] 양화가 없
는 틈을 엿보아 찾아가 답례를 하였다. 이때 만약 양화가 [그런
술수를 쓰지 말고] 먼저 공자를 찾아갔었다면, 공자께선들 어찌 그
를 찾아뵙지 않았겠느냐? 증자(曾子)께서도 말씀하였다. '공손한
체하느라 어깨를 웅크리고 억지로 웃음짓는 짓은, 한 여름 뙤약볕
밑에서 밭을 매는 것보다 더 피곤하다.'라고. 그리고 자로(子路)
도 말했다. '뜻이 다른 사람과 더불어 마음에도 없는 말을 하고
있는 사람들의 얼굴을 보면, 창피해서 벌개져 있는데, 그런 사람
의 행동은 나로서는 이해할 수가 없다.'라고. 이로써 보면, 군자가
어떻게 자신의 품덕(品德)과 절조(節操)를 기르고 있는지 알 수
있다."

　6·7　公孫丑問曰:"不見諸侯何義?"
　孟子曰:"古者不爲臣不見。段干木踰垣而辟之, 泄柳閉門
而不納, 是皆已甚①; 迫②, 斯可以見矣。陽貨欲見③孔子而
惡無禮, 大夫有賜於士, 不得受於其家, 則往拜其門。陽貨矙
④孔子之亡也, 而饋孔子蒸豚; 孔子亦矙其亡也, 而往拜之。

當是時, 陽貨先, 豈得不見? 曾子曰: '脅肩諂笑, 病于夏畦⑤.' 子路曰: '未同而言, 觀其色 赧赧然⑥, 非由之所知也⑦.' 由是觀之, 則君子之所養, 可知已矣."

〈注〉
① 已甚(이심) : 너무 심하다(已, 以 ; 太也).
② 迫(박) : 절박하다. 절실하다.
③ 見(견) : 불러들여서 만나본다는 뜻.
④ 瞰(감) : 엿보다.
⑤ 病于夏畦(병우하휴) : 病 ; 피곤하다. 夏畦 ; 여름 밭두둑. 여기서는 뜨거운 햇볕 아래서 밭을 맨다는 뜻. 于 ; …보다(비교할 때 사용하는 助詞).
⑥ 赧赧然(난난연) : 창피해서 얼굴을 붉히는 모습(面赤, 心不正貌也 ─ 趙岐).
⑦ 非所知也(비소지야) : 매우 싫어한다는 뜻이다(甚惡之之辭也 ─ 朱子).

6·8 잘못은 당장에 고쳐야

송(宋) 나라의 대부인 대영지(戴盈之)가 말했다. "수확량의 10분의 1을 세금으로 징수하는 문제와, 관세 및 시장영업세를 폐지하는 문제는, 그것을 금년에 당장 시행하기는 곤란하므로, 먼저 그 세율을 경감해 주고, 내년에 가서 완전히 시행하려 하는데, 어떻겠습니까?"
맹자께서 말씀하셨다.
"만약 어떤 사람이 매일 이웃집 닭을 한 마리씩 훔치고 있는데, 누군가가 그 사람에게 말해 주었다 : '그것은 군자다운 행동이 아니다.'라고. 그러자 그가, '그러면 우선 그 훔치는 수를 줄여서 매월 닭 한 마리씩 하고, 내년에 가서 완전히 그만두겠습니다.'라고 말했다고 하자. —— 만약 그러한 행동이 옳지 않다는 것을 깨달았으면 재빨리 그만둘 일이지, 왜 내년까지 기다리겠다는 것인가?"

> **6·8** 戴盈之曰：“什一，去關市之征①，今茲②未能，請輕之，以待來年，然後已③，何如？”
> 孟子曰：“今有人日攘④其鄰之雞者，或告之曰：‘是非君子之道.’曰：‘請損之，月攘一雞，以待來年，然後已.’—— 如知其非義，斯速已矣，何待來年？”

〈注〉
① 關市之征(관시지정)：關門이나 市場에서 상인들로부터 세금을 징수하는 것.
② 今茲(금자)：今年(茲，年也 — 趙岐).
③ 已(이)：그만두다(止也).
④ 攘(양)：훔치다. 도둑질하다.

6·9 변론을 좋아하는 진짜 이유

제자인 공도자(公都子)가 물었다. "남들은 모두 말하기를, 선생님께서는 변론(辯論) 그 자체를 좋아한다고 합니다. 왜 그런 말들을 하는지 그 이유를 여쭈어 보고자 합니다."

맹자께서 말씀하셨다.

"내가 어찌 변론 그 자체를 좋아서 하는 것이겠느냐? 부득이해서 하는 것이지. 인류사회가 형성된 지는 이미 매우 오래 되었으나, 그동안 이 세상은 한 차례의 치세(治世)가 있은 다음에는 반드시 난세(亂世)가 왔다. [역사를 되돌아 보면,] 예전 요(堯) 임금 시대에는 물길이 막혀서 물이 역류하여, 도처에 강물이 넘쳐 흐르고, 땅 위에는 뱀과 용이 우글거려서 인간이 안심하고 정착하여 살만한 곳이 없었다. 낮은 지대의 사람들은 나무 위에다 새처럼 둥우리를 지어 그 안에서 살았고, 높은 지대의 사람들은 굴을 파서 그 안에서 사는 형편이었다. 『서경』에는, '홍수(洚水)가 나에게 경고를 주도다.'라는 말이 있다. 홍수(洚水)라는 것은 곧 큰 물[洪水]을 말한다. [요 임금은 항상 홍수의 위협을 염두에 두고 그것을 경계하면서 정치를 하였다는 뜻이다. 이상이 한 차례의 혼란에 속한다. (一亂).]

그래서 요 임금은 우(禹)에게 명령하여 홍수를 다스리도록 하였다. 우는 물길을 소통시켜 큰 물을 모두 바다로 흘러 들어가게 하였으며, 뱀과 용들을 푸서리로 쫓아내 버렸다. 물은 양쪽 둑 사이의 하상(河床)을 따라 흘러가게 되었으니, 장강(長江), 회하(淮河), 황하(黃河), 한수(漢水)가 그렇게 해서 생겨났다. 물의 범람이 없어지고, 새와 짐승이 사람을 해치는 일이 없어진 뒤에야 사람들은 평지에서 살 수 있게 되었다. [이상이 한 차례 다스려진 일이다. (一治)]

요 임금과 순 임금이 돌아가시자 성인의 도가 점차 쇠미해지고, 포악한 임금이 잇따라 나타났으며, 그들은 [자신만의 쾌락을 위하여] 민가(民家)를 허물어 버리고 그 자리에 물고기를 기르는 큰 못을 팠으므로, 백성들은 편히 쉴 곳이 없어졌고, 논밭을 파괴하여 정원이나 수렵장을 만들었으므로, 백성들은 의식(衣食)을 얻을 수 없게 되었다. [그리하여 민심이 흉흉해지니,] 온갖 허황된 주장들과 잔학한 행위들이 잇따라 일어났으며, 정원이나 수렵장, 못과 푸서리가 많아지자 다시 새와 짐승들이 들끓게 되었다. 그리하여 은 나라 주왕(紂王)의 시대에 이르러선 천하가 다시 크게 혼란해졌다. [一亂].

　그때 주공이 무왕을 도와서 은 나라 주왕을 죽이고, 포악한 정치를 하던 엄국(奄國)을 토벌하여, 3년 후에는 그 임금까지 죽이고, [주왕이 총애하던] 신하 비렴(飛廉)을 바닷가까지 몰아내어 죽이니, 멸망한 나라가 오십이나 되었으며, 호랑이, 표범, 물소, 코끼리 등의 맹수를 몰아내어 먼 곳으로 쫓아 버리니, 온 천하의 백성들이 크게 기뻐하였다. 『서경』(尙書·君牙)에서 말하기를, '빛나도다, 문왕의 계략이여! 위대하도다, 무왕의 이어 가신 공적이여! 우리 후손들을 도와 주고 깨우쳐 주사, 우리 모두 어그러지는 일 없게 하셨네.'라고 하였다. [一治].

　그런데 주 왕조의 태평시대와 인의(仁義)의 도가 또다시 쇠미해지니, 온갖 사악한 주장들과 잔학한 행위들이 또다시 일어나, 신하로서 그 임금을 죽이는 자가 생겨나고, 자식으로서 그 부모를 죽이는 자가 생겨났다. 공자께서 세상이 험악해져 가는 것을 깊이 염려하시어 『춘추(春秋)』라는 역사책을 쓰셨다. [그러나, 여러 제후들과 왕들의 행적을 기록하고, 그것에 대한 잘잘못을 평가내리는] 역사(歷史)를 기술하는 일은 원래 천자의 권한에 속하는 일이다. [그런데 공자께서 그것을 하셨던 것이다.] 그래서 공자께서 말씀하셨다. '나를 이해해 주는 사람이 있다면, 그것은 아마도 『춘추』 때문일 것이고, 나를 책망하는 사람이 있다면, 그것도 아마 『춘추』 때문일 것이다.'라고.

　[그러면 그 이후의 시대는 어떠했던가?] 성왕(聖王)은 더 이상 나타나지 않고, [천자의 권위가 미약해져 감으로써,] 제후들은 방자해져서 못하는 짓이 없고, 민간의 일반 학자들은 무책임한 말들을 마구 지껄여대는데, [陽朱와 墨翟의 학설이 그 대표적인 것으로,] 양주와 묵적의 학설을 추종하는 자들이 천하에 가득 차서 모든 주장들은 양주의 설에 속하지 않으면 묵적의 설에 속하는 그런 상황까

지 되었다. 양주의 주장은 자기 자신을 제일로 생각하니[爲我], 그들의 눈에는 임금도 보이지 않고, 묵적의 학설은 천하의 모든 사람들을 똑 같이 사랑한다고 하니[兼愛], 그들에게는 부모도 없다. 이처럼 부모도 안중에 없고 임금도 안중에 없으니, 그것은 결국 인간이 아니라 금수인 것이다.

옛날 [魯 나라의 현자였던] 공명의(公明儀)는 말했다. '임금의 주방에는 살찐 고기가 있고, 마굿간에는 살찐 말이 있건만, 백성들은 굶주린 기색이 완연하고, 들에는 굶어 죽은 시체가 딩굴고 있다면, 이것은 짐승을 몰고 가서 사람을 잡아 먹게 하는 것과 같다.'라고. 양주·묵적의 학설이 사라지지 않는다면 공자의 옳바른 도(道)가 세상에 드러나지 못할 것이고, 그렇게 되면 그릇된 학설들이 백성들을 속이고, 인의(仁義)가 행하여질 길을 막아 버릴 것이다. 인의가 행하여질 길이 막혀 버려 인의가 행하여지지 못하게 되는 것은 곧 짐승을 몰아다가 사람을 잡아 먹게 하는 것과 다름 없으니, 앞으로는 사람이 사람을 잡아 먹는 일까지 일어날 것이다. 나는 세상이 이렇게 될까 두려워, 옛 성인의 도(道)를 지키고, 양주와 묵적의 잘못된 학설을 막아내고, 허황된 주장들을 추방함으로써, 사설(邪說)을 퍼뜨리는 자들이 나타나지 못하게 하려는 것이다. 저런 허황된 말들이 사람들의 마음 속에서 일어나면, 그 하는 일에 해를 끼칠 수 있다. 그 하는 일이 해를 받으면 정치까지도 해를 받게 된다. [그러므로 잘못된 생각이나 학설이 확산되지 못하도록 막는 일은 매우 중대한 일이다.] 성인께서 다시 태어난다고 해도 나의 이 말에 동의하실 것이다.

예전에 우(禹) 임금께서 홍수를 다스리자 천하는 평온해졌으며, 주공께서 동쪽과 북쪽의 오랑캐를 쳐서 합치고, 맹수들을 몰아내자 비로소 백성들은 편안해졌으며, 공자께서 『춘추』를 지으시자 반란을 일으키는 신하들과 부모에게 불효한 자식들이 비로소 두려

위하게 되었다. 『시경』에서도 말했다.
　'서북의 오랑캐를 무찌르고
　남쪽의 오랑캐(荊舒)를 응징하자
　감히 우리에게 대적하는 자 아무도 없네'
라고. [양주나 묵적처럼] 임금도 부모도 안중에 없는 그런 자들은 주공께서도 응징하셨다. 나 역시 인심을 바로잡고, 사설(邪說)을 사라지게 하고, 한쪽으로 치우친 행위들을 막고, 사람의 마음을 어지럽히는 허황된 말들을 추방해서, [禹 임금과 周公, 孔子] 세 분 성인의 사업을 이어받으려 하는 것일 뿐, 내가 어찌 변론 그 자체가 좋아서 하고 있겠느냐? 부득이해서 하는 것이다. [나뿐만 아니라,] 말로써 양주나 묵적의 학설을 막아낼 수 있는 사람이면 그 누구나 성인의 제자가 될 것이다."

　[맹자의 시대가 儒家思想의 확립에 있어서 얼마만큼 어려운 시대였는지, 그리고 그 가운데서 맹자가 자기의 召命을 어떻게 자각하고 있었는지를 말해 주는 글이다. 시대의 변천을 一治一亂의 역사로 서술하고 있는 점도 주목할 만하다. 양주·묵적의 사상을 막고, 세 성인을 계승하여 仁義의 道를 선양하겠다는 悲願을 맹자는 웅변으로 말하고 있다. 자신에게 부여된 역사적인 사명을 어떻게든 수행해 보겠다는 결연한 각오가 잘 드러나고 있는 글이다.]

6·9 公都子曰:"外人皆稱夫子好辯, 敢問何也?"
　孟子曰:"予豈好辯哉? 予不得已也。天下之生久矣, 一治一亂。當堯之時, 水逆行, 氾濫於中國, 蛇龍居之, 民無所定；下①者爲巢, 上①者爲營窟。書曰:'洚水警余。'洚水者, 洪水也。使禹治之。禹掘地而注之海, 驅蛇龍而放之菹②；水由地中③行, 江、淮、河、漢是也。險阻④既遠, 鳥獸之害人者消, 然後人得平土而居之。

堯舜旣沒, 聖人之道衰, 暴君代作⑤, 壞宮室以爲汙池, 民無所安息；棄田以爲園囿, 使民不得衣食。邪說暴行又作, 園囿、汙池、沛澤多而禽獸至。及紂之身, 天下又大亂。周公相武王誅紂, 伐奄三年討其君, 驅飛廉於海隅而戮之, 滅國者五十, 驅虎、豹、犀、象而遠之, 天下大悅。書曰：'丕顯哉, 文王謨⑥！丕承⑦哉, 武王烈⑧！佑啓我後人, 咸以正無缺。'

世衰道微, 邪說暴行有⑨作, 臣弒其君者有之, 子弒其父者有之。孔子懼, 作春秋。春秋, 天子之事也；是故孔子曰：'知我者⑩其惟春秋乎！罪我者⑩其惟春秋乎！'

聖王不作, 諸侯放恣, 處士⑪橫議, 楊朱、墨翟之言盈天下。天下之言不歸楊, 則歸墨。楊氏爲我, 是無君也；墨氏兼愛, 是無父也。無父無君, 是禽獸也。公明儀曰：'庖有肥肉, 廐有肥馬；民有飢色, 野有餓莩, 此率獸而食人也。'楊墨之道不息, 孔子之道不著, 是邪說誣民, 充塞仁義也。仁義充塞, 則率獸食人, 人將相食。吾爲此懼, 閑⑫先聖之道, 距楊墨, 放淫辭, 邪說者不得作。作於其心, 害於其事；作於其事, 害於其政。聖人復起, 不易吾言矣。

昔者禹抑洪水而天下平, 周公兼⑬夷狄, 驅猛獸而百姓寧, 孔子成春秋而亂臣賊子懼。詩云：'戎狄是膺, 荊舒是懲, 則莫我敢承⑭。'無父無君, 是周公所膺也。我亦欲正人心, 息邪說, 距詖行, 放淫辭, 以承三聖者；豈好辯哉？予不得已也。能言距楊墨者, 聖人之徒也。"

〈注〉
①下, 上(하, 상)：下；낮은 지대. 上；높은 지대.

② 之菹(지자) : 之 ; 여기서는 諸(之於)의 뜻으로 사용되었다. 앞의 注之海도 同. 菹 ; 풀이 무성한 늪. 푸서리.
③ 地中(지중) : 양쪽 언덕 사이에 있는 땅.
④ 險阻(험조) : 험준함. 여기서는 홍수의 범람을 말한다.
⑤ 代作(대작) : 교대로 일어나다. 하나로 그치지 않다(更代而作, 非一君也 ― 焦循).
⑥ 謨(모) : 꾀. 모략(謀也 ―『爾雅』).
⑦ 丕顯, 丕承(비현, 비승) : 丕 ; 句의 첫머리에 사용되는 무의미한 發聲詞(王引之·焦循). 그런데 이것을 후에 와서는 크다(大)는 뜻으로 해석하기도 하였다(趙岐·朱子). 顯 ; 밝다(明也). 承 ; 잇다(續也).
⑧ 烈(렬) : 공적. 빛나다(光), 태우다(燒)는 뜻이 있다.
⑨ 有(우) : 또다시(又).
⑩ 知我者, 罪我者(지아자, 죄아자) : 孔子가『春秋』를 지어서 선악·시비의 기준을 제시할 수 밖에 없었던 시대적 상황 및 후세를 염려하는 孔子의 마음을 이해해 주는 사람과, 孔子가 천자만이 갖고 있는 역사 기술의 권한을 무시하고 사사로이 역사를 기술하였다고 그를 비난하는 사람.
⑪ 處士(처사) : 관직에 있지 않은 士(不官朝而居家者也 ―『漢書』).
⑫ 閑(한) : 지키다. 방어하다(衛也 ― 朱子).
⑬ 兼(겸) : 병합하다(幷之也 ― 朱子)
⑭ 承(승) : 막다. 대적하다(當也 ― 朱子).

6·10 진중자(陳仲子)의 청렴

[제 나라 사람인] 광장(匡章)이 말했다. "진중자(陳仲子)야 말로 어찌 참으로 청렴한 인물이 아니겠습니까? [명문가 출신이면서도,] 그는 오릉(於陵) 지방에 살면서, 곤궁하여 사흘이나 굶어서 귀도 들리지 않고 눈도 잘 보이지 않았습니다. 마침 우물 옆에 오

얏나무가 있었는데, 그 밑에 굼벵이가 절반 이상이나 파 먹다 남은 열매가 떨어져 있었습니다. 걸을 수도 없어 엉금엉금 기어가서 그것을 주워 먹었는데, 세 입 깨물어 삼키고 난 뒤에야 겨우 귀도 들리고 눈도 보였다고 합니다."

　맹자께서 말씀하셨다. "제 나라 인물 가운데서는, 나도 중자가 틀림없이 엄지 손가락에 해당하는 제일 훌륭한 인물이라고 생각하고 있다. 그러나, 중자를 어찌 청렴하다고 할 수 있겠는가? 중자의 그러한 지조(持操)를 확충시켜 나가려면 사람들이 지렁이로 변해야만 가능할 것이다. 지렁이는 땅 위에서는 마른 흙을 먹고, 땅 속에서는 샘물을 먹고 살아간다. [사람은 그렇게는 살아갈 수 없으므로, 그런 종류의 청렴을 사람에게 요구해서는 안 된다. 중자조차도 그렇게는 할 수 없었다.] 중자가 살고 있는 집은 백이(伯夷)같이 청렴결백한 사람이 지은 것인가, 아니면 도척(盜跖)같은 강도가 지은 것인가? 또 그가 평소에 먹는 곡식은 백이같이 청렴결백한 사람이 농사지은 것인가, 아니면 도척같은 강도가 농사지은 것인가? 그것은 알 수 없는 것이다."[도척같은 강도가 지었을지도 모르는 집에 살면서, 도척같은 강도가 농사지었을지도 모르는 곡식을 먹으면서 살아갈 수밖에 없는 것이 인간이다.]

　광장: "그것이 무슨 상관입니까? 그 사람 자신이 몸소 짚신을 삼고, 그 아내는 길쌈을 해서 바꾼 것들인데요."

　맹자: "중자는 제 나라에서 대대로 벼슬을 한 명문가 출신으로, [대대로 물려받은 祿田도 있다.] 그의 형 대(戴)는 개(蓋) 땅에서 만종이나 되는 봉록을 얻고 있다. 그런데 중자는 형의 녹(祿)을 불의(不義)한 녹이라 여겨서 그것을 먹으려 하지 않고, 형의 집을 불의한 집이라 생각해서 거기서 살지 않고, 형을 피하여 모친을 떠나 오릉에서 살고 있다. [이것은 人倫을 저버린 행동이다.] 어느 날 형의 집에 돌아가 보니, 마침 형에게 살아 있는 거위를

선물로 보낸 사람이 있었는데, 그는 얼굴을 찡그리면서 말했다. '이 꽥꽥거리는 놈을 도대체 어디에 쓰자는 건가?'라고. 다른 날 그의 모친이 그 거위를 잡아서 요리를 만들어 주었다. [먹고 있는 도중에,] 마침 그의 형이 밖에서 돌아와서는 말했다. '이것은 바로 그 꽥꽥거리는 놈의 고기가 아닌가?'라고. 그러자 중자는 밖으로 뛰어나가 먹은 것을 토해 내고 말았다. 어머니가 해 주는 음식은 먹지 않고, 아내가 해 주는 음식은 먹으며…, 또 형의 집은 불의한 집이라고 해서 살지 않으면서, 오릉의 집은 [누가 지은 것인지도 모르면서] 살고 있으니, 이렇게 하고서도 과연 청렴한 뜻을 끝까지 충족시켜 나갈 수 있겠는가? 중자의 그러한 지조는, 만약 그것을 끝까지 충족시켜 나가려면, 지렁이로 변해야만 가능할 것이다."

6·10 匡章曰:"陳仲子豈不誠廉士哉? 居於陵, 三日不食, 耳無聞, 目無見也。井上有李, 螬①食實者過半矣, 匍匐往, 將食②之; 三咽③, 然後耳有聞, 目有見。"

孟子曰:"於齊國之士, 吾必以仲子爲巨擘④焉。雖然, 仲子惡能廉? 充仲子之操, 則蚓⑤而後可者也。夫蚓, 上食槁壤, 下飮黃泉⑥。仲子所居之室, 伯夷之所築與? 抑亦盜跖⑦之所築與? 所食之粟, 伯夷之所樹與? 抑亦盜跖之所樹與? 是未可知也。"

曰:"是何傷哉? 彼身織屨, 妻辟纑⑧, 以易之也。"

曰:"仲子, 齊之世家也; 兄戴, 蓋祿萬鍾; 以兄之祿爲不義之祿而不食也, 以兄之室爲不義之室而不居也, 辟兄離母, 處於於陵。他日歸, 則有饋其兄生鵝者, 己頻顣⑨曰:'惡用是鶂鶂⑩者爲哉⑪?'他日, 其母殺是鵝也, 與之食之。其兄自外至, 曰:'是鵝鵝之肉也.'出而哇之。以母則不食, 以妻則食之 ; 以兄之室則弗居, 以於陵則居之, 是尙爲能充其類⑫也乎? 若仲子者, 蚓而後充其操者也."

〈注〉
① 蠐(조) : 굼벵이.
② 將食(장식) : 집어 먹다. (將 ; 資也. 持也)
③ 咽(연) : 삼키다. 목구멍이란 뜻일 때는 음이 (인).
④ 巨擘(거벽) : 엄지 손가락(巨指).
⑤ 蚓(인) : 지렁이.
⑥ 黃泉(황천) : 지하의 샘(地中之泉, 故曰黃泉 ― 杜預).
⑦ 盜跖(도척) : 춘추시대에 유명하였던 大盜. 柳下惠의 동생이었다고 함.
⑧ 辟纑(벽로) : 辟 ; 삼베 실을 잣는 것. 纑 ; 삼베 실을 잿물에 담갔다가 솥에 삶은 것. 즉, 표백이나 정제 과정을 거친 것.
⑨ 頻顣(빈축) : 얼굴을 찡그리다(顰蹙과 同).
⑩ 鵝鵝(예예) : 거위가 우는 소리. 꽥꽥.
⑪ 爲哉(위재) : 語氣助詞를 連用한 것으로서, 反問의 語氣를 강하게 한다
⑫ 充其類(충기류) : 그가 품고 있는 종류의 지조나 절조를 끝까지 충족시키다(朱子).

7.
이離루婁上

7·1 나라 망하는 가장 빠른 방법

맹자께서 말씀하셨다.

"[옛날 黃帝 때 사람으로 100보 밖에서도 새털의 가는 끝을 볼 수 있을 정도로 시력이 좋았다는] 이루(離婁)의 시력과 [옛날 魯 나라의 뛰어난 기술자였던] 공수자(公輸子)의 손재주를 가졌더라도, 콤파스나 삼각자를 사용하지 않는다면 네모와 원을 정확하게 그릴 수 없고, [晉 나라의 유명한 음악가였던] 사광(師曠)처럼 음에 민감한 귀를 가졌더라도, 육율(六律)을 사용하지 않고는 오음(五音)을 바로잡을 수 없으며, 요·순의 도(道)를 알고 있는 사람이라도, 인정(仁政)을 베풀지 않는다면 천하를 제대로 다스릴 수 없다. 지금 제후들 가운데는 인자한 마음씨를 갖고 있고, 인자하다는 평판이 나 있는 사람도 있지만, 백성들이 그 은혜를 입지 못하고 그의 정치도 후세에 모범이 될 수 없는 것은, 옛 성왕의 도(道)를 실행하지 않기 때문이다. 그래서, 단지 착한 마음씨만 가지고는 좋은 정치를 하기에 부족하며, 단지 좋은 법만 가지고는 되지 않는다고 했다. [착한 마음씨와 좋은 법이 함께 있어야 한다.] 『시경』(大雅·假樂)에서도 말했다.

'과오를 범하지도 않고
잊지도 않고
모든 것을 옛 법도대로 따른다'

라고. 옛 성왕의 도를 따르고서도 과오를 범한 사람은 있은 적이 없다. 성인들께서는 자신의 그 뛰어난 시력을 한껏 다 발휘하고도 이어서 콤파스·삼각자·수준기·먹줄을 사용해서 네모나고, 둥글고, 평평하고, 곧은 온갖 기물(器物)들을 만들었기 때문에, 그것들이 다 쓸 수 없을 만큼 많아진 것이다. 또 성인들께서는 그 뛰어난 청력을 한껏 다 발휘하고도 이어서 육율(六律)을 사용해서 오음(五音)을 바로잡아 놓았기 때문에, 온갖 소리를 무궁무진하게 낼 수 있게 된 것이다. 그리고 또 성인들께서는 그 뛰어난 머리로 깊이 생각하고서도 이어서 어진 정치를 하였기 때문에, 인의(仁義)의 덕이 온 천하를 덮게 된 것이다. 그래서 '높은 대를 쌓으려면 반드시 언덕을 이용해야 하고, 깊은 못을 파려면 반드시 소택지(沼澤地)를 이용해야 한다.'고 말한 것이니, 만약 정치를 하는 데 있어서 옛 성왕의 도를 이용하지 않는다면, 지혜롭다고 할 수 있겠는가?

그렇기 때문에 어진 사람만이 높은 지위에 있어야 한다. 어질지 않은 자가 높은 지위에 있게 되면, 그 죄악이 많은 사람들에게 전파된다. 위에 있는 자가 도덕규범이 없으니, [도덕성과 정의의 관념이 부족하니,] 아래에 있는 자들은 법과 제도를 지키지 않고, 조정에 있는 자들이 도덕을 믿지 않으니, 아래의 관리들은 법조차 믿지 않고, 관리들이 도의를 무시하니, 백성들은 법을 무시한다. 이렇게 되고서도 나라가 혹시 망하지 않고 그대로 남아 있다면, 그것은 정말 요행일 따름이다. 그래서, 성벽(城壁)이 견고하지 못하고 군비가 불충분한 것은 국가의 재난(災難)이 아니며, 전지(田地)가 개간되지 않고 재물이 쌓이지 않는 것은 국가의 재해(災害)가 아니라고 하였다. 위에 있는 자가 예의를 모르고, 아래에 있는 자가 법도를 배우지 않으며, 백성을 해치는 자들이 일어나게 된다면, 나라는 하루 아침에도 망해 버릴 수 있다. 『시경』(大雅·板)에서도 말했다.

'하늘이 뒤집히려 하는데
　[천명을 다른 왕조로 옮기려 하는데]
　그처럼 수다만 떨고 있지 말지어다'

라고. 수다를 떤다는 것은 곧 말장난만 하고 있다는 뜻이다. 임금을 섬기는 데 정의[義]가 없고, 관직에 나아가고 물러나는 데 예의[禮]가 없으며, 말끝마다 성왕의 도를 [비현실적이라고] 헐뜯는 것은 곧 밀장난만 하고 있는 것과 같다. 그리므로, 어려운 일[仁政]을 실천하도록 임금에게 요구하는 것이 참으로 공손한 것[恭]이고, 임금에게 인의(仁義)를 설명해 주고 사설(邪說)을 막아주는 것이 참으로 임금을 공경하는 것[敬]이며, 자기 임금은 도저히 선(善)을 행할 능력이 없다고 말하는 것은 곧 자기 임금을 해치는 것[賊]이다."

7·1 孟子曰:"離婁之明, 公輸子之巧, 不以規矩①, 不能成方員; 師曠之聰, 不以六律②, 不能正五音③; 堯舜之道, 不以仁政, 不能平治天下。今有仁心仁聞④而民不被其澤, 不可法於後世者, 不行先王之道也。故曰, 徒⑤善不足以爲政, 徒法不能以自行。詩云, '不愆不忘, 率由舊章⑥。' 遵先王之法而過者, 未之有也。聖人旣竭目力焉, 繼之以規矩準繩⑦, 以爲方員平直, 不可勝用也; 旣竭耳力焉, 繼之以六律正五音, 不可勝用也; 旣竭心思焉, 繼之以不忍人之政, 而仁覆天下矣。故曰, 爲高必因丘陵, 爲下必因川澤; 爲政不因先王之道, 可謂智乎?

是以惟仁者宜在高位。 不仁而在高位, 是播其惡於衆也。上無道揆⑧也, 下無法守⑧也, 朝不信道, 工不信度⑨, 君子犯義, 小人犯刑, 國之所⑩存者幸也。故曰, 城郭不完, 兵甲不多, 非國之災也; 田野不辟⑪, 貨財不聚, 非國之害也。上無禮, 不無學, 賊民興, 喪無日矣。

詩曰: '天之方蹶⑫, 無然泄泄⑬。' 泄泄猶沓沓⑬也。事君無

義, 進退無禮, 言則非⑭先王之道者, 猶沓沓也。故曰, 責難
於君謂之恭, 陳善閉邪謂之敬, 吾君不能謂之賊。"

〈注〉
① 規矩(규구) : 規;원을 그리는 기구. 矩;네모를 그리는 기구.
② 六律(육률) : 樂律을 조정하기 위하여 대나무로 만든 피리 모양의 기구. 樂律에는 12가지가 있는데, 이것을 陰聲과 陽聲으로 나누어, 陽聲을 六律, 陰聲을 六呂라 한다. 서양 음악의 半音을 포함한 音階에 해당한다. (六律 : 황종(黃鍾), 대주(大簇), 고선(姑洗), 유빈(蕤賓), 이칙(夷則), 무역(無射)).
③ 五音(오음) : 五聲이라고도 한다. 궁(宮), 상(商), 각(角), 치(徵), 우(羽)의 다섯 음으로, 원래는 音階를 가리켰다. 뒤에 가서 변치(變徵), 변궁(變宮)을 보태어 七音으로 만들었는데, 서양 음악의 도·래·미·파·솔·라·시의 七音과 같다.
④ 仁聞(인문) : 인자하다는 평판. 소문.
⑤ 徒(도) : 단지(但也―趙岐). 공연히(空也―朱子).
⑥ 不愆不忘, 率由舊章(불건불망, 솔유구장) : 愆;과오(過). 率;따르다(循). 舊章;옛 성왕들의 법도(典法也―朱子).
⑦ 準繩(준승) : 準;수평을 재는 기구(수준기). 繩;직선을 치는 기구(먹줄).
⑧ 上無道揆, 下無法守(상무도규, 하무법수) : 趙岐는, 道를 '術'(기술·도술), 揆를 '度'(헤아리다)의 뜻으로 보고, '君王은 天意를 헤아릴 기술(道術)이 없고, 신하들은 자신의 직분을 지켜 윗사람의 命을 받들 法度가 없다.'고 해석하였다. 朱子는, 道를 '義理', '揆'를 '度'(헤아리다)의 뜻으로 보고, '위에서는 義理로써 事物을 헤아려 마땅히 따라야 할 규준을 제정해 놓지 않고, 아래에서는 스스로 지켜 나갈 법이나 제도가 없다.'라고 해석했다. 楊伯峻은, '道揆'를 도덕규범, '法守'를 법을 지켜 나가는 것이라고 해석하고 있다.
⑨ 工不信度(공불신도) : 工과 度를 어떻게 풀이하느냐에 따라 해석

이 두 가지로 갈라진다. 朱子는, 工을 官, 度를 法으로 해석하여, '관원들은 法을 믿지 않는다.'라고 해석하였고, 趙岐는, 工을 工匠, 度를 度量衡으로 해석하여, '工匠들은 도량형조차 믿지 않는다.'라고 해석하였다.

⑩ 所(소) : 假設連詞. 만약. 혹시(猶若也, 或也 ― 王引之).
⑪ 辟(벽) : 개간하다(闢과 同).
⑫ 方蹶(방궐) : 方 ; 장차, 곧(時間副詞). 蹶 ; 무너지다. 전복되다.
⑬ 泄泄, 沓沓(예예, 답답) : 한가하게 수다를 떨거나 쓸데없이 말만 많이 하는 모습.
⑭ 非(비) : 비방하다. 헐뜯다.

7·2 요·순을 본받아야 한다

맹자께서 말씀하셨다.

"콤파스와 삼각자는 네모와 원형의 표준이고, 성인은 인륜(人倫)의 표준이다. 임금이 되려면 임금으로서의 도리를 다 해야 하고, 신하가 되려면 신하로서의 도리를 다 해야 한다. 이 두 가지는 모두 요·순(堯舜)만 본받으면 된다. 순(舜)이 요(堯) 임금을 섬기던 태도와 방법으로써 자기 임금을 섬기지 않는 자는 자기 임금을 공경하지 않는 자이며, 요 임금이 백성을 다스리던 태도와 방법으로써 자기 백성을 다스리지 않는 자는 백성을 해치는 자이다. 공자께서는 말씀하셨다. '나라를 다스리는 방법에는 두 가지가 있나니, 인정(仁政)을 행하는 것과 인정을 행하지 않는 것이 있을 따름이다.'라고. 임금으로서 백성을 괴롭히고 학대함이 심할 경우에는, 자기 자신은 죽임을 당하고 나라는 멸망하게 되고, 그렇게 심하지 않을 경우에도, 자신은 위험에 빠지고 국력은 쇠약해지며, 죽은 후에는 유(幽), 려(厲)라는 악명높은 시호(諡號)가 붙게 되는

데, [일단 그런 시호가 붙여지면,] 제아무리 효성이 지극한 자손이 나오고 백 세대의 세월이 지나도 그것을 고칠 수 없다. 그래서 『시경』(大雅·蕩)에서도 말했다.

   '은(殷) 왕조의 거울은 멀리 있지 않으니

   그것은 곧 바로 앞의 하(夏) 왕조이네'

라고. 이는 곧 전대(前代)의 역사를 거울삼아 잘못을 되풀이하지 말라는 뜻이다."

   [聖人은 본받을 표준으로 삼고, 惡人은 스스로를 경계할 거울로 삼으라는 것이다.]

7·2 孟子曰:"規矩, 方員之至①也; 聖人, 人倫之至①也。欲爲君, 盡君道; 欲爲臣, 盡臣道。二者皆法堯舜而已矣。不以舜之所以事堯事君, 不敬其君者也; 不以堯之所以治民治民, 賊其民者也。孔子曰:'道二, 仁與不仁而已矣。' 暴其民甚, 則身弑國亡; 不甚, 則身危國削, 名之曰, '幽' '厲'②, 雖孝子慈孫, 百世不能改也。詩云:'殷鑒③不遠, 在夏后之世。' 此之謂也。"

〈注〉

① 至(지): 지극한 것(極也 ― 趙岐). 즉, 표준이 되는 것.

② 幽, 厲(유, 려): 幽;어둡다(暗)는 뜻. 厲; 포악하다(虐)는 뜻. 둘 다 나쁜 임금에게만 붙여지는 諡號이다.(『逸周書』「諡法解」에 의하면, "…壅遏不通曰幽, 動祭亂常曰幽, 殺戮無辜曰厲"라 하였다).

③ 殷鑒(은감): 殷의 거울. 殷 나라가 스스로를 비추어 보고 경계해야 할 거울이란 뜻. 고대에는 거울을 구리(銅)로 만들었다.

7·3 취하기는 싫어하면서 폭음하는 짓

맹자께서 말씀하셨다.

"하(夏)·은(殷)·주(周) 삼대가 천하를 얻은 것은 처음에 인정(仁政)을 베풀었기 때문이며, 그들이 천하를 잃은 것은 나중에 인정을 베풀지 않았기 때문이다. 한 나라가 흥성하고 쇠퇴하며, 존속하고 멸망하는 도리도 이와 마찬가지다. 만약에 천자가 어질지 않으면 천하를 보존할 수 없고, 제후가 어질지 않으면 나라를 보존할 수 없고, 경대부(卿大夫)들이 어질지 않으면 그 봉지를 보존할 수 없고, 선비와 일반 백성들이 어질지 않으면 자기 한 몸조차 보존할 수 없다. 만약 죽기는 싫어하면서도 어질지 않은 짓을 즐겨 한다면, 그것은 마치 취하기는 싫어하면서도 무리하게 술을 마시는 것과 같다."

> **7·3** 孟子曰:"三代之得天下也以仁, 其失天下也以不仁。國之所以廢興存亡者亦然。天子不仁, 不保四海；諸侯不仁, 不保社稷①；卿大夫不仁, 不保宗廟②；士庶人不仁, 不保四體。今惡死亡而樂不仁, 是猶惡醉而強酒③。"

〈注〉

① 社稷(사직) : 社；土地를 주관하는 神. 稷；곡물을 주관하는 神. 나라에서는 반드시 이 두 神에게 제사지내므로, 社稷은 곧 國家라는 뜻도 된다. 天子도 이 두 神에게 제사지내지만, 天子의 특권이자 의무는 祭天祭地의 의식이므로, 社稷은 곧 諸侯의 나라를 의미한다.

② 宗廟(종묘) : 祖上을 제사지내는 사당. 天子와 諸侯에게도 宗廟가

있지만, 卿大夫에게 있어서 가장 중요한 것은 종묘이고, 종묘는 또한 采邑(封地)이 있어야만 둘 수 있으므로, 여기서는 卿大夫의 封地를 의미한다.

③ 强酒(강주) : 强;무리하게. 억지로(副詞). 酒;술마시다(動詞).

7·4 잘못된 원인을 자신에게서 찾아라

맹자께서 말씀하셨다.

"나는 상대를 사랑하는데, 상대가 나를 친근하게 대해 주지 않을 때에는, 나의 사랑하는 마음이 부족하지 않았는지 반성한다. 내가 다른 사람을 관리하는데, 관리가 제대로 되지 않을 때에는, 나의 지혜가 부족하지 않았는지 반성한다. 나는 다른 사람을 예를 갖추어 깍듯이 대우해 주었는데도, 상대는 나에게 그에 상응한 대우를 해 주지 않을 때에는, 나의 공경하는 마음이 부족하지 않았는지 반성한다. 어떠한 일을 하는데, 만약 기대했던 만큼의 효과를 보지 못했을 때에는, 스스로 반성하여 그 원인을 모두 자신에게서 찾아야 한다. 자기가 참으로 옳바르다면, 천하의 모든 사람들은 반드시 그에게로 돌아갈 것이다. 『시경』(大雅·文王)에서도 말했다.

'영원토록 하늘의 짝이 되니
스스로 많은 복 누리시도다'
라고."

7·4 孟子曰:"愛人不親, 反其仁①;治人不治, 反其智;禮人不答, 反其敬 —— 行有不得者皆反求諸己, 其身正而天下歸之。詩云:'永言配命, 自求多福。②'"

〈注〉
① 反其仁(반기인) : 反;반성한다. 其;자기(1인칭 代詞). 자기 자신이 仁하였는지 반성한다.
② 自求多福(자구다복) :공손추 上(3-4)에서 설명했다.

7·5 천하의 기초

맹자께서 말씀하셨다.
"사람들은 입버릇처럼 '천하국가'(天下國家)라고 말한다. 이로부터, 천하의 기초는 나라에 있고, 나라의 기초는 가정에 있고, 가정의 기초는 각 개인에게 있음을 알 수 있다."

[그 기초가 바르면 그 위의 것도 바로 세워지고, 그 기초가 기울어지면 그 위의 것도 무너진다. 修身, 齊家, 治國, 平天下는 유교적 修養의 기본원칙이 되고 있다.]

(7·5)　孟子曰:"人有恒言, 皆曰, '天下國家。'天下之本在國, 國之本在家①, 家之本在身。"

〈注〉
① 家(가) :『孟子』에서는 家가 보통 '大夫之家'에서의 家의 뜻으로 사용된다. (양혜왕 上(1-1)注, 참조). 그러나 이곳 및 『大學』에서의 修身, 齊家의 家는 일반적인 의미, 즉 집, 가정이란 뜻이다.

7·6 좋은 정치의 첫걸음

맹자께서 말씀하셨다.
"정치를 잘 하기가 결코 어려운 일이 아니니, 사람들이 존경하고 따르는 경대부(卿大夫)들로부터 분노를 사거나 원망들을 일만 하지 않으면 된다. 왜냐 하면, 그들이 사모(思慕)하는 것[善政]은 한 나라 안의 모든 백성들도 사모하는 것이고, 한 나라 안의 모든 백성들이 사모하는 것은 천하의 모든 사람들도 사모하는 것이니, 그렇게만 한다면 덕치와 교화(敎化)가 큰 물 흘러가듯 온 천하에 가득 차 넘쳐 흐를 것이다."

> **7·6** 孟子曰: "爲政不難, 不得罪①於巨室②。巨室之所慕③, 一國慕之; 一國之所慕, 天下慕之; 故沛然德敎溢乎四海。"

〈注〉
① 得罪(득죄) : 옳바로 다스리지 못함으로써 원한이나 분노를 사는 것을 말한다.
② 巨室(거실) : 대대로 내려오는 重臣(世臣大家). (巨室; 大家也. 謂賢卿大夫之家 — 趙岐).
③ 慕(모) : 고대하다. 사모하다(思也 — 趙岐).

7·7 지배당하기 싫으면 인의 덕을 닦아야 한다

맹자께서 말씀하셨다.

"천하가 바르게 다스려지고 있을 때에는, [德이 표준으로 되기 때문에,] 덕이 낮은 사람은 덕이 높은 사람의 부림을 받고, 별로 현능(賢能)하지 못한 사람은 매우 현능한 사람의 부림을 받는다. 그러나 천하가 어지러워 정도(正道)가 행해지지 않을 때에는, [힘이 표준으로 되기 때문에,] 역량이 작은 자는 역량이 큰 자의 지배를 받으며, 약한 자는 강한 자의 지배를 받는다. 이 두 가지는 하늘의 이치이다. 하늘의 이치를 따르는 자는 살아 남고[順天者存], 하늘의 이치를 거스르는 자는 멸망한다[逆天者亡]. 예전에 제(齊) 경공(景公)은, '다른 사람에게 명령할 처지도 못되면서 다른 사람의 명령에 따르지도 않는다면, 이것은 모두 인간관계를 단절하는 것이 된다.'고 말하고는, 눈물을 흘리면서, [야만국이지만 강대국이었던] 오(吳) 나라에 딸을 시집보내었다. [나라를 보존하기 위하여 하늘의 이치대로 따른 것이다.] 그런데 지금은 약소국가가 강대국을 본받으면서도 그 명령받는 것을 수치스럽게 생각하는데, 이것은 마치 제자가 스승으로부터 명령받는 것을 수치스럽게 생각하는 것과 같다. 만약에 그것을 수치스럽게 생각한다면, 문왕(文王)을 스승으로 받들어 [그의 어진 정치를] 배워야 한다. 문왕을 본받아 배운다면, 큰 나라는 오년, 작은 나라도 칠년이면 반드시 천하를 지배할 수 있게 될 것이다. 『시경』(人雅·文王)에서는 [殷 왕조가 天命에 따라 周 왕조에게 굴복했던 일을] 말하고 있다.

　　'은(殷) 나라 자손들
　　그 수가 십만도 넘었지만
　　하늘이 이미 문왕에게 뜻을 두시니
　　주 나라의 신하가 되었네
　　그들이 주 나라 신하가 된 것을 보면
　　하늘의 뜻이 무상함을 알겠네
　　은 나라의 선비들 잘 생기고 총명하나
　　주 나라 서울에서
　　종묘 제사 때 술 따르는 일 돕고 있네'

라고. 그리고 공자께서는 말씀하셨다. '인(仁)의 덕이 갖는 힘은 사람의 머리수로 따질 바가 아니다. 임금이 인(仁)을 좋아한다면 천하에 대적할 나라가 없다.'라고. 그런데 지금의 제후들은 천하무적이 되기를 바라면서도 인정(仁政)은 행하지 않고 있으니, 이것은 마치 뜨거운 물건을 손으로 잡으려 하면서도 먼저 물에 손을 적시지 않는 것과 같다. [큰 일을 이루려면, 그에 앞서 해야 할 일이 있다.] 『시경』(大雅·桑柔)에서도 말했다.

  '그 누가 먼저 물에 손을 적시지 않고서

  뜨거운 물건을 잡을 수 있겠느냐'

라고."

> **7·7** 孟子曰: "天下有道, 小德役大德①, 小賢役大賢; 天下無道, 小役大, 弱役强。斯二者, 天也。順天者存, 逆天者亡。齊景公曰: '旣不能令, 又不受命, 是絶物也。' 涕出而女②於吳。今也小國師大國而恥受命焉, 是猶弟子而恥受命於先師也。如恥之, 莫若師文王。師文王, 大國五年, 小國七年, 必爲政於天下矣。詩云: '商之孫子, 其麗不億③。上帝旣命, 侯④于周服。侯服于周, 天命靡常。殷士膚⑤敏, 祼將⑥于京。' 孔子曰: '仁不可爲衆也⑦。夫國君好仁, 天下無敵。' 今也欲無敵於天下而不以仁, 是猶執熱而不以濯⑧也。詩云: '誰能執熱, 逝⑨不以濯⑩?'"

〈7·7 注〉

① 小德役大德(소덕역대덕): '小德役於大德'의 뜻. 피동을 표시하는 助詞 '於'가 생략되었다. (아래의 세 句도 마찬가지).
② 女(여): 시집보내다(嫁).
③ 其麗不億(기려불억): 麗; 숫자(數也). 億; 고대에는 십만(十萬), 지금은 萬萬의 숫자를 가리킨다(辭源).
④ 侯(혜): 무의미한 語首助詞(兮와 통용).
⑤ 膚(부): 아름답다(美也 ― 鄭玄). 크다(大也 ― 趙岐).
⑥ 祼將(관장): 祼; 검은 기장으로 만든 울창주(鬱鬯酒)를 땅에 뿌리면서 지내는 降神祭. 將; 돕다(助也 ― 朱子).

⑦ 仁不可爲衆也(인불가위중야) : 字와 語法에 따른 해석만으로는 그 의미가 통하지 않는다. '아무리 사람 수가 많아도 仁者에게는 대적할 수 없다.'는 뜻이라고 한 해석과(趙岐・朱子), '사람 수가 아무리 많아도 그것이 仁의 德에는 미치지 못한다.'는 뜻이라고 한 해석(鄭玄)이 있다.

⑧ 執熱而不以濯(집열이 불이탁) : 趙岐와 朱子는, '뜨거운 물건을 손에 잡고서 물로 그 손을 씻지 않는다.'라고 해석하였다. 그리고, 執熱을 뜨거운 불이나 열을 쬐는 것, 濯을 목욕한다는 뜻으로 보고, '뜨거운 불(열)을 쬐고 나서도 목욕하지 않는다.'는 뜻이라고 한 說도 있다. (段玉裁・楊伯峻). 그러나 焦循은, 濯手가 執熱보다 앞서는 행위라고 하였다. 따라서 여기서는 '欲無敵於天下而不以仁'(천하무적이 되고자 하면서도 仁을 행하지 않는다)과 대응관계를 이루는 동일형식의 文으로, 앞에 '欲'이 생략되어 있다고 보아야만 전후 文脈의 논리적 일관성이 유지된다. 孟子의 雄辯의 특징은 바로 말의 논리정연함에 있다.

⑨ 逝不以濯(서불이탁) :   逝; 무의미한 語首助詞. 注 ⑧에서와 같은 맥락에서 해석하였다.

7·8 패가망신은 자초하는 것

맹자께서 말씀하셨다.

"어질지 않은 자[제후]에게 직언을 해 준다는 것이 가능하겠는가? 그들은 위태로운 처지에 있으면서도 그것이 안전한 줄 생각하고, 재난이 닥칠 일을 하고 있으면서도 그것이 자기에게 이익이 되는 줄 생각하며, 자신을 망치고 나라를 망칠 일을 하고 있으면서도 그것을 즐기고 있다. 어질지 않은 자[제후]라 하더라도 만약 그들에게 직언으로 간해서 받아들여질 수만 있다면, 어찌 패가망국(敗家亡國)하는 지경까지 가기야 하겠느냐?

어린애들이 노래하여 말하기를, '창랑(滄浪)의 물 맑으면 내 갓끈 씻을 수 있고, 창랑의 물 흐리면 내 발 씻을 수 있네.'라고 하였다. 이 노래를 듣고 공자께서 말씀하셨다. '자네들, 저 노래를 들어 보게, 물이 맑을 때는 갓끈을 씻지만, 물이 흐려지면 더러워진 발을 씻는다고 한다. [같은 물이라도 그 자체의 淸濁에 따라 저처럼 갓끈을 씻는 데 쓰이기도, 발을 씻는 데 쓰이기도 하는 것이니,] 이는 물 스스로 그렇게 만드는 것이다.'라고. 마찬가지로, 사람도 반드시 스스로 모욕당할 짓을 하고 난 후에야 남이 그를 모욕하게 되는 법이고, 한 집안도 반드시 스스로 파멸당할 짓을 하고 나서야 남들이 그 집안을 파멸시키는 법이며, 나라도 스스로 정복당할 수밖에 없는 형편없는 정치를 하고 나서야 다른 나라에 의해서 정복당하는 것이다. 『서경』의 태갑(太甲)편에 말하기를, '하늘이 내린 재앙은 피할 수 있지만, 스스로 불러들인 재앙은 피할 길이 없네!'라고 하였으니, 바로 이것을 두고 한 말이다."

> **7·8** 孟子曰:"不仁者可與言哉? 安其危而利其菑①, 樂其所以亡者②。不仁而可與言, 則何亡國敗家之有? 有孺子歌曰:'滄浪③之水淸兮, 可以濯我纓;滄浪之水濁兮, 可以濯我足。'孔子曰:'小子聽之! 淸斯濯纓, 濁斯濯足矣。自取之也。'夫人必自侮, 然後人侮之;家必自毀, 而後人毀之;國必自伐, 而後人伐之。太甲曰:'天作孼, 猶可違;自作孼, 不可活④。'此之謂也。"

〈注〉
① 菑(재) : 재앙(災와 同).
② 所以亡者(소이망자) : (개인과 국가를) 멸망으로 이끄는 행위들.
③ 滄浪(창랑) : 세 가지 說이 있다. ㉠ 물(水) 이름이라는 說(朱

子), ⓛ 地名이라는 說(閻若璩), ⓓ 靑色을 말한다는 說이 그것
이다.
④ 不可活(불가활) : 공손추 上(3-4)에서 설명하였다.

7·9 칠년 지병에 삼년 말린 약쑥을 찾으려면

맹자께서 말씀하셨다.
"걸왕(桀王)과 주왕(紂王)이 천하를 잃은 것은 결국 백성들의 지지를 상실하였기 때문이며, 백성들의 지지를 상실한 것은 결국 민심(民心)을 잃었기 때문이다. 천하를 얻는 데에는 방법이 있으니, 백성들의 지지를 얻으면 천하를 얻을 수 있다. 백성들의 지지를 얻는 데에는 방법이 있으니, 민심을 얻으면 백성들의 지지를 얻을 수 있다. 민심을 얻는 데에는 방법이 있으니, 그들이 원하는 것을 그들을 위하여 모아 주고, 그들이 싫어하는 것을 하지 않으면 된다. [이것이 바로 仁政이다.]
백성들이 인덕(仁德)과 인정(仁政)으로 귀의하는 것은 마치 물이 아래로 흘러가고, 짐승이 넓은 들판으로 달려 나가는 것과 같다. 그러므로 깊은 못을 위하여 그곳으로 물고기를 몰아 주는 것은 바로 물고기를 잡아 먹는 수달이고, 숲을 위하여 참새들을 몰아 주는 것은 바로 그들을 잡아 먹는 송골매이며, 어진 임금이었던 은(殷)의 탕(湯) 임금과 주(周)의 무왕(武王)을 위하여 그들에게 백성들을 몰아 주었던 자는 [폭군인] 걸왕(桀王)과 주왕(紂王)이다. 만약 천하의 제후들 가운데 인(仁)을 좋아하는 자가 있다면, 다른 제후들은 모두 그를 위하여 그에게로 백성들을 몰아 줄 것이다. 그러므로 비록 천하를 통일하고 싶어하지 않을지라도 안 할 수 없을 것이다.
그러나 지금 천하를 통일하고자 원하는 사람은, 비유해서 말하

자면, 칠년 묵은 지병을 고치는 데 삼년 말린 약쑥을 구하려는 사람과 같다. 만약 평소에 쑥을 말려서 쌓아 두지 않았다면, 평생 찾아다녀도 얻지 못할 것이다. 이와 같이, 만약 인정(仁政)에 뜻을 두어 이를 실천해 가지 않는다면, 일생을 근심과 치욕 속에 보내다가 마침내 죽음의 구렁텅이에 빠지고 말 것이다. 『시경』(大雅·桑柔)에서는,

　'그 어찌 잘 될 수 있겠느냐

　함께 물 속으로 빠져 죽고 말리라'

라고 하였으니, 바로 이것을 두고 한 말이다."

> **7·9**　孟子曰:"桀紂之失天下也, 失其民也; 失其民者, 失其心也。得天下有道: 得其民, 斯得天下矣; 得其民有道: 得其心, 斯得民矣; 得其心有道: 所欲與之聚之①, 所惡勿施爾也②。民之歸仁也, 猶水之就下、獸之走壙③也。故爲淵毆④魚者, 獺⑤也; 爲叢毆爵者, 鸇⑥也; 爲湯武毆民者, 桀與紂也。今天下之君有好仁者, 則諸侯皆爲之毆矣。雖欲無王, 不可得已。今之欲王者, 猶七年之病求三年之艾⑦也。苟爲不畜, 終身不得。苟不志於仁, 終身憂辱, 以陷於死亡。詩云: '其何能淑, 載胥及溺⑧。' 此之謂也。"

〈注〉

① 與之聚之(여지취지) : 그들을 위하여 모아 주다(與, 爲也 — 王引之).

② 爾也(이야) : ㉠ 이것을 독립된 句로 읽고, 爾를 '近'의 의미로 보면, '백성들과 친근하게 된다.'는 뜻이 된다(趙岐). ㉡ 이것을 앞에 연결시켜 읽고, 爾를 民의 의미로 보면, '백성들에게 베풀지(끼치지) 않는다.'는 뜻으로 된다(朱子). ㉢ 이것을 독립된 句로 읽되, 爾를 '如此'의 의미로 보면, '이처럼만 하면 된다.'는

뜻이 된다(趙佑, 『溫故錄』). ㉣ 이것을 앞에 연결시켜 읽고, 爾 也를 句末에 오는 語氣助詞의 連用으로 보면, '…할 따름이다.' 의 뜻이 된다.
③ 壙(광) : 광야(曠과 同).
④ 敺(구) : 몰다(驅의 古字).
⑤ 獺(달) : 수달피.
⑥ 鸇(전) : 송골매.
⑦ 艾(예) : 말린 약쑥. 오래 될수록 약효가 크다.
⑧ 其何能淑, 載胥及溺(기하능숙, 재서급익) : 其何能善, 則相與溺의 뜻. 淑 ; 善也. 載 ; 則也. 胥 ; 相也. 及 ; 與也(鄭玄).

7·10 자포(自暴)와 자기(自棄)

맹자께서 말씀하셨다.

"스스로 자신을 해치는(自暴) 자와는 더불어 가치있는 이야기를 나눌 수 없고, 스스로 자신을 포기하는(自棄) 자와는 더불어 가치있는 일을 할 수 없다. 말로써 예의와 도덕을 헐뜯는 것이 스스로 자신을 해치는 것이고, 자기는 인(仁)에 머물면서 의(義)를 행할 수 없다고 하는 것이 스스로 자신을 포기하는 것이다. 인(仁)은 사람이 살아갈 편안한 집이요, 의(義)는 사람이 걸어갈 바른 길이다. 편안한 집을 비워 두고 살지 않으며, 바른 길을 버려 두고 가지 않으니, 정말 가엾구나!"

> (7·10) 孟子曰 : "自暴①者, 不可與有言②也 ; 自棄者, 不可與有爲②也. 言非③禮義, 謂之自暴也 ; 吾身不能居仁由義, 謂之自棄也. 仁, 人之安宅也 ; 義, 人之正路也. 曠④安宅而弗居, 舍正路而不由, 哀哉!"

〈注〉
① 暴(포) : 해치다(猶害也 — 朱子).
② 有言, 有爲(유언, 유위) : 『孟子』에는 有爲, 有行이 자주 나오는데 (만장 上(9-9)), 有爲나 有行은 '有所作爲'의 뜻이고, 有言은 '有善言'의 뜻이다.
③ 非(비) : 비방하다. 헐뜯다. '以爲不是'의 뜻(猶毀也 — 朱子).
④ 曠(광) : 비워두다(空也 — 趙岐).

7·11 진리는 가까운 곳에 있다

맹자께서 말씀하셨다.

"진리[道]는 가까운 곳에 있는데도 사람들은 그것을 먼 곳에서 찾으려 한다. 해야 할 일은 쉬운 곳에 있는데도 어려운 곳에서 찾으려 한다. 사람마다 각자 자기 부모를 친애하고, 자기 연장자를 존경한다면, 천하는 저절로 태평해질 것이다."

> (7·11) 孟子曰 : "道在邇①而求諸遠, 事在易而求諸難 ; 人人親其親, 長其長, 而天下平。"

〈注〉
① 邇(이) : 가깝다(近也. 爾와 同). 『集注』本에는 爾로 되어 있다.

7·12 성심성의를 다 하는 것이 사람의 도리다

맹자께서 말씀하셨다.

"낮은 지위에 있으면서 윗사람의 신임을 얻지 못한다면, 백성들을 잘 다스릴 수 없다. 윗사람의 신임을 얻는 데는 방법이 있으니, 친구들로부터 신뢰를 얻지 못한다면 윗사람의 신임을 얻지 못한다. 친구들로부터 신뢰를 얻는 데에 방법이 있으니, 부모를 섬겨서 기쁘게 해 드리지 못하면 친구들의 신뢰를 얻지 못한다. 부모를 기쁘게 해 드리는 데에도 방법이 있으니, 스스로 반성하여 성심성의가 부족하면 부모를 기쁘게 해 드릴 수 없다. 스스로 성심성의를 다하는 데에도 방법이 있으니, 무엇이 선(善)인지 명백히 인식하지 못하면 스스로 성심성의를 다할 수 없다. 그러므로 성심성의 그 자체는 하늘의 도리이고, 성심성의를 다하려고 애쓰는 것은 사람의 도리이다. 성심성의를 극진히 하고서도 다른 사람을 감동시키지 못한 일은 있어 본 적이 없다. 성심성의를 다하지 않고서도 다른 사람을 감동시킬 수 있었던 예는 없다."

7·12 孟子曰:"居下位而不獲於上①, 民不可得而治也。獲於上有道, 不信於友, 弗獲於上矣。信於友有道, 事親弗悅, 弗信於友矣。悅親有道, 反身不誠, 不悅於親矣。誠身有道, 不明乎善, 不誠其身矣。是故誠者, 天之道也; 思誠者, 人之道也。至誠而不動者, 未之有也; 不誠, 未有能動者也。"

〈注〉
① 獲於上(획어상):得其上之信任也(朱子)。 獲; 得也(鄭玄)。『孟子』에서는 得과 獲이 같은 뜻으로 혼용되고 있다. (이루上(7-28), 만장上(9-1), 참조).

7·13 백성들은 명망있는 어른들을 따른다

맹자께서 말씀하셨다.

"백이(伯夷)가 은 나라 주왕(紂王)의 폭정을 피하여 북해의 바닷가에 숨어 살고 있다가, 주 나라 문왕(文王)이 일어났다는 소문을 듣고서는, '어찌 문왕에게로 돌아가지 않으리! 내가 듣기로는, 그는 노인들을 잘 봉양한다고 하던데.'라고 말했다. 그리고 태공[姜太公]도 주왕을 피해서 동해의 바닷가에 숨어 살고 있다가, 문왕이 일어났다는 소문을 듣고서는, '어찌 문왕에게로 돌아가지 않으리! 내가 듣기로는, 그는 노인들을 잘 봉양한다고 하던데.'라고 말했다. 이 두 노인은 천하에서 가장 명망이 높은 어른들이었는데, 이 두 어른이 모두 문왕에게로 귀의하였으니, 이는 마치 천하의 아버지들이 그에게로 귀의한 것과 같다. 천하의 아버지들이 그에게로 귀의하였으니, 그 자식들은 어디로 가겠느냐? 만약 지금의 제후들 가운데 문왕의 어진 정치를 실행하는 자가 나온다면, 길어도 칠년 안에 반드시 온 천하를 호령할 수 있게 될 것이다."

7·13 孟子曰:"伯夷辟紂, 居北海之濱, 聞文王作, 興① 曰:'盍歸乎來②! 吾聞西伯善養老者.'太公辟紂, 居東海之濱, 聞文王作, 興① 曰:'盍歸乎來! 吾聞西伯善養老者.'二老者, 天下之大老也, 而歸之, 是天下之父歸之也。天下之父歸之, 其子焉③往? 諸侯有行文王之政者, 七年之內④, 必爲政於天下矣."

〈注〉
① 作, 興(작, 흥) : 趙岐는 이것을 하나의 語로 보아 붙여 읽고, '文王이 王道를 일으키다.'(文王起興王道)란 뜻으로 해석했고, 朱子는 作에서 끊고, 興을 下句에 붙임으로써, 作과 興의 주어를 각각 文王과 伯夷·太公으로 보았다. 여기서의 興은 곧 진심 上(13-10)의 '若夫豪傑之士, 雖無文王猶興.'의 興과 같다. 朱子의 說을 따른다.
② 來(래) : 무의미한 語末助詞(王引之).
③ 焉(언) : 어디로.
④ 七年之內(칠년지내) : 이것은 小國의 경우를 말한다. (이루上(7-7) 참조).

7·14 땅 때문에 사람을 죽여서야

맹자께서 말씀하셨다.
"공자의 제자인 염구(冉求)가 [魯 나라의 실권을 쥐고 있던] 계강자(季康子)의 총관(總管)이 되었지만, 그의 잘못된 행위들을 바로잡아 주기는 커녕 도리어 세금을 그 전보다 갑절로 늘렸다. 그러자 공자께서 말씀하셨다. '염구는 나의 제자가 아니니, 너희들은 북을 두드리면서 그를 성토해도 좋다.'라고. 이로써 본다면, 자기 임금이 인정(仁政)을 행하지 않는데도 도리어 그가 재부(財富)를 모으는 일을 도와 주는 자들은 모두 공자에게서 버림받을 자들인데, 하물며 어질지 못한 임금을 위해 무리하게 전쟁까지 일으키는 자들이야 더 이상 말해 무엇하겠느냐? [그런 자들은,] 땅을 빼앗기 위하여 전쟁을 일으킴으로써 죽은 사람들이 들판에 가득하고, 성을 빼앗기 위하여 전쟁을 일으킴으로써 죽은 사람들이 성 안에 가득하니, 이것은 곧 토지를 끌고 가서 사람의 고기를 먹게 하는 짓으로, 그들의 죄는 죽음으로써도 용서받지 못한다. 그러므로 전쟁을 좋아하는 자들[兵家]은 극형에 처해야 하고, 제후들을 이리 맺어 주고 저리 연결시켜 전쟁을 충동질하는 자들[縱橫家]은 그 다음 가는 형벌에 처해야 하며, [稅收를 증대시키려 백성들로 하여금] 황무지를 개간하여 더 많은 땅에 농사짓도록 강요하는 자들[農家]은 그 다음 가는 형벌에 처해야 한다."

[맹자가 富國策을 주장한 農家들까지 처벌대상으로 본 것은, 당시의 생산력 증대정책이 백성들의 삶을 더욱 풍족하게 하기 위한 것이 아니라, 오로지 전쟁을 위한 군비의 증강에 있었고, 그로 인하여 백성들은 더 힘든 노동에도 불구하고 생활은 더욱 어려워졌기 때문이다.]

7·14 孟子曰:"求也爲季氏宰, 無能改於其德, 而賦粟倍他日。孔子曰:'求非我徒也, 小子鳴鼓而攻之可也①。' 由此觀之, 君不行仁政而富之, 皆棄於孔子者也, 況於爲之强戰? 爭地以戰, 殺人盈野; 爭城以戰, 殺人盈城, 此所謂率土地而食人肉, 罪不容於死。故善戰者服上刑②, 連諸侯③者次之, 辟草萊、任土地④者次之。"

〈注〉
① 攻之可也(공지가야):이 말은 『論語』「先進篇」, 16에 나온다.
② 服上刑(복상형):중벌에 처한다. 服;처벌하다. 上刑;重罰.
③ 連諸侯(연제후):제후들을 서로 맺어주다. 연결시켜 주다.
④ 辟草萊、任土地(벽초래, 임토지):辟草任土. 잡초가 무성한 땅(草萊)을 개간시킨(辟) 다음, 그 땅을 백성들에게 나누어 주어 경작의 책임을 지우는 것(任土地).

7·15 먼저 그 눈동자를 살펴보라

맹자께서 말씀하셨다.

"사람을 관찰하는 데에는 그의 눈동자를 살펴보는 것보다 더 나은 방법이 없다. 왜냐하면, 눈동자는 그 사람이 가진 악(惡)을 숨길 수 없기 때문이다. 마음이 바르면 눈동자가 맑고 밝으며, 마음이 바르지 못하면 눈동자가 흐리고 어둡다. 그 사람이 말하는 것을 들을 때, 그의 눈동자를 주의해서 살펴본다면, 그가 [자신의 善과 惡을] 어디에다 감출 수 있겠느냐?"

> **7·15** 孟子曰:"存①乎人者, 莫良於眸子②。眸子不能掩其惡。胸中正, 則眸子瞭③焉;胸中不正, 則眸子眊④焉。聽其言也, 觀其眸子, 人焉廋哉⑤?"

〈注〉
① 存(존) : 관찰하다(存=在=察―焦循).
② 眸子(모자) : 눈동자.
③ 瞭(료) : 눈이 밝다(目明). 맑다(淸).
④ 眊(모) : 눈이 흐리다(目不明). 늙은이(老와 同).
⑤ 焉廋哉(언수재) : 어디에 숨길 것인가. 焉;어느 곳. 廋;숨기다. 감추다(匿也).

7·16 공손과 근검절약

맹자께서 말씀하셨다.

"공손한 사람은 남을 업신여기는 법이 없고, 검약(儉約)한 사람은 남의 것을 빼앗는 법이 없다. 남을 업신여기고 남의 것을 빼앗는 임금은 오직 백성들이 자기에게 순종하지 않을까봐 두려워하니, [때로는 공손하고 검약한 듯이 보이더라도 그것은 백성들을 속이기 위한 꾸밈에 불과할 뿐,] 어찌 참으로 공손하고 검약한 것일 수 있겠는가? 공손과 검약이 어찌 그럴듯한 음성과 미소로써만 될 수 있겠느냐?"

7·16 孟子曰:"恭者不侮人, 儉者不奪人。侮奪人之君, 惟恐不順焉①, 惡得爲恭儉? 恭儉豈可以聲音笑貌爲哉?"

〈注〉

①惟恐不順焉(유공불순언):오로지 남이 자신을 따르지 않을까 봐 겁내다(趙岐).

7·17 형수가 물에 빠지면 손을 잡아 구해 준다

[제 나라 사람으로 재치와 언변이 뛰어났던] 순우곤(淳于髡)이 물었다. "남녀간에는 물건을 직접 손으로 주고 받지 않는 것이 예입니까?"

맹자께서 대답하셨다. "그렇게 하는 것이 예이오."

순우곤 : "형수가 물에 빠졌을 때는, 손을 잡아 구해 주어야 합니까?"

맹자 : "형수가 물에 빠져 죽게 되었는데도 손을 잡아 구해 주지 않는다면, 그것은 인간이 아니라 승냥이와 이리일 것이오. 남녀가 물건을 직접 서로 주고 받지 않는 것은 [정상적인 상황에서의] 예절이고, 형수가 물에 빠졌을 때 손을 잡아 구해 주는 것은

권도[權道 : 임시변통의 조치]이오."

순우곤 : 그렇다면, 지금 천하 모든 사람들이 물에 빠져 죽게 되었는데도, [학정으로 고통받고 있는데도,] 선생께서 직접 나서서 구해 주지 않는 이유는 무엇입니까?"

맹자 : "천하 모든 사람들이 물에 빠졌을 때에는 인의(仁義)의 도(道)로써 구해 주어야 하고, 형수가 물에 빠졌을 때에는 손으로써 구해 주어야 하오. 혹시 그대는 내가 천하 모든 사람들을 일일이 손으로 잡아 구해 주기를 바라오?"

7·17 淳于髡曰:"男女授受不親, 禮與?"

孟子曰:"禮也。"

曰:"嫂溺, 則援之以手乎?"

曰:"嫂溺不援, 是豺狼①也。男女授受不親, 禮也 ; 嫂溺, 援之以手者, 權②也。"

曰:"今天下溺矣, 夫子之不援, 何也?"

曰:"天下溺, 援之以道 ; 嫂溺, 援之以手 —— 子欲手③援天下乎?"

〈注〉
① 豺狼(시랑) : 豺 ; 승냥이.   狼 ; 이리
② 權(권) : 저울 추. 저울에 달다. 규범이나 규정을 위반하는 것이 도리어 善이 되는 것(反經而善也 ― 趙岐). 『公羊傳』, 桓公十一年에, "權者, 反於經然後有善者也."라고 하였다. 즉, 특수한 상황에서 法이나 規定을 무시함으로써 도리어 좋은 결과를 가져 올 수 있는 행위나 판단을 말한다.
③ 欲手(욕수) : 欲(使我以)手가 생략되어 단축된 文이다.

7·18 자기 자식을 직접 가르치지 못하는 이유

공손추가 물었다. "군자가 자기 자식을 직접 가르치지 않는 이유는 무엇입니까?"

맹자께서 대답하셨다.

"그렇게 할 수 없는 사정이 있기 때문이다. 교육은 반드시 옳바른 도리로써 해야 하는데, 옳바른 도리로 가르치더라도 효과가 없으면, 부모는 이어서 화를 내게 된다. 그렇게 화를 내게 되면 도리어 감정을 상하게 된다. [이때 자식은 마음 속으로 이렇게 말할 것이다.] '당신께서는 나에게 옳바른 도리를 행하라고 가르치면서, 당신께서는 왜 옳바른 도리대로 행하지 않으시는가?' [성내는 것 자체가 옳바른 도리가 아니다.]라고. 이렇게 되면 부모와 자식이 서로 감정을 상하게 된다. 부모와 자식이 서로의 감정을 상하게 하는 것은 좋지 않다. 옛 사람들은 자식을 서로 바꾸어 가르침으로써, 부자간에 잘못을 바로잡아 주려고 서로 나무라는 일이 없게 하였다. 잘못을 바로잡아 주려고 서로 나무라다 보면, 서로 사이가 벌어지게 되는데, 부자간의 사이가 벌어지는 것이야말로 가장 상(祥)스럽지 못한 일이다."[이런 사태를 막기 위하여 군자는 직접 자식을 가르치지 않는다.]

7·18 公孫丑曰:"君子之不敎子, 何也?"

孟子曰:"勢不行也。敎者必以正;以正不行, 繼之以怒。繼之以怒, 則反夷①矣。'夫子敎我以正, 夫子未出②於正也。'則是父子相夷也。父子相夷, 則惡矣。古者易子而敎之, 父子之間不責善。責善則離, 離則不祥③莫大焉。"

〈注〉
① 夷(이) : 해치다(傷也 — 趙岐).
② 出(출) : 出은 곧 行의 뜻이다(行也 — 『莊子』「應帝王」, 司馬注).
③ 不祥(불상) : 상스럽지 못하다(祥 ; 福也(『說文』). 善也(『爾雅』)).

7·19 부모의 마음을 받들어야 한다

맹자께서 말씀하셨다.
"누구를 섬기는 것이 가장 중요한가? 부모를 섬기는 것이 가장 중요하다. 무엇을 지키는 것이 가장 중요한가? [不義에 빠지지 않도록] 자기 몸을 지키는 것이 가장 중요하다. 자신의 옳바른 바탕과 지조를 잃지 않고 부모를 잘 섬길 수 있었던 사람에 대해서는 들어 본 적이 있다. 그러나 자신의 옳바른 바탕과 지조를 잃어 버리고도 자기 부모를 잘 섬길 수 있었던 사람에 대해서는 들어 본 적이 없다. 섬기는 일을 하지 않는 사람이 어디 있겠느냐? 그러나 부모를 섬기는 일이야말로 섬기는 일의 근본이다. 지키는 일을 하지 않는 사람이 어디 있겠느냐? 그러나 자신의 옳바른 바탕과 지조를 지키는 일이야말로 지키는 일의 근본이다.
옛날 증자(曾子)가 자기 부친 증석(曾晳)을 봉양할 때에는, 반드시 밥상에 술과 고기를 차려 올렸는데, 상을 물릴 적에는 남은 음식을 누구에게 주고 싶은지 여쭈어 보았으며, [맛있는 음식을 보면 사랑하는 손자들 누구에겐가 주고 싶어하는 부친의 마음을 헤아렸던 것이다.] 또 부친께서 음식이 더 있느냐고 물으면 반드시 '예, 더 있습니다.'하고 대답하였다. 증석이 죽고, 증자의 아들 증원(曾元)이 증자를 봉양하게 되었는데, 증원도 반드시 밥상에 술과 고기를 차려 올렸지만, 상을 물리면서도 남은 음식을 누구에게 주고 싶은지 여쭈어 보지 않았으며, 증자가 음식이 더 있느냐고 물어도 '없습니다.'하고 대답하였다. 남은 음식을 다음 번 식사 때 다시 올리려는 것이었다. 이것은 이른 바 몸과 입을 기르는 것이다[口體之養]. 증자가 부모를 섬긴 것같이 하고서야 비로소 부모의 마음을 봉양했다[養志]고 할 수 있다. 부모를 섬기는 데 있어서는 증자처럼 해야 된다."

> **7·19** 孟子曰:"事孰爲大？ 事親爲大；守孰爲大？ 守身①爲大。不失其身而能事其親者，吾聞之矣；失其身而能事其親者，吾未之聞也。孰不爲事②？ 事親，事之本也；孰不爲守？ 守身，守之本也。曾子養曾晳，必有酒肉；將徹，必請所與③；問有餘，必曰，'有。'曾晳死，曾元養曾子，必有酒肉；將徹，不請所與；問有餘，曰，'亡④矣。' —— 將以復進也。此所謂養口體者也。若曾子，則可謂養志也。事親若曾子者，可也。"

⟨注⟩
① 守身(수신) : 몸을 바르게 지켜서 불의에 빠지지 않는 것(趙岐·朱子).
② 孰不爲事(숙불의사) :　事；섬기는 일(名詞). 누가 섬기는 일을 하지 않는가.
③ 請所與(청소여) : (남은 것을 누구에게) 주어야 할지 묻다(問；'此餘者與誰？').
④ 亡(무) : 없다(無).

7·20 군주가 바르면 모든 백성이 바르게 된다

맹자께서 말씀하셨다.

"[관직을 小人들로 채워 놓고는,] 그들이 잘못한다고 책망해 봐야 소용없는 일이고, 정치를 잘못한다고 그 정치를 비난해 봐야 소용없는 일이다. [그러한 것들은 모두 지엽말단적인 문제이다.] 오직 밝고 큰 덕을 지닌 사람[大人]이 임금을 보필할 때에만 임금의 잘못된 생각을 바로잡아 줄 수 있다. 임금이 어질면 나라 안에 어질지 않은 사람이 없고, 임금이 의(義)로우면 의롭지 않은 사람이 없으며, 임금이 정직하면 정직하지 않은 사람이 없게 된다. 일단 임금을 바르게 해 놓으면, [모든 백성들도 바르게 됨으로써] 나라도 안정된다."

7·20 孟子曰:"人不足與適①也, 政不足間②也; 惟大人爲能格③君心之非。君仁, 莫不仁; 君義, 莫不義; 君正, 莫不正。一正君而國定矣。"

〈注〉
① 適(적): 책망하다(適은 謫(적)과 同. 謫; 責其過也. 適; 過也 — 鄭玄).
② 間(간): 비난하다(非也 — 趙岐). 이 '間'字 앞에 '與'字가 있는 本이 많고, 그리고 있는 편이 맞다(朱子).
③ 格(격): 바로잡다(正也 — 趙岐).

7·21 예기치 못한 명예와 비방

맹자께서 말씀하셨다.

"[세상을 살아가다 보면,] 전혀 예상하지 못했던 명예를 얻게 되는 수도 있고, 지조를 지키려다가 오히려 가혹한 비방을 받게 되는 수도 있다."

7·21 孟子曰:"有不虞①之譽, 有求全之毀②。"

〈注〉
① 虞(우) : 헤아리다. 예상하다(度也 — 趙岐).
② 求全之毁(구전지훼) : 비난받을 일을 하지 않으려다가 도리어 비난받게 되는 것.

7·22 말을 쉽게 하는 이유

맹자께서 말씀하셨다.
"사람들이 말을 쉽게 하는 것은, [자기가 한 말에 대해서] 책임 추궁을 당해 보지 않았기 때문이다."

7·22 孟子曰:"人之易①其言也, 無責耳矣②。"

〈注〉
① 易(이) : 쉽게 여기다. 가볍게 생각하다(輕易).
② 無責耳矣(무책이의) : 세 가지 해석이 있다. ㉠ (자기가 한 말에 대해서) 책임추궁을 당해 보지 않았기 때문이다 (趙岐·朱子). ㉡ (남이 경솔하게 하는 말에 대해서는) 책망할 가치조차 없다 (兪樾,『孟子平義』·楊伯峻). ㉢ (남이 한 말을 가볍게 여기고 바로잡아 주지 않으려는 것은,) 말로 타일러 주어야 할 입장에 있지 않기 때문이다(趙岐가 소개한 一說).

7·23 남의 스승이 되기를 좋아하는 병폐

맹자께서 말씀하셨다.
"사람들의 나쁜 버릇은, [그럴 능력도 자격도 없으면서] 남의 스승이 되기를 좋아하는 것이다."

> **7·23** 孟子曰：" 人之患在好爲人師。"

7·24 먼저 어른부터 찾아뵈어야 한다

[맹자의 제자인] 악정자(樂正子)가 [魯 나라에 사신으로 간 齊 나라의 대부] 자오[子敖 ; 王驩]를 따라서 제 나라에 갔다. 악정자가 [당시 제 나라에 있던] 맹자를 찾아뵈었다. [사랑하는 제자가 제 나라에 왔다는 사실을 알고 있었던] 맹자께서 힐책하는 어조로 물으셨다. "자네까지도 나같은 사람을 만나러 오는가？"
 악정자："선생님께선 어찌 그런 말씀을 하십니까？"
 맹자："자네가 여기 온 지 며칠이나 되었지？"
 악정자："며칠 되었습니다."
 맹자："며칠이나 되었다면, 내가 이렇게 말하는 것도 당연하지 않은가？"
 악정자："숙소를 미처 정하지 못해서 늦었습니다."
 맹자："자네는 숙소를 정한 뒤에야 어른을 찾아뵙는다고 들었는가？"
 악정자："제가 잘못했습니다."

> **7·24** 樂正子從於子敖之齊。
> 樂正子見孟子。孟子曰："子亦①來見我乎？"
> 曰："先生何爲出此言也？"
> 曰："子來幾日矣？"

曰:"昔者②。"
曰:"昔者, 則我出此言也, 不亦宜乎?"
曰:"舍館③未定。"
曰:"子聞之也, 舍館定, 然後求見長者乎?"
曰:"克有罪。"

〈注〉
① 亦(역):또한. 까지도. 비꼬아서 하는 말이다.
② 昔者(석자):어제(前日)라고 해석하는 것이 보통이지만(朱子), 어제 와서 오늘 찾아뵙는다면 결코 책망들을 정도는 아닐 것이다. '數日之間'이라 한 趙岐의 해석이 자연스럽다.
③ 舍館(사관):객사(客舍). (舍;館也. 館;客舍也).

7·25 학문을 한 목적이 먹고 마시자는 것인가

맹자께서 악정자에게 말씀하셨다.
"자네가 왕환같은 자를 따라서 여기에 왔다면, 그것은 단지 먹고 마시기 위해서일 터인데, 나는 자네가 옛 성현의 도리를 배운 목적이 오로지 먹고 마시기 위해서일 줄은 생각조차 못했다."

[왕환은 맹자가 싫어한 인물이었다. 제자들 중에서도 아끼고 큰 기대를 걸었던 악정자가 왕환같은 자를 따라 온 것을 일부러 심하게 질책하신 것이다. 이때는 맹자께서도 齊 나라에서는 그 뜻을 펴기 어렵다고 생각, 오래 머물 뜻이 없었으므로, 주겠다는 봉록조차 사양하고 계시던 때이다.]

(7·25) 孟子謂樂正子曰:"子之從於子敖來, 徒餔啜①也。我不意子學古之道而以餔啜也。"

〈注〉
① 舖啜(포철) :　舖;먹다(食也).　啜;마시다(飮也 — 朱子).

7·26 후손 없음이 가장 큰 불효이다

맹자께서 말씀하셨다.

"불효에는 세 가지가 있는데, 그 중에서도 자손이 없어 집안의 대가 끊기는 것이 가장 큰 불효이다. 순(舜)은 부모에게 먼저 알리지 않고 요(堯) 임금의 딸을 아내로 맞아들였는데, 그렇게 한 이유는, [만약 부모에게 미리 알린다면 자기를 미워하는 부모가 반드시 반대할 것이고, 그렇게 되면 아내를 맞이할 수 없고, 따라서] 자손이 없을까봐 염려했기 때문이다. 그래서 후세의 군자들은 그가 [비록 부모에게 미리 알리지 않았으나,] 부모에게 알린 것이나 마찬가지라고 생각했다."

7·26　孟子曰:"不孝有三①, 無後爲大。舜不告而娶, 爲無後也, 君子以爲猶告也。"

〈注〉
① 不孝有三(불효유삼) : "禮에 의하면 세 가지 不孝가 있는데, 자기의 뜻을 굽혀 잘못된 일에도 무조건 따름으로써 부모를 不義에 빠뜨리는 것(阿意曲從, 陷親不義)이 한 가지 不孝이고, 집은 가난하고 부모는 늙었는데도 봉록을 위해서 관직에 나아가지 않는 것(家貧親老, 不爲祿仕)이 두번째 不孝이고, 장가가지 않아 자식이 없어 조상의 제사를 끊어지게 하는 것(不娶無子, 絶先祖祀)이 세번째 불효이다."(趙岐)

7·27 인(仁)과 의(義)의 주요 내용

맹자께서 말씀하셨다.

"인(仁)의 주요 내용은 곧 부모를 섬기는 것이고, 의(義)의 주요 내용은 곧 어른이나 형에게 순종하는 것이며, 지(智)의 주요 내용은 앞의 두 가지의 도리를 분명히 알고 그것을 지켜 나가는 것이며, 예(禮)의 주요 내용은 앞의 두 가지를 실천하는 데 있어 절도를 잃지 않고[節], 또한 적절하게 수식하는[文] 것이며, 악(樂)의 주요 내용은 바로 이 두 가지를 즐겨 하는 것인데, 그렇게 하는 가운데 즐거움이 저절로 생겨난다. 즐거움이 저절로 생겨난다면 그것을 어찌 그만둘 수 있겠는가? 도저히 그만둘 수 없는 지경에까지 이르면, 자기도 모르는 사이에 손과 발이 덩실덩실 춤을 추게 된다."

[仁과 義를 좋은 것이라 하여 그것에 관하여 고담준론을 일삼는 것은 공허한 짓에 불과하다. 인과 의는 어디까지나 구체적이고 가까운 것의 실천에서부터 확충되어 나가는 것이다.]

7·27 孟子曰:"仁之實①, 事親是也;義之實, 從兄是也;智之實, 知斯二者弗去是也;禮之實, 節文②斯二者是也;樂③之實, 樂斯二者, 樂則生矣;生則惡可已④也, 惡可已, 則不知足之蹈之、手之舞之⑤。"

〈注〉

① 仁之實(인지실):實은 名에 대칭대는 것으로, '실천하는 데 있어서의 구체적인 내용'을 말한다.

② 節文(절문): 節;절도를 지키는 것. 文;수식하는 것. ('大過則失其節, 故節之. 大質則無禮敬之容, 故文之.' ─ 焦循).
③ 樂(악):音樂. 다음의 두 樂(락)은 '즐기다', '즐거움'의 뜻이다.
④ 惡可已(오가이):어찌 그만둘 수 있겠는가(已, 止也).
⑤ 手之舞之(수지무지):음악을 들을 때 자신도 모르게 손발을 흔들고 박자를 맞추듯이, 즐거움이 마음속에서 저절로 생겨나면 자신도 모르게 손과 발이 춤을 추게 된다는 뜻이다.(『禮記』「樂記」; "…嗟歎之不足, 故不知手之舞之, 足之蹈之." 같은 내용이 「詩序」에도 나온다).

7·28 부모의 사랑을 받는 일처럼 큰 일은 없다

맹자께서 말씀하셨다.
"천하의 모든 사람들이 크게 기뻐하면서 자기에게 돌아오려 하는데, 천하의 백성들이 크게 기뻐하면서 자기에게 돌아오는 것을 보기를 마치 초개(草芥)처럼 여겼던 사람이 오직 한 분 계셨으니, 순(舜)이 바로 그러하였다. [순은, 자기처럼] 부모의 마음에 들 수 없으면 사람이라 할 수 없고, 부모의 뜻에 따를 수 없으면 자식이 될 수 없다고 생각했다. 그러나 순이 몸과 마음을 다해 부모를 섬기자 결국 [아들을 학대하던 완악한 부친] 고수(瞽瞍)도 기뻐하게 되었다. 고수같은 사람까지도 기뻐하게 되자 천하의 풍속이 그 때문에 바뀌게 되었으며, 고수같은 사람까지도 기뻐하게 되자 천하에 부모와 자식간의 도리가 확립되었으니, [자신의 한 몸에 그치지 않고 천하를 감화시켰으므로,] 이것을 가리켜 큰 효도라고 한다."

7·28 孟子曰:"天下大悅而將歸己, 視天下悅而歸己, 猶草芥也, 惟舜爲然. 不得乎親, 不可以爲人;不順乎親, 不可以爲子。舜盡事親之道而瞽瞍厎豫①, 瞽瞍厎豫而天下化, 瞽瞍厎豫而天下之爲父子者②定, 此之謂大孝。"

〈注〉
① 厎豫(지예):기뻐하게 되다. 厎;이르다. 되다(致也,至也). 豫;기뻐하다(樂也, 悅也)
② 爲父子者(위부자자):부모와 자식 간의 도리.

8.
이루下 (離婁)

8·1 순(舜)과 문왕(文王)의 도(道)

맹자께서 말씀하셨다.

"순(舜)은 제풍(諸馮)에서 나서 부하(負夏)로 옮겨가서 살았으며, 명조(鳴條)에서 생애를 마쳤으니, 동이(東夷) 사람이다. 문왕(文王)은 기주(岐周)에서 나서 필영(畢郢)에서 생애를 마쳤으니, 서이(西夷) 사람이다. [이들 두 성인이 살았던] 땅은 서로 천리도 넘게 떨어져 있었고, 시대도 천 년이 넘게 떨어져 있었다. 그러나 뜻을 이루어 중국에서 행하신 일들을 보면, 마치 갈라진 부절(符節)을 합쳐 놓은 것처럼 일치하니, 고대의 성인[舜]이나, 후대의 성인[文王]이나, 그 행하신 도(道)는 똑 같았던 것이다."

[마찬가지로 공자의 道도 이와 일치하니, 참된 道는 시간과 장소에 따라 변하는 것이 아니라 고정불변이다. 맹자는 도의 일관성과 불변성을 확신하고 있었던 것이다.]

> **8·1** 孟子曰:"舜生於諸馮, 遷於負夏, 卒於鳴條, 東夷之人也。文王生於岐周, 卒於畢郢, 西夷之人也。地之相去也, 千有餘里 ; 世之相後也, 千有餘歲。得志行乎中國, 若合符節①, 先聖後聖, 其揆一②也。"

〈注〉

① 符節(부절) : 符나 節이나 모두 고대에 信標로 썼던 물건들이다. 재료로는 玉, 角, 銅, 竹 등을 썼고, 형상도 호랑이, 용, 사람 등 용도에 따라 달랐다. 보통 반을 잘라서 각자가 하나씩 가졌다가, 나중에 둘을 합쳐 보아서 꼭 맞으면 서로 믿게 되었다.

② 揆一(규일) : 그 생각한 것이나 행동한 것이 같다. 揆를 度의 뜻으

로 본 점에서는 趙岐나 朱子나 같지만, 趙岐는 '성인들의 度量이 같다'란 뜻으로 해석했고, 朱子는 그것을 '헤아려 보면 그 道가 똑같다'라고 해석했다. 이 뜻을 취하여 意譯한다.

8·2 작은 은혜 베푸는 것은 정치가의 일이 아니다

[춘추시대 때 鄭 나라의 이름난 재상인] 자산(子産)이 정 나라의 정치를 맡고 있을 때였는데, 자기가 타는 수레에 오가는 사람들을 태워서 진수(溱水)와 유수(洧水)를 건네 주었다.

맹자께서는 이 일을 두고 말씀하셨다.

"그는 작은 은혜를 베풀 줄은 알았지만, 정치의 본질은 이해하지 못했다. 11월에 사람들이 건너다닐 작은 나무다리를 놓아 주고, 12월에는 수레가 건널 수 있는 큰 다리를 놓아 준다면, 백성들은 다시는 강 건너는 일을 걱정하지 않게 될 것이다. 군자가 정치만 잘 한다면, 자신이 행차할 때에는 사람들에게 길을 비켜나게 하더라도 괜찮을 것이다. 어떻게 일일이 강 건너는 일을 도와 줄 수 있겠는가? 만약 위정자(爲政者)가 한 사람 한 사람에 대해서 그들의 환심을 사려다가는, 하루종일 그 일만 하여도 시간이 모자랄 것이다."

> **8·2** 子産聽鄭國之政, 以其乘輿①濟人於溱洧。孟子曰: "惠②而不知爲政③。歲十一月④, 徒杠⑤成; 十二月, 輿梁⑥成, 民未病涉也。君子平其政, 行辟⑦人可也, 焉得人人而濟之? 故爲政者, 每人而悅之, 日亦不足矣。"

〈注〉
① 乘輿(승여) : 사람이 타는 수레.

②惠(혜): 사사로운 작은 은혜(私恩小利―朱子). 백성들에게 혜택을 베풀어 주려는 마음(有惠民之心―趙岐).
③政(정): 정치의 본질(有公平正大之體―朱子).
④十一月(십일월): 여러 가지 說이 있으나, 이것은 周曆으로서, 夏曆(지금의 음력)으로는 9月에 해당한다(趙岐).
⑤徒杠(도강): 걸어서 건너는 작은 다리. 杠; 외나무 다리.
⑥輿梁(여량): 수레가 건널 수 있는 큰 다리.
⑦辟(벽): 물리치다. 물러나게 하다(辟除).

8·3 임금과 신하의 관계

맹자께서 제 선왕(齊宣王)에게 말씀하셨다. "임금이 신하를 자기의 손발처럼 생각한다면, 신하는 임금을 자기의 배와 가슴[腹心]같이 [소중하게] 생각합니다. 그러나 임금이 신하를 개나 말처럼 생각한다면, 신하는 임금을 [길거리에서 오다가다 만나는] 보통 사람같이 생각하며, 임금이 신하를 진흙이나 지푸라기처럼 생각한다면, 신하는 임금을 원수같이 생각합니다."

왕이 말했다. "예제(禮制)에 의하면, [임금이 죽을 경우,] 이미 관직을 떠난 신하들까지도 과거의 임금을 위해서 상복(喪服)을 입는다고 합니다. 어떻게 하면 신하가 옛 임금을 위하여 상복을 입게 할 수 있습니까?"

맹자: "[여기 한 신하가 있는데,] 그가 드리는 간언(諫言)을 받아들여 그대로 시행하고, 그가 좋은 의견을 제시하면 그 말을 듣고 따름으로써 좋은 정치의 혜택이 백성들에게 미치며; 그러다가 어떤 사고가 생겨서 부득이 그 나라를 떠나게 되면, 임금은 사람을 시켜서 그가 무사히 국경을 넘도록 인도해 주고, 그리고 그가 가려는 나라에 미리 사람을 보내어 주고[그리하여 그가 그곳에서

자리잡는 것을 도와 준다.] ; 떠난 지 삼 년이 되어도 돌아오지 않은 후에야 비로소 그에게 주었던 토지와 살던 집을 회수합니다. 이것을 삼유례(三有禮)라고 합니다. 신하 대하기를 이렇게 한다면, 신하는 그 임금을 위하여 상복을 입을 것입니다.

그러나 지금, 신하가 되어서 간언(諫言)을 드려도 받아들여 시행하지 않고, 좋은 의견을 제시해도 듣고 따르지 않음으로써 정치의 혜택이 백성들에게 미치지 못하게 하며 ; 그러다가 어떤 사고가 생겨서 부득이 그 나라를 떠나려 하면, 임금은 그를 잡아 가두고, [그가 간신히 국경을 빠져 나가 다른 나라로 가더라도,] 온갖 수단을 동원하여 그를 괴롭히고 못살게 하며 ; 떠난 그날로 즉시 토지와 살던 집을 몰수해 버립니다. 이것을 가리켜 원수라 합니다. 원수를 위하여 어찌 상복을 입겠습니까?"

(8·3) 孟子告齊宣王曰:"君之①視臣如手足, 則臣視君如腹心;君之視臣如犬馬, 則臣視君如國人②;君之視臣如土芥, 則臣視君如寇讎。"

王曰:"禮, 爲舊君有服, 何如斯可爲服矣?"

曰:"諫行言聽, 膏澤下於民;有故而去, 則君使人導之出疆, 又先③於其所往;去三年不反, 然後收其田里。此之謂三有禮焉。如此, 則爲之服矣。今也爲臣, 諫則不行, 言則不聽;膏澤不下於民;有故而去, 則君搏執④之, 又極⑤之於其所往;去之日, 遂收其田里。此之謂寇讎。寇讎, 何服之有?"

〈注〉

①之(지) : 주어+之+술어 구조에서 사용된 '之'는 그 句가 主從複合句에서 從句임을 표시하는 結構助詞이다.

② 國人(국인) : 오다 가다 길에서 만나는 사람(路人也 — 朱子).
③ 先(선) : 使人先去의 생략문. 미리 사람을 보내다.
④ 搏執(박집) : 잡다. 체포하다. 趙岐는, 남아 있는 그 가족들을 잡아 가두는 것을 말한다고 했다.
⑤ 極(극) : 곤궁하게 하다(困也, 窮也 — 朱子).

8·4 죄 없는 사람들을 죽이면

맹자께서 말씀하셨다.

"하급관리가 죄도 없이 죽임을 당하면, 그보다 높은 지위에 있는 대부는 [머지 않아 자기에게도 위험이 미칠 것을 예견하고] 그 나라를 떠나가게 될 것이다. 백성들이 죄도 없이 죽임을 당하면, 하급관리는 [그 위험이 자기에게도 미칠 것으로 예상하고] 딴 나라로 옮겨가게 될 것이다."

> (8·4) 孟子曰:"無罪而殺士, 則大夫可以去 ; 無罪而戮① 民, 則士可以徙。"

〈注〉

① 戮(륙) : 죽이다. 이곳에서는 殺이나 戮이나 모두 능동형으로 사용되었으나, 편의상 피동형으로 번역하였다.

8·5 임금의 영향력

맹자께서 말씀하셨다.

"임금이 어질면 나라 안에 어질지 않은 사람이 없고, 임금이 의

로우면 의롭지 않은 사람이 없다."

> 8·5 孟子曰:"君仁, 莫不仁; 君義, 莫不義。"

8·6 사이비(似而非)

맹자께서 말씀하셨다.

"예(禮)인 것처럼 보이지만 예가 아닌 것, 의(義)인 것처럼 보이지만 의가 아닌 것을, 덕이 있는 사람[大人]은 하지 않는다."

> 8·6 孟子曰:"非禮之禮, 非義之義, 大人弗爲。"

8·7 자기보다 못한 사람은 가르쳐 줘야 한다

맹자께서 말씀하셨다.

"훌륭한 덕과 인품을 갖춘 사람이 그렇지 못한 사람을 가르쳐 길러 주고, 재능이 있는 사람이 그렇지 못한 사람을 가르쳐 길러 주기 때문에, 사람들은 모두 훌륭한 부형(父兄)이 있으면 좋아한다. 만약에 훌륭한 덕과 인품을 갖춘 사람이 그렇지 못한 사람을 가르쳐 길러 주지 않고, 재능있는 사람이 그렇지 못한 사람을 가르쳐 길러 주지 않는다면, 소위 훌륭하다는 사람과 소위 못났나는 사람 사이의 거리는 푼, 치의 단위로는 잴 수 없을 정도로 가까운 것이다."

> 8·7 孟子曰:"中也養不中①, 才也養不才, 故人樂有賢父

> 兄也。如中也棄不中，才也棄不才，則賢不肖之相去，其間不能以寸②。"

〈注〉

① 中也養不中(중야양부중) : 中庸의 덕을 가진 사람이 그렇지 못한 사람을 가르쳐 준다. 過나 不及이 없는 상태를 中이라 하고, 할 수 있는 것을 才라 한다(朱子). 養 ; 猶敎也(『禮記』 「文王世子篇」, 注).
② 不能以寸(불능이촌) : 이 句에는 動詞(量)가 생략되어 있다. 즉, '不能以寸(量)'의 뜻이다.

8·8 하지 않는 것이 있어야 한다

맹자께서 말씀하셨다.

"사람이란 하지 않는 것이 있어야 비로소 하는 것이 있을 수 있다."

> 8·8 孟子曰 : "人有不爲也，而後可以有爲①。"

〈注〉

① 程子는, "하지 않는 것이 있다는 것은 곧 선택해서 할 줄 안다는 뜻이다. 하지 않는 것이 없는 자에게 어찌 참으로 하는 것이 있을 수 있겠는가?"라고 했다.

8·9 비방에 따른 후환을 어떻게 하려는가

맹자께서 말씀하셨다.

"남의 좋지 않은 점을 말하고 다니다가, 후환이 닥치면 어떻게 하겠느냐?"

> **8·9**　孟子曰：＂言人之不善，當如後患何？＂

8·10 무슨 일이든 너무 심하게 하지 않는다

맹자께서 말씀하셨다.
"공자께서는 무슨 일이든지 너무 심하게는 하지 않으셨던 분이다."

> **8·10**　孟子曰：＂仲尼不爲已①甚者。＂

〈注〉
① 已(이) : 너무, 지나치게 (已나 以에는 모두 太, 甚의 뜻이 있다).

8·11 오직 의(義)만이 표준이 된다

맹자께서 말씀하셨다.
"[한 번 입 밖으로 낸 말은 지키고, 시작한 일은 그 결말을 보는 것이 美德이라고 하지만,] 덕(德)이 있는 사람은 자기가 한 말이라고 해서 반드시 말한 그대로 지키려 하지 않으며, 자기의 행동에 대해서 기필코 그 결말을 보려 하지 않는다. 오직 그 말과 행농을 의(義)에 합치시킬 따름이다."

[말과 행동이 義에 맞지 않음을 깨달았으면, 그것을 과감히 중단할 줄 아는 사람이어야 참된 신의와 결단력을 가지고 있는 大人이라 할 수 있다.]

> 8·11   孟子曰:"大人者, 言不必信, 行不必果, 惟義所在。"

8·12 어린아이의 마음을 간직한 사람

맹자께서 말씀하셨다.

"덕이 높은 사람은 곧 어린아이의 순진무구함을 잃지 않고 간직하고 있는 사람이다."

> 8·12   孟子曰:"大人者, 不失其赤子之心①者也。"

〈注〉

① 不失其赤子之心(부실기적자지심):赤子를 일반 백성으로 보느냐 어린아이로 보느냐에 따라서 두 가지의 해석이 있다. 趙岐와 焦循은, 大人을 國君, 赤子를 백성으로 보고, 백성들의 마음, 즉 民心을 잃지 않는 사람이라 하였다. 朱子는, 趙岐가 소개한 다른 一說을 받아들여, 大人之心을 通達萬變, 赤子之心을 純一無僞로 해석하였다. 이 說은 老·莊의 학설과도 통하는 점이 있다.

8·13 장례야말로 정말로 큰 일이다

맹자께서 말씀하셨다.

"최선을 다하여 부모를 봉양하는 일은, [누구나 해야 할 일상적인 도리일 뿐,] 큰 일[大事]이라고 할 수는 없다. 부모님께서 돌아가셨을 때 장례를 치르는 일이야말로 정말로 큰 일[大事]이라 할 수 있다."

> 8·13 孟子曰:"養生者不足以當大事, 惟送死可以當大事."

8·14 진리를 탐구하는 옳바른 자세

맹자께서 말씀하셨다.

"[학문을 하는 데 있어서,] 군자는 옳바른 방법으로 깊은 경지를 추구함으로써 몸소 진리를 터득하고자 한다. 몸소 진리를 터득하게 되면, 그것에 대한 확신을 가질 수 있기 때문에, 마음이 흔들리지 않게 된다. 그것에 대한 확신으로 마음이 흔들리지 않게 되면, 그것에 대한 이해(理解)의 축적도 한층 더 심화된다. 그것에 대한 이해의 축적이 더욱 심화되면, 그것을 주위의 어떤 것에 적용하더라도 그 근원적인 도(道)와 만날 수 있는 바, 그래서 군자는 몸소 진리를 터득하고자 하는 것이다."

> 8·14 孟子曰:"君子深造之以道①, 欲其自得之②也。自得之, 則居之安②;居之安③, 則資④之深;資之深, 則取之左右逢⑤其原⑥, 故君子欲其自得之也."

〈注〉
① 深造之以道(심조지이도):옳바른 방법을 통하여(以道), 배움의 높은 경지에 도달하다(深造). 造;이르다(至也―鄭玄), 도달하다(致也―趙岐. 詣也―朱子). 之;이 章 전체에서 所學, 즉 진리나 道를 말한다. 以道;학문하는 옳바른 방법으로써.
② 自得之(자득지):自得此道. 그 道를 몸소 터득하여 자신의 것으로 삼는 것. 默識心通의 상태. (『論語』에서 '學而不思則罔'이라

하였는데, 이 '罔'은 곧 自得之가 아닌 상태를 말한다).
③ 居之安(거지안) : 居此道安. 그 배운 道에 대하여 확신을 가지고 흔들림이 없는 것. (若其所自有也 — 趙岐. 所以處之者安固而不搖 — 朱子).
④ 資(자) : 취하다(取也 — 趙岐). 쌓아두다(積也 — 段玉裁).
⑤ 逢(봉) : 만나다(値也 — 朱子. 遇也 —『爾雅』).
⑥ 原(원) : 근원(本也 — 趙岐). 즉, 道를 말한다.

8·15 널리 배우는 목적

맹자께서 말씀하셨다.
"폭넓게 배우고 그 배운 바를 상세하게 해설하는 것은, 그것을 바탕으로 대의(大義)를 간략하게 설명할 수 있는 경지로 돌아가기 위해서이다."

> (8·15) 孟子曰 : "博學而詳說之, 將以反說約也."

8·16 마음에서 우러나와 복종하게 하는 법

맹자께서 말씀하셨다.
"선(善)을 내세워 남들을 복종시키려던 사람으로서 참으로 남들을 복종시킬 수 있었던 사람은 없다. [남들이 마음으로부터 복종하지 않기 때문이다.] 스스로 선으로써 남을 가르치고 길러 준 다음에야 천하 모든 사람들을 마음으로부터 복종시킬 수 있다. 천하 모든 사람들이 마음으로부터 복종하지 않는데도 천하를 통일하였던 사람은 있은 적이 없다."

> 8·16 孟子曰:"以善①服人者, 未有能服人者也;以善養人②, 然後能服天下。天下不心服而王者, 未之有也。"

〈注〉
① 善(선):趙岐는, 善을 '잘 하다'의 뜻으로 보고, '남을 잘 복종시킨다'(善於服人), '남을 잘 기른다'(善於養人)는 뜻으로 보았다. 焦循은, 善은 仁義禮智의 端을 말하는 것으로, 善을 내세워 남을 복종시키려 드는 태도는 이것과 상반되므로 될 수 없다는 뜻이라고 하였다.
② 養人(양인): 養人者란 남들과 함께 善을 추구하는 사람들을 말한다(朱子).

8·17 불상(不祥)스러운 말

맹자께서 말씀하셨다.
"[사실무근이거나 사리에 맞지 않는] 낭설을 말하고 다니는 것은 [국가나 사회에 대하여] 매우 상(祥)스럽지 못한 일이다. 그것이 불상(不祥)스러운 이유는, 그런 말들이 어진 사람의 훌륭한 덕을 훼손시키거나 가리워 덮기 때문이다."

> 8·17 孟子曰:"言無實不祥①。不祥之實, 蔽賢者當之。"

〈注〉
① 不祥(불상):'實'字를 實不祥으로 붙여 읽는가, 言無實로 붙여 읽는가에 따라 해석이 달라진다. 朱子는, 두 가지의 '或曰'을 소개하면서, 어느 것이 맞는지 모르겠고, 무언가 빠져 있는 闕文이 아닌가 하였다. 그 두 가지의 해석은 다음과 같다. ㉠ 말 가운

데는 그 실질내용이 불상스러운 것(實不祥)이란 없다. 불상스러운 것의 실질내용은 어진 사람의 등용길을 막는 것이다(趙岐). ⓒ 말에 알맹이가 없는 것(言無實)이 불상스러운 것이다. 알맹이가 없는 말(즉, 낭설)은 어진 사람들의 등용길을 막는 바, 이것이 곧 不祥의 실질내용인 것이다(楊伯峻).

8·18 근원이 없는 물

[맹자의 제자인] 서자[徐子 : 徐辟]가 물었다. "공자께서는 자주 물의 덕을 칭송하시면서, '물이여, 물이여!'라고 감탄하셨는데, 물의 어떤 점을 높이 평가하신 것입니까?"

맹자께서 말씀하셨다.

"근원(根源)이 있는 샘물은 땅 속에서 콸콸 솟아나 밤낮을 쉬지 않고 흘러가는데, 파인 웅덩이가 있으면 채우고, 그리고는 다시 계속해서 흘러가, 마침내는 바다에 도달한다. 근본이 있는 것은 모두 이와 같은데, 공자께서는 바로 이 점을 칭찬하신 것이다. 만약에 근원이 없다면, 칠팔월 장마에 빗물이 많이 모여서 크고 작은 도랑들이 모두 물로 가득가득 차겠지만, [일단 비만 그치면,] 그 물들은 잠시 서서 기다리는 동안에 모두 말라 버릴 것이다. 그래서 명성(名聲)이 실제보다 지나치는 것, 그것을 군자는 수치로 여기는 것이다."

["샘이 깊은 물은 가뭄에 아니 그치니, 내를 이루어 바다로 간다."는 龍飛御天歌의 한 句節과 똑 같은 내용의 말이다.]

⑧·18 徐子曰 : "仲尼亟稱於水, 曰 : '水哉, 水哉①!' 何取於水也?"

孟子曰 : "原泉混混②, 不舍晝夜, 盈科③而後進, 放乎四海。有本者如是, 是之取爾④。苟爲無本, 七八月之間雨集, 溝澮皆盈；其涸⑤也, 可立而待也。故聲聞⑥過情, 君子恥之。"

〈注〉
① 水哉水哉(수재수재) : 孔子가 물을 칭찬하면서 했다는 이 말은 다른 어느 책에서도 발견되지 않고, 『論語』「子罕篇」에는, "子在川上, 曰；'逝者如斯夫！ 不舍晝夜.'"란 말만 나온다.
② 混混(혼혼) : 물이 힘차게 솟아나는 모양(湧出之貌 — 朱子).
③ 盈科(영과) : 구덩이와 웅덩이를 채우다(科, 坎也 — 趙岐).
④ 是之取爾(시지취이) : '取是爾'의 도치. 爾；語氣助詞로 '耳'와 同.
⑤ 涸(학) : 마르다(乾也 — 朱子).
⑥ 聲聞(성문) : 명성. 명예.

8·19 仁義를 따르는 것과 행하는 것

맹자께서 말씀하셨다.
"사람이 짐승과 다른 점은 몇 가지 되지 않는데, 보통 사람들은 그 다른 점을 굳이 지키려 하지 않고 내버리며, 군자는 그것을 굳게 지켜 보존한다. 순(舜) 임금은 사물의 이치를 밝히 알고, 인륜을 밝히 알고 있었으므로, [그 하는 일 하나하나가, 그 마음 속에 갖추어져 있는] 인의(仁義)를 따르게 되었던 것이지, 인의를 좋은 것이라 여겨서 의식적으로 그것을 행하였던 것은 아니다."

(8·19) 孟子曰 : "人之所以異於禽獸者幾希①, 庶②民去之, 君子存之。舜明於庶物, 察於人倫, 由仁義行③, 非行仁義也。"・

〈注〉
① 幾希(기희) : 幾 ; 가깝다(近). 希 ; 드물다. 적다(少). 稀와 同. 드문 것에 가깝다. 즉, 얼마되지 않는다는 뜻이다(朱子).
② 庶(서) : 많다(衆也―朱子).
③ 由仁義行(유인의행) : 아무런 생각 없이 행동해도 그것이 저절로 仁義가 되는 상태를 말한다. 行仁義는 仁義를 행함으로써 얻을 이익과 효과를 염두에 두고서, 즉 목적의식을 갖고서 그것을 행하는 것을 말한다.

8·20 삼대(三代) 성왕들의 도를 겸비한 주공

맹자께서 말씀하셨다.

"하(夏) 나라의 우(禹) 임금은 맛좋은 술을 [나라를 멸망시키는 요인이 되리라 생각하여] 싫어하셨으며, 유익한 말을 [나라를 흥하게 하는 데 도움이 되리라 생각하여] 듣기 좋아하셨다. 은(殷) 나라의 탕(湯) 임금은 중용의 도를 굳게 지켜, 어진 사람을 등용해 쓰는 데 있어서 [출신지역이나 신분 등] 그 어떤 것에도 구애받지 않으셨다. 주(周)의 문왕(文王)은 백성들 돌보기를 마치 상처를 어루만지듯 하였으며, [이미 道가 실행되고 있음에도 불구하고,] 도를 열망하기를 마치 여태껏 본 적이 없는 것처럼 하셨다. 무왕(武王)은 조정에 있는 가까운 신하라고 해서 소홀히 대하는 일이 없었고, 멀리 떨어져 있는 제후라고 해서 무심하게 잊어 버리지도 않으셨다. 주공(周公)은, 삼대[夏·殷·周] 성왕들의 도를 겸비해서 네 분 성왕[禹, 湯, 文王, 武王]들이 이룬 공적을 모두 실천하고자 하셨는데, 만약 그 가운데 [시대적 여건이 변해서] 적합하지 않은 점이 있으면, 하늘을 우러러 보고 [그 해결 방안을] 궁리하시고, 낮에 다 못하면 밤에까지 그것을 생각하셨으며, 다행히 그것을 생각해 내시게 되면, [한시라도 빨리 그것을 실행에 옮기고자,] 앉아서 날이 새기를 기다리셨다."

(8·20)   孟子曰:"禹惡旨酒①而好善言。湯執中, 立賢無方②。文王視民如傷, 望道而③未之見。武王不泄邇④, 不忘遠。周公思兼三王, 以⑤施四事; 其有不合者, 仰而思之, 夜以繼日⑥; 幸而得之, 坐而待旦。"

〈注〉

① 旨酒(지주): 맛좋은 술(美酒). 『戰國策』「魏策」에는, "禹 임금의 부인이 儀狄이란 자에게 술을 만들게 했는데, 그것이 맛이 좋았으므로 禹 임금에게 바쳤다. 禹 임금은 그것을 맛보고 나서, '후세에 반드시 술 때문에 나라를 망치는 자가 있을 것이다.'하고는 술을 끊고, 儀狄을 멀리 했다."라는 기록이 있다.

② 無方(무방): 세 가지 해석이 있다. ㉠ 方;常也. 즉 어떤 일정한 규정이나 관습, 법 등에 얽매이지 않았다는 뜻이다(焦循). ㉡ 方;方所也. 즉, 어느 지역 출신의 사람인지를 따지지 않았다는 뜻이다(趙岐). ㉢ 方; 猶類也. 즉, 그가 어떤 부류 또는 어떤 신분의 사람인지를 따지지 않았다는 뜻이다(朱子).

③ 而(이): 마치 … 와 같다(猶如也 — 朱子).

④ 不泄邇(불설이): 泄(설);업신여기다. 깔보다. 邇;가까이에 있는 신하.

⑤ 以(이):連詞. 두 개의 句를 잇고, 뒤의 句가 앞의 句의 目的임을 나타낸다.

⑥ 夜以繼日(야이계일):밤으로써 낮을 잇나. 즉, 낮에 다 못한 일을 밤늦게까지 계속해서 하는 것을 말한다. 이 文은 介詞(以)의 賓語(夜)를 倒置시킴으로써 賓語를 강조하는 형식이다. 예를 들면, '一言以蔽之', '江漢以濯之'(5-4) 등도 이와 같은 형식이다.

8·21 시(詩)와 춘추(春秋)

[周의 平王 대에 이르러 왕실의 힘이 쇠약해져 제후들에게 政令이 미치지 않게 되자, 천자가 각 지방을 돌면서 풍속과 민정을 살피는 일도, 民心을 노래한 詩歌를 채집하는 일도 중단되었다.]

맹자께서 말씀하셨다.

"성왕(聖王)들이 시(詩)를 채집하던 일이 폐지되자 시가 사라지게 되었고, 시가 사라지게 된 후에 공자께서 춘추(春秋)를 지으셨다. [각 나라에는 춘추라고 불리는 역사서가 있었는데,] 진(晋) 나라에서는 그것을 승(乘)이라고 불렀고, 초(楚) 나라에서는 그것을 도올(檮杌)이라고 불렀으며, 노(魯) 나라에서는 그것을 그저 춘추(春秋)라고 불렀는데, 이들은 모두 똑같은 것이었으니, 그곳에 기록된 사실들은 모두 제(齊)의 환공(桓公)과 진(晋)의 문공(文公) 등의 패업(霸業)에 관한 일들이며, 그것의 기록에 사용된 필법(筆法)은 모두 일반 역사서를 기술할 때 사용되는 그것이었다. [그러나 공자께서 쓰신 춘추는 그렇지 않았는데,] 공자께서는, '[詩 삼백편에 깃들어 있는 권선징악의] 그 대의(大義)들을 나는 춘추를 지으면서 슬그머니 빌려다 썼다.'고 말씀하셨다."

(8·21) 孟子曰:"王者之迹熄①而詩亡, 詩亡然後春秋作。晋之乘, 楚之檮杌, 魯之春秋②, 一也:其事則齊桓, 晋文, 其文則史③。孔子曰:'其義則丘竊④取之矣。'"

〈注〉

① 王者之迹熄(왕자지적식):周代의 平王이 東遷하기 이전에는 天子가 직접 제후의 나라를 찾아가서 民心을 살피는 巡狩와, 제후가

천자에게 찾아가 보고하는 述職이 정기적으로 이루어졌으며(이때 詩歌가 채집되었다는 說도 있다—顧鎭虞), 遒人(주인)이라는 관리가 전국 각 지역을 木鐸(목탁)을 두드리고 돌아다니면서 백성들이 부르는 詩歌를 채집하여 그것을 太師에게 바치고, 太師는 그 詩歌에 나타난 民心의 동향을 살펴 天子에게 보고하였다. 따라서 당시의 詩는 民心의 동향을 알기 위한 하나의 훌륭한 정치적 수단으로 이용되었다. 그런데 그 迹(＝遒), 즉 시가를 채집하던 遒人의 발걸음이 끊어지자 詩를 채집하는 일 자체가 따라서 없어지게 되었다(楊伯峻). 한편, 周의 平王이 東遷한 이후부터는 政敎號令이 天下에 미치지 못했기 때문에 詩歌가 사라졌다고 하는 해석이 있으나(趙岐·朱子), 因果 관계의 설명이 부족하다.

② 乘, 檮杌, 春秋(승, 도올, 춘추) : 春秋란 말은 원래 각국의 史書를 가리키는 보통명사였다. 즉, 燕에는 燕의 春秋가 있었고, 宋에는 宋의 春秋가 있었다. 晉의 春秋를 乘이라 불렀던 것은, 거기에는 善한 일이든 惡한 일이든 간에 무엇이나 다 실어서 기록해 두었다는 뜻에서 붙여진 이름이고, 楚의 春秋를 檮杌이라 불렀던 것은, 도올은 원래 못된 짐승의 이름으로서, 惡한 일들을 기록해 둠으로써 惡을 경계하고 善을 지키려는 의도에서 붙여진 명칭이다. 한편, 한 나라의 史書를 春秋라 부른 까닭은, 1년에는 春夏秋冬의 4계절이 있으며, 이 사계절 안에는 만물의 생육번성 등 일어나지 않는 일이 없는 것처럼, 한 나라의 역사에 있어서도 모든 일들이 다 일어난다. 이처럼 역사와 사계절의 유사성을 표현하기 위하여, 그것을 春(夏)秋(冬), 즉 春秋라 불렀던 것이다(孔穎達).

③ 其文則史(기문즉사) : 그것을 기록하는 데 사용된 文, 즉 文體는 史書를 쓸 때 史官들이 사용하는 문체와 같은 것이다.

④ 竊(절) : 자기 자신을 낮추어 말할 때 쓰는 謙詞.

8·22 사숙(私淑)

맹자께서 말씀하셨다.

"군자(君子)의 훌륭한 유풍여운(遺風餘韻)도 다섯 세대가 지나면 끊어지고, 소인(小人)의 훌륭한 유풍여운도 다섯 세대가 지나면 끊어져 버린다. 나는 공자의 제자는 될 수 없었지만, [성현의 유풍여운이 아직도 남아 있어서, 그 道를] 사람들로부터 주워 듣고 배울 수 있었다."

[玄祖와 玄孫의 사이가 다섯 세대로, 한 세대를 30년으로 계산하면 1백 50년이 된다. 맹자가 태어난 것은 공자 死後 1백년이 조금 지난 때였으므로, 맹자는 공자께서 남겨 놓으신 유풍여운의 영향을 받을 수 있었다.]

(8·22) 孟子曰:"君子之澤①五世而斬, 小人之澤五世而斬. 予未得爲孔子徒也, 予私淑②諸人③也."

〈注〉
① 君子之澤, 小人之澤(군자지택, 소인지택) : 여기서 君子는 在位에 있는 聖賢, 小人은 在位에 있지 않은 聖賢을 가리킨다(焦循). 澤;流風餘韻을 말한다(朱子).
② 私淑(사숙) : 淑;叔의 借字. 叔;줍다. 손으로 집다(叔, 取也—『說文』). 존경하고 사모하는 사람에게서 직접 배우지 못하고 단지 그 사람에 관한 일이나 전해져 오는 말을 개인적으로 듣고 본받아서 도나 학문을 닦는 것을 말한다.
③ 諸人(제인) : 之于人. 諸는 之于의 合音이다. 之는 代詞로서 앞에 나온 동사의 賓語가 되고, 于는 介詞로서 뒤의 명사와 합해져서 介賓詞組를 구성한다.

8·23 청렴과 은혜와 용기를 해치는 행동

맹자께서 말씀하셨다.
"받아도 되고 받지 않아도 될 경우에 받는 것은 청렴(淸廉)을 해치는 것이 되고, 주어도 되고 주지 않아도 될 경우에 주는 것은 도리어 은혜(恩惠)를 해치는 것이 되고, 죽어도 되고 죽지 않아도 될 경우에 죽는 것은 도리어 용기(勇氣)를 해치는 것이 된다."

> (8·23)　孟子曰:"可以取, 可以無取, 取傷廉;可以與, 可以無與, 與傷惠;可以死, 可以無死, 死傷勇。"

8·24 잘못된 제자를 둔 스승의 책임

옛날 봉몽(逄蒙)이란 자가 [有窮國의 군주로서 활쏘기의 명인인] 예(羿)에게서 활쏘기를 배웠는데, 예의 기술을 완전히 습득하고 나서, 천하에서 자기보다 활을 잘 쏘는 사람은 예밖에 없다고 생각하여, [천하의 제일인자가 되려고] 예를 죽였다. 이에 대하여 맹자께서 말씀하셨다. "그렇게 된 데에는 예에게도 죄가 있다."
그러자 공명의(公明儀)가 말했다. "예에게는 아무런 죄도 없는 것같습니다."
맹자: 죄가 크지 않을 따름이지, 어찌 죄가 없다고 할 수 있겠느냐? 옛날 정(鄭) 나라가 자탁유자(子濯孺子)를 시켜서 위(衛) 나라를 침범하게 한 일이 있었는데, 위 나라에서는 유공지사(庾公

之斯)를 시켜 그를 추격하게 했다. [싸움을 하던 중 어느날,] 자탁유자가 말했다. '오늘은 병이 나서 활을 잡을 수가 없으니, 나는 이제 죽었구나!'라고. 그리고는 전차를 모는 마부에게 물었다 : '나를 쫓아 오는 자가 누구냐?'고. 그 마부가 '유공지사입니다.'라고 대답하자, 자탁유자가, '그렇다면 죽지는 않겠구나.'라고 말했다. 그러자 그 마부가 다시, '유공지사는 위 나라의 유명한 사수(射手)입니다. 그런데도 선생님께서는 죽지 않겠구나 라고 말씀하시니, 그것은 무슨 까닭입니까?'라고 묻자, 자탁유자가 대답했다. '유공지사는 활쏘기를 윤공지타(尹公之他)에게서 배웠고, 윤공지타는 또 나에게서 활쏘기를 배웠다. 윤공지타는 단정한 사람이니, 그가 선택한 벗[제자]도 반드시 단정한 사람일 것이다.' 유공지사가 추격해 와서, '선생님께서는 왜 활을 잡지 않으십니까?' 하고 물었다. 그러자 자탁유자가 대답했다. '오늘은 내가 병이 나서 활을 잡을 수가 없소.'라고. 그러자 유공지사는, '저는 활쏘기를 윤공지타에게서 배웠고, 윤공지타는 활쏘기를 선생님에게서 배웠습니다. 그러니 저는 선생님이 가르쳐 준 기술로 선생님을 해치지는 못하겠습니다. 그러나 오늘의 싸움은 국가의 공적(公的)인 일이기 때문에, [사사로운 情을 이유로,] 제 마음대로 그만둘 수가 없습니다.'라고 말하고는 화살을 뽑아서 수레바퀴에다 대고 두드려 화살촉을 빼어 버린 다음, 네 대의 화살을 그에게 쏘고 나서 돌아갔다."

8·24 逢蒙學射於羿, 盡羿之道, 思天下惟羿爲愈①己, 於是殺羿。孟子曰:"是亦羿有罪焉。"

公明儀曰:"宜若②無罪焉。"

曰:"薄乎云爾, 惡得無罪? 鄭人使子濯孺子侵衛, 衛使庾公之斯追之。子濯孺子曰:'今日我疾作, 不可以執弓, 吾死

矣夫!' 問其僕曰:'追我者誰也?' 其僕曰:'庾公之斯也.'
曰:'吾生矣.' 其僕曰:'庾公之斯, 衞之善射者也;夫子曰吾
生, 何謂也?' 曰:'庾公之斯學射於尹公之他, 尹公之他學射
於我. 夫尹公之他, 端人也, 其取友③必端矣.' 庾公之斯至
曰:'夫子何爲不執弓?' 曰:'今日我疾作, 不可以執弓.' 曰:
'小人學射於尹公之他, 尹公之他學射於夫子. 我不忍以夫子
之道反害夫子. 雖然, 今日之事, 君事也, 我不敢廢.' 抽矢
扣輪, 去其金④, 發乘矢⑤而後反."

〈注〉
① 惟羿爲愈(유예위유): 惟…爲…의 構文으로 강조를 나타낸다.
愈;… 보다 뛰어나다(猶勝也 — 朱子).
② 宜若(의약): 宜;추측부사. 아마도(宜, 猶殆也). 宜若;아마도
… 인 것 같다(似乎).
③ 友(우):벗. 친구. 여기서는 '제자'란 뜻(劉寶楠,『論語正義』).
④ 金(금):쇠로 된 화살촉.
⑤ 乘矢(승시):네 대의 화살. 옛날에는 수레 한 대를 네 마리의 말
이 끌었으므로, 乘은 四를 가리키는 숫자로 되었다.

8·25 더러운 미인과 깨끗한 추남

맹자께서 말씀하셨다.

"서시(西施)같은 절세미인도 더럽고 냄새나는 물건을 뒤집어 쓰
고 있으면 사람들은 모두 코를 막고 지나갈 것이며, 아무리 추하
게 생긴 사람일지라도 목욕재계하여 몸과 마음을 깨끗이 하면 하
늘의 상제(上帝)께 제사지낼 수 있을 것이다."

> **8·25** 孟子曰:"西子蒙①不潔, 則人皆掩鼻而過之; 雖有惡人②, 齊戒沐浴, 則可以祀上帝。"

〈注〉
① 蒙(몽) : 입다. 뒤집어 쓰다. (예;蒙塵).
② 惡人(악인) : 못생긴 사람. 용모가 추하게 생긴 사람.

8·26 지혜의 활용도 자연의 순리를 따라야

맹자께서 말씀하셨다.
"천하의 모든 사람들이 [인간이나 사물의] 본성(本性)에 대해서 말하고 있지만, [인간이나 사물의 현상에 대한 관찰을 통하여,] 그렇게 되는 원리[故]만 밝힐 수 있으면 된다. 그렇게 되는 원리를 밝히는 일은 자연의 이치에 따르는 것을 근본으로 삼는다. 우리가 소위 총명하다는 사람들을 미워하는 이유는, [그들이 순리대로 할 생각은 않고 이리저리 머리를 굴려서,] 그럴듯한 이유를 갖다 붙이면서 견강부회를 하기 때문이다. 만약 총명하다는 사람들도 우(禹) 임금이 물길을 터서 물을 흘러가게 한 것같이 순리대로만 한다면, 우리가 그 총명함을 미워할 필요가 없다. 우 임금께서 물을 다스리신 방식을 보면, [낮은 곳을 지향하고, 양쪽에 둑이 있으면 안정되게 흐르고, 둑이 없는 평지에서는 그 흘러갈 방향을 종잡을 수 없게 되는 물의 본성에 따라 대처하였을 뿐,] 물의 본성에 반하는 그 어떤 인위적인 일도 하지 않았던 것이다. 만약 총명하다는 사람들도 이처럼 사물의 본성에 반하는 그 어떤 인위적인 일들을 하지 않고 순리대로 행동한다면, 그 총명함은 더욱 커질 것이다. 하늘이 아무리 높고 별들이 아무리 멀리 떨어져 있더라도, [그 하늘과 별들의 운행을 세밀히 관찰하여] 그 운행의 원리만 알아낼 수 있으면, 천년 후의 동짓날도 가만히 앉아서 계산해 낼 수 있을 것이다."

> (8·26)　孟子曰:"天下之言性也, 則故①而已矣。故者以利②爲本。所惡於智者, 爲其鑿也。如智者若禹之行水③也, 則無惡於智矣。禹之行水也, 行其所無事④也。如智者亦行其所無事, 則智亦大矣。天之高也, 星辰之遠也, 苟求其故, 千歲之日至⑤, 可坐而致⑥也。"

〈注〉
① 則故(칙고): 則;본받다(法也). 헤아리다(度也). 故;이미 그렇게 되어 있는 상태나, 또는 그렇게 된 원인. 원리.(故, 其已然之迹 — 朱子).
② 利(리): 따르다(猶順也 — 朱子).
③ 禹之行水(우지행수): 禹가 물을 다스린 것은. 주어(禹)+之+술어(行水)의 형식으로, 主從複合句에서 從句임을 표시한다.
④ 行其所無事(행기소무사): 事;인위적인 천착을 말한다. 즉, 인간의 작위를 개입시킴이 없이 자연의 형세에 따라 물이 흘러가게 하였다는 뜻(未嘗以私智穿鑿而有所事 — 朱子).
⑤ 日至(일지): 冬至. 周 나라의 元旦(1月1日)은 冬至였다. 고자上 (11-7)의 日至는 夏至를 말한다.
⑥ 致(치): 도달하다(至也 — 趙岐). 알아내다(得 — 朱子).

8·27　더불어 이야기하고 싶지 않은 사람

[齊 나라 대부] 공행자(公行子)가 아들의 상(喪)을 당했는데, 왕의 총애를 받고 있던 우사(右師) 왕환(王驩)이 조문하러 갔다. 그

가 문에 들어서자, 재빨리 다가가서 우사에게 인사하고 말을 거는 사람도 있었고, [그가 자리에 앉자,] 그의 자리로 찾아가 우사와 이야기를 나누는 자도 있었다. 맹자께서 그와 말을 한 마디도 나누지 않자, 우사가 불쾌하게 여기면서 말했다. "여러 내부들이 모두 나와 말을 나누는데, 맹자만이 나에게 말 한 마디 하지 않으니, 이것은 나를 무시하는 것이다."

맹자께서 이 말을 듣고 말씀하셨다.

"예법에 의하면, 조정에서는 다른 사람의 자리를 타넘고 지나가서 이야기를 나누지 아니하며, 층계를 타넘어가 서로 읍(揖)을 하지 않는다고 한다. 나는 예법을 따르고자 했는데, 자오[子敖: 왕환]는 내가 자기를 무시했다고 하니, 이상한 일이 아닌가?"

> (8·27)　公行子有子之喪, 右師①往弔。入門, 有進而與右師言者, 有就右師之位而與右師言者。孟子不與右師言, 右師不悅曰:'諸君子皆與驩言, 孟子獨不與驩言, 是簡②驩也。"
> 孟子聞之, 曰:"禮, 朝廷不歷③位而相與言, 不踰階而相揖也。我欲行禮, 子敖以我爲簡, 不亦異乎?"

〈注〉
① 右師(우사): 관직명. 제후의 卿에는 右師와 左師가 있다. 여기에 등장하는 右師는 공손추 下(4-6)의 齊 나라의 '蓋大夫 王驩'으로, 字는 子敖.
② 簡(간): 무시하다. 소홀히 다루다(略也 — 朱子). 거만하게 행동하다(傲也 — 高誘).
③ 歷(력): 타넘어 가다(更涉也 — 朱子).

8▪28 군자의 평생 동안의 고민

맹자께서 말씀하셨다.

"덕망 있는 군자가 일반 사람들과 다른 점은, 그 마음 속에 간직하는 바가 다르다는 것이다. 군자는 인(仁)을 그 마음 속에 두고, 예(禮)를 그 마음 속에 둔다. 어진 사람은 남을 사랑하고, 예의바른 사람은 남을 공경한다. 남을 사랑하는 사람은 남도 늘 그를 사랑하고, 남을 공경하는 사람은 남도 늘 그를 공경한다. 가령 여기에 어떤 사람이 있는데, 그가 나를 도리에 어긋난 거친 태도로 대한다고 하자. 그러면 군자는 반드시 스스로 이렇게 반성한다 : '내가 틀림없이 그를 어질지 않게 대했을 것이며, 틀림없이 무례하게 대했을 것이다. 그렇지 않고서야 어떻게 이런 일이 나에게 일어날 수 있겠는가?' 그가 스스로 이렇게 반성해 보아도 자신은 그에게 실제로 어질게 대했고, 실제로 예의바르게 대했는데도, 그 사람의 횡포함이 여전하다면, 군자는 이번에는 반드시 스스로 이렇게 반성한다 : '틀림없이 나에게 성심성의[忠]가 부족했을 것이다.' 이처럼 스스로 반성해 보아도, 자신은 실제로 성심성의를 다 하였는데도 그 사람의 횡포함이 여전하다면, 군자는 이렇게 말할 것이다 : "이놈은 단지 미친 놈일 따름이다. 이따위로 행동한데서야 짐승과 다를 게 무엇이냐? 짐승을 상대로 무엇을 책망하겠는가?'라고. 그렇기 때문에, 군자에게는 평생동안 갖는 근심거리는 있으나, 하루 아침에 돌발적으로 겪게 되는 우환(憂患) 같은 것은 없다. 군자가 평생동안 근심하는 것으로는 이러한 것이 있다 : 즉, '순(舜) 임금도 인간이고 나도 인간이다. 그런데 순 임금은 천하 모든 사람들의 모범이 되어 그 명성이 후세에 전해지는

데, 나는 여전히 한 사람의 평범한 인간에 지나지 않고 있다.'
[나는 도대체 무엇을 하고 있는가?]라고. 이것이야말로 마땅히 근심해야 할 일이다. 이것을 근심한다면 어떻게 해야 좋은가? 순임금과 같이 되도록 힘쓰는 길뿐이다. [군자가 이처럼 순 임금을 본받으려 노력하면서 스스로 덕을 닦는다면,] 군자가 두려워할 일이란 있을 수 없다. 어진 일이 아니면 하지 않고, 예절에 합치되지 않는 일은 하지 않는다. 설령 하루 아침에 뜻밖의 재난이 닥친다 하더라도, [그것은 자신의 허물이 될 수 없으므로,] 군자는 그것을 두려워하지 않는다."

(8·28) 孟子曰:"君子所以異於人者①, 以其存心②也。君子以仁存心, 以禮存心。仁者愛人, 有禮者敬人。愛人者, 人恒愛之;敬人者, 人恒敬之。有人於此, 其待我以橫逆③, 則君子必自反也;我必不仁也, 必無禮也, 此物奚宜至哉④? 其自反而仁矣, 自反而有禮矣, 其橫逆由⑤是也, 君子必自反也; 我必不忠。自反而忠矣, 其橫逆由是也, 君子曰:'此亦⑥妄人也已矣⑦。如此, 則與禽獸奚擇⑧哉? 於禽獸又何難⑨焉?'是故君子有終身之憂, 無一朝之患也。乃若⑩所憂則有之:舜, 人也;我, 亦人也。舜爲法於天下, 可傳於後世, 我由未免爲鄕人也, 是則可憂也。憂之如何? 如舜而已矣。若夫⑪君子所患則亡矣。非仁無爲也, 非禮無行也。如有一朝之患⑫, 則君子不患矣。"

〈注〉

① 所以異於人者(소이이어인자):일반 사람들과 다른 까닭. 所(助詞)+以(介詞)+動詞(또는 동사성 詞組)+(者)의 文形은 동사가 표시하는 동작행위가 발생한 원인을 나타낸다.

② 存心(존심) : 趙岐와 焦循은, 存＝在＝察로 풀이하여, 存心은 곧 그 마음을 성찰하는 것이라 해석했고, 朱子는, 存於心, 즉 마음에 간직한다는 뜻으로 해석했다. 둘 다 통한다.
③ 橫逆(횡역) : 도리에 어긋나게 제멋대로 행동하는 것(強暴不順理也 — 朱子).
④ 此物奚宜至哉(차물해의지재) : 物 ; 일, 사건(事). 奚宜 ; 어떻게(何爲). 至 ; 이르다(來).
⑤ 由(유) : 여전히(與猶同 — 朱子). 猶는 부사로서, 어떤 일이 변함 없이 계속되는 것을 나타낸다.
⑥ 亦(역) : 단지. 다만(特也, 但也).
⑦ 也已矣(야이의) : 語氣詞가 連用된 것으로 '… 따름이다'.
⑧ 奚擇(해택) : 무엇이 다른가(何異也 — 朱子).
⑨ 難(난) : 비난하다. 책망하다.
⑩ 乃若(내약) : … 에 이르러서는. …로서는(至于). 화제를 바꿀 때 쓰는 轉折連詞.
⑪ 若夫(약부) : '至于'의 뜻을 갖는, 화제를 바꿀 때 쓰는 轉折連詞(乃若과 同).
⑫ 患(환) : 재난. 앞의 '所患'과 뒤의 '不患'의 患은 '…를 두려워하다'. '겁내다'는 뜻의 動詞.

8·29 직책에 따라 처신은 달라도 그 도(道)는 같다

예전에 우(禹) 임금과 후직(后稷)은 태평시대에 살면서도, 자기 집 문 앞을 세 차례나 지나갔으나 일이 바빠서 들어가지 않고 그냥 지나쳤는데, 공자께서는 그들을 칭찬해 주셨다. 공자의 제자 안회(顏回)는 정치가 혼란한 시대를 만나서 누추하고 비좁은 빈민촌에서, 한 대그릇에 담은 밥과 한 바가지의 물로 끼니를 때우면서도, 보통 사람들은 도저히 그 고통을 견디지 못할 텐데, 오히려 그 가운데서 기쁨을 느끼고 그 생활을 바꾸려 하지 않았는데, 공자께서는 그를 칭찬해 주셨다.
　[이 두 가지 일에 대하여,] 맹자께서 말씀하셨다.
　"우(禹)·직(稷)·안회(顏回)는, [그 처세의 태도는 서로 달랐지만,] 그 도리가 같았다. 우는 백성들 가운데 물에 빠진 자가 있으면 마치 자기가 그를 물에 빠뜨린 것같이 생각하였고, 후직은 백성들 가운데 굶주린 자가 있으면 마치 자기가 그를 굶긴 것같이 생각하였으며, 그래서 백성들 구하기를 그처럼 다급히 하였던 것이다. 만약 우와 직과 안회가 그 직책과 처지를 서로 바꾼다면 모두 다 그렇게 하였을 것이다. [백성들 구하는 일을 그처럼 다급하게 생각한 것과, 빈촌에서 가난한 생활을 즐기면서 유유자적한 것은, 비유해서 말하자면 다음과 같다.] 가령 지금 한 집 안에 살면서 서로 싸우는 자가 있다고 하자. 그들을 구하기 위해서 머리를 풀어헤친 채, 갓끈도 제대로 묶지 않은 채, 급히 싸움을 말리더라도 무방할 것이다. [우와 직의 행동이 바로 이와 같았다.] 그러나 가령 한 동네에서 이웃끼리 싸우는 자가 있을 때, 이때도 머리를 풀어헤친 채, 갓끈도 제대로 묶지 않은 채, 급히 그들을 구하러 뛰어 나간다면, 그것은 뭔가 잘못 생각한 것이니, 그런 때에는 문을 닫고 가만히 있어도 상관이 없다." [안회의 행동이 이와 같았다.]

　　[禹와 稷이 治水 및 농사지도에 열중했던 것은 백성들을 하루 빨리 구해 주어야 할 직책에 있었기 때문이다. 그러나 顏回는 아무런 관직도 직책도 없었기 때문에, 자신이 직접 나서서 백성들의 어려움을 구해 주어야 할 입장이 아니었다.]

　8·29　禹、稷當平世, 三過其門而不入①, 孔子賢之。顏子當亂世, 居於陋巷, 一簞食, 一瓢飮 ; 人不堪其憂, 顏子不改其樂, 孔子賢之②。

　孟子曰："禹、稷、顏回同道。禹思天下有溺者，由③己溺之也；稷思天下有飢者，由己飢之也，是以如是其④急也。禹、稷、顏子易地則皆然。今有同室之人鬪者，救之，雖被髮纓冠⑤而救之，可也；鄕鄰有鬪者，被髮纓冠而往救之，則惑也；雖閉戶可也。"

〈注〉

① 三過其門而不入：이것은 원래 禹에 관한 이야기지 稷에 관한 이야기가 아니다.
② 孔子賢之(공자현지)：이 말은 『論語』「雍也篇」에 나온다.
③ 由(유)：(자기가 빠뜨린 것)처럼(猶와 同). 焦循은 由를 '(자기) 때문에(由於己)'란 뜻으로 해석했다.
④ 如是其(여시기)：이처럼. 其는 若是, 如是, 如此 등의 뒤에 오는 語氣助詞이다.
⑤ 被髮纓冠(피발영관)：머리를 묶을 틈도, 갓끈을 맬 틈도 없이 급히 뛰어나갔다는 뜻. 被；披(헤치다)와 同. 纓；원래는 갓끈이란 뜻의 名詞이지만, 여기서는 動詞(갓끈을 매다)로 사용되었다.

8·30 광장(匡章)의 불효

맹자의 제자인 공도자(公都子)가 물었다. "[제 나라의 장군인] 광장(匡章)은 나라 안의 모든 사람들이 불효자라고 부르는 사람인데, 선생님께서는 그와 교제할 뿐만 아니라 깍듯이 예의까지 차려 그를 대하시니, 그 이유가 무엇입니까？"

맹자께서 대답하셨다.

"세상에서 말하는 불효에는 다섯 가지가 있다. 손발을 움직이기 싫어서 자기 부모를 봉양하지 않는 것이 그 첫번째 불효이고, 도박이나 내기바둑 등의 승부놀음을 즐기고 술마시기를 좋아해서 자기 부모를 제대로 봉양하지 않는 것이 두번째 불효이고, 재물을 탐내어 돈벌이에만 열중하고 자기 처자식만 편애하면서 자기 부모를 제대로 봉양하지 않는 것이 세번째 불효이고, 귀와 눈[즉, 가무와 여색]의 욕망에 사로잡혀 부모를 욕되게 하는 것이 네번째 불효이고, 헛된 용맹을 좋아하여 싸움질 하느라 부모에게까지 위험이 닥치게 하는 것이 다섯번째 불효이다. 광장은 이들 가운데 어느 한 가지라도 해당되는 것이 있느냐? 광장의 경우, 단지 부자간에 잘못을 바로잡아 주려다가[責善] 서로 의견이 맞지 않아 사이가 멀어진 것이다. 잘못을 서로 나무라고 충고해 주는 것은 친구 사이에서 취할 도리이다. 부자간에 잘못을 바로잡아 주려고 서로 나무라는 것은 부자간의 애정을 가장 크게 해치는 일에 속한다. 광장인들 어찌 처자식들과 함께 단란한 가정을 갖고 싶지 않았겠는가? 그러나 부친에게 죄를 얻어 그를 가까이에서 모실 수 없었기 때문에, [자신의 봉양을 받지 못하는 외로운 부친을 생각하여,] 자신도 아내를 내보내고 아들을 멀리 물리친 채, 평생 그들의 봉양을 거절한 것이다. 광장의 배려는, 만약 그렇게라도 하지 않는다면 자신의 죄가 더욱 커질 것으로 생각했기 때문이니, 광장은 바로 그런 사람이다."

8·30 公都子曰:"匡章, 通國①皆稱不孝焉, 夫子與之遊, 又從而②禮貌之, 敢問何也?"

孟子曰:"世俗所謂不孝者五, 惰其四支, 不顧父母之養, 一不孝也;博奕③好飮酒, 不顧父母之養, 二不孝也;好貨財, 私④妻子, 不顧父母之養, 三不孝也;從⑤耳目之欲, 以爲父母戮⑥, 四不孝也;好勇鬪很⑦, 以危父母, 五不孝也.

章子有一於是乎? 夫章子, 子父責善而不相遇⑧也。責善, 朋友之道也; 父子責善, 賊⑨恩之大者。夫章子, 豈不欲有夫妻子母之屬哉? 爲得罪於父, 不得近, 出妻屏⑩子, 終身不養焉。其設心以爲不若是, 是則罪之大者, 是則章子已矣。"

〈注〉

① 通國(통국) : 전국민.
② 又從而(우종이) : 다시 더 나아가.
③ 奕(혁) : 바둑을 두는 것. 바둑두는 것 자체는 나쁜 것이 아니므로, '내기 바둑'으로 번역했다.
④ 私(사) : 편애하다(偏愛 —『辭源』).
⑤ 從(종) : 縱, 즉 욕망을 쫓아 방종하게 행동하는 것.
⑥ 戮(륙) : 욕보이다. 치욕을 당하게 하다(羞辱也 — 朱子).
⑦ 很(흔) : 거칠고 사납게 싸우는 것(忿戾也 — 朱子).
⑧ 相遇(상우) : 합치되다. 의견이 맞다(合也 — 朱子).
⑨ 賊(적) : 해치다(害也 — 朱子).
⑩ 屏(병) : 물리치다. 내쫓다. 멀리하다(遠也 — 趙岐).

8·31 입장에 따라 처신도 달라져야 한다

증자(曾子)가 노(魯) 나라 무성(武城)에 있을 때 월(越) 나라 군대가 쳐들어 왔다. 그래서 어떤 사람이 물었다. "적군이 쳐들어 오는데 왜 떠나시지 않고 그냥 계십니까?"

그러자 증자는 [집 지키는 사람에게,] "다른 사람들을 내 집에 들어오지 못하게 하고, 집의 나무들을 망가뜨리지 못하게 해라." 하고 당부하고서 그곳을 떠났다.

적군이 물러가자 증자가 말했다. "내 집의 담장과 방들을 수리해라. 내가 곧 돌아가겠다."라고.

적군이 다 물러가자 증자는 무성으로 돌아왔다. 그러자 증자의 주위 사람들이 말하기를, "무성읍의 사람들이 선생님을 그토록 공경하고 충심으로 섬겼는데도, 적군이 쳐들어 오자 선생님께서는 남보다 먼저 떠나감으로써 백성들에게 나쁜 본을 보이시고, 또 적군이 물러가자 곧바로 돌아오셨는데, 그래서는 안 되는 것 아닌가?"라고 했다.

[그 말을 듣고,] 증자의 제자인 심유행(沈猶行)이 말했다. "[선생님께서 취하신 행동은,] 자네들이 이해할 수 있는 일이 아니다. 예전에 선생님께서 우리 집안에 머무르고 계실 때, 부추(負芻)라는 자가 난리를 일으켜 우리 집에 쳐들어 왔는데, 그때 선생님을 따라 우리 집에 함께 머물고 있었던 제자가 70명이나 되었지만, [선생님께서는 그 제자들을 데리고 일찌감치 떠나가셨기 때문에,] 그 난리를 겪은 사람은 하나도 없었다."

[공자의 손자인] 자사(子思)가 위(衛) 나라에서 벼슬할 때, 제(齊) 나라 군대가 쳐들어 왔다. 그러자 어떤 사람이 물었다. "적군이 쳐들어 오는데 왜 떠나시지 않고 그냥 계십니까?"

그러자 자사가 말했다. "만약에 내가 떠나가면, 임금께서는 누구와 함께 이 성을 지키겠는가?"라고.

맹자께서는 [이 두 분들이 취한 행동에 대해] 이렇게 평하셨다. "증자와 자사는 [그 취한 행동은 서로 반대되는 것 같지만,] 그 걸어간 길은 똑 같았다. 증자는 당시 선생이자 부형이라는 지위에 있었고, [자기 아래 사람들을 보호해야 할 책임이 있었다.] 자사는 신하이자 신분도 낮았다. [윗사람을 안전하게 모셔야 할 책임이 있었다.] 증자와 자사는, 만약 서로의 입장과 처지가 바뀌었다면, 또한 거기에 맞게 달리 행동하셨을 것이다."

8·31 曾子居武城, 有越寇。或曰: "寇至, 盍去諸?"

曰:"無寓人於我室, 毀傷其薪木." 寇退, 則曰:"修我牆屋, 我將反." 寇退, 曾子反. 左右曰:"待先生如此其忠且敬也, 寇至, 則先去以爲民望②; 寇退, 則反, 殆於③不可." 沈猶行曰:"是非汝所知也. 昔沈猶有負芻之禍, 從先生者七十人, 未有與焉④."

子思居於衞, 有齊寇. 或曰:"寇至, 盍去諸?" 子思曰:"如伋去, 君誰與守?"

孟子曰:"曾子、子思同道. 曾子, 師也, 父兄也; 子思, 臣也, 微⑤也. 曾子、子思易地則皆然."

〈注〉
① 盍去諸(합거제):왜 떠나가지 않는가(何不去之乎).
② 爲民望(위민망):백성들이 바라보고 본받게 하다(使民望而效之 ─ 朱子).
③ 殆於(태어):아마도. 대개(殆, 近也).
④ 未有與焉(미유여언):그 亂을 겪은 자가 없다. 그 亂을 평정하는데 참여한 자가 없다는 뜻으로 해석하는 說도 있다.
⑤ 微(미):미천한(猶賤也 ─ 朱子). 지위가 낮은(少也 ─ 趙岐).

8·32 요순도 보통 사람들과 똑 같은 인간이었다

제 나라 대부 저자(儲子)가 물었다. "임금께서 사람을 시켜 선생님을 몰래 살펴보게 하였는데, 과연 선생님은 보통 사람들과 다른 점이 있습니까?"

맹자께서 대답하셨다.

"나라고 어찌 보통 사람들과 다른 점이 있겠느냐? 요 임금과 순 임금도 보통 사람들과 똑 같았느니라."

8·32 儲子曰:"王使人瞯①夫子, 果有以異於人乎?"孟子曰:"何以異於人哉? 堯舜與人同耳。"

〈注〉
① 瞯(간) : 엿보다(竊視也 — 朱子). 瞯(감)으로 되어 있는 本도 많다.

8·33 출세하려고 애쓰는 모습을 아내가 본다면

제(齊) 나라 사람으로 자기 아내와 첩을 데리고 한 집에서 사는 자가 있었는데, 그 남편이란 자는 외출할 때마다 반드시 잔뜩 배불리 먹고 술이 거나하게 취해서 돌아왔다. 그의 아내가 함께 먹고 마신 사람들이 누구인지 물어보면, 모두 다 돈 많고 권세 있는 자들이었다. 그의 아내가 첩에게 말했다. "바깥 양반이 외출을 하면 반드시 배불리 먹고 거나하게 취해서야 돌아오는데, 함께 먹고 마신 사람들이 누구인지 물어보면, 하나같이 돈 많고 권세 있는 사람들 이름만 댄다. 그런데도 나는 여지껏 그 유명한 분들이 우리 집에 찾아오는 것을 한 번도 본 적이 없으니, 아무래도 내가 남편이 가는 곳을 뒤쫓아가 알아 보아야겠다."

다음날 아침 일찍 일어나 남편의 뒤를 멀찍이 떨어져 그가 가는 곳을 뒤따라가 보았지만, 온 성(城) 안을 다 지나는 동안 그와 함께 서서 이야기하는 사람이 없었다. 마침내 동쪽 성 밖에 있는 공동묘지에 도착해서, 그곳에서 제사지내는 사람들에게 다가가서, 제사지내고 남은 음식을 얻어 먹고, 그러고도 모자라자 다시 사방을 휘 둘러보고는 다른 곳으로 가서 얻어 먹었다. 이것이 그가 배불리 먹고 마시는 방법이었다.

그의 아내가 집으로 돌아와서 첩에게 그날 본 일들을 이야기해 주면서 말했다. "남편이란 우리가 우러러 보면서 평생동안 몸을 의지해야 할 사람인데, 오늘 보니 우리 남편의 꼴이 이 모양일세——"라고. 그리고는 첩과 함께 마당 한가운데서 남편을 원망하고 울었는데, 남편은 그런 줄도 모르고 의기양양한 모습으로 들어와 서는 아내와 첩 앞에서 잘난 체 으스대었다.

[맹자께서는 이에 대해서 이렇게 평하셨다.] "군자가 볼 때, 사람들이 부귀와 영화를 구걸하는 방법 치고, 그들의 아내와 첩이 알고 나면 창피해서 함께 울지 않을 자가 매우 드물 것이다."

⑧·33) 齊人有一妻一妾而處室者, 其良人①出, 則必饜酒肉而後反. 其妻問所與飲食者, 則盡富貴也. 其妻告其妾曰: "良人出, 則必饜酒肉而後反; 問其與飲食者, 盡富貴也, 而未嘗有顯者來, 吾將瞷良人之所之也."

蚤起②, 施③從良人之所之, 徧國中無與立談者. 卒之東郭墦間, 之祭者④, 乞其餘; 不足, 又顧而之他 —— 此其爲饜足之道也.

其妻歸, 告其妾, 曰: "良人者, 所仰望而終身也, 今若此——" 與其妾訕⑤其良人, 而相⑥泣於中庭⑦, 而良人未之知也, 施施⑧從外來, 驕其妻妾.

⑨由君子觀之, 則人之所以求富貴利達者, 其妻妾不羞也, 而不相泣者, 幾希矣⑩.

〈注〉

① 良人(양인) : 남편(郎人).
② 蚤起(조기) : 早起. 아침 일찍 일어나다.
③ 施(이) : 멀찍이 뒤쳐져서 앞 사람이 눈치채지 못하게 따라가는 것

(邪施而行 — 趙岐). 施；斜의 古字(錢大昕).
④ 東郭墦間, 之祭者(동곽번간, 지제자) : 間과 之 사이를 끊어 읽느냐 붙여 읽느냐에 따라 뜻이 달라진다. …間之…로 붙여 읽으면, '동쪽 성밖의 공동묘지에서 제사지내는 사람에게'가 된다.
(墦, 冢也 — 趙岐)
⑤ 訕(산) : 헐뜯다(謗也 —『說文』). 원망하다.
⑥ 相(상) : 함께(相與).
⑦ 中庭(중정) : 마당 한 가운데서(＝庭中).
⑧ 施施(이이) : 의기양양해 하는 모습(喜悅自得之貌 — 朱子).
⑨ 이곳부터가 孟子의 말이라는 說과, 문장 맨 앞에「孟子曰」이 빠져 있고, 이곳부터는 맹자의 評이라는 說이 있다(朱子).
⑩ 幾希矣(기희의) : 이 文의 주어는 '人之所以…而不相泣者'이고, 幾希矣는 술어이다. 주어 가운데 있는 者와 也는 주어가 너무 길기 때문에 중간에 말을 끊기 위해서 들어간 助詞들이다.

9. 만(萬) 장(章) 上

9·1 순(舜)의 대효(大孝)

만장(萬章)이 맹자께 물었다. "순(舜)이 [歷山에서 농사짓고 있을 때,] 밭에 나가 일하다가 하늘을 향해 하소연하면서 울었다고 하는데, 왜 그렇게 하소연하면서 울었습니까?"

맹자께서 말씀하셨다. "그것은 [부모의 사랑을 받지 못하고 있음을] 한편으로는 원망하고, 또 한편으로는 자기 부모를 사모하였기 때문이다."

만장이 물었다. "[曾子께서는,] '부모가 자기를 사랑해 주면 마음 속으로 기뻐하면서 그것을 잊지 말고, 부모가 자기를 미워하면 마음 속으로 걱정은 하더라도 그 때문에 부모를 원망해서는 안 된다.'라고 했습니다. 그런데 순은 자기 부모를 원망했습니까?"

맹자께서 말씀하셨다.

"옛날 장식(長息)이 [그의 스승이자 曾子의 제자였던] 공명고(公明高)에게 말했다. '순이 들에 나가 농사를 지었다는 것에 대해서는 저도 이미 들어서 알고 있습니다만, 그가 하늘을 향하여 하소연하면서 울고, 또 그런 식으로 부모를 섬겼다는 것은 이해할 수 없습니다.'라고. 그러자 공명고는, '그것은 자네가 이해할 수 있는 일이 아니다.'라고만 대답했다. 공명고의 생각은, 효자의 마음이란 다음과 같이 생각하면서 태연해 할 수는 없다는 것이었다 : 즉, '나는 나의 온 힘을 다하여 밭을 갈았고, 온 힘을 다하여 자식으로서 해야 할 직분을 다했을 따름이다. 그런데도 부모님께서 나를 사랑해 주지 않으니, 도대체 나더러 어떻게 하란 말인가?'라고.

요(堯) 임금은 자신의 9남 2녀의 자식들로 하여금, 백관(百官)들과 함께 소와 양과 양곡창고 등을 갖추어, 순이 있는 시골로 가서 그를 섬기게 하였으며, 천하의 선비들 가운데서도 순을 [칭송하고] 따르는 자가 많아지자, 요 임금께서는 장차 온 천하를 그에게 다 물려 주려고 하였다. 그런데도 순은 부모의 사랑을 받지 못하고 있었기 때문에, 마치 의지가지 없는 사람이 몸붙일 곳이 없어 하는 것처럼 하였다. 천하의 선비들이 자기를 좋아해 주는 것, 이것은 누구나 다 바라는 일이지만, 그러나 그것은 순의 근심을 없애 주기에는 부족하였고, 아름다운 여인을 아내로 맞이하는 것, 이것은 누구나 다 좋아하는 바이지만, 그리고 순은 요 임금의 두 딸을 아내로 맞이하였지만, 그것이 순의 근심을 없애 주기에는 부족하였으며, 부(富), 이것은 누구나 다 갖고 싶어하는 것이지만, 그리고 순은 그 부(富)가 온 천하를 다 차지할 정도에 이르렀지만, 그것이 순의 근심을 없애 주기에는 부족하였으며, 존귀함, 이것은 누구나 다 원하는 바이지만, 그리고 순은 그 존귀함이 천자(天子)의 지위에까지 올랐지만, 그것이 그의 근심을 없애 주기에는 부족하였다. 모든 사람들이 자기를 좋아해 주는 것도, 아름다운 여인을 아내로 맞이하는 것도, 부(富)도, 존귀함도 순의 근심을 없애 주기에는 부족하였으며, 오직 부모의 사랑을 받는 것만이 그의 근심을 없애 줄 수 있는 것이었다.

　사람이란 어려서는 부모를 사모하고, 여자를 좋아할 줄 알 나이가 되면 젊고 아름다운 여인을 그리워하게 되며, 처자를 갖게 되면 처자 사랑에 빠지고, 관직에 나아가면 임금의 마음에 들려고 노력하며, 임금의 환심을 사지 못하면 속을 태우면서 초조해 한다. 큰 효자만이 평생동안 부모를 사모한다. 나이 오십이 되어서도 부모를 사모한 사람, 나는 그런 사람을 위대한 순에게서 보았다.”

9·1　萬章問曰：“舜往于田①, 號泣于旻天②, 何爲其號泣也?"

　孟子曰:"怨慕也."

　萬章曰:"'父母愛之, 喜而不忘;父母惡之, 勞③而不怨.' 然則舜怨乎?"

　曰:"長息問於公明高曰:'舜往于田, 則吾旣得聞命矣;號泣于旻天, 于父母④, 則吾不知也.' 公明高曰:'是非爾所知也.' 夫公明高以孝子之心, 爲不若是恝⑤;我竭力耕田, 共⑥爲子職而已矣, 父母之不我愛, 於我何哉⑦? 帝使其子九男二女⑧, 百官牛羊倉廩備, 以事舜於畎畝之中, 天下之士多就之者, 帝將胥⑨天下而遷之焉. 爲不順⑩於父母, 如窮人無所歸. 天下之士悅之, 人之所欲也, 而不足以解憂;好色, 人之所欲, 妻帝之二女, 而不足以解憂;富, 人之所欲, 富有天下, 而不足以解憂;貴, 人之所欲,貴爲天子, 而不足以解憂. 人悅之、好色、富貴, 無足以解憂者, 惟順於父母 可以解憂. 人少, 則慕父母;知好色, 則慕少艾⑪;有妻子, 則慕妻子;仕則慕君, 不得於君則熱中⑫. 大孝終身慕父母. 五十而慕者, 予於大舜見之矣."

〈注〉

① 舜往于田(순왕우전):순은 일찍이 歷山에서 농사를 짓고 살았다.

② 號泣于旻天(호읍우민천): 號;哭을 할 때 하늘이나 死者를 향하여 말을 하는 것. 旻;가을 하늘(『爾雅』). 가을은 온갖 식물들이 말라서 잎이 떨어지는 계절이므로, 旻에는 불쌍하고 가엾게 여긴다는 뜻이 있다(劉熙).

③ 勞(로):근심하다, 걱정하다. (『大戴禮記』「曾子大孝篇」에는 이것이 懼로 되어 있다).

④ 于父母(우부모):于를 '與'(連詞)로 보아, '하늘과 부모를'이라고

해석하는 경우를 볼 수 있으나, 중복을 피하기 위하여 앞에 號泣을 생략하고 있는 文이다.
⑤ 不若是恝(불약시개) : 이처럼 하면서(若是), 태연해 할 수 없다(不恝). 是는 '我竭力…於我何哉'를 가리키는 代詞. 恝 ; 걱정하지 않는 모양.
⑥ 共(공) : 공경하다(恭과 同字).
⑦ 於我何哉(어아하재) : 趙岐와 朱子는, "자신이 무슨 죄를 지었는지 몰라서 스스로를 책망하는 뜻이다."고 하였으나, 그렇게 되면 앞의 爲不若是恝와 연결되지 않는다. "정말로 효자라면, '내 할 도리를 다 했는데도 부모님이 나를 사랑해 주지 않으니, 도대체 난들 어쩌란 말인가?'라고 하면서(若是), 태연해 할 수는 없다(不恝)."는 뜻이라고 해석한 『正義』의 一說이 자연스럽다.
⑧ 二女(이녀) : 堯 임금의 두 딸. 이름은 娥皇과 女英.
⑨ 胥(서) : 모두(皆.盡―『爾雅』). 趙岐는 이것을 기다리다(須也)로 해석했고, 朱子는 이것을 살펴본다(相視)로 해석했다.
⑩ 順(순) : 사랑하다(愛也―趙岐). 여기에서는 피동형으로 사용되고 있다.
⑪ 少艾(소예) : 젊고 아름다운 여인(美好也―趙岐).
⑫ 熱中(열중) : 속을 태우며 초조해 하는 것(中 ; 心也).

9·2 순(舜)이 아내를 맞이한 사정

만장이 물었다. "『시경』(齊風·南山)에서 말하기를,
 '아내를 맞이하려면 어떻게 해야 하는가?
 반드시 미리 부모에게 알려야 한다'
라고 했습니다. 이 시의 말대로 따른다면, 순(舜)처럼 해서는 안 될 것입니다. 순은 부모에게 알리지도 않고 아내를 맞이했는데, 왜 그랬습니까?"
맹자께서 대답하셨다. "만약 부모에게 미리 알린다면, [부모가 순을 미워하고 있었으므로,] 장가갈 수 없었기 때문이다. 남녀가 결혼하여 함께 산다는 것은 인간의 막중한 도리이다. 만약에 미리 부모에게 알린다면, [그래서 결혼을 못하게 된다면,] 그것은 인간의 막중한 도리를 그르치는 것이 되고, 그 결과 부모를 원망하는 마음이 생기게 될 것이므로, 그래서 미리 알리지 않은 것이다."

만장 : "순이 부모에게 알리지 않고 장가간 이유는 저도 이미 들어서 이해하겠습니다. 그러나 요 임금도 순에게 딸을 시집보내면서 순의 부모에게 알리지 않았는데, 그 이유는 무엇입니까?"

맹자 : "요 임금께서도 또한, 만약 순의 부모에게 미리 알린다면, 순에게 딸들을 시집보낼 수 없게 된다는 것을 알고 있었기 때문이다."

만장 : "[순의 아버지 瞽瞍는 봉사로서, 그 처가 죽자 후처를 얻어 자식을 낳았는데, 그가 곧 순의 이복동생인 象이다. 이들은 모두 전처 소생인 순을 미워하여 그를 죽이려고 했다.] 하루는 순의 부모들이 순에게 양곡창고의 지붕을 수리하도록 하고는, [순이 지붕으로 올라가자,] 그 사다리를 치운 다음, 그 아버지인 고수가 창고에 불을 질렀습니다. [그러나 순은 미리 준비해 간 대삿갓을 이용하여 딴 곳으로 안전하게 뛰어내려 죽음을 면했다.] 또 하루는 순으로 하여금 우물을 파게 하고는, [순이 우물 속으로 들어가서 미리 몰래 옆으로 뚫어 놓았던 구멍으로] 빠져 나왔는데도, [그런 줄도 모르고] 우물을 흙으로 파묻어 버렸습니다. [순이 죽은 줄 알고,] 상(象)이 말했습니다. '순을 죽여 버릴 꾀를 낸 것은 모두 나의 공로이니, 형이 가졌던 소와 양은 부모님께 드리고, 양곡창고도 부모님께 드리고, 방패와 창은 내가 갖고, 거문고도 내가 갖고, 무늬새긴 활도 내가 갖고, 두 형수는 내 잠자리를 돌보게 할 것이다.'라고. 그리고 상은 [이것들을 접수하러] 순의 집으로 들어갔는데, 순이 평상(平床)에 앉아서 거문고를 타고 있었습니다. [순이 죽지 않은 것을

보고 깜짝 놀란] 상이 둘러대어 말했습니다. '아! 하도 형님이 보고 싶길래……'라고. 그러면서도 부끄러워 어쩔 줄 몰라 했습니다. 그러자 순이 말했습니다. '나는 이 신하들과 백성들을 생각하고 있는 중인데, 너는 내가 이들을 다스리는 일을 도와 달라.'라고. 잘 모르겠습니다만, 순은 상이 자기를 죽이려고 한다는 것을 모르고 있었을까요?"

맹자: "어찌 몰랐겠느냐? [다만 그 동생을 사랑하는 마음이 지극하였기 때문에,] 상이 근심하면 자기도 근심하고, 상이 기뻐하면 자기도 기뻐하였던 것이다."

만장: "그렇다면 순이 기쁜 척 가장했던 것입니까?"

맹자: "아니다. 옛날에 어떤 사람이 현자였던 정(鄭) 나라의 자산(子産)에게 살아 있는 물고기를 선물로 보냈는데, 자산은 연못지기에게 그것을 못에서 기르도록 하였다. 그런데 그 연못지기가 그 물고기를 삶아 먹어 버리고는 돌아와서 자산에게 보고하기를, '처음 물고기를 못에 막 풀어 놓았을 때에는 비실비실 거리더니, 조금 지나자 서서히 꼬리를 치기 시작하면서 재빨리 깊은 곳으로 들어가 버렸습니다.'라고 하였다. 그러자 자산은 말했다. '제 자리를 찾아갔구나, 제 자리를 찾아 갔어!'라고. 연못지기가 밖에 나와서는 말하기를, '누가 자산을 지혜로운 분이라고 했지? 내가 이미 삶아 먹어 버렸는데도, 제 자리를 찾아갔구나, 제 자리를 찾아갔어! 라고 말하는 사람을……'이라고 했다. 이와 같이, 군자는 도리에 맞는 방법으로써는 속일 수가 있어도, 도리에 벗어난 방법으로써는 속일 수가 없는 법이나. 상은 이미 형을 사랑하는 모습을 하고 찾아왔으므로, 순도 정말로 그런 줄 믿고 기뻐하였던 것이지, 어찌 그런 척 가장했던 것이겠느냐?"

9·2 萬章問曰:"詩云, '娶妻如之何? 必告父母.' 信斯言也, 宜莫如舜①。舜之不告而娶, 何也?

孟子曰:"告則不得娶。男女居室②, 人之大倫也。如告, 則廢人之大倫, 以懟③父母, 是以不告也。"

萬章曰:"舜之不告而娶, 則吾旣得聞命矣; 帝之妻④舜而不告, 何也?"

曰:"帝亦知告焉則不得妻也。"

萬章曰:"父母使舜完廩, 捐階⑤, 瞽瞍焚廩。使浚井, 出⑥, 從而揜⑦之。象曰:'謨蓋都君咸我績⑧, 牛羊父母, 倉廩父母, 干戈朕, 琴朕, 弤⑨朕, 二嫂使治朕棲⑩。'象往入舜宮, 舜在牀琴⑪。象曰:'鬱陶⑫思君爾。'忸怩⑬。舜曰:'惟⑭玆臣庶, 汝其于予治⑮。'不識舜不知象之將殺己與?"

曰:"奚而⑯不知也? 象憂亦憂, 象喜亦喜。"

曰:"然則舜僞喜者與?"

曰:"否; 昔者有饋生魚於鄭子產, 子產使校人⑰畜之池。校人烹之, 反命曰:'始舍之, 圉圉⑱焉; 少則洋洋⑲焉; 攸然⑳而逝。'子產曰:'得其所哉! 得其所哉!'校人出, 曰:'孰謂子產智? 予旣烹而食之, 曰:得其所哉, 得其所哉。'故君子可欺以其方, 難罔㉑以非其道。彼以愛兄之道來, 故誠信而喜之, 奚僞焉?"

〈注〉

① 信斯言也, 宜莫如舜(신사언야, 의막여순):信을 '믿다'의 뜻으로 보고, '이 말을 그대로 믿고 실천하기로는, 순을 따를 사람이 없다.'고 해석하는 경우(趙岐·楊伯峻)도 있으나, 信을 '誠'의 뜻으로 보고, '정말로 이 詩의 말대로 한다면, 순처럼 해서는 안 된다.'고 한 해석(朱子·焦循)이 자연스럽다.

② 居室(거실) : 남자와 여자가 한 방에 있음. 즉, 결혼하여 가정을 이루는 것을 말한다.
③ 以懟(이대) : 以 ; 連詞로서 뒤의 행위(懟父母)가 앞의 행위(廢人之大倫)의 결과임을 나타낸다. 懟 ; 원망하다.
④ 妻(처) : …에게 딸을 시집보내다(以女爲人妻曰妻 — 朱子).
⑤ 捐階(연계) : 사다리를 치우다. 階는 梯(제)의 뜻이다.
⑥ 出(출) : 舜에게 우물을 파게 했는데, 순이 그 의도를 미리 간파하고 옆으로 미리 파 두었던 구멍으로 몰래 빠져 나왔다.(『史記』「五帝本紀」).
⑦ 揜(엄) : 덮다. 가리다(掩과 通함).
⑧ 謨蓋都君咸我績(모개도군함아적) : 순(都君)을 죽일 꾀를 낸 것은 모두 나의 공적이다. 謨 ; 꾀(=謀). 蓋에는 덮다(覆), 해치다(害의 假借字)는 뜻이 있는데, 趙岐와 朱子는 이것을 '덮다'로 해석했으나, 여러 차례 순을 죽일 꾀를 낸 것이 모두(咸) 자기 공로라고 주장하는 태도로 보아서 우물을 덮는 것만이 아니다. 都君 ; 순의 별명. 그 유래는 『史記』「五帝本紀」의, "一年而所居成聚, 二年成邑, 三年成都."이다. (공손추 上(3-8) 注, 참조). 績 ; 공적(功也 — 趙岐).
⑨ 弤(저) : 무늬가 새겨져 있는 활. 구체적으로 어떤 것인지에 대해서는 異說이 많다. 趙岐는, "堯가 천하를 舜에게 물려주려고 하였으므로 天子를 상징하는 彤弓을 순에게 주었다."고 하였고, 焦循은, "당시는 아직 천하를 물려주려는 생각이 堯에게 없었으므로, 그것을 彤弓으로 보는 것은 옳지 않다."고 하였으며, 趙佑는, "舜이 손수 만든 활이다."고 했다.
⑩ 棲(서) : 침상(牀也 — 趙岐).
⑪ 舜在牀琴(순재상금) : 『史記』에는 이의 반대로 되어 있다. "象이 먼저 舜의 집에 가서 거문고를 타고 있을 때, 순이 들어와 그것을 보자, 象이 깜짝 놀라, 난처해 하고 어쩔줄 몰라 하면서 말했다. '형을 보고 싶은 생각이 하도 간절해서 왔다.'라고."
⑫ 鬱陶(울도) : 한 가지 생각에 골몰한 모양(思之甚而氣不得伸也 — 朱子).

⑬ 忸怩(육니) : 부끄러워하다. 부끄러운 기색(慙色也 ─ 朱子).
⑭ 惟(유) : 생각하다(凡思也 ─『說文』).
⑮ 汝其于予治(여기우여치) : 너는 내가 다스리는 일을 도와 달라. 其 ; 命令이나 祈使句에 사용되어 명령이나 권유의 語氣를 나타내는 副詞(또는 助詞). 于 ; 돕다(于, 爲也・爲. 助也 ─王引之).
⑯ 奚而(해이) : 어찌(=奚爲).
⑰ 校人(교인) : 연못지기(主池沼小吏也 ─ 趙岐).
⑱ 圉圉(어어) : 힘이 없어서 비실비실 하는 모양(魚在水羸劣之貌 ─ 趙岐).
⑲ 洋洋(양양) : 천천히 꼬리를 치는 모양(舒緩搖尾之貌 ─ 趙岐).
⑳ 攸然(유연) : 재빨리 물속으로 사라지는 모양(迅走水趣深處也 ─ 趙岐). 늠름하게 떠나가는 모양(自得而遠去也 ─ 朱子).
㉑ 罔(망) : 속이다. 기만하다(蒙蔽也 ─ 朱子).

9·3 상(象)을 유비(有庳)에 봉하다

만장이 물었다. "상(象)은 날마다 순(舜)을 죽일 생각만 일삼고 있었는데도, 순은 천자가 되고 나서 그를 멀리 유배보내는 것으로 끝낸 것은 무슨 이유에서입니까?"

맹자께서 말씀하셨다. "실은 상을 제후로 봉해 준 것인데, 어떤 사람들은 순이 그를 유배보낸 것으로 [잘못] 알고 있을 따름이다."

만장이 물었다. "순이 [堯 임금 대신 천하를 맡아 다스릴 때, 그전에 잘못을 범한 신하들을 문책하였는데, 驩兜란 신하의 천거로 각종 기물을 만드는 일을 맡았으나 매사를 게을리하였던] 공공(共工)을 북쪽 유주(幽州) 땅으로 유배보내고, [共工의 친구로서 매사를 제멋대로 처리하였던] 환도(驩兜)는 남쪽 숭산(崇山) 땅으로 추방하고, [남쪽의 일개 부족으로 漢水 이남 지역에서 자주 난을 일으켰던] 삼묘국(三苗國)의 임금은 서쪽 삼위(三危) 지방으로 쫓아 몰아내고, [禹의 부친으로서, 홍수 다스리는 직책을 맡았으나 별 성과를 올리지 못했던] 곤(鯀)은 동쪽 우산(羽山) 지방으로 유배보냄으로써, 이들 사흉(四兇)을 처벌하자 온 천하 사람들이 귀순해 왔는데, 그것은 어질지 않은 자들을 처벌하였기 때문입니다. 그러나, 상이야말로 가장 나쁜 사람이었는데도 오히려 그를 유비(有庳) 땅에 봉해 주었습니다. 도대체 유비 사람들이 무슨 죄가 있습니까? [무슨 죄가 있다고 象처럼 나쁜 자의 지배를 받아야만 했는가.] 다른 사람들의 죄는 가차없이 처벌하고, 동생은 죄가 있어도 제후로 봉해 주다니, 어진 사람들이란 본래 그렇게 하는 것입니까?"

맹자: "어진 사람이 동생을 대할 때에는, 비록 화가 나는 일이 있어도 그것을 가슴 속에 감추어 두지 않고, 비록 원한이 있어도 그것을 가슴 속에 간직하지 않으며, 오로지 그와 친하게 지내고 그를 사랑할 따름이다. 그와 친하게 지낸다면 그를 귀하게 해 주고 싶고, 그를 사랑한다면 그를 부유하게 만들어 주고 싶은 것이다. 유비의 땅을 그에게 봉해 준 것은, 그를 부유하게, 그리고 귀하게 해 주려는 것이었다. 본인은 천자가 되고서도 동생은 여전히 일개 보통사람으로 남아 있다면, 그를 친애(親愛)한다고 말할 수 있겠느냐?"

만장: "어떤 사람들은 순이 그를 유배보냈다고 말하는데, 왜 그런 말이 나오게 되었는지 여쭈어 보고자 합니다."

맹자: "상이 그 나라를 직접 다스릴 수 없었으므로, 천자가 관리들을 파견하여 그 나라를 대신 다스리게 하고, 조공과 세금을 [象에게] 바치도록 했는데, 그 때문에 사람들은 상이 유배당했다고 말하는 것이다. 상(象)인들 어찌 자기 백성들에게 포악하게 할 수야 있겠느냐? [그 때문에 자기 나라에 가서 직접 다스리지 못하게 했던 것이 아니라,] 순 임금께서 상을 자주 만나보고 싶어했기 때

문에, 상도 수시로 찾아가 만나보아야 했던 것이다. [옛 글에,] '정해진 조공의 시기까지 기다리지 않고, 평상시에도 정사(政事)를 구실로 유비의 제후를 자주 접견하였다.'라고 하였는데, 바로 이것을 두고 한 말이다."

9·3   萬章問曰:"象日以殺舜爲事, 立爲天子則放①之, 何也?"

孟子曰:"封之也 ; 或曰, 放焉."

萬章曰:"舜流②共工于幽州, 放②驩兜于崇山, 殺②三苗于三危, 殛②鯀于羽山, 四罪而天下咸服, 誅不仁也. 象至不仁, 封之有庳③. 有庳之人奚罪焉? 仁人固如是乎? ── 在他人則誅之, 在弟則封之?"

曰:"仁人之於弟也, 不藏怒焉, 不宿怨焉, 親愛之而已矣. 親之, 欲其貴也 ; 愛之, 欲其富也. 封之有庳, 富貴之也. 身爲天子, 弟爲匹夫, 可謂親愛之乎?"

"敢問或曰放者, 何謂也?"

曰:"象不得有爲於其國, 天子使吏治其國, 而納其貢稅焉, 故謂之放. 豈得暴彼民哉? 雖然, 欲常常而見之, 故源源④而來, '不及貢⑤, 以政接于有庳.' 此之謂也."

〈注〉

① 放(방):추방하다. 유배보내다.

② 流, 放, 殺, 殛(유, 방, 살, 극): 流 ; 유배보내다. 殺 ; 죽이다. 殛 ; 형벌에 처한다는 뜻이지만, 『史記』에 의하면, 이들 중 어느 누구도 죽이지 않고 유배, 내지 추방만 한 것으로 그쳤다. 『尙書』 「舜典」에는 '殺'이 '竄'(찬:내쫓다. 귀양보내다)으로 되어 있다.

殛은 추방했다는 뜻이지 죽였다는 뜻이 아니다.
③ 有庳(유비) : 庳國. 有는 주로 고유명사(國名, 朝代名, 部族名 등) 앞에 붙는 무의미한 接頭詞이다. (例:有周, 有夏, 有苗). 그러나 때로는 보통명사나 형용사 앞에 붙기도 한다.
④ 源源(원원) : 물이 끊이지 않고 흘러나오는 모양(若水之相繼也 ― 朱子).
⑤ 不及貢(불급공) : 朝貢을 바칠 때가 되기 전에. 조공의 시기와 방법은 『虞書』「堯典」에 의하면 다음과 같다. 天子는 5년에 한 번 巡狩를 하고, 모든 제후들은 4년에 한 번씩 서울로 가서 朝貢의 禮를 올린다. 순수가 있는 해에는 方岳之下로 가서 天子를 알현하고, 그 사이의 4년간에는 東, 南, 西, 北의 제후들이 차례대로 돌아가면서 天子가 있는 수도로 찾아가 조공을 바친다.

9·4 시(詩)를 이해하는 올바른 태도

맹자의 제자인 함구몽(咸丘蒙)이 물었다. "속담에, '덕이 높은 사람은 임금도 그를 신하로 삼을 수 없고, 부모도 그를 자식으로 삼을 수 없다.'라는 말이 있습니다. [순이 바로 그런 사람으로,] 순이 천자의 자리에서 남쪽을 향하여 앉아 있으면, 요(堯) 임금조차도 제후들을 거느리고 북쪽을 향하여 서서 그를 뵈었고, 그의 부친인 고수(瞽瞍)도 또한 북쪽을 향하여 서서 그를 뵈었습니다. 순이 부친인 고수를 볼 때에는 얼굴을 찡그리고 불안해 했다고 합니다. 공자께서는 말씀하시기를, '그때는 천하가 위태위태할 정도로 매우 위험하였다.'고 하셨는데, 그 이야기기 사실인지 모르겠습니다."

맹자께서 말씀하셨다. "아니다. 그것은 군자들의 말이 아니고, 제 나라의 동쪽 지역 농사꾼들의 이야기이다. [요 임금이 살아계신 동안에는, 순은 천자가 되었던 것이 아니고, 다만] 요 임금이 늙으셨기 때문에, 순으로 하여금 천자의 직무를 대행하게 했을 따름이다. 『서경』의 요전(堯典)에는, '[순이 섭정을 한 지] 28년 만에 요 임금이 세상을 떠나자, 모든 신하들은 마치 부모를 잃었을 때와 같이 삼년간 상복을 입었으며, 모든 백성들도 일체의 음악을 중지하고 근신하였다.'고 쓰여 있다. 공자께서도 말씀하셨다. '하늘에는 태양이 둘 있을 수 없고, 백성에게는 임금이 둘 있을 수 없다.'라고. 만약 순이 [요 임금이 죽기 전에] 이미 천자가 되어 있었다면, 그리고 천하의 제후들을 거느리고 요 임금을 위하여 삼년간 상복을 입었다면, 이야말로 천자가 동시에 둘 있었던 셈이다."
[그런 일은 있을 수 없다.]

함구몽이 물었다. "순 임금이 요 임금을 신하로 삼지 않았다는 점은 이미 들어서 이해하겠습니다. 그런데 『시경』(小雅·北山)에서는,

'온 천하에 천자의 땅 아닌 데가 없고
이 땅 어디를 가나 천자의 신하 아닌 자가 없다'

라고 하였습니다. 순이 이미 천자가 되었는데도 부친인 고수는 신하가 되지 않았다면, 그것은 무슨 이유에서입니까?"

맹자: "그 시는 그런 뜻이 아니고, 그 시를 쓴 사람 자신이 나라 일 때문에 고생하느라 부모 봉양을 할 수 없음을 탄식한 시이다. 그는, '이 모든 일들이 천자의 일 아닌 것이 하나도 없는데, 왜 나 혼자만 이 고생을 해야 하느냐?'라고 불평한 것이다. [천자는 자기 부모까지 신하로 삼을 수 있다는 말이 아니다.] 그러므로 시를 해설하는 사람은 글자 한 자 한 자에 얽매여 시구(詩句)의 의미를 잘못 해석해서도 안 되고, 시구에 얽매여 전체 시의 본뜻을 잘못 해석해서도 안 된다. 자신의 생각이나 체험을 통하여 시인이 말하려는 본래의 뜻을 헤아려 보아야만 그것을 제대로 이해할 수 있다. 만약 시구에만 얽매여 버린다면, 『시경』의 은하수

(大雅・雲漢)라는 시가, [가뭄이 심해서 周 나라 백성으로 한발의 피해를 당하지 않은 사람이 하나도 없었음을 걱정한 시인데도,] '주(周)의 살아 남은 백성, 하나도 없다'라는 내용으로 되어 버린다. 이 시의 말을 그대로 믿는다면, 주 나라 때에는 살아남은 백성이 하나도 없었다는 것이 된다. 부모에 대한 효성의 극치는 자기 부모를 존경하는 것보다 더 큰 것이 없고, 자기 부모에 대한 존경의 극치는 온 천하를 가지고 부모를 봉양하는 것보다 더 큰 것이 없다. [고수는] 천자의 아버지가 되었으니 존귀함의 극치에 이르렀다고 할 수 있으며, [순은] 온 천하를 가지고 부모를 봉양하였으니 봉양함의 극치에 이르렀다고 할 수 있다. 『시경』(大雅・下武)에서는,

　　'영원히 효도를 다 하리니
　　효도야말로 천하의 법칙이네'

라고 하였는데, 바로 이것을 두고 한 말이다. 『서경』에서는, '공경하고 섬기면서 고수를 만나니, 그 태도가 삼가고 경외하는 듯하였으므로, 마침내 고수도 믿고 따르게 되었다.'라고 하였으니, 이것이야말로 '부친도 그를 자식으로 삼을 수 없다.'는 것이 아니겠느냐?"

9·4 咸丘蒙問曰："語云, '盛德之士, 君不得而臣, 父不得而子.' 舜南面而立, 堯帥諸侯北面而朝之, 瞽瞍亦北面而朝之. 舜見瞽瞍, 其容有蹙①. 孔子曰：'於斯時也, 天下殆哉, 岌岌乎②!' 不識此語誠然乎哉？"

　　孟子曰：'否; 此非君子之言, 齊東野人之語也. 堯老而舜攝也. 堯典③曰, '二十有八載④, 放勳乃徂落⑤, 百姓⑥如喪考妣⑦, 三年, 四海遏密八音⑧.' 孔子曰：'天無二日, 民無二王.' 舜旣爲天子矣, 又帥天下諸侯以爲堯三年喪, 是二天子矣."

咸丘蒙曰:"舜之不臣堯, 則吾旣得聞命矣. 詩云, '普天之下, 莫非王土;率土之濱⑨, 莫非王臣.' 而舜旣爲天子矣, 敢問瞽瞍之非臣, 如何?"

曰:"是詩也, 非是之謂也;勞於王事, 而不得養父母也. 曰, '此莫非王事, 我獨賢勞⑩也.' 故說詩者, 不以文害辭⑪, 不以辭害志, 以意逆志⑫, 是爲得之⑬. 如以辭而已矣⑭, 雲漢之詩曰, '周餘黎民, 靡有孑遺⑮.' 信斯言也, 是周無遺民也. 孝子之至, 莫大乎尊親;尊親之至, 莫大乎以天下養. 爲天子父, 尊之至也;以天下養, 養之至也. 詩曰, '永言孝思, 孝思維則⑯.' 此之謂也. 書曰, '祗載⑰見瞽瞍, 夔夔齊栗⑱, 瞽瞍亦允若⑲.' 是爲父不得而子也?'

〈注〉

① 有戚(유축):有는 고유명사나 명사 또는 형용사 앞에 붙는 무의미한 接頭詞이다. 戚;찡그린 모습. 불안한 모습.

② 天下殆哉, 岌岌乎(천하태재, 급급호):이것은 天下岌岌乎, 殆哉의 도치문이다(감탄문에서). 岌岌;위태위태한 상태를 말한다(不安貌 — 趙岐).

③ 堯典(요전):이하의 네 句는 지금의 「舜典」에 나온다.

④ 二十有八載(이십우팔재):有는 또(又)의 뜻일 때는 '우'라 읽는다. 옛날에는 10 단위의 수와 1 단위의 수 사이에 '有'字를 넣었다. ('吾十有五而志于學.':『論語』「爲政篇」).

⑤ 徂落(조락):天子의 죽음을 말한다.(徂는 오른다는 뜻이니, 그 魂이 위로 올라가는 것을 의미하고, 落은 그 魄이 땅 밑으로 떨어지는 것을 의미한다 — 朱子).

⑥ 百姓(백성): 百姓에는 두 가지 뜻이 있는데, 하나는 百官이란

의미이고(이에 대칭되는 말은 黎民, 庶民), 또 하나는 일반 백성이란 뜻이다. 여기서는 百官을 의미한다.
⑦ 考妣(고비) : 돌아가신 부모. ("生曰父曰母曰妻, 死曰考曰妣曰嬪." :『禮記』「曲禮下」).
⑧ 遏密八音(알밀팔음) : 일체의 노래와 음악소리를 중지시키다. 遏 ; 止也. 密 ; 靜也. 八音 ; 金, 石, 絲, 竹匏(죽포), 土, 革, 木으로 만든 악기의 소리.
⑨ 率土之濱(솔토지빈) : 땅 끝까지 다 돌아다녀 보아도(그 안에 사는 백성들은 모두 天子의 신하이다). 率 ; 循也(趙岐).
⑩ 賢勞(현로) : 고생하다. 賢은 勞의 뜻이므로, 賢勞는 同義複詞이다(賢 ; 勞也 — 王念孫).
⑪ 文, 辭(문, 사) : 文은 字를 말하고, 辭는 語를 말한다(朱子).
⑫ 以意逆志(이의역지) : 意는 시를 읽는 사람의 마음을 말하고, 志는 시인이 표현하고자 하는 뜻을 말한다(趙岐). 逆 ; 추측하다. 헤아리다(迎也 — 朱子).
⑬ 得之(득지) : 得其實.
⑭ 如以辭而已矣(여이사이이의) : 만약 시구(辭)에 얽매여 버린다면. 如 ; 만약. 而已矣 ; … 할 뿐이다.
⑮ 孑遺(혈유) : 남은 사람. 孑 ; 외롭다. 나머지. 遺 ; 남다. 빠지다.
⑯ 永言孝思, 孝思維則(영언효사, 효사유칙) : 言 ; 주로『시경』에서 동사 앞에 의미없이 붙는 助詞. 思 : 주로『시경』에서 語首, 語中, 語末에 사용되는 助詞. 뜻은 '兮'와 비슷하다. 維則 ; 천하의 법칙(趙岐·朱子).
⑰ 祗載(지재) : 祗 ; 공경하다(敬). 載 ; 섬기다(事).
⑱ 夔夔齊栗(기기재율) : 夔 ; 도깨비. 조심하다. 齊栗 ; 몸을 단정히 하고 언행을 조심하는 것.
⑲ 允若(윤약) : 允 ; 믿다(信也). 若 ; 따르다(順也 — 朱子).

9·5 천자도 천하를 마음대로 남에게 줄 수는 없다

만장이 물었다. "요(堯) 임금이 천하를 순에게 주었다는데, 그런 일이 있었습니까?"

맹자께서 말씀하셨다. "아니다. 천자도 천하를 자기 마음대로 다른 사람에게 줄 수는 없다."

만장 : "그렇다면, 순이 천하를 차지하였는데, 그것은 누가 준 것입니까?"

맹자 : "하늘이 준 것이다."

만장 : "하늘이 주었다는 것은, ['내가 이러 이러한 이유로 너에게 천하를 줄 테니, 너는 이러 이렇게 다스려라.'하는 식으로,] 자세히 일러 주면서 주었다는 것입니까?"

맹자 : "아니다. 하늘은 아무 말도 하지 않는다. 그가 하는 행동과 맡은 바 일로써 자기 뜻을 표시할 따름이다."

만장 : "그 행동과 일로써 자기 뜻을 표시한다는 것은, 구체적으로 어떻게 한다는 것입니까?"

맹자 : "천자는 하늘에 [자신의 후계자로 삼을 만한] 사람을 추천할 수는 있으나, 하늘로 하여금 그에게 천하를 주도록 강요할 수는 없다. [이것은 마치,] 제후가 천자에게 사람을 추천할 수는 있으나, 천자로 하여금 그에게 제후의 직위를 주도록 강요할 수는 없고, 대부(大夫)가 제후에게 사람을 추천할 수는 있으나, 제후로 하여금 그에게 대부의 직위를 주도록 강요할 수 없는 것과 같다. 옛날에, 요 임금이 하늘에 순을 추천하였더니 하늘이 그를 받아들였고, 그를 백성들 앞에 드러내 보여 주었더니 백성들이 그를 받아들였다. 그래서, 하늘은 말없이 그가 하는 행동과 맡은 바 일로

써 자기의 뜻을 표시할 따름이라고 말한 것이다."

 만장 : "그를 하늘에 추천하였더니 하늘이 그를 받아들였고, 그를 백성들 앞에 드러내 보여 주었더니 백성들이 그를 받아들였다는 것은, 구체적으로 어떻게 했다는 것입니까?"

 맹자 : "그에게 천지산천(天地山川)에 지내는 제사를 주관하게 하였더니, 모든 귀신들이 와서 그 제사를 달게 받아 먹었으니, [그 결과 영험이 나타나서 천재나 이변이 발생하지 않았다.] 이것은 곧 하늘이 순을 받아들인 증거이며, 순에게 정사(政事)를 맡아보게 하였더니, 나라가 잘 다스려져 백성들이 그를 만족스럽게 여겼으니, 이것은 곧 백성들이 그를 받아들인 증거이다. [이와 같이, 천자의 자리는] 하늘이 그에게 준 것이고, 백성들이 그에게 준 것이므로, 그래서 천자도 자기 마음대로 천하를 다른 사람에게 줄 수 없다고 말한 것이다.

 순은 요 임금을 도와서 28년 동안이나 나라를 다스렸는데, 이것은 사람의 힘으로써 해 낼 수 있는 일이 아니고 바로 하늘의 뜻이다. 요 임금이 돌아가시고 삼년상이 끝나자, 순은 [요 임금의 맏아들 丹朱가 천자의 자리를 계승할 수 있도록,] 그를 피하여 멀리 남하(南河)의 남쪽으로 떠나갔는데, 그런데도 천자에게 조근(朝覲)하러 가는 천하의 모든 제후들은 요 임금의 아들에게로 가지 않고 순에게로 갔으며, 송사(訟事)를 해결하고자 하는 자들도 요 임금의 아들을 찾아가지 않고 순을 찾아갔으며, 공덕(功德)을 찬양하는 자들도 요 임금의 아들을 칭송하지 않고 순을 칭송하였으니, 그래서 하늘의 뜻이라고 말한 것이다. 그렇게 된 후에야 비로소 순은 서울로 되돌아 가서 천자의 자리에 앉았던 것이다. 만약에 순이 [요 임금이 세상을 떠난 뒤에도] 요 임금의 궁전에 그대로 머물러 있으면서 요 임금의 아들을 핍박했다면, 그것은 천자의 자리를 찬탈(簒奪)한 것이 되고 하늘이 준 것으로 되지는 않는다. 『서경』의 태서(太書)에는, '백성들의 눈이 곧 하늘의 눈이며, 백성들의 귀가 곧 하늘의 귀다.'라는 말이 있는데, 바로 이것을 두고 한 말이다."

> 9·5　萬章曰:"堯以天下與舜, 有諸?"
> 孟子曰:"否;天子不能以天下與人①。"
> "然則舜有天下也, 孰與之?"
> 曰:"天與之。"
> "天與之者, 諄諄然②命之乎?"
> 曰:"否;天不言, 以行與事示之而已矣。"
> 曰:"以行與事示之者, 如之何?"
> 曰:"天子能薦人於天, 不能使天與之天下;諸侯能薦人於天子, 不能使天子與之諸侯;大夫能薦人於諸侯, 不能使諸侯與之大夫。昔者, 堯薦舜於天, 而天受之;暴③之於民, 而民受之;故曰, 天不言, 以行與事示之而已矣。"
> 曰:"敢問薦之於天, 而天受之;暴之於民, 而民受之, 如何?"
> 曰:"使之主祭, 而百神享之④, 是天受之;使之主事, 而事治, 百姓安之, 是民受之也。天與之, 人與之, 故曰, 天子不能以天下與人。舜相堯二十有八載, 非人之所能爲也, 天也。堯崩, 三年之喪畢, 舜避堯之子於南河之南, 天下諸侯朝覲⑤者, 不之堯之子而之舜;訟獄⑥者, 不之堯之子而之舜;謳歌者, 不謳歌堯之子而謳歌舜, 故曰, 天也。夫然後之中國⑦, 踐天子位焉。而⑧居堯之宮, 逼堯之子, 是篡也, 非天與也。太誓曰, '天視自我民視⑨, 天聽自我民聽。'此之謂也。"

〈注〉
① 天子能以天下與人 : 이 文의 원형은 天子能與人天下(주어+동사+간접목적+직접목적)이다. 이중목적어를 갖는 雙濱語動詞(與, 薦, 賜, 言)에 있어서는 介詞(以, 於, 于)를 사용하여 文形을 변형시키는데, 이때 직접목적어 앞에는 以, 간접목적어 앞에는 於나 于가 사용된다. (예 : 天子能與天下于(於)人. 天子能以天下與人.) 이 章에서는 이 文形이 많이 등장한다.
② 諄諄然(순순연) : 간곡하고 자상하게 가르쳐 주는 모양(詳語之貌 ― 朱子).
③ 暴(폭) : 나타내다. 드러내다(顯也 ― 朱子).
④ 享之(향지) : 제사를 받아 먹다. 즉, 제사의 효험이 나타났다.
⑤ 朝覲(조근) : 천자가 있는 서울로 찾아가 배알하는 것.
⑥ 訟獄(송옥) : 죄를 다투는 것이 獄(형사사건)이고, 재물을 다투는 것이 訟(민사사건)이다(『周禮』「地官」,「大司徒」, 注).
⑦ 中國(중국) : 천하의 중앙. 즉, 수도를 말한다.
⑧ 而(이) : 만약(假設連詞).
⑨ 天視自我民視(천시자아민시) : 自 ; 從也. 하늘은 우리 백성들이 보는 것을 통하여 본다. 즉, 백성들의 눈이 곧 하늘의 눈이란 뜻이다.

9·6 세습(世襲)도 하늘의 뜻이다

[天子의 자리가 親子 계승으로 정착된 것은 夏의 禹王 때부터이나. ㄱ 이선에는 堯는 舜에게, 舜은 禹에게로, 어질고 능력있는 자를 골라서 천하를 맡겼었다.]
만장이 물었다. "어떤 사람들이 말하기를, '우(禹) 임금 때에 이르러 도덕이 쇠미해져서 천하가 어진 사람에게 전해지지 않고 자기 아들에게 전해졌다.'고 하는데, 그것이 사실입니까?"

맹자께서 말씀하셨다.

"아니다. 그렇지 않다. 하늘이 천하를 어진이에게 주고 싶으면 어진이에게 주고, 하늘이 그 아들에게 주고 싶으면 그 아들에게 주는 것이다. 옛날, 순 임금이 우(禹)를 하늘에 천거한 지 17년 후에 순 임금이 세상을 떠나고, 삼년상이 끝나자, 우는 순 임금의 아들[商均]에게 천자의 자리를 물려 주려고, 그를 피하여 [箕山의 북쪽에 있는] 양성(陽城)으로 떠나갔다. 그러나 천하의 백성들은 우를 따랐으니, 이는 마치 요 임금이 세상을 떠난 후 백성들이 요 임금의 아들을 따르지 않고 순을 따랐던 것과 같다.

우 임금이 [만년에 가서, 중신들 가운데서 유능한] 익(益)을 하늘에 천거한 지 7년 후에, 우 임금이 세상을 떠나고 삼년상이 끝나자, 익은 우 임금의 아들[啓]에게 천자의 자리를 물려 주려고, 그를 피하여 기산(箕山)의 북쪽 기슭으로 떠나갔다. 그런데 천자에게 조근(朝覲)하러 가는 제후들이나 송사를 해결하려고 찾아가는 사람들이 익(益)에게로 가지 않고 계(啓)에게로 가서 말하기를, '이 분은 우리 임금님의 아들이시다.'라고 했다. 그 공덕을 찬양하는 자들도 익을 칭송하지 않고 계를 칭송하면서, '이 분은 우리 임금님의 아들이시다.'라고 했다.

요 임금의 아들 단주(丹朱)도 못난이었고, 순 임금의 아들 상균(商均) 역시 못난이었다. 그리고 또, 순이 요 임금을 보필하고 우가 순 임금을 보필한 햇수도 오래 되었고, 그들이 백성들에게 혜택을 베풀어 준 기간도 길었다. [그러나 啓와 益의 경우는 이와는 달랐다.] 계는 현명했기 때문에 성실하게 우 임금의 전통을 계승할 수 있었다. 익이 우 임금을 보필한 것은, 그 햇수도 짧았고, 따라서 백성들에게 은혜를 베풀어 준 기간도 짧았다. 순과 우와 익이 그 임금을 보필하여 나라를 대신 다스린 햇수에 차이가 있고, 그 아들들도 한 쪽은 현명하고 다른 쪽은 못났다는 차이가 있었는데, 이 모두가 하늘의 뜻이지 사람의 힘으로 할 수 있는 일이 아니다. 그것을 한 사람이 아무도 없는데도 그것이 이루어지는 것은 하늘의 뜻이고, 그것을 불러들인 사람이 아무도 없는데도 찾아오는 것은 하늘의 명(命)이다.

일반 백성[匹夫]으로서 천하를 얻을 수 있으려면 그 덕이 반드시 순이나 우와 같아야 하고, 또 그를 천거해 주는 천자가 있어야 하는데, 그래서 공자께서는 [비록 聖人이기는 했지만,] 천하를 얻을 수 없었던 것이다. 조상 대대로 물려받아 천하를 차지하였으나 하늘에 의하여 폐기된 자는 반드시 걸(桀)이나 주(紂)와 같이 포악무도한 자들이니, 그래서 익(益)과 이윤(伊尹)과 주공(周公)은 [비록 성인들이기는 했으나, 桀이나 紂와 같은 포악무도한 임금을 만나지 못했기 때문에,] 천하를 얻을 수 없었던 것이다.

은(殷) 나라의 이윤(伊尹)은 탕(湯) 임금을 보좌하여 천하를 통일하였는데, 탕 임금이 죽자 태자인 태정(太丁)은 천자의 자리에 오르지도 못하고 죽고, [太丁의 아들인 太甲은 당시 너무 어렸으므로, 그의 동생인] 외병(外丙)이 즉위하였으나 2년만에 죽고, [다시 그의 동생인] 중임(仲任)이 즉위하였으나 그도 4년만에 죽었다. [그리하여 太丁의 아들인 太甲이 천자의 자리를 계승하였다.] 태갑이 탕 임금께서 제정해 놓은 법도들을 따르지 않고 뒤집어 엎자, 이윤은 그를 동읍(桐邑)으로 유배보냈는데, 삼년이 지나자 태갑이 잘못을 뉘우치고, 스스로를 원망하며 회개하고, 동읍에 있으면서 그 마음을 어질게 갖고 의(義)를 행하기를 삼 년, 그러면서 이윤이 자신에게 준 교훈을 따랐기 때문에, 다시 서울인 박(亳)으로 돌아와서 천자가 되었던 것이다. [그 임금이 桀·紂와 같이 극악무도한 자가 아니면 아무리 덕이 높은 사람이라도 천자의 자리를 대신 차지할 수 없다. 그래서 伊尹과 같은 성인도 천자가 되지 못했던 것이다.]

주공(周公)이 천하를 차지할 수 없었던 것도 하(夏)의 익(益)과 은(殷)의 이윤과 마찬가지다. 그래서 공자께서는 말씀하시기를, '요 임금(唐堯)과 순 임금(虞舜)은 어진 사람에게 천하를 물려 주었고, 하(夏)·은(殷)·주(周) 삼대에는 대대로 자손에게 물려 주었는데, [비록 그 형식은 달랐지만 그 모두가 하늘의 뜻에 따라 이루어진 것이므로,] 그 도리는 똑 같았다.'고 하신 것이다."

9·6 萬章問曰:"人有言,'至於禹而德衰, 不傳於賢而傳於子.'有諸?"

孟子曰:"否, 不然也。天與賢, 則與賢;天與子, 則與子。昔者, 舜薦禹於天, 十有七年, 舜崩, 三年之喪畢, 禹避舜之子於陽城, 天下之民從之, 若堯崩之後, 不從堯之子而從舜也。禹薦益於天, 七年, 禹崩, 三年之喪畢, 益避禹之子於箕山之陰①。朝覲訟獄者不之益而之啓, 曰,'吾君之子也。'謳歌者不謳歌益而謳歌啓, 曰,'吾君之子也。'

丹朱之不肖, 舜之子亦不肖。舜之相堯, 禹之相舜也, 歷年多, 施澤於民久。啓賢, 能敬承繼禹之道。益之相禹也, 歷年少, 施澤於民未久。舜、禹、益相去久遠②, 其子之賢不肖, 皆天也, 非人之所能爲也。莫之爲而爲者, 天也;莫之致而至者, 命也。匹夫而有天下者, 德必若舜禹, 而又有天子薦之者, 故仲尼不有天下。繼世以③有天下, 天之所廢, 必若桀紂者也, 故益、伊尹、周公不有天下。伊尹相湯以王於天下, 湯崩, 太丁未立, 外丙二年, 仲壬④四年。太甲顚覆湯之典刑, 伊尹放之於桐。三年, 太甲悔過, 自怨自艾⑤, 於桐處仁遷義;三年, 以聽伊尹之訓己也, 復歸于亳。周公之不有天下,猶益之於夏、伊尹之於殷也。孔子曰：'唐虞禪⑥, 夏后、殷、周繼⑦, 其義一也.'"

〈注〉
① 陰(음)：산의 북쪽(山北曰陰 ― 周柄中).『史記』「夏本紀」에는 '箕山之陽'으로 되어 있다.
② 相去久遠(상거구원)：朱子는, 舜이 堯 임금을 도운 것은 28년, 禹가 舜 임금을 도운 것은 17년, 益이 禹 임금을 도운 것은 겨우 7년으로, 세 사람이 임금을 보좌한(相) 햇수에 큰 차이가 있다는 말이라고 하였다. 楊伯峻은, 한쪽은 '久遠', 다른 쪽은 '暫短'이라는 차이(去)가 있다는 뜻인데, '久遠'에는 '暫短'이 포함되어 말해지고 있다고 하였다.
③ 以(이)：…하여. 連詞로서 順接을 나타낸다. 아래 네번째 句의 以도 역시 連詞로 사용되고 있다.
④ 外丙・仲任(외병・중임)：이들은 모두 太丁의 동생들이다. 太丁이 帝位에 오르기도 전에 죽자, 그의 아들인 太甲은 당시 너무 어렸으므로, 太丁의 동생들인 外丙이 2년(『史記』에는 3년), 仲任이 4년 동안 帝位에 있었다(趙岐).
⑤ 自艾(자예)： 艾；잘못을 고치고 몸을 닦다(治也 ― 趙岐).
⑥ 禪(선)：天子의 자리를 자기의 아들이 아닌 남에게 물려주는 것. 禪讓.
⑦ 繼(계)：천자의 자리를 자손들로 이어가는 것.

9·7 선각자 이윤(伊尹)

만장이 물었다. "어떤 사람들이 말하기를, '이윤(伊尹)은 요리하는 솜씨로써 탕(湯) 임금에게 등용되기를 바랐다.'고 하는데, 그것이 사실입니까？"

맹자께서 말씀하셨다.

"아니다, 그렇지 않았다. 이윤은 신국(莘國)의 들에서 농사지으면서 요·순의 도를 [배우고 실천하는 것을] 즐거움으로 삼고 있었다. [그의 사람됨은,] 만약 옳지 아니하고 도리에 어긋나는 일이라면, 비록 천하의 모든 재물을 그 봉록으로 주겠다고 하더라도 돌아보지도 않고, 말(馬) 사천 필이 매여 있어도 쳐다보지도 않았다. 만약 옳지 아니하고 도리에 어긋나는 일이라면, 지푸라기 하나조차 남에게 주지 않았고, 지푸라기 하나조차 남한테서 받지 않았다. [그의 사람됨이 어질다는 말을 듣고,] 탕 임금이 사람을 시켜 예물을 보내면서 그를 초빙하려 하였으나, 그는 느긋하게 말했다. '내가 탕 임금이 보낸 예물을 받아 뭘 하겠는가? [그의 부름에 응하는 것이,] 어찌 촌에서 농사짓고 살면서 요·순의 도를 즐기는 것만 하겠는가?'라고. 탕 임금이 여러 차례 사람을 보내어 그를 초빙하자, 그제서야 마음을 바꾸어 말했다 : '내가 촌에서 농사짓고 살면서 요·순의 도를 즐기는 것보다야 이 임금을 요·순과 같은 훌륭한 임금으로 만들어 보는 것이 어찌 더 낫지 않겠나? 내가 이 백성들을 요·순의 백성들처럼 만들어 보는 것이 어찌 더 낫지 않겠나? 나 자신이 [요·순 시대와 같은 좋은 세상을] 직접 한 번 보는 것이 어찌 더 낫지 않겠나? 하늘이 이 백성들을 낳아 기름에 있어서는, 먼저 알고 먼저 깨달은 사람[先知先覺者]으로 하여금 뒤늦게 알고 뒤늦게 깨치는 사람들을 알게 해 주고 깨우쳐 주도록 하였다. 나는 하늘이 낳은 백성들 가운데서도 먼저 깨달은 자이다. 나는 이 요·순의 도로써 이 백성들을 깨우쳐 주리라. 만약 내가 이들을 깨우쳐 주지 않는다면, 그 누가 이들을 깨우쳐 주겠느냐?'라고. 이윤은, 만약 천하의 백성들 가운데 어느 한 남자나 여자라도 요·순 시대와 같은 어진 정치의 혜택을 받지 못하는 사람이 있다면, 그것은 자기가 그들을 구렁 속으로 떠밀어 넣은 것과 마찬가지라고 생각하였다. 이처럼 스스로 천하의 중임(重任)을 떠맡고 나섰으므로, 그는 탕 임금에게 나아가서 포악한 하(夏)의 걸왕을 토벌하여 고통받고 있는 백성들을 구해 내야 하는 도리를 설명해 주었던 것이다.

　나는 아직까지, 먼저 자기 자신을 구부러뜨리고 나서 다른 사람을 바로잡아 준 사람이 있다는 말을 들어 본 적이 없다. 하물며, 먼저 자기 자신이 치욕을 당하고 나서 천하를 바로잡은 사람이야 어찌 있을 수 있겠느냐? 성인들의 행위는 서로 같지 않을 수 있다. 어떤 사람은 당시의 임금을 피해 멀리 숨어 있을 수도 있고, 어떤 사람은 당시의 임금에게 나아가 관직을 맡을 수도 있고, 어떤 사람은 조정을 떠나가기도 하고, 어떤 사람은 조정에 그대로 머물러 있기도 하지만, [이런 모든 행위들은 결국,] 자기 한 몸을 깨끗이 지켜서 더럽히지 않는다는 것으로 귀결될 따름이다. 나는 그가 요·순의 도로써 탕 임금에게 등용되기를 바랐다는 말은 들었으나, 요리하는 솜씨로써 등용되기를 바랐다는 말은 들어 본 적이 없다. [伊尹이 太甲을 훈계하기 위하여 썼다는] 이훈(伊訓)에는 이런 말이 있다. '[夏 나라를 멸망시키려는] 하늘의 토벌은 걸왕(桀王)이 살던 목궁(牧宮)에서 시작되었고, 나는 단지 박(亳) 땅에서부터 [하늘의 뜻에 따라, 그를 치기] 시작했다.'"

9·7　萬章問曰：“人有言, ‘伊尹以割烹①要湯,’ 有諸？”
　孟子曰：“否, 不然。伊尹耕於有莘之野, 而樂堯舜之道焉。非其義也, 非其道也, 祿之以天下, 弗顧也；繫馬千駟②, 弗視也。非其義也, 非其道也, 一介③不以與人, 一介不以取諸人④。　湯使人以幣⑤聘之, 囂囂然⑥曰：‘我何以湯之聘幣爲哉？ 我豈若處畎畝之中, 由是以樂堯舜之道哉？’ 湯三使往聘之, 既而幡然⑦改曰：‘與⑧我處畎畝之中, 由是以樂堯舜之道,吾豈若使是君爲堯舜之君哉？吾豈若使是民爲堯舜之民哉？吾豈若於吾身親見之哉？ 天之生此民也, 使先知覺後知, 使先覺覺後覺也。予, 天民之先覺者也；予將以斯道覺斯民也。非予覺之, 而誰也？'思天下之民匹夫匹婦有不被堯舜之澤者, 若己推而內⑨之溝中。其自任以天下之重如此, 故就湯而說⑩之以伐夏救民。吾未聞枉己而正人者也, 況辱己以①正天下者乎？聖人之行不同也, 或遠, 或近；或去, 或不去；歸潔其身而已矣。 吾聞其以堯舜之道要湯, 未聞以割烹也。伊訓曰, '天誅造攻自牧宮, 朕載自亳⑫。'"

〈注〉

① 割烹(할팽) : 요리하는 것. 割；칼로 고기를 베고 자르는 것. 烹；삶는 것. 伊尹이 요리 솜씨로 湯에게 등용되기를 바랐다는 사실은 『史記』「殷本紀」, 『呂氏春秋』「本味篇」에 기록되어 있다.

② 駟(사) : 네 필의 말. 또는 네 필의 말이 끄는 수레.

③ 介(개) : 지푸라기(介는 草芥의 뜻이다).

④ 一介不以取諸人(일개불이취제인) : 이 文의 원형은, 不取一介於人으로서, 一介를 강조하기 위해서 도치시킨 것이다.

⑤ 幣(폐) : 예물용 비단(帛).

⑥ 囂囂然(효효연) : 한가한 모양. 느긋해 하는 모양(無欲自得之貌一趙岐).

⑦ 幡然(번연) : 翻然과 같은 뜻이다. 갑자기 마음이 변하는 모양(變動之貌一朱子). 幡은 깃발이 펄럭거리는 것.

⑧ 與(여) : 선택이나 비교를 나타내는 連詞로, '與其'의 생략형이다. 與其 Ⓐ 豈若(不如, 孰若) Ⓑ ? . Ⓐ 하는 것이 어찌 Ⓑ 함만 하겠느냐(A보다는 B가 낫다).

⑨ 內(납) : 밀어 넣다. 들어가게 하다(納과 同).

⑩ 說(세) : 유세하다. 설득하다.

⑪ 以(이) : 連詞로 사용되었다. … 하여서. … 함으로써.
⑫ 天誅造攻 … 自毫(천주조공 … 자박) : 造와 載는 시작하다(始)는 뜻(趙岐). 牧宮(목궁) ; 桀이 살던 궁전(趙岐). 朕(짐) ; 湯王을 말한다는 說(趙岐)과, 伊尹을 가리킨다는 說(朱子)이 있다. 毫 ; 뒤에 殷의 수도가 되었다.

9·8 집 주인과 손님의 인품

만장이 물었다. "어떤 사람이 말하기를, 공자께서 위(衛) 나라에 계실 때에는, 위 영공(衛靈公)의 총애를 받고 있던 환관인 옹저(癰疽)의 집에 유숙하셨고, 제(齊) 나라에 계실 때에는 환관인 척환(瘠環)의 집에 유숙하셨다고 하는데, 그것이 사실입니까?"
맹자께서 말씀하셨다.
"아니다, 그렇지 않다. 남의 말 하기 좋아하는 자들이 지어낸 말이다. 공자께서 위 나라에 계실 때에는 [위 나라의 어진 대부였던] 안수유(顏讎由)의 집에 유숙하셨다. [당시 위 영공의 총애를 받고 있던 신하인] 미자하(彌子瑕)의 처는 공자의 제자인 자로(子路)의 처와 자매간이었다. 미자하가 자로에게, '공자께서 우리 집에 머무신다면, 위 나라의 경(卿)의 자리를 얻을 수 있습니다.'라고 말하자, 자로는 이 말을 공자께 일러드렸다. 그러자 공자께서는, '모든 것은 천명에 달려 있다.'라고 말씀하시며 거절하셨다. 공자께서는 예법에 따라서 나아가시고, 의(義)에 따라서 물러나셨으므로, 관직을 얻고 못얻고는 '천명에 달려 있다.'고 말씀하신 것이다. 만약 공자께서 환관인 옹저나 척환의 집에 유숙하셨다면, [그러고서 등용되기를 바랐다면,] 그것은 의(義)도 천명도 무시한 행동일 것이다. 공자께서는 노(魯) 나라와 위 나라 군주의 환영을 받지 못하자 송(宋) 나라로 가셨는데, 송 나라의 사마(司馬)라는 관직에 있던 환퇴(桓魋)가 도중에서 기다리고 있다가 공자를 살해하려는 사건이 있어서, 변장까지 하고서야 겨우 송 나라를 빠져나가셨다. 이때 공자께서는 예기치 못했던 재난까지 당한 다급한 처지에 있었으므로, [陳 나라에 도착하셔서는, 비록 크게 어질지는 않으나 무난한 사람이었던] 사성정자(司城貞子)의 집에 유숙하시면서 진후(陳侯)인 주(周)의 신하가 되셨던 것이다.

내가 듣기로는, 조정에 있는 가까운 신하의 인물됨을 알아 보려면, 그의 집에 유숙하고 있는 손님들을 살펴보고, 먼 곳에서 온 신하의 인물됨을 알아 보려면, 그가 유숙하고 있는 집 주인을 살펴본다고 했다. 만약 공자께서 정말로 환관인 옹저나 척환의 집에 유숙하셨다면, 무엇으로써 공자라고 할 수 있겠느냐?"[그를 성인으로 받들 근거가 없을 것이다.]

9·8 萬章問曰:"或謂孔子於衞主①癰疽, 於齊主侍人瘠環, 有諸乎?"

孟子曰:"否, 不然也。好事者爲之也。於衞主顔讎由。彌子之妻與子路之妻, 兄弟也。彌子謂子路曰;'孔子主我, 衞卿可得也.'子路以告。孔子曰:'有命.'孔子進以禮, 退以義, 得之②不得曰'有命.'而③主癰疽與侍人瘠環, 是無義無命也。孔子不悅於魯衞, 遭宋桓司馬將要而殺之, 微服④而過宋。是時孔子當阨, 主司城貞子⑤, 爲陳侯周臣。吾聞觀近臣⑥, 以其所爲主;觀遠臣⑦, 以其所主⑧。若孔子主癰疽與侍人瘠環, 何以爲孔子?"

〈注〉
①主(주):어떤 사람의 집에 유숙하면서 그를 주인으로 삼다(朱子).
②得之(득지): 之;連詞. '與'와 同. 그것을 얻는 것과 (못 얻는

것).
③ 而(이) : 만약. (假設連詞 '如'의 假借).
④ 微服(미복) : 다른 사람들의 耳目을 속이거나 피하기 위해서 허름한 옷으로 변장하는 것. '微'는 '微行'의 微와 같은 뜻이다.
⑤ 司城貞子(사성정자) : 趙岐는 宋卿, 朱子는 宋의 大夫라 하였으나, 『史記』「孔子世家」에서는, "공자께서는 드디어 陳에 도착하셔서 司城貞子의 집에 유숙하셨다."고 하였다. 즉, 그는 陳 나라 사람이라고 했다.
⑥ 近臣(근신) : 조정에 있는 신하(在朝之臣 — 朱子).
⑦ 遠臣(원신) : 멀리서(타국에서) 온 신하(遠方來仕者 — 朱子).
⑧ 以其所主(이기소주) : 그(其)가 주인으로 삼고 있는 자(所主)를 (관찰함)으로써(以).

9·9 백리해(百里奚)의 지혜로움

만장이 물었다. "어떤 사람이 말하기를, '백리해(百里奚)는 진(秦) 나라의 희생제물로 쓸 소나 양을 기르는 사람에게 양피(羊皮) 다섯 장 값에 자기 몸을 팔고는, 그 사람의 소를 먹이면서 진의 목공(穆公)에게 등용될 기회를 노렸다.'고 하던데, 정말로 그랬습니까?"

맹자께서 말씀하셨다.

"아니다, 그렇지 않다. 남의 말 하기 좋아하는 사람들이 지어낸 말이다. 백리해는 우(虞) 나라 사람이었다. 진(晉) 나라가 수극(垂棘) 땅에서 나는 아름다운 옥[璧]과 굴(屈) 땅에서 나는 좋은 말(馬)들을 우 나라에 뇌물로 바치면서, 우 나라의 길을 빌려 그 옆의 괵(虢) 나라를 치려고 한 일이 있었다. 그 당시 우 나라의 대신이었던 궁지기(宮之奇)는 [진의 야욕은 괵 나라를 치고 나서 우 나라까지 삼키려는 데 있으므로, 진의 요구를 들어 주어서는 안 된다고] 임금을 말렸지만, 백리해는 말리지 아니하고 잠자코 있었다. 그는, 우공(虞公)을 말려 보았자 소용없을 것임을 알고 있었으며, 그래서 우 나라를 떠나 진 나라로 갔던 것이니, 그 당시 그의 나이는 이미 칠십이나 되었다. 만약 그가, 그 나이가 되어서도 소를 먹이는 방법을 써서 진 목공에게 등용되기를 바라는 것은 곧 자기 자신을 더럽히는 것임을 몰랐다면, [그런 사람을] 지혜로운 사람이라고 말할 수 있겠느냐? 자기 임금을 말려 봐야 소용없을 것임을 알고 말리지 않았으니, 그를 지혜롭지 못한 사람이라고 말할 수 있겠느냐? 우 임금이 장차 망할 것을 알고 미리 떠나가 버렸으니, 그를 지혜롭지 못한 사람이라고 말할 수는 없을 것이다. 진 나라에서 등용되었을 때, 진 목공이야말로 도와서 일을 해 볼만한 인물임을 알고 그를 도와 주었으니, 그를 지혜롭지 못한 사람이라고 말할 수 있겠느냐? 진 나라의 경상(卿相)이 되어서 목공으로 하여금 그 이름이 천하에 드러나게 하였으며, 또한 그 이름이 후세에까지 전하여지게 하였으니, 현능(賢能)하지 못하고서도 그렇게 할 수 있겠느냐? 촌사람이라도 자존심이 있어 자기를 아낄 줄 아는 사람이라면, 자기 몸을 팔아 그 임금의 이름을 드높이는 일 따위는 하지 않으려 할 터인데, 현자(賢者)라고 불리는 백리해가 그런 일을 했을 리가 있겠느냐?"

9·9 萬章問曰:"或曰,'百里奚自鬻①於秦養牲者, 五羊之皮, 食牛②, 以要秦穆公.'信乎?"

孟子曰:"否, 不然. 好事者爲之也. 百里奚, 虞人也. 晋人以垂棘之璧與屈産之乘③, 假道於虞以伐虢. 宮之奇④諫, 百里奚不諫. 知虞公之不可諫而去, 之秦, 年已七十矣; 曾不知以食牛干秦穆公之爲汙也, 可謂智乎? 不可諫而不諫, 可謂不智乎? 知虞公之將亡而先去之, 不可謂不智也. 時擧於秦, 知穆公之可與有行⑥也而相之, 可謂不智乎? 相秦而顯其君於天下, 可傳於後世, 不賢而能之乎? 自鬻以成其君, 鄉黨自好者不爲, 而謂賢者爲之乎?"

〈注〉
① 鬻(육) : 팔다(賣).
② 食牛(사우) : 소를 키우다. 소를 먹이다.
③ 屈産之乘(굴산지승) : 屈 땅에서 나는 良馬. 乘 ; 네 필의 말.
④ 宮之奇(궁지기) : 『左傳』, 僖公五年에 의하면, 그는 "輔車相依, 脣亡齒寒"(수레덧방 나무와 수레는 서로 의지하고, 입술이 없어지면 이빨이 시려진다.)라고 말하면서 임금에게 길을 빌려 주지 말도록 설득했다고 하는데, 우리는 지금도 이 말을 속담으로 쓰고 있다. (輔車를 광대뼈와 잇몸으로 해석하기도 한다(杜預)).
⑤ 曾(증) : 끝내, 그때까지. 여기에서는 '그 나이가 되도록'이란 뜻.
⑥ 有行(유행) : '有所行', '有所爲'의 뜻이다.
⑦ 自好者(자호자) : 자기 몸을 아끼는 사람(自愛其身之人也 — 朱子). 명예심이 강한 사람(自喜好名者 — 趙岐).

10. 만장 萬章章 下

10·1 집대성(集大成)한 공자

맹자께서 말씀하셨다.
"백이(伯夷)는 눈으로는 나쁜 사물을 보지 않았고, 귀로는 나쁜 소리를 듣지 않았다. [그처럼 청렴한 인물이었기에,] 이상적인 임금이 아니면 섬기지 않았고, 이상적인 백성이 아니면 부리지 않았다. 천하가 잘 다스려지고 있을 때에는 나아가 관직을 맡았고, 천하가 혼란할 때에는 관직에서 물러나 초야에 숨어 살았다. 포악한 정치가 행하여지고 있는 나라나, 난폭한 백성들이 사는 곳에서는 차마 살지 못하였다. 막되어먹은 인간들과 함께 있는 것을 마치 예복을 입고 예모를 쓴 차림으로 진흙이나 잿더미 위에 앉아 있는 것처럼 생각하였다. 은(殷) 나라 주왕(紂王) 때, 그는 세상을 피하여 북해(北海)의 바닷가에서 살면서 천하가 깨끗해지기를 기다렸다. 그래서 백이의 풍도(風道)를 듣게 되는 사람은 그의 감화를 받아, 탐욕스럽던 자도 청렴결백해졌으며, 나약하던 자도 독립불굴의 의지를 갖게 되었다.

이윤(伊尹)은 말했다. '어떤 임금인들 섬기지 못하겠느냐? 어떤 백성인들 부리지 못하겠느냐?'라고. 그래서 천하가 태평할 때에도 나아가 관직을 맡았고, 천하가 혼란할 때에도 역시 나아가 관직을 맡으면서 말했다 : '하늘이 이 백성들을 낳아 기름에 있어서, 먼저 알고 먼저 깨달은 사람으로 하여금 뒤늦게 알고 뒤늦게 깨치는 사람들을 알게 해 주고 깨우쳐 주도록 하였다. 나는 백성들 가운데서도 먼저 깨달은 자[先覺者]이다. 나는 장차 요·순의 도로써 이 백성들을 깨우쳐 주리라.'라고. 그는 이렇게 생각하였다 ; 천하의 백성들 가운데 어느 한 사람이라도 요·순 시대와 같은 훌륭한 정치의 혜택을 입지 못하는 자가 있다면, 그것은 그 자신이 그들을 구렁 속으로 떠밀어 넣은 것과 마찬가지라고. 이것이야말로 그가 천하의 무거운 책임을 스스로 떠맡고 나선 태도이다.

　유하혜(柳下惠)는 못된 임금 섬기는 것을 전혀 수치로 여기지 않았고, 미관말직(微官末職)이라도 사양하지 않았다. 조정에 나아가서는 자신의 재능을 숨기지 않았지만, 반드시 자신이 옳다고 생각하는 도리와 원칙에 따라서 일을 처리하였다. 자신이 버림을 당해도 원망하지 않았고, 곤궁에 빠져도 근심하지 않았다. 막되어먹은 자들과 함께 있어도 즐거워하면서 차마 털고 일어나지 못했다. [그는 말했다.] '너는 너고, 나는 난데, 비록 네가 내 곁에서 웃옷을 벗고 있건 빨가벗고 있건 간에, 네가 나를 어찌 더럽힐 수 있겠느냐?' 라고. 그래서 유하혜의 풍도(風道)를 듣게 되는 사람은 그의 감화를 받아, 속이 좁던 자도 관대해지고, 각박하던 자도 후덕(厚德)해졌다.

　공자께서 제(齊) 나라를 떠나실 때에는, 밥을 지으려고 일고 있던 쌀까지 그냥 건져 가지고 서둘러 떠나셨지만, 노(魯) 나라를 떠나실 때에는, '천천히 가자꾸나! 이것이 조국을 떠나는 도리이니라.' 라고 말씀하셨다. 속히 떠나야 할 것 같으면 속히 떠나가고, 오래 머물러 있어야 할 것 같으면 오래 머물러 있고, 관직에서 물러나야 할 것 같으면 물러나고, 관직에 나아가야 할 것 같으면 관직에 나아가신 분이 공자이시다."

　맹자께서 또 말씀하셨다.

　"백이는 성인들 가운데서도 지극히 청렴결백한 분이었고, 이윤은 성인들 가운데서도 지극히 사명감이 투철한 분이었고, 유하혜는 성인들 가운데서도 매사에 있어서 남들과 지극히 잘 어울리신 분이었으며, [그러나 한편으로 치우쳐 있다.] 공자께서는 성인들 가운데서도 때를 알아서 그에 맞도록 해 나가셨던 분이다. 그래서 공자를 집대성(集大成)한 분이라 부르는 것이다. '집대성'이란 말의 의미는, [협주곡의 연주를 예로 들어 설명하면, 처음에는 우렁차게 울려퍼지는] 쇠로 만든 종[鎛鍾]을 쳐서 연주를 시작하고, [음악이 끝날 때에 가서, 여운이 길게 이어지는] 옥(玉)으로 만든 특경(特磬)을 쳐서 모든 소리들을 거두어 들이는 것과 같다. 종을 쳐서 소리를 울려퍼지게 하는 것은 음악 연주의 시작을 의미하고, 옥으로 만든 특경을 쳐서 그 소리를 거두어 들이는 것은 음악 연주의 종결을 의미한다. 그 연주를 시작하는 것은 지(智)에 속하는 일이고, 그 연주를 훌륭히 끝맺는 것은 성(聖)에 속하는 일이다. 지(智)는 비유해서 말하자면 기교(技巧)와 같고, [배움에 의해서 늘어날 수 있다.] 성(聖)은 비유해서 말하자면 기력(氣力)과 같다. [사람에 따라서 태어날 때부터 일정한 한계가 있다.] 이것은 마치 백 보의 거리에서 활을 쏘는 경우, 화살을 과녁이 있는 곳까지 도달하게 하는 것은 위의 세 분의 힘으로도 가능하겠지만, 화살을 과녁에 명중시키는 것은 이 세 분들의 힘으로는 가능하지 않은 것과 같다."

[타고난 힘이 과녁을 명중시키고도 남을 정도로 넉넉해야 되는 것이니, 공자같은 성인은 노력만으로 될 수는 없다는 뜻이다.]

10·1 孟子曰:"伯夷, 目不視惡色①, 耳不聽惡聲。非其君, 不事;非其民, 不使。治則進, 亂則退。橫政②之所出, 橫民②之所止, 不忍居也。思與鄕人處, 如以朝衣朝冠坐於塗炭也。當紂之時, 居北海之濱, 以待天下之淸也。故聞伯夷之風者, 頑夫廉③, 懦夫有立志。

伊尹曰:'何事非君? 何使非民?'治亦進, 亂亦進, 曰:'天之生斯民也, 使先知覺後知, 使先覺覺後覺。予, 天民之先覺者也。予將以此道覺此民也。'思天下之民匹夫匹婦有不與被堯舜之澤者④, 若己推而內之溝中 ──⑤其自任以天下之重也。

柳下惠, 不羞汙君, 不辭小官。進不隱賢, 必以其道。遺佚而不怨, 阨窮而不憫。與鄉人處, 由由然⑥不忍去也。'爾爲爾, 我爲我, 雖袒裼裸裎⑦於我側, 爾焉能浼我哉?' 故聞柳下惠之風者, 鄙夫⑧寬, 薄夫敦。

孔子之去齊, 接淅⑨而行; 去魯, 曰:'遲遲吾行也, 去父母國之道也⑩。'可以速而速, 可以久而久, 可以處而處⑪, 可以仕而仕, 孔子也。"

孟子曰:"伯夷, 聖之淸者也; 伊尹, 聖之任者也; 柳下惠, 聖之和者也; 孔子, 聖之時者也。孔子之謂集大成⑫。集大成也者, 金聲而玉振之⑬也。金聲也者, 始條理⑭也; 玉振之也者, 終條理也。始條理者, 智之事也; 終條理者, 聖之事也。智, 譬則巧也; 聖, 譬則力⑮也。由⑯射於百步之外也, 其至, 爾力也; 其中, 非爾力⑰也。"

〈注〉

① 惡色(악색): 趙岐는, 夏姬처럼 그 행실은 부정하나 美色인 여자를 말한다고 했으나, 보다 넓게 '부정한 모든 사물'을 가리키는 것으로 해석했다.

② 橫政·橫民(횡정·횡민): 橫;제멋대로 하고 법도를 따르지 않는 것(橫, 不順法度―朱子). 즉, 포악한 정치나 난폭한 백성들이란 뜻이다.

③ 頑夫廉(완부렴): 세 가지의 해석이 있다. ㉠ 頑을 貪, 廉을 廉潔의 뜻으로 보고, '탐욕스럽던 자가 청렴해졌다'라고 해석하는 것이고(趙岐), ㉡ 頑을 無知覺, 廉을 有分辨의 뜻으로 보고,

'지각 없던 자가 사리를 분별하게 되었다'라고 해석하는 것이며 (朱子), ㉢ 頑을 鈍(둔하다), 廉을 稜(릉:모서리)의 뜻으로 보아서, '둔하던 자(아무런 원칙이 없는 자)가 모서리(원칙)를 갖게 되었다'라고 해석하는 것이다(王念孫・焦循).

④ 有不與被…者(유불여피…자) : (혜택을) 입는 일에 참여하지 못한 자가 있다면. (다음 句의 若과 함께 假定句를 이루고 있다).

⑤ 其自任以(기자임이) : (此)其自任以… 이 文에는 주어(此)가 생략되어 있다. 其;그(3인칭 代詞).

⑥ 由由然(유유연) : 즐거워하는 모양. (공손추 上(3·9), 참조).

⑦ 袒裼裸裎(단성라정) : 공손추 上(3·9), 참조.

⑧ 鄙夫(비부) : 속이 좁은 사람.

⑨ 接淅(접석) : 밥을 짓기 위해 물에 담그어 놓았던 쌀을 건져내다. 接;건져내다(浚也). 淅;쌀을 물에 이다(潰米). 물에 인 쌀.

⑩ '遲遲吾行也, 去父母國之道也' : 孔子의 말이 어디까지인가에 대해서 異說이 있는데, 朱子는 '遲遲吾行也.'까지가 孔子의 말이라 했으나, '去…道也'까지라고 보는 것이 지금의 通說이다(焦循・楊伯峻).

⑪ 可以處而(가이처이) : 可以는 보통 '能'을 나타내지만, 여기서는 마땅히 해야 함(應)을 나타낸다. 處;은퇴하다("君子之道, 或出或處, 或默或語"—『易』「繫辭」上). 而;이곳에서는 모두 '則'과 같은 용법(連詞)으로 사용되고 있다.

⑫ 集大成(집대성) : 趙岐는, 先聖들의 大道를 모아서 자신의 聖德을 이룬 것이라 했고, 朱子는 三聖의 일들이 모여서 하나의 大聖을 이룬 것을 말한다고 했다. 集大成은 원래 음악용어로서, 여러 악기 및 樂章의 소리들이 모여 하나의 協奏曲을 형성하는 것을 말한다.

⑬ 金聲而玉振之(금성이옥진지) : 金;쇠로 만든 작은 종, 즉 박종(鎛鍾)을 말한다. 聲;소리를 내는 것. 玉;옥으로 만든 타악기, 즉 특경(特磬)을 말한다. 振;드러내다. 떨치다(揚也—趙岐). 거두어 들이다(收, 斂—王念孫・焦循). 여러 악기들이 모여 협주곡을 연주할 때, 맨 처음 우렁찬 소리를 내는 쇠로 만든

종을 쳐서 연주를 시작하고, 그 소리가 쇠약해지지 않는 옥으로 된 특경을 쳐서 온갖 소리들을 거두어 들임으로써 연주를 끝맺는 것을 말한다.

⑭ 條理(조리) : 음악 연주의 절차와 순서(焦循). 脈絡과 같은 말이니, 衆音을 말한다(朱子).

⑮ 智·巧·聖·力(지·교·성·력) : 趙岐는, "智는 기교에 비유될 수 있고, 배움에 의해서 늘어날 수 있으며, 聖은 힘에 비유될 수 있고, 처음부터 일정한 한계가 있으며, 노력에 의해 늘어나기 어렵다. 聖人은 하늘로부터 그 天性을 부여받는 바, 다른 사람들은 노력에 의해 비슷한 수준까지 갈 수는 있어도 그에 미칠 수는 없다."고 하였다. 반대로 朱子는, "智는 기교이며, 聖은 힘인 바, 孔子만이 智와 聖을 겸비하였고, 伯夷, 伊尹, 柳下惠 三人은 힘(聖)은 여유가 있지만 기교(智)가 부족했다."고 해석하였는데, 이것을 앞의 '始條理者, 智之事, 終條理者, 聖之事'와 연관시켜 보면, 이들은 條理를 끝낼 줄은 알았어도(聖之事), 그것을 시작할 줄은(智之事) 몰랐다는 것으로 되어, 말이 통하지 않게 된다.

⑯ 由(유) : …와 같다(猶와 同).

⑰ 爾力, 非爾力(이력, 비이력) : 伯夷, 伊尹, 柳下惠의 힘. 焦循은 과녁이 있는 곳에 도달하는 정도의 힘(즉 淸, 任, 和)은 위 세 분의 力(聖)으로도 가능하지만, 과녁을 맞추는 것(其中)은 이 세 분의 力(聖)으로는 불가능하고 孔子의 力(聖)으로만 가능하다고 해석하였다. 朱子는, 위의 세 분은 智(巧)가 부족했기 때문에 其中을 못했다고 함으로써, 전체 文脈의 일관된 해석에 실패하였다. 趙岐는, '其中的者, 爾之巧也'라 함으로써, 智, 巧;聖, 力의 해석과 상충되는 해석을 하고 있다.

10·2 주(周)의 작위와 봉록의 제도

[衛 나라 사람인] 북궁기(北宮錡)가 물었다. "주(周) 나라 왕실의 작위(爵位)와 봉록(俸祿)의 제도는 어떠했습니까?"
맹자께서 말씀하셨다.
"그 자세한 내용은 나도 들어볼 수 없었으니, 제후들이 그 제도가 자기들에게 방해가 된다고 생각하여, 모두들 그것에 관한 전적(典籍)을 없애 버렸기 때문이다. 그러나 나는 이전에 그 대략적인 것은 들어본 적이 있다. [天子의 나라에서는,] 천자가 한 계급, 그 밑의 공(公)이 한 계급, 후(侯)가 한 계급, 백(伯)이 한 계급, 자(子)와 남(男)이 동등한 한 계급으로, 모두 다섯 등급으로 되어 있다. [諸侯의 나라에서는,] 제후, 즉 군(君)이 한 계급, 경(卿)이 한 계급, 대부(大夫)가 한 계급, 상사(上士)가 한 계급, 중사(中士)가 한 계급, 하사(下士)가 한 계급으로, 모두 여섯 등급으로 되어 있다.
천자가 직접 관리하는 토지는 사방 천 리, 공(公)과 후(侯)는 각각 사방 백 리, 백(伯)은 사방 칠십 리, 자(子)와 남(男)은 사방 오십 리, 이렇게 네 등급으로 되어 있다. 그 토지가 사방 오십 리가 안 되는 소국(小國)은 직접 천자와 관계를 가질 수 없고 제후국에 부속되었는데, 이것을 부용(附庸)이라 불렀다. [천자의 조정의 신하들은 토지를 받아서 그 수확을 봉록으로 하는데,] 천자의 경(卿)이 받는 봉지는 후(侯)가 받는 것과 그 크기가 같고, 대부(大夫)가 받는 봉지는 백(伯)이 받는 것과 그 크기가 같고, 원사[元士, 즉 上士]가 받는 봉지는 자(子)와 남(男)이 받는 것과 그 크기가 같다.

대국(大國)인 공·후(公侯)의 나라에서는 그 토지가 사방 백 리인데, 군주의 봉록은 경(卿)의 열 배이고, 경의 봉록은 대부의 네 배이며, 대부는 상사(上士)의 배이고, 상사는 중사(中士)의 배이고, 중사는 하사(下士)의 배이며, 하사의 봉록은 일반 백성으로서 관가에서 일하고 있는 사람의 그것과 같은데, 그 봉록은 그들이 직접 농사지어 얻을 수 있는 수입액을 대신하기에 충분하다.

그 다음 크기의 나라, 즉 백작의 나라에서는 그 토지가 사방 칠십 리인데, 군주의 봉록은 경(卿)의 열 배이고, 경의 봉록은 대부(大夫)의 세 배이며, 대부는 상사(上士)의 배이고, 상사는 중사(中士)의 배이고, 중사는 하사(下士)의 배이며, 하사의 봉록은 일반 백성으로서 관가에서 일하고 있는 사람의 그것과 같은데, 그 봉록은 그들이 직접 농사지어 얻을 수 있는 수입액을 대신하기에 충분하다.

소국(小國)인 자·남의 나라에서는 그 땅이 사방 오십 리인데, 군주의 봉록은 경(卿)의 열 배이고, 경의 봉록은 대부의 배이며, 대부는 상사의 배이고, 상사는 중사의 배이고, 중사는 하사의 배이고, 하사는 일반 백성으로서 관가에서 일하고 있는 사람의 그것과 같은데, 그 봉록은 그가 직접 농사지어 얻을 수 있는 수입액을 대신하기에 충분하다.

농사짓는 사람의 수입은, 한 장정에게 백 묘(百畝)의 땅을 주고, 그 백 묘의 땅에 거름주어 농사를 짓는 경우, 상농부(上農夫)는 아홉 식구를 먹여살릴 수 있고, 중상(中上)의 농부는 여덟 식구를 먹여살릴 수 있고, 중(中)농부는 일곱 식구를 먹여살릴 수 있고, 중하(中下)농부는 여섯 식구를 먹여살릴 수 있고, 하(下)농부라도 다섯 식구는 먹여살릴 수 있었다. 일반 백성으로서 관가에서 일하는 사람의 봉록도 농부들과 같이 다섯 등급으로 나누어 차등을 두었다."

10·2　北宮錡問曰:"周室班①爵祿也, 如之何?"

孟子曰:"其詳不可得聞也, 諸侯惡其害己也, 而皆去其籍;然而軻也, 嘗聞其略也。天子一位, 公一位, 侯一位, 伯一位, 子、男同一位, 凡五等也。君一位, 卿一位, 大夫一位, 上士一位, 中士一位, 下士一位, 凡六等。天子之制②, 地方千里, 公侯皆方百里, 伯七十里, 子、男五十里, 凡四等。不能③五十里, 不達於天子, 附於諸侯, 曰附庸④。天子之卿受地視⑤侯, 大夫受地視伯, 元士受地視子、男。大國地方百里, 君十卿祿, 卿祿四大夫, 大夫倍上士, 上士倍中士, 中士倍下士, 下士與庶人在官者同祿, 祿足以代其耕也。次國地方七十里, 君十卿祿, 卿祿三大夫, 大夫倍上士, 上士倍中士, 中士倍下士, 下士與庶人在官者同祿, 祿足以代其耕也。小國地方五十里, 君十卿祿, 卿祿二大夫, 大夫倍上士, 上士倍中士, 中士倍下士, 下士與庶人在官者同祿, 祿足以代其耕也。耕者之所獲⑥, 一夫百畝;百畝之糞⑦, 上農夫食⑧九人, 上次食八人, 中食七人, 中次食六人, 下食五人。庶人在官者, 其祿以是爲差⑨。"

〈注〉

① 班(반):서열. 등급을 매기다(動詞).

② 制(제):制度.

③ 不能(불능):'不能有'에서 '有'가 생략되어 있다. 부족하다(猶不足也—朱子). (能, 猶及也—高誘).

④ 附庸(부용): 附;附屬. 庸;城. 大國에 부속되어 그 大國의 이름으로 天子와 관계를 갖는 小國.

⑤ 視(시):준하다. 같다(比也—趙岐).

⑥ 所獲(소획) : 소득(獲, 得也―趙岐).
⑦ 糞(분) : 논밭에 비료를 주어 곡식을 기르는 것.
⑧ 食(사) : 먹여 주다. 부양하다.
⑨ 以是爲差(이시위차) : 농부들처럼 차등을 두다(食祿之等差由農夫―趙岐).

10·3 친구를 사귀는 옳바른 방법

만장이 물었다. "친구를 사귈 때 지켜야 할 도리를 알고 싶습니다."

맹자께서 말씀하셨다.

"나이가 많고 적음[長]을 의식하지 말고, 지위의 높고 낮음[貴]을 의식하지 말며, 집안 형제의 부귀(富貴) 여부를 의식하지 말고 벗을 사귀어야 한다. 벗을 사귄다는 것은 그의 인격[德]을 사귀는 것이므로, 마음 속으로 다른 어떤 것도 의식해서는 안 된다. 노(魯) 나라의 맹헌자(孟獻子)는 백승(百乘)의 대부(大夫)로서, 그에게는 다섯 친구가 있었는데, 악정구(樂正裘)와 목중(牧仲), 나머지 세 사람의 이름은 기억이 나지 않는다. 맹헌자가 이들 다섯 사람과 사귈 때, 그는 마음 속으로 자신이 대부라는 생각을 갖지 않았었다. 만약 이 다섯 사람들도 마음 속으로 맹헌자의 높은 지위를 의식하고 있었더라면, 맹헌자는 그들을 벗으로 사귀지 않았을 것이다. 백승(百乘)의 대부만 그렇게 했던 것은 아니고, 소국(小國)의 군주도 역시 이처럼 벗을 사귀었다. 비(費) 나라의 혜공(惠公)은 [자기보다 지위가 낮은 사람들을 벗으로 사귀면서] 이렇게 말했다. '나는 자사(子思)에 대해서는 그를 스승으로 생각하고, 안반(顔般)에 대해서는 그를 친구로 여긴다. 그러나 왕순(王順)과 장식(長息)은 단지 나를 위해 일하는 자들에 불과하다.'라고. 소국의 군주만 이렇게 했던 것은 아니고, 대국의 군주도 역시 이처럼 벗을 사귀었다. 진(晉)의 평공(平公)이 해당(亥唐)이란 현자와 사귀던 모습을 보면, [陋巷에서 살아가는 賢者의 德을 흠모하여, 그가 사는 누추한 집으로 찾아갔을 때,] 그가 들어오라고 하면 들어가고, 앉으라고 하면 앉고, 먹으라고 하면 먹었는데, 거친 밥과 나물국일지라도 배가 부르도록 먹지 않은 적이 없었으니, 해당이 권하는데 감히 배가 부르도록 먹지 않을 수 없었기 때문이다. 그러나 [平公의 벗을 사귐은] 이 정도에서 그쳤다. 그에게 관직을 주지도 않았고, 그와 정치를 의논하지도 않았으며, 그에게 봉록을 주지도 않았으니, 이것은 어디까지나 일반 선비가 어진이를 존경하는 태도일 따름이고, 왕공(王公)의 지위에 있는 사람이 어진이를 존경하는 태도는 아니었다. [王公의 지위에 있는 사람이 賢者를 참으로 존중한다면, 단지 예의를 갖추는 것만으로는 부족하고, 그를 등용해서 그 뜻을 펼 수 있도록 해 주어야 한다.]

[자신과 상대의 지위를 의식하지 않고 벗을 사귄 가장 훌륭한 예로서는 堯 임금과 舜의 관계를 들 수 있다.] 순이 처음 요 임금을 찾아뵈었을 때, 요 임금은 사위인 그를 별궁(別宮)에 머무르게 하고, 그에게 술과 음식을 대접해 줌으로써, [순도 요 임금을 초청해서 음식을 대접해 줌으로써,] 서로 번갈아 가면서 주인이 되기도 하고 손님이 되기도 하였으니, 이야말로 천자의 높은 지위에 있는 사람이 일반 백성을 진정한 벗으로 사귄 것이다. 낮은 지위에 있는 사람이 높은 지위에 있는 사람을 존경하는 것, 이것을 귀인(貴人)을 존귀하게 여기는 것이라 하고, 높은 지위에 있는 사람이 낮은 지위에 있는 사람을 존경하는 것, 이것을 현자(賢者)를 존중하는 것이라 한다. 귀인을 존귀하게 여기는 것과 현자를 존중하는 것은 그 도리가 똑같은 것이다."

10·3 萬章問曰:"敢問友。"

孟子曰:"不挾長, 不挾貴, 不挾兄弟①而友。友也者, 友其德也, 不可以有挾也。孟獻子, 百乘之家也, 有友五人焉;樂正裘、牧仲, 其三人, 則予忘之矣。獻子之與此五人者友也, 無獻子之家者也。此五人者, 亦有獻子之家②, 則不與之友③矣。非惟百乘之家爲然也, 雖小國之君亦有之。費惠公曰, '吾於子思, 則師之矣;吾於顏般, 則友之矣;王順、長息則事我者也。'非惟小國之君爲然也, 雖大國之君亦有之。晋平公之於亥唐也, 入云則入, 坐云則坐, 食云④則食;雖疏食菜羹⑤, 未嘗不飽, 蓋不敢不飽也。然終於此而已矣。弗與共天位也, 弗與治天職也, 弗與食天祿也, 士之尊賢者也, 非王公之尊賢也。舜尙⑥見帝, 帝館甥于貳室⑦, 亦饗舜, 迭爲賓主⑧, 是天子而友匹夫也。用⑨下敬上, 謂之貴貴;用上敬下, 謂之尊賢。貴貴、尊賢, 其義一也。"

〈注〉
① 挾兄弟(협형제):형제 중에 富貴한 者가 있음을 의심하고(趙岐).
② 亦有獻子之家(역유헌자지가):만약 이들도 獻子의 집안(즉, 헌자의 大夫라는 身分과 富)을 의식하고 있었다면. 假定句이다.
③ 不與之友(불여지우):그(맹헌자)와 더불어 친구로 사귈 수 없었을 것이다. 즉, 맹헌자가 그들을 친구로 대해 주지 않았을 것이란 뜻이다(朱子・焦循).
④ 食云(식운):먹으라고 하면. 入云, 坐云, 食云은 云入, 云坐, 云食의 도치구이다.
⑤ 蔬食菜羹(소사채갱):현미로 만든 거친 밥과, 나물국(蔬;疏와 同. 『集注』本에는 疏로 되어 있다.).
⑥ 尙(상):上과 同. 서민의 신분이었던 舜이 천자인 堯를 만났으므

로 '上'이라 했다(朱子). 尙은 上配, 즉 帝王의 딸을 配匹로 맞이하는 것을 말하기도 한다.(『漢書』, "娶天子女, 曰尙公主").
⑦ 館甥于貳室(관생우이실) : 사위를 副宮에 묵게 하다.
⑧ 饗舜, 迭爲賓主(향순, 질위빈주) : 趙岐와 朱子는, 饗을 被動으로 해석하여, 舜이 베푸는 음식대접을 堯 임금이 받은 것이라고 하였다. 만약 堯 임금이 이미 舜에게 머물 집을 제공함으로써 한 번 대접하였는데, 거기다가 음식까지 대접한다면, 下句의 '교대로 주인이 되기도, 손님이 되기도 하였다.'는 말과 모순된다는 것이다. 그러나, 장인이 사위에게 머물 집을 제공한 다음 먼저 饗을 베풀어 주는 것은 지극히 자연스럽고, 그 다음에 사위도 자기가 묵고 있는 별궁으로 장인을 초대해서 饗을 제공함으로써 번갈아 가면서 주인과 손님이 되었다고 보는 것이 자연스럽다. 따라서, 이 饗舜은 요 임금이 순에게 베푼 饗을 말하는 것으로 보아야 한다.
⑨ 用(용) : '以'와 同.

10·4 교제를 위한 예물

만장이 물었다. "교제할 때에는 어떤 마음으로 임해야 하는지 여쭈어 보고자 합니다."

맹자께서 말씀하셨다. "공경하는 마음을 가져야 한다."

만장 : "[옛날의 예법에 따르면, 교제를 청할 때에는 반드시 예물을 보내는데,] '다른 사람이 보낸 예물을 거듭해서 거절하는 것은 공경하는 자세가 아니다.'라고 하는데, 왜 그렇습니까?"

맹자 : "존귀한 사람이 예물을 보냈을 때, 마음 속으로, '저 사람은 이 물건을 정당한 방법으로 얻었을까? 아니면 정당하지 못한 방법으로 얻었을까?' 하고 따져본 후에 그것을 받는다면, 이것은 불공(不恭)이 된다. 그래서 거절하지 않는 것이다."

만장 : "그렇다면, 그가 보낸 예물을 거절하되 그 이유를 분명하게 말하지 말고, 다만 마음 속으로, '이것은 백성들로부터 빼앗은 불의한 재물이다.'라고 생각하면서 거절하고, 그 사람에게는 다른 핑계를 대고 받지 않는다면, 되지 않겠습니까?"

맹자 : "그가 법도에 맞게 교제를 청해 오고, 예절에 맞게 접대해 준다면, 그런 경우에는 공자께서도 예물을 받으셨다."

만장 : "지금 도성 밖에서 길가는 사람들을 가로막고서는 재물을 빼앗는 강도가 있는데, 그가 법도에 맞게 교제를 청해 오고 예절에 맞게 예물을 보내 온다면, 그런 빼앗은 물건이라도 받을 수 있습니까?"

맹자 : "안 된다. 『서경』 강고편(康誥篇)에서 말하기를, '사람을 죽이고, 남의 재물을 빼앗고도, 뻔뻔스레 사형당하는 것조차 두려워하지 않는 그런 인간을 증오하지 않을 사람이 없다.'고 했는데, 그런 인간은 타일러 볼 필요도 없이 즉석에서 죽여 버려도 된다. [그런 자를 즉석에서 죽이도록 규정한 법은,] 은(殷) 나라는 하(夏)에서, 주(周) 나라는 은에서 물려받은 것으로, 심문(審問)의 절차조차 생략하고 있다. 그리고 지금은 [그 법이 三代 동안 시행되어 왔으므로,] 누구나 다 익히 알고 있는 것인데, 어찌 그런 것을 받을 수 있겠느냐?"

만장 : "지금의 제후들이 백성들로부터 [세금을 무겁게 부과해서] 재물을 빼앗는 것을 보면, 노상강도들과 똑같습니다. 그런데도 만약 그들이 교제의 예절을 잘 지켜 주기만 한다면, 군자는 그것을 받는다 하시니, 그것은 또 무슨 도리인지 여쭈어 보고사 합니다."

맹자 : "자네는, 만약 성왕(聖王)이 일어나신다면 지금의 제후들을 모두 똑 같은 자들이라고 보아 모조리 죽여 버릴 것으로 생각하는가? 아니면 먼저 그들을 가르친 다음, 그래도 잘못을 고치

지 않을 때 죽일 것으로 생각하는가? 그리고 또, 자기의 소유가 아닌 것을 취하는 행위는 강도짓이다 라고 말하는 것은, 어떤 개념의 범주를 확충함으로써 그 본질에 도달하려는 추론방법[充類至義]을 니무나 엄격하고 정밀하게 적용한 것이다. 공자께서 노(魯)나라에서 벼슬하실 때, 노 나라 사람들이 사냥시합[獵較 : 사냥에서 잡은 짐승의 수를 비교해서 많이 잡은 사람이 적게 잡은 사람의 것까지 전부 가져가서 제사의 제물로 바쳤던 나쁜 풍속]을 할 때에는 공자께서도 그것을 하셨다. 사냥시합까지도 할 수 있는데, 하물며 그들의 [예를 갖추어 보낸] 예물을 받는 것이야 더 이상 말할 게 있겠느냐?"

만장 : "그렇다면 공자께서 관직에 나아가신 것은 도(道)를 행하기 위해서가 아니었습니까?"

맹자 : "도를 행하기 위해서였다."

(만장) : "도를 행하기 위해서라면서, 왜 나쁜 사냥시합을 하셨습니까?"

맹자 : "[악습의 원인을 제거하면 악습 그 자체도 자연히 없어진다고 생각한] 공자께서는, 먼저 제사에 바칠 수 있는 공물의 종류와 제기(祭器)의 수를 현실정에 맞게 문서로써 규정해 놓음으로써, 사방에서 나는 진기한 식품들을, 문서에 규정된 대로 차려지는 제사상에 올리지 못하게 했다." [사냥시합은 원래 제사에 바칠 진기한 제물을 얻기 위한 것인데, 그것들을 제사상에 올릴 수 없게 되면 그것들은 소용이 없어지고, 따라서 사냥시합같은 나쁜 풍속도 자연히 사라질 것이다.]

만장 : "[도를 행하기 위해서 관직을 맡았다면서, 도가 행해질 수 없다면,] 어째서 관직을 그만두고 떠나가지 않았습니까?"

맹자 : "[공자께서 관직에 나아가시면,] 먼저 자기 주장[道]의 시행 가능성을 시험해 보셨다. 시험해 본 결과, 자기의 주장이 시

행될 수 있는 조짐이 보이는데도 군주가 그것을 시행하려 하지 않을 때에야 그 나라를 떠나가셨으니, 그래서 공자께서는 한 나라에 삼 년이나 되도록 머무신 적이 없었던 것이다. 공자께서는 도(道)를 실행할 수 있을 것으로 보고 관직을 맡으신 일도 있고, 군주가 자기에 대한 예우를 잘 해 주기에 그것을 받아들여 관직을 맡으신 일도 있고, 군주가 어진이를 잘 봉양해 주기에 관직을 맡으신 일도 있었다. 魯 나라의 계환자(季桓子)의 경우는 도를 시행할만하다고 생각하셨기 때문에 관직을 맡으신 경우이고, 위(衛)의 영공(靈公)의 경우는 자신에 대한 예우가 괜찮아서 관직을 맡으신 경우이며, 위(衛) 효공(孝公)의 경우는 임금이 어진이들을 잘 봉양하였기 때문에 관직을 맡으신 경우에 속한다."

10·4 萬章問曰:"敢問交際①何心也?"

孟子曰:"恭也。"

曰:"'卻之卻之②爲不恭,'何哉?"

曰:"尊者③賜之, 曰,'其所取之者, 義乎, 不義乎?'而後受之, 以是爲不恭, 故弗卻也。"

曰:"請無以辭卻之, 以心卻之, 曰,'其取諸民之不義也,'而以他辭無受, 不可乎?"

曰:"其交也以道, 其接也以禮, 斯孔子受之矣。"

萬章曰:"今有禦人④於國門之外者, 其交也以道, 其餽也以禮, 斯可受禦與?"

曰:"不可。康誥曰:'殺越人于貨⑤, 閔不畏死, 凡民罔不譈。'是不待敎而誅者⑥也。殷受夏, 周受殷, 所不辭也;於今爲烈⑦, 如之何其受之?"

曰:"今之諸侯取之於民也, 猶禦也。苟善其禮際矣, 斯君子受之, 敢問何說也？"

曰："子以爲有王者作, 將比⑧今之諸侯而誅之乎？ 其⑨敎之不改而後誅之乎？ 夫謂非其有而取之者盜也, 充類至義⑩之盡也。孔子之仕於魯也, 魯人獵較, 孔子亦獵較。獵較猶可, 而況受其賜乎？"

曰："然則孔子之仕也, 非事道⑪與？"

曰："事道也。"

"事道奚獵較也？"

曰："孔子先簿正祭器⑫, 不以四方之食供簿正。"

曰："奚不去也？"

曰："爲之兆⑬也。兆足以行矣, 而不行, 而後去, 是以未嘗有所終三年淹⑭也。孔子有見行可⑮之仕, 有際可之仕, 有公養之仕。於季桓子, 見行可之仕也；於衛靈公, 際可之仕也；於衛孝公, 公養之仕也。"

〈注〉

① 交際(교제) : 여기서는 우리가 말하는 일반적인 교제가 아니라, 폐백 등 예물을 보내면서 예의를 갖추어 만나보는 것을 말한다.

② 卻之卻之(각지각지) : 卻之는 그것을 받지 않고 돌려보낸다는 뜻이다. 그런데 이것이 두 번 반복됨으로써 서로 다른 해석이 있게 되었다. 朱子는, 두 번 반복한 이유를 모르겠다고 했고, 焦循은, 완강하게 거절하는 뜻이라 하였으며, 또 다른 一說은, 앞의 '卻之'는 萬章의 질문(즉, 보내온 예물을 돌려보냅니까？)이고, 뒤의 '卻之'(爲不恭)는 맹자의 대답이며, 다시 '何哉'는 만장의 질문이라 했다.

③ 尊者(존자) : 지위가 높은 사람. 長者는 나이가 많은 사람.

④ 禦人(어인) : 길 가는 사람을 가로막고 물건 등을 빼앗는 路上强盜

(禦, 止也, 止人而殺之, 且奪其貨也―朱子).
⑤ 殺越人于貨…(살월인우화…): 越에는 於(趙岐), 顚越(朱子), 劫奪(『辭源』) 등의 뜻이 있는데, 어느 것이나 통한다. 于:取也 (朱子). 于貨;取其貨. 閔(민):'暋'과 同. 暋(민);무릅쓰다, 강퍅하다. 도리를 모르고 악을 행하면서도 뻔뻔스런 모습을 말하는 것 같다. 罔不譈(망부대):원망하지 않는 자가 없다. (譈;怨也. 懟也).
⑥ 不待敎而誅者(부대교이주자):'敎'를 趙岐는 '君之敎命'이라 하여, 죽여도 좋다는 임금의 허락을 받는 절차를 밟을 필요 없이 죽여야 한다고 해석했고, 朱子는 '敎戒'라 하여, 그 잘못을 타일러 봐야 소용없는 일이므로 그 즉석에서 죽여야 한다고 해석했다.
⑦ 殷受夏…今爲烈(은수하…금위열):朱子는 이 文은 무엇이 빠졌거나 衍文이어서 해석이 불가능하다고 하였다. 趙岐는, 不辭는 不辭問, 즉 심문을 해 볼 필요도 없다는 뜻이고, 烈은 烈烈明法(누구나 다 알고 있는 지극히 자명한 法)의 뜻이라 했다.
⑧ 比(비):비슷하다. 같다(同). 나란히 늘어세우다. 한 곳에 모으다. (連合―朱子).
⑨ 其(기):또는. 아니면. 選擇連詞.
⑩ 充類至義(충류지의): 充類;充其類. 至義;至於義. 어떤 개념의 범주를 확충해서 그 본질(義)에 도달한다. 이것을 充類至, 義…로 分讀하는 것은 잘못이다.
⑪ 事道(사도):道를 행하기 위해서 한 일이다(事, 行, 爲의 세 字는 뜻이 같다―焦循). (以行道爲事也―朱子).
⑫ 簿正祭器(부정제기): 朱子는, 이 文은 뜻이 不明하다고 했다. 趙岐는, 文書로써 종묘의 祭器를 바르게 규정해 놓고, 供物은 진기한 것을 금하고 쉽게 구할 수 있는 것들로 채우도록 했다는 뜻이라고 하였다.
⑬ 兆(조):조짐. 일의 단서(事之端也―朱子). 시작(始也―焦循).
⑭ 淹(엄):체류하다(留也).
⑮ 見行可(견행가):見其道之可行也(朱子).

10·5 가난 때문에 관직에 나아가는 경우

맹자께서 말씀하셨다.

"관직에 나아가는 것은 가난 때문이 아니지만, 그러나 때로는 가난 때문에 관직에 나아가기도 한다. 아내를 맞이하는 것은 가정의 살림살이를 위해서가 아니지만, 그러나 때로는 가정의 살림살이를 위해서 아내를 맞이하기도 한다. 가난 때문에 관직에 나아가는 경우에는 높은 자리를 사양하고 낮은 자리에 있어야 하고, 많은 봉록을 사양하고 작은 봉록만 받아야 한다. 높은 자리를 사양하고 낮은 자리에 있으며, 많은 봉록을 사양하고 작은 봉록만 받으려면 어떤 자리가 적합한가? 문지기나 야경꾼같은 말단관직이면 될 것이다. 공자께서는 일찍이 [생계문제를 해결하려고] 창고지기를 지낸 적이 있었는데, 공자께서는 말씀하셨다 ; '[양곡이 들어오고 나가는] 계산을 정확하게 하였을 따름이다.'라고. 또한 일찍이 목장 관리인이 된 적이 있었는데, 공자께서는 말씀하셨다. '소와 양이 튼튼하게 자라도록 하였을 따름이다.'라고. 낮은 직위에 있으면서 조정의 대사(大事)를 논의하는 것은 [자기 직분을 벗어나는] 죄를 짓는 것이고, 군주의 조정에서 관직을 맡고 있으면서 도(道)가 행해지도록 하지 않는 것은 [자기 직분을 다 수행하지 못하는] 수치스런 일이다."

10·5 孟子曰:"仕非爲貧也, 而有時乎爲貧;娶妻非爲養①也, 而時乎爲養。爲貧者, 辭尊居卑, 辭富居貧。辭尊居卑, 辭富居貧, 惡乎宜乎? 抱關擊柝②。孔子嘗爲委吏③矣, 曰, '會計當而已矣。'嘗爲乘田④矣, 曰, '牛羊茁⑤壯, 長而已矣。'

位卑而言高, 罪也 ; 立乎人之本朝⑥, 而道不行, 恥也。"

〈注〉

① 爲養(위양) : 자신이 妻의 봉양을 받기 위해서. 즉, '집 안에서 밥 짓고, 물긷고, 절구질하는 등의 온갖 살림살이를 돌보게 하기 위해서,'라고 해석하는 것이 보통이나 (趙岐・朱子・焦循), '부모의 봉양을 위해서,'라고 한 해석도 있다 (楊伯峻).

② 抱關擊柝(포관격탁) :   抱關 : 문지기(門卒).   柝 ; 밤에 야경꾼이 두드리는 나무.

③ 委吏(위리) : 창고의 보관, 회계 업무를 맡아 보는 말단 관리.

④ 乘田(승전) : 목장의 관리인.

⑤ 苗(묘) : 자라나는 모양(生長貌 — 趙岐).   살찐 모양(肥貌 — 朱子).   풀이 처음 돋아나는 모양(草初生出地貌 —『說文』).

⑥ 本朝(본조) : 조정.

10·6 임금이 현자(賢者)를 참으로 존중하는 방법

만장이 물었다. "[관직을 얻지 못한] 선비가 [다른 나라의] 제후에게 몸을 의탁하여 살아갈 수 없는 이유는 무엇입니까?"

맹자께서 말씀하셨다. "감히 그렇게 할 수 없기 때문이다. 제후라면 자기 나라를 잃어 버리고 나서 다른 제후에게 몸을 의탁하여 살아가더라도 예(禮)에 어긋나지 않는다. 그러나 선비가 제후에게 몸을 의탁하는 것은 예가 아니다."

만장이 다시 물었다. "만약 제후가 [봉록이 없어서 빈궁하게 지내는] 선비에게 양식을 보내 준다면, 받아도 됩니까?"

맹자 : "받아도 된다."

만장 : "그것을 받는 것은 무슨 도리에서입니까?

맹자 : "제후는 다른 나라에서 넘어 온 백성들을 본래 구제해 주어야 하는 법이다."

만장 : "구제해 주는 것은 받고, 하사(下賜)해 주는 것은 받지 않는다니, 그것은 무슨 이유에서입니까?"

맹자 : "감히 받을 수 없기 때문이다."

만장 : "감히 받을 수 없다는 것은 또 무슨 이유에서입니까?"

맹자 : "문지기나 야경꾼들은 모두 일정한 직무를 맡고 있기 때문에 윗사람이 주는 봉록을 받아 살아가고 있다. 그런데 일정한 직무도 없이 윗사람이 하사해 준다고 그것을 받는 것은 불공(不恭)이 되기 때문이다."

만장 : "군주가 양식을 보내 주면 그것을 받는다고 하셨는데, 언제나 그렇게 해도 되는지 모르겠습니다."

맹자 : "노(魯) 나라의 목공(繆公)이 자사(子思)를 대한 것을 보면, 자주 안부를 묻고 자주 고기를 보내 주었는데, 자사는 [임금의 이름으로 보낸 하사품을 받을 때는 매번 절을 하고 받아야 하므로,] 그것을 언짢게 생각했다. 그러다가 마침내, 자사는 고기를 가져온 사람을 손짓해서 대문 밖으로 내보내고 북쪽을 향하여 계수재배(稽首再拜)하고는 그것을 거절하면서 말했다 : '오늘에야 임금께서 나를 개나 말처럼 기르고 있다는 것을 알았다.'라고. 아마도 그 일이 있은 다음부터는 심부름꾼이 고기를 가져오는 일은 없어졌을 것이다. 어진이를 좋아한다고 하면서 그를 등용할 줄 모르고, 또한 예에 맞게 그를 돌봐줄 줄도 모른다면, 그러고도 어진이를 좋아한다고 말할 수 있겠느냐?"

만장 : "임금이 군자의 생활을 잘 돌봐 주고자 한다면, 어떻게 해야 예에 맞게 잘 돌봐 드린다고 할 수 있습니까?"

맹자 : "처음에는 임금의 뜻이라고 말하고 그에게 보내 주면, 받는 사람은 재배계수(再拜稽首)하고 그것을 받는다. 그 다음부터

는, 창고 관리인은 양식을 계속 대어 주고, 주방 관리인은 고기를 계속 보내 주되, 임금의 뜻이라고 말하지 않고 그냥 보내 준다. [그렇게 하면 받는 사람도 절을 하지 않고 받을 수 있다. 그런데 魯나라의 목공은 이렇게 하지 않았기 때문에,] 자사는 한 덩어리의 고기가 자기로 하여금 귀찮게 여러 번 절을 하게 만든다고 생각하였으니, 이렇게 하는 것은 군자의 생활을 돌봐 주는 옳바른 방식이 아니다. [임금으로서 군자의 생활을 참으로 잘 돌봐 준 예로서,] 요(堯) 임금이 순(舜)에 대해서 한 방식을 보면, 그는 자기의 아들 아홉 형제로 하여금 그를 받들어 배우게 하였고, 두 딸을 그의 아내로 삼아 주었으며, 관원들과 소와 양과 양곡창고를 모두 갖추어 줌으로써, 순이 시골에서 살아가는 데 전혀 부족한 것이 없게 해 주었고, 후에는 그를 높은 자리로 발탁하였던 것이니, 그래서 이것을 왕공(王公)이 현자를 참으로 존중하는 방식이라고 말하는 것이다."

10·6 萬章曰:"士①之不託諸侯, 何也?"

孟子曰:"不敢也。諸侯失國, 而後託於諸侯, 禮也;士之託於諸侯, 非禮也。"

萬章曰:"君餽②之粟, 則受之乎?"

曰:"受之。"

"受之何義也?"

曰:"君之於氓③也, 固周④之。"

曰:"周之則受, 賜之則不受, 何也?"

曰:"不敢也。"

曰:"敢問其不敢何也?"

曰:"抱關擊柝者, 皆有常職以食於上。無常職而賜於上者, 以爲不恭也."

曰:"君餽之, 則受之, 不識可常繼乎?"

曰:"繆公之於子思也, 亟問, 亟餽鼎肉, 子思不悅。於卒也, 摽⑤使者出諸大門之外, 北面稽首再拜⑥而不受, 曰:'今而後知君之犬馬畜伋⑦.' 蓋自是臺⑧無餽也。悅賢不能擧, 又不能養也, 可謂悅賢乎?"

曰:"敢問國君欲養君子, 如何斯可謂養矣?"

曰:"以君命將⑨之, 再拜稽首而受。其後廩人繼粟, 庖人繼肉, 不以君命將之。子思以爲鼎肉, 使己僕僕爾⑩亟拜也, 非養君子之道也。堯之於舜也, 使其子九男事之, 二女女焉⑪, 百官牛羊倉廩備, 以養舜於畎畝之中, 後擧而加諸⑫上位, 故曰, 王公之尊賢者也."

〈注〉

① 士(사) : 周代까지는, 관직에 있는 자를 士, 관직이 없는 讀書人을 儒라 했으나, 春秋 이후에 와서는 관직이 없는 자를 處士, 游士라 했다. 『孟子』의 士에는 관직이 있는 자와 없는 자 모두가 해당된다. 그러나 여기서는 관직에 있지 않은 자를 말한다.

② 餽(궤) : 음식물이나 물건을 보내 주는 것.

③ 氓(맹) : 民이라 하지 않고 氓이라 한 것은, 他國에서 이 나라로 온 백성이기 때문이며, 그들에게는 먹을 것과 살 집을 주는 것이 옳은 일이다(焦循).

④ 周(주) : 부족한 것을 주다(給不足也—鄭玄). 구제해 주다(救也—朱子).

⑤ 摽(표) : 손짓하다. 손짓해 부르다(麾也—趙岐).

⑥ 稽首再拜(계수재배) : 稽首는 이마를 땅에 대고 잠시 멈추는 절이고, 拜는 무릎을 꿇은 다음 양 손을 가슴 높이로 올리고, 그곳까지 머리를 굽히는 절이다. 『周禮』에 의하면, 먼제 再拜하고 나서

다시 稽首하는 것은 吉拜이므로 절 인사를 받아들이고, 먼저 稽首하고 나서 再拜하는 것은 凶拜이므로 절인사를 받아들이지 않는다(거절한다)고 한다(闇若璩).
⑦ 犬馬畜伋(견마축급) : 名詞(犬馬)가 직접 動詞(畜)나 謂語 앞에서 副詞로 사용되어 동사나 위어를 수식할 때에는, 名詞가 표시하는 事物을 대하는 태도로써 動詞의 賓語(伋)가 표시하는 사람을 대하는 것을 나타낸다. 즉, 개나 말을 기르는 태도로써 나(伋)를 기른다.
⑧ 臺(대) : 비천한 관리로서, 심부름과 같은 일을 주로 한다(賤官, 主使令者—趙岐).
⑨ 將(장) : 보내다(送也—『爾雅』).
⑩ 僕僕爾(박박이) : 번거로운 모양. 爾는 형용사 뒤에 붙는 形容詞 語尾로, '…한 모양'을 나타낸다.
⑪ 二女女焉(이녀녀언) : 두 딸을 그에게 시집보내다. 두번째 女는 嫁(시집보내다)의 뜻.
⑫ 加諸(가제) : 여기서 加는 공손추 上(3·2), "夫子加齊之卿相'의 加와 같은 뜻이다. 즉, '居'의 뜻이다. 諸 ; 之於의 合音.

10·7 불러도 가지 않는 이유

만장이 물었다. "[관직에 있지 않은 선비들이] 제후를 찾아뵙지 않는 것은 무슨 이유에서입니까?"

맹자께서 말씀하셨다. "[관직에 있지 않은 사람으로서], 만약 그가 성(城) 안에 산다면 그를 시정지신(市井之臣)이라 부르고, 만약 그가 시골에 산다면 그를 초망지신(草莽之臣)이라 부르는데, 이들은 모두 일반 백성(庶人)들이다. 일반 백성들은 [처음 만날 때 드리는] 예물을 바치고 제후의 신하가 되지 않는 한, 감히 제후를 찾아뵙지 못하는데, 이것이 예이다."

만장이 다시 물었다. "일반 백성들은 불러서 일을 시키면 나가서 일을 하면서도, 임금이 그를 만나보려고 부를 때에는 찾아가 뵙지 않는다니, 무슨 이유에서입니까?"
　맹자: "가서 일을 하는 것은 의무(義務)이고, 찾아뵙는 것은 예의(禮義)가 아니기 때문이다. 그리고, 임금이 그를 만나보려고 하는 것은 도대체 무엇 때문인가?"
　만장: "그의 견문이 넓고, 현자이기 때문입니다."
　맹자: "만약 그의 견문이 넓기 때문이라면, [당연히 그를 스승으로 삼아야 할 것인 바,] 천자조차도 자기 스승을 함부로 불러들이지 못하는데, [몸소 찾아가는 것이 도리이다.] 하물며 제후야 더 이상 말할 게 있겠느냐? 만약 그가 현자이기 때문이라면, 나는 아직 임금이 현자를 만나보려고 그를 불러들였다는 소리를 들어보지 못했다. 노(魯) 나라의 목공(繆公)이 자사(子思)를 자주 찾아갔었는데, 어느 날 그는 자사에게 물었다. '옛날 천승(千乘)의 나라의 임금이 선비를 친구로 사귀었다고 하는데, 어떻게 생각하십니까?'라고. 자사는 [목공이 자기의 신분을 은근히 과시하려는 태도가] 불쾌해서 말했다. '옛 사람의 말은, 임금이 선비를 스승으로 섬겼다는 것이겠지, 어찌 선비를 친구로서 사귀었다는 것이겠습니까?'라고. 자사가 불쾌하게 생각했던 것은 아마 이런 이유가 아니겠느냐? 즉, '지위로 말하자면 당신은 임금이고 나는 신하인데, 내가 어찌 감히 당신을 친구로서 사귈 수 있겠소? 그러나 덕(德)으로 말하자면 당신은 나를 스승으로 섬겨야 할 사람인데, 어떻게 나를 친구로서 사귈 수 있겠소?'라고. 천승의 나라의 임금도 그와 친구로서 사귀기를 바랐지만 그렇게 할 수 없었는데, 하물며 어찌 불러들일 수 있겠느냐? 제(齊) 나라 경공(景公)이 사냥을 갔을 때에, 정(旌)이라는 기(旗)를 사용해서 수렵장의 관리인을 불렀으나, [그것이 가죽으로 만든 관을 사용해서 자기를 부르던

관례와 어긋난다 해서,] 그가 오지 않자, 그를 죽이려고 했다. [공자께서는 이 일에 대하여 말씀하셨다.] '지사(志士)는 [義를 지키기 위해서] 자신의 시체가 골짜기에 버려질 각오가 되어 있고, 용사(勇士)는 [정의를 행하기 위해서] 자기의 목이 달아날 각오가 되어 있다.'라고. 공자께서는 그 관리인의 어떤 점을 높이 평가하셨겠느냐? 자기가 마땅히 받아야 할 부름의 예로 부르지 않을 때는 결코 가지 않았다는 점이다."

만장 : "그렇다면, 수렵장의 관리인을 부를 때에는 무엇을 사용해야 합니까?"

맹자 : "가죽으로 만든 모자를 사용해야 한다. 일반 백성을 부를 때에는 [전체를 비단 천으로 만든] 전(旃)이란 깃발을 사용해야 하고, 선비를 부를 때에는 [용을 그리고 방울을 단 붉은] 기(旂)라는 깃발을 사용해야 하고, 대부(大夫)를 부를 때에는 [깃대 위에 물소꼬리를 달고 새의 깃털로 장식한] 정(旌)이란 깃발을 사용해야 한다. 대부를 부를 때 사용하는 깃발로 수렵장의 관리인을 불렀으므로, 그는 죽는 한이 있어도 감히 갈 수 없었던 것이니, 만약 선비를 부를 때 사용하는 깃발로 일반 백성을 부른다면, 일반 백성이 어찌 감히 갈 수 있겠느냐? 하물며 어질지 못한 사람을 부르는 방법으로 현자를 부르는 데야 더이상 무슨 말을 하겠느냐? 임금이 현자를 만나보고자 하면서도 거기에 합당한 예절로 하지 않는다면, 이것은 마치 사람을 들어오라고 하면서 대문을 닫아 버리는 것과 같다. 의(義)란 비유하자면 큰 길[大路]과 같고, 예(禮)는 비유하자면 큰 문[大門]과 같다. 오직 군자만이 이 큰 길을 따리 걸어가고, 이 큰 문을 통해 드나들 수 있는 것이다. 『시경』(小雅·大東)에서도 말했다.

'큰 길이 숫돌처럼 평탄하고
  곧기가 화살같도다

군자 이 길을 걸어가니
소인들이 보고 따르도다.'
만장이 다시 물었다. "공자께서는 임금의 부름을 듣고서 수레에 말을 맬 틈도 기다리지 않고 급히 달려가셨다는데, 그렇다면 공자께서도 잘못하신 것입니까?"
맹자: "공자께서는 그 당시 관직을 맡고 계셨으므로, 임금도 그가 맡고 있는 관직으로써 불렀던 것이다."

10·7 萬章曰: "敢問不見諸侯, 何義也?"
孟子曰: "在國①曰市井之臣, 在野曰草莽②之臣, 皆謂庶人。庶人不傳質③爲臣, 不敢見於諸侯, 禮也。"
萬章曰: "庶人, 召之役, 則往役;君欲見之, 召之, 則不往見之, 何也?"
曰: "往役, 義④也;往見, 不義也. 且君之欲見之也, 何爲也哉?"
曰: "爲其多聞也, 爲其賢也。"
曰: "爲其多聞也, 則天子不召師, 而況諸侯乎? 爲其賢也, 則吾未聞欲見賢而召之也。繆公亟見於子思, 曰:'古千乘之國以友士, 何如?' 子思不悅, 曰:'古之人有言曰, 事之云乎, 豈曰友之云乎⑤?' 子思之不悅也, 豈不曰,'以位, 則子, 君也;我, 臣也;何敢與君友也? 以德, 則子事我者也, 奚可以與我友?'千乘之君求與之友, 而不可得也, 而況可召與? 齊景公田, 招虞人以旌, 不至, 將殺之。志士不忘在溝壑, 勇士不忘喪其元。孔子奚取焉? 取非其招不往也。"
曰: "敢問招虞人何以?"
曰: "以皮冠。庶人以旃, 士以旂, 大夫以旌。以大夫之招招虞人, 虞人死不敢往 ; 以士之招招庶人, 庶人豈敢往哉 ? 況乎以不賢人之招招賢人乎 ? 欲見賢人而不以其道, 猶欲其入而閉之門也. 夫義, 路也 ; 禮, 門也. 惟君子能由⑥是路, 出入是門也. 詩云 ; '周道如底⑦, 其直如矢 ; 君子所履, 小人所視⑧.'"

　　萬章曰 : "孔子, 君命召, 不俟駕而行⑨ ; 然則孔子非與 ?"
　　曰 : "孔子當⑩仕有官職, 而以其官召之也."

〈注〉
①國(국) : 城內. 즉 都城.
②草莽(초망) : 莽도 草의 뜻이다.
③傳質(전지) : 質(지)를 전하다. 質는 贄로서, 처음 만날 때 바치는 예물. 士의 신분에 있는 자는 꿩고기, 庶人의 신분에 있는 자는 집오리 고기로써 했다고 한다.
④義(의) : 법에 규정된 의무사항이란 뜻.
⑤云乎(운호) : 語氣詞가 連用된 것으로 추측이나 반문을 나타낸다. …이겠지. …인가 ?
⑥由(유) : 가다(由, 行也―朱子). 이루 上(7-10)의 '舍正路而不由'의 由와 같다.
⑦周道如底(주도여지) : 周道는 곧 周 나라가 정치를 한 방식을 말하는데, 이것을 형상화 하여 大道를 뜻하게 되었다. 底 ; 숫돌(砥(지), 底와 뜻이 같고, 『集注』本에는 砥로 되어 있다.).
⑧視(시) : 본받다(效也―『廣雅』・釋詁).
⑨不俟駕而行(불사가이행) : 『論語』「鄕黨篇」에는 '君命召, 不俟駕行矣.'로 되어 있다.
⑩當(당) : 副詞. 동작이 진행중임을 나타낸다.

10·8 책을 통하여 옛사람을 벗으로 사귄다

맹자께서 만장에게 말씀하셨다.

"한 고을의 뛰어난 인물은 한 고을의 뛰어난 인물을 벗으로 사귀고, 한 나라에서 뛰어난 인물은 한 나라에서 뛰어난 인물을 벗으로 사귀며, 천하의 뛰어난 인물은 천하의 뛰어난 인물을 벗으로 사귄다. 만약 천하에 이름난 인물을 벗으로 사귀고도 마음에 차지 않을 때에는, 다시 옛날로 거슬러 올라가서 고대의 훌륭한 인물들을 연구하고 그들에게서 배운다. 그 사람이 지은 시를 읊고 그 사람이 쓴 책을 읽으면서도 그 사람을 잘 알지 못할 수도 있지 않겠느냐? 그래서 그 사람이 살았던 세상[시대적 상황과 자연적 환경]을 연구하는 것이다. 이것이 바로 옛날로 거슬러 올라가서 옛사람들을 벗으로 사귀는 방법이다."

> **10·8** 孟子謂萬章曰:"一鄕之善士, 斯①友一鄕之善士; 一國之善士, 斯友一國之善士; 天下之善士, 斯友天下之善士。以友天下之善士爲未足②, 又尙③論古之人。頌其詩, 讀其書, 不知其人, 可乎④? 是以論其世也。是尙友也。"

〈注〉

① 斯(사):곧. 그렇다면. 連詞로서 앞의 文章을 이어받는다.
② 未足(미족):(그 善道를 다 하기에) 부족하다(趙岐). 朱子는, '(천하의 많은 선비들을 친구로서 사귀고도 그 숫자가 오히려) 부족하다고 생각해서.'라고 해석하였다.
③ 尙(상):위로. 즉, 옛날로 거슬러 올라가서(尙, 上也 — 趙岐).
④ 不知其人, 可乎(부지기인, 가호):그 사람됨을 모른다는 것이 가

능하겠는가. 趙岐는, (그렇게 하고서도) 그 사람됨을 제대로 알지 못할까봐 其世를 論한다고 하였고, 朱子는, (그가 쓴 글을 읽음으로써) 그 사람됨의 실질을 모른다는 것은 불가능하다. 그래서 더 나아가 그 행동한 바를 살펴본다고 하였다.

10·9 공경(公卿)의 처신

제 선왕(齊宣王)이 공경(公卿)의 지위에 있는 사람은 어떻게 처신해야 하는지 묻자, 맹자께서 말씀하셨다. "왕께서는 어떤 종류의 공경(公卿)을 물으시는지요?"
왕: "공경이라면 모두 다 같지 않습니까?"
맹자: "같지 않습니다. 왕과 동족(同族)인 공경이 있고, 동족이 아닌 공경도 있습니다."
왕: "왕과 동족인 공경에 대해서 알고 싶습니다."
맹자: "임금이 큰 잘못을 범하면 간(諫)하고, 만약 거듭 간해도 듣지 않으면 그를 몰아내고 다른 사람을 왕위에 앉힙니다."
왕은 발끈 화를 내면서 안색까지 바뀌었다.
맹자: "왕께서는 이상하게 생각하지 마십시오. 왕께서 신하에게 물으시니, 신하로서 감히 정도(正道)로써 대답하지 않을 수 없었습니다."
그 말을 듣고 나서야 왕의 안색이 정상으로 되돌아와서, 다시 동족이 아닌 공경에 대해서 물었다.
맹자: "임금이 잘못을 범하면 간(諫)하고, 만약 거듭 간해도 듣지 않을 때에는, 관직을 버리고 떠나갑니다."

10·9 齊宣王問卿。孟子曰:"王何卿之問也?"

王曰:"卿不同乎?"

曰:"不同;有貴戚之卿①,有異姓之卿。"

王曰:"請問貴戚之卿。"

曰:"君有大過則諫;反覆之而不聽,則易位。"

王勃然②變乎色。

曰:"王勿異也。王問臣,臣不敢不以正③對。"

王色定,然後請問異姓之卿。

曰:"君有過則諫,反覆之而不聽,則去。"

〈注〉

① 貴戚之卿(귀척지경):趙岐는 內外親族을 말한다고 하였으나, 戚이 內外親族을 모두 가리킨 것은 그가 살았던 漢代의 일이고, 이곳에서는 異姓之卿과 대칭이 되고 있으므로 王과 同姓인 卿을 가리키는 것으로 보아야 한다.

② 勃然(발연):화가 나서 얼굴색이 변하는 것.

③ 以正(이정):바른 도리나 이치로써(趙岐).

11. 고告자子上

11·1 인간의 본성(本性)은 버드나무와 같다

고자(告子)가 말했다. "인간의 본성(本性)은 버드나무와 같고, 의(義)는 그것으로 만든 술잔과 같습니다. 인간의 본성을 인의(仁義)로 되게 하는 것은 버드나무로 술잔을 만드는 것과 같습니다.*
맹자께서 말씀하셨다.
"자네는 버드나무의 본성을 보존시킨 채 [즉, 나무를 죽이지 않고] 술잔을 만드는가? 아니면 [톱이나 도끼로] 버드나무의 본성을 해친 다음에야 술잔을 만드는가? 만약 버드나무의 본성을 죽인 다음에야 술잔을 만든다면, 사람 역시 죽인 다음에 인의를 행하도록 만들 것인가? 천하의 모든 사람들을 끌고 다니면서 인의를 해치는 것은 반드시 그대의 [잘못된] 주장일 것이다."

*[버드나무 그 자체는 술잔을 만들기 위한 재료일 뿐, 그 자체가 술잔으로 되지 않는 것처럼, 인간의 본성도 그 자체로서는 仁도 義도 아니고, 인간으로 하여금 인의를 행하도록 하려면 인위적인 교육과 노력이 필요하다는 것이다.]

11·1 告子曰:"性猶杞柳①也, 義猶桮棬②也;以人性爲仁義, 猶以杞柳爲杯棬."
孟子曰:"子能順杞柳之性而以爲③杯棬乎? 將④戕賊⑤杞柳而後以爲桮棬也? 如將戕賊杞柳而以爲桮棬, 則亦將戕賊人以爲仁義與? 率天下之人而禍仁義者, 必子之言夫⑥!"

〈注〉
① 杞柳(기유):柜柳. 즉 고리버들이라고 하는 것이 通説이지만, 이

나무는 木材로 될 수 없고, 단지 가늘고 긴 가지로 고리짝같은 것이나 만든다. 이것으로는 액체를 담는 잔을 만들 수 없다. 정확히 무슨 나무인지 불분명하므로 그냥 버드나무로 번역해 둔다.
② 桮棬(배권) : 桮는 杯(배;잔)와 같고, 棬은 圈으로, 杯圈은 국이나 술 또는 세숫물을 담는 그릇의 通稱이다(楊伯峻).
③ 以爲(이위) : 古代 한어의 고정된 형식으로, 以(介詞) 다음에 그 賓語가 생략되어 있다. '以' 자체가 다양한 뜻과 문법적 특성을 가지므로, 以爲의 용법과 뜻도 다양하다. …으로써…을 만들다, …로 하여금…하게(되게) 하다, …이 …라고 생각하다. 등.
④ 將(장) : 그렇지 않으면, 選擇連詞로서 '抑'과 同.
⑤ 戕賊(장적) : 戕(傷也)이나 賊(害也)이나 모두 '해친다'는 뜻.
⑥ 夫(부) : …일 것이다. 句末에서 감탄이나 추측을 나타내는 語氣助詞.

11·2 인간의 본성은 물과 같다

고자가 말했다. "인간의 본성(本性)은 소용돌이치는 물과 같습니다. 동쪽을 터 주면 동쪽으로 흐르고, 서쪽을 터 주면 서쪽으로 흐릅니다. 사람의 본성에 선악(善惡)의 구분이 없는 것은, 물 그 자체에 동쪽으로 흐르는 물, 서쪽으로 흐르는 물의 구분이 없는 것과 같습니다."

맹자께서 말씀하셨다.

"물에는 원래 동쪽으로 흐르는 물, 서쪽으로 흐르는 물이라는 구분이 없다. 그러나 물이란 원래 위로 흐르는 것, 또는 아래로 흐르는 것이라는 구분도 없는가? 인간의 본성이 선한 것은 물이 아래로 흘러가는 것과 같다. 사람치고 선량하지 않은 사람이 없으며, 물치고 아래로 흘러가지 않는 물이 없다. 당연히, 물을 손바닥으로 쳐서 튀어 오르게 한다면 사람의 이마 위로 넘어가게도 할 수 있고, 또 물길을 막아서 역류시킨다면 산 위로까지 끌어 올릴 수도 있을 것이다. 그러나 그것이 어찌 물의 본성이겠느냐? [특수한 조건이나 외부의 힘, 즉] 형세(形勢)에 의해서 그렇게 되는 것이다. 사람도 악한 짓을 하게 할 수 있지만, [그것은 외부의 조건이나 환경 때문에 그런 것이고,] 그 본성은 역시 물의 경우와 같은 것이다."

> **11·2** 告子曰:"性猶湍①水也, 決②諸東方則東流, 決諸西方則西流。 人性之無分於善不善也, 猶水之無分於東西也。"
>
> 孟子曰:"水信③無分於東西, 無分於上下乎? 人性之善也, 猶水之就下也。人無有不善, 水無有不下。今夫④水, 搏而躍之, 可使過顙;激⑤而行之, 可使在山。是豈水之性哉? 其勢則然也。人之可使爲不善⑥, 其性亦猶是也。"

〈注〉

① 湍(단):급히 흐르는 여울물(急瀨 —『說文』). 소용돌이 치는 물(圜也 — 趙岐).
② 決(결):제방이나 둑을 터뜨리다.
③ 信(신):정말로(誠也).
④ 今夫(금부):語氣助詞로, 의논하려 함을 나타낸다.
⑤ 激(격):물의 흐름을 막는 것. 댐을 막으면 물이 산 위로까지 올라갈 수 있다. 세차가 흘러 오다가 막는 힘에 의해 그 반동으로 산 위로까지 튀어오른다는 뜻이 아니다(阻遏水勢 —『辭源』).
⑥ 人之可使爲不善(인지가사위불선):원래의 文은 '可使人爲不善'으로, 賓語(人)를 강조하기 위해 倒置시킨 것이다.

11·3 소의 본성과 사람의 본성은 같은가

고자가 말했다. "타고난 [성품이나 자질] 그 자체를 본성이라 합니다."

맹자께서 말씀하셨다. "타고난 그 자체를 본성이라 하는 것은, 흰 물건을 보고 희다고 하는 것과 같은가?"

고자: "그렇습니다."

맹자: "흰 깃털이 흰 것은 흰 눈이 흰 것과 같고, 흰 눈이 흰 것은 흰 옥이 흰 것이나 같은가?"

고자: "그렇습니다."

맹자: "그렇다면 개의 본성은 소의 본성과 같고, 소의 본성은 사람의 본성과 같은가?"

[흰 깃털은 가볍고, 흰 눈은 녹아 없어지며, 흰 옥은 견고하다는 본성을 갖고 있다. 비록 이들이 모두 희기는 하지만 그 본성은 모두 서로 다르다. 그런데 겉으로 드러난 색상이 같다고 해서 그들의 본성까지 모두 같다는 식으로 본성을 개념규정하게 되면, 결국 인간이나 짐승이나 그 어떤 외형적인 측면의 유사성 때문에 그 본성까지 모두 같은 것으로 되어 버리는데, 이것은 잘못이다.]

> **11·3**   告子曰:"生之謂性①。"
> 孟子曰:"生之謂性也,猶白之謂白與?"
> 曰:"然。"
> "白羽之白也,猶白雪之白;白雪之白,猶白玉之白與?"
> 曰:"然。"
> "然則犬之性猶牛之性,牛之性猶人之性與?"

〈注〉

① 生之謂性(생지위성) : 生을 性이라 부른다. 性이란 곧 生을 말한다. A之謂B라는 文形에서는 A는 B라는 말(用語)을 설명하는 부분이다. 生 ; 여기서 告子가 말하는 생의 의미가 분명하지 않다. 아마 '살아 있는 모습 그대로', '타고난 성질이나 資質 그 자체'를 말하고 있는 것으로 보인다. 朱子는, 告子가 말하는 생은 인간이나 동물의 知覺運動, 즉 氣를 가리킨다고 하면서, 자신의 性理學에 기초하여 이를 비판하고 있다. 즉, '性은 인간이 하늘로부터 부여받은 理(原理, 形而上者)이고, 生은 인간이 하늘로부터 부여받은 氣(質料, 形而下者)이다. 인간이나 동물은 모두 각자의 性이나 氣를 갖고 있다. 그러나 氣는 곧 知覺運動을 말하므로, 이 점에서는 인간이나 동물이나 마찬가지다. 그러나 理는, 그것을 온전하게 갖고 있는 것은 인간뿐이고, 또한 인간이 갖고 있는 仁義禮智를 행할 수 있는 능력이다. 그러나 告子는 性이 곧 理인 줄 모르고 이것을 氣인 줄로 알았기 때문에 잘못을 범했다.'고 하였다. 그러나 고자와 맹자의 대화는, 소박하게 태어난 그 본연의 모습은 善도 惡도 아니라는 告子의 주장과, 이에 대한 孟子의 반박으로서, 朱子의 해석은 지나치게 性理學 체계에다 맞추려고 한 느낌이 있다.

11·4 인의(仁義)에는 내외(內外)의 구분이 없다

고자가 말했다. "음식을 먹고 싶어하고[食], 이성을 좋아하는 것[色], 이것이 인간의 본성입니다. 인(仁)은 내재적(內在的)인 것이고 의(義)는 외재적(外在的)인 것입니다."

맹자께서 말씀하셨다. "무슨 이유로 인(仁)은 내재적인 것이고 의(義)는 외재적인 것이라 하는가?"

고자 : "다른 사람의 나이가 나보다 많을 때, 나는 그를 연장

자로서 공경하지만, [어른을 공경하는 것은 義이다.] 그렇다고 그 공경심이 나의 마음 속에 본래부터 있었던 것은 아닙니다. 가령, 어떤 물건이 흰색일 때, 나는 그것을 흰 물건이라 생각하게 되는데, 이것은 외부에 존재하는 그 물건의 흰색이 나로 하여금 그렇게 인식하도록 만들기 때문입니다. 그래서 [義를] 외재적인 것이라 합니다."

맹자 : "[그 두 가지 경우는 서로] 다르다. 백마(白馬)의 흰 것과 피부색이 흰 사람의 흰 것은, [희다는 점에서] 다를 것이 없겠으나, 그러나 모르긴 해도, 늙은 말[長馬]을 불쌍히 여기는 마음[長]과 늙은이[長人]를 공경하는 마음[長]에도 아무런 차이가 없겠느냐? 그리고 또, 소위 늙은 사람이라는 그 자체가 의(義)인가? 아니면 늙은이를 어른으로 공경하는 것이 의인가?" [義는 외부에 존재하는 것이 아니라 자신의 마음 속에 있다.]

고자 : "내 동생은 사랑하고 먼 진(秦) 나라 사람의 동생은 사랑하지 않는데, [동생을 사랑하는 것은 仁에 속한다.] 이것은 나 자신이 기쁨을 느끼는 주체가 되기 때문이며, 그래서 인(仁)을 내재적인 것이라 합니다. 그러나 먼 초(楚) 나라의 어른도 어른으로서 공경하며, [어른을 공경하는 것은 義에 속한다.] 자기 집 어른도 어른으로서 공경하는데, 이것은 어른이 기쁨을 느끼는 주체가 되기 때문이며, 그래서 의(義)를 외재적인 것이라 합니다."

맹자 : "진(秦) 나라 사람이 만든 불고기를 좋아하는 것이나, 자기가 만든 불고기를 좋아하는 것이나, [좋아한다는 점에서] 다를 바가 없고, 나른 모든 사물들도 이와 마찬가지인데, 그렇다면 불고기를 좋아하는 것[食] 또한 [불고기가 나의 외부에 존재하는 것이므로] 외재적인 것이란 말이냐?"

[이렇게 되면 앞에서 食과 色은 본성이기 때문에 내재적이라고 한 말과 모순된다. 마찬가지로, 공경해야 할 어른이 나의 외부에 존재

한다고 해서 어른을 공경하는 것, 즉 義를 외재적이라 할 수는 없다. 仁과 義는 어디까지나 인간의 본성에 속하는 것이고, 따라서 그것을 內・外로 구분하는 것은 잘못이다.]

11・4 告子曰:"食色, 性也①。仁, 內也, 非外②也; 義, 外也, 非內也。"

孟子曰:"何以謂仁內義外也?"

曰:"彼長而我長之, 非有長於我也③; 猶彼白而我白之, 從其白於外也, 故謂之外也。"

曰:"異於白馬之白④也, 無以異於白人白也; 不識長馬之長也, 無以異於長人之長與? 且謂長者義乎? 長之者⑤義乎?"

曰:"吾弟則愛之, 秦人之弟則不愛也, 是以我爲悅者也, 故謂之內。長楚人之長, 亦長吾之長, 是以長爲悅者也, 故謂之外也。"

曰:"耆⑥秦人之炙, 無以異於耆吾炙, 夫物則亦有然者也, 然則耆炙亦有外與⑦?"

〈注〉

① 食色, 性也(식색, 성야):『禮記』「禮運篇」에서, "飮食男女, 人之大欲存焉。"이라 했다. 이로써 보면, 儒家의 생각과 告子의 생각은 이 점에 관한 한 서로 비슷하다. 따라서, 이하의 문장은 그 논쟁점이 仁義를 內・外로 구분하는 것에 있음을 알 수 있다. 告子의 論法에 따른다면, 구운 고기를 좋아하는 것(食) 또한 外的인 것으로 되어 버린다. 朱子는 여기에서도 자신의 理氣論에 맞추어, 告子가 말하는 性은 곧 知覺運動(氣)이기 때문에, 인간의 味覺과 悅色을 性이라고 하는 잘못을 범했다고 설명하고 있다.

② 內・外(내외): 內;자신의 內部에 존재하는 것. 外;자신의 外

部에 존재하는 것.

③ 非有長於我也(비유장어아야) : 趙岐는, '어른이라는 조건은 그에게 있고 나에게 있지 않다.'라고 해석했고, 焦循은, '그를 어른으로서 공경하는 마음이 처음부터 나에게 갖추어져 있었던 것은 아니다.'란 뜻이라고 하였다.

④ 異於白馬之白(이어백마지백) : 朱子는, 張南軒의 說에 따라서, 앞의 '異於' 두 자를 衍字라고 보았다. 그러나 趙岐는, '異於白'으로 끊어 읽고, '(長의 경우는) 白의 경우와는 다르다.'라고 해석하였다. 孔廣森과 焦循은, '異'에서 끊어서, '(長의 경우와 白의 경우는) 다르다. (사람이) 白馬의 흰 것을 대하는 것은…'으로 해석했다. 이것은 古代의 語法과는 잘 맞지 않는 면이 있으나 뜻은 가장 간명하다(楊伯峻).

⑤ 長者・長之者(장자・장지자) : 長者의 長은 형용사로 '나이든'이란 뜻이고, 長之者의 長은 動詞로서, '어른으로 존경하는 것'이란 뜻이다.

⑥ 耆(기) : 즐기다(嗜와 同).

⑦ 有外與(유외여) : 有 ; 爲와 同. 趙岐는 有를 '在'의 뜻으로 보고, '어찌 外部에 있겠느냐?(豈在外邪)'의 뜻이라고 해석했다.

11·5 의(義)는 내재적(內在的)인 것이다

맹계자(孟季子)가 맹자의 제자인 공도자(公都子)에게 물었다. "왜 의(義)를 내재적인 것이라 합니까?"

공도자 : "공경심은 나의 마음 속으로부터 표출되는 것이기 때문에 그것을 내재적인 것이라 합니다."

맹계자 : "한 동네 사람이 당신 맏형보다 한 살 더 많을 때, 당신은 누구를 공경합니까?"

공도자 : "형을 공경합니다."

맹계자 : "함께 술을 마신다면, 당신은 누구에게 먼저 술을 따릅니까?"

공도자 : "마을 어른에게 먼저 술을 따릅니다."

맹계자 : "마음 속으로 공경하는 쪽은 형이지만, 어른으로 받드는 쪽은 마을 사람이라면, 의(義)는 [상대에 따라 달라지기 때문에,] 자신의 외부에 존재하는 것이지, 자신의 마음 속에서 나오는 것이 아닙니다."

공도자가 대답을 할 수 없어서 그것을 맹자께 말씀드렸다.

맹자께서 말씀하셨다. "[맹계자에게 물어 보아라.] 숙부를 공경하느냐? 아니면 동생을 공경하느냐? 라고. 그러면 그가 '숙부를 공경한다.'고 대답할 것이다. 그러면 자네가 다시, '동생이 시동[尸童 : 제사지낼 때 조상 대신 神位에 앉아서 제사를 받는 아이]으로 있을 때에는 누구를 공경하느냐?'라고 물어 보면, 그는 '동생을 공경한다.'고 대답할 것이다. 그러면 자네가 다시, '숙부를 공경한다던 말은 어떻게 되었느냐?'라고 물어 보면, 그는 이렇게 대답할 것이다. '동생이 신위(神位)에 있기 때문이다.'라고. 그러면 자네도 이렇게 말하게, '[동네 어른에게 먼저 술을 따르는 것은,] 그가 손님의 자리[賓位]에 있기 때문이다. 평소에 공경하는 쪽은 형이고, 잠시 공경하는 쪽은 동네 어른이다.'라고." [때와 장소에 따라 상대는 변할 수 있지만, 공경심은 언제나 마음 속에서 나오는 것이다.]

맹계자가 그 말을 전해 듣고 말했다. "숙부를 공경하는 것도 공경하는 것이고, 동생을 공경하는 것도 공경하는 것이니, 과연 의(義)는 외재하는 것이지 마음 속에서 나오는 것이 아닙니다."

공도자가 말했다. "겨울에는 따뜻한 물을 마시고, 여름에는 찬물을 마시니, 그렇다면 먹고 마시는 것 또한 외재적인 것이란 말인가?"

[언뜻 생각하면, 사람의 모든 행위가 외적인 환경이나 조건 또는 상대에 따라서 결정되는 것으로 볼 수도 있다. 그러나 그 자리에 맞게, 그 시기에 합당하게 행동하는 것은 어디까지나 자기 자신이며, 자기 자신이 상황에 따라 通變神化하는 것이다.]

(11·5) 孟季子問公都子曰:"何以謂義內也?"
曰:"行吾敬, 故謂之內也"
"鄕人長於伯兄一歲, 則誰敬?"
曰:"敬兄。"
"酌則誰先?"
曰:"先酌鄕人。"
"所敬在此, 所長在彼, 果在外, 非由內也。"
公都子不能答, 以告孟子。
孟子曰:"敬叔父乎? 敬弟乎? 彼將曰,'敬叔父。'曰,'弟爲尸①, 則誰敬?'彼將曰,'敬弟。'子曰,'惡在②其敬叔父也?'彼將曰,'在位故也。'子亦曰,'在位故也。庸③敬在兄, 斯須④之敬在鄕人。'"
季子聞之, 曰:"敬叔父則敬, 敬弟則敬, 果在外, 非由內也。"
公都子曰:"冬日則飮湯, 夏日則飮水, 然則飮食亦在外也⑤?"

〈注〉
① 尸(시):古代에는 제사지낼 때 位牌나 神主, 초상화 등을 사용하지 않고, 남자나 여자 아이를 제사받는 조상신들의 代理人으로 삼았는데, 이것을 尸(童)이라 불렀다. 尸는 곧 神主의 뜻이다.
② 惡在(오재):(숙부를 공경한다던 말은)어디 있는가? 어떻게 되

없는가? 惡는 의문대사인데, 賓於가 될 때는 動詞(在)앞에 온
다. 원형은 在惡.
③ 庸(용) : 평상시(常也 — 趙岐).
④ 斯須(사수) : 잠시(暫時也 — 朱子).
⑤ 也(야) : 疑問句末에 사용되어 반문의 語氣를 나타내는 助詞. (邪,
歟, 乎와 같은 용법).

11·6 인간의 본성은 선량하다

공도자(公都子)가 [인간의 본성에 관한 당시의 학설들을 열거하면
서] 맹자께 물었다. "고자(告子)는 말했습니다. '인간의 본성은
선량한 것도 아니고 선량하지 않은 것도 아니다.'라고. 그리고 어
떤 사람은 말했습니다. '본성은 선량하게 될 수도 있고 선량하지
않게 될 수도 있다. 그러므로 주(周)의 문왕(文王)이나 무왕(武王)
과 같은 어진 왕들이 다스릴 때에는 백성들은 그 감화를 받아서
선량해지고, 주(周)의 유왕(幽王)과 여왕(厲王)과 같은 포악한 임
금이 다스릴 때에는 백성들은 그 영향을 받아서 포악해졌다.'라
고. 또 어떤 사람은 말했습니다. '어떤 사람은 본성이 선량하고,
어떤 사람은 본성이 선량하지 않다. 그래서 요(堯) 임금과 같은
성인이 다스릴 때에도 [자기 형을 죽이려고 했던] 상(象)과 같은 못
된 자가 있었고, 고수(瞽瞍)같은 못된 아버지에게도 순(舜)과 같
은 착한 아들이 있었던 것이며, 주왕(紂王)과 같이 포악한 사람을
자기 조카로, 그리고 임금으로 두고서도 미자계(微子啓)와 왕자비
간(王子比干)과 같은 어진이가 있었던 것이다.'라고. 지금 선생님
께서는 인간의 본성은 선량하다고 말씀하셨는데, 그렇다면 앞의
여러 사람들은 모두 틀렸습니까?"

맹자께서 말씀하셨다.

"타고난 바탕이나 자질로 보면 선량하게 될 수 있다는 것으로, 이것이 인간의 본성은 선량하다고 말하는 이유이다. 어떤 사람이 선량하지 못하게 되는 것은 그 사람의 타고난 바탕이나 자질 탓이 아니다. 동정심[惻隱之心]은 사람이면 누구나 다 가지고 있으며, 수치심[羞惡之心]은 사람이면 누구나 다 가지고 있고, 공경심[恭敬之心]은 사람이면 누구나 다 가지고 있으며, 옳고 그름을 가리는 마음[是非之心]은 사람이면 누구나 다 가지고 있다. 동정심은 인(仁)에 속하고, 수치심은 의(義)에 속하며, 공경심은 예(禮)에 속하고, 옳고 그름을 가리는 마음은 지(智)에 속한다. 이 인의예지(仁義禮智)는 외부로부터 나에게 스며들어 온 것이 아니고 내가 본래부터 가지고 있는 것으로, 단지 그것을 생각하지 않고 있을 뿐이다. 그래서, '구하면 얻을 수 있고, 내버려 두면 잃어 버린다.'고 말한 것이다. [이것을 끊임없이 구하는 사람과 잊어 버리고 있는 사람 사이의 善惡, 賢愚의 차이가] 두 배, 다섯 배 또는 셀 수 없을 만큼 커지게 되는 이유는, 자기 본성의 바탕이나 자질을 충분히 발휘하지 않기 때문이다. 『시경』(大雅·蒸民)에서도,

'하늘이 뭇 백성을 낳아 기르시니
사물이 있으면 그 도(道)가 있도다
백성들은 그 변함없는 도를 파악하여
그 아름다운 덕을 좋아하도다'

라고 노래했다. 공자께서는 말씀하셨다. '이 시를 지은 사람은 아마도 도(道)를 이해하고 있었을 것이다. 사물이 있으면 그곳에는 반드시 그 자신의 도가 있으니, 백성들은 그 변함없는 도를 파악함으로써 그 아름다운 덕을 좋아하게 된다.'라고."

[사물마다 그 자신의 도, 즉 아름다운 덕이 있듯이, 사람에게는 저마다 선량한 본성이 있는 것이다.]

> **11·6** 公都子曰:"告子曰:'性無善無不善也.' 或曰:'性可以爲善, 可以爲不善;是故文武興, 則民好善;幽厲興, 則民好暴.' 或曰:'有性善①, 有性不善;是故以堯爲君而有象;以瞽瞍爲父而有舜;以紂爲兄之子, 且以爲君, 而有微子啓、王子比干②.' 今曰'性善,'然則彼皆非與?"
>
> 孟子曰:"乃若③其情④, 則可以爲善矣, 乃所謂善也。若夫爲不善, 非才④之罪也。惻隱之心, 人皆有之;羞惡之心, 人皆有之;恭敬之心, 人皆有之;是非之心, 人皆有之。惻隱之心, 仁也;羞惡之心, 義也;恭敬之心, 禮也;是非之心, 智也。仁義禮智, 非由外鑠我⑤也, 我固有之也, 弗思耳矣。故曰,'求則得之, 舍則失之.'或相倍蓰⑥而無算者, 不能盡其才者也。詩曰⑦,'天生蒸民, 有物有則。民之秉夷, 好是懿德.'孔子曰:'爲此詩者, 其⑧知道乎! 故有物必有則;民之秉夷也, 故好是懿德.'"

〈注〉

① 有性善(유성선):여기서 有는 '어떤 사람'이라는 뜻이다.
② 微子啓, 王子比干(미자계, 왕자비간):『史記』에서는 王子比干만 紂의 庶兄이라 하였다. (공손추 上(3·1), 注 14, 참조).
③ 乃若(내약):趙岐는, 若을 '順'(따르다)의 뜻으로 보고, '그 情을 따른다면'으로 해석했고, 朱子는 乃若을 단순한 助詞(發語詞)로 보았으며, 程瑤田과 焦循은 이것을 轉折連詞로 보고 若夫, 至於와 같은 뜻이라 했다.
④ 情, 才(정, 재):朱子는, 情은 '性이 발동한 것', 才는 '材質로서 사람의 能力'을 말한다고 하였다. 趙岐는, '性과 情은 상호 表裏의 관계에 있으며, 情은 性을 따라간다.'고 하였다. 戴震은 (情, 猶素也, 實也)라 하였고, 『說文』에서는 '才, 草木之初也.'라

하였다. 따라서 사람이 처음 태어날 때 가진 性 또한 才라 할 수 있을 것이다. 이 모든 說들을 종합해서 情과 才를 모두 '바탕이나 資質'로 번역한다.

⑤ 鑠我(삭아) : 鑠;쇠를 녹인다는 뜻. 여기서는 외부로부터 나의 內部로 녹아 들어온 것이란 뜻이다(自外以至內―朱子). 鑠을 '美'의 뜻으로 보고, '나를 아름답게 해 준다.'는 뜻이라고 해석하는 說도 있다(孔廣森).

⑥ 倍蓰(배사) : 한 배나 다섯 배.

⑦ 詩曰…(시왈…) : 蒸(증);衆의 뜻으로, 원래의 詩에서는 '烝'으로 되어 있다. 物;事也. 則;法也(번역에서는 道라고 해서 그 뜻을 확장하였다). 夷(이) : 常의 뜻으로, 원래의 詩에서는 彛(이)로 되어 있다. 懿(의) : 美也. 秉(병) : 잡다(執).

⑧ 其(기) : 진술구나 의문구에서 추측이나 반문을 나타내는 語氣副詞(또는 助詞).

11·7 사람의 본성은 다 비슷하다

맹자께서 말씀하셨다.

"풍년에는 많은 젊은이들이 나태해지고, 흉년에는 많은 젊은이들이 난폭해지는데, 그것은 타고난 바탕이 이처럼 달라서가 아니고, 환경이 그들의 마음을 나쁘게 만들기 때문이다. 이를 보리농사에 비유하면, 씨를 뿌리고 곰방메로 덮어 주면, 만약 토양도 같고 심은 때도 같다면, 무럭무럭 자라서 늦어도 하지(夏至) 쯤에 가서는 모두 익게 된다. 만약 [그 익는 시기나 수확량에] 차이가 있다면, 그것은 곧 토지가 기름진가 척박한가, 비나 이슬이 많았던가 적었던가, 일하는 사람이 부지런했던가 게을렀던가 하는 차이 때문이다. 그러므로, 일체의 같은 종류의 것들은 모두 이와 비슷한 바, 어찌 유독 사람의 경우에만 [그 본성이 같다는 사실을]

의심하겠는가? 성인(聖人)도 우리와 동류의 인간이다. 그래서 예전의 현자인 용자(龍子)는 말했던 것이다. '그 발을 잘 모르고 짚신을 삼아도, 그것이 삼태기로 되지 않을 줄 나는 안다.'라고. 신발의 크기나 모양이 비슷한 것은 모든 사람들의 발이 대체로 같기 때문이다. 입이 맛을 느끼는 데도 그 좋아하는 바가 비슷하니, [옛날 齊 桓公의 요리사였던] 역아(易牙)는 우리의 입이 맛있어 하는 바를 일찍이 알아낸 사람이다. 만약 사람마다 미각이 다르다면, 그리고 만약 그것이 개나 말이 우리 인간과 다른 종류인 것처럼 본질적으로 다르다면, 어떻게 천하 모든 사람들이 역아의 미각을 따르겠는가? 맛에 관한 한, 천하 모든 사람들이 역아의 요리를 기대하는 것은, 천하 모든 사람들의 입이 비슷하기 때문이다. 귀도 이와 같다. 아름다운 소리에 관한 한, 모든 사람들이 [晉 平公의 樂官이었던] 사광(師曠)의 음악을 기대하는데, 이것은 천하 모든 사람들의 귀가 서로 비슷하기 때문이다. 눈도 또한 이와 같다. [옛날 미남자로 유명했던] 자도(子都)에 대해서도, 그가 잘 생긴 줄 몰랐던 사람은 천하에 아무도 없었다. 자도가 잘 생긴 줄 몰랐다면, 그는 눈이 없는 사람이었을 것이다. 그래서 말하기를, 입이 맛을 느끼는 데 있어서는 그 미각이 같고, 귀가 소리를 듣는 데 있어서는 그 청각이 같고, 눈이 얼굴생김을 보는 데 있어서는 그 아름다움을 느끼는 시각(視覺)이 같다고 한 것이다. 그런데 유독 마음에 있어서만 사람마다 똑같이 생각하는 바가 없겠느냐? 사람의 마음이 다 같이 옳다고 여기는 바란 어떤 것인가? 그것은 옳바른 도리[理]이고, 정의[義]이다. 성인들은 일찍이 우리의 마음이 다 같이 옳다고 여기는 바[理와 義]를 터득하신 분들이다. 그러므로 옳바른 도리와 정의가 우리의 마음을 즐겁게 해 주는 것은, 마치 소나 양[芻], 개나 돼지[豢]의 고기 요리가 우리의 입을 즐겁게 해 주는 것과 같은 것이다."

11·7 孟子曰;"富歲, 子弟多賴①; 凶歲, 子弟多暴, 非天之降才爾②殊也, 其所以陷溺其心者③然也。今夫麰麥④, 播種而耰⑤之, 其地同, 樹之時又同, 浡然而生, 至於日至⑥之時, 皆熟矣。雖有不同, 則地有肥磽⑦, 雨露之養、人事之不齊也。故凡同類者, 擧相似也, 何獨至於人而疑之? 聖人, 與我同類者。故龍子曰: '不知足而爲屨, 我知其不爲蕢也。' 屨之相似, 天下之足同也。口之於味, 有同耆也; 易牙先得我口之所耆者也。如使口之於味也, 其性與人殊⑧, 若犬馬之與我不同類也, 則天下何耆皆從易牙之於味也? 至於味, 天下期於易牙, 是天下之口相似也。惟⑨耳亦然。至於聲, 天下期於師曠, 是天下之耳相似也。惟⑨目亦然。至於子都⑩, 天下莫不知其姣⑪也。不知子都之姣者, 無目者也。故曰, 口之於味也, 有同耆焉。耳之於聲也, 有同聽焉; 目之於色也, 有同美焉。至於心, 獨無所同然乎? 心之所同然者何也? 謂理也, 義也。聖人先得我心之所同然耳。故理義之悅我心, 猶芻豢⑫之悅我口。"

〈注〉

① 賴(뢰): 趙岐는 '善'으로 해석하였고, 朱子는 '藉'(의뢰하다)로 해석하였다. 기타 다른 여러 해석이 있으나, 阮元(완원)의 '嬾(한)'(즉, 懶(라):게으르다)이란 해석이 가장 자연스럽다(焦循·楊伯峻).

② 爾(이):이처럼(如此). 代詞.

③ 所以陷溺其心者(소이함닉기심자):그 마음을 빼앗아 빠지게 하는 것. 즉, 풍년과 흉년에 따라 달라지는 주변 환경을 말한다.

④ 麰麥(모맥):大麥(보리)을 가리킨다는 說(趙岐)과, '麰'는 大麥,

麥은 小麥(밀)을 가리킨다는 說(朱子), 봄에 씨뿌리는 것이 大麥, 가을에 씨뿌리는 것이 小麥이라는 說(程瑤田)이 있다.

⑤ 耰(우) : 곰방매(로 흙을 덮다). 씨를 뿌린 다음 흙을 덮는 데 쓰는 농기구.

⑥ 日至(일지) : 여기서는 夏至를 말한다. 日至에는 冬至, 夏至란 뜻이 있는데, 이루 下(8·26)에서는 冬至를 의미하였다.

⑦ 肥磽(비교) : 비옥하고 척박한 것. 磽는 돌이 많고 토질이 단단하여 메마른 땅을 말한다.

⑧ 其性與人殊(기성여인수) : 그 性(즉, 味覺)이 사람마다 다르다. 與人殊는 人與人殊에서 앞의 '人'을 생략한 것이다.

⑨ 惟(유) : 句首나 句中에서 강조나 판단을 표시하는 語氣助詞.

⑩ 子都(자도) : 鄭 莊公 때의 大夫였던 公孫閼(공손알)을 가리킨다는 說도 있으나(『左傳』, 隱公十一年에 그에 관한 기록이 나옴―楊伯峻), 『詩經』 鄭風, 山有扶蘇篇에도 그 이름이 나오는 것으로 보아, 古代의 美男子의 이름이었다(趙岐).

⑪ 姣(교) : 잘 생겼다는 뜻.

⑫ 芻豢(추환) : 소나 양 등 초식동물류가 芻, 개나 돼지처럼 곡식을 먹는 동물류가 豢. 여기서는 그들의 고기를 말한다.

11·8 우산(牛山)의 나무

맹자께서 말씀하셨다.

"[齊나라 서울 남쪽에 있는] 저 우산(牛山)의 나무들도 옛날에는 무성하여 보기에 좋았으나, 큰 도시의 교외에 있기 때문에 많은 사람들이 도끼로 그 나무들을 마구 베어 가니, 그 무성함이 어찌 그대로 남아 있을 수 있겠느냐? 그 산에도 [풀과 나무가] 밤낮으로 자라나고, 비와 이슬이 촉촉히 적셔 주어, 새로 싹과 움이 트지 않는 것은 아닐 테지만, [그것들이 자라나는 족족] 소와 양들을 그곳에 풀어놓아 그것들을 다 뜯어 먹게 하였으므로, 저렇게 벌거숭이가 된 것이다. 사람들은 저 산의 벌거숭이 모습을 보고는, 저 산에는 원래부터 큰 나무들이 없었다고 생각하지만, 그것이 어찌 산의 본성이겠느냐? [산에 풀과 나무가 있듯이,] 사람의 본성에도 어찌 인의(仁義)의 마음이 없었겠느냐? 사람이 자신의 선량한 마음을 잃어 버린 것은 마치 도끼로 나무를 잘라 버린 것과 같으니, 날마다 그것을 잘라 버리는데 그 무성함이 그대로 남아 있겠느냐? [선량한 마음을 잃어 버린 사람에게도,] 밤낮으로 자라나는 선량한 마음이 있고, 새벽녘에 접하는 맑은 기운이 있으나, 그의 좋아하고 싫어하는 마음 가운데 남들과 같은 것이 매우 적은 것은, 그가 낮에 하는 소행(所行)들이 또다시 그것을 가두어 없애 버리기 때문이다. [利欲에 얽매인 행동 때문에 돋아나던 良心조차 상실하게 된다.] 반복해서 그것을 가두어 없애다 보면, 밤 사이 자란 선량한 생각들이 자연히 남아 있을 수 없게 된다. 밤 사이 자란 선량한 생각들이 남아 있을 수 없게 되면, 그는 금수(禽獸)와 다를 게 없게 된다. 사람들은 그의 금수와 같은 행동들을 보고는, 그에게는 본래부터 선량한 바탕이 없었다고 생각하나, 그것이 어찌 그 사람의 본바탕이겠느냐? 그러므로, 만약 충분한 영양분만 얻는다면 자라지 않을 것이 없고, 영양분을 얻지 못한다면 죽어 버리지 않을 것이 없다. 공자께서도 말씀하셨다. '잡고 있으면[옳음을 잃지 않으면,] 남아 있고, 내버려 두면 없어진다. 나오고[옳바른 마음씨가 생겨나고,] 들어가는 데[사라지는 데,] 일정한 때가 없으니, 그것이 어디로 갈지 아무도 모른다.'라고. 이것은 오로지 사람의 마음을 두고 하신 말씀일 것이다."

11·8 孟子曰:"牛山之木嘗美矣, 以其郊於大國①也, 斧斤伐之, 可以爲美乎? 是其日夜之所息②, 雨露之所潤, 非無萌蘖③之生焉, 牛羊又從而牧之④, 是以若彼濯濯⑤也。人見其濯濯也, 以爲未嘗有材焉, 此豈山之性也哉? 雖存乎人者, 豈無仁義之心哉? 其所以放其良心者, 亦猶斧斤之於木也, 旦旦⑥而伐之, 可以爲美乎? 其日夜之所息, 平旦之氣⑦, 其好惡與人相近也者幾希⑧, 則其旦晝之所爲, 有⑨梏亡⑩之矣。梏之反覆, 則其夜氣不足以存 ; 夜氣不足以存, 則其違禽獸不遠矣。人見其禽獸也, 而以爲未嘗有才⑪焉者, 是豈人之情⑪也哉? 故苟得其養, 無物不長 ; 苟失其養, 無物不消。孔子曰 : '操則存, 舍則亡 ; 出入無時, 莫知其鄕⑫。' 惟⑬心之謂與。"

〈注〉

① 大國(대국) : 대도시. 國은 수도의 큰 城을 말한다.
② 息(식) : 자라다.
③ 萌蘖(맹얼) : 萌 ; 씨앗에서 솟아나는 새싹. 蘖 ; 나무를 베어 낸 자리나 뿌리에서 돋아나는 싹. 움(芽之旁出者―朱子).
④ 牛羊又從而牧之(우양우종이목지) : 이 文은 '又從而牧牛羊焉(之)'의 변형이다.
⑤ 濯濯(탁탁) : 산에 나무가 없는 모습. 벌거숭이. (양혜왕 上(1-2)에서는 희고 깨끗한 모습을 형용하는 뜻으로 사용되었다).
⑥ 旦旦(단단) : 旦은 아침을 말하지만, 旦旦은 每日이란 뜻으로 사용된다.
⑦ 平旦之氣(평단지기) : 平旦 ; 새벽에 동이 틀 무렵. 그 시각의 맑고 상쾌한 기운. 다른 사물과 접촉하지 않았을 때의 淸明한 기운(朱子).
⑧ 幾希(기희) : 趙岐는, '幾, 豈也. 豈希, 不遠也.'라 했으나, 古書나 『孟子』에서 幾가 그런 用法으로 사용된 예가 없다고 한다. 朱子는 '不多也'라 하였다. 얼마 되지 않는다. 드물다.

⑨ 有(우) : 또(又). 趙岐는 이것을 有(있다)의 뜻으로 해석하였다.
⑩ 梏亡(곡망) : '梏'이 '牿'으로 되어 있는 本도 있다. 둘 다 구속해서 사라지게 한다는 뜻이다(朱子). 趙岐는, 牿을 攪(교)라 보아서 '교란시킨다'는 뜻이라 하였으나, 本章의 비유에서 보면, 교란의 뜻은 부자연스럽다.
⑪ 才・情(재・정) : 여기서 才는 자질이나 바탕, 情은 本性을 말하고 있다. (고자 上(11・6) 注 4, 참조).
⑫ 鄕(향) : 趙岐는 '里'라 하였고(猶里, 以喩居也), 朱子는 '定處'(있는 곳)라 하였고, 焦循은 向所(향하는 곳)라 하였다.
⑬ 惟(유) : 副詞로서 '단지・다만'(獨)의 뜻이다(趙岐).

11·9 하루는 덥게, 열흘은 춥게 하면 살 나무가 없다

[齊 나라 왕이 총명하지 못한데도 맹자가 그를 잘 보필해 주지 못한다고 비난하는 소리가 있었다.]
맹자께서 말씀하셨다.
"왕이 총명하지 못하다고 이상하게 생각할 것은 하나도 없다. 세상에서 가장 잘 자라는 식물이라도, 하루는 햇볕을 쬐어 따뜻하게 해 주고 열흘은 춥게 해 준다면, 자랄 수 있는 것이 없다. 내가 왕을 만나는 일은 드물고, 내가 물러나 있으면 왕을 춥게 만드는 못된 자들이 모여드니, 비록 왕에게 선량한 마음의 싹이 있다 한들, 내가 그것을 어떻게 할 수 있겠느냐?
[바둑을 예로 들어 설명하자면,] 바둑이란 그리 대단한 기술은 아니지만, 그러나 정신을 집중해서 배우지 않는다면 잘 배울 수 없다. 혁추(奕秋)는 전국에서 바둑을 가장 잘 두는 사람이다. 가령 혁추로 하여금 두 사람에게 바둑을 가르치도록 했을 때, 그 중 한 사람은 정신을 집중해서 오로지 혁추의 말만 듣고, 다른 한 사람

은 비록 그의 말을 듣기는 하지만, 마음 속으로는 고니가 날아오면 실을 매단 화살을 쏘아 맞출 궁리만 하고 있다고 하자. [그렇게 되면,] 그가 비록 다른 사람과 같이 배우더라도, 그의 실력은 다른 사람만 못하게 될 것이다. 그것은, 그가 다른 사람만큼 총명하지 못하기 때문일까? 결코 그런 것은 아니다."

11·9 孟子曰:"無或①乎王之不智也。雖有天下易生之物也, 一日暴之, 十日寒之, 未有能生者也。吾見亦罕矣, 吾退而寒之者至矣, 吾如有萌焉何哉②? 今夫③弈之爲數④, 小數也 ; 不專心致志, 則不得也。弈秋, 通國之善奕者也。使弈秋誨二人弈, 其一人專心致志, 惟弈秋之爲聽⑤ ; 一人雖聽之, 一心以爲有鴻鵠⑥將至, 思援弓繳而射之⑦, 雖與之俱學, 弗若之矣。爲⑧是其智弗若與? 曰⑨ : 非然也。"

〈注〉

① 或(혹) : 이상하게 생각하다(惑과 同).
② 吾如有萌焉何哉(오여유맹언하재) : 설령 왕의 마음에(焉) 良心의 싹이 있다 한들(有萌), 내가 그것에 대하여 어떻게 할 수 있겠느냐. 如…何의 形式으로, 그 사이에 삽입된 有萌焉의 有는 무의미한 접두사(고유명사·명사·형용사 앞에 붙는)가 아니라, '有萌於王'이란 詞組를 구성하는 動詞이다.
③ 今夫(금부) : 語氣助詞로, 句首에서 의논하려 함을 나타낸다.
④ 數(수) : 기술. 기예.
⑤ 惟奕秋之爲聽(유혁추지위청) : 惟…之爲…의 形式은 賓語(여기서는 奕秋)를 강조하기 위하여 倒置시킬 때 사용된다. 之, 是, 之爲는 賓語를 倒置시킬 때 사용되는 助詞들이다.
⑥ 鴻鵠(홍곡) : 새 이름. 큰 기러기와 고니를 말한다는 說과, 鴻과 鵠을 붙여서 한 단어로 말할 때는 鵠(고니, 백조)만을 가리키고(凡鴻鵠連文者, 卽鵠也—朱駿聲), 鴻에는 '크다'는 뜻만 있다는

說(以鴻大鳥, 鵠爲黃鵠―顏師古)이 있다.
⑦ 繳而射之(작이석지) : 繳 ; 주살. 실을 매달아 쏘는 화살. 射(석) : 쏘아서 맞히다.
⑧ 爲(위) : 謂의 뜻으로 쓰였다.
⑨ 曰(왈) : 한 사람이 말하는 가운데 自問自答하는 경우, 自答의 표시로 '曰'字를 첨가한다(王引之, 『經傳釋詞』).

11·10 생선 요리와 곰 발바닥 요리

맹자께서 말씀하셨다.

"생선요리는 내가 좋아하는 것이고, 곰의 발바닥 요리도 내가 좋아하는 것이지만, 만약 이 두 가지를 동시에 얻을 수 없다면, 나는 생선요리를 포기하고 곰의 발바닥 요리를 택할 것이다. 목숨[生]도 내가 원하는 것이고, 의(義)도 내가 원하는 것이지만, 만약 이 두 가지를 동시에 얻을 수 없다면, 나는 목숨을 버리고 의를 택할 것이다. 목숨도 내가 원하는 것이지만, 그러나 목숨보다 더욱 원하는 것이 있기 때문에, 구차스럽게 목숨 부지할 일을 하지 않으며, 죽음도 내가 싫어하는 것이지만, 그러나 죽음보다 더 싫어하는 것[不義]이 있기 때문에, 애써 피하지 않는 환난도 있는 것이다. 만약에 사람들이 바라는 것으로 목숨보다 더 귀중한 것이 없다면, 목숨을 부지할 수 있는 길이라면 무슨 방법인들 쓰지 못하겠느냐? 만약에 사람들이 싫어하는 것으로 죽음보다 더 심한 것이 없다면, 죽음의 환난을 피할 수 있는 일이라면 무슨 짓인들 못하겠느냐? 그런데 사람들은 이러 이렇게 하면 살 수 있는데도 그것을 하지 않으며, 이러 이렇게 하면 죽음의 환난을 피할 수 있는데도 그것을 하지 않는 경우가 있으니, 이로써 그 바라는 것이 목숨보다 더 귀중한 것이 있고, 그 싫어하는 것이 죽음보다 더 심한 것이 있음을 알 수 있다. 이러한 마음은 현자(賢者)만이 갖고 있는 것이 아니고, 사람이라면 누구나 다 갖고 있지만, 단지 현자들은 그것을 잃어 버리지 않을 수 있다는 것뿐이다.

[굶주린 사람은] 한 그릇의 밥과 한 사발의 국을 얻어 먹으면 살 수 있고, 얻어 먹지 못하면 굶어 죽지만, 그러나, '옛다, 처먹어라!' 하면서 내던져 준다면, 허기진 행인(行人)조차 받지 않을 것이고, 더구나 그것을 발로 차면서 준다면, 거지조차도 기분나빠 하면서 받으려 하지 않는다. [그러나 많은 사람들은,] 만종(萬鍾)의 녹봉(祿俸)을 주겠다고 하면, [그것을 받는 것이] 예의에 맞는지 어떤지도 따져 보지 않고 얼른 받는다. 만종의 녹봉을 받는 것이 나의 몸에 무슨 보탬이 될 것인가? [어차피 만종의 녹을 혼자서 다 먹을 수는 없으니,] 그것으로 집을 호화롭게 꾸미고, 처첩(妻妾)들의 시중을 받으며, 잘 아는 어려운 사람들에게 혜택을 주기 위해서인가? 앞의 경우에는, 자기 몸을 위해서는 죽는 한이 있어도 받지 않았는데, 이번에는 집을 호화롭게 꾸미기 위하여 그것을 받으며, 앞의 경우에는, 자기 몸을 위해서는 죽는 한이 있어도 받지 않았는데, 이번에는 처첩들의 시중을 받기 위하여 그것을 받으며, 앞의 경우에는, 자기 몸을 위해서는 죽는 한이 있어도 받지 않았는데, 이번에는 잘 아는 어려운 사람들에게 혜택을 주기 위하여 그것을 받는다면, 이것이 과연 부득이해서 한 일이라 하겠는가? 이것은 그 본성을 상실하였기 때문이다."

[목숨을 버리는 한이 있어도 지켜야 할 것이 義이거늘, 목숨과는 아무 상관도 없는 하찮은 물욕 때문에 義를 저버리는 인간들의 어리석음을 지적하고 있다.]

11·10 孟子曰:"魚, 我所欲也;熊掌, 亦我所欲也;二者不可得兼, 舍魚而取熊掌者也①。生亦我所欲也, 義亦我所欲也;二者不可得兼,舍生而取義者也。生亦我所欲,所欲有甚於生者,故不爲苟得也;死亦我所惡,所惡有甚於死者,故患②有所不辟也。如使人之所欲莫甚於生,則凡可以得生者,何不用也?使人之所惡莫甚於死者,則凡可以辟患者,何不爲也? 由是③則生而有不用也, 由是則可以辟患而有不爲也,是故所欲有甚於生者,所惡有甚於死者。非獨賢者有是心也,人皆有之,賢者能勿喪耳。一簞食,一豆羹,得之則生,弗得則死;嘑爾而與之④,行道之人弗受;蹴爾而與之⑤,乞人不屑也;萬鍾則不辯禮義而受之。萬鍾於我何加焉? 爲宮室之美、妻妾之奉、所識窮乏者得我與⑥? 鄉⑦爲身死而不受,今爲宮室之美爲之;鄉爲身死而不受,今爲妻妾之奉爲之;鄉爲身死而不受,今爲所識窮乏者得我而爲之,是亦不可以已乎? 此之謂失其本心⑧。"

〈注〉

① 者也(자야) : ㉠ (名詞)+者也;者也는 語氣助詞를 連用한 것으로 중점은 也에 있다. 者는 단지 語氣를 강조하는 역할만 한다. ㉡ (動詞)+者也;이 때는 '者'字 結構가 되어, '…하는 사람(자)'이란 뜻이 된다.

② 患(환) : 환난.

③ 由是(유시) : (추상적으로 제시된) 이러한 방법에 의하면.

④ 嘑爾而與之(호이이여지) : 嘑는 呼와 같다. 『禮記』「檀弓篇」에는 이와 비슷한 내용의 故事가 한편 실려 있다. "齊 나라에 큰 기근이 들었을 때, 금오(黔傲)란 자가 길가에다 큰 밥솥을 걸어 놓고 굶주린 사람들을 기다렸다가 그들에게 밥을 먹여 주었다. 그 소문을 듣고 굶주린 자들이 때묻은 더러운 옷과 다 헤어진 신발을 끌고서 꾸역꾸역 모여들었다. 금오란 자는 한 손에는 밥을, 다른 한 손에는 국을 들고서 말했다. '야! 와서 쳐먹어!'(嗟, 來食)

라고. 그리고는 눈을 치떠 그들을 노려보았다. 그러자 그들은, '치사하게 밥 한 그릇(嗟來之食) 얻어 먹으려고 우리가 여기 온 것은 아니다.'라고 말하면서 주는 음식을 거절하였다. 그들은 끝내 굶어 죽었다."

⑤ 蹴爾而與之(축이이여지) : 발로 차면서 주다. 爾 ; 형용사나 부사의 어미로, 動詞 뒤에서 副詞 語尾가 될 때에는 반드시 '而'字가 따르고, '…하면서…하다'는 뜻이 된다. (嘑爾而…도 같다).
⑥ 得我與(득아여) : 趙岐는, '내가 施與해 주는 바를 획득한다.'는 뜻으로 해석했고, 朱子는, 得我를 '내가 베풀어 주는 은혜를 고맙게 여긴다.'(感我之惠也)는 뜻으로 해석했으며, 焦循은, 得을 德으로 보아서, 得我는 德我, 즉 나를 德이 있는 사람으로 생각해 줌으로써 나를 즐겁게 해 준다는 의미라고 해석했다.
⑦ 鄕(향) : 전에는(嚮과 同).
⑧ 本心(본심) : 朱子는 羞惡之心이라 했으나, 일반적인 良心, 本性으로 이해하는 것이 자연스럽다.

11·11 학문의 道는 잃은 양심을 되찾는 것이다

맹자께서 말씀하셨다.

"인(仁)은 사람의 본 마음[心]이고, 의(義)는 사람의 옳바른 길[道]이다. 그 바른 길을 버리고 따라가지 않으며, 그 선량한 마음을 잃어 버리고도 찾을 줄 모르니, 가엾구나! 사람들은 닭이나 개를 잃어 버리면 그것을 찾을 줄 알면서도, 자신의 선량한 마음은 잃어 버리고도 찾을 줄 모른다. 학문의 도(道)는 다른 데 있지 않고, 잃어 버린 선량한 마음을 되찾는 데 있을 따름이다."

11·11　孟子曰 : "仁, 人心也 ; 義, 人路也。舍其路而弗由, 放其心而不知求, 哀哉！人有雞犬放, 則知求之 ; 有放

心而①不知求。學問之道無他, 求其放心②而已矣

〈注〉
① 而(이) : '則'과 用法이 같은데, 여기서는 앞뒤가 서로 모순되는 내용을 연결시키는 轉折連詞로 사용되었다. '…하고도'
② 求其放心(구방심) : 趙岐와 朱子, 焦循은 모두, '학문을 하는 데 있어서는 專心致志해야 한다.'는 뜻이라고 해석하고 있으나(이때는 學問之道의 道는 방법이란 뜻으로 된다), '학문의 목표는 잃어 버린 선량한 마음을 되찾는 데 두어야 한다.'고 보는 것이 孟子의 본뜻에 합당한 것같다(吳定·楊伯峻).

11·12 자기의 마음보다 약손가락이 더 중요한가

맹자께서 말씀하셨다.

"지금 만약 어떤 사람의 약손가락[無名指]이 구부러져 펴지지 않는다면, 그렇다고 해서 아픈 것도 아니고 일에 방해가 되는 것도 아니지만, 그 손가락을 펴 줄 수 있는 의사가 있다면, 그는 진(秦) 나라나 초(楚) 나라까지도 멀다 않고 그 의사를 찾아갈 것인데, 그것은 자기의 손가락이 남과 같지 않기 때문이다. 손가락 하나가 남과 같지 않은 것은 싫어할 줄 알면서도, 자기의 심성(心性)이 남보다 못한 것은 싫어할 줄 모르는 것, 이것을 가리켜 일의 경중(輕重)을 알지 못하는 것이라고 한다."

11·12 孟子曰 : "今有無名之指①屈而不信②, 非疾痛害事也, 如有能信之者, 則不遠秦楚之路, 爲指之不若人也。指不若人, 則知惡之 ; 心不若人, 則不知惡, 此之謂不知類③也。"

〈注〉
① 無名之指(무명지지) : 가운데 손가락과 새끼손가락 사이의 약손가

락. 五指의 명칭은, 巨指(엄지). 食指 또는 人指(집게), 中指. 無名指 또는 藥指. 小指.
② 信(신) : 펴다(伸과 同).
③ 類(류) : 趙岐는 일(事)이라 하였고, 朱子는 일의 '輕重의 差等'이라 해석했다.

11·13 나무는 키울 줄 알고 자신을 키울 줄 모르면

맹자께서 말씀하셨다.

"그 굵기가 한두 손으로 잡을 수 있는 작은 오동나무나 가래나무도, 만약 사람들이 그것을 키우려고만 한다면, 모두 다 그것을 어떻게 키워야 할지 알고 있다. 그러나 자기 자신에 대해서는 어떻게 키워야 할지 알지 못하는데, 그것이 어찌 자기 자신에 대한 사랑이 오동나무나 가래나무에 대한 사랑보다 못해서이겠느냐? [단지, 자기 자신에 대해서] 생각하지 않음이 너무도 심해서이다."

> (11·13) 孟子曰 ; "拱把①之桐梓②, 人苟欲生之, 皆知所以養之者。至於身, 而不知所以養之者, 豈愛身不若桐梓哉? 弗思甚也。"

〈注〉
① 拱把(공파) : 拱 ; 그 둘레가 두 뼘 되는 굵기. 把 ; 그 둘레가 한 뼘, 즉 한 손으로 잡을 수 있는 굵기. 작은 나무를 가리킨다.
② 桐梓(동재) : 桐 ; 오동. 梓 ; 가래나무.

11·14 소인(小人)과 군자(君子)가 기르는 것의 차이

맹자께서 말씀하셨다.
 "사람은 자기 몸에 대해서 두루 다 아끼고 보살핀다. 두루 다 아끼고 보살피기 때문에 두루 다 잘 기른다. 어느 한 곳의 살갗도 아끼고 보살피지 않는 곳이 없기 때문에, 어느 한 곳의 살갗도 기르지 않는 곳이 없다. 그가 자기 몸을 잘 아끼고 기르는지 그렇지 못한지를 살펴보는 방법에 어찌 다른 것이 있겠는가? 그가 소중하게 여기고 있는 것이 몸의 어느 부분인지만 보면 된다. 사람의 몸에는 귀중한 부분[貴]과 하찮은 부분[賤]이 있고, 작은 부분[小]과 큰 부분[大]이 있다. [귀중하고 큰 부분이란 心志를 말하고, 하찮고 작은 부분이란 口腹을 말한다.] 작은 부분 때문에 큰 부분을 해쳐서는 안 된다. 하찮은 부분 때문에 귀중한 부분을 해쳐서는 안 된다. 작은 부분[口腹]을 기르는 자는 소인(小人)이 되고, 큰 부분[心志]을 기르는 자는 군자(君子)가 된다.
 가령 지금 어떤 정원사가 오동나무나 가래나무와 같은 [좋은 목재의] 나무들을 버리고, 멧대추나무와 가시나무같은 잡목들을 기른다면, 그는 형편없는 정원사일 것이다. [만약 어떤 사람이, 어깨와 등에 있는 큰 병이 원인이 되어] 손가락에 나타난 병만 고치려 하다가, 어깨와 등의 병이 점점 커져 몸을 망쳐 가고 있는데도 그것을 치료할 줄 모르고 있다면, 그야말로 병을 고칠 줄 모르는 사람이라 할 것이다. 먹고 마시는 일만 생각하는 사람은 남들이 그를 경멸하는데, 그가 작은 부분을 기르기 위하여 큰 부분을 잃어 버리고 있기 때문이다. 먹고 마시는 일을 생각하는 사람이라 하더라도, [귀중하고 큰 부분을] 잃어 버리는 일만 없다면, 그 먹고 마시는 목적이 어찌 단지 몸의 그 하찮은 한 부분만을 위한 것이 되겠느냐?"

> **11·14** 孟子曰:"人之於身也, 兼所愛①。兼所愛, 則兼所養也。無尺寸之膚不愛焉, 則無尺寸之膚不養也。所以考其善不善者, 豈有他哉? 於己取之而已矣。體有貴賤, 有小大②。無以小害大, 無以賤害貴。養其小者爲小人, 養其大者爲大人。今有場師③, 舍其梧檟, 養其樲棘④, 則爲賤場師焉。養其一指而失其肩背, 而不知也, 則爲狼疾人⑤也。飮食之人, 則人賤之矣, 爲其養小以失大也。飮食之人無有失也, 則口腹豈適⑥爲尺寸之膚哉?"

〈注〉
① 兼所愛(겸소애) : 兼;다 가지고 있다(動詞). 즉, 사랑하는 바를 두루 다 갖고 있다. 두루 다 아끼고 보살핀다는 뜻이다.
② 貴賤小大(귀천소대) : 貴와 大는 心志를, 賤과 小는 口復을 가리킨다(趙岐·朱子).
③ 場師(장사) : 정원사. 원예사(治場圃者 — 趙岐).
④ 梧檟·樲棘(오가·이극) : 오동나무와 가래나무, 맷대추나무와 가시나무. 趙岐와 朱子는 樲棘을 맷대추나무라 하였으나, 樲와 棘은 서로 다른 두 종류의 나무이다(錢大昕).
⑤ 狼疾人(낭질인) : 趙岐는 狼疾을 狼藉(낭자), 즉 환자의 병을 제대로 치료할 줄 모르는 헷갈리는 사람(狼藉亂不知治疾之人也)이라 해석했고, 朱子는, 狼은 뒤를 잘 돌아보는 짐승인데, 병이 나면 그것을 잘 할 수 없게 되므로, 어깨나 척추를 다쳐서 못쓰게 된 것을 비유한 것이라 하였으며, 西島蘭溪는, 狼은 狼藉, 疾人은 醫人으로서, 돌팔이 의사를 말한다고 했다. 養其一指와 失其肩背의 관계는 焦循의 설명이 가장 자연스럽다.
⑥ 適(적) : 다만. 단지. 豈適 ; 어찌…뿐이겠는가?

11·15 대체(大體)를 기르면 대인(大人)이 된다

공도자(公都子)가 물었다. "다 같은 사람인데, 어떤 사람은 군자(君子)가 되고 어떤 사람은 소인(小人)이 되는 것은 무엇 때문입니까?"

맹자께서 대답하셨다. "신체의 귀중한 기관[大體; 즉 心志]의 필요를 만족시키려고 노력하면 군자가 되고, 신체의 하찮은 기관[小體; 즉, 口腹]의 욕망을 만족시키려고 노력하면 소인이 된다."

공도자 : "다 같은 사람인데, 어떤 사람은 신체의 귀중한 기관의 필요를 만족시키려 노력하고, 어떤 사람은 신체의 하찮은 기관의 욕망을 만족시키려 노력하는 것은 무엇 때문입니까?"

맹자 : "귀와 눈이란 기관의 기능은 생각할 줄 모르므로, 외부의 사물에 가리워 버린다. 일단 외물(外物)이 눈과 귀와 접촉하면 외물이 그것들을 끌어가 버린다. 그러나 마음이라는 기관의 기능은 생각하는 데 있으니, 생각하면 [사람의 선한 본성을] 터득할 수 있고, 생각하지 않으면 터득하지 못한다. 이것들은 모두 하늘이 우리 인간에게 부여해 준 것이다. 먼저 그 귀중한 기관의 기능[즉, 선한 본성의 터득]을 확고하게 세워 놓으면, 하찮은 기관들의 기능 [즉, 정욕에 이끌림]이 그 선한 본성을 빼앗아 갈 수 없다. 그렇게 해서 군자가 되는 것이다."

11·15 公都子問曰 : "鈞①是人也, 或爲大人, 或爲小人, 何也?

孟子曰 : "從其大體爲大人, 從其小體爲小人."

曰 : "鈞是人也, 或從其大體, 或從其小體, 何也?"

曰:"耳目之官②不思, 而蔽於物. 物交物③, 則引之而已矣. 心之官則思, 思則得之④, 不思則不得也. 此⑤天之所與我⑥者. 先立乎其大者, 則其小者不能奪也. 此爲大人而已矣."

〈注〉

① 鈞(균) : 均과 同. 다 같이.
② 官(관) : 精과 神이 머무는 곳(趙岐). 官은 주관한다는 뜻이니, 귀(耳)는 듣는 일을 주관하고, 눈(目)은 보는 일을 주관하는 바, 각자 所職이 있어서 생각할 줄 모른다(朱子).
③ 物交物(물교물) : 앞의 物은 外物, 뒤의 物은 耳目을 가리킨다(趙岐·朱子).
④ 思則得之(사즉득지) : 여기서의 之는 '我固有之'의 선량한 본성, 또는 仁義禮智의 '才'를 말한다.
⑤ 此(차) : 舊本에서는 '比'로 된 것이 많았던 것같다. 趙岐도 이것을 '比'로 보고, '比方'(비유하면, 예를 들면)이라 해석했고, 焦循도 그렇게 보고 부연설명을 하였다. 그러나 朱子는, 여러 版本들을 비교하면서, 그 당시의 版本에 따라 '此'로 보고, '이것들'(즉, 耳目之官과 心之官)이라 해석하였다.
⑥ 我(아) : 나 한 사람이 아닌, 인류 전체를 말하는 擴充用法으로 사용되었다.

11·16 천작(天爵)과 인작(人爵)

맹자께서 말씀하셨다.

"[벼슬과 지위, 즉 爵位에는] 하늘[자연]의 작위[天爵]가 있고 인간[사회]의 작위[人爵]가 있다. 인의충신(仁義忠信)과, 지칠 줄 모르고 선(善)을 즐겨 행하는 것은 하늘의 작위이고, 공경대부(公卿

大夫)와 같은 관직은 인간의 작위이다. 옛날 사람들은 자신의 하늘의 작위를 닦았는데, [그렇게 하다 보면,] 인간의 작위는 그것을 따라 왔었다. 지금 사람들은 자기의 하늘의 작위를 닦음으로써 인간의 작위를 추구하며, 일단 인간의 작위를 얻고 나면 그의 하늘의 작위를 내팽개치고 마는데, 그것은 매우 어리석은 짓이니, 마침내 인간의 작위마저 잃어 버리고 말 것이다."

11·16 孟子曰:"有天爵者, 有人爵者。仁義忠信, 樂善不倦, 此天爵也; 公卿大夫, 此人爵也。古之人修其天爵, 而人爵從之。今之人修其天爵, 以要①人爵; 旣得人爵, 而棄其天爵, 則惑之甚者也, 終亦必亡②而已矣。"

〈注〉
① 要(요) : 구하다. 추구하다(要, 求也).
② 亡(망) : 얻었던 인간의 작위마저 잃어 버리다.

11·17 참으로 존귀한 것

맹자께서 말씀하셨다.
"존귀해지기를 바라는 것은 인간의 공통된 마음이다. [그러나 사실은,] 사람마다 자기 몸에 존귀한 것을 지니고 있는데, 단지 그것을 생각하지 못할 따름이다. 다른 사람이 주는 존귀한 것은 참으로 존귀한 것이 아니다. [晋 나라의 권력자인] 조맹(趙孟)이 준 존귀한 것[높은 벼슬자리]은 조맹이 다시 빼앗아 갈 수도 있다. 『시경』(大雅·旣醉)에서도 말하기를,
　　'술에 이미 취했고

덕(德)에 이미 배.부르도다'

라고 하였다. 이것은 인의의 덕에 배가 불러 있으므로, 다른 사람들의 고량진미(膏粱珍味)도 부럽지 않으며, 널리 알려진 좋은 평판과 명예가 자기 몸에 입혀져 있으므로, 다른 사람들의 화려한 비단옷도 부럽지 않다는 것이다."

> **11·17**　孟子曰：“欲貴者，人之同心也。人人有貴於己者，弗思耳矣。人之所貴者，非良貴①也。趙孟之所貴，趙孟能賤之。詩云；‘旣醉以酒，旣飽以德②。’言飽乎仁義也，所以③不願人之膏粱之味也；令聞廣譽④施於身，所以不願人之文繡⑤也。”

〈注〉

① 良貴(양귀) : 본연의 善. 인간이 본래 갖고 있는 善.
② … 旣飽以德(… 기포이덕) : 이 詩는 원래 신하들이 임금으로부터 술잔을 받아들고서 임금의 은덕을 노래하였던 것이다. 맹자는 여기에서 德을 仁義道德의 의미로 바꾸어 해석하고 있는데, 斷章取義한 것이다.
③ 所以(소이) : 여기서는 ‘…의 原因’이란 뜻이다. 즉, 남의 고량진미가 부럽지 않은 원인은 자신의 仁義의 德에 이미 배가 불러 있기 때문이다.
④ 令聞廣譽(영문광예) : 令；善(또는 美)의 뜻. 좋은 평판과 널리 알려진 명예.
⑤ 文繡(문수) : 수를 놓은 아름다운 옷. 고대에는 의복에도 등급이 있었는데, 작위가 있는 사람만이 이런 옷을 입을 수 있었다. 一說에 의하면, 文과 繡는 엄격히 구분되는데, 上衣에 天文의 그림을 그린 것이 文, 裳에 수를 놓은 것이 繡라고 한다(周柄中).

11·18 물은 불을 이기지 못하는가

맹자께서 말씀하셨다.

"인(仁)이 불인(不仁)을 이기는 것은 마치 물이 불을 이기는 것과 같다. 그러나 요즈음 인을 행한다는 사람들을 보면, 마치 한 잔의 물로 한 차의 장작에 활활 타고 있는 불을 끄려고 하다가, 그것이 꺼지지 않자, 물은 불을 이길 수 없다고 말하는 것과 같으니, 이들의 행동은 다시 불인(不仁)한 자들을 크게 도와주는 것이 되고, [그 결과, 그들이 그때까지 행하여 왔던 약간의 仁마저] 사라지고 말 따름이다."

> **11·18** 孟子曰:"仁之勝不仁也, 猶水勝火。今之爲仁者, 猶以一杯水救一車薪之火也;不熄, 則謂之水不勝火, 此又與①於不仁之甚者也, 亦終必亡而已矣。"

〈注〉

① 與(여):趙岐는 이것을 '同'(같아지다. 동류가 되다)의 뜻으로 해석했고, 朱子는 이것을 '助'(돕다)의 뜻으로 해석했으며, 焦循은 이 둘은 결국 같은 뜻이라고 하였다. 그밖에, 글자 그대로 '편들다. 참여하다.'란 뜻으로 해석하는 說도 있다.

11·19 익지 않는 오곡은 돌피만도 못하다

맹자께서 말씀하셨다.

"오곡(五穀)은 곡식들 중에서도 우수한 품종이지만, 만약 성숙하지 못한다면, 익은 돌피나 피만도 못하다. 인(仁)의 덕도, 그것이 성숙했을 때에만 [仁으로서의 가치가] 있는 것이다."

> **11·19** 孟子曰:"五穀者, 種之美者也; 苟爲①不熟, 不如荑稗②。夫仁, 亦在乎熟之而已矣。"

〈注〉
① 苟爲(구위): 만일…한다면. 假設連詞.
② 荑稗(제패): 稊稗. 돌피와 피. 이들은 열매가 작아서 사료용으로 쓰이지만, 옛날 사람들은 흉년에 救荒食品으로 사용했다.

11·20 배우는 데 있어서는 기초가 중요하다

맹자께서 말씀하셨다.

"[옛날 활쏘기의 명인이었던] 예(羿)가 사람들에게 활쏘기를 가르칠 적에는, 반드시 활 시위를 끝까지 잡아 당기는 것에 목표를 두도록 하였으며, 배우는 사람들도 반드시 활 시위를 끝까지 잡아 당기는 것을 목표로 삼았다. 이름난 목수가 사람들을 가르칠 적에는, 반드시 콤파스와 자에 의지하도록 하고, 배우는 사람들도 반드시 콤파스와 자에 의지한다."[모든 일에는 法式이 있는 법이다. 따라서 그것을 제대로 익혀야만 大成할 수 있다. 이것이 없으면 가르칠 수도 배울 수도 없다.]

> **11·20** 孟子曰:"羿之敎人射, 必志於彀①;學者亦必志於彀。大匠誨人必以規矩, 學者亦必以規矩。"

〈注〉
① 志於彀(지어구): 활을 끝까지 잡아당기기를 期한다(志, 猶期也. 彀, 弓滿也―朱子). 趙岐는, 활을 당김에 있어서 과녁에 명중시킬 것을 期한다는 뜻이라 했다.

12. 告子 下

12·1 비교할 때는 기준부터 정해야 한다

임(任) 나라의 어떤 사람이 맹자의 제자인 옥려자(屋廬子)에게 물었다. "예(禮)와 먹는 일[食]은 어느 쪽이 더 중요합니까?"

옥려자 : "예가 더 중요하지요."

(任人) : "아내를 얻는 일과 예는 어느 쪽이 더 중요합니까?"

옥려자 : "예가 더 중요하지요."

(任人) : 만약 예절을 지키면서 먹을 것을 얻으려다가는 굶어 죽고, 예절을 무시하고 먹을 것을 구하면 그것을 얻을 수 있는 경우에도, 반드시 예절을 지켜야만 합니까? [혼인 예식절차의 하나인] 친영(親迎)의 예를 지키려다가는 아내를 얻을 수 없고, 친영의 예를 무시한다면 아내를 얻을 수 있는 경우에도, 반드시 친영의 예를 지켜야만 합니까?"

옥려자는 대답을 할 수 없어서 다음 날 추(鄒) 나라로 가서 맹자께 이 이야기를 여쭈어 보았다.

맹자께서 말씀하셨다.

"그런 질문에 대답하기가 무엇이 어려우냐? 그것이 놓여져 있는 밑바탕의 높고 낮음을 생각하지 않고 단지 그 끝만 가지고 서로 비교한다면, 그 두께가 한 치밖에 안 되는 나무토막도, [만약 그것을 높은 곳에 올려 놓는다면,] 높은 누각(樓閣)의 뾰죽한 꼭대기보다 더 높게 할 수 있다. 쇠는 새털보다 무겁다고 말할 때, 그 말이 어찌 혁대고리 하나의 쇠가 한 차의 새털보다 더 무겁다는 뜻이겠느냐? 먹는 일의 중요한 측면과 예절의 사소한 측면을 서로 비교한다면, 어찌 먹는 일이 더 중요하다 뿐이겠느냐? 또 아내를 얻는 일의 중요한 측면과 예절의 사소한 측면을 서로 비교한다면, 어찌 아내를 얻는 일이 더 중요하다 뿐이겠느냐? 돌아가서 그에게 이렇게 말해 주어라. '형의 팔을 비틀어서 그가 먹고 있는 것을 빼앗으면 먹을 것을 얻을 수 있고, 비틀지 않으면 먹을 것을 얻을 수 없다면, 그래도 형의 팔을 비틀어 빼앗겠느냐? 동쪽의 이웃집 담을 타넘어 가서 그 집의 처녀를 강제로 업어 오면 아내를 얻을 수 있고, 업어 오지 않으면 아내를 얻을 수 없다면, 그래도 그 처녀를 강제로 업어 오겠느냐?'라고."

[근본적인 문제는 젖혀 두고 지엽말단적인 문제만 가지고 자기 주장을 정당화하려고 하는 경우를 흔히 볼 수 있다. 禮가 중요하다고 해서 그 지엽적인 것까지 다른 문제들, 예컨대 먹는 문제나 이성문제 등의 본질적인 측면보다 더 중요한 것은 아니라는 점을 재미있는 비유로 설명하고 있다.]

12·1 任人有問屋廬子曰:"禮與食孰重?"

曰:"禮重。"

"色與禮孰重?"

曰:"禮重。"

曰:"以禮食, 則飢而死;不以禮食, 則得食, 必以禮乎? 親迎①, 則不得妻;不親迎, 則得妻, 必親迎乎?"

屋廬子不能對, 明日之鄒以告孟子。

孟子曰:"於答是也, 何有②? 不揣③其本, 而齊其末, 方寸之木可使高於岑樓④。金重於羽者, 豈謂一鉤金⑤與一輿羽之謂哉? 取食之重者與禮之輕者而比之, 奚翅⑥食重? 取色之重者與禮之輕者而比之, 奚翅色重? 往應之曰:"紾⑦兄之臂而奪之食, 則得食;不紾, 則不得食, 則將紾之乎? 踰東家牆而摟⑧其處子, 則得妻;不摟, 則不得妻;則將摟之乎?"

〈注〉
① 親迎(친영) : 혼례의 정식 의식으로는 納采, 問名, 結吉, 納徵, 請期, 親迎의 여섯 단계가 있다. 이 중에서 친영은 신랑이 직접 신부의 집에 가서 신부를 맞이해 오는, 혼례의 최종의식이다. 여기서는 親迎의 禮를 가지고 正式 혼례 전체를 상징하고 있다.
② 於答是也, 何有(어답시야, 하유) : 朱子는, 於는 介詞(…에), 何有는 어려울 게 없다(不難也)는 뜻이라 했다. 趙岐는, 於(오)를 감탄사, 何有는 不可答也의 뜻이라고 보아서, '아! 자네 힘으로 그 질문에 어떻게 대답할 수 있겠느냐.'의 뜻이라고 하였다.
③ 揣(췌) : 헤아리다. 측량하다.
④ 岑樓(잠루) : 趙岐는, 산의 뾰죽한 봉우리라 하여, 작은 나무토막을 겹겹이 수없이 쌓아 가면 산봉우리보다 높아진다고 해석했고, 朱子는, 산처럼 생긴 높은 누각이라 하여, 그 위에다가 나무토막을 올려 놓으면, 그것은 누각보다 높다고 하였다.
⑤ 鉤金(구금) : 鉤는 帶鉤. 즉, 요즘의 허리띠의 버클과 비슷한 것이다.
⑥ 奚翅(해시) : 어찌…뿐이겠느냐? 翅;뿐. 다만(但, 適, 啻(시)와 同).
⑦ 紾(진) : 비틀다.
⑧ 摟(루) : 끌다. 유인하다. 옛날 우리나라의 업어오는 풍속이 본문의 뜻에 가장 부합되는 것같다.

12·2 하려고만 하면 누구나 다 요순이 될 수 있다

 [曹 나라 임금의 아우인] 조교(曹交)가 맹자께 물었다. "사람이면 누구나 다 요·순처럼 될 수 있다고 하던데, 정말 그런 말이 있습니까?"
 맹자께서 말씀하셨다. "있습니다."
 조교 : "제가 듣기로는, 문왕(文王)은 키가 열 자(尺)였고, 탕

(湯) 임금은 키가 아홉 자였다는데, 지금 저는 키가 아홉 자 네 치(寸)나 되면서도 양식만 축내고 있을 뿐이니, 어떻게 해야 되겠습니까?"

맹자 : "그런 것들이 [요·순처럼 되는 것과] 무슨 상관이 있습니까? 힘써 하기만 하면 됩니다. 만약 어떤 사람이, 자기는 병아리 한 마리도 들 수 없다고 생각한다면, 그는 곧 무력한 사람이 되고, 백 균[百鈞=삼천근]의 무게를 들어올릴 수 있다고 말한다면, 그는 곧 힘센 사람이 됩니다. [옛날 秦 나라 武王 때의 천하장사였던] 오획(烏獲)이 들어 올렸던 무게를 들어 올릴 수 있는 사람이라면, 그 역시 오획이 되는 것입니다. 사람들은 왜 해 낼 수 없음을 걱정합니까? 문제는 단지 하려고 하지 않는 데 있습니다. 천천히 걸으면서 어른의 뒤를 따라가는 것을 공손하다고 하며, 빨리 걸으면서 어른의 앞에 서는 것을 공손하지 못하다고 합니다. 천천히 걷는 것, 이것이 어찌 사람들이 할 수 없는 일이겠습니까? 단지 하지 않을 따름입니다. 요·순의 도(道)란 부모에게 효도하고, 어른들을 공경하는 것에 지나지 않습니다. 만약 당신이 요(堯)가 입었던 것과 같은 옷을 입고, 요가 하였던 것과 같은 말을 하고, 요가 하였던 것과 같은 행동을 한다면, 당신도 곧 요가 되는 것입니다. 만약 당신이 걸(桀)이 입었던 것과 같은 옷을 입고, 걸이 하였던 것과 같은 말을 하고, 걸이 하였던 것과 같은 행동을 한다면, 당신도 곧 걸이 되는 것입니다."

조교 : "제가 추 나라 임금을 만나뵙게 되면 숙소를 빌릴 수 있을 것 같은데, 그곳에 머물면서 선생님의 문하에서 배우고 싶습니다."

맹자 : "도(道)란 큰 길과 같으니, 어찌 찾기가 어렵겠습니까? 단지 사람들이 그것을 찾으려 하지 않음이 탈일 뿐입니다. 당신이 돌아가서 도를 스스로 찾으려고만 한다면, 스승은 얼마든

지 있을 것입니다."

> 12·2 曹交問曰:"人皆可以爲堯舜, 有諸?"
> 孟子曰:"然。"
> "交聞文王十尺, 湯九尺, 今交九尺四寸以長, 食粟而已, 如何則可?"
> 曰:"奚有於是①? 亦爲之而已矣。有人於此, 力不能勝一匹雛②, 則爲無力人矣; 今日擧百鈞, 則爲有力人矣。然則擧烏獲之任, 是亦爲烏獲而已矣。夫人豈以不勝爲患哉? 弗爲耳。徐行後長者謂之弟, 疾行先長者謂之不弟。夫徐行者, 豈人所不能哉? 所不爲也。堯舜之道, 孝弟而已矣。子服堯之服, 誦堯之言, 行堯之行, 是堯而已矣。子服桀之服, 誦桀之言, 行桀之行, 是桀而已矣。"
> 曰:"交得見於鄒君, 可以假館③, 願留而受業於門。"
> 曰:"夫道若大路然, 豈難知哉? 人病不求耳。子歸而求之, 有餘師④。"

〈注〉

① 奚有於是(해유어시):이것과 무슨 상관이 있느냐?(즉, 키가 크고 작음은 堯舜처럼 되는 데 아무 상관이 없다.) 焦循은, 是는 '文王과 湯王이 堯舜처럼 되는 것'이라 하였고, 奚有는 何有로, '어렵지 않다'는 뜻이라 하였다.
② 一匹雛(일필추):병아리 한 마리. 匹;趙岐는, '小'(작은)의 뜻이라 하였고, 朱子는, '집오리'(鴨鶩(압목))를 가리킨다고 하였고, 焦循은 '쌍'(雙)의 뜻이라 했으나, 단순히 가축을 세는 數詞로 보는 것이 자연스럽다(楊伯峻).
③ 假館(가관):숙소를 빌리다.

④ 有餘師(유여사) : 스승은 얼마든지 있다. 師가 구체적으로 무엇을 뜻하는지에 대해서는 異說이 많다. 朱子는, 인간의 본성에는 萬物의 도리가 다 갖춰져 있으므로, 그것을 스승으로 삼는다고 하였다. 그러나 『論語』「術而篇」의 "三人行, 必有我師焉."의 경우처럼, 소박하게 생각하는 것이 자연스럽다.

12·3 소변(小弁)과 개풍(凱風)의 시(詩)

공손추(公孫丑)가 물었다. "고자(高子)는 말하기를, [詩經·小雅의] 소변(小弁)이란 시는 소인(小人)이 지은 것이다.'라고 했는데, 정말 그렇습니까?"

맹자께서 말씀하셨다. "그 이유가 무엇이라 하던가?"

공손추 : "시에 원망하는 마음이 들어 있기 때문이라고 했습니다."*

맹자 : "참으로 고루하구나! 고(高) 선생의 시 해설은. 여기 어떤 사람이 있는데, 만약 월(越) 나라의 어떤 사람이 활로 자기를 쏘려 했던 일이 있었다면, 그는 그 일을 다른 사람에게 웃으면서 말해 줄 것인데, 그것은 다른 이유에서가 아니라, 자기와 그 월 나라 사람은 서로 소원(疎遠)한 사이이기 때문이다. 그러나 만약 그의 형이 활로 자기를 쏘려 했던 일이 있었다면, 그는 훌쩍거리면서 그 일을 다른 사람에게 말해 줄 것인데, 그것은 다른 이유에서가 아니라, 자기와 형은 서로 형제간으로 가까운 사이이기 때문이나. 가까운 사람을 친애하는 것은 인(仁)에 부합되는 행동이다. 참으로 고루하구나! 고(高) 선생의 시 해설은."

공손추 : "[詩經·邶風의] 개풍(凱風)이란 시에는 왜 원망의 감정이 들어 있지 않습니까?"**

맹자 : "개풍이란 시는 어머니의 잘못이 작기 때문이고, 소변

이란 시는 아버지의 잘못이 크기 때문이다. 부모의 잘못이 큰 데도 원망하지 않는 것은 [스스로 자기와 부모 사이를] 더욱 멀어지게 만드는 태도이며, 부모의 잘못이 작은 데도 원망하는 것은, 부모더러 자식들을 귀찮게 하지 말라고 하는 태도이다. 부모와의 사이를 더욱 멀어지게 하는 것도 불효이지만, 부모더러 자식들을 귀찮게 하지 말라고 욱박지르는 태도 또한 불효이다. 공자께서는, '순(舜)이 오십이 되어서도 부모를 사모한 것을 보면, 그는 지극한 효자였을 것이다.'라고 말씀하셨다."

 *[小弁이란 시는, 周 나라 幽王이 후비인 褒姒에게 혹한 나머지 왕비인 申后와 왕비의 소생인 태자 宜臼를 쫓아내고 포사의 소생인 伯服을 태자로 세웠는데, 태자 의구의 선생이 이 일을 겪으면서 보고 느낀 애통한 심정을 시로 쓴 것이라 한다. 그런데 高子는, 아들이 그 부친을 원망하는 것은 小人의 짓이라고 비난했던 것이다.]

 **[凱風이란 시는 衛 나라에 일곱 아들을 둔 홀어머니가 참지 못하고 재혼하려는 것을 아들들이 위로해 주어 모친의 마음을 안정시켜 준 것을 노래한 詩이다.]

12·3 公孫丑問曰:"高子曰:小弁, 小人之詩也。"
孟子曰:"何以言之?"
曰:"怨。"
曰:"固哉, 高叟之爲詩①也! 有人於此, 越人關弓②而射之, 則己談笑而道之③;無他, 疏之也。其兄關弓而射之, 則己垂涕泣④而道之;無他, 戚⑤之也。小弁之怨, 親親也。親親, 仁也。固矣夫, 高叟之爲詩也!"
曰:"凱風 何以不怨?"

曰:"凱風, 親之過小者也;小弁, 親之過大者也。親之過
大而不怨, 是愈疏也;親之過小而怨, 是不可磯⑥也。愈疏,
不孝也;不可磯, 亦不孝也。孔子曰:"舜其⑦至孝矣, 五十而
慕。"

〈注〉
① 爲詩(위시):詩를 해설하다(爲, 治也―朱子. 爲猶學也―皇侃).
② 關弓(완궁):활을 당기다. 이때는 關의 音이 (완)이다.
③ 談笑而道之(담소이도지):道之를 어떻게 해석할 것인가? 趙岐와
朱子는 여기에 注를 달지 않았으나, 焦循은 之를 인칭대사로, 그
리고 직접목적어(勿射)가 생략된 文으로 보아서, '그(之)에게 쏘
지 말라고(勿射) 말한다.'는 뜻이라 했다. 그렇다면, 과연 낯선
외국인이 가까운 곳에서 자기에게 활을 쏘려고 하는 경우에는 웃
으면서 타이를 정도로 여유가 있고, 자기 형이 자기를 쏘려고 하
는 경우에는, 자기가 죽게 되는 것은 문제가 안 되고, 자기 형이
살인죄를 짓게 될까봐 절박하게 울고 매달리는 것이 인지상정이
겠는가? 이 문제는, 之가 事物을 지칭하는 代詞이자 단일목적어
라고 보면, 이 文은 생략이 없는 완결된 文이 되고, 뜻도 간명해
진다. 그리고 그 내용도 인간의 常情과 부합된다(楊伯峻).
④ 涕泣(체읍):눈물. 구분해서 말한다면, 涕는 콧물, 泣은 눈물.
⑤ 戚(척):친밀하다(親也―趙岐).
⑥ 不可磯(불가기): 趙岐는 '磯'를 '감정을 激發시킨다'는 뜻으로
보아, '不可磯'는 곧 부모의 작은 잘못에 대하여 자식이 격한 감
정을 일으켜 부모를 원망하는 뜻이라고 하였고, 朱子는 '磯'를
물이 물가에 있는 돌을 때리는 것(水激石)이란 뜻으로 보고, '不
可磯'는 곧 그(자식)를 조금만 건드려도 버럭 화를 내는 것을 말
한다고 하였다. 이 외에 磯를 幾諫(완곡하게 간하다)의 幾의 뜻
으로 보아, 부모의 잘못을 드러내는 것이라고 하는 해석도 있다.
磯를 水激石의 뜻으로 본 朱子의 해석을 人間事로 확장시켜, '부
모(水)가 잘못을 저질러, 편히 지내고 있는 자식들(石)을 귀찮게

해서는(激) 안 된다(不可).'는 뜻으로 해석하는 것이 가장 자연스러울 것같다.
⑦ 其(기) : 추측이나 반문의 語氣를 나타내는 副詞(또는 助詞).

12·4 전쟁을 중지시킬 명분

[宋 나라의 유명한 학자였던] 송경(宋牼)이 초(楚) 나라로 가려던 참에, 맹자께서 그를 석구(石丘)라는 곳에서 만나셨다.

맹자 : "선생께서는 어디로 가려던 참이십니까?"

송경 : "나는 진(秦) 나라와 초(楚) 나라 사이에 전쟁이 벌어졌다는 말을 듣고, 초 나라 왕을 만나뵙고 말씀드려서 전쟁을 중지하도록 할 작정입니다. 만약 초 나라 왕이 내 말을 듣지 않으면, 나는 다시 진 나라 왕을 만나뵙고 말씀드려서 전쟁을 중지하도록 할 작정입니다. 두 왕 중에는 나와 생각을 같이 할 왕이 있을 겁니다."

맹자 : "저는 그 상세한 내용까지 여쭈어 볼 생각은 없습니다만, 그 대강의 뜻만은 알고 싶습니다. 어떻게 말씀드릴 작정이십니까?"

송경 : "저는 전쟁을 하는 것이 이롭지 못하다는 것을 말씀드릴 작정입니다."

맹자 : "[전쟁을 중지시키려는] 선생의 뜻은 참으로 훌륭합니다만, 선생께서 내세우는 명분(名分)에 문제가 있습니다. 선생께서 이익을 가지고 진왕과 초왕께 말씀드린다면, 진왕과 초왕은 그 이익됨을 기뻐하면서 모든 군사행동을 중지시킬 것이고, 그것은 곧 모든 군사들로 하여금 정전을 반기게 만들 것이며, 그리고 또 이익됨을 기뻐하게 만들 것입니다. 신하된 자가 이익을 생각하면서

그 임금을 섬기고, 자식된 자가 이익을 생각하면서 그 부모를 섬기고, 동생된 자가 이익을 생각하면서 그 형을 섬기게 된다면, 임금과 신하 사이, 부모와 자식 사이, 그리고 형과 동생 사이는 마침내 모두들 인의(仁義)를 버리고 이해득실을 생각하면서 서로 상대하게 될 것이니, 이렇게 되고서도 나라가 망하지 않았던 일은 있은 적이 없습니다. 만약 선생께서 인의로써 진왕과 초왕에게 말씀드린다면, 진왕과 초왕은 그 인의를 기뻐하면서 모든 군사행동을 중지시킬 것이고, 그것은 곧 모든 군사들로 하여금 정전을 반기게 만들 것이며, 그리고 또 인의를 기뻐하게 만들 것입니다. 신하된 자가 인의를 생각하면서 그 임금을 섬기고, 자식된 자가 인의를 생각하면서 그 부모를 섬기고, 동생된 자가 인의를 생각하면서 그 형을 섬기게 된다면, 임금과 신하 사이, 부모와 자식 사이, 그리고 형과 동생 사이는 모두 이해득실을 버리고 인의를 생각하면서 서로 상대하게 될 것이니, 이렇게 되고서도 천하를 통일할 수 없었던 일은 있은 적이 없습니다. 꼭 이익을 명분으로 내세워야 할 필요가 어디 있습니까?"

12·4 宋牼將至楚, 孟子遇於石丘, 曰:"先生將何之?"

曰:"吾聞秦楚搆兵①, 我將見楚王說而罷之。楚王不悅, 我將見秦王說②而罷之。二王我將有所遇焉。"

曰:"軻也請無問其詳, 願聞其指。說之將何如?"

曰:我將言其不利也。"

曰:先生之志則大矣, 先生之號③則不可。先生以利說秦楚之王, 秦楚之王悅於利, 以罷三軍之師, 是④三軍之士樂罷而悅於利也。爲人臣者懷利以事其君, 爲人子者懷利以事其父, 爲人弟者懷利以事其兄, 是君臣、父子、兄弟終⑤去仁義, 懷

> 利以相接, 然而不亡者, 未之有也。先生以仁義說秦楚之王, 秦楚之王悅於仁義, 而罷三軍之師, 是三軍之士樂罷而悅於仁義也。爲人臣者懷仁義以事其君, 爲人子者懷仁義以事其父, 爲人弟者懷仁義以事其兄, 是君臣、父子、兄弟去利, 懷仁義以相接也, 然而不王者, 未之有也。何必曰利?"

〈注〉

① 搆兵(구병) : 交兵(搆, 構, 連, 結, 交는 모두 같은 뜻이다 ― 高誘). 『集注』本에는 構로 되어 있다.
② 說(세) : 유세하다. 설득하다.
③ 號(호) : 내세우는 명분(所稱名號 ― 趙岐).
④ 是(시) : 원래의 文은 '是(使)三軍之士樂罷'로서 使動形인데, '使'가 생략된 것이다(楊伯峻).
⑤ 終(종) : 모두(盡也 ― 高誘).

12·5 정성이 담기지 않은 예물

맹자께서 추 나라에 계실 때에, 이웃 임(任) 나라 국왕의 동생인 계임(季任)이 [국왕이 외국에 나간 동안에] 국왕직을 대행하고 있으면서 예물을 보내어 교제를 청해 왔는데, 맹자께서는 그것을 받으시고 답방(答訪)은 가지 않으셨다. 그리고 맹자께서 제(齊) 나라의 평륙(平陸) 땅에 계실 때에, 저자(儲子)가 제 나라 경상(卿相)으로 있으면서 예물을 보내어 교제를 청해 왔는데, 맹자께서는 그것을 받으시고 답방은 가지 않으셨다. 그후 어느날, 맹자께서는 추 나라에서 임 나라로 가서, [지난 번 예물을 보내 준 것에 대한 답례로] 계임을 찾아 보셨으나, 평륙에서 제 나라의 서울로 가서는 저자를 찾아 보지 않으셨다. 제자인 옥려자가 기뻐하면서 말했다. "저는 선생님께서 잘못하신 점을 찾아냈습니다." 그리고 물었다 : "선생님께서 임 나라에 가셨을 때는 계임을 찾아보시고, 제 나라의 서울에 가셨을 때는 저자를 찾아보지 않으셨는데, 그것은 저자가 경상(卿相)에 불과했기 때문이 아닙니까?" [계임은 임금의 동생이어서 무시할 수 없었지만.]

맹자 : "그렇지 않다. 『서경』(周書·洛誥)에 말하기를, '예물을 보내어 교제를 청하는 향견례(享見禮)에서 귀중하게 여기는 것은 의식(儀式)이다. 그 의식이 충분하지 못하면 그 보낸 예물이 아무리 많아도 교제를 청하지 않았던 것으로 간주하는데, 그것은 그 사람의 정성이 그 예물에 담겨 있지 않기 때문이다.'고 했다. [내가 그를 찾아 보지 않은 것은,] 그가 향견례를 제대로 하지 않았기 때문이다."

옥려자는 [맹자께서 계임은 찾아보고 저자는 찾아보지 않은 이유를 깨닫고] 기뻐했다. 어떤 사람이 그에게 물어보자, 옥려자는 대답했다. "계임은 [국왕의 직무를 대행하고 있었으므로] 추 나라로 몸소 찾아갈 수 없는 형편이었지만, [이럴 때는 예물만 보내어도 예의에 벗어나지 않는다.] 저자는 평륙까지 몸소 찾아갈 수 있는 입장이었다." [그런데도 예물만 보내고 찾아가지 않았다.]

12·5 孟子居鄒, 季任爲任處守, 以幣交, 受之而不報①。處於平陸, 儲子爲相, 以幣交, 受之而不報。他日, 由鄒之任, 見季子; 由平陸之齊, 不見儲子. 屋廬子喜曰:"連得間②矣。"問曰:"夫子之任, 見季子; 之齊, 不見儲子, 爲其爲相與?"

曰:"非也; 書曰:'享多儀③, 儀不及物④曰不享, 惟不役志于享⑤'。爲其不成享也。"

屋廬子悅。或問之。屋廬子曰：“季子不得之鄒, 儲子得之平陸。”

〈注〉

① 受之而不報(수지이불보) : 몸소 찾아왔다면 꼭 答訪을 해야 하지만, 예물만 보내왔을 때에는 그것을 받기만 하고 찾아가지 않아도 된다(朱子).
② 得間(득간) : 잘못(間)을 찾아냈다. 선생의 사소한 실수를 발견해 낸 제자가 순진하게 기뻐하는 모습이 '喜曰'에 담겨 있다.
③ 享多儀(향다의) : 享;옛날에 예물을 보내면서 교제하는 禮儀節次, 즉 享見禮를 말한다(趙岐). 多;貴하게 여기다(以爲貴—楊伯峻). 여기서는 意動用法으로 사용되었다. 儀;의식.
④ 儀不及物(의불급물) : 享見禮를 함에 있어서 그 예의절차를 준수하는 의식이 물건, 즉 보내온 폐백의 풍성함이나 귀한 정도에 미치지 못한다(鄭玄).
⑤ 不役志于享(불역지우향) : 예물(또는 享見禮)에 마음이나 정성을 쏟지 않았다. 즉, 정성이 담겨 있지 않았다(不用志於享—朱子).

12·6 군자가 하는 일을 소인들이 어찌 알랴

송(宋) 나라의 변사(辯士)인 순우곤(淳于髡)이 말했다. "명예(名)와 공적(實)을 중시하는 것은 백성들을 구제하기 위해서이며, 명예와 공적을 경시하는 것은 자기 혼자만 깨끗하게 살기 위해서입니다. 선생께서는 제(齊) 나라의 삼경(三卿) 중의 하나로 계시면서 위로는 임금을 보필하고 아래로는 백성들을 구제하였다는 명예도 공적도 이루지 못하셨으면서 떠나려 하시니, 어질다는 분들은 본래 그렇게 합니까?"

맹자께서 말씀하셨다. "낮은 직위에 있으면서 자신의 현능(賢

能)함으로써 못난 임금을 섬기려 하지 않았던 사람으로는 백이(伯夷)가 있었고, 다섯 번이나 어진 탕(湯) 임금에게 나아가고 또한 다섯 번이나 포악한 걸왕(桀王)에게 나아갔던 사람으로는 이윤(伊尹)이 있었으며, 더러운 임금도 싫어하지 않고 미관말직(微官末職)도 마다하지 않았던 분으로는 유하혜(柳下惠)가 있었소. 이 세 분들이 처신하신 방식은 서로 달랐지만, 그 지향(志向)한 바는 다 똑 같았소. 그 똑 같았던 것이 무엇이겠소? 그것은 말하자면 인(仁)이었소. 군자는 인에만 뜻을 두면 되지, [그것을 실천하는 방법까지] 똑 같아야 할 필요가 어디 있겠소?"

순우곤 : "노(魯) 나라 목공(繆公) 때에, 공의자(公儀子)는 나라 일을 맡아 다스리고, 자유(子柳)와 자사(子思)도 조정의 신하로 있었는데, 현자(賢者)로 소문난 세 분이 나라를 다스렸으면서도, 노 나라가 다른 나라에게 땅을 빼앗김이 매우 심하였으니, 현자가 나라에 대해서 득(得)이 될 게 없음이 이와 같습니다!"

맹자 : "우(虞) 나라는 현자였던 백리해(百里奚)를 등용하지 않았기 때문에 멸망하였고, 진(秦) 나라의 목공(穆公)은 그를 등용하였기 때문에 패자(覇者)가 되었소. 현자를 등용하지 않으면 나라가 멸망해 버리기도 하는데, 어찌 땅을 좀 빼앗기고 마는 정도에서 끝나기를 바랄 수 있겠소?"

순우곤 : "옛날, [衛 나라에서 노래 잘 부르기로 이름났던] 왕표(王豹)란 사람이 기수(淇水) 가에서 살았으므로, 그 지역 사람들은 모두가 노래를 잘 부르게 되었으며, [齊 나라에서 노래 잘 부르기로 이름났던] 년구(綿駒)라는 사람이 고당(高唐)이란 마을에서 살았으므로, 그 지역 사람들 모두가 노래를 잘 부르게 되었으며, [齊 나라의 大夫로서 전쟁터에서 용감하게 싸우다 죽은,] 화주(華周)와 기량(杞梁)의 아내들은 남편들의 죽음을 슬퍼하여 애절하게 곡(哭)을 하였는데, [그 때문에 적의 城이 무너졌다는 얘기도 있다.]

그 때문에 나라의 풍속까지도 바뀌었습니다. 이와 같이, 안에 있는 것은 무엇이든 반드시 밖으로 드러나게 마련입니다. 무슨 일을 하였지만 공적이 없다는 것, 그런 일을 저는 여태껏 본 적이 없습니다. 그래서 지금은 현자가 없다고 말하는 것인데, 만약 현자가 있다면 저는 반드시 그를 알아 볼 것입니다."

맹자 : "옛날 공자께서 노(魯) 나라의 사구[司寇 : 지금의 법무장관에 해당하는 관직]로 계실 때, 자신의 뜻을 펼 수 없게 되자, [떠나갈 결심을 하고서 그 때를 기다리고 있다가, 큰 행사인] 종묘 제사에 참여하게 되었는데, 제육(祭肉)이 보내져 오지 않자 황급히 노 나라를 떠나가셨소. 그러자 공자를 모르는 사람들은 제육을 안 보내 주었기 때문에 공자가 떠났다고 생각했으며, 안다고 하는 사람들조차, 임금이 예를 무시했기 때문에 떠났다고 생각하였소. 그러나 공자께서는, [떠나는 이유를 사실대로 설명하는 것은 군사의 태도가 아니므로,] 사소한 죄목(罪目)을 구실로 떠나고자 했던 것이고, 제멋대로 떠나갔다는 소리는 듣고 싶지 않았던 것이오. 군자가 하는 일은 본래 보통 사람들은 알 수 없는 법이오."

12·6 淳于髡曰:"先名實者, 爲人也;後名實者, 自爲也①。夫子在三卿②之中, 名實未加於上下③而去之, 仁者固如此乎?"

孟子曰:"居下位, 不以賢事不肖者, 伯夷也;五就湯, 五就桀④者, 伊尹也;不惡汙君, 不辭小官者, 柳下惠也。三子者不同道, 其趣⑤一也。一者何也⑥? 曰, 仁也。君子亦仁而已矣, 何必同?"

曰:"魯繆公之時, 公儀子爲政, 子柳、子思爲臣, 魯之削也滋甚;若是乎, 賢者之無益於國也!"

曰:"虞不用百里奚而亡, 秦穆公用之而霸。不用賢則亡, 削何可得與?"

曰:"昔者王豹處於淇, 而河西善謳;緜駒處於高唐, 而齊右善歌;華周、杞梁之妻⑦善哭其夫, 而變國俗。有諸內, 必形諸外。爲其事而無其功者, 髡未嘗覩之也。是故無賢者也; 有則髡必識之。"

曰:"孔子爲魯司寇⑧, 不用, 從而祭⑨, 燔肉不至⑩, 不稅冕而行⑪。不知者以爲爲肉也, 其知者以爲爲無禮也。乃孔子則欲以微罪行⑫, 不欲爲苟⑬去。君子之所爲, 衆人固不識也。"

〈注〉

① 爲仁, 自爲(위인, 자위):爲仁은 곧 백성 구제에 뜻을 둔 사람, 自爲는 홀로 그 몸을 깨끗이 닦으려는 사람을 말한다(朱子).

② 三卿(삼경):諸侯의 나라에서는 三卿을 두는데, 三卿의 명칭에 대해서는 異說이 있다. 즉 上卿, 亞卿, 下卿을 말한다는 說과, 相, 將, 客卿을 말한다는 說이 있다(全祖望, 『經史問答』). 맹자는 齊 나라의 客卿으로 있은 적이 있으므로 後說이 맞는 듯하다.

③ 上下(상하):上은 임금, 下는 백성을 말한다.

④ 五就湯, 五就桀(오취탕, 오취걸):趙岐는, 湯王이 桀에게 伊尹을 貢物로 바쳤으나 桀이 그를 쓰지 않고 湯에게로 되돌려 보냈으며, 나중에 湯이 그를 또다시 桀에게 공물로 바치는 식으로, 湯과 桀 사이를 다섯 번 왔다갔다 한 것을 말한다고 하였다.

⑤ 趣(추):趙岐는, '지나온 길'(所履者)이라 하였으나, 旨趣, 즉 志向으로 보는 것이 무난하다.

⑥ 一者何也(일자하야): 趙岐는, 이것은 淳于髡의 질문이라 했으나, 朱子는, 이것은 孟子의 自問이라고 했다.

⑦ 華周、杞梁之妻(화주, 기량지처):이들에 관한 자세한 기록은 『禮

記』「檀弓下篇」에 나오고, 『說苑』「善說篇」에는, "昔華周、杞梁戰 而死, 其妻悲之, 向城而哭, 隅爲之崩, 城爲之阤(치)". 란 기록이 있다. 그들의 妻에 관한 기록은『列女傳』「貞順篇」에 나온다.

⑧ 司寇(사구) : 형벌을 주관하는 魯 나라의 관직명. 『史記』「孔子世家」에는 大司寇로 되어 있다.

⑨ 祭(제) : 종묘제사라는 說(趙岐)과, 남쪽 교외에서 하늘에 제사지내는 儀式이라는 說(『史記』에 근거한 朱子의 주장)이 있다.

⑩ 燔肉不至(번육부지) : 종묘사직에서의 제사가 끝나면 반드시 남은 고기를 同姓의 제후국과, 관련된 人士들에게 나누어 주어 '福과 祿을 같이 한다'는 뜻을 표시하는 것이 禮인데, 그 고기가 보내져 오지 않았다는 뜻이다.

⑪ 不稅冕而行(불탈면이행) : 제사 때 쓰는 모자도 벗지 않고 떠났다. 稅;脫과 同. 이것에 대한 해석은 異說이 많다. "冕은 제사 지낼 때만 쓰고 평상시에는 쓰지 않으며, 제사가 끝나고 고기가 보내져 오는 기간은 보통 2~3日 內이다. 공자가 제사를 끝내고 집에 돌아왔을 때는 그 고기가 보내져 올지 안 올지 알 수 없는데, 어찌 모자도 벗지 않고 그대로 기다릴 수 있는가?"(楊伯峻). 이것은 서둘러 급히 떠났음을 말하는 하나의 과장법으로 보는 것이 자연스럽다.

⑫ 以微罪行(이미죄행) : 작은 죄를 구실로 떠나가다. 작은 죄란 고기를 보내 주지 않은 것을 말한다. 그러나 趙岐는, "이것은 제사에 관여한 공자 자신의 책임이다."고 풀이했고, 朱子는, 이것은 임금의 죄라고 하면서, '공자는 벌써부터 떠날 마음이 있었으나, 함부로 떠날 수도, 또 임금의 큰 잘못(즉, 齊 나라에서 보내 준 미녀들과 향락에 빠져 國政을 돌보지 않은 죄)을 구실로 삼는 것은 조국에 대한 情誼가 아니므로, 참고 있다가 임금의 사소한 잘못을 구실로 떠난 것이라고 해석했다. 그 밖에도 다른 여러 가지 해석이 『孟子正義』에 소개되고 있다.

⑬ 苟(구) : 함부로, 멋대로 (副詞).

12·7 오패(五覇)는 삼왕(三王)의 죄인들이다

맹자께서 말씀하셨다.
"오패(五覇)는 삼왕(三王)의 죄인들이고, 지금의 제후(諸侯)들은 오패의 죄인들이며, 지금의 대부(大夫)들은 지금 제후들의 죄인들이다.
천자(天子)가 제후의 나라를 찾아가는 것을 순수(巡狩)라 하고, 제후가 천자를 찾아뵙는 것을 술직(述職)이라 한다. [천자의 巡狩는,] 봄에는 경종(耕種) 상황을 살펴보아 종자나 농기구가 부족한 자에게는 그것을 보조해 주고, 가을에는 수확상황을 살펴보아 양식이 모자라는 자에게는 그것을 보조해 주었다. 제후의 나라 안에 들어가 보았을 때, 만약 토지가 잘 개간되어 있고, 전답이 잘 가꾸어져 있으며, 노인을 잘 봉양하고 현자(賢者)를 존경하고 있으며, 뛰어난 인재들이 조정에 있으면, 그 제후에게 상을 내리는데, 상으로는 땅을 주었다. 제후의 나라 안에 들어가 보았을 때, 만약 토지가 황폐한 채 버려져 있고, 노인을 내다 버리고 현자를 등용하지 않고 있으며, 백성들을 수탈하는 못된 자들이 조정에 있으면, 그 제후를 문책한다. [제후의 述職은,] 한 번 조근(朝覲)하지 않으면 그 작위를 낮추고, 두 번 조근하지 않으면 그 토지를 삭감하고, 세 번 조근하지 않으면 천자의 군대를 동원해서 그 제후를 쫓아내 버린다. 그러므로 천자가 무력을 사용하는 것을 토[討: 죄를 문책한다는 의미]라고 하지 벌[伐: 전쟁을 통해 정벌한다는 의미]이라고는 하지 않으며, 제후가 무력을 사용하는 것은 벌(伐)이라고 하지 토(討)라고는 하지 않는다. 오패란 [천자의 명령도 없이] 제후들을 끌고 가서 다른 제후들을 정벌[伐]하였던 자들로서, 그래서 오패는 삼왕의 죄인들이라고 말하는 것이다.
　오패 중에서 제(齊)의 환공(桓公)이 가장 훌륭했었다. [齊의 환공이 주최한] 규구(葵丘)의 동맹회의에서, 제후들은 희생의 제물을 묶어 놓은 다음 그 위에 맹약서(盟約書)만 올려 놓고 그 피는 마시지 않았다.[그 피를 마셔 가면서 서로 맹서하는 맹약의 儀式을 생략하더라도 감히 그 맹약을 배신할 제후가 없을 것으로 믿었기 때문이다.] 그 맹약서에는,
　'제1조 : 불효자는 사형에 처하고, 책봉된 태자(太子)를 함부로 폐하지 않으며, 첩을 본처로 삼지 않는다.
　제2조 : 현자를 존중하고 인재를 기르며, 덕이 있는 자를 표창한다.
　제3조 : 노인을 공경하고 어린이를 사랑하며, 찾아온 손님과 여행자를 홀대하지 않는다.
　제4조 : 관직을 세습(世襲)시키지 않으며, 관청의 직무를 겸하지 못하게 하며, 관리를 채용함에 있어서는 반드시 어질고 유능한 자를 채용하고, 대부(大夫)를 제후의 독단(獨斷)으로 죽이지 않는다.
　제5조 : 제방을 도처에 쌓지 않으며, [이웃 나라가 양식을 사려 할 때], 양식 파는 것을 금하지 않으며, 신하에게 봉지(封地)를 주고도 [盟主인 제후에게] 보고하지 않는 일이 없도록 한다.'
라고 말하고 있다. 그리고 마지막으로는,
　'이 동맹회의에 참석한 우리 모두는 이 맹약을 맺은 후부터 예전의 우호적인 관계로 되돌아 간다.'
라고 말하고 있다. 그런데 지금의 제후들은 모두 이 다섯 가지의 금령(禁令)을 어기고 있으니, 그래서 지금의 제후들은 오패의 죄인들이라고 말하는 것이다.
　임금이 악행(惡行)을 범하고 있을 때, 신하된 자가 그것을 조장

(助長)하는 것은 그 죄가 그래도 작지만, 임금을 부추겨 악행을 범하도록 유도하는 것은 그 죄가 더욱 크다. 그런데 지금의 대부(大夫)들은 모두 제후를 부추겨 악행을 범하도록 유도하고 있는데, 그래서 지금의 대부들은 지금 제후들의 죄인이라고 말하는 것이다."

(12·7) 孟子曰:"五覇①者, 三王②之罪人也;今之諸侯, 五覇之罪人也;今之大夫, 今之諸侯之罪人也。天子適諸侯曰巡狩, 諸侯朝於天子曰述職。春省耕而補不足, 秋省斂而助不給③。入其疆, 土地辟, 田野治, 養老尊賢, 俊傑在位, 則有慶④;慶以地。入其疆, 土地荒蕪, 遺老失賢, 掊克⑤在位, 則有讓⑥。一不朝, 則貶其爵;再不朝, 則削其地;三不朝, 則六師移之⑦。是故天子討而不伐, 諸侯伐而不討。五覇者, 摟諸侯以伐諸侯者也, 故曰:五覇者, 三王之罪人也。五覇, 桓公爲盛。葵丘之會, 諸侯束牲⑧、載書⑨而不歃血⑩。初命曰:'誅不孝, 無易樹子⑪, 無以妾爲妻'。再命曰:'尊賢育才, 以彰有德。'三命曰:'敬老慈幼, 無忘賓旅。'四命曰:'士無世官, 官事無攝, 取士必得⑫, 無專殺大夫。'五命曰:'無曲防⑬, 無遏糴⑭, 無有封而不告⑮'。曰:'凡我同盟之人, 旣盟之後, 言歸于好⑯'。今之諸侯, 皆犯此五禁, 故曰:今之諸侯, 五覇之罪人也。長君之惡⑰其罪小, 逢君之惡⑱其罪大。今之大夫皆逢君之惡, 故曰:今之大夫, 今之諸侯之罪人也。"

〈注〉
① 五覇(오패):齊의 桓公, 晋의 文公, 秦의 穆公(繆公이라고도 씀), 宋의 襄公, 楚의 莊王.

② 三王(삼왕) : 夏의 禹王, 商(殷)의 湯王, 周의 文王
③ 不給(불급) : 不足. 給은 풍족한 것.
④ 慶(경) : 賞也(趙岐).
⑤ 掊克(부극) : 가렴주구하다. (또는 그 사람). (聚斂也―『毛詩』). 불량한 자(不良也 ― 趙岐).
⑥ 讓(양) : 문책하다. 견책하다(責也 ― 趙岐).
⑦ 六師移之(육사이지) : 六師 ; 六軍. 周代의 제도에 의하면, 天子는 六軍, 제후는 三軍을 갖도록 규정되어 있다. 移之 ; 趙岐는, 천자의 군대를 동원하여 그곳으로 가서 그 제후를 토벌한다는 뜻이라고 했다. 朱子는, 그 임금(제후)을 誅伐하고 다른 사람으로 바꾸는 것, 즉 제후를 추방한다는 뜻이라고 했다.
⑧ 束牲(속생) : 古代에는 盟約을 맺을 때 희생의 제물을 썼는데, 혹은 죽여서 쓰기도 하고, 혹은 산 채로 쓰기도 하였다. 산 채로 쓸 때에는 묶어야 하므로 '束(묶다)牲'이라 하였다. 희생으로는, 제후는 소(牛)를, 大夫는 수퇘지(豭)를 썼다(『穀梁傳』, 范寧「集解」).
⑨ 載書(재서) : 고대에는 盟約을 載書라고 하였다. 載 ; 싣다(乘也 ―『說文』). 얹다(加也 ― 高誘). 書 ; 맹약의 말.
⑩ 歃血(삽혈) : 피를 마시다. 실제로는 입가에 피를 묻히는 정도로 마시는 흉내만 내었다.
⑪ 樹子(수자) : 樹 ; 立의 뜻이다.
⑫ 取士必得(취사필득) : 得 ; 得賢, 得人의 뜻. 관리를 채용함에 있어서는 반드시 어질고 능력있는 자를 발탁해 써야 한다.
⑬ 無曲防(무곡방) : 防 ; 제방. 曲의 정확한 의미에 대해서는 異說이 많다. 趙岐는, 防을 禁令, 曲을 '以己曲意'로 보고, (王法에서 금하고 있지도 않은 것을) '부정한 의도를 갖고 금하지 말라.'는 뜻이라고 했다. 朱子는, '제방을 굽게 쌓고 水源을 막아 水利를 독차지함으로써 이웃 나라에 피해를 주어서는 안 된다.'는 뜻이라고 했다. 그러나, 당시에 제방의 축조 문제가 국제협약의 의제로 된 것은, 국가간 水利의 共同利用이란 점과, 그것이 戰略的으로 이용될 수 있다는 점이 각국의 공동관심사로 되었기 때문

일 것이다. 그렇다면, 제방의 둑을 굽게 쌓느냐 직선으로 쌓느냐 는 중요한 문제로 될 수 없고, 단지 도처에 너무 많은 제방을 쌓음으로써 그것이 다른 나라에 피해를 줄 수 있다는 점이 중요시되었을 것이다. 이렇게 생각하면, "曲防；遍設隄防(『辭源』)이 가장 자연스러운 해석이다. 즉, 曲은 '無不', '遍'의 뜻을 갖는 副詞로, 防은 제방을 쌓는다는 뜻의 動詞로 해석한다.

⑭ 遏糴(알적)： 遏；금지하다. 糴；곡물을 사들이는 것.
⑮ 不告(불고)：趙岐는, 盟主에게 보고하는 것이라 했고, 朱子는, 天子에게 보고하는 것이라 했다. 당시의 역사적 상황으로 보아, 盟主가 맞을 것이다.
⑯ 言歸于好(언귀우호)：歸於好. 言；무의미한 語首助詞.
⑰ 長君之惡(장군지악)：임금이 이미 惡을 행하고 있을 때, 간해서 저지할 생각은 않고 그것에 따름으로써 惡을 더욱 조장하는 것(朱子).
⑱ 逢君之惡(봉군지악)：임금에게 惡을 행하려는 마음이 아직 싹트지 않았을 때, 임금을 부추겨서 惡을 행하도록 이끄는 것(趙岐·朱子).

12·8 땅을 위해 백성들을 전쟁터로 내몰 수는 없다

노(魯) 나라에서는 [齊 나라를 치기 위하여] 신자(愼子)를 장군으로 임명하려고 했다.
그러나 맹자께서 말씀하셨다. "백성들을 가르치고 이끌어 주지는 않고 그들을 끌고 가서 전쟁이나 하는 것은 곧 백성들을 해치는 일입니다. 백성들을 해치는 자는 요·순의 시대에는 결코 용납될 수 없었습니다. 비록 한 번의 싸움으로 제(齊) 나라를 이겨서 남양(南陽)의 땅을 차지하게 된다고 하더라도, 그래도 [그런 전쟁은] 할 수 없는……."

맹자가 말하는 도중에, 신자가 발끈 화를 내면서 말을 가로챘다. "도대체 무슨 말씀인지 저로서는 이해할 수 없습니다."

맹자 : "내가 자네에게 분명히 말해 주겠네. [周 왕조의 제도에 따르면,] 천자의 땅은 사방 천 리인데, 만약 천 리가 되지 않으면, [그 땅에서 나는 수입으로, 天子에게 조근하러 오는] 제후들을 대우하기에 부족하기 때문이다. 제후의 땅은 사방 백 리인데, 만약 백 리가 되지 않으면, [그 땅에서 나는 수입으로, 예의 및 법도에 관한] 조상 전래의 각종 전적(典籍)들을 보존하고 그대로 따라 지키기에 부족하기 때문이다. 주공(周公)이 노(魯) 나라에 봉해졌을 때, 그 땅은 당연히 사방 백 리였는데, [중국 전체의] 땅이 부족했던 것은 아님에도 사방 백 리가 넘지 않게 했던 것이다. 태공[姜太公]이 제(齊) 나라에 봉해졌을 때에도, 역시 그 땅은 사방 백 리였는데, 땅이 부족했던 것은 아님에도 사방 백 리가 넘지 않게 했던 것이다. 그런데 지금 노 나라는, [주위 여러 나라의 땅을 합병하였으므로] 사방 백 리의 땅을 다섯 개나 갖고 있는 셈인데, 자네는 만약 성왕(聖王)이 나타나신다면, [옛 제도를 다시 부활시킬 터인데,] 노 나라는 그 땅이 삭감될 축에 속하리라 생각하는가? 아니면 늘어날 축에 속하리라 생각하는가? 전쟁을 하는 일 없이 그냥 저 나라에서 땅을 떼어다가 이 나라에 주는 일조차도, [그것이 옳은 일이 아니라면,] 어진 사람은 하지 않을 터인데, 하물며 어찌 사람을 죽여 가면서까지 땅을 얻으려 하는가? 군자가 임금을 섬기는 데 있어서는 반드시 그 임금이 옳바른 길로 나아가도록 이끌어 주고, 인(仁)에 뜻을 두도록 해야 한다."

12·8　魯欲使愼子爲將軍。孟子曰：＂不敎民而用之①，謂之殃民②。殃民者，不容於堯舜之世。一戰勝齊，遂有南陽，然且不可③──＂

慎子勃然不悅曰:"此則滑釐所不識也."
　曰:"吾明告子。天子之地方千里;不千里, 不足以待諸候。諸候之地方百里;不百里, 不足以守宗廟之典籍④."周公之封於魯, 爲方百里也;地非不足, 而儉⑤於百里。太公之封於齊也, 亦爲方百里也;地非不足也, 而儉於百里。今魯方百里者五, 子以爲有王者作, 則魯在所損乎, 在所益乎? 徒⑥取諸彼以與此, 然且仁者不爲, 況於殺人以求之乎? 君子之事君也, 務⑦引其君以當道⑧, 志於仁⑨而已."

〈注〉
① 用之(용지):그들을 이용하다. 즉, 백성들을 전쟁하는 데 이용한다(使之戰也—朱子).
② 不敎民而…殃民(불교민이…앙민):『論語』「子路篇」에는, "以不敎民戰, 是謂棄之."로 되어 있으나, 뜻은 같다.
③ 然且不可(연차불가):이것은 未完의 句이다. 愼子가 화를 내면서 중간에 말을 가로챘기 때문이다. 이것이 未完의 句임을 알 수 있는 것은, '尙且', '猶且', '然且' 등의 副詞句는 대부분 主從複合句에 사용되는데, 從句에서 '且'를 사용하고 主句에서는 反問句를 사용한다. 이 章 끝부분의 "然且仁者不爲, 況於殺人以求之乎?"라는 文이 그 좋은 예이다. 從句만 있고 다음에 主句가 없으면서, '慎子勃然不悅'이란 敍述句로 이어지는 것으로부터, 중도에 말이 가로채어진 것을 알 수 있다(楊伯峻).
④ 宗廟之典籍(종묘지전적):종묘는 선조의 廟. 典籍은 기록문서로서, 거기에 기록되어 있는 내용은 先祖들의 法度라는 說과(趙岐), 祭祀會同의 常制라는 說(朱子) 등 다양하다. 요컨대, 조상 대대로 전해 오는 온갖 예의제도, 가문의 역사 등을 기록해 놓은 문서로서, 그것을 지킨다는 것은 곧 그 기록대로 따라 시행한다는 뜻도 된다.
⑤ 儉(검):'어느 일정 수준을 넘지 않는다'는 뜻이다(止而不過—朱

子). 趙岐는, '차지 않는다'(不滿)는 뜻이라 했고, 焦循은 '적다'(少也)는 뜻이라 했다.
⑥ 徒(도) : 그냥. 공짜로. 사람을 죽이는 일 없이 얻는 것(朱子).
⑦ 務(무) : 반드시. 꼭(副詞). (예 : "知不務多, 務審其所知"—『筍子』).
⑧ 當道(당도) : 正道로 이끌다(趙岐). 일이 도리에 부합되다(事合於理—朱子).
⑨ 志於仁(지어인) : 仁에 뜻을 두다. 그러나 仁에 뜻을 두는 주체가 누구인가? 趙岐는, '임금을 正道로 나아가도록 이끌어 주는 것 자체가 仁이므로, 신하된 자는 이 仁에 뜻을 두어야 한다.'고 했으나, '임금으로 하여금 仁에 뜻을 두도록 이끌어 주어야 한다.'는 뜻으로 보는 것이 자연스럽다. 즉, '(使君)志於仁而已'로 해석한다(楊伯峻).

12·9 소위 훌륭하다는 신하들

맹자께서 말씀하셨다.

"지금 임금을 섬기는 자들은 모두 말하기를, '나는 임금을 위해서 땅을 개척하고, [세금을 많이 거두어] 창고를 가득 채울 수 있다.'고 한다. 요즘의 소위 훌륭한 신하라고 하는 자들은 곧 옛날의 소위 백성을 해치는 자들이다. 임금이 도덕(道德)을 지향하지 않고 인(仁)에 뜻을 두지 않는데도 그를 부강하게 하려는 것은, 바로 폭군 걸(桀)을 부강하게 해 주는 것과 같다. [이들은 말하기를,] '나는 임금을 위하여 동맹국들과 손잡고 연합해서 전쟁을 하면 반드시 이길 수 있다.'고 한다. 지금의 소위 훌륭한 신하라고 하는 자들은 곧 옛날의 소위 백성을 해치는 자들이다. 임금이 도덕을 지향하지 않고, 인에 뜻을 두지 않는데도, 그를 위하여 무리하게 전쟁까지 벌이는 것은 폭군 걸(桀)을 도와 주는 것과 같다.

지금 가고 있는 길을 따라 가면서, 지금과 같은 나쁜 습속(習俗)을 고치지 않는다면, 설령 그에게 천하를 준다 해도, 단 하루도 그 자리를 지키지 못할 것이다."

> **12·9** 孟子曰:"今之事君者皆曰, '我能爲君辟土地, 充府庫.' 今之所謂良臣, 古之所謂民賊也. 君不鄕道①, 不志於仁, 而求富之, 是富桀也. '我能爲君約與國②, 戰必克.' 今之所謂良臣, 古之所謂民賊也. 君不鄕道, 不志於仁, 而求爲之强戰, 是輔桀也. 由今之道③, 無變今之俗, 雖與之天下, 不能一朝居也."

〈注〉
① 鄕道(향도): 鄕;向과 같다(朱子). 道는 道德의 道와 같다(焦循).
② 約與國(약여국): 與國;동맹국(和好相與之國―朱子). 約;제휴하다(要結也―朱子).
③ 今之道(금지도): 지금 가고 있는 길. 여기서 道는 道德, 또는 道路의 뜻이다(焦循).

12·10 소맥(小貊)과 대맥(大貊)

백규(白圭)가 맹자께 물었다. "저는 세율(稅率)을 20분의 1로 정했으면 하는데, 어떻겠습니까?"

맹자께서 말씀하셨다. "당신의 방침은 맥(貊) 나라에서 실시하고 있는 것이오. 만약 그 인구가 1만 호(戶)나 되는 나라에서 단 한 사람만이 질그릇을 굽는다면, 그래도 문제가 없겠소?"

백규: "안 됩니다. 질그릇이 모자랄 것입니다."

맹자 : "저 맥 나라는 불모의 땅이므로 오곡이 자라지 못하고 오직 기장만 자라며, 또 성곽도, 가옥도, 종묘도, 제사의 예절도 없고, 제후의 나라들 사이에 서로 왕래하는 일도, 따라서 예물을 보내거나 향연을 베풀거나 하는 일도 없으며, 각종 관청이나 관리도 없소. 따라서 수입의 20분의 1을 세금으로 받아도 충분하오. 그러나 지금 중국에서 일체의 인간관계의 규범[人倫]을 없애고, 각종 관리들을 없애는 일이 어찌 가능하겠소? 질그릇 굽는 사람이 너무 적어도 나라가 제대로 될 수 없는데, 하물며 관리들이 없다면 어떻게 되겠소? [나라를 유지하려면 상당한 경비가 소요되는데,] 요·순의 방법[즉, 10분의 1세]보다 가볍게 하려는 자는 곧 대맥(大貉)·소맥(小貉)이고, [貉 나라 사람과 대동소이하고,] 요·순의 방법보다 무겁게 하려는 자는 곧 대걸(大桀)·소걸(小桀)이오." [폭군 桀과 대동소이하다.]

12·10　白圭①曰:"吾欲二十而取一, 何如?"

孟子曰:"子之道②, 貉道也。萬室之國, 一人陶, 則可乎?"

曰:"不可, 器不足用也。"

曰:"夫貉, 五穀不生, 惟黍生之;無城郭、宮室、宗廟、祭祀之禮, 無諸侯幣帛饔飧③, 無百官有司, 故二十取一而足也。今居中國, 去人倫, 無君子④, 如之何其可也? 陶以⑤寡, 且不可以爲國, 況無君子乎? 欲輕之於堯舜之道者, 大貉小貉也;欲重之於堯舜之道者, 大桀小桀也。"

〈注〉
①白圭(백규):일찍이 魏 나라의 相으로 있으면서 제방을 쌓고 물을 다스려 생산을 증대시켰으며, 맹자와 비슷한 나이지만 약간 젊었

다고 한다. 그에 관한 기록은 『呂氏春秋』, 『韓非子』, 『戰國策』「魏策」, 『史記』「鄒陽傳」, 「貨殖傳」 등에 散見된다. 그러나 『史記』에서는, '그는 周 나라 사람으로 이름은 丹이며, 독특한 방법으로 큰 재산을 모았다.'고 하였다.
② 道(도) : 방법. 방침.
③ 饔飧(옹손) : 아침 저녁의 식사. 여기서는 음식으로서 손님을 대접하는 禮를 말한다(朱子).
④ 去人倫, 無君子(거인륜, 무군자) : '군신관계, 제사, 교제의 예를 없애는 것이 去人倫이고, 온갖 관리들, 즉 百官有司를 없애는 것이 無君子이다.'(朱子).
⑤ 以(이) : 너무. 太, 甚의 뜻.

12·11 백규(白圭)의 치수(治水)

백규(白圭)가 말했다. "저는 옛날의 우(禹) 임금보다 물을 더 잘 다스렸습니다."

맹자께서 말씀하셨다.

"당신의 말은 틀렸소. 우 임금이 물을 다스리신 것을 보면, 물길을 따라 자연스럽게 흘러가게 하였으니, 우 임금께서는 나라 안의 모든 물들이 사해(四海)로 흘러 들어가게 했었소. 그런데 지금 당신은, [단지 제방만 높고 튼튼하게 쌓음으로써,] 물이 넘쳐 이웃 나라로 흘러 들어가게 하였소. 물이 거꾸로 흐르는 것을 홍수(洚水)라고 하는데──홍수(洚水)는 곧 큰 물[洪水]이란 뜻이다──, 이것은 인애(仁愛)의 마음을 가진 사람이 가장 싫어하는 것이오. 당신의 말은 틀렸소."[우 임금은 홍수를 다스렸지만, 당신은 도리어 그것을 야기시켰다.]

12·11   白圭曰:"丹之治水①也, 愈於禹。"

孟子曰："子過矣！ 禹之治水，水之道②也。是故禹以四海爲壑③。今吾子④以鄰國爲壑。水逆行謂之洚水 —— 洚水者，洪水也 —— 仁人之所惡也。吾子⑤過矣！"

〈注〉
① 丹之治水(단지치수) :『韓非子』「喩老篇」에, "白圭之行隄也, 塞其穴, 是以無水難."이라 했다. 즉, 백규가 물을 다스린 것은 제방만 높고 튼튼하게 쌓음으로써 물이 이웃 나라로 넘쳐흐르게 하였기 때문에 맹자로부터 '鄰國爲壑'으로 만들었다고 책망을 받게 되었다.
② 水之道(수지도) : 朱子는, '물의 本性'이라 하였고, 焦循은, '水路'라 하였다. 즉, 水路를 따라 자연스럽게 흘러가게 하였다는 뜻이라 했다.
③ 壑(학) : 물이 흘러 모여드는 곳(受水處也 —— 朱子).
④ 吾子(오자) : 당신. 상당한 경의와 친절을 표시하는 호칭이다. 『孟子』에는 이 말이 이곳에서 두 번, 공손추 上(3-1)에서 두 번, 모두 네 번 나온다.

12·12 군자에게 신(信)의 덕이 없다면

맹자께서 말씀하셨다.
"군자에게 신(信)의 덕이 없다면, 지조(持操)인들 어디 있겠느냐?"

12·12　孟子曰："君子不亮①, 惡乎執？"

〈注〉
① 亮(량) : 諒과 같은 뜻이다. 趙岐와 朱子는 이것을 信으로 해석하

고 있다. 그러나 이 諒(信)의 뜻이 불분명하고, 惡乎執의 의미도 多義的이어서 다양한 해석들이 있게 되었다. 『論語』에는 이 諒을 좋은 의미의 '信'으로 쓴 곳(「季氏篇」, 4, '友直, 友諒')과, 나쁜 의미로 쓴 곳(「憲問篇」, 18, '豈若匹夫匹婦之爲諒.' 「衛靈公篇」, 37, '君子貞而不諒')이 있는데, 나쁜 의미로 쓰일 때는 '小信', 즉, '옳고 그름을 생각하지 않고 信만을 고집하는 것'이란 뜻이다. 何異孫은, 여기서는 나쁜 의미로 사용되었으며, 그 해석은 '君子가 小信을 고집하지 않는 것은, 執一(한 가지에 집착함으로써 不通이 되는 것)을 미워하기 때문이다.'로 해야 한다고 하였다. 역시 뜻이 통하는 해석이고, 또 맹자가 진심 上(13-26)에서 "所惡執一者, 爲其賊道也."라 한 점과도 부합된다. 그러나 『孟子』에서는 이 곳 이외에는 亮(諒)이 쓰이지 않고 있는 점으로 보아, 孔子와는 달리, 諒을 일반적인 의미, 즉 信의 德이란 의미로 사용했을 것으로 보더라도 무리는 없을 것이다.

12·13 악정자(樂正子)의 장점

노(魯) 나라에서 맹자의 제자인 악정자(樂正子)에게 국정을 맡기려 하였다.

맹자께서 말씀하셨다. "나는 그 소식을 듣고 기뻐서 잠이 오지 않았다."

공손추가 물었다. "악정자는 의지가 강한 사람입니까?"

맹자 : "아니다."

공손추 : "총명하고 사려가 깊습니까?"

맹자 : "아니다."

공손추 : "견문이 넓고 아는 것이 많습니까?"

맹자 : "아니다."

공손추 : "그렇다면 왜 기뻐서 잠까지 오지 않았습니까?"

맹자 : "그 사람됨이 좋은 말 듣기를 좋아하기 때문이다."
공손추 : "좋은 말 듣기를 좋아하는 것만으로 충분합니까?"
맹자 : "좋은 말 듣기를 좋아한다면 천하를 다스리고도 남을 터인데, 하물며 노 나라 정도 다스리는 것이야 더이상 말할 게 있겠느냐? 만약 좋은 말 듣기를 좋아한다면, 사방의 모든 사람들이 천리 길도 가볍게 여기고 찾아와서 그에게 좋은 말을 일러 줄 것이며, 만약 좋은 말 듣기를 싫어한다면, 사람들은 [그의 말투를 흉내내면서 이렇게] 말할 것이다. '알았어, 알았어. 그까짓걸 가지고. 그 정도는 나도 이미 다 알고 있어.'라고. '알았어, 알았어.' 하는 소리와 얼굴빛이 사람들을 천리 밖으로 떨어져 나가게 한다. 훌륭한 선비들이 천리 밖에 머물고 찾아오지 않으면, 남을 헐뜯고, 아첨하고, 면전에서 아부하는 자들만 모여들게 된다. 남을 헐뜯고, 아첨하고, 면전에서 아부하는 자들과 함께 있으면서 나라를 잘 다스리고자 한들, 그것이 가능하겠느냐?"

12·13 魯欲使樂正子爲政。 孟子曰:"吾聞之, 喜而不寐。"

公孫丑曰:"樂正子强乎?"

曰:"否。"

"有知慮乎?"

曰:"否。"

"多聞識乎?"

曰:"否。"

"然則奚爲喜而不寐?"

曰:"其爲人也好善①。"

"好善足乎?"

曰 : "好善優於天下②, 而況魯國乎? 夫苟好善, 則四海之內, 皆將輕千里而來告之以善 ; 夫苟不好善, 則人將曰 : '訑訑③, 予旣已知之矣.' 訑訑之聲音顏色, 距④人於千里之外. 士止於千里之外, 則讒諂面諛⑤之人至矣. 與讒諂面諛之人居, 國欲治, 可得乎?"

〈注〉
① 好善(호선) : 좋은 말을 즐겨 듣는다는 것은 곧 그 말을 채용한다는 것을 의미한다(趙岐).
② 優於天下(우어천하) : 優於(治)天下. 優는 여유가 있다. 여력이 있다는 뜻이다(朱子).
③ 訑訑(이이) : 자기는 이미 모든 것을 다 알고 있으므로 더이상 들어 볼 필요가 없다는 식의 태도를 말한다(自足其智, 不嗜善言之貌 ― 朱子).
④ 距(거) : 拒와 同. 거절하다. 거부하다.
⑤ 讒諂面諛(참첨면유) : 讒 ; 근거없는 말로 헐뜯고 비방하는 것. 諂 ; 아첨하면서 그 惡을 조장하는 것. 面諛 ; 마음속의 생각과는 반대로 면전에서 말로 비위를 맞추는 것. 즉 面從腹背하는 것.

12・14 관직에 나아가고 물러나는 세 가지 경우

맹자의 제자인 진자(陳子)가 맹자께 물었다. "옛날의 군자들은 어떠한 경우에 관직에 나아갔습니까?"

맹자께서 말씀하셨다.

"관직에 나아가는 경우가 세 가지 있고, 관직에서 물러나는 경우가 세 가지 있다. 경의(敬意)를 다하고 예의를 갖춰서 그를 영접하고, 그의 의견을 받아들여 실행하겠다고 말할 때에는 관직에 나아간다. [이런 경우에는, 임금이 자기를 대해 주는 데 있어서] 예의바른 태도에는 변함이 없더라도, 자기의 의견이 받아들여져 실행되지 않으면 떠나간다. 그 다음은, 비록 자기의 의견을 받아들여 실행하겠다고는 하지 않더라도, 경의를 다하고 예의를 갖춰시 영접해 준다면 관직에 나아간다. [이런 경우에는, 임금이 자기를 대해 주는 데 있어서] 예의바른 태도가 줄어들면 떠나간다. 마지막은, 아침도 못먹고 저녁도 못먹어 굶주려 문밖 출입도 할 수 없을 때, 임금이 이런 사실을 듣고서, '나는 크게는 그의 도(道)를 실행할 수 없고, 또한 그의 의견도 받아들일 수 없지만, 그를 내 땅에서 굶주리게 하는 것은 나의 수치다.'라고 말하면서, 이에 구제해 준다면, 그것은 받아들여도 된다. 그러나 죽음을 면하게 되면 그뿐이다."

[관직에 나아가고 물러나는 세 가지 경우로 만장 下(10·4)에서는 見行可之仕, 有際可之仕, 有公養之仕를 들고 있는데, 그 내용은 이것과 비슷하다.]

12·14 陳子曰:"古之君子何如則仕？"

孟子曰:"所就三, 所去三。迎之致敬以①有禮；言將行其言也②, 則就之。禮貌③未衰, 言弗行也, 則去之。其次, 雖未行其言也④, 迎之致敬以有禮, 則就之。禮貌衰, 則去之。其下, 朝不食, 夕不食, 飢餓不能出門戶, 君聞之, 曰:'吾大者⑤不能行其道, 又不能從其言也, 使飢餓於我土地, 吾恥之。'周之⑥, 亦可受也, 免死而已矣⑦。"

〈注〉

① 以(이) : 連詞로서 而와 同.

② 言將行其言也(언장행기언야) : 세 가지 해석이 가능하다. ㉠ 임금이 말하면, 그 말한 대로 실행하려고 한다. ㉡ 임금이, 군자가 하는 말을 실행하겠다고 약속한다. ㉢ 임금의 말에서, 군자가 하는 말을 실행하려고 하는 모습이 보인다. ㉡의 해석을 취한다.
③ 禮貌(예모) : 예의바른 태도. 趙岐는 이것을 '禮衰, 不敬也. 貌衰, 不悅也.'라 하여 禮와 貌를 별개의 두 가지로 보고 있다.
④ 雖未行其言也(수미행기언야) : 雖未(言將)行其言也.
⑤ 大者(대자) : 크게는.
⑥ 周(주) : 구제해 주다(賙와 同. 救贍也 —『音義』).
⑦ 免死而已矣(면사이이의) : 朱子는, 가난 때문에 관직을 맡는 경우와 마찬가지로, 죽음을 면할 정도로만 받고 더이상 많이 바라지 말아야 한다는 뜻으로 해석했다. 顧炎武는, 죽음을 면하게 되었으면, 더이상 오래 머물지 말고 떠나가야 한다(不久而去矣)는 뜻이라 했다. 焦循은, 죽지 않고 문밖 출입을 할 수 있게 되면 곧장 떠나야 한다는 의미라고 하였다.

12·15 하늘이 장차 대임(大任)을 맡기려 할 때

맹자께서 말씀하셨다.

"순(舜)은 시골에서 농사짓다가 [천자의 지위까지] 몸을 일으켰고, 부열(傅說)은 담쌓는 공사장에서 일하다가 [殷의 武丁에게] 발탁되었고, 교격(膠鬲)은 생선과 소금을 취급하고 있다가 [周의 文王에게] 발탁되었고, 관중(管仲)은 감옥에서 [齊의 桓公에게] 발탁되었고, 손숙오(孫叔敖)는 바닷가에서 [숨어 살다가, 楚의 莊王에게] 발탁되었고, 백리해(百里奚)는 도시에서 [은둔해 있다가, 秦의 穆公에게] 발탁되었다. [이처럼, 유명한 사람들에게는 모두 한때 고통과 시련의 시기가 있었다.] 그러므로, 하늘이 장차 어떤 사람에게 대임(大任)을 맡기려 할 때에는, 반드시 먼저 그 마음을 고뇌하게 하고, 그 살과 뼈를 고달프게 하며, 그의 배를 굶주리게 하고, 그의 몸을 곤궁하게 하며, 또한 하는 일마다 어긋나고 뒤틀어지게 하는데, 그렇게 함으로써 그의 마음을 분발시키고, 타고난 성정(性情)을 강인하게 만들며, 그의 부족한 능력을 키워 주는 것이다. 사람은 항상 과오를 범하지만 그리고 나서는 고칠 줄 알며, 그 마음이 괴로움을 겪고, 가슴 속이 [생각과 번민으로] 가득 찬 다음에야 분발하여 이루는 바가 있으며, [그 생각과 번민이] 얼굴에 나타나고 말에서 드러날 때, 비로소 남들에게까지 그것이 알려지게 된다. [한 국가의 경우에도,] 안으로는 법도(法度)를 지켜 나가는 대신(大臣)과 임금을 잘 보필해 주는 어질고 유능한 신하가 없고, 밖으로는 서로 경쟁하는 나라와 외환(外患)이 없으면, 그 나라는 언제든지 멸망할 수 있다. 그러므로, 우환(憂患) 가운데서는 [사람이나 국가가] 살아 남을 수 있지만, 안락(安樂) 가운데서는 멸망하게 된다는 것을 알 수 있다."

12·15 孟子曰:"舜發①於畎畝之中, 傅說②擧於版築③之間, 膠鬲④擧於魚鹽之中, 管夷吾擧於士⑤, 孫叔敖⑥擧於海, 百里奚擧於市⑦。故天將降大任於是人也, 必先苦其心志, 勞其筋骨, 餓其體膚, 空乏⑧其身, 行拂亂⑨其所爲, 所以動心忍性⑩, 曾⑪益其所不能。人恒過, 然後能改;困於心, 衡⑫於慮, 而後作;徵於色, 發於聲, 而後喩⑬。入則無法家拂士⑭, 出則無敵國⑮外患者, 國恒亡。然後知生於憂患, 而死於安樂也。"

〈注〉

① 發(발):몸을 일으켰다는 뜻. 그러나 다른 사람에게는 모두 擧를 쓰고 舜에게만 發을 쓴 이유에 대해서는 다양한 설명이 있는데,

舜만이 天子의 지위에까지 올랐기 때문이라는 說이 자연스럽다.
② 傅說(부열): 殷의 어진 임금이었던 武丁에게 등용된 賢臣. 『史記』「殷本紀」에 그에 관한 故事가 자세히 기록되어 있다.
③ 版築(판축): 요즈음 콘크리트 공사 하듯이, 옛날에 담장을 쌓을 때는 양쪽으로 판자를 나란히 세우고, 그 사이에 흙을 넣고 절굿공이 같은 것으로 다져서 단단하게 하였다. 제방이나 성벽 등을 쌓을 때 쓴 공사방법이다(楊伯峻).
④ 膠鬲(교격): 옛날에는 제후들이 天子에게 士를 歲貢으로 바쳤는데, 文王이 교격을 발탁해서 殷의 紂王에게 바쳐서 紂의 신하가 되었다. 그에 관한 일은 공손추 上(3-1)에도 나오지만, "舉於魚鹽之中"에 관한 일은 古證이 불가능하다. 따라서 생선이나 소금을 팔다가 발탁되었는지, 소금을 캐거나 만드는 곳에서 발탁되었는지가 불분명하고, 殷이 망한 후 다시 周朝에서 계속 벼슬을 살았는지의 여부도 불분명하다.
⑤ 管夷吾舉於士(관이오거어사): 管夷吾는 곧 管仲을 말한다. 士; 獄官長. 이에 관한 故事는 『左傳』 莊公九年에 나온다. 관중은 처음 桓公의 兄인 公孫糾의 신하로서 환공과 싸웠으나, 싸움에서 패하여 포로가 되었는데, 그의 친구 鮑淑의 천거에 의해 감옥에서 풀려나와 환공에게 등용되었고, 그 후 名宰相이 되었다.
⑥ 孫叔敖(손숙오): 楚 나라의 令尹(재상). 그에 관한 故事는 『荀子』, 『呂氏春秋』, 『史記』「孫叔敖傳」, 『說苑』 등에 나온다.
⑦ 市(시): 百里奚에 관한 기록은 만장上(9-9), 고자下(12-6)에도 나오지만, 그의 身上에 대해서는 異說이 많다. 市에는 市場, 장사(賣買), 都市의 뜻이 있지만, 都市라고 한 趙岐의 說을 따른다. 왜냐하면, 맹자는 그가 희생용 소를 키우면서 등용되기를 바랐다는 說을 부정하고 있기 때문이다. (만장 上, 9-9 참조).
⑧ 空乏(공핍): 窮乏.
⑨ 行拂亂(행불란): 行; 副詞로 또한(且). 장차(將)의 뜻(『辭源』). 拂; 어기다. 거스르다. 亂; 어지럽히다.
⑩ 忍性(인성): '그 性을 堅忍하게 한다'(堅忍其性也)는 뜻으로 해석하는 점에서는 趙岐나 朱子나 같지만, 性이 무엇을 말하느냐에

대해서는 해석이 엇갈린다. 趙岐는 善한 本性을 말한다고 했고, 朱子는 氣稟과 食, 色이라 했다. 이렇게 되면 忍은 서로 상반된 의미로 쓰여진 것으로 된다. 즉, 趙岐는 참고 견뎌 상실하지 않는다는 뜻으로 이해하고, 朱子는 참고, 하지 않는다는 뜻으로 이해한 것이 되는데, 이것은 荀子의 性惡說에 근거한 仁의 설명과 같아진다. 趙岐의 해석에 바탕을 둔 楊伯峻의 해석을 따른다.

⑪ 曾(증):增과 同.
⑫ 衡(횡):橫과 同. 橫;가득차다(塞也).
⑬ 喩(유):깨닫다. 趙岐와 朱子, 楊伯峻은, "徵於色, 發於聲"의 주체와 喩의 주체가 다르다고 하였다. 그러나 焦循은, 그 주체가 같다고 보는 것이 '近時通解'라고 했다. ㉠ 그 주체가 다르다고 보는 경우의 해석;'徵於色, 發於聲'할 때 비로소 남들도 그것을 깨닫게 된다. ㉡ 그 주체가 같다고 보는 경우의 해석;'徵於色, 發於聲'할 때 비로소 마음속에서 (사물의 노리를) 깨닫게 된다.
⑭ 法家拂士(법가필사): 法家;법도를 지켜 나가는 大臣之家. 拂士;임금을 보필하는 어진 신하. 拂은 弼(필)과 同音同義.
⑮ 敵國(적국):경쟁국.

12·16 가르치는 데에는 여러 가지 방법이 있다

맹자께서 말씀하셨다.
"가르치는 데에는 여러 가지 방법이 있으니, 내가 그에게 가르쳐 주기를 탐탁하게 여기지 않는 것, 이 또한 그를 가르치는 한 가지 방법이다."[그 사람이 이것을 눈치채고 물러가 스스로 반성하고 노력하게 하는 것도 가르치는 한 가지 방식이다.]

> **12·16** 孟子曰:"敎亦多術①矣, 予不屑之敎誨②也者③, 是亦敎誨之而已矣。"

〈注〉
① 多術(다술) : 여러 가지 방식.
② 予不屑之敎誨(여불설지교회) : 我不屑於敎誨之. 不屑 : 달갑게 여기지 않는다.
③ 也者(야자) : 語氣助詞의 連用. 句中에 쓰여 잠시 쉬면서 다음 말을 하려 할 때 쓴다.

13·1 안신입명(安身立命)의 방법

맹자께서 말씀하셨다.

"선량한 본심[心]을 끝까지 확장시켜 가면 그 본성[性]을 알 수 있다. 본성을 알게 되면 천명[天]을 알 수 있다. 그 본심을 지키고 그 본성을 기르는 것, 이것이 천명을 받드는 옳바른 방법이다. 단명(短命)하든 장수(長壽)하든 괘념치 않고, 몸과 마음을 닦고 길러 천명을 기다리는 것, 이것이 곧 안신입명(安身立命)의 방법이다."

> **13·1** 孟子曰:"盡其心者, 知其性①也。知其性, 則知天矣。存其心, 養其性, 所以事天也。殀壽②不貳③, 修身以俟之④, 所以立命⑤也。"

〈注〉

① 知其性(지기성): 趙岐는, 인간의 본성에는 仁義禮智의 四端이 구비되어 있고, 그것은 마음에 의해서 통제되므로, 그 마음을 다할 때 善을 행할 것을 생각하게 되며, 이를 가리켜 '性을 안다'고 하는 것이라 했다. 朱子와 程子는, 性理學의 입장에서, 心과 性과 天은 그 원리가 동일한데, 心은 인간의 神明으로, 모든 이치가 그 안에 구비되어 있어서 萬事에 應하는 것이며, 性은 그 마음에 구비되어 있는 理(原理), 天은 이 理의 근원이라고 했다. 논리적이지만, 맹자의 생각이라고 보기는 어렵다.

② 殀壽(요수): 요절하는 것과 장수하는 것(命之長短也 ― 朱子).

③ 不貳(불이): 趙岐는, 두 마음을 가져 그 道를 바꾸는 것과 같은 일을 하지 않는 것이라 했고(貳, 二也), 朱子는, 의심하지 않는 것이라고 해석했다(貳, 疑也). 결국 뜻은 같다.

④ 俟之(사지) : 之는 天命을 가리킨다는 주장(待天命—趙岐)과, 죽음(死)을 가리킨다는 주장(俟死—朱子)이 있다.
⑤ 立命(입명) : 朱子는, 하늘이 부여한 바를 온전히 보존하고 인위적으로 그것을 해치지 않는 것이라 하였다. 安身立命의 뜻이다.

13·2 천명(天命) 아닌 것이 없다

맹자께서 말씀하셨다.

"천명[命] 아닌 것이 하나도 없으나, 순리대로 행동할 때에만 그 바른 명[正命]을 받아들일 수 있다. 그러므로 천명을 아는 자는 위험한 담벽 밑에 서지 않는다. 수신(修身)의 도(道)를 다 하고서 죽는 사람이 빈는 것, 이것이 바른 명[正命]이다. 죄를 지어 손발에 쇠고랑이나 차꼬를 차고 죽는 것은 바른 명이 아니다."

> 13·2 孟子曰 : "莫非命也, 順受其正① ; 是故知命者不立乎巖牆②之下. 盡其道而死者, 正命也 ; 桎梏③死者, 非正命也."

〈注〉

① 莫非命也, 順受其正(막비명야, 순수기정) : 莫과 命과 正에 대한 해석의 차이로 크게 세 가지 해석이 있다. ㉠ 趙岐 : 命 아닌 바가 없으나, 善을 행힘으로씨 그 正命을 받아들이도록 해야 한다. (趙岐에 의하면, 命에는 善을 행하여 得善하는 受命, 善을 행하였으되 得惡하는 遭命, 惡을 행하여 得惡하는 隨命의 세 가지가 있는데, 受命만이 正命을 받아들이는 길이라고 했다). ㉡ 朱子 : 일체의 吉凶禍福은 天命에 의하여 결정된다. 애써 불러들이지 않아도 저절로 찾아오는 것, 이것이 正命이다. 그러므로 君子는 자

신의 몸을 닦아 이것을 받아들이도록 해야 한다. ㉢ 焦循: 莫은 없다(無)는 뜻이라기보다 하지 말라(毋)는 뜻이고, 非命은 하나의 단어로 非正命의 뜻이다. 따라서, '非命에 죽는 일이 없도록 해야 하며, 순리대로 행동하여 그 正命만을 받아들이도록 해야 한다.'라고 해석해야 하며, 그래야만 文章 전체의 一貫性이 유지된다고 하였다.

② 巖牆(암장): 넘어질 위험이 있는 담장(朱子). 巖을 文字대로 해석하여, '큰 바위나 (무너질 위험이 있는)담장'으로 해석하기도 한다.

③ 桎梏(질곡): 桎; 발에 채우는 차꼬. 梏; 수갑. 쇠고랑.

13·3 구하면 얻을 수 있는 것

맹자께서 말씀하셨다.

"추구하면 그것을 얻을 수 있고, 내버려 두면 그것을 잃어 버리며, 그것을 추구하는 것은 그것을 얻는 데 유익한 경우가 있으니, 그 추구하는 대상[仁과 義]이 나의 몸 안에 있기 때문이다. 그것을 추구하는 데 일정한 방법이 있고, 그것을 얻느냐 못얻느냐가 운명에 달렸으며, 그것을 추구하는 것은 그것을 얻는 데 유익하지 못한 경우가 있으니, 그 추구하는 대상[富貴榮達]이 나의 몸 밖에 있기 때문이다."

> **13·3** 孟子曰:"求則得之, 舍則失之, 是求有益於得也, 求在我者①也。求之有道, 得之有命②, 是求無益於得也, 求在外者③也。"

〈注〉

① 在我者(재아자): 나의 몸(능력) 안에 있는 것. 趙岐는, 仁을 닦

고 義를 행하는 일은 나에게 달려 있다는 뜻이라고 했고, 朱子는, 본성으로 갖고 있는 仁義禮智라 했다.
② 有命(유명) : 命에 달려 있다(趙岐). 반드시 얻는다는 보장이 없다(朱子).
③ 在外者(재외자) : 나 자신의 능력 밖에 있는 것. 趙岐는, 그것은 人爵이라 했고, 朱子는, 富貴榮達이라 했다.

13·4 서(恕)의 정신을 실천해 나가야

맹자께서 말씀하셨다.
"만물의 모든 이치가 나에게 구비되어 있다. 스스로 반성해 보아서 참으로 성실하였다면, 이보다 더 큰 즐거움은 없다. [자신에게 비추어서 남을 생각해 주고 행동하는,] 추기급인(推己及人)의 정신을 힘써 실천해 나가는 것, 인(仁)의 덕에 도달하는 이보다 더 가까운 길은 없다."

 [恕를 우리나라에서는 대부분 容恕나 寬容의 뜻으로 이해하고 있는데, 원래의 뜻과는 거리가 멀다. 원래의 뜻에 부합되는 우리말 단어를 굳이 찾는다면 易地思之와 讓步를 합한 것과 비슷하다고 할 수 있을까? '용서'란 말은 도덕적으로 우월한 입장에서 상대의 잘못을 눈감아 주는 아량을 보인다는 매우 소극적인 개념인데 비해, 恕의 본래의 뜻은 자기가 원하는 것은 남도 원할 것이며, 자기가 싫어하는 것은 남도 싫어할 것이라는 생각을 갖고, 그것을 행동으로 실천해 나간다는 매우 적극적인 개념이다. 물론 恕를 실천하기 위해서는 '忠', 즉, 매사에 성심성의를 다하고 거짓이 없는 마음가짐이 전제되어야 한다. 이 두 가지 개념[忠과 恕]은 孔子의 핵심사상이자 현대 시민사회를 지탱해 주는 중요한 윤리규범도 될 수 있다. 그런데도 수 백년간 유교적 가치관을 국민윤리의 근간으로 삼아 온 우리나라

에서 이에 정확히 부합되는 단어조차 없다는 것은 참으로 불가사의한 일이며, 이것은 또한 오늘날 우리 사회의 시민윤리 내지 공동체 의식의 결핍과 결코 무관하지 않으리라 생각된다. 말(로고스)이 없는 곳에 의식이 있을 수 없고, 의식이 없는 곳에 행동이 있을 수 없다. 정확한 造語의 필요성이 切感되는 부분으로, 우선 朱子의 해석을 그대로 사용하여 '推己及人의 정신'으로 번역했다.]

> **13·4** 孟子曰:"萬物①皆備於我矣。反身而誠, 樂莫大焉。强恕②而行, 求仁莫近焉。"

〈注〉
① 萬物(만물) : 만물의 모든 이치(朱子).
② 恕(서) : 朱子는, 자신에게서 미루어 보아 그것을 남에게까지 미치는 것(推己而及人也)이라 해석했고, 焦循은, 공자가 말한 "己欲立而立人, 己欲達而達人. 己所不欲, 勿施於人.'이 곧 恕를 행하는 방식이라 하였다.

13·5 행하면서도 그 원인을 알지 못하는 사람들

맹자께서 말씀하셨다.

"그와 같이 하고 있으면서도 [왜 그렇게 해야 하는지] 잘 모르고, 습관이 되어 있으면서도 그렇게 된 까닭을 깊이 알지 못하며, 평생 동안 그 길을 따라가고 있으면서도 그것이 무슨 길인지조차 잘 모르는 그런 사람들이 많다."

> **13·5** 孟子曰:"行之而不著①焉, 習矣而不察②焉, 終身由③之而不知其道者, 衆④也。"

〈注〉
① 著(저) : 밝히 알다(知之明 — 朱子).
② 察(찰) : 자세히 알다(識之精 — 朱子).
③ 由(유) : 따르다. 사용하다.
④ 衆(중) : 趙岐는 衆庶(일반 대중)로 해석했고, 朱子는 多(많다)로 해석했다. 孔子는(『論語』「泰伯篇」에서), '民可使由之, 不可使知之.'라 했는데, 만약 맹자가 공자의 생각을 그대로 이어받아 일반대중의 속성을 솔직하게 말했다고 본다면, 趙岐의 해석처럼 하는 게 맞겠으나, 『孟子』 어느 곳에서도 일반 대중이나 민중을 얕보는 듯한 말은 찾아볼 수 없고, 또한 민중의 역량에 대한 신뢰가 공자보다 컸음을 보여 주는 말들이 많다.

13·6 사람은 수치심이 있어야 한다

맹자께서 말씀하셨다.
"사람이 수치심이 없어서는 안 된다. 수치심이 없던 사람이 수치심을 갖게 되면, 치욕을 당하는 일도 없어진다."

> **13·6**　孟子曰 : "人不可以無恥, 無恥之恥①, 無恥矣。"

〈注〉
① 無恥之恥(무치지치) : 이에 대한 해석은, '之'字의 해석 여하와, 無와 恥 사이의 句讀 여하에 따라서 세 가지로 나누어진다. ㉠ '之'는 단순히 賓語를 倒置시킬 때 사용하는 助詞로 보아서, '無恥를 恥한다', 즉 '수치심이 부족한 자신을 부끄럽게 여긴다'는 뜻으로 해석하는 것이다(趙岐·朱子). ㉡ '之'를 '適'(가다), '變'(변하다)의 뜻을 갖는 動詞로 보아서, '無恥의 상태에서 恥의 상태로 간다(변한다)'는 뜻으로 해석하는 것이다(焦循·惠棟). ㉢ '之'를 定語와 中心詞 간에서 수식의 기능을 하는 助詞로 보아,

'수치를 모르는 그런 종류의 수치, 그것이야말로 참으로 수치를 모르는 것이다'(無恥)라고 해석하는 것이다(楊伯峻). ㉠과 ㉡은, 앞의 세 '恥'字는 수치심, 마지막 '恥'字는 치욕스런 일을 가리키는 것으로 보고 있다는 점에서는 같다. 그러나 ㉢의 해석은, 한 문장에서 사용되는 同一한 字는 同一한 의미를 갖는다는 견해에서, 네 자 모두 羞恥心을 의미한다고 보고 있다.

13·7 수치심이 없으면 발전도 없다

맹자께서 말씀하셨다.

"수치심은 사람에게 있어 매우 중대하니, [창피스러운 짓을 하고서도] 교활한 머리로 임기응변(臨機應變)을 일삼는 자들에게야 수치심이 소용없을 것이다. 다른 [훌륭한] 사람들처럼 되지 못하는 것을 수치스럽게 여기지 않는다면, 어찌 다른 [훌륭한] 사람들처럼 될 수 있겠는가?"

> 13·7 孟子曰:"恥之於人大矣, 爲機變①之巧者, 無所用恥焉。不恥不若人②, 何若人有③?"

〈注〉

① 機變(기변) : 趙岐는, 전쟁에서 교묘한 기계를 만들어 적을 공격하는 것은 전쟁의 정도가 아닌 바, 이기기 위하여 수단방법을 가리지 않는 것을 비난한 말이라고 해석했다.(『墨子』「公輸篇」, 참조). 朱子는, 機械變作의 교묘함, 즉 교활하고 변화무쌍한 책략의 뜻이라고 해석하였는데, 焦循도 이 해석이 近時通解라고 하였다. 그러나 機를 機會의 뜻으로 보고, 이것을 臨機應變, 즉 기발한 꾀나 능숙한 말씨로 상대를 속이거나 자기합리화를 잘하는 것을 가리키는 것으로 해석하고 싶다.

② 不恥不若人(불치불약인) : 趙岐는, '옛 성인에 미치지 못함을 부끄럽게 여기지 않으면'(不恥不如古之聖人)이란 뜻이라 하였고, 朱子는, 한편으로는 趙岐의 해석을 수긍하면서도, '無恥(치욕당하는 일이 없음)의 한 가지 일이 남만 못하다면,'이란 뜻으로 해석하고 있다.

③ 何若人有(하약인유) : 何有若人의 도치.

13·8 善言과 善行을 좋아하고 권세를 잊다

맹자께서 말씀하셨다.

"옛날의 어진 임금들은 선언선행(善言善行)을 좋아하였기 때문에, 자신의 부귀권세를 의식하지 않았다. 옛날의 어진 선비들도 어찌 그처럼 하지 않았겠느냐? 자기의 길 가는 것을 즐거워하였기 때문에 다른 사람의 부귀권세같은 것은 의식하지 않았으며, 그래서 비록 왕이라 하더라도 그에게 공경과 예의를 다하지 않으면 그를 자주 만나볼 수 없었다. 그를 만나는 것조차 자주 할 수 없는데, 하물며 어찌 그를 신하로 삼을 수 있겠느냐?"

13·8 孟子曰 : "古之賢王① 好善而忘勢 ; 古之賢士① 何獨不然? 樂其道而忘人之勢, 故王公不致敬盡禮, 則不得亟見之. 見且由②不得亟, 而況③得而臣之乎?"

〈注〉

① 賢王, 賢士(현왕, 현사) : 『孟子』에는 賢者란 단어가 가장 많이 나오고, 賢君(등문공上(5-3), (5-4)), 賢人(공손추上(3-1), 만장下 (10-7)) 등도 나오지만, 賢王, 賢士는 이곳에서만 보인다.

② 且由(차유) : …조차도. 由 ; 猶와 같은 뜻으로, 이것이 猶로 되어 있는 本도 있다.

③而況(이황) : 何況. 하물며. 且由(尙且)로 시작되는 主從複合句에
서 主句가 된다.

13·9 유세(遊說)할 때의 옳바른 태도

　맹자께서 송구천(宋句踐)에게 말씀하셨다. "자네는 유세(遊說) 하기를 좋아하는가? 내가 자네에게 유세할 때의 옳바른 태도를 설명해 주겠네. 남이 나를 이해해 주어도 느긋해 하고, 남이 나를 이해해 주지 않아도 역시 느긋해 해야 된다네."
　송구천 : "어떻게 하면 느긋해 할 수 있습니까?"
　맹자 : "덕(德)을 숭상하고 의(義)를 좋아한다면 느긋해 할 수 있다. 그래서 선비는 곤궁할 때에도 의(義)를 잃어 버리지 않고, 영달(榮達)하였을 때에도 도(道)를 저버리지 않는다. 곤궁할 때 의를 잃어 버리지 않으므로 태연자약할 수 있고, 영달하였을 때 도를 저버리지 않으므로 백성들은 희망을 잃는 일이 없다. 옛 사람들은, 그 뜻을 펼 수 있을 때에는 그 혜택이 널리 백성들에게 베풀어졌고, 그 뜻을 펼 수 없을 때에는 자신의 덕을 닦음으로써 스스로를 세상에 드러내었던 것이다. 곤궁할 때에는 홀로 그 몸을 선(善)하게 닦았고, 영달하였을 때에는 천하 모든 사람들을 선(善)으로 이끌었던 것이다."

　13·9 　孟子謂宋句踐曰 :"子好遊①乎? 吾語子遊。人知之, 亦囂囂② ; 人不知, 亦囂囂。"
　　曰 :"何如斯可以囂囂矣?"
　　曰 :"尊德樂義, 則可以囂囂矣。故士窮不失義, 達不離道。窮不失義, 故士得己③焉 ; 達不離道, 故民不失望焉。古之人, 得志, 澤加於民; 不得志, 修身見於世④。窮則獨善其身, 達則兼善天下。"

〈注〉
① 遊(유): 유세하다(朱子).
② 囂囂(효효): 스스로 만족하여 욕심이 없는 모양(自得無欲之貌—趙岐). 囂囂는 經典에서 남의 말을 듣지 않고 함부로 말하는 것, 헛소리, 시끄럽게 떠드는 모양 등 다양한 의미로 쓰이는데, 대부분 假借로서 사용된다. 이곳에서는 閑閑의 假借이다. 즉, '閑閑也'의 뜻이다(焦循). (만장 上(9-7) 참조).
③ 得己(득기): 趙岐는 '得己之本性'으로 해석했고, 朱子는, '不失己也'라고 해석했다. 楊伯峻은 '自得'의 뜻이라고 했다.
④ 見於世(현어세): 趙岐는, '以立於世間'이라 해석하고, 朱子는 '名實之顯著也'의 뜻이라고 해석하였다. 焦循은 見에는 立, 顯, 視, 示의 뜻이 있는 바, '以示於世'의 뜻이라고 했다.

13·10 호걸지사(豪傑之士)의 분발

맹자께서 말씀하셨다.
"문왕(文王)[과 같은 聖王]이 나타나기를 기다린 후에야 감동하여 분발하는 자, 이것이 일반 백성들이다. 출중한 인재(豪傑之士)들은 비록 문왕[과 같은 성왕]이 나타나지 않더라도 스스로 분발할 수 있다."

13·10 孟子曰: "待文王而後興①者, 凡民也。若夫②豪傑之士, 雖無文王猶興。"

〈注〉
① 興(흥) : 감동하여 분발하다(感動奮發 — 朱子).
② 若夫(약부) : … 에 이르러(至于). 화제를 바꿀 때 쓰는 連詞.

13·11 재물(財物)에 관심이 없는 사람

맹자께서 말씀하셨다.

"[춘추시대 때 晋 나라의 大夫로서 富와 권세를 독차지하였던,] 한(韓)씨와 위(魏)씨의 부귀(富貴) 만큼을 보태 주겠다고 하더라도 탐탁해 하지 않는다면, 그런 사람은 틀림없이 보통 사람들보다 훨씬 뛰어난 인물일 것이다."

> 13·11 孟子曰:"附①之以韓魏之家②, 如其自視欿然③, 則過人遠矣。"

〈注〉
① 附(부) : 보태 주다(益也 — 趙岐).
② 韓魏之家(한위지가) : 家;卿大夫의 身分임을 나타낸다. 이들은 원래 晋 나라의 六卿 중의 두 卿이었으나, 나중에 동료인 趙氏와 함께 다른 三卿을 타도하고 晋 나라를 빼앗아 독립국이 되었다. 梁惠王은 곧 이 魏氏의 子孫이다.
③ 欿然(감연) : 만족해 하지 않는 모습. 탐탁하게 여기지 않는 모습(視盈若虛也 — 段玉裁). 趙岐는 그 이유가, 仁義의 道가 부족하기 때문이라 하였으나, 焦循은, 外部로부터 보태지는 富貴는 어디까지나 外物일 뿐, 그 마음에 바탕을 둔 것이 아니기 때문이라 하였다.

13·12 편안하게 해 주기 위해서 일을 시킨다

맹자께서 말씀하셨다.

"백성들을 편안하게 해 주기 위한 목적에서 백성들에게 일을 시킨다면, 백성들은 비록 고생을 하더라도 원망하지는 않는다. 백성들을 살리기 위한 목적에서 [죽을 죄를 지은] 사람을 죽인다면, 그는 비록 죽임을 당하더라도 자기를 죽이는 자를 원망하지는 않는다."

> **13·12** 孟子曰:"以佚道③使民, 雖勞不怨。 以生道③殺民, 雖死不怨殺者"。

〈注〉
① 佚道(일도): 佚;편안하다. 즉, 농사를 독려하고, 길을 닦고, 다리를 놓게 하는 일처럼, 궁극적으로 백성들을 편안하게 해 주려는 목적에서 추진되는 일.
② 生道(생도): 폐해를 제거하고 악한 무리들을 제거함으로써, 良民들의 삶을 편안하게 해 주려는 목적에서 행하여지는 일.

13·13 패자(覇者)의 백성과 성왕(聖王)의 백성

맹자께서 말씀하셨다.

"[覇者의 정치적 성과는 밖으로 뚜렷이 드러나므로,] 패자의 백성들은 기뻐 날뛰는 듯한 표정들이지만, [聖王의 공덕은 자연스러우면서도 너무나 커서 잘 느낄 수 없지만, 그 德治의 敎化를 받아서,] 성왕의 백성들은 태평스러운 표정들이다. 그 백성들은 죽임을 당해도, [당연한 일을 겪는 것처럼 여기고] 원망할 줄 모르며, 이롭게 해 주어도, [그것이 자연스럽게 이루어져 누구의 덕인지조차 눈치 채지 못하기 때문에,] 고마워할 줄도 모르고, 백성들이 나날이 착해지고 좋게 발전해 나가도, 누구 때문에 그렇게 되는지 알지 못한다. 성인께서 지나가는 곳에서는 사람들이 감화(感化)를 받고, 성인께서 머무는 곳에서는 그 감화가 신비롭기 그지없는 바, [그 덕치가 시행되는 모습은, 마치] 위로는 하늘과 아래로는 땅이 서로 함께 운행하여 만물을 기르는 듯하니, 그 은혜 베풂이 어찌 [覇者의 그것처럼] 작은 것이라 할 수 있겠느냐?"

13·13 孟子曰:"覇者之民, 驩虞如①也; 王者之民, 皥皥如②也. 殺之而不怨, 利之而不庸③, 民日遷善而不知爲之者. 夫君子④所過者化⑤, 所存者神⑥, 上下與天地同流, 豈曰小補之哉?"

〈注〉
① 驩虞如(환우여): 크게 기뻐하고 즐거워하는 모양. 驩虞; 歡娛와 같은 뜻. 如; 然, 若, 爾 등과 마찬가지로, 形容詞 語尾.
② 皥皥如(호호여): 태평스러워 하는 모습. 아주 느긋해 하는 모습(廣大自得之貌─朱子). 皥皥; 浩浩와 同.
③ 庸(용): 功. 공적. 여기서는 '酬功'의 뜻으로 사용되고 있다.
④ 君子(군자): 여기서는 聖人의 뜻으로 사용되었다(朱子).
⑤ 所過者化(소과자화): 所過를, 趙岐는, '성인이 이 세상에서 살아간다'는 뜻으로 해석했고, 朱子는, '그 몸이 지내는 곳'(身所經歷之處)이라고 해석했다. 결국 비슷한 뜻이다.
⑥ 所存者神(소존자신): 趙岐는, '성인께서 이 나라에 계신다면, 그 감화가 마치 神과 같다.'(存在此國, 其化如神)는 뜻이라고 했고, 朱子는, '그 마음속에서 생각하고 있는 것은 지극히 신묘해서 헤

아릴 수 없다."(心所存主處便神妙不測)는 뜻이라 하였다.

13·14 좋은 교육은 백성들의 마음을 얻는다

맹자께서 말씀하셨다.
"어진 말[仁言]은 어진 음악[仁聲]이 사람들의 마음 깊숙히 스며드는 것만 못하고, 잘 정비된 법과 제도는 좋은 교육이 백성들의 마음을 얻는 것만 못하다. [왜냐하면,] 잘 정비된 법과 제도는 백성들이 그것을 [범하게 될까봐] 두려워하지만, 좋은 교육은 백성들이 그것을 사랑하기 때문이다. 잘 정비된 법과 제도는 백성들의 재물을 얻을 수 있지만, 좋은 교육은 백성들의 마음을 얻을 수 있다."

> 13·14 孟子曰:"仁言①, 不如仁聲②之入人深也。善政③, 不如善敎④之得民也。善政, 民畏之;善敎, 民愛之。善政得民財⑤, 善敎得民心⑥。"

〈注〉
① 仁言(인언):趙岐는, '政敎法度의 말'로 해석하였고, 朱子는, '仁厚한 말을 백성들에게 들려주는 것'이라고 해석했으며, 焦循은, '法度를 언어로 표현하여 백성들에게 제시함으로써 그들로 하여금 善을 지향하도록 하기 때문에 그것은 仁이 된다.'라고 하여 趙岐의 해석에 부연설명하고 있다. 어느 해석을 따르느냐는 다음의 仁聲 및 政·敎와의 관계를 고려해서 결정하여야 한다.
② 仁聲(인성):『孟子』에서 '聲'은 두 가지 뜻으로 사용되고 있다. 하나는 '禹之聲', '文王之聲'(14-22)의 聲으로, '음악'을 가리키고 있으며, (趙岐는 이 뜻으로 해석하고 있다.) 다른 하나는, '聲聞過

情'(8-18)의 聲으로, '명예', '평판'의 뜻으로 사용되고 있다. (朱子는 이를 취하고 있다.) 朱子는 『集注』에서, "仁聲이란 仁聞을 말하는 것으로, 仁의 實이 있어서 많은 사람들로부터 칭송을 듣는 것을 말한다."고 하였다. 서로 다른 두 가지의 해석 가운데서 어느 하나를 선택하기 전에 우리가 염두에 두어야 할 것은, 古代의 音樂은 현대인들이 생각하고 있는 것보다 훨씬 더 중요한, 교육적인 기능을 수행하였다는 사실이다. 『樂記』에서는, "음악은 聖人들이 좋아한 것으로, 民心을 善하게 하고, 사람들을 깊이 감동시키고, 풍속을 바꿀 수 있으므로, 聖王들은 음악으로써 그 가르침을 나타내 보이셨다." "성왕들께서는 세상이 어지러움을 수치스럽게 여겨, 雅頌의 음악을 제정하여 다스리셨으니, 음악이 충분히 즐거우면서도 흐트러지지 않고, … 사람들의 善한 마음을 감동시킬 수 있었다."고 하였다. 『論語』를 보면, 孔子도 음악을 얼마나 높이 평가하고 있었는지 알 수 있다(「泰伯篇」, 8. 「述而篇」, 14). 공자는, 음악의 移情作用이 없다면, 詩나 禮의 가르침도 사람들의 마음 깊숙히 파고들 수 없을 것으로 생각하였고, 그 자신 齊 나라에서 '韶'란 음악을 듣고서 거기에 심취하여 석 달 동안 고기맛을 느끼지 못할 정도였다고 했다. 이처럼 옛 사람들은, 훌륭한 음악은 사람들의 마음을 깊이 감동시켜 善으로 이끌어간다고 생각하였는 바, 이것이 곧 仁聲이라는 것이다. 다음에서 말하는 善政이 인간의 이성적인 思考와 행동을 지배하는 法과 制度를 말하는 것이라면, 善敎는 인간의 善한 본성과 심성에 작용해서 그들을 善으로 이끄는 것이라고 보았다. 따라서, 仁言·仁聲과 善政·善敎를 논리전개의 동일선상에서 이해한다면, 趙岐의 해석이 더욱 타당성을 갖는다. 朱子의 해석대로 한다면, 이것은 善政·善敎와는 연관성이 없는 별개의 이야기가 되어 버린다. 그러나 음악에 대한 수용태도가 고대인들과는 많이 다른 현대인들에게는 朱子의 해석이 차라리 더 쉽게 받아들여질 수 있는 측면도 없지 않다. 한국과 일본에서는 대체로 朱子의 해석을, 중국에서는 趙岐의 해석을 따르고 있다.

③ 善政(선정) : 趙岐는, 백성들로 하여금 윗사람을 거역하지 않도록

하는 것이라고 했다. 朱子는, 政은 곧 法度와 禁令을 말하고, 그 거스름을 규제하는 것이라고 하였다. 거의 비슷한 해석이다.
④ 善敎(선교) : 趙岐는, 백성들로 하여금 仁·善을 숭상하도록 만드는 것이라고 했다. 朱子는, '道德齊禮를 말하며, 그 마음을 바로잡는 것이다.'라고 했다.
⑤ 得民財(득민재) : 趙岐는, 백성들이 정치를 두려워 하게 되면 세금 바치는 일을 태만히 하지 못하므로 국가의 재정이 충실해진다고 했다. 朱子는, 善政이 있게 되면 백성들의 경제사정이 풍족해고 따라서 국가의 재정도 풍족해진다는 뜻이라 해석했다.
⑥ 得民心(득민심) : 趙岐는, 음악이 풍속을 변화시켜 上下가 친해지면 民心을 얻게 된다고 해석했다. 朱子는, 그 부모를 버리지 않고 임금을 앞세우게 되는 것이라 하였다.

13·15 양지(良知)와 양능(良能)

맹자께서 말씀하셨다.
"사람이 배우지 않고도 할 수 있는 것, 그것이 양능(良能)이며, 생각하지 않고도 알 수 있는 것, 그것이 양지(良知)이다. 두세 살 난 아이도 자기 부모를 사랑할 줄 모르는 자가 없으며, 커서는 그 형을 공경할 줄 모르는 자가 없다. 자기 부모를 사랑하는 것은 인(仁)이고, 어른을 공경하는 것은 의(義)이다. [善을 행하고자 할 때는,] 다만 이 두 가지를 천하 모든 사람들에게 확충해 나가면 된다."

> 13·15　孟子曰："人之所不學而能者，其良能①也；所不慮而知者，其良知①也。孩提之童②，無不知愛其親者；及其長也，無不知敬其兄也。親親，仁也；敬長，義也。無他，達之天下也③。"

〈注〉

① 良能, 良知(양능, 양지) : 趙岐는, '良, 甚也'라 하였으니, 良能, 良知는 곧 '매우 잘 할 수 있는 것, 매우 잘 아는 것'이란 뜻이 된다. 朱子는, '良者, 本然之善也'라 하였으므로, 良能, 良知는 곧 '태어날 때부터 할 수 있는 것, 알 수 있는 것'이란 뜻이 된다. 이것은 孟子 고유의 철학적 개념이므로, 풀이하지 않고 그대로 사용하는 쪽이 자연스럽다.

② 孩提之童(해제지동) : 두세 살 난 아이. 웃을 줄 알고(孩), 또한 손을 잡고 걸을 수 있을 정도의(提) 아이라는 뜻이다.

③ 無他, 達之天下也(무타, 달지천하야) : 達 ; 통하다(通). 趙岐는, '善을 행하고자 하는 자는, 다름이 아니라, 이 親親敬長의 마음을 천하 모든 사람들에게로 확충해 나가야 한다.'는 뜻이라고 하였다. 朱子는, "親親敬長은, 비록 한 사람의 사사로운 일이기는 해도, 그것을 천하로 확충시켜 나갈 때, 같이 하지 않을 자가 없으니, 그래서 그것은 仁義가 되는 것이다.'라고 풀이하였다. 『孟子』에는 '無他'가 이유를 설명하는 경우(1-7, 2-1, 4-2, 12-3, 13-36)와, '단지 그뿐'이란 뜻으로 사용되는 경우(11-11, 13-25)가 있다. 문장 자체로는 어느 것에 해당하는지 확정할 수 없고, 앞뒤 문맥에서 결정된다. 達之天下는 곧 '老吾老, 以及人之老 ; 幼吾幼, 以及人之幼'의 추상적인 표현에 불과하다.

13·16 순(舜)이 선(善)을 좋아한 모습

맹자께서 말씀하셨다.

"순(舜)이 깊은 산 속[즉, 歷山]에서 농사짓고 살 때에는, 집 안에 있는 것이라고는 나무와 돌뿐이었고, 집 밖에 나가면 사슴이나 돼지가 [사람 가까이 다가와서] 함께 노는 듯하였으니, 순이 깊은 산 속에 사는 일반 야인(野人)들과 다른 점이라고는 거의 찾아 볼 수 없었다. 그러나 그가 일단 한 마디의 좋은 말을 듣고, 한 가지의 착한 행동을 보게 되면, [그것을 받아들이고 실천에 옮기려는 모습이,] 마치 큰 강둑이 터진 듯하였으니, 누구도 그 콸콸 힘차게 흘러가는 물을 막을 수 없었다."

> (13·16) 孟子曰:"舜之居深山之中, 與木石居, 與鹿豕遊①, 其所以②異於深山之野人者幾希③; 及其聞一善言, 見一善行, 若決江河, 沛然莫之能禦也。"

〈注〉
① 與鹿豕遊(여록시유): 사슴이나 멧돼지들이 피하지 않고 가까이 다가와서 마치 함께 노는 것처럼 보였다는 뜻이다. 與木石居도 같다.
② 所以(소이): … 곳(점). 處所를 표시한다.
③ 幾希(기희): 이루 下(8-19)의 注, 참조.

13·17 하지 말아야 할 일은 하지 말라

맹자께서 말씀하셨다.
"하지 말아야 할 일은 하지 않고, 바라지 말아야 할 것은 바라지 않는 것, 이렇게만 하면 된다."

> (13·17) 孟子曰:"無爲其①所不爲, 無欲其所不欲②, 如此③而已矣。"

〈注〉
① 其(기): 1인칭 代詞. 己. 自己.

② 無欲其所不欲(무욕기소불욕) : 趙岐는, '남으로 하여금 자기가 하고 싶지 않은 것을 하도록 시키지 말고, 남으로 하여금 자기가 원하지 않는 것을 원하도록 요구하지 말라.'는 뜻이라고 했으나, 所不爲와 所不欲을 '해서는 안 되는 것', '바라서는 안 되는 것', 즉 不仁과 不義를 가리키는 것으로 보는 것이 자연스럽다.
③ 如此(여차) : 趙岐는 此를 身의 뜻으로 보아서, 如身, 즉 如己(자기와 같게 하다)로 해석하여 앞과 내용을 일치시키려 했으나, 간명하게 '이와 같이'로 해석하는 것이 자연스럽다(李光祖·朱子).

13·18 외로운 신하와 서자(庶子)

맹자께서 말씀하셨다.
"사람이 덕행[德]과 지혜[慧]와 기술[術]과 지식[知]을 갖게 되는 것은 대체로 역경(逆境)에 처했을 때의 경험을 통해서이다. 임금에게서 소외당한 외로운 신하와 부친의 사랑을 받지 못하는 첩의 자식들만이, 매사에 있어서 그 조심함이 마치 위험에 처해 있는 것처럼 하며, 재난을 피하기 위한 방도를 생각함이 깊고 멀기 때문에, 사물의 도리에 통달할 수 있게 되는 것이다."

> **13·18** 孟子曰:"人之有德慧術知①者, 恒存乎疢疾②。獨孤臣孼子③, 其操心也危④, 其慮患也深, 故達⑤。"

〈注〉
① 德慧術知(덕혜술지) : 趙岐는 德行, 智慧, 道術, 才智의 네 가지를 말한다고 하였고, 朱子는 德의 慧(슬기), 術의 知(지식)의 두 가지를 말한다고 하였다.
② 疢疾(진질) : 疢 ; 열병. 재난(疢疾, 猶災患也 — 朱子). 逆境의 의미이다.

③ 孤臣孼子(고신얼자) : 임금의 신임을 받지 못하는 신하와, 첩 소생의 자식.
④ 危(위) : 危에는 위태하다(殆也), 불안하다(不安), 두려워하다, 높은 곳에 있어서 겁을 먹다, 패하다 등의 다양한 뜻이 있다.
⑤ 達(달) : 德을 이루다(趙岐). 事理에 통달하다(朱子).

13·19 인물의 네 가지 종류

맹자께서 말씀하셨다.

"임금을 섬기는 자가 있으니, 그가 섬기는 것이 임금이기만 하면, 그 임금을 기쁘게 해 줄 수 있는 일은 무엇이든 힘써 하는 자이다. 국가를 안정시키는 신하가 있으니, 국가를 안정시키는 것을 기쁨으로 여기는 자이다. [천하의 安危를 생각하는 사람, 즉] 천민(天民)이 있으니, 자신의 도(道)가 천하에 통할 수 있을 때 비로소 나아가 그 도를 실행에 옮기는 자이다. [그 德이 지극히 큰 인물, 즉] 대인(大人)이 있으니, 자기 자신을 바르게 함으로써 천하 만물도 그 감화를 받아서 자연히 바르게 되는 자이다."

13·19   孟子曰 : "有事君人者, 事是君則爲容悅①者也。有安社稷臣者, 以安社稷爲悅者也。有天民②者, 達可行於天下而後行之者也。有大人③者, 正己而物正者也。"

〈注〉
① 容悅(용열) : 朱子는, 容은 아첨하는 것, 悅은 그 뜻에 영합하는 것이라 했다. 焦循은, 容과 悅은 같은 뜻의 字를 중첩한 것으로, '기쁘게 한다'는 뜻이라 했다.
② 天民(천민) : 趙岐는, '道를 아는 자'라 했고, 朱子는 '天理를 다

하는 자'라 했다. 훌륭한 인물이란 점에서 같은 해석이다. 『莊子』「庚桑楚篇」에, "사람들이 귀의하는 자를 天民이라 하고, 하늘이 돕는 자를 天子라 한다."(人之所舍, 謂之天民, 天之所助, 謂之天子.)는 말이 나오는데, 郭象은 注에서, "出則天子, 處則天民."이라 하였다. 즉, 큰 덕이 있는 사람으로, 在位者가 天子, 無位者가 天民이라는 것이다. 『孟子』에는 만장上(9-7), 만장下(10-1)에도 '天民'이란 말이 나오지만, 그곳에서는 '하늘이 낳은 백성'이란 뜻으로 쓰였다.

③ 大人(대인) : 趙岐는, '大丈夫로서 利害 때문에 動移하지 않는 자'라 하였고, 朱子는, '德이 盛하여 上下가 그에게 感化를 받는 자'라 하였다. 焦循은 大人을 두 종류로 나누고 있는데, 聖人으로서 天子의 지위에 있는 자와, 天子의 지위에 있지 않은 자가 그것으로, 이곳에서 말하는 大人은 前者를 말한다고 하였다(聖人在位, 謂之大人). 이 章은 容悅之臣, 社稷之臣, 天民, 大人 네 종류의 人物論이라 할 수 있다.

13·20 군자의 삼락(三樂)

맹자께서 말씀하셨다.

"군자에게는 세 가지 즐거움이 있으니, 천하에 왕노릇 하는 일도 이 가운데는 들지 못한다. 부모님께서 모두 건강하시고, 형제들에게 아무런 변고(變故)가 없는 것, 이것이 그 첫번째 즐거움이다. 위로는 하늘을 우러러 부끄러운 점이 없고, 아래로는 사람들에게 부끄러운 점이 없는 것, 이것이 두번째 즐거움이다. 천하의 뛰어난 인재[英才]들을 얻어 그들을 교육시키는 것, 이것이 세번째 즐거움이다. 군자에게는 이 세 가지 즐거움이 있으니, 천하에 왕노릇 하는 일도 이 가운데는 들지 못한다."

[현재 우리가 사용하고 있는 三樂, 敎育, 育英이란 단어의 出典이

바로 이곳이다.]

> **13·20**　孟子曰:"君子有三樂, 而王天下不與存焉①。父母俱存, 兄弟無故②, 一樂也;仰不愧於天, 俯不怍③於人, 二樂也;得天下英才而教育之, 三樂也。君子有三樂, 而王天下不與存焉。"

〈注〉
① 不與存焉(불여존언):이 세 가지 안에 들어갈 수 없다(不得與此三樂之中). 天子가 되면 이 모든 것을 할 수 있을 것으로 생각하기 쉬우나, 첫번째 것은 하늘의 命에 달린 것이고, 세번째 것은 당시의 시대적 상황에 좌우되는 것이며, 두번째 것만이 스스로의 노력 여하에 달린 것이다. 그래서 趙岐는, "賢人能之, 樂過萬乘."이라 하였다.
② 故(고):사고. 변고(災患喪病也 ― 鄭玄).
③ 愧, 怍(괴, 작):모두 부끄러워 한다는 뜻이다.

13·21 군자의 본성(本性)

맹자께서 말씀하셨다.

"넓은 국토와 많은 백성, 이는 군자가 [자신의 뜻을 펼 장소로] 갖기를 원하는 바이지만, 그러나 군자가 즐거움으로 여기는 것은 이런 것들에 있지 않다. 천하의 한가운데에 서서 천하의 백성들을 안정시켜 주는 일, 이는 군자가 즐거움으로 여기는 바이지만, 그러나 군자의 본성(本性)은 이런 것들에 있지 않다. 군자의 본성은, 비록 그의 이상(理想)이 천하에 펼쳐지고 있다고 해도 그 때문에 더 늘어나지도 않고, 곤궁한 처지에서 살아간다고 해도 그 때문에 줄어들지도 않는 바, 이는 그의 본분(本分)이 이미 정해져 있기 때문이다. 군자의 본성은, 인의예지(仁義禮智)의 네 가지 미덕(美德)이 그의 마음 속에 뿌리박고 있기 때문에, 그것이 신색(神色)으로 나타날 때에는 맑고 따스한 기운으로 되어, [앞에서 보면] 얼굴에 나타나고, [뒤에서 보면] 등에서 나타나며, 손과 발에 이르러서는 사지(四肢)의 움직임에서도 나타나므로, 말하지 않아도 다른 사람들의 눈에 훤히 띄게 되는 것이다."

13·21 孟子曰:"廣土衆民, 君子欲之, 所樂不存焉。中天下而立, 定四海之民, 君子樂之, 所性不存焉。君子所性, 雖大行①不加焉, 雖窮居不損焉, 分②定故也。君子所性, 仁義禮智根於心, 其生色也睟然③, 見於面, 盎④於背, 施於四體⑤, 四體不言而喻⑥。"

〈注〉

① 大行(대행):정치를 천하에 행하다. 그 道가 크게 행하여지다. 공손추 上(3-1)의, "武王周公繼之, 然後大行."의 '大行'과 같은 뜻이다.

② 分(분):타고 난 本分.

③ 生色也睟然(생색야수연): 生;나타나다. 발현하다. 色;얼굴색(神色). 睟然;윤이 나는 모양. 睟는 粹와 그 뜻이 같다.

④ 盎(앙):넘쳐 흐르다. 뚜렷이 나타나다(顯現). 焦循은, "視其背而可知, 則顯之謂也."라고 설명했다.

⑤ 施於四體(시어사체): 施;行.流. 흘러 넘친다는 뜻. 朱子는 "見於動作威儀之間"의 뜻이라고 했다.

⑥ 喻(유):알다. 깨닫다(曉也 ―『廣雅釋言』). 말로 이야기 하지 않아도 다른 사람들이 자연히 깨달아 알게 된다(趙岐). (고자 下 (12-5)의 注, 참조).

13·22 노인들을 잘 봉양한 문왕(文王)

맹자께서 말씀하셨다.

"백이(伯夷)가 은 나라 주(紂)왕의 포악한 정치를 피하여 북해(北海)의 바닷가에 숨어 살고 있다가, 주 나라 문왕(文王)이 [紂王을 정벌하기 위해] 일어났다는 소문을 듣고서는, '어찌 문왕에게로 돌아가지 않으리! 내가 듣기로는, 그는 노인들을 잘 봉양한다고 하던데.'라고 말했다. 그리고 태공[姜太公]도 주왕을 피해서 동해의 바닷가에 숨어 살고 있다가, 문왕이 일어났다는 소문을 듣고서는, '어찌 문왕에게로 돌아가지 않으리! 내가 듣기로는, 그는 노인들을 잘 봉양한다고 하던데.'라고 말했다. 천하에 노인들을 잘 봉양하는 사람이 있으면, 어진이들은 그를 자신들이 돌아가 의지할 사람으로 생각하게 된다.

그 택지가 다섯 묘(畝)인 집에서, 담장 밑으로 뽕나무를 심어 부인네들이 누에를 친다면, 노인들은 비단옷을 입을 수 있다. 다섯 마리의 암탉과 두 마리의 암퇘지를 키우면서 새끼나 새끼 밴 어미를 잡아먹지 못하게 하여 잘 번식시켜 나간다면, 노인들의 밥상에 고기가 빠지지 않게 할 수 있다. 백 묘의 땅에 한 장정이 농사를 짓는다면, 여덟 식구의 한 가족은 굶주리지 않을 수 있다. 소위 문왕이 노인들을 잘 봉양했다고 하는 것은, 그가 토지제도를 제정하고, 백성늘에게 농사짓고 가축기르는 법을 가르치고, 백성들로 하여금 자기 집 노인들을 잘 봉양하도록 이끌어 주었다는 말이다. 쉰 살이 넘은 사람은 비단옷이 아니면 따스함을 느낄 수 없고, 일흔 살이 넘은 사람은 고기가 없으면 배부름을 느낄 수 없다. 추위에 떨고 굶주린다는 것은 곧 따스한 옷을 입지 못하고 배불리 먹지 못하는 것을 말한다. 문왕의 백성들 가운데 추위에 떨고 굶주린 노인들이 없었다는 것은 바로 이것을 두고 한 말이다."

> **13·22** 孟子曰:"伯夷辟紂, 居北海之濱, 聞文王作, 興曰:'盍歸乎來, 吾聞西伯善養老者.' 太公辟紂, 居東海之濱, 聞文王作, 興曰:'盍歸乎來, 吾聞西伯善養老者①.' 天下有善養老, 則仁人以爲己歸矣. 五畝之宅, 樹牆下以桑②, 匹婦蠶之, 則老者足以衣帛矣. 五母雞, 二母彘, 無失其時, 老者足以無失肉矣. 百畝之田, 匹夫耕之, 八口之家足以無飢矣. 所謂西伯善養老者, 制其田里③, 敎之樹畜④, 導其妻子使養其老. 五十非帛不煖, 七十非肉不飽. 不煖不飽, 謂之凍餒. 文王之民, 無凍餒之老者⑤, 此之謂也."

〈注〉
① 伯夷…老者:이 文은 이루上(7-13)의 것과 同一하다.
② 樹牆下以桑(수장하이상):양혜왕上(1-3)에는 樹之以桑으로 되어 있고, 匹婦蠶之는 없었다.
③ 制其田里(제기전리): 田;(백묘의) 농지. 里;(오묘의) 택지. 즉, 토지제도를 제정, 정비하는 것을 말한다.
④ 樹畜(수축): 樹;곡식과 뽕나무를 심는 것. 畜;가축을 기르는 것을 말한다.
⑤ 無凍餒之老者(무동뇌지노자): 者;老者(늙은이)의 者가 아니다. 이것은 主謂詞組와 '者'字가 결합하여 '者'字詞組를 만든 것으로, '吾聞西伯善養老者'에서의 者와 용법이 같다.

13·23 양식이 물과 불처럼 풍족하면

맹자께서 말씀하셨다.
 "논밭을 잘 보살피게 하고, 세금을 [10분의 1이 넘지 않도록] 가볍게 해 준다면, 백성들의 살림을 풍족하게 할 수 있다. [모아 둔 재물을] 때에 맞추어 식용(食用)으로 쓰고, 예의에 맞게 사용한다면, [허례허식으로 낭비하지 않는다면,] 재물은 다 쓸 수 없을 정도로 많아진다. 사람들은 물과 불이 없으면 살아갈 수 없지만, 해 질 무렵에 남의 집 대문을 두드리고 물과 불을 얻고자 한다면, 그것을 주지 않을 사람이 없는데, 그것은 물과 불이 지극히 많이 있기 때문이다. 성인이 천하를 다스릴 때에는 반드시 양식을 물이나 불처럼 풍족하도록 하였다. 물이나 불처럼 풍족해진다면, 백성들 가운데 어질지 못한 자가 어찌 있을 수 있겠는가?"

> 13·23 孟子曰: "易其田疇①, 薄其稅斂, 民可使富也。食之以時, 用之以禮, 財不可勝用也。民非水火不生活, 昏暮叩人之門戶求水火, 無弗與者, 至足矣②。聖人治天下, 使有菽粟③如水火。菽粟如水火, 而民焉有不仁者乎?"

〈注〉
① 易其田疇(이기전주) : 易;다스리다, 보살피다(治也). 田;밭. 疇;세 가지 해석이 있다. ㉠ 趙岐는, 여덟 농가로 구성된 井을 말한다고 하였고, ㉡ 朱子는, 『說文』의 해석을 그대로 따라서, '잘 가꾸어진 논밭'(耕治之田)이라 했다. ㉢ 『史記』와 『說苑』에서는 '삼 밭'(麻田)이라 했다. 이 외에도 疇에는 範疇, 洪範九疇에서와 같이 '類'라는 뜻이 있다. 田疇를 한 단어로 보아서 '田地'로

해석하는 것이 자연스럽다(楊伯峻).
② 至足矣(지족의) : 여기서 '矣'는 '也'와 같은 용법으로 사용되어, '至足矣'가 앞의 句의 원인을 설명하고 있는데, '矣'의 이러한 용법은 흔하지 않다. 일반적으로 矣와 也의 用法은 분명히 구별되는데, 矣는 動的이고, 상황을 설명하는 敍述句나 묘사구에, 也는 靜的이고, 사실을 확인하는 판단구에 주로 사용된다.
③ 菽粟(숙속) : 菽 ; 콩류. 粟 ; 곡식류.

13·24 태산에 올라가 보면 천하가 작게 보인다

맹자께서 말씀하셨다.
"공자께서는 동산(東山)에 올라가 보시고는 노(魯) 나라가 작다고 생각하셨으며, 태산(泰山)에 올라가 보시고는 천하가 작다고 생각하셨다. 그러므로, 일찍이 바다를 구경한 적이 있는 사람에게는, [강이나 호수와 같은 작은 물은] 물로 여겨지기 어렵고, 일찍이 성인의 문하(門下)에서 배운 적이 있는 사람에게는, [웬만한 주장이나 학설은 귀담아 들을 만한 가치가 있는] 말로 여겨지기 어려운 법이다. 큰 물인지 작은 물인지를 알아 보는 데에는 방법이 있으니, 반드시 그 물결을 살펴보아야 한다. [작은 물은 작은 물결을, 큰 물은 큰 물결을 일으킨다.] 해와 달에는 밝은 빛이 있어서 바늘 구멍만한 틈새에도 반드시 비추게 마련이다. 흐르는 물은 웅덩이란 웅덩이는 모조리 메우지 않고서는 앞으로 나아가지 않으며, 군자가 일단 도(道)를 배우고 실천하는 데에 뜻을 두면, 일정한 수준의 성취(成就) 없이는 벼슬길로 나아가지 않는 법이다."

13·24   孟子曰:"孔子登東山而小魯,   登泰山而小天下。故觀於海者難爲水①, 遊於聖人之門者難爲言。觀水有術, 必觀其瀾②。日月有明, 容光③必照焉。流水之爲物也, 不盈科不行 ; 君子之志於道也, 不成章④不達⑤。"

〈注〉

① 難爲水(난위수) : 물로 쳐 주기 어렵다. 즉, 이미 물의 극치인 바다를 본 사람은 바다를 보지 못한 사람들이 대단히 크고 장관이라고 칭찬해 주는 물을 보더라도 그것을 대수롭지 않게 여긴다는 뜻이다. 朱子는 이것을, '仁不可爲衆也'(이루上(7-7))와 같은 형식의 文이라고 했으나, 그 의미가 불분명하기는 마찬가지다.
② 瀾(란) : 趙岐는, '水中大波'라 하였다. 즉, 물이 클 때 그 물결도 크게 일어날 수 있다는 의미가 담겨 있다. 朱子는, '물이 소용돌이치면서 급하게 흐르는 곳'(水之湍急之處)이라고 했으나, 문맥상 무슨 뜻인지 분명하지 않다.
③ 容光(용광) : 빛만이 들어갈 수 있을 정도의 극히 작은 틈. 구멍.
④ 成章(성장) : 朱子는, 그 쌓인 것이 두터워서 文章이 밖으로 드러나는 것이라 했다. 文과 章은, 작은 무늬들로 구성된 그림을 예로 들어 설명하면, 무늬 하나 하나는 文이고, 그것들이 전체로서 구성하고 있는 그림이 바로 章이다. 이처럼, 사물이 성장하여 일정한 수준이나 규모를 갖추게 되면 成章했다고 할 수 있다. 『呂氏春秋』「大樂篇」에서, "陰陽變化, 一上一下, 合而成章."이라 한 것은 바로 이러한 의미이다.
⑤ 達(달) : 趙岐는, '벼슬길에 나아간다'(仕進)는 뜻이라고 했고, 朱子는 '한 곳에서 충분해지면 그것은 곧 다른 곳으로도 통하게 된다.'(足於此而通於彼也)는 뜻이라고 했다. 여기에서는 『論語』「子張篇」의 '學而優則仕'와 비슷한 뜻, 즉 官達을 말하는 것으로 보는 것이 자연스럽다.

13·25 순(舜)과 도척(盜蹠)의 차이

맹자께서 말씀하셨다.

"닭이 울면 일어나서 부지런히 선(善)을 행하는 사람은 순(舜)과 같은 부류의 인물이고, 닭이 울면 일어나서 부지런히 이익(利)을 추구하는 사람은 도척(盜蹠)과 같은 부류의 인물이다. 순과 도척의 구별을 알고자 한다면, 단지 [그가 추구하는 것이] 이익(利)인가 선(善)인가의 차이만 알면 된다."

> 13·25 孟子曰:"雞鳴而起, 孳孳①爲善者, 舜之徒也; 雞鳴而起, 孳孳爲利者, 蹠②之徒也。欲知舜與蹠之分, 無他, 利與善之間③也。"

〈注〉
① 孳孳(자자) : 근면하다는 뜻(朱子).
② 蹠(척) : 盜蹠. 蹠을 跖으로도 쓴다. 전해 오는 바에 의하면, 柳下惠의 동생으로 춘추시대의 大盜였다고 한다. 『莊子』에는 「盜跖篇」이 따로 있어 그에 관한 이야기가 기록되어 있다.
③ 間(간) : 다른 점. 차이점(異).

13·26 양자(楊子)와 묵자(墨子)와 자막(子莫)

맹자께서 말씀하셨다.

"[전국 시대 때 魏 나라 사람이었던] 양자(楊子)는 자기 자신만을 위해야 한다고[爲我] 주장하면서, 자기 몸에서 솜털 하나만 뽑아 주면 그것으로 천하가 이익을 보게 된다고 하더라도 그것을 하려 하지 않았다. 묵자(墨子)는 두루 남들을 사랑해야 한다고[兼愛] 주장하면서, 자신을 정수리에서 발꿈치까지 마멸시켜 가는 한이 있어도, 그것이 천하에 이익만 된다면 그것을 하려고 하였다. [魯 나라의 賢人이었던] 자막(子莫)은 [이들 두 극단 사이의] 중도[執中] 를 주장하였다. 중도를 주장한 것은 [성현의 道인 中庸에] 가까이 다가간 것이라 할 수 있다. 그러나 중도만 고집하고 [때와 장소에 따라 적절히] 변통(變通)할 줄 모른다면, 이는 [양자나 묵자처럼] 한 가지만 고집하는 것과 마찬가지이다. 한 가지만 고집하는 것을 우리가 미워하는 이유는, 그것이 [仁義의] 도(道)를 해치고, [백 가지의 좋은 점들 중에서] 한 가지만 취하고 나머지는 모두 내버리 고 말기 때문이다."

[朱子는, 爲我는 仁을 해치고, 兼愛는 義를 해치며, 執中은 時中 을 해침으로써, 세 가지 모두 道를 해친다고 하였다. 執中이란 말은 「允執其中」(論語), 「湯執中」(孟子)에서처럼 中庸의 의미로도 쓰이 지만, 여기에는 반드시 때와 장소에 따라서 적절히 조절하는 임시변 통, 즉 權이 작용하여야 한다. 그것이 없으면 執中은 단순한 산술평 균, 또는 단순한 타협에 지나지 않게 된다.]

13·26 孟子曰:"楊子取①爲我, 拔一毛而利天下, 不爲 也。墨子兼愛, 摩頂放踵②利天下, 爲之。子莫執中③。執中 爲近之。執中無權④, 猶執一也。所惡執一者, 爲其賊⑤道也, 擧一而廢百也。"

〈注〉
①取(취): 朱子는, '겨우 … 하기에 족하다'(僅足之義)는 뜻이라 했 고,『老子』에서는, "以正治國, 以奇用兵, 以無事取天下"라 하여,

取를 治의 뜻으로 쓰고 있다. 여기서는 治에 가까운 뜻으로 사용되고 있는 바, 즉, 主張한다는 뜻이다(楊伯峻).
② 摩頂放踵(마정방종) : 정확한 뜻에 관해서는 異說이 많으나, 趙岐는, 放을 至의 뜻으로 보아서, '그 정수리에서부터 갈아서 발꿈치까지 이르다.'(摩突其頂, 下至於踵)는 뜻으로 해석하였으며, 朱子도 趙岐의 해석을 그대로 받아들이고 있다. '粉骨碎身'의 뜻으로 이해하면 무난하다.
③ 執中(집중) : 趙岐는, '오로지 중도주의(中和)만 고집하는 것'이라 했고, 朱子는, '楊子와 墨子가 그 中을 잃고 있음을 알고, 이 둘의 차이를 헤아려 그 中을 執하는 것'이라고 하였다.
④ 無權(무권) : 權 ; 저울 추. (무게를) 달다(이루上(7·17)注, 참조).
⑤ 賊(적) : 해치다(害也 — 朱子).

13·27 기갈(飢渴)은 정상적인 미각(味覺)을 해친다

맹자께서 말씀하셨다.

"배고픈 사람은 무엇이든 달게 먹고, 목마른 사람은 무엇이든 달게 마시니, 이들은 음식물의 정상적인 맛을 알지 못하는데, 기갈(飢渴)이 그 정상적인 미각(味覺)을 해치기 때문이다. 어찌 입과 배에 대해서만 기갈의 해(害)가 있겠는가? 사람의 마음까지도 그 기갈의 해를 입는다. [가난과 궁핍 때문에 是非善惡의 판단이 흐려지는 수가 있다.] 만약 기갈의 해가 그 마음까지 해칠 수 없는 사람이라면, 부귀(富貴)가 다른 사람만 못하다는 것은 전혀 걱정거리가 될 수 없다."

[등문공 下(6·2)에, "富貴不能淫, 貧賤不能移, 威武不能屈, 此之謂大丈夫"라는 말이 나왔는데, 이곳에서 말하려는 내용과 서로 통한다.]

> **13·27** 孟子曰：“飢者甘食，渴者甘飮，是未得飮食之正①也，飢渴害之也。豈惟口腹有飢渴之害？ 人心亦皆有害②。人能無以飢渴之害爲心害，則不及人不爲憂矣③。”

〈注〉
① 正(정) : 정상적인 맛.
② 人心亦皆有害(인심역개유해) : 사람의 마음도 利欲, 貪欲 때문에 害를 입음으로써 옳바른 판단을 하지 못하게 되는 것은, 마치 飢渴 때문에 음식의 정상적인 맛을 알지 못하는 것과 같다.
③ 不及人不爲憂矣(불급인불위우의) : 富貴와 같은 外的 조건이 남만 못하다는 점은 전혀 걱정거리가 되지 않는다.

13·28 지조(持操)가 높은 지위보다 더 중요하다

맹자께서 말씀하셨다.

"유하혜(柳下惠)는, [天子의 최고 고문인] 삼공(三公)의 지위를 잃는 한이 있어도, 자신의 지조를 바꾸지는 않았다."

[작은 그릇의 인물이 일단 높은 지위에 오르면, 그 자리를 지키기 위해서 자신의 지조를 잃어 버리는 것을 경계한 말이다.]

> **13·28** 孟子曰：“柳下惠不以三公①易其介②。”

〈注〉
① 三公(삼공) : 天子의 최고 고문으로, 周代에는 太師, 太傅, 太保를 三公이라 불렀다.
② 介(개) : 趙岐는, 介를 '大'의 뜻으로 보고 廣大之志를 말한다고

하였고, 朱子는, 分辨의 뜻이라고 하였다. 劉熙는 '操也'(『文選』)라 하였고, 陸德明은 '特立之行'이라 하였다.

13·29 일하는 것과 우물을 파는 것은 같은 이치다

맹자께서 말씀하셨다.
"어떤 일을 한다는 것은, 비유해서 말하자면, 우물을 파는 것과 같은데, 비록 아무리 깊이 파들어 갔다 하더라도, 지하수가 솟아 나오는 데까지 도달하지 못한 채 그만둔다면, 그것은 우물파기를 [중도에] 포기한 것과 마찬가지이다."

> 13·29 孟子曰:"有爲者辟①若掘井, 掘井九軔②而不及泉, 猶爲棄井③也。"

〈注〉
① 辟(비):비유하다(譬와 同).
② 軔(인):깊이를 재는 단위. 길(仞과 同). 원래는 성인 남자가 두 팔을 벌렸을 때 한 손 끝에서 다른 손 끝까지의 길이를 말하는데, 1軔은 8尺이라는 說(趙岐·朱子)과, 七尺이라는 說(程瑤田·陸德明·焦循)이 있어, 꼭 몇 尺이라고 단정할 수는 없다. 九軔의 '九'는 반드시 아홉이라는 實數를 말하는 것이 아니고, 상당히 깊이 팠음을 말한다. 古文에서 三, 五, 九는 대부분 多數, 多量을 말할 때 사용되는 虛數이다.
③ 棄井(기정):趙岐는, '우물을 계속 파 나가는 일을 포기하는 것'이라 했고, 朱子는, '스스로 우물을 버린 것과 같다.'고 했으며, 楊伯峻은 廢井을 말한다고 했다. 즉, 목표에 도달하지 못한 채 그만두는 일은, 비록 목표지점에 한 자가 못미치든 열 자가 못미치든, 중도에 포기한 점에서는 똑 같다는 뜻이다. 『書經』「旅獒

篇」의 "爲山九仞, 功虧一簣."와 같은 뜻이다.

13·30 오패(五覇)는 인의(仁義)를 빌렸다

맹자께서 말씀하셨다.

"요·순(堯舜)이 인의(仁義)를 행한 것은 천성에 따른 것이었고, [마음에서 우러나온 행동이었다.] 탕·무[湯王武王]가 인의를 행한 것은 [수양을 통하여] 체득(體得)한 것이었고, 오패(五覇)가 인의를 행한 것은 [이익을 추구하기 위한 수단으로, 그 명분을] 빌린 것이었다. 그러나 빌려 와서 오랫동안 되돌려 주지 않는다면, 그에게는 원래 그것이 없었다는 사실을 어찌 알 수 있겠느냐?"

> **13·30** 孟子曰:"堯舜, 性之①也;湯武, 身之②也;五覇, 假之③也。久假而不歸④, 惡知其非有也⑤。"

〈注〉

① 性之(성지): 之;仁義를 말한다. 天性에 따라 자연스럽게 행동해도 그것이 모두 仁義에 부합된다는 뜻이다.
② 身之(신지):몸을 닦아 仁義의 道를 체득함으로써 本性의 善으로 되돌아간다는 뜻이다(朱子). (진심 下(14-33)의 '反之'와 같은 뜻이다.)
③ 假之(가지):仁義의 이름을 빌려서(내세워) 행동한다. 仁義의 탈을 쓰고 행동한다.
④ 歸(귀):되돌려 주다. 즉, 仁義의 이름을 버리고 자기 기분대로 행동하는 것.
⑤ 惡知其非有也(오지기비유야):이에 대해서는 다양한 해석이 있다. 대표적으로, 趙岐는, '오랫동안 빌려 쓰면서 되돌려 주지 않을 수 있다면, 자신이 그것을 참으로 갖고 있지 않음을 어찌 알

겠느냐?'라고 해석하여, 빌린 것이라도 오랫동안 계속 가지고 있을 수 있다면 자신의 소유와 마찬가지라고 하면서, 긍정적으로 평가하고 있다. 이에 반해서 朱子는, '그 이름을 훔쳐서 죽을 때까지 간다면, 그것이 참으로 자기 것이 아닌 줄을 그 자신도 알지 못한다.'는 뜻이라고 부정적으로 해석하면서, 또한 '세상 사람들 중에 그가 가진 것이 가짜인줄 아는 사람이 아무도 없음을 탄식한 것이라는 說도 있는데, 이것도 뜻이 통한다.'고 하였다. 이것은, 맹자가 覇道에 대해서 어떤 견해를 가지고 있었던지를 정확히 알아야만 해석이 가능한 文으로, 패도에 관한 맹자의 견해는 고자下(12-7), 진심上(13-13) 등에서 볼 수 있다.

13·31 신하가 임금을 내쫓을 수 있는 경우

공손추(公孫丑)가 물었다. "이윤(伊尹)이 말하기를, '나는 옳바른 길을 가지 않는 자와는 가까이 지내고 싶지 않아서 태갑(太甲)을 동읍(桐邑)으로 추방하였더니, 백성들이 크게 기뻐하였다. 태갑이 어진 사람으로 변했길래 돌아오게 해서 다시 왕위에 오르게 하였더니, 백성들이 크게 기뻐하였다.'고 했습니다. 현자(賢者)가 남의 신하로 있으면서, 그 임금이 어질지 못하다고 해서 정말 내쫓아도 되는 것입니까?"

맹자께서 말씀하셨다.

"이윤과 같은 마음씨를 가진 사람이라면 그렇게 해도 되지만, 만약 이윤과 같은 마음씨가 없는 사람이 그렇게 한다면, 그것은 왕위를 찬탈하는 것이 된다."

[이윤과 태갑의 일에 관한 故事는 만장 上(9·6)에 보다 상세하게 기록되어 있다.]

> **13·31** 公孫丑曰:"伊尹曰:'予不狎于不順①, 放太甲于桐, 民大悅。太甲賢, 又反之, 民大悅。'賢者之爲人臣也, 其君不賢, 則固可放與?"
> 孟子曰:"有伊尹之志, 則可;無伊尹之志, 則簒也。"

〈注〉

① 不狎于不順(불압우불순): 狎;친하게 지내다. 朱子는 '習見'(익숙하다)의 뜻이라고 했다. 不順;義를 따르지 않는 것(朱子).

3·32 군자는 결코 놀고 먹지 않는다

공손추가 물었다. "『시경』(魏風·伐檀)에서 말하기를, '놀고 먹지 말지어다.'고 했습니다. 그런데도 군자는 농사도 짓지 않으면서 얻어먹고 있는데, 그 이유가 무엇입니까?"

맹자께서 말씀하셨다.

"군자가 한 나라에 있는 경우, 만약 임금이 그를 중용해 준다면, [그 나라와 임금은] 평안해지고, 부유해지고, 존귀해지고, 명성을 떨치게 된다. 그리고 그 나라의 젊은이들이 그의 가르침을 따르게 된다면, 그들은 부모에게 효도하고, 윗사람을 존경하고, 매사에 성실하고, 친구간에 신의를 지키게 될 것이다. '놀고 먹지 말라.'고 했으나, 이보다 더 훌륭한 일이 어디 있겠느냐?"

[한 나라에 있어서 학식과 인덕을 겸비한 군자의 역할에 대한 논의는 등문공 上(5·4), 등문공 下(6·4)에도 있다.]

> **13·32** 公孫丑曰:"詩曰:'不素餐①兮。'君子之不耕而食,

何也？"
　孟子曰："君子居是國也, 其君用之, 則安富尊榮; 其子弟從之, 則孝悌忠信。'不素餐兮', 孰大於是？"

〈注〉
① 素餐(소찬)： 素；거저. 공짜(空也). 즉, 無功而食(趙岐), 無功而食祿(朱子), 不勞而食(『辭源』)의 뜻이다.

13·33 선비가 힘써 할 일

　제(齊) 나라의 왕자 점(墊)이 물었다. "선비가 힘써야 할 일은 어떤 것입니까？"
　맹자께서 말씀하셨다. "자신의 의지와 품행을 고상하게 해야 한다."
　점 : "자신의 의지와 품행을 고상하게 한다는 것은 구체적으로 어떻게 하는 것을 말합니까？"
　맹자 : "인(仁)과 의(義)를 행하도록 노력하면 된다. 죄없는 자를 하나라도 죽이는 것은 인이 아니며, 자기의 소유가 아닌데도 그것을 갖는 것은 의가 아니다. [선비가] 거처해야 할 곳이 어디이겠느냐？ 인이 바로 그곳이다. [선비가] 걸어가야 할 길은 어떤 것이겠느냐？ 의가 바로 그 길이다. 인에 거처하면서 의를 따라 걸어간다면, 대인(大人)으로서 갖춰야 할 것은 다 갖춘 셈이다."

　　[仁을 安宅, 義를 正路라고 한 말은 이 외에도 (3·7), (7·10), (10·7), (11·11)의 각 章에 나온다.]

13·33　王子墊問曰："士①何事？"

孟子曰:"尙志②。"

曰:"何謂尙志?"

曰:"仁義而已矣。 殺一無罪非仁也, 非其有而取之非義也。居惡在? 仁是也;路惡在? 義是也。居仁由義③, 大人④之事備矣。"

〈注〉

① 士(사):일반 관리나 선비, 즉 學者(儒)의 通稱. 士가 명심해야 할 것에 대해서는 양혜왕上(1-7), 등문공下(6-4), 만장下(10-8), 진심上(13-9)에서도 이야기되고 있다.

② 尙志(상지): 尙;上의 뜻이다. 뜻을 높게 가지다.

③ 居仁由義(거인유의):仁을 거처해야 할 집, 義를 따라가야 할 길이라고 한 설명은 이밖에 이루上(7-10), 만장下(10-7), 고자上(11-11)에도 있다.

④ 大人(대인):朱子는 앞의 士와 연관시켜 公卿大夫를 가리킨다고 했으나, 『孟子』에서 '大人'이란 말이 지위가 높은 사람을 가리키는 뜻으로 사용된 곳은 진심下(14-34) 뿐이고, 다른 곳(등문공上(5-4), 이루上(7-20), 이루下(8-6), (8-11), (8-12), 고자上(11-14) (11-15))에서는 모두 큰 德을 가진 聖人이란 뜻으로 사용되고 있다.

13·34 청렴결백한 진중자(陳仲子)

맹자께서 말씀하셨다.

"[齊 나라의 명문세가 출신으로 청렴한 인물로 유명하였던] 진중자(陳仲子)는, 의(義)가 아니면 설령 그에게 제 나라를 준다고 하더라도 그가 받지 않을 것이라고, 모든 사람들은 믿었지만, 그러나 그 사람의 의(義)라는 것은 밥 한 그릇, 국 한 사발을 거절하는 정도의 의로움에 불과하다. [즉, 약간의 음식물을 예에 맞지 않는 방식으로 준다면, 비록 굶어 죽는 한이 있어도 받지 아니하면서, 萬鍾의 봉록은 예의에 맞는지 안 맞는지 따져 보지도 않고 받는, 그런 태도에 지나지 않는다.] 사람에게는 친척간의, 임금과 신하간의, 그리고 상하(上下)간의 옳바른 도리를 다하지 못하는 것보다 더 큰 잘못은 없다. [진중자는 바로 이런 잘못을 범한 사람이다. 그런데도,] 그에게 작은 절조(節操)가 있다고 해서 큰 절조까지 있으리라고 어찌 믿어줄 수 있겠느냐?"

[진중자에 관한 일은 등문공 下(6·10)에 설명되고 있다.]

13·34 孟子曰："仲子, 不義與之齊國而弗受, 人皆信之①, 是舍簞食豆羹之義也。 人莫大焉亡親戚②、君臣、上下。 以其小者信其大者, 奚可哉？"

〈注〉
① 人皆信之(인계신지) : 趙岐는, '齊 나라를 주겠다고 해도 仲子는 그것을 받지 않을 것이라고 齊 나라 사람들이 모두 믿었다.'(그러나 맹자는 믿지 않았다.)는 뜻이라고 했다.
② 莫大焉亡親戚(막대언망친척) : 焉；於와 同(王引之). 亡；無와 同. 仲子가 어머니를 피하여 妻와 함께 於陵(오릉)에서 살았으므로 親戚之敍를 잃었다고 한 것이다. 옛날에는 親과 戚은 같은 의미로 사용되었다(六戚, 六親也 ― 高誘. 六親：父母兄弟妻子)

13·35 살인자를 부친으로 둔 천자(天子)의 처신

맹자의 제자인 도응(桃應)이 물었다. "순(舜)이 천자로 있고 고요(皐陶)가 사법관으로 있는데, 만약 천자의 부친인 고수(瞽瞍)

가 사람을 죽였다면, 어떻게 해야 합니까?"

맹자께서 말씀하셨다. "그를 체포하면 그만이다."

(도응) : "그렇다면, 순이 [자기 부친을 체포하지 못하도록] 막지 않을까요?"

맹자 : "순이라고 그것을 어찌 막을 수 있겠느냐? [사람을 죽인 자는 사형에 처한다는 규정은,] 선왕(先王) 이래 전해져 내려온 것이다."[따라서, 천자라고 해서 그것을 어길 수는 없다.]

(도응) : "그렇다면 순은 어떻게 해야 합니까?"

맹자 : "순은 천자의 자리 버리기를 마치 헌 짚신짝 버리듯 여기고, 남들 몰래 자기 부친을 업고 도망가서, 멀리 바닷가에 숨어 살면서, 그곳에서 죽을 때까지 기꺼이 자기 부친을 봉양하면서 즐거운 마음으로 지내되, 천하의 일들은 모두 잊어 버려야 한다."

[본문의 내용을 보다 자세하게 이해하기 위해서는 이루 上(7·28), 만장 上(9·1), (9·2) 참조할 것.]

13·35 桃應問曰:"舜爲天子, 皐陶爲士①, 瞽瞍殺人, 則如之何?

孟子曰:"執之而已矣。"

"然則舜不禁與?"

曰:"夫舜惡得而禁之? 夫有所受之②也。"

"然則舜如之何?"

曰:"舜視棄天下猶棄敝蹝③也。 竊負而逃, 遵海濱而處, 終身訢④然, 樂而忘天下⑤。"

〈注〉
① 皐陶爲士(고요위사):士는 곧 士師로서, 司法官을 말한다. 皐陶

에 관한 이야기는 등문공 上(5-4), 참조.
② 所受之(소수지) : 堯로부터 天下를 받은 것을 말한다는 해석(趙岐)과, 先王들로부터 전해받은 法을 말한다는 해석(朱子)이 있다. 그러나 惠士奇는 『春秋說』에서, "살인자를 죽이는 것은 天道인 바, 皐陶는 그 법 규정을 舜으로부터 전해 받았는데, 舜이 그것을 다시 禁한다는 것은 자신이 만든 法을 스스로 허무는 것이 된다. 그렇게 하고서는 一家조차 다스릴 수 없거늘, 하물며 어찌 天下를 다스릴 수 있겠는가?"라고 하였다.
③ 敝蹝(폐사) : 닳아 헤어진 짚신. 헌신.
④ 訴然(흔연) : 欣然(매우 기뻐하는 모양)과 同.
⑤ 忘天下(망천하) : 趙岐는, '자신이 天子의 지위에 있었던 사실조차 잊어 버린다.'는 뜻이라고 했으나, 天下를 天下之事로 해석하는 것이 자연스럽고, 보다 포괄적이다.

13·36 거처하는 환경이 기상(氣像)을 바꾼다

맹자께서 제(齊) 나라의 범읍(范邑)으로부터 제 나라의 서울로 갔을 때, 멀리서 제의 왕자를 바라보시고는 탄식하여 말씀하셨다.
"그 거처하는 환경이 기상(氣像)을 바꾸고, 그 먹는 음식이 체질(體質)을 바꾸나니, 거처하는 환경이란 참으로 중요하구나! [왕자도 일반 사람도] 모두 다 사람의 자식이 아니더냐?" [그런데도 왕자는 저처럼 다르게 보이는구나!]
맹자께서는 또 말씀하셨다.
"왕자가 거처하는 집이나, 사용하는 수레나 말, 입는 옷 등은 대체로 일반 사람들의 그것과 비슷한데도, 왕자의 모습이 저처럼 다르게 보이는 것은, 그가 거처하는 환경이 그렇게 만들기 때문이니, 하물며 천하의 넓은 집[仁]을 자기 거처로 삼고 있는 사람이야 어떠하겠느냐? 노(魯) 나라의 군주가 송(宋) 나라로 갔을 때,

질택(垤澤)이란 성(城) 밑에서 [성문을 열라고] 소리치자, 성문을 지키던 사람이 말했다. '저 분은 분명히 우리 임금님이 아닌데, 그런데 어째서 그 목소리가 우리 임금님과 비슷할까?'라고. 이는 다른 이유에서가 아니라, 그 거처하는 환경이 서로 비슷하기 때문이다."

> (13·36) 孟子自范之齊, 望見齊王之子, 喟然①嘆曰:"居移氣, 養移體, 大哉居乎! 夫非盡人之子與②?"
>
> 孟子曰③:"王子宮④室、車馬、衣服多與人同, 而王子若彼者, 其居使之然也;況居天下之廣居者乎? 魯君之宋, 呼於垤澤之門。守者曰:'此非吾君也, 何其聲之似我君也?'此無他, 居相似也。"

⟨注⟩
① 喟然(위연) : 탄식하는 모양.
② 非盡人之子與(비진인지자여) : 보통 사람이나 왕자나 모두 사람의 자식이 아니겠는가? (凡人與王子, 豈非皆人之子也 — 趙岐).
③ 孟子曰(맹자왈) : 朱子는 이하를 衍文이라 했으나, 趙岐는 以下를 別章으로 다루고있다. 그리하여 (13-37)부터는 章 번호가 하나씩 서로 달라진다.
④ 宮(궁) : 王宮의 의미가 아니라 居處, 家의 의미로 쓰였다.

13·37 허식(虛飾)으로 군자를 붙들어 둘 수는 없다

맹자께서 말씀하셨다.
"먹을 것만 대어줄 뿐 사랑하지 않는다면, 이는 돼지처럼 취급하는 것이며, 사랑은 하되 존경하지 않는다면, 이는 소나 개처럼 기르는 것이다. [賢者에 대한] 공경의 마음은 예물을 보내기 전에 이미 갖춰져 있어야 한다. 공경의 형식[예물을 보내는 것]만 갖추고 공경의 실질[공경하는 마음]이 없다면, 그런 허식(虛飾)으로 군자를 붙들어 둘 수는 없는 법이다."

13·37) 孟子曰:"食①而弗愛, 豕交之②也;愛而不敬, 獸畜之也。恭敬者, 幣之未將③者也。恭敬而無實, 君子不可虛拘④。"

〈注〉
① 食(사) : 식량을 대어 주다. 봉록을 주다.
② 豕交之(시교지) : 交;接也(朱子). 古漢語에서는 名詞가 직접 動詞나 謂語 앞에서 副詞로 사용되어, 동사나 謂語를 수식하거나 제한하는 경우가 많다. 여기서는, 名詞가 표시하는 事物을 대하는 태도로써 동사의 賓語(之)가 표시하는 사람을 대하는 것을 나타낸다. 즉, '돼지를 대하는 태도로써 그를 대한다.' (예 : "齊將田忌善而客待之."(제 나라 장군 田忌는 그를 칭찬하면서, 賓客을 대하는 태도로써 그를 대우해 주었다.) ―『史記』「孫子·吳起列傳」).
③ 將(장) : 보내다(送也―『爾雅』). 바치다(猶奉也―朱子).
④ 不可虛拘(불가허구) : 拘;머물도록 붙들어 두다. 군자를 그런 허례허식으로 붙들어 둘 수는 없다는 뜻이다(君子不可以虛文拘留之―焦循).

13·38 聖人만이 신체의 기능을 다 발휘할 수 있다

맹자께서 말씀하셨다.
"사람의 신체[形]와 용모[色]는 천부적인 것이지만, [이들을 內

的인 덕성과 아름다움으로 채우고, 그 본래의 기능과 所任을 다하게
하는 것은 인간의 일인데,] 오직 성인(聖人)만이 이 신체의 기능을
다 발휘할 수 있다."

> **13·38**   孟子曰:"形色①, 天性②也;惟聖人然後可以踐形
> ③。"

〈注〉
① 形色(형색):신체와 용모(形;體貌. 色;顔氣)
② 天性(천성):趙岐는, '하늘이 인간에게 빌려 준 것'(天假施於人)
  이란 뜻이라고 했고, 朱子는, '形과 色에는 自然의 이치가 모두
  다 갖춰져 있는 바, 이를 天性이라 한다.'고 했다.
③ 踐形(천형):形의 성능과 도리를 다하다(朱子).

13·39 거상(居喪) 기간을 지키는 문제

제 선왕(齊宣王)이 [三年喪은 너무 길다고 생각하여] 거상(居喪)
기간을 단축시키고자 했다. 공손추가 [제 왕의 그런 뜻을 맹자께]
여쭈어 보았다. "일년상[朞喪]이라도 치루는 것이 오히려 완전히
그만두는 것보다 낫지 않습니까?"

맹자께서 말씀하셨다. "그것은 마치, 어떤 사람이 자기 형의
팔을 비틀고 있는 것을 보고는, 자네가 그 사람에게, '좀 천천히
비틀게.'라고 말하는 것과 같은데, [그런 경우에는,] 단지 그에게
효제(孝悌)의 옳바른 도리만 가리쳐 주면 되는 것이다."

[제 왕의 후비 소생의] 왕자들 중에 자기 생모(生母)가 죽은 자가
있었는데,[이런 경우에는 규정상 喪을 입지 못한다.] 그 왕자의 스승
이 왕자를 위하여, 몇 달 동안이라도 상을 입을 수 있게 해 달라

고 왕에게 청했다. 공손추가 물었다. "이런 경우에는 어떻게 합니까?"

맹자 : "이것은 왕자가 3년상을 다 입고 싶어도 그렇게 할 수 없는 경우이다. 그러므로, 비록 하루라도 더 상을 입을 수 있다면 완전히 그만두는 것보다는 낫지만, 앞의 경우는 그렇게 하지 못하도록 금하는 사람이 아무도 없는데도 스스로 그렇게 하지 않는 경우를 두고 한 말이다."

13·39 齊宣王欲短喪。公孫丑曰:"爲朞①之喪, 猶愈於已乎?"

孟子曰:"是猶或紾其兄之臂, 子謂之姑②徐徐云爾, 亦③敎之孝悌而已矣。"

王子有其母死者, 其傅爲之請數月之喪④。公孫丑曰:"若此者何如也?"

曰:"是欲終之而不可得也。雖加一日愈於已, 謂夫⑤莫之禁而弗爲者也。"

〈注〉
①朞(기):1年. 期와 同.
②姑(고):잠시. 좀.
③亦(역):단지, 다만(但也, 祇也).
④請數月之喪(청수월지상):후비 소생의 왕자가 三年喪을 다 입을 수 없는 이유에 대하여, 趙岐와 朱子는, 正夫人의 미움을 살까 봐서라고 하였으나, 焦循은, 父(王)에 대한 배려에서 삼년상을 입지 않는다고 했다. 『儀禮』「喪服記」에는, "왕자의 모친(후비)이 돌아가면, 父王이 살아 계시기 때문에, 그 모친을 위해서 삼년상을 입을 수 없을 뿐만 아니라, 심지어는 전혀 입지 않기까지 하는데, 단지 삼베옷만 입고 있다가 장사가 끝나면 곧바로 그것을

벗어 버린다."고 하였다.
⑤ 謂夫(위부) : 夫는 指示代詞로, 앞의 경우를 가리킨다.

13·40 교육의 다섯 가지 방법

맹자께서 말씀하셨다.

"군자가 사람을 가르치는 방법에 다섯 가지가 있으니 ; 때 맞추어 내리는 비가 만물을 적셔 자라게 하듯이 그 덕성을 키워 주는 방법이 있고, 그가 원래 가지고 있는 덕성을 성취하도록 해 주는 방법이 있고, 그의 재능을 한껏 발휘할 수 있게 해 주는 방법이 있고, 그의 물음에 대답해 줌으로써 의문을 풀어 주는 방법이 있고, [정식 교육을 받을 기회가 없는 사람이] 유풍여운(流風餘韻)을 통하여 혼자서 스스로 배우도록 해 주는 방법이 있다. 이 다섯 가지가 바로 군자가 사람을 가르치는 방법이다."

> 13·40 孟子曰 : "君子之所以敎者五 : 有如時雨化之者, 有成德者, 有達財①者, 有答問者, 有私淑艾②者。此五者, 君子之所以敎也。"

〈注〉
① 財(재) : 材와 同.
② 私淑艾(사숙예) ; 私 ; 혼자서. 淑 ; 叔과 통하는 字로, 叔은 줍다는 뜻(叔, 拾也). 艾 ; 刈와 같은 뜻으로, 취하다는 뜻(刈, 取也). 따라서 私淑艾는 '私拾取'로, 私拾諸人(이루 下(8-22))과 같은 뜻이다. 간접적으로 가르침을 받아 혼자서 스스로 수양하는 것을 말한다.

13·41 서투른 제자를 위해 표준을 낮출 수는 없다

공손추가 말했다. "선생님의 도(道)는 너무 높고 너무 훌륭해서 마치 하늘 위에 올라가 있는 듯하니, 다른 사람들은 도저히 따를 수 없을 것 같습니다. [그래서 처음부터 포기하고 맙니다.] 어째서 다른 사람들도 노력만 하면 거의 따라갈 수 있도록 그 높이를 조정해서 날마다 열심히 노력하게 만들지 않습니까?"

맹자께서 말씀하셨다.

"훌륭한 목수는 서투른 목수를 위하여 [수월하게 배울 수 있도록] 먹줄 쓰는 법을 고치거나 없애 버리지 않으며, 활쏘기의 명인인 예(羿)는 서투른 사수(射手)를 위해서 활 시위 당기는 법을 바꾸지 않는다. [군자가 다른 사람을 가르칠 때는 마치 활쏘기를 가르치는 것처럼 하는데,] 그는 활 시위를 끝까지 당기면서도 화살은 쏘지 않고, [금방이라도 화살이 튀어 나갈 듯하게,] 활시위만 팽팽하게 당겨 보인다. 군자가 옳바른 길에 서 있으면, 능력있는 자라면 그를 따를 수 있다."[능력 없는 자를 위해서 그 옳바른 기준이나 법도까지 바꿀 필요는 없다.]

13·41 公孫丑曰:"道則高矣, 美矣, 宜①若登天然, 似不可及也; 何不使彼爲可幾及②而日孶孶也?"

孟子曰:"大匠不爲拙工改廢繩墨③, 羿不爲拙射變其彀率④。君子引而不發, 躍如⑤也。中道而立, 能者從之。"

〈注〉

①宜(의):아마. 대개. 상황에 대한 추측을 나타낸다.

② 幾及(기급) : 거의 도달하다.
③ 繩墨(승묵) : 먹줄. 여기서는 옳바른 먹줄 사용법을 말한다.
④ 彀率(구율) : 활시위 당기는 정도. 활시위 당기는 옳바른 방법. 告子 上(11-20)의 '必志於彀'와 같은 뜻이다.
⑤ 躍如(약여) : 곧 튀어나갈 듯한 모습(如踊躍而出也 — 朱子).

13·42 자신이 도(道)를 따라야 한다

맹자께서 말씀하셨다.

"천하에 정의[道]가 널리 행해지고 있을 때에는 자기 몸에 정의가 따르게 하고. [세상에 나가서는 道를 행한다.] 천하에 정의가 실종되고 없을 때에는, 자기 몸이 정의를 따라가야 한다. [물러나서 자기 몸을 옳바로 지킨다.] 나는 아직까지 다른 사람[권력자]을 위해서 정의를 희생시킨다는 말은 들어 본 적이 없다."

> (13·42)　孟子曰 : "天下有道, 以道殉身① ; 天下無道, 以身殉道② ; 未聞以道殉乎人③者也."

〈注〉
① 以道殉身(이도순신) :　殉 ; 從也(趙岐). 道로써 자기 몸을 따르게 한다. 즉, 세상에 나아가서는 道를 실천한다는 뜻이다.
② 以身殉道(이신순도) : 자기 몸으로써 道를 따라가게 한다. 즉, 세상에는 이미 道가 없으므로, 道가 있는 곳을 따라서 자신도 물러나고, 그리하여 홀로 몸을 닦는다는 뜻이다.
③ 以道殉乎人(이도순호인) : 여기서 人은 당대의 권력자를 가리킨다. 道로써 권력자를 따르게 한다. 즉, 자기 몸과 道는 항상 함께 있어야 하거늘, 자신은 道를 저버리고, 권력자를 위해서 道를 희생시킨다. 다시 말하면, 권력자의 비위를 맞춤으로써 자신의

지위를 유지하고자 정의를 내팽개치는 것을 말한다. 朱子는 이것을 妾婦之道라 하였다.

13·43 질문에 대답해 주지 않아도 되는 경우

공도자(公都子)가 물었다. "[滕 나라 임금의 동생인] 등경(滕更)이 선생님의 문하생(門下生)으로 있을 때, [그는 임금의 동생이므로,] 그에 합당한 예로써 상대해 주는 것이 도리가 아닐까 생각했는데, 그런데도 선생님께서는 그의 질문에 대답조차 해 주시지 않았는데, 그 이유가 무엇입니까?"

맹자께서 말씀하셨다.

"자신이 귀한 신분임을 의식하면서 묻거나, 자신이 현명한 사람임을 의식하면서 묻거나, 자신이 연장자임을 의식하면서 묻거나, 자기가 은혜를 베푼 적이 있음을 의식하면서 묻거나, 예전부터 잘 아는 사이임을 의식하면서 물을 때에는 모두 대답해 주지 않아도 된다. 등경은 이 다섯 가지 가운데 두 가지를 [즉, 자신이 귀한 신분이며, 자신이 현명한 사람이라는 것을] 의식하고 물었기 때문이다."

> **13·43** 公都子曰:"滕更之在門也, 若在所禮①, 而不答, 何也?"
> 孟子曰:"挾貴而問, 挾賢而問, 挾長而問, 挾有勳勞②而問, 挾故而問, 皆所不答也。滕更有二焉。"

〈注〉
① 在所禮(재소례): 禮;예우하다. 즉, 비록 제자로 있을지라도 왕

의 동생이므로, 그 신분에 합당한 예로써 상대해 주어야 할 입장
에 있다.
② 挾有勳勞(협유훈로) : 挾;끼고 있다. 마음 속에 의식하고 있다.
勳勞;공로. 즉, 자기가 상대에게 어떤 공을 베푼 적이 있음을 의
식하는 것.

13·44 그만두지 말아야 할 때 그만두는 사람

맹자께서 말씀하셨다.
"그만두어서는 안 될 일을 그만두는 사람은 그만두지 못할 일이
없으며, 후대(厚待)해 주어야 할 사람을 박대(薄待)한다면 박대하
지 않을 사람이 없다. 지나치게 빨리 나아가는 사람은 그 물러서
는 것도 빠르다."

> **13·44**   孟子曰:"於不可已①而已者, 無所不已。於所厚者
> 薄, 無所不薄也。其進銳者②, 其退速。"

〈注〉
① 已(이) : 趙岐는 '棄'의 뜻이라 했고, 朱子는 '止'의 뜻이라 했다.
② 進銳者(진예자) : 빨리 나아가는 자. 朱子는, 그 마음씀이 지나쳐
   그 기운이 쉽게 쇠하므로, 빨리 물러선다고 했다. 銳;예리하다.
   빠르다. 급속하다.

13·45 군자가 만물을 대하는 태도

맹자께서 말씀하셨다.
"군자가 [금수나, 초목 등] 만물을 대하는 모습을 보면, 아끼기

는 하지만 인(仁)의 덕으로써 그것들을 대하지는 않으며, 백성들을 대할 때는, 인(仁)의 덕으로써 그들을 대하기는 하지만 친애하지는 않는다. 〔군자가 친애하는 것은 친척인 바,〕 친척을 친애하기 때문에 백성들을 인의 덕으로써 대할 수 있고, 백성들을 인의 덕으로써 대하기 때문에 만물을 아낄 수 있다."

> **13·45** 孟子曰:"君子之於物①也, 愛之而弗仁; 於民也, 仁之而弗親。親②親而仁民, 仁民而愛物。"

〈注〉
① 物(물): 사람이 살아가는 데 필요한 모든 것(趙岐). 금수나 초목 등 생명 있는 모든 것(朱子).
② 愛, 仁, 親(애인친): 愛; 物을 아끼는 것. 仁; 사람을 사랑하는 것. 程子는, 仁은 자신에게 미루어 남에게 미치게 하는 忠恕의 마음이라 했다. 仁의 덕은 모든 것을 다 포괄하고 있지만, 그것을 실천하는 데 있어서는 親疏遠近의 차등과 순서가 있다는 것이다.

13·46 중요한 일부터 서둘러 한다

맹자께서 말씀하셨다.

"지자(知者)가 알지 못해도 되는 것은 없으나, 눈앞의 당면한 일부터 서둘러 하며, 인자(仁者)가 사랑하지 않는 것은 없으나, 서둘러 현자(賢者)를 사랑하기에 힘쓴다. 요·순의 지혜로도 모든 일들을 두루 다 알지는 못했으니, 먼저 해야 할 일들부터 서둘렀기 때문이며, 요·순의 인덕(仁德)으로도 모든 사람들을 두루 다 사랑할 수는 없었으니, 현자들을 사랑하는 일부터 서둘렀기 때문이다. 3년상(喪)도 제대로 지키지 못하는 주제에, 시마[緦麻: 3개월상]나 소공[小功: 5개월상]의 상례(喪禮)를 시시콜콜 따지거나, [어른들 앞에서] 밥을 마구 퍼먹고 국물을 후루룩 거리며 들이마시는 주제에, 말린 고기를 이빨로 끊어 먹지 말라고 나무라는 것, 이를 가리켜 먼저 힘써 해야 할 바를 알지 못하는 것이라고 한다."

13·46 孟子曰:"知者無不知也, 當務之爲急①; 仁者無不愛也, 急親賢之爲務。堯舜之知而不徧物, 急先務也; 堯舜之仁不徧愛人, 急親賢也。不能三年之喪, 而緦・小功②之察③; 放飯④流歠⑤, 而問無齒決⑥, 是之謂不知務。"

〈注〉

① 當務之爲急(당무지위급): 之爲; 之나 是와 마찬가지로 賓語를 倒置시킬 때 사용하는 助詞. 즉, 동사(急)+빈어(當務)에서, 빈어를 강조하기 위해서 빈어(當務)+助詞(之爲)+동사(急)의 순으로 도치시킨 것이다. '急親賢之爲急'도 마찬가지다. (고자 上 (11-9)의, '惟奕秋之爲聽', 참조).

② 緦, 小功(시, 소공): 緦; 緦麻. 3개월상. 비단처럼 가는 삼으로 짠 천(緦)으로 만들어진 상복을 입기 때문에 붙여진 이름으로, 다섯 가지 喪(斬衰(참최), 齊衰(자최), 大功, 小功, 緦麻) 가운데서 가장 가벼운 것이다. 小功; 5개월상으로, 두번째 가벼운 喪이다.

③ 察(찰): 자세히 살피다(致詳也—朱子).

④ 放飯(방반): 大飯(飯은 動詞, 大는 副詞). 마구 퍼먹다.

⑤ 流歠(유철): 長歠. 국이나 물을 후루룩 거리면서 들이마시는 것. 어른들 앞에서 放飯流歠하는 것은 크게 무례한 행동이다.

⑥ 問無齒決(문무치결): 問; 요구하다. 문제삼다. 齒決은 말린 고기를 (손으로 찢어서 먹지 않고) 이빨로 끊어 먹는 것으로, 이는 작은 失禮이다.

14.
진盡 심心 下

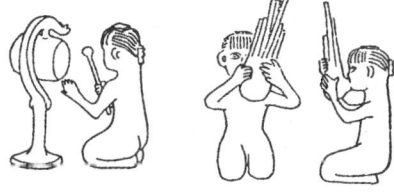

14·1 땅을 위해서 자식을 죽인 양 혜왕

맹자께서 말씀하셨다. "어질지 못하구나, 양 혜왕(梁惠王)은! 어진 사람은 자기가 사랑하는 자에게 베푸는 은덕(恩德)이 자기가 사랑하지 않는 자에게까지 미치게 하고, 반대로 어질지 못한 사람은 자신이 사랑하지 않는 자에게 끼치는 화(禍)가 자신이 사랑하는 자에게까지 미치게 한다."

공손추(公孫丑)가 물었다. "무슨 말씀이십니까?"

(맹자): "양 혜왕은 땅에 대한 욕심 때문에, 자기 백성들을 싸움터로 내몰아 백성들의 죽은 시체가 [산과 들에서] 그대로 썩어가게 만들었고, 싸움에서 크게 패하자 또다시 싸우려 히였는데, 이기지 못할까봐 두려워서 이번에는 자기의 사랑하는 자식까지 싸움터로 내보내 결국 따라 죽게 만들었다. 이것을 가리켜 사랑하지 않는 자에게 끼치는 화(禍)가 사랑하는 자에게까지 미치게 한다고 말한 것이다."

> **14·1**　孟子曰:"不仁哉梁惠王也！ 仁者以其所愛及其所不愛, 不仁者以其所不愛及其所愛。"
>
> 公孫丑曰:"何謂也？"
>
> "梁惠王以土地之故, 糜爛①其民而戰之, 大敗, 將復之②, 恐不能勝, 故驅其所愛子弟以殉③之, 是之謂以其所不愛及其所愛也。"

〈注〉

① 糜爛(미란): 趙岐와 朱子는, 죽은 시체가 썩어 문드러지게 내버

려 두는 것이라 했고, 焦循은 假借字의 여러 例證을 들면서, 麋와 爛은 同義語로서, 破, 碎의 뜻이라 했다. 前者가, 其所不愛(土地)를 위하여 백성들을 전쟁의 참화로 몰고 가는 정황이 보다 생생하게 전달된다.
② 復之(부지): 다시 싸우다(復戰 — 趙岐·朱子).
③ 殉(순): 따르다(從也 — 趙岐). 희생시키다.

14·2 춘추(春秋)에는 정의를 위한 전쟁이 없다

맹자께서 말씀하셨다.
"『춘추(春秋)』[의 전쟁에 관한 기록들] 가운데는 정의의 전쟁[義戰]이라고는 없다. 다만 어떤 나라의 군주가 다른 나라의 군주보다 좀 더 낫다고 하는 경우는 있다. 정(征)이라고 하는 것은 윗사람[천자]이 아랫사람[제후]의 부정이나 불의를 바로잡기 위해서 토벌하는 것으로, 대등한 나라들끼리 [제후들끼리] 싸우는 것은 정벌(征伐)이 아니다."[그래서 『春秋』에는 정의의 전쟁이 없다고 말한 것이다.]

> **14·2**　孟子曰:"春秋①無義戰, 彼善於此, 則有之矣。征②者, 上伐下也, 敵國③不相征也。"

〈注〉
① 春秋(춘추): 孔子가 쓴 『春秋』라는 史書를 말한다(趙岐·朱子). 춘추시대로 해석하는 사람도 있다(楊伯峻).
② 征(정): 다른 사람의 잘못을 바로잡다.
③ 敵國(적국): 서로 경쟁하는 나라. 즉, 諸侯國들.

14·3 책의 내용을 그대로 다 믿을 수는 없다

맹자께서 말씀하셨다.

"『서경』에 쓰여져 있는 내용들을 모두 다 그대로 믿는다면, 그것은 도리어 『서경』이 없는 것만도 못하다. 나는 『서경』의 무성편(無成篇) 중에서도 두세 쪽의 내용들만 그대로 믿고 취할 뿐이다. [무성편에는 周의 武王이 紂王을 맞아 싸울 때, 전사자가 많아 그들이 흘린 피에 절굿공이까지 떠내려 갔다고 기록되어 있으나,] 인자(仁者)는 천하에 적수(敵手)가 없는 법이거늘, 지극히 인자한 사람[武王]이 지극히 인자하지 못한 사람[紂王]을 토벌하는데, 어찌 전사자들이 흘린 피에 절굿공이까지 떠내려 가는 그런 일이 있을 수 있겠느냐?"

> **14·3** 孟子曰:"盡信書, 則不如無書。吾於武成, 取二三策①而已矣。仁人無敵於天下, 以至仁伐至不仁, 而何其血之流杵②也?"

〈注〉

① 策(책):竹簡. 죽간 한 쪽에는 대략 20字 정도를 썼다고 한다. 古代에는 죽간이나 나무 조각에 글을 써서 이것을 가죽 끈으로 이은 다음 둘둘 말아 놓은 것이 곧 책(册)이었다.

② 流杵(유저):杵는 절굿공이로서, 古代에는 양식을 현지조달 하기 위해서 兵士들이 절굿공이를 갖고 다녔다는 해석(趙岐・朱子)과, 杵는 鹵(로), 즉 방패(楯)를 가리킨다는 해석이 있으나, 어떻게 해석하든, 전쟁에서 전사자들이 극히 많았음을 과장한 표현이며, 字句에 얽매일 필요는 없다(焦循).

14·4 임금이 인(仁)을 좋아하면 천하에 적수가 없다

맹자께서 말씀하셨다.

"어떤 사람이 말하기를, '나는 진(陣)을 잘 치고, 나는 전쟁을 잘 한다.'고 말한다면, 그 사람이야말로 큰 죄인이다. 한 나라의 군주가 인(仁)의 덕을 좋아한다면, 온 천하에 적수가 있을 수 없다. [옛날 殷의 湯 임금이] 남방을 정벌하자 북방 사람들이 원망하였고, 동방을 정벌하자 서방 사람들이 원망하면서, '왜 우리는 뒤로 미루는가?'라고 하였다. 주(周)의 무왕(武王)이 은(殷) 나라를 토벌할 때, 전차[兵車]는 겨우 삼백 대였고, 병사도 삼천 명에 지나지 않았지만, 무왕이 [은의 백성들을 향하여,] '두려워하지 말라! 너희들을 편안하게 해 주려고 왔지, 너희 백성들과 대적하여 싸우려 온 것은 아니다.'하고 말하자, 백성들은 마치 산이 무너지듯 일제히 이마를 땅에 대고 절을 하였다. 정(征)이란 곧 바로 잡는다는 뜻으로, 백성들 하나 하나가 [어진 왕이 와서] 자기 나라의 정치를 바로잡아 주기를 원한다면, 전쟁까지 할 필요가 어디 있겠느냐?"

14·4 孟子曰:"有人曰:'我善爲陳①, 我善爲戰.' 大罪也。國君好仁, 天下無敵焉。南面而征, 北狄怨; 東面而征, 西夷怨, 曰:'奚爲後我?' 武王之伐殷也, 革車三百兩②, 虎賁三千人③, 王曰:'無畏! 寧爾也, 非敵百姓也.' 若崩厥角稽首④。征之爲言正也, 各欲正己也, 焉用戰?"

〈注〉

① 陳(진): 지금은 陣으로 쓴다.

② 革車三百兩(혁거삼백량) : 革車 ; 차체를 가죽으로 덮어 씌웠으므로 革車라 하였다. 兩 ; 수레를 세는 단위로, 수레 한 대에 두 개의 바퀴(兩輪)가 있었기 때문에 兩이라 하였다.

③ 虎賁三千人(호분 삼천인) : 虎賁 ; 호랑이처럼 용감한 용사. 즉, 왕의 近衛兵士를 말한다. 수레 한 대에는 兵士 10인이 타므로, 3백대의 수레와 3천인의 虎賁이 된다.

④ 若崩厥角稽首(약붕궐각계수) : 若崩 ; 마치 산이 무너지듯이 수많은 사람들이 일제히 엎드리는 모습을 형용한 것이다. 厥 ; '蹶' (엎어지다. 넘어지다)로서, '頓'(넘어지다. 머리를 땅에 대고 절하다)의 뜻이 있다(頓, 下首也 ―『說文』). 角 ; 이마에 난 뿔. 여기서는 앞 이마의 튀어나온 부분을 말한다. 厥角은 곧 頓首의 뜻.

14·5 가르쳐 줄 수 없는 것

맹자께서 말씀하셨다.

"목수나 차륜(車輪) 및 차체(車體)를 만드는 장인(匠人)은 다른 사람에게 그것을 제작하는 기술이나 방법[規矩]은 가르쳐 줄 수 있어도, 그들의 기술이 절묘한 경지까지 도달하게 할 수는 없다."

[이것은 배우는 사람 스스로 노력해야 비로소 도달할 수 있는 것이다.]

14·5   孟子曰 : "梓匠輪輿①能與人規矩②, 不能使人巧。"

〈注〉

① 梓匠輪輿(재장륜여) : 등문공 下(6-4) 참조.

② 規矩(규구) : 이루 上(7-1) 참조.

14·6 성인이 환경에 따라 처신하는 모습

맹자께서 말씀하셨다.

"순(舜)이 [미천한 신분으로 있을 때에는] 마른 밥을 먹고 야채를 먹는 품이 마치 그런 식으로 일생을 보낼 듯하였다. 그러나 천자가 되고 나서는 고운 삼베옷을 입고, 거문고를 타고, 요 임금의 두 딸의 시중을 받는 품이 마치 본래부터 그런 것들을 지니고 있었던 듯하였다."

> **14·6** 孟子曰:"舜之飯糗茹草①也, 若將終身焉; 及其爲天子也, 被袗衣②, 鼓琴, 二女果③, 若固有之."

〈注〉

① 飯糗茹草(반구여초): 飯;(주로 밥을) 먹다(動詞). 糗;마른 밥. 茹;(주로 야채 등을) 먹다(動詞). 草;야채. 나물.
② 袗衣(진의): 趙岐와 朱子는, '畫'(채색한 옷)라 하였고, 孔廣森은, "여기서의 袗은 畫의 뜻이 아니고, 『論語』「鄕黨篇」의 '當暑袗絺綌(치격)'의 袗(홑옷)과 같은 뜻이다. 『史記』「堯本紀」에, '堯 임금이 舜에게 絺衣와 琴을 주었다.'고 한 것이 바로 이것이다."라고 했다. 『禮記』「曲禮」의 注에서는, '袗, 單也.'라 하였으니, 곧 고운 삼베로 만든 홑옷을 말한다.
③ 果(과): 여자가 시중을 드는 것(女侍也 — 朱子).

14·7 남의 부모형제를 죽이는 것은 끔찍한 일이다

맹자께서 말씀하셨다.

"나는 오늘에야 비로소 남의 부모형제를 죽이는 것이 얼마나 끔찍한 일인가를 알게 되었다. 남의 부친을 죽이면 그 사람도 그의 부친을 죽일 것이고, 남의 형을 죽이면 그 사람도 그의 형을 죽일 것이다. 그렇게 되면, 비록 자기 손으로 자기 아버지와 형을 죽이지는 않았다 하더라도, 그렇게 한 것과 다를 게 거의 없다."

> **14·7** 孟子曰 : "吾今而後知殺人親①之重②也。殺人之父, 人亦殺其父 ; 殺人之兄, 人亦殺其兄。然則非自殺之也, 一間③耳。"

〈注〉

① 人親(인친) : 여기서는 父와 兄을 말하고 있는 것으로 보아 親族의 의미로 쓰고 있다.
② 重(중) : 趙岐는, "부모의 원수와는 한 하늘 아래 같이 살 수 없고, 형의 원수와는 한 나라 안에 같이 살 수 없다."고 하면서, 그 보복이 嚴重하다고 해석하였다.
③ 一間(일간) : 間 ; 隔也。離也。 一間은 곧 '하나 떨어져서'(하나를 사이에 두고)란 뜻으로, (자기가 자기 부친을 살해한 것과) 다를 게 거의 없다는 의미이다.

14·8 같은 제도도 사용에 따라 선도, 악도 된다

맹자께서 말씀하셨다.
"옛날에 국경 지역에다 관문(關門)을 세웠던 목적은, [외부로부터 들어오는] 포악한 자들을 막기 위해서였지만, 요사이 관문을 세우는 목적은, [들어오고 나가는 사람들로부터 세금을 거두는] 포악한 정치를 하기 위해서이다."

> 14·8 孟子曰：“古之爲關也，將以禦暴；今之爲關也，將以爲暴。”

14·9 자신이 바르지 않으면 남을 바로잡지 못한다

맹자께서 말씀하셨다.
"자기 자신이 도(道)를 행하지 않는다면, 도가 처자에게서도 행하여질 수 없고, 도리에 어긋나게 다른 사람을 부리려 한다면, 처자조차도 부릴 수 없다."

> 14·9 孟子曰：“身不行道， 不行①於妻子；使人不以道，不能行②於妻子。”

〈注〉
① 不行(불행)：道不行의 뜻이다(朱子).
② 不能行(불능행)：令不行의 뜻이다(朱子).

14·10 준비가 많으면 곤경에 빠지지 않는다

맹자께서 말씀하셨다.
"재물을 많이 쌓아 놓은 사람은 흉년에도 곤궁(困窮)함을 당하지 않고, 덕을 많이 쌓아 놓은 사람은 세상이 어지러울 때에도 그 뜻이 미혹(迷惑)당하지 않는다."

> 14·10 孟子曰：“周①于利者， 凶年不能殺②；周于德者，

邪世不能亂。"

〈注〉

① 周(주) : 趙岐는, 주도면밀하다(周達)는 뜻이라고 하면서, '구차함을 무릅쓰고 평생 동안 이익을 추구하면서 사는 사람은 흉년에도 굶어 죽지 않고, 평소 용의주도하게 德을 실천하려 애쓰는 사람은….'이라고 해석했다. 朱子는, "周, 足也. 積之厚則用有餘"라 하였고. 焦循도 이렇게 해석하는 것이 近時通解라 하였다.

② 殺(살) : 결핍, 곤궁의 뜻이 있다(殺然;곤궁하여 초췌한 모습).

14·11 참된 명예심이 있는 자와 없는 자

맹자께서 말씀하셨다.

"참으로 명예를 좋아하는 사람은, 천승(千乘)의 나라라도 기꺼이 남에게 양보할 수 있으나, 만약 참된 명예심이 없는 사람이라면, 밥 한 그릇, 국 한 사발과 같은 사소한 물건들을 대하여도 [이익을 다투는 마음이] 그 얼굴색에 나타나는 법이다."

14·11 孟子曰:"好名之人①, 能讓千乘之國; 苟非其人②, 簞食豆羹見於色③。"

〈注〉

① 好名之人(호명 지인) : 趙岐는, '好不朽之名者'라 하여 좋은 뜻으로 해석했고, 朱子는, '矯情干譽者'(자기의 진정을 속이고 명예를 구하는 자)라 하여 나쁜 뜻으로 해석했다.

② 其人(기인) : 趙岐는, 好名之人을 가리킨다고 보았고, 朱子는, '본래부터 富貴를 가볍게 여길 줄 모르는 사람'을 가리킨다고 하였다. '양보받을 만한 자격이 있는 자'라고 해석하는 說도 있다

(楊伯峻).

③ 見於色(현어색) : (사소한 이익을 다투는 마음이) 얼굴색에 나타 나다.

14·12 정치의 3대 요소

맹자께서 말씀하셨다.

"어질고 능력있는 사람을 신임하여 등용하지 않는다면 [훌륭한 人材들이 떠나가 버려서,] 나라가 공허해지며, 예의가 없으면 상하 (上下)의 관계가 어지러워지고, 좋은 정치가 없으면 [生產이 장려되지 못하고 消費에 절제가 없어지므로,] 국가의 재정(財政)이 부족해지게 된다."

> 14·12 孟子曰:"不信仁賢, 則國空虛①;無禮義, 則上下亂;無政事②, 則財用不足。"

〈注〉

① 空虛(공허) : 仁賢들이 떠나가서 나라에 賢人들이 없으므로 나라가 공허해진다(趙岐).
② 無政事(무정사) : 趙岐는, 좋은 정치를 펴서 농민들에게 農時를 가르쳐 주지 않으면 수확이 적고, 따라서 稅金이 잘 걷혀지지 않으므로, 財用이 부족하게 되는 것을 말한다고 하였다. 朱子는, 生產에 道가 없고, 세금 징수에 度가 없으며, 그것을 쓰는 데 節이 없는 것을 말한다고 하였다.

14·13 어진 사람만이 천하를 얻는다

맹자께서 말씀하셨다.

"어질지 못하고서도 한 나라를 얻을 수 있었던 일은 있지만, 어질지 못하고서도 천하를 얻을 수 있었던 일은 있은 적이 없다."

> **14·13** 孟子曰:"不仁而得國①者, 有之矣; 不仁而得天下②者, 未之有也。"

〈注〉

① 國(국) : 제후의 나라. 舜의 동생 象이 有庳의 세후로 봉해진 것이 그 예이다.
② 得天下(득천하) : 역사적으로는, 秦의 始皇을 비롯하여 不仁하고서도 天下를 얻은 자가 있다는 反論도 있지만, 그러나 孟子 이전에는 없었으며, 진시황도 한 대 지나서 천하를 잃어 버렸으므로 '없다.'고 한 말의 예외로 인정받기에는 부족하다.

14·14 백성은 귀하고 군왕은 가벼운 존재다

맹자께서 말씀하셨다.

"[한 국가에 있어서] 백성이 가장 귀중하고, [국토와 곡식을 주관하는] 사직(社稷)이 그 다음이고, 군왕(君王)은 가장 경미한 존재이다. 그러므로 모든 백성들의 신임을 얻게 되면 천자(天子)가 되고, 천자의 신임을 얻게 되면 제후(諸侯)가 되고, 제후의 신임을 얻게 되면 대부(大夫)가 되는 것이다. 제후가 무도하게 행동하여

사직을 위태롭게 하면, 그를 몰아내고 현군(賢君)을 세운다. 그리고, [사직의 제사에 바치는] 희생의 제물도 튼튼하고 살찐 것으로 마련하고, 공물(供物)로 바치는 곡식들도 정갈한 것으로 마련하여, 정해진 시기에 제사를 지냈는데도, 한발이나 홍수의 재해가 발생한다면, [이것은 어디까지나 社稷神의 책임이므로,] 사직의 제단을 헐어 버리고 다시 세운다."

[나라를 세우고 나면 반드시 토지의 神과 곡식의 神에게 제사지낼 社稷壇을 세우고 그곳에서 일년에 여러 차례 제사를 지낸다. 무릇 국가란 그 백성이 근본이고, 사직이란 것도 백성들의 안전과 번영을 위해 존재하는 것이며, 임금을 높이 받드는 이유도 그가 이 둘, 즉 백성과 사직을 위해서 존재하기 때문이지, 그 자체로서 존귀한 존재는 아니라는 것이다. 맹자에게서 우리는 현대 민주주의적 사고의 東洋的 原形, 즉 民本主義 思想을 볼 수 있다.]

14·14 孟子曰:"民爲貴, 社稷①次之, 君爲輕。是故得乎丘民②而爲天子, 得乎天子爲諸侯, 得乎諸侯爲大夫。諸侯危社稷, 則變置。犧牲旣成, 粢盛旣絜, 祭祀以時, 然而旱乾水溢, 則變置社稷③。"

〈注〉
① 社稷(사직): 社;土神. 稷;곡식의 神(이루上(7-3)注, 참조).
② 丘民(구민): 趙岐는, 丘를 행정구역의 명칭으로 보고, 16井을 丘라 하므로(즉, 九夫가 一井, 四井이 一邑, 四邑이 一丘이다), 丘民은 곧 邑民, 鄕民, 國民이라 할 때와 같은 것이라고 하였다. 朱子는, '촌사람들로서, 지극히 미천한 자들이다.'(田野之民, 至微賤也)라고 하였다. 王念孫은, '丘, 衆也'라 하여, 丘民은 곧 衆民을 말한다고 하였다.
③ 變置社稷(변치사직): 사직의 壇을 헐어 버리고 更置한다(趙岐·

朱子). 그러나 變置의 내용에 대해서는 異說이 많다. ㉠ 社稷神
자체를 바꾸어 버린다는 說(孫奭·程子), ㉡ 장소를 바꾸어 다시
세운다는 說(陳無已), ㉢ 일단 헐었다가 다음 해에 가서 다시 세
운다는 說(周柄中) 등이 있다. 全祖望의 『經史問答』에는, "社稷
神이 잘못한 정도에 따라서 세 종류의 變置가 있는데, 일년의 농
사가 순조롭지 못하고 여덟 번의 合祀가 제대로 받아들여지지 않
으면 잠시 제사를 중단하는데, 이것은 가장 가벼운 것이다. 그보
다도 더 심한 경우에는 그 제단과 담을 헐어 버리는데, 좀 무거
운 것이다. 그보다도 더 심할 경우에는 社稷神 자체를 바꾸어 버
리는데, 가장 무거운 것이다."라고 하였다.

14·15 성인은 백대의 스승이다

맹자께서 말씀하셨다.
"성인(聖人)은 백대(百代)의 스승으로서, 백이(伯夷)와 유하혜
(柳下惠)가 바로 그런 분들이다. 그러므로 백이의 풍도(風道)를 들
은 사람은 [그의 감화를 받아] 탐욕스럽던 자도 청렴결백해졌고,
나약하던 자도 독립불굴의 의지를 갖게 되었으며, 유하혜의 풍도
를 들은 사람은 [그의 감화를 받아] 각박하던 자도 후덕(厚德)해지
고, 속이 좁던 자도 관대해졌다. 백대 이전에 분발(奮發)했던 사
람들에 대해서 백대 이후에 그것을 듣게 된 사람들 가운데 감동하
여 분발하지 않은 자가 없었다. 성인이 아니고서도 이렇게 할 수
있겠는가? [백대 이후의 사람들까지 그러했는데,] 하물며 성인에게
서 직접 훈도(薰陶)를 받은 사람들이야 어떠했겠느냐?"

14·15　孟子曰:"聖人, 百世之師也, 伯夷、柳下惠是也。
故聞伯夷之風者①, 頑夫廉, 懦夫有立志; 聞柳下惠之風者,

> 薄夫敦, 鄙夫寬。奮乎百世之上②, 百世之下, 聞者莫不興起
> 也。非聖人而能若是乎？── 而況於親炙③之者乎？"

〈注〉

① 伯夷之風者(백이지풍자) : 以下의 鄙夫寬까지는 만장下(10-1)에 나온 것과 同一한 文이다.
② 奮乎百世之上(분호백세지상) : 奮 ; 분발하다. 일어나다. 다음의 百世之下를 앞과 붙여 읽어야 한다는 說(毛奇齡)도 있지만, 그렇게 되면 뒷부분의 親炙와의 연결이 부자연스럽다.
③ 親炙(친자) : 친히 가르침을 받다(親近而熏炙之也 — 朱子).

14·16 인(仁)이란 곧 사람이다

맹자께서 말씀하셨다.

"인(仁)이란 곧 사람[人]이란 뜻으로, 이 둘[仁과 人]을 합쳐서 말하자면, 이것이 곧 도(道)이다."

[仁이란 글자는 사람(人)이 둘(二) 있다는 것을 형상화한 것으로, 사람이 둘만 있어도 그곳에는 仁의 도덕이 있어야 하며, 또한 仁의 도덕은 사람과 사람 사이에서만 생겨난다는 것을 의미한다. 中庸에서도, '仁이란 사람을 말한다'(人者, 人也)고 하였다.]

> **14·16** 孟子曰 : "仁也者, 人也①。合而言之, 道也。"

〈注〉

① 人也(인야) : 朱子는, "어떤 사람은, '外國本(高麗本)에는 人也 다음에 「義也者宜也, 禮也者履也, 智也者知也, 信也者實也」란 20字가 있다.'고 말하고 있는데, 그렇게 되면 文理는 지극히 분명해지지만, 그것의 眞僞 여부는 알 수 없다."고 하였다.

14·17 조국을 떠나는 태도

맹자께서 말씀하셨다.

"공자께서 노(魯) 나라를 떠나실 때에, '천천히 가자꾸나! 이것이 조국을 떠나가는 도리이니라.'라고 말씀하셨다. 그러나 제(齊) 나라를 떠나실 때에는, 밥을 지으려고 일고 있던 쌀까지 그냥 건져 가지고 서둘러 떠나셨으니, 이것은 남의 나라를 떠나가는 도리이다."

> **14·17** 孟子曰: "孔子之去魯, 曰: '遲遲吾行也, 去父母國之道也.' 去齊, 接淅而行, 去他國之道也①."

〈注〉
① 去他國之道也(거타국지도야): 만장下(10-1)에는 이 章의 내용이 순서만 조금 다를 뿐 그대로 있으나, 이 句는 없다. 이로써 보더라도, 앞의 '去父母國之道也'까지가 孔子의 말이라고 보는 해석이 타당할 것 같다.

14·18 교제가 없으면 성인도 곤경에 빠질 수 있다

맹자께서 말씀하셨다.

"공자께서 진(陳) 나라와 채(蔡) 나라 어간에서 [식량도 떨어지고, 따르던 제자들도 병이 들어 일어나지도 못하는,] 곤경에 빠지게 된 것은, [이 두 나라의 군주나 신하들이 모두 나쁜 자들이었으므로,] 상하(上下) 어느 쪽과도 교제가 전혀 없었기 때문이다."

14·18 孟子曰:"君子之戹於陳蔡之間①, 無上下之交② 也。"

〈注〉
① 君子之戹於陳蔡之間(군자지액어진채지간): 君子;孔子를 가리킨다. 戹;厄과 同(厄, 困也). 『論語』「衛靈公篇」에서, "陳에 계실 때, 식량은 떨어지고, 따르는 제자들은 병이 나서 일어날 수 있는 자가 없었다."고 한 것은 바로 이것을 가리킨다. 『史記』「孔子世家」에서는 이 사실을 기록하면서, "楚 나라 왕이 사람을 보내어 공자를 초빙하였으므로, 공자께서 가시려 하자, 陳, 蔡 두 나라의 大夫들은, 만약 공자께서 楚 나라로 가게 되면 자기들이 저지른 죄를 일러 바칠까봐 겁나서, 졸개들을 시켜 공자를 들판에 가두어 둠으로써 오도가도 못하게 했다."고 하였다.
② 交(교):교제, 접대.

14·19 정도만 갈 뿐, 남의 비난에 신경쓰지 않는다

맥계(貉稽)란 사람이 맹자께 말했다. "저는 사람들로부터 많은 비방을 받고 있습니다."

맹자께서 말씀하셨다.

"상심(傷心)할 것 없다. 선비된 자는 [정의를 주장하면 할수록] 더욱 많은 사람들로부터 비방을 받게 되는 법이다. 『시경』(邶風·柏舟)에서도

  '마음 속에 가득한 근심걱정
  뭇 소인들에 대한 원한 때문이네'

라고 하였으니, 공자께서 바로 그러하셨다. 그리고 또 [『시경』(大雅·綿)에서는]

'오랑캐들에 대한 원한 없애지 못했으나
 자신의 명성 떨어뜨리지도 않았네'
라고 하였으니, 문왕(文王)께서 바로 그러하셨다."

[자신이 옳다고 확신하는 正道만 따라갈 뿐, 세상 사람들의 헐뜯는 말에 신경쓰지 말라는 충고이다.]

14·19　貉稽①曰 : "稽大不理於口②."
　孟子曰 : "無傷也. 士憎兹多口③. 詩云 : '憂心悄悄④, 慍于群小⑤.' 孔子也. '肆不殄厥慍⑥, 亦不殞厥問⑦.' 文王也."

〈注〉
① 貉稽(맥계) : 貉은 姓, 稽는 名이다(趙岐). 여기서 貉의 音은 '맥'이라는 說(朱子)과, '학'이라는 說(『音義』)이 있다.
② 不理於口(불리어구) : 趙岐와 朱子는, '理, 賴也'(얻다. 이익을 보다)라는 뜻으로 보았고, 焦循은, 賴는 利의 뜻이므로, 이는 곧 '不利於人口'(사람들의 입에 불리하게 말해진다. 즉, 비난이나 악평을 받고 있다.)의 뜻이라고 하였다. 그러나 理를 條理의 뜻으로 보아, '그 하는 말에 조리가 없다.'는 뜻이라고 해석하는 說도 있다(翟灝).
③ 憎兹多口(증자다구) : 趙岐와 朱子는, 憎을 增, 兹를 '益'(더욱), 憎兹는 곧 '더욱 많은'(益多)의 뜻으로 보아서, 선비된 자는 더욱 많은 사람들로부터 비방을 받게 된다는 뜻이라 하였다. 趙佑는, 앞 句의 理를 條理의 뜻으로 본다면, 憎 ; 미워하다. 兹 ; 이(此)의 뜻으로서, '선비된 자는 이처럼 조리가 없이 말만 많은 것(多口)을 미워한다.'라고 해석해야 한다고 했다.
④ 悄悄(초초) : 크게 근심하는 모양.
⑤ 慍于群小(온우군소) :　慍 ; 원망하다(趙岐). 화를 내다(朱子). 趙岐는, 소인 무리들이 모여 賢者를 비방하는 것을 원망한 것이라 했고, 朱子는, 어진 사람이 소인무리들의 노여움을 산 것이

라 했다. 여기서 于는, 피동형에서 동작행위의 주체를 표시하는
介詞가 아니고, 동작행위의 대상을 표시하는 介詞로서, '…에게',
'…을 향하여'의 뜻으로 사용된 것으로 보는 것이 자연스럽다.
⑥ 肆不殄厥慍(사부진궐온) : 肆;그러므로(助詞). 殄;끊다.멸하다
(絶也). 厥;그(여기서는 西戎을 말한다). 그들의 원한을 끊어
없애지 못했다.
⑦ 不殞厥問(불운궐문) : 殞;상실하다. 실추시키다(『集注』本에는
隕으로 되어 있다). 厥;그(여기서는 文王을 말한다). 問;명성.
그의 명성을 실추시키지 않았다.

14·20 자신은 어두우면서 남을 밝히려 한다

맹자께서 말씀하셨다.
"현자(賢者)는 스스로 먼저 밝음으로써 남들도 밝게 해 주는데,
지금 사람들은 자신은 어두우면서 남들을 밝게 하려고 한다."

> **14·20** 孟子曰 : "賢者以其昭昭, 使人昭昭 ① ; 今以其昏
> 昏②, 使人昭昭."

〈注〉
① 昭昭(소소) : 法度나 道德에 밝은 것(趙岐).
② 昏昏(혼혼) : 어리석어 법도나 사리를 분간하지 못하는 것. 暗愚

14·21 오솔길도 계속 지나다니면 길이 된다

맹자께서 [처음에는 자신의 제자로 있다가 다른 流派의 학문으로 길
을 바꾼] 고자(高子)에게 말씀하셨다.

"산비탈에 나 있는 좁은 오솔길도, 사람들이 꾸준히 지나다니면 길이 되지만, 내버려 두고 지나다니지 않으면 잡초가 그것을 뒤덮어 버리고 만다. 이제 잡초가 자네의 마음을 뒤덮어 버렸구나."

[이 章의 내용은 맹자의 性善說과 관련시켜 이해할 것이 아니라, 한 가지 일이나 방향에 전념하도록 타이르기 위한 임기응변의 설명으로 이해해야 한다.]

14·21   孟子謂高子曰:"山徑之蹊①間②, 介然③用之而成路;爲間④不用, 則茅塞之矣。今茅塞子之心矣。"

〈注〉

① 山徑之蹊(산경지혜):趙岐는, 徑은 산비탈(=陞阪), 蹊는 드문드문 나 있는 발자국이라 하였고, 朱子는, 徑은 小路, 蹊는 사람이 지나다니는 곳이라 했으며, 程瑤田은, 짐승들이 지나다닌 발자국이 곧 蹊라 하였다.

② 間(간):이것을 蹊間으로 붙여 읽어야 한다는 說(趙岐·朱子)과, 間介然으로 읽어야 한다는 說(孔廣森)이 있는데, 후자의 해석은, '間介는 곧 隔絶의 뜻으로, 발자국이 서로 떨어져 있더라도, 그곳으로 계속 다니다 보면 길이 생긴다.'고 하였다.

③ 介然(개연):朱子는 이것을 '곧, 금새'의 뜻이라고 했으나, 焦循은, '介'에는 特異, 堅固의 뜻이 있는데, 일정한 곳을 정해서 계속 그곳으로만 지나다닌다는 뜻이라고 하였다.

④ 爲間(위간):爲間에는 ① 잠시 사이에(頃也), ② 병에 차도가 있다(差也), ③ 사이가 멀다(遠也), ④ 틈이 벌어지다(隙也), ⑤ 다른 길(間道, 行他道也)이란 뜻이 있는데, 朱子는 ①의 뜻으로 보았고, 焦循은, 告子가 학문의 길을 바꾼 것을 맹자가 꼬집은 말이기 때문에 ⑤번의 뜻으로 보아야 한다고 했다.

14·22 성문 밑의 수레바퀴 자국이 깊이 난 이유

고자(高子)가 말했다. "[夏 나라 때의] 우(禹) 임금의 음악이 [周 나라 때의] 문왕(文王)의 음악보다 더 훌륭하였습니다."

맹자께서 말씀하셨다. "무슨 근거로 그렇게 말하는가?"

고자: "[우 임금 때부터 내려오는 종은] 종을 매단 고리 부위가 바로 떨어질 듯이 달랑달랑하기 때문입니다." [이것은 우 임금의 음악이 더 훌륭해서 사람들이 더 많이 쳤다는 증거이다.]

맹자: "그것이 어찌 [禹 임금의 음악이 더 훌륭하다는 증거로] 될 수 있겠느냐? 성문 밑의 깊이 파인 수레바퀴 자국이 어찌 수레 한 대의 무게 때문이겠느냐?"

[오랜 세월 동안 수많은 수레들이 좁은 성문 밑에 와서는 똑 같은 자국을 따라서 지나다니므로, 다른 넓은 길에 비하여 더 깊게 파인 것처럼, 문왕의 종보다 우 임금의 종은 일천년이나 이전에 만들어졌고, 그만큼 더 오랜 세월동안 더 많은 사람들이 쳐 왔으므로 그렇게 되었을 따름이라는 것이다. 사물의 원인을 잘못 유추해서 잘못된 결론에 도달해서는 안 된다는 것을 훈계하고 있다.]

14·22　高子曰:"禹之聲尙①文王之聲."

孟子曰:"何以言之?"

曰:"以追②蠡③."

曰:"是奚足哉? 城門之軌, 兩馬④之力與?"

〈注〉

① 尙(상):趙岐는 '貴하게 여긴다'는 뜻으로 보아, '禹王이 文王보다

음악을 더 숭상했다.'라고 해석했으나, 朱子는 단순히 '…보다 훌륭하다'는 뜻으로 보았다.

② 追(퇴) : 종을 橫木에 걸어 놓기 위한 꼭지부위(趙岐·朱子). 一說에는, 追를 搥(퇴 : 망치로 치다)의 뜻으로 보아서, 종을 망치로 치는 部位라고 했다(姚文田).

③ 蠡(려) : 좀벌레. 좀이 파먹어 들어가서 곧 떨어지려고 하는 모양이라는 說(趙岐·朱子·段玉裁)과, 종의 똑같은 부위를 오랜 세월 동안 계속 쳐서, 종의 그 부위가 마치 좀이 나무를 파먹은 것처럼 패이고 찌그러들었음을 말한다는 說(姚文田·焦循)이 있다.

④ 兩馬(양마) : 한 대의 수레를 두 필의 말이 끌기 때문에, 이는 곧 수레 한 대를 말한다. 성문 안이나 밖의 길은 넓기 때문에 수레바퀴 자국이 분산되어 깊게 패이지 않으나, 성문 바로 밑에서는 모든 수레의 바퀴자국이 오랜 세월에 걸쳐 한 곳에 집중되므로 자국이 더욱 깊이 나게 되었음을 말한 것이고, '兩'이라는 숫자에는 별 의미가 없다.

14·23 나서지 말아야 할 때를 모르는 풍부(馮婦)

제(齊) 나라에 기근이 들었다. 그러자 제자인 진진(陳臻)이 맹자께 말했다. "나라 안의 모든 사람들은, 선생님께서 [제 왕께 말씀드려서] 당읍(棠邑)에 있는 양곡 창고들을 다시 한 번 열게 하실 것으로, [그래서 백성들을 구제해 주실 것으로,] 생각하고 있는데, 지금 또다시 그렇게 하실 수는 없겠지요?"

맹자께서 말씀하셨다.

"만약 내가 또다시 그렇게 한다면 풍부(馮婦)와 똑 같은 사람이 될 것이다. 옛날 진(晋) 나라에 풍부라는 사람이 있었는데, [아주 힘이 세고 용감해서] 호랑이를 맨손으로 잘 때려 잡았으나, 나중에는 [호랑이를 때려 잡는 그런 거친 행동을 그만두고] 점잖은 사람이 되었다. [그후 어느 날,] 그가 야외로 나갔더니, 많은 사람들이 호랑이를 쫓고 있었다. 그런데 호랑이는 산모퉁이를 등진 채 딱 버티고 있으니, 어느 누구도 감히 다가가지 못하였다. [그때 마침 저 멀리] 풍부가 지나가는 것을 보고는, 사람들은 달려가서 그를 맞이해 왔다. 풍부는 팔을 걷어 붙이면서 수레에서 내렸다. 많은 사람들은 [그의 그런 태도를 보고] 기뻐했지만, 그러나 선비들은 그를 비웃었다."

[나서야 할 때와 나서서는 안 될 때가 있다. 맹자는 이때 이미 제나라 왕에 대한 기대를 버리고 떠나려고 작정하고 있었으므로, 그런 일로 進言드릴 처지에 있지 않았다.]

14·23   齊饑。陳臻曰:"國人皆以①夫子將復爲發棠②, 殆不可復。"

孟子曰:"是爲馮婦也。晋人有馮婦者, 善搏虎, 卒爲善士③。則之野④, 有衆逐虎。虎負嵎, 莫之敢攖⑤。望見馮婦, 趨而迎之。馮婦攘臂⑥下車。衆皆悅之, 其爲士者笑之。"

〈注〉

①以(이):以爲(…라고 생각하다. 動詞).
②復爲發棠(부위발당):지난 번에 기근이 들었을 때, 왕에게 진언해서 棠邑에 있는 양곡창고를 풀어 기근구제를 하였던 것처럼, 또다시 그것을 하다. 여기서 發은 양혜왕 上(1-3)의 '塗有餓莩而不知發'의 發과 그 뜻이 같다.
③卒爲善士(졸위선사): 卒;後也. 여기에서 士는 덕이나 학문이 있는 선비의 뜻이 아니라, 호랑이를 때려 잡을 정도의 용맹이 있었던 사람이므로 높여서 불러 준 것이다(趙岐).
④則之野(즉지야): 則;무의미한 助詞. 之;適(가다). 이런 형식의 句法은 흔하지는 않으나, 『周書』에, '則至于豐'이란 예가 있

다(焦循).
⑤攖(영) : 접근하다. 가까이 가다(迫近也 — 趙岐).
⑥攘臂(양비) : 팔소매를 걷어 올리다.

14·24 본성으로 돌릴 것과 운명으로 돌릴 것

맹자께서 말씀하셨다.

"입이 좋은 맛[味]을, 눈이 고운 색깔[色]을, 귀가 아름다운 소리[聲]를, 코가 향기로운 냄새[臭]를, 몸이 편안함[安佚]을 좋아하는 것은 인간의 본성[性]이기는 하지만, [이들을 누릴 수 있느냐 없느냐 하는 것은,] 운명[命]에 의해 결정되는 면도 있으므로, 군자는 이것들을 본성으로 여기지 않는다. [운명으로 돌려 버리고 애써 추구하지 않는다.] 인(仁)의 덕이 부모와 자식간에, 정의[義]가 임금과 신하간에, 예의[禮]가 손님과 주인간에, 지혜[智]가 현자에 있어서, 성인의 덕이 천하를 지배하는 천도(天道)에 있어서 실현되느냐 되지 않느냐 하는 것은, 운명에 의해 결정되는 면도 있기는 하지만, [그렇다면 힘써 노력해 보았자 소용없다.] 인간의 본성이기도 하므로, 군자는 이것을 운명으로 여기지 않는다." [本性으로서 갖추어져 있으므로, 이의 실현을 위해 힘써 노력한다.]

> **14·24** 孟子曰:"口之於味也,目之於色也,耳之於聲也,鼻之於臭也,四肢之於安佚也,性也①,有命②焉,君子不謂性也。仁之於父子也,義之於君臣也,禮之於賓主也,智之於賢者③也,聖人④之於天道也,命也,有性⑤焉,君子不謂命也。"

〈注〉
① 性也(성야) : 본능적·육체적 측면을 말한다.
② 命(명) : 하늘이 부여한 운명.
③ 者(자) : '否'여야 한다는 說도 있다(朱子). 즉, 賢者가 아니라 賢否여야 한다는 것이다.
④ 人(인) : 衍字라는 說이 있다(朱子).
⑤ 有性(유성) : 仁義禮智 등 인간의 선한 본성.

14·25 인격 완성의 여섯 단계

[맹자의 제자인 樂正子가 魯 나라의 國政을 맡게 되었다는 소식을 듣고 맹자께서 기뻐하시자, 齊 나라 사람인] 호생불해(浩生不害)가 물었다. "악정자(樂正子)는 어떤 사람입니까?"

맹자께서 대답하셨다. "착한 사람[善人]이고 성실한 사람[信人]이다."

(호생불해) : "착하다는 것[善]은 무엇을 말하고, 성실하다는 것[信]은 무엇을 말합니까?"

맹자 : "사람이라면 누구나 바람직하게 여기는 것, 그것이 '착함'[善]이고, 그 착한 것들을 실제로 자기 몸에 갖고 있는 것이 '성실함'[信]이고, 그 착한 것과 성실한 것이 자기 몸에 가득 차 있는 것이 '아름다움'[美]이고, 가득 차 있을 뿐만 아니라 [차고 넘쳐서] 주위에 밝은 빛을 발하고 있는 것이 '위대함'[大]이고, 빛을 발하고 있을 뿐만 아니라 [주위의 모든 사람들까지] 변화시킬 수 있는 것이 '성스러움'[聖]이며, 그 성스러운 덕이 헤아릴 수 없을 정도로 신묘(神妙)한 경지에 이른 것이 '신비로움'[神]이다. 악정자는 바로 이 두 가지[善·信]는 갖고 있지만, 네 가지[美·大·聖·神]에는 미치지 못하는 사람이다."

> **14·25** 浩生不害問曰:"樂正子何人也?"
> 孟子曰:"善人也, 信人也。"
> "何謂善? 何謂信?"
> 曰:"可欲之謂善①, 有諸己之謂信②, 充實之謂美, 充實而有光輝之謂大, 大而化之③之謂聖, 聖而不可知之之謂神④。樂正子, 二之中, 四之下也。"

〈注〉
① 善(선) : 趙岐는, 자신이 바라는 바를 남에게도 바라게 하는 사람이 善人이라 하였고, 朱子는, 善은 반드시 누구나 바라는 것이지만, 惡은 반드시 누구에게서나 미움을 받는 것이 天下의 이치라고 하면서, 그 사람됨이 남들에게 바람직하게 여겨지면 善人이라 했다.
② 有諸己之謂信(유제기지위선) : 그 善을 자기 몸에 실제로 갖고 있는 것을 信이라 한다.
③ 大而化之(대이화지) : 그 道를 크게 행함으로써 天下 모든 사람들을 감화시키는 것(趙岐).
④ 神(신) : 신비스러운 경지. 程子는, 이것은 聖의 至妙를 말하는 것이지, 聖人 위의 등급으로 神人이 있는 것은 아니라고 했다. 그러나 문맥상 聖과 神을 구별하고 있으므로, 다른 등급으로 이해하는 것이 자연스럽다.

14·26 묵가(墨家)와 양가(楊家)와 유가(儒家)

맹자께서 말씀하셨다.

"[兼愛說을 신봉하는] 묵자(墨子)의 학파를 떠나는 사람들은 반드시 [爲我說을 신봉하는] 양주(楊朱)의 학파로 귀의하고, 양주의 학파를 떠나는 사람들은 반드시 유가(儒家)의 학파로 귀의해 온다. 귀의해 온다면 그들을 받아들여 주면 그만이다. 그런데 오늘날 한때 양주·묵자의 학파에 몸 담았던[, 그러나 지금은 유가로 귀의해 온] 사람들과 [양주·묵자 학설의 오류에 관해서] 논쟁을 벌이는 것은, 마치 들판을 헤매는 주인없는 돼지를 쫓는데, 일단 우리 속으로 끌어들였으면 그만인 것을, 다시 도망가지 못하게 발목을 잡아 묶으려는 것과 같다."

14·26 孟子曰:"逃墨必歸於楊, 逃楊必歸於儒①。歸, 斯受之而已矣。今之與楊、墨辯者, 如追放豚②, 旣入③其苙④, 又從而招之⑤。"

〈注〉

① 儒(유):孔子의 道를 따르는 學派를 儒 또는 儒者(등문공 上 (5-5), 참조)라고 부른 것은『孟子』에서 비롯된 것이고, 그 이전에는 단지 讀書人이란 일반적인 뜻으로만 사용되었다.
② 放豚(방돈):여기서는 집을 뛰쳐 나와 오랫동안 제멋대로 돌아다님으로써 그 주인이 누구인지 알 수 없는 돼지로, 들개나 들돼지처럼 되어 있는 상태를 말한다. 이것을, 집을 뛰쳐 나간 것을 그 주인이 다시 자기 집으로 몰아넣는 것처럼 해석하게 되면 앞뒤 문맥이 잘 맞지 않는 부적절한 비유로 되어 버린다.
③ 入(입):納과 同.
④ 苙(립):우리.
⑤ 招之(초지): 招;덫. 발을 잡아 묶다(罥(견)也 — 趙岐). 이것을 '부르다'의 뜻으로 보아, '집을 뛰쳐 나간 돼지가 자기 집으로 (즉, 묵자나 양자 학파로) 들어갔으면 그만 내버려 두지 않고 쫓아가서 불러내려고 한다.'라고 해석하는 說도 있다. 이것은, '今之與楊·墨辯者'에서 楊·墨을 한때 양가·묵가에 몸담았던 사람들이 아니라 현재 양가·묵가에 몸담고 있는 사람들로 보는 경우의 해석이다. 이것도 자기 학생들에 대해서 '往者不追'의 태도를

견지하는 맹자의 생각과 부합되기는 하지만, 이 章의 핵심은 '歸, 斯受之而已矣'에 있으므로, 通說을 따른다.

14·27 인정의 시작은 세 부담의 경감으로부터

맹자께서 말씀하셨다.

"베와 실[布縷]을 징수하는 세금이 있고, 곡식[粟米]을 징수하는 세금이 있으며, 또 인력[力役]을 징발하는 세금이 있다. 어진 임금은 이 세 가지 중에서 한 가지만 집행하고 나머지 두 가지는 보류한다. 만약 두 가지를 동시에 집행한다면, 백성들 가운데는 굶어 죽는 자가 나올 것이고, 만약 세 가지를 동시에 집행한다면, 부모와 자식들은 뿔뿔이 흩어지고 말 것이다."

> 14·27 孟子曰:"有布縷之征①, 粟米之征②, 力役之征③。君子用其一, 緩其二。用其二而民有殍④, 用其三而父子離。"

〈注〉

① 布縷之征(포루지정) : 趙岐에 의하면, 布는 병사들의 옷을 만들기 위한 것이고, 縷는 굵은 실로서, 가죽옷이나 갑옷을 꿰매는 데 쓴다. 朱子는, 布縷는 여름철에 징수하는 세금을 말한다고 하였다. 이 외에도 布는 곧 錢을 말한다고 하는 說과, 布帛을 말한다는 說 등이 있다.
② 粟米之征(속미지정) : 趙岐는, 軍糧을 징수하는 것이라고 하였다. 朱子는, 가을철에 걷는 세금을 말한다고 하였다.
③ 力役之征(역역지정) : 趙岐는, 군량을 운반하거나 땔나무나 말의 먹이를 조달하는 등의 勞役을 말한다고 하였다. 朱子는, 겨울철 농한기에 노력동원하는 것이라고 하였다.
④ 殍(표) : 굶어 죽은 자. 莩의 本字.

14·28 나라의 세 가지 보배

맹자께서 말씀하셨다.

"제후에게는 세 가지 보배가 있으니, 토지와, 백성과, 좋은 정치가 그것이다. 진주나 옥(玉)같은 것을 보배로 여기는 자는 재앙이 반드시 그의 몸에 미치게 될 것이다."

> **14·28** 孟子曰:"諸侯之寶三:土地, 人民, 政事。寶珠玉者, 殃必及身。"

14·29 덕이 없는 작은 재주는 자기 몸을 망친다

[한때 맹자의 문하에서 배운 적이 있는] 분성괄(盆成括)이 제(齊)나라에서 벼슬을 하게 되자, 맹자께서 말씀하셨다. "죽겠구나! 분성괄은."

그후 분성괄이 살해당하자 제자들이 물었다. "선생님께서는 그가 살해당하리란 것을 어떻게 아셨습니까?"

맹자: "그 사람됨이 작은 재주는 있었지만 군자로서 지켜야 할 큰 도리는 몰랐으니, 그것만으로도 자기 몸을 죽이기에 충분하였다."

[小人이 자신의 잔재주만 믿고 교만하게 함부로 행동하다가는 결국 큰 화를 당하게 됨을 경계한 말이다.]

> **14·29** 盆成括仕於齊, 孟子曰:"死矣①盆成括!"

502・맹자

> 盆成括見殺, 門人問曰:"夫子何以知其將見殺？"
> 曰:"其爲人也小有才, 未聞君子之大道也, 則足以殺其軀而已矣。"

〈注〉
① 死矣(사의):語氣助詞 '矣'는 句末에 사용되어, ㉠ 일이 이미 끝났음을, ㉡ 감탄을, ㉢ 요구나 명령을, ㉣ 의문의 語氣를, ㉤ 추측의 語氣를 표시하는데, 여기서는 ㉤의 용법으로 사용되었다.

14·30 맹자의 교육방식

맹자께서 등(滕) 나라에 가서 상궁(上宮)에 유숙하실 때였다. 들창 위에 놓여 있었던, [여관 종업원이] 삼다 만 짚신 한 짝이 없어졌는데, 여관 종업원이 그것을 찾아 보았으나 결국 찾아내지 못했다. 그래서 어떤 사람이 맹자께 여쭈어 보았다. "어찌 이같은 일이!… 선생님을 따라 온 사람들이 감춘 것이지요？"

맹자 : "자네는 그래 이 사람들이 짚신 짝이나 훔치자고 나를 따라왔다고 생각하나？"

(혹자) : "그런 것은 아니겠지요. 그러나 선생님께서 교과 과정을 설치하시면, [그래서 학생들을 가르치시는 모습을 보면,] 배우던 자가 떠나가도 붙잡지 않으시고, 배우러 오는 자는 그 누구도 거절하지 않습니다. 정말로 배우려는 마음만 먹고 찾아온다면, 그들을 다 받아 주었습니다."[그러니 그 중에는 나쁜 사람이나 손버릇이 좋지 못한 사람도 섞여 있을 수 있다는 뜻이다.]

14·30   孟子之滕, 館於上宮①。有業屨②於牖上, 館人求之弗得。或問之曰:"若是乎從者之廋也?"

"曰:"子以是爲竊屨來與?"

曰:"殆非也。夫子③之設科④也, 往者不追, 來者不拒。苟以是心至, 斯受之而已矣。"

〈注〉
① 上宮(상궁) : 趙岐는 樓라 하였고, 朱子는 別宮의 이름이라 했고, 焦循은 上舍, 즉 고급 館舍라 하였다. 어느 것이 맞는지 판단할 수 없어서 원문대로 '上宮'이라 했다.
② 業屨(업구) : 삼기 시작했으나 중간에 딴 일이 있어서 아직 완성하지 못한 신발(趙岐). 業에는 始, 造, 作, 創 등의 뜻이 있는데, 시작은 해 놓았으나 완성시키지 못한 상태의 것을 말한다(焦循).
③ 夫子(부자) : '子'로 된 本이 있고, '予'로 된 本이 있다. 趙岐注本에는 '予'(我)로 되어 있으며, 여기서부터가 孟子의 말이라고 했다. 이것을 子로 보면 或者의 말이 되고, 予로 보면 맹자 자신의 말이 되는데, 그런대로 각각 해석은 되지만, 그 차이점은, 子로 보는 경우에는 따르는 사람들 가운데 도둑질한 자가 있을지도 모른다는 점을 맹자 자신은 인정하지 않은 것이 되고, 予(我)로 보는 경우에는, 따르는 사람들 중에 도둑질한 자가 있을지도 모르지만, 그것은 맹자 자신의 책임이 아니라고 발뺌하는 것이 되어 버린다.
④ 設科(설과) : 교육과정을 설치하다. 교과 과목을 설치하다.

14·31 인의(仁義)의 마음을 확충시켜 나가야

맹자께서 말씀하셨다.

"사람은 모두 차마 모질게 할 수 없는 마음이 있는데, 그런 마음을 모질게 해도 무방한 것으로까지 미루어 확충시켜 간다면, 이것이 곧 인(仁)이며 ; 사람은 모두 차마 할 수 없는 마음이 있는데, 그때의 마음을 해도 무방한 것으로까지 확충시켜 간다면, 이것이 곧 의(義)이다. [바꾸어 말하자면,] 사람이 남을 해치고 싶지 않은 마음을 확충시켜 갈 수 있다면, 인(仁)의 덕은 다 쓸 수 없을 만큼 많아질 것이고, 사람이 차마 [남의 집 담장에] 구멍을 뚫거나 타넘을 수 없는 마음을 확충시켜 갈 수 있다면, 의(義)의 덕도 다 쓸 수 없을 만큼 많아질 것이다. 사람이 남으로부터 천대나 멸시를 당하지 않을 실제 언행(言行)을 확충시켜 갈 수 있다면, 그 어디를 가든지 간에 의(義)에서 벗어나는 일은 없게 될 것이다. [남의 집 담장에 구멍을 뚫거나 타넘는다는 것은 어떤 종류의 행동을 말하는가?] 선비가 되어서, 더불어 말할 수 있는 사람이 아닌데도 더불어 말하는 것은, 말로써 그를 꾀어 이득을 보려는 것이고, 더불어 말할 수 있는 사람인데도 말하지 않는 것은, 말하지 않음으로써 그를 꾀어 이득을 보려는 것인 바, 이것은 모두 남의 집 담장에 구멍을 뚫거나 그것을 타넘는 종류의 행동이다."[도둑질이나 마찬가지이다.]

> **14·31** 孟子曰:"人皆有所不忍①, 達②之於其所忍, 仁也 ; 人皆有所不爲③, 達之於其所爲, 義也。人能充無欲害人之心, 而仁不可勝用也 ; 人能充無穿踰④之心, 而義不可勝用也 ; 人能充無受爾汝之實⑤, 無所往⑥而不爲義也。士未可以言而言, 是以言餂⑦之也 ; 可以言而不言, 是以不言餂之也, 是皆穿踰之類也"

〈注〉

① 不忍(불인) : 趙岐는, (남을 해치는 것을) 참지 못한다는 뜻이라고 했고, 朱子는, 惻隱之心을 가리킨다고 했다. '忍'에는 '참는

다'는 좋은 뜻과, '잔인하다'는 나쁜 뜻이 함께 있다.
② 達(달) : 도달시키다. 推及하다.
③ 不爲(불위) : 趙岐는, '하고 싶지 않은 것', 즉 貧賤을 가리킨다고 했고, 朱子는 羞惡之心을 가리킨다고 했다. 不爲를 '하지 않는다'는 뜻으로 해석하는 편이 더 자연스럽다.
④ 穿踰(천유) : 담장에 구멍을 뚫거나 담장을 타넘어 가는 것. 즉, 도둑질을 말한다.
⑤ 無受爾汝之實(무수이여지실) : 爾와 汝는 높은 사람이 비천한 자를 부를 때 쓰는 代詞(이놈아. 너 이놈). 만약 비슷한 나이나 신분 사이에서 이 말을 쓴다면, 그것은 상대를 경시하거나 멸시함을 나타낸다. 남으로부터 경시나 멸시를 받지 않을 實質, 즉 言行을 말한다.
⑥ 無所往(무소왕) : 어디를 가든지 간에 … 이 없다.
⑦ 餂(첨) : 꾀다. 낚다. (미끼로 꾀어) 잡다.

14·32 훌륭한 말[善言]과 훌륭한 도[善道]

맹자께서 말씀하셨다.
"그 말이 알아듣기 쉬우면서도 그 뜻은 심원(深遠)한 것, 그것이 곧 훌륭한 말[善言]이고, 지키고 따르기가 간편하면서도 그 효과가 널리 미치는 것, 그것이 곧 훌륭한 도[善道]이다. 군자의 말은 가까이에서 흔히 보는 일들에 관한 것이지만, 그 안에 진리[道]가 있고, 군자의 몸가짐은, 자신의 몸을 닦음으로써 [사람들을 감화시켜] 천하를 태평하게 한다. 사람들의 병폐는, 자신의 밭은 묵혀 둔 채 남의 밭만 잘 가꾸려 하고, 남에게는 무거운 짐을 지도록 요구하면서 자기 자신은 가벼운 짐만 지려 하는 데 있다."

14·32 孟子曰 : "言近①而指遠者, 善言也 ; 守約②而施博

③者, 善道也。君子之言也, 不下帶④而道存焉; 君子之守, 修其身而天下平。人病⑤舍其田而芸⑥人之田 —— 所求於人者重, 而所以自任者輕。"

〈注〉

① 言近(언근) : 가까이에서 흔히 볼 수 있는 것을 예로 들어 알아듣기 쉽게 말한다는 뜻이다.
② 守約(수약) : 핵심이나 요령(約)을 지킨다. 따라서, 지키기에 간편하다는 뜻도 된다.
③ 施博(시박) : 施는 공로, 은혜의 뜻으로, 그 은혜(혜택)가 널리 미친다. 즉, 효과가 크다.
④ 不下帶(불하대) : 帶 ; 허리띠. 상대를 볼 때에는 눈에서 가장 가까운 부위, 즉 상대의 얼굴을 보아야지, 먼 곳, 즉 허리띠 아래의 부위까지 내려가서는 안 된다는 뜻이 확장되어, 눈으로 흔히 볼 수 있는 가까운 것들에서 벗어나지 않는다는 뜻이다.
⑤ 人病(인병) : 사람들의 일반적인 병폐. 결점.
⑥ 芸(운) : 김을 매다(耘과 通用).

14·33 행동은 법도에 맞게, 결과는 운명에 맡겨라

맹자께서 말씀하셨다.

"[다 같이 仁의 덕을 행하였지만,] 요·순(堯舜)은 본성에서 우러나와 그것을 하였고, 탕·무[湯王·武王]는 [修身을 통하여] 본성으로 되돌아감으로써 그것을 하였다. 그 행동이나 용모 하나 하나가 두루 다 예(禮)에 합치된다면, 그것은 아름다운 덕이 지극한 경지에 도달한 것이다. 사람이 죽었을 때 곡(哭)하면서 슬퍼하는 것은 결코 살아 있는 사람들에게 잘 보이기 위해서가 아니다. 덕(德)을 행하여 어김이 없도록 하는 것은, 관직을 얻으려는 것이 아니다.

말에는 반드시 믿음성이 있어야 하는 바, 이는 결코 바르게 행동하는 사람이라는 명예를 얻기 위해서가 아니다. 군자는 법도(法度)에 따라 행동하고, [그 결과에 대해서는] 운명에 맡기고 기다릴 따름이다."

> **14·33** 孟子曰:"堯舜, 性者①也; 湯武, 反之②也。動容周旋③中禮者, 盛德之至也。哭死而哀, 非爲生者也。經德不回④, 非以干祿也。言語必信, 非以正行⑤也。君子行法⑥, 以俟命而已矣。"

〈14·33 注〉

① 性者(성자) : 천성으로 타고난 그대로라는 뜻이다. (진심上(13-30)의 '性之'와 같은 뜻이다).
② 反之(반지) : 修身을 통하여 善한 本性으로 되돌아갔다는 뜻이다. (진심 上(13-30)의 '身之'와 같은 뜻이다).
③ 動容周旋(동용주선) : 動作容儀와 세세한 몸가짐.
④ 經德不回(경덕불회) : 經에 대한 해석은, 動容周旋 이하의 내용이 인간 일반을 가리킨다고 보느냐(趙岐·焦循), 堯·舜이나 湯·武를 가리킨다고 보느냐(朱子)에 따라 달라진다. 趙岐는, 經을 行, 回를 邪라고 注하여, '德을 行하고 나쁜 마음을 품지 않는다(不回)'라고 해석하였는데, 이것은 『左傳』昭公二十年의 "不以回待人"에 대한 杜預의 注와 일치한다. 朱子는, 經을 常, 回를 曲으로 注하여, '변함없는 德이 굽혀지는 일 없음은' 이라고 해석했다. 그리고 楊伯峻은, 經을 行으로, 回를 '違'의 뜻으로 보아서, '德을 행하여 어그러짐이 없음은'이라고 해석하였다.
⑤ 非以正行(비이정행) : 趙岐는, '자기 자신이 正行을 행하는 사람이라는 명성을 얻고자 해서가 아니다'(非欲以正行爲名)'란 뜻으로 해석했다. 焦循은 '非欲弋(익)致方正之名'이라고 해서 趙岐와 비슷하게 해석하고 있다.
⑥ 法(법) : 法度(趙岐). 天理의 당연한 것(朱子).

14·34 권력자를 상대로 유세할 때의 마음가짐

맹자께서 말씀하셨다.

"존귀(尊貴)한 자를 상대로 유세(遊說)할 때에는, 그를 가볍게 보고 그의 위세당당한 모습을 안중(眼中)에 두지 말아야 한다. 뜨락[堂]의 높이가 여러 길[仞]이 되고, 처마의 폭이 여러 자[尺]가 되게 하는 일은, 비록 내가 뜻을 이루더라도, 나는 하지 않을 것이다. 사방 여덟 자의 큰 식탁에다 온갖 음식들을 즐비하게 늘어놓고, 시중드는 첩(妾)들을 수백명씩이나 거느리는 일은, 비록 내가 뜻을 이루더라도, 나는 하지 않을 것이다. 마냥 즐기면서 술을 마시고, 말을 몰아 달리면서 사냥을 하고, 행차할 때에는 뒤로 천여 대의 수레들이 뒤따르게 하는 그런 일은, 비록 내가 뜻을 이루더라도, 나는 하지 않을 것이다. 저들이 하고 있는 일들은 모두 나로서는 하지 않을 것들이고, 내가 하고 있는 일들은 모두 옛 성인들의 법도에 맞는 것들이니, 내가 무엇 때문에 그들을 두려워하겠느냐?"

14·34 孟子曰:"說大人①, 則藐之②, 勿視其巍巍然③。堂高④數仞, 榱題⑤數尺, 我得志, 弗爲也。食前方丈⑥, 侍妾數百人, 我得志, 弗爲也。般樂⑦飮酒, 驅騁⑧田獵, 後車千乘, 我得志, 弗爲也。在彼者, 皆我所不爲也; 在我者, 皆古之制⑨也, 吾何畏彼哉?"

〈注〉

①大人(대인):제후 등 당시의 존귀한 사람을 가리킨다(趙岐).

② 藐之(묘지) : 藐(묘) : 업신여기다. 경시하다. 藐(막) : 멀다.
③ 巍巍然(외외연) : 높고 큰 모양. 富貴한 자의 모습을 말한다.
④ 堂高(당고) : 堂 ; 집을 짓기 위해서 땅을 높이 돋운 부분. 堂階. 섬돌을 통하여 그곳에 오르내리고, 그곳에서 신발을 벗고 마루로 올라간다. '經傳에서 말하는 堂高는 모두 堂階를 가리킨다"(焦循). '집 높이'라고 하면 지붕까지의 높이를 가리키는 바, 堂高와는 다른 뜻이다.
⑤ 榱題(최제) : 榱 ; 서까래. 題 ; 頭의 뜻으로, 도리 밖으로 나온 서까래 부분. 즉, 처마의 폭을 말한다.
⑥ 食前方丈(식전방장) : 사방 여덟 자(方丈)의 큰 식탁에 음식물을 즐비하게 펼쳐 놓고 먹는 것을 말한다.
⑦ 般樂(반락) : 공손추 上(3-4)의 注, 참조.
⑧ 驅騁(구빙) : 말이나 마차를 몰아 달리는 것.
⑨ 古之制(고지제) : 옛 성인들이 제정해 놓은 法度.

14·35 가장 좋은 수양 방법은 욕심을 줄이는 것

맹자께서 말씀하셨다.

"마음을 수양하는 방법 중에 물질적 욕망을 줄이는 것보다 더 좋은 방법은 없다. 그 사람됨이 욕망이 적다면, 설령 그 선한 본마음을 보존하지 못하는 일이 있다 하더라도, 그 보존하지 못하는 바가 적을 것이다. 그 사람됨이 욕망이 많다면, 설령 그 선한 본마음을 보존한다 하더라도, 그 보존하는 바가 적을 것이다."

> **14·35** 孟子曰 : "養心莫善於寡欲。 其爲人也寡欲, 雖有不存①焉者, 寡矣 ; 其爲人也多欲, 雖有存焉者, 寡矣。"

〈注〉
① 不存·存(부존·존) : 趙岐는 生存의 뜻으로 해석했고, 朱子는 本

心을 말한다고 했다. 이루 下(8-19)의, '人之所以異於禽獸者幾希, 庶民去之, 君子存之.'에서의 '存'과, 고자上(11-8)의, '雖存乎人者, 豈無仁義之心哉?'에서의 '存'(보존하다. 있다)과 같은 뜻이다.

14·36 증자(曾子)가 고욤을 먹지 않은 이유

[曾子(參)의 부친인] 증석(曾晳)이 살아계실 때 고욤을 즐겨 먹었으므로, 증석이 죽은 후에 증자(曾子)는 차마 고욤을 먹지 못하였다.

공손추가 맹자께 물었다. "회(膾)와 불고기와 고욤 중에서 어느 것이 더 맛있습니까?"

맹자께서 말씀하셨다. "회와 불고기가 더 맛있지!"

공손추가 다시 물었다. "그렇다면 증자는 왜 회와 불고기는 먹으면서 고욤은 먹지 않았습니까?"

맹자: "회와 불고기는 누구나 다 즐겨 먹는 것이지만, 고욤은 [증석] 혼자서 좋아했던 것이기 때문이다. [이것은 마치, 임금이나 부모의] 이름[名]은 부르거나 사용하기를 기피해야 하지만, 성(姓)은 기피하지 않는 것과 같으니, 성(姓)은 [같은 종족이라면 누구나] 다 같이 쓰는 것이지만, 이름[名]은 한 사람만 쓰는 것이기 때문이다."

14·36 曾晳嗜羊棗①, 而曾子不忍食羊棗。公孫丑問曰:
"膾炙②與羊棗孰美?"
　孟子曰:"膾炙哉!"
　公孫丑曰:"然則曾子何爲食膾炙而不食羊棗?"

曰:"膾炙所同也,羊棗所獨也。諱名③不諱姓,姓所同也,名所獨也。"

〈注〉

① 羊棗(양조):고욤. 대추의 일종이 아니라, 감나무 씨를 심어 접붙이지 않았을 때 열리는 열매이다. 감처럼 생겼으나 조그맣고, 익으면 까맣게 된다. 염소나 양의 똥처럼 생겼는데, 그 나무를 다시 접붙여야 감나무가 된다.
② 膾炙(회자):膾는 고기나 생선을 잘게 다진 것이고, 炙는 불에 구운 것이지만, 구체적인 古代의 요리법이 전해지지 않으므로, 회와 불고기라 번역한다.
③ 諱名(휘명):諱;기피하다. 옛날에는 부모나 임금의 名字를 함부로 입에 담지도 쓰지도 않았는데, 이것을 避諱라 한다. 이에 관한 규칙은 『禮記』「曲禮上篇」,「檀弓下篇」,「玉藻篇」에 자세하게 나와 있다.

14·37 광견(狂獧)과 향원(鄕原)

만장(萬章)이 물었다. "공자께서 진(陳) 나라에 계실 때 말씀하셨습니다. '어찌 [고향으로] 돌아가지 않으랴! 내 고향의 젊은 이들은 포부만 크고, 그 하는 바 행동들은 [치밀하지 못하고] 엉성하지만, 도(道)를 배우는 데 있어서는 매우 진취적(進取的)이다. 나는 그들의 옛 모습을 잊을 수 없구나!'라고. 공자께서 진 나라에 계시면서 노(魯) 나라의 포부만 큰 인사들[狂士]을 그리워하신 이유가 무엇입니까?"

맹자께서 말씀하셨다. "공자께서는 말씀하시기를, '중용(中庸)의 도(道)를 실천하고 있는 인사들을 만나 그들과 사귈 수 없을 바에는, 반드시 포부가 큰 사람[狂]이나 대쪽같이 절개가 곧은 사람[獧]들과 사귀어야 한다. 포부가 큰 사람은 [道를 배움에 있어서] 진취적이고, 절개가 곧은 사람은 [수치심이 있어서 옳지 않은 일은] 하지 아니하는 바가 있다.'고 하셨다. 공자께선들 어찌 중용의 도를 실천하고 있는 훌륭한 인사들을 만나 그들과 사귀고 싶지 않았겠는가? 그러나 [원한다고 해서] 반드시 얻을 수 있는 것이 아니므로, 그보다 한 단계 못한 사람들을 생각하셨던 것이다."

(만장) : "어떠한 사람이어야 포부 큰 사람[狂]이라 할 수 있는지요?"

맹자 : "금장(琴張), 증석(曾晳), 목피(牧皮)같은 사람들이 공자께서 말씀하신 포부가 큰 사람들이다."

(만장) : "어떤 점을 보고 그들의 포부가 크다 하십니까?"

맹자 : "그들은 말이나 포부가 모두 커서, 입만 열면 '옛 성현들께서는, 옛 성현들께서는…'하고 말하지만, [즉, 옛 성현들을 목표로 삼고 있지만,] 막상 그들이 하는 행동을 살펴보면 그 말하는 것과 부합되지 못하는 점이 많다. [그러나 잘만 이끌어 준다면, 이들에게는 커다란 발전 가능성이 있다.] 이러한 포부가 큰 사람들조차 또한 얻을 수 없을 때에는, [대쪽같은 성미에] 추한 일 하기 싫어하는 사람들을 만나 그들과 사귀고 싶어한 것이니, 이들이 곧 절개 곧은 사람들[獧]로서, 이들은 [포부가 큰 사람들보다는] 한 단계 아래의 사람들이다. 공자께서는 말씀하신 적이 있다 : '나의 집 대문 앞을 지나가면서도 내 집에 들어오지 않는 사람이 있을 때, 그런데도 내가 전혀 서운하게 생각하지 않을 사람은 바로 [위선자이고 사이비 군자인] 향원(鄕原)뿐이다. 향원이야말로 덕(德)을 해치는 나쁜 자들이다.'라고."

만장 : "어떤 사람을 향원이라 할 수 있습니까?"

맹자 : "[향원이라 불리는 위선자는, 포부가 큰 사람을 향하여 이

렇게 비웃는다.] '무엇을 믿고 저렇게 포부를 크게 갖고 큰 소리만 치는가? 저자들의 말은 자신들의 행동과 맞지 않고, 저자들의 행동은 자신들의 말한 것과 부합되지도 않는데, 그러면서도 매사에 입만 열면, 옛 성현들께서는, 옛 성현들께서는…하고 말한다.' [그리고 또 절개가 곧은 사람들을 향해서는,] '저자들은 왜 저렇게 혼자 잘난 체하면서 쌀쌀맞게 구는가? 일단 이 세상에 태어났으면, 이 세상 사람으로 살아가면서, [세상 사람들로부터] 좋은 사람이란 소리만 들으면 그뿐인 것을.'[이라고 말하면서 비웃는다.] 자신들의 속 마음은 철저히 감추고, 위선을 가장하여 세상 사람들의 비위나 맞추고 아첨하는 인간들, 이들이 곧 향원(鄕原)이라 불리는 자들이다."

만장이 다시 물었다. "한 마을[鄕] 사람들이 모두 그를 좋은 사람[原人]이라고 부른다면, 그는 어디를 가든지 간에 좋은 사람일 터인데, 공자께서는 그런 사람을 덕(德)을 해치는 나쁜 자들이라고 생각하신 것은 무슨 이유에서입니까?"

맹자: "[그런 자들일수록 자신의 잘못을 교묘하게 잘 감추므로,] 그들을 비난하려 해도 [딱 꼬집어 뭐라고] 그 증거를 들이댈 수도 없고, 공격하려 해도 [딱 꼬집어] 어떤 점을 공격해야 할지 알 수 없으며, 그들은 타락한 세속(世俗)에 몸을 담그고, 탁한 세상과 호흡을 맞추어 살아가는데, 그 처신하는 겉모습은 성실하고 신의가 있는 듯이 보이고, 그 행동하는 겉모습도 청렴결백한 듯하므로, [사실은 불성실하고 탐욕으로 가득 차 있지만,] 일반 대중들은 그를 좋아하고, [자기 반성이 없는 인간이므로] 그 자신도 자기가 옳고 바른 사람인 줄 생각하지만, 이런 자들이야말로 도저히 요·순의 도(道)에 함께 들어갈 수 없는 자들이니, 그래서 덕을 해치는 자들이라고 말한 것이다. 공자께서는 말씀하셨다; '나는 사이비[似是而非]를 증오하나니, 강아지풀[莠]을 싫어하는 이유는, 그

것이 곡식을 어지럽힐까봐서이고, 간교한 재주[佞]를 증오하는 이유는, 그것이 정의[義]를 어지럽힐까봐서이고, 구변 좋은 것[利口]을 미워하는 이유는, 그것이 신의[信]를 어지럽힐까봐서이고, 음란한 정(鄭) 나라의 음악을 싫어하는 이유는, 그것이 고상한 정통음악[雅樂]을 어지럽힐까봐서이고, 자주색[紫]을 싫어하는 이유는, 그것이 붉은 원색[朱]을 어지럽힐까봐서이며, 향원(鄕原)을 증오하는 이유는, 그들이 덕(德)을 해칠까봐서이다.'라고. 군자는 모든 것들로 하여금 변함없는 바른 도[常道]로 되돌아 가도록 하면 된다. 이 상도(常道)가 일단 바르게 세워지면, 백성들은 분발하여 선(善)을 행하려 할 것이고, 백성들이 분발하여 선을 행하게 된다면, 이 세상의 사악(邪惡)하고 간특(姦慝)한 무리들은 모두 사라질 것이다."

14·37 萬章問曰:"孔子在陳曰:'盍歸乎來！ 吾黨之士① 狂簡②, 進取, 不忘其初③.' 孔子在陳, 何思魯之狂士？"

孟子曰:"孔子,'不得中道而與之, 必也狂獧④乎！ 狂者進取, 獧者有所不爲也.' 孔子豈不欲中道哉？ 不可必得, 故思其次也."

"敢問何如斯可謂狂矣？"

曰:"如琴張、曾晳、牧皮者, 孔子之所謂狂矣."

"何以謂之狂也？"

曰:"其志嘐嘐然⑤, 曰,'古之人, 古之人.'夷⑥考其行, 而不掩焉⑦者也. 狂者又不可得, 欲得不屑不絜之士而與之, 是獧也, 是又其次也. 孔子曰:'過我門而不入我室, 我不憾焉者, 其惟鄕原⑧乎！ 鄕原, 德之賊也.'"

曰:"何如斯可謂之鄕原矣？"

曰:"'何以是⑨嘐嘐也？言不顧行，行不顧言，則曰：古之人，古之人。行何爲踽踽涼涼⑩？生斯世也，爲斯世也，善斯可矣。'閹然⑪媚於世也者，是鄕原也。"

萬章曰:"一鄕皆稱原人⑫焉，無所往而不爲原人，孔子以爲德之賊，何哉？"

曰:"非之⑬無擧也，刺之⑭無刺也；同乎流俗⑮，合乎汚世；居之似忠信，行之似廉絜；衆皆悅之，自以爲是，而不可與入堯舜之道，故曰德之賊也。孔子曰：'惡似而非者：惡莠⑯，恐其亂苗也；惡佞⑰，恐其亂義也；惡利口，恐其亂信也；惡鄭聲，恐其亂樂也；惡紫，恐其亂朱也；惡鄕原，恐其亂德也。君子反經⑱而已矣。經正，則庶民興；庶民興，斯無邪慝矣。"

〈注〉

① 吾黨之士(오당지사)： 黨；鄕黨. 즉, 吾鄕之士. 士를 '小子'로 쓴 本도 있고, 『論語』「公冶長篇」에도 '小子'로 되어 있다.

② 狂簡(광간)： 그 뜻은 크나 일을 처리하는 데 있어서는 엉성한 것을 말한다(朱子).

③ 不忘其初(불망기초)：趙岐는, 공자가 魯 나라에 있는 故舊들을 잊지 못한 것을 말한다고 하였고, 朱子는, '不能改其舊', 즉 진취적이기는 하지만 그 옛것들을 잊어 버릴 수 없음을 말한다고 하였다. 한편, 初를 本의 뜻으로 보아서, 진취적이긴 하나 그 근본을 잊어 버리지 않음을 말한다고 한 해석도 있다. 孔子가 고향으로 돌아가고자 했을 때, 꼭 교육적인 면들만 생각하였던 것이 아니라, 고향을 그리는 인간적인 감정도 있었다고 보는 趙岐의 해석이 자연스럽다.

④ 狂獧(광견)：狂은 앞의 狂簡을 말하고, 獧은, 『論語』에는 狷으로

되어 있는데, 옳지 않은 일은 하지 않고, 지조가 곧으며, 정직하지만, 융통성이 없는 사람을 말한다.
⑤ 嘐嘐然(효효연) : 그 뜻이나 말이 모두 큰 모양(志大言大者—趙岐).
⑥ 夷(이) : 趙岐와 朱子는, '夷, 平也'(평탄하게 하다. 고르게 하다)라 해석하였고, 焦循은 夷考는 곧 考察의 뜻이라 하였다. 『辭源』, 및 楊伯峻은 이것을 무의미한 語首助詞로 보았다.
⑦ 掩焉(엄언) : 그것을 덮다. 즉, 그 말한 바를 행동이 덮는다는 뜻으로, 言行一致를 말한다.
⑧ 鄕原(향원) : 原은 愿과 같은 뜻인데, 『說文』에서는 '愿, 謹也'(삼가고 조심하다, 신중하다)라고 하였다. 즉, 鄕里에서 점잖고, 신중한 자라고 평이 나 있는 사람이라는 뜻이다.
⑨ 何以是…(하이시…) : 여기서부터 '古之人'까지는 향원이 狂者를 보고 비웃는 말, 그 다음의 行何爲…에서 '善斯可矣'까지는 獧者를 보고 비웃는 말이다(朱子). 焦循은, 이것은 맹자가 향원을 설명한 것이라고 하였으나, 부자연스럽다.
⑩ 踽踽涼涼(우우량량) : 踽踽 ; 친한 사람이 없이 홀로 살아가는 모양. 涼涼 ; 경박하고 쌀쌀맞게 굴어서 남들과 친밀하게 지내지 못하는 모양.
⑪ 閹然(엄연) : 閹 ; 奄과 같은 뜻으로, 자신의 감정이나 생각은 감추고 절대로 드러내지 않는 모습.
⑫ 原人(원인) : 謹直한 사람. 萬章은 좋은 뜻으로 이해하고 있었으나, 외부로 나타난 모양이나 평판만 가지고 보았기 때문이다.
⑬ 非之(비지) : 그를 비난하다.
⑭ 刺之(자지) : 그를 공격하다.
⑮ 流俗(유속) : 타락한 습속. 流 ; 下流의 뜻으로 나쁜 의미로 쓰이고 있다.
⑯ 莠(유) : 강아지풀. 조 이삭처럼 생겼으나 곡식이 아니다.
⑰ 佞(녕) : 교묘하게 둘러대는 말재주나 교활한 재주.
⑱ 反經(반경) : 反 ; 復. 歸. 經 ; 常(趙岐).

14·38 도통(道統)이 끊어지겠구나

맹자께서 말씀하셨다.

"요·순(堯舜) 임금으로부터 탕(湯) 임금에 이르기까지는 오백여 년이 지났는데, [요순 시대의 賢臣들이었던] 우(禹)와 고요(皐陶)같은 분들은 [요순의 훌륭한 道를] 몸소 보아서 알았고, 탕(湯) 임금같은 분은 그것을 전해 들어서 알았다. 탕 임금으로부터 문왕(文王)에 이르기까지는 또 오백여 년이 지났는데, [탕 임금 시대의 賢臣들이었던] 이윤(伊尹)이나 내주(萊朱)같은 분들은 [탕 임금의 훌륭한 道를] 몸소 보아서 알았고, 문왕같은 분은 그것을 전해 들어서 알았다. 문왕으로부터 공자(孔子)에 이르기까지는 또 오백여 년이 지났는데, [문왕 시대의 賢臣들이었던] 태공망(太公望)이나 산의생(散宜生)같은 분들은 [문왕의 훌륭한 道를] 몸소 보아서 알았고, 공자같은 분은 전해 들어서 알았다. 공자로부터 지금까지는 겨우 백여 년이 지났는데, 성인께서 살아계셨던 때가 이처럼 멀지 않고, 성인께서 사셨던 지역이 이처럼 가까운데, 그럼에도 불구하고 [공자의 도가 시행되는 것을 직접 보고 안] 사람이 없으니, [먼 훗날 그 도를 전해 들어서 알] 사람 또한 없겠구나."

　[孔子께서는 성인이셨지만 천자가 될 수 없어서 자신의 道를 시행해 볼 기회를 얻지 못했다. 그리하여 그 도가 시행되는 것을 보고서 안 사람이 없었던 것이다. 보고서 안 사람이 없으니 전해 들어서 알 사람도 없을 것이다.

　孔子의 道가 끊어질 것을 걱정한 맹자의 절실한 심정이 이『孟子』의 마지막 章에 실려 있는 것은 매우 의미심장하다. 이것은 맹자 자신이야말로 孔子의 道를 이어서 전할 수 있는 유일한 인물이라는 자부심과 책임감이 엿보이는 글로서, 道를 전한다는 道統의 이런 사상은 맹자 이후에도 唐代의 韓愈, 宋代의 程明道, 程伊川이나 朱晦庵(朱子)으로 이어져서, 道統을 傳하는 學門이라는 의미에서의 「道學」이 이루어졌다.

聖人 출현의 '五百年 周期說'은 공손추 下(4·13)에서도 보이며, 또한 성인의 출현 여부에 따라서 一治一亂이 되풀이된다는 史觀은 등문공 下(6·9)에서도 설명되고 있다.]

14·38　孟子曰:"由堯舜至於湯, 五百有餘歲；若禹、皐陶, 則見而知之；若湯, 則聞而知之。由湯至於文王, 五百有餘歲, 若伊尹、萊朱, 則見而知之；若文王, 則聞而知之。由文王至於孔子, 五百有餘歲, 若太公望、散宜生①, 則見而知之；若孔子, 則聞而知之。由孔子而來至於今, 百有餘歲, 去聖人之世若此其未遠也, 近聖人之居②若此其甚也, 然而無有乎爾, 則亦無有乎爾③。"

〈注〉

① 散宜生(산의생) : 文王의 네 臣下 중 한 사람으로, 姓은 散宜, 名은 生이다. 朱子는 散이 姓이고 宜生이 名이라 했으나, 『大戴禮記』「帝繫篇」에, "堯取于散宜氏之子'란 文이 있으므로, 옛날부터 散宜라는 姓이 있었음을 알 수 있다(錢大昕).

② 聖人之居(성인지거) : 공자의 고향 魯는 맹자의 고향 鄒에서 백리 정도 떨어져 있다.

③ 無有乎爾, 則亦無有乎爾(무유호이, 즉역무유호이) : 趙岐는, 맹자 자신이 孔子의 道를 익히 알고 있음에도 옛 성현들처럼 聖王에게 등용되지 못하였음을 한탄하여 두 번 거듭 말한 것이라 했으나, 朱子가 소개한 林氏의 해석(번역문 끝의 역주 참고)이 앞뒤 문맥상 자연스럽다. 乎爾；語氣詞를 連用한 것으로, 중점은 爾에 있으며, 末에서 감탄이나 단정을 나타낸다. … 하겠구나.

■ 부록

『孟子』와 孟子

『孟子』와 孟子
―그 生涯와 思想―

Ⅰ. 孟子의 生涯

사마천(司馬遷)은『사기(史記)』(「孟子荀卿列傳」)에서 맹자에 대하여 다음과 같이 말하고 있다.

"맹가(孟軻)는 추(鄒) 나라 사람으로, 자사(子思)의 문인에게서 학문을 배우고, 학문에 통달한 후에는 제(齊) 나라로 가서 선왕(宣王)을 섬겼으나 선왕은 그를 쓸 줄 몰랐다. 그래서 양(梁) 나라로 찾아갔으나 양의 혜왕(惠王)은 맹자의 말을 믿지 않고, 맹자의 말은 우원(迂遠)하여 현실정과 맞지 않는다고 생각하였다. 그 당시 진(秦) 나라에서는 법가(法家)인 상앙(商鞅)을 등용하여 부국강병책을 실시하였고, 초(楚)와 위(魏) 나라에서는 오기(吳起)를 등용, 전쟁을 통하여 적국들의 땅을 빼앗았고, 제의 위왕(威王)과 선왕(宣王)은 병가(兵家)인 손자(孫子)와 전기(田忌)의 무리들을 등용하였으므로, 각국의 제후들은 동쪽의 제 나라로 찾아가서 제 왕을 조현(朝見)했다. 각국들은 바야흐로 합종(合縱)·연

횡(連橫)을 통한 싸움에 힘쓰고, 전쟁만을 능사(能事)로 여기고 있었다.

그런데도 맹자는 요순(堯舜)과 하(夏)·은(殷)·주(周) 삼대의 성왕들의 덕치를 주장하고 다녔으므로, 그의 주장은 찾아간 나라들의 실정과 부합될 수 없었다. 그리하여 물러나서 만장(萬章) 등 제자들과 함께 『시경』과 『서경』을 정리하고, 공자의 학문과 사상을 천술(闡述)하여 『맹자』 7편을 지었다."

맹자는 공자의 탄생지인 노(魯) 나라의 창평향(昌平鄕) 추읍(陬邑)과 가까운 추(鄒) 나라에서 태어났다. 그가 태어났을 때는 이미 공자가 사망한 지 백년 정도 되었다. 그의 이름이 가(軻)였다는 것은 『맹자』 본문에서도 확인할 수 있다(10·2). 그러나 그의 자(字)에 대해서는 자거(子車)였다는 설(魏의 王肅, 『聖證論』)과 자여(子輿)였다는 설(晋의 傅玄, 『傅子』)이 있지만 확실하지 않다. 그의 부모에 관한 것은 알려진 것이 많지 않다. 『춘추연공도(春秋演孔圖)』와 『궐리지(闕里志)』(陳鎬) 등에 의하면, 그의 부친의 이름은 격(激), 자(字)는 공의(公宜)로서, 노(魯) 나라의 대부 맹헌자(孟獻子)의 자손이고, 그의 모친의 성(姓)은 장씨(仉氏)라고 하였으나, 사실 여부를 확인할 수 있는 다른 기록은 없다.

맹자의 출생 연월과 사망시기에 관해서도 확실한 기록은 없고 다만 여러 가지 상이한 설(說)들만 있는 실정이다. 그 대표적인 것을 들면, 맹자는 주(周) 열왕(烈王) 4년(B.C. 372) 4월 2일에 출생하여 주 난왕(赧王) 26년(B.C. 289) 11월 15일에 향년 84세로 사망했다는 설(明人이 쓴 『孟子譜』와 呂元善의 『聖門志』)과, 주 안왕(安王) 17년(B.C. 385)에 출생하여 주 난왕 11년(B.C. 304) 전후에 사망했다는 설(淸의 周廣業의 『孟子出處時地考』와 魏源의 『古微堂外集』「孟子年表」, 그리고 宋翔鳳의 『過庭錄』「孟子史跡考」)이 있다.

이 두 설 간에는 출생연대와 사망연대에서 십여년의 차이가 있다.

서한(西漢)의 한영(韓嬰)이 쓴 『한시외전(韓詩外傳)』에는 어렸을 때의 맹자와 그의 모친에 관한 고사(故事) 몇 편이 기록되어 있다. 맹자가 어렸을 때, 이웃집에서 돼지 잡는 소리를 듣고 "옆 집에서는 왜 돼지를 잡느냐?"고 묻자, 그의 어머니가 농담삼아, "너에게 주려고 잡는다"고 대답하고 나서는 곧바로 자식에게 거짓말 한 것을 뉘우치고, 이웃집에 가서 돼지고기를 사다가 먹여 주었다고 한다(買東家豚肉以食之). 그리고 한번은, 맹자는 책을 읽고 그의 어머니는 베를 짜고 있었는데, 맹자가 책을 읽다가는 중단하고, 한참 있다가 다시 읽어 나가는 것을 보고 맹자의 어머니가 칼을 가지고 와서 짜던 베를 잘라 보임으로써, 배움을 중도에 쉬는 것이 어떤 것인지를 스스로 깨달아 뉘우치게 했다고 한다(斷機之訓). 그리고 또 맹자가 젊었을 때였는데, 집에 돌아와 방문을 열고 들어갔더니, 그의 아내가 일어서서 맞지 않고 쪼그린 채 그대로 가만히 앉아 있었던 일을 불만스럽게 여겨서 그의 어머니께, "아내가 예의를 모르니 내보내야 되겠습니다"고 말하자 그의 어머니가 도리어 맹자의 잘못과 무례를 조목조목 들어 가면서 나무랐다는 이야기가(不敢去婦) 그곳에 기록되어 있다.

그리고 한(漢)의 유향(劉向)이 쓴 『열녀전(烈女傳·母儀篇)』에는, 맹자의 어머니가 자식의 교육을 위해서 세 번이나 이사를 했다(孟母三遷之事)는 이야기가 앞의 단기지훈(斷機之訓) 등과 함께 기록되어 있는데, 이런 이야기들을 그대로 믿는다면, 맹자의 어머니는 아마도 자식을 훌륭하게 키우려는 열의가 대단하였을 뿐만 아니라 옳바른 교육방법까지 정확하게 터득하고 있었던 현모(賢母)였으며, 맹자는 어려서부터 그런 어머니로부터 좋은 가르침과 감화를 받으면서 자랐던 것같다.

맹자가 태어났을 때는 공자가 사망한 지 100년 가까이 되었기 때문에, 그 제자들 가운데 그때까지 생존해 있었던 사람은 하나도 없었다. 그래서 맹자는 공자의 제자들로부터 직접 공자의 학문과 사상을 배울 수는 없었고, 단지 사람들로부터 공자를 사숙(私淑)할 수밖에 없었다(8-22). 그러나 구체적으로 누구에게서 배웠는지에 대해서는 맹자 자신이 밝힌 적이 없는 점으로 보아, 그를 가르쳐 준 스승은 그리 이름 높은 대학자는 아니었던 것 같으며, 그가 자주 증자(曾子)와 자사(子思)에 대해서 언급한 점으로 보아, 공자와 그의 제자 증자, 그리고 공자의 손자 자사(B.C. 483-402)로 이어지는 학풍(學風)을 이어받은 것이 확실한 것 같다. 따라서, "자사(子思)의 문인(門人)에게서 수업(受業)하였다"는 사마천의 주장은 설득력이 있다. 그러나 맹자가 자사에게서 직접 배웠다고 주장하는 후한(後漢) 조기(趙岐)의 주장(「孟子題辭」)에는 설득력이 없다. 왜냐하면, 자사의 생존시기와 맹자의 생존시기가 전혀 겹쳐지지 않기 때문이다.

맹자의 일생을 보면, 공자의 그것처럼 파란만장 하지는 않았고, 비록 자신의 정치적 이상은 실현할 수 없었지만, 비교적 순탄하였던 것 같다. 『맹자』와 『사기』(「맹자순경열전」)에 기록된 것들을 종합해 보면, 그는 이미 명성이 높은 대학자가 된 다음에 여러 나라로 유력(遊歷)하였는데, 가는 곳마다에서 학문을 강의하고, 자신의 정치적 주장을 폄으로써, 그것이 각국의 군주들에게 받아들여져 자기의 정치적 이상이 실현되기를 바랐다. 그리고 그가 여러 나라를 방문할 때에는 뒤따르는 수레가 수십 대, 따르는 제자들이 수백 명이나 되었으며, 찾아간 나라마다 그에게 머물 집과 음식을 대접하고, 떠날 때에는 노잣돈으로 거액의 황금을 주었다는 사실로 볼 때((4-3), (6-4)), 각국의 제후들은 대학자인 그를 아주 융숭하게 대접하였던 것 같다. 그러면서도 그들은 그의 학설을 받아들여 현실정치에 적용할 줄은 몰랐다.

맹자가 각 나라를 어떤 순서로 유력(遊歷)했는지에 대해서는 이

설(異說)이 있다. 그 차이는 주로 제(齊)에서 양(梁)으로 갔다는 것 (『史記』)과, 양에서 제로 갔다는 것(『孟子』가 양혜왕을 만나서 이야기하는 것으로부터 시작되고 있다는 사실에 기초를 두고 있다.)에 있다. 이하에서는 『맹자』와 기타 역사년표에 근거하여 맹자의 유력을 살펴본다.

맹자가 처음으로 제(齊) 나라로 찾아갔을 때에는 위왕(威王)이 다스리고 있었다. 그곳에서 맹자는, 당시 제 나라에서 별로 좋은 평판이 나 있지 않았고 불효자란 낙인까지 찍혀 있었던 광장(匡章)과 깍듯이 예의를 갖추어 교유하였다(8-30). 그가 제 나라에서 뜻을 얻지 못하여 그 나라를 떠나려 하자 위왕은 황금 백 일(百鎰)을 보내 주었으나, 맹자는 그것을 거절하였다.

위왕 30년에, 송왕(宋王) 언(偃)이 왕이라 자칭하고 인정(仁政)을 행하려 한다는 소문을 듣고서(6-5), 두번째로 그는 송 나라로 찾아갔다. 대불승(戴不勝)에게 어진이들을 왕에게 많이 천거하도록 권유하고(6-6), 또한 대영지(戴盈之)의 질문에 대답해 준 것은 모두 이때의 일이다(6-8). 송왕 언의 사람됨에 관해서는 상반된 설명이 사료(史料)에 나온다. 은의 폭군 주왕(紂王)처럼, 그는 가죽 주머니에 피를 담아 매달아 놓게 하고는 그것을 활로 쏘아 맞히면서, 자기가 하늘을 쏘아 맞쳐 하늘이 피를 흘린 것이라 자랑하고, 땅의 잘못을 응징한다고 땅에 대고 매질하는 식의 미친짓을 하였고(『戰國策』), 또한 주색에 빠져 정사를 돌보지 않았다(『史記』「宋世家」)고 하는 설과, 인정을 실행하려다가 초(楚) 나라에 의하여 멸망당했다 (『韓非子』「五蠹篇」, 『淮南子』「人間訓」)고 하는 설이 그것이다. 그러나 맹자는, 송 언왕이 어떤 인물이건 간에, 만약 그의 곁에서 그를 돕는 자들 가운데 어진이들이 적고 나쁜 자들만 많다면, 설거주(薛居州) 한 사람의 힘으로는 왕을 선하게 할 수 없다고 생각하였다. 그는 송 나라에 머물다가 송왕이 보내 준 황금 칠십 일(鎰)을 노잣돈으로 받아 그곳을 떠나갔다(4-3).

맹자가 송 나라에 머물고 있을 때, 등(滕)의 문공(文公)은 아직 태자로 있었는데, 그가 초 나라로 갔다가 돌아올 때는 반드시 송의 수도 팽성(彭城)을 지나갔으므로, 맹자는 그를 두 차례 만났다 (5-1).

그후 맹자는 추(鄒) 나라로 되돌아갔는데, 추의 목공(穆公)과의 문답(2-12)은 그때 이루어진 것이다. 이때 맹자가 목공의 물음에 지나치게 솔직히 대답해 주어 그의 기분을 상하게 하였기 때문에, 목공은 맹자에게 식량 보내 주던 일을 중단해 버렸고, 그래서 그는 양식까지 떨어지는 곤경에 처하였다(漢의 應劭, 『風俗通』「窮通篇」).

등 정공(定公)이 죽자 문공(文公)은 (장례절차에 대하여) "연우(然友)로 하여금 추로 가서 맹자께 물어보도록 하였다"(5-2). 계임(季任)이 사람을 시켜서 예물을 보내온 것(12-5)이 이때의 일인지 어떤지는 단정할 수 없는데, 맹자가 추 나라에 머문 것이 이때 한 번 뿐만은 아니기 때문이다.

노(魯)의 평공(平公)이 즉위하여 맹자의 제자 악정극(樂正克)을 등용하여 그에게 정사를 맡기려 하였으므로(12-13), 맹자는 다시 노 나라로 갔다. 그러나 장창(藏倉)이란 자의 방해로 평공을 만나보지 못하여, "내가 노후(魯侯)를 만나지 못한 것은 하늘의 뜻이다" (2-16)고 개탄하였다.

송 나라에 있을 때 두 번이나 만나서 가르침을 받았던 등 문공(文公)이 왕위를 이어받자, 맹자는 등 나라로 찾아갔다. 문공이 "나라 다스리는 방법을 묻고", 또 신하 필전(畢戰)이 "정전제(井田制)와 산업정책(制民之産)에 대해서 물은 것은"(5-3) 이때의 일이다. 그리고 제 나라 사람들이 설(薛) 땅에 성을 쌓자 문공이 겁을 먹고 맹자에게 어떻게 해야 좋을지 물었던 것과(2-14), 허행(許行)의 학설을 믿고 따르던 진상(陳相)과 변론하면서, 사회적 분업 및 "머리로 일하는 자는 남을 다스리고, 몸으로 일하는 자는 남의 다스림을 받는다"(勞心者治人, 勞力者治於人)는 사회법칙을 옹호한 것도(5-4) 이때의 일이다.

그러나, 아무리 해도 사방 오십 리밖에 안 되는 소국(小國) 등 나라를 가지고는 자신의 뜻을 펼 수 없다고 생각한 맹자는 등 나라를 떠나 양(梁) 나라로 찾아가서 양의 혜왕(惠王)과 나라 다스리는 원리와 방도에 대해서 토론하였다. 이때 맹자의 나이도 어느덧 칠십을 바라보고 있었지만, 혜왕도 재위에 있은 지 이미 오십년이나 되었으므로 그의 나이도 칠십 전후였을 터인데도, 맹자에게 "어르신"이라 불렀다(1-1). 그 다음해 혜왕이 죽자 양왕(襄王)이 즉위하였는데, 맹자는 그를 한 번 만나보고 나서 그에게 너무나 실망하였다(1-6).

이때 제 나라에서는 위왕(威王)이 이미 죽고 선왕(宣王)이 즉위하였으므로, 맹자는 다시 양 나라를 떠나 제 나라로 찾아갔다. "제의 경상(卿相)이 되셨다"((3-1), (3-2)), "등 나라로 조문을 가셨다"(4-6)고 한 것들은 모두 그 몇년 간에 있었던 일들이다. 제 나라가 연(燕) 나라를 공격한 것은 선왕 5년의 일로서, 2년 후에는 여러 제후들이 연 나라를 구하려고 모의를 하였으므로(2-11), 맹자가 선왕에게 포로들을 돌려보내고, 가져온 보기(寶器)들을 돌려 주고, 연 나라 백성들과 상의해서 임금을 세운 다음 군대를 철수하라고 권유하였으나, 선왕은 맹자의 말을 듣지 않았다. 2년 후에는 연 나라가 여러 제후들의 군대와 힘을 합쳐 제 나라를 공격하자 제 나라는 크게 패했다. 그래서 선왕이, "나는 맹자를 볼 면목이 없다"(4-9)고 말했던 것이다.

이런 일들도 있고 해서 맹자가 관직을 사직하고 떠나려 하자, 선왕은 맹자에게 집과 만종의 봉록을 주어 제 나라에 머물러 있게 하고자 했으나 맹자는 이를 거절하였다(4-10). 제 나라를 떠날 때, 맹자는 주(晝) 땅에서 사흘 밤이나 묵고 나서야 떠났다((4-10),

(4-11)). 이때 맹자는, 제왕이 자기를 다시 불러 주지 않는 것에, 한편으로는 실망하고, 다른 한편으로는, 이미 나이가 많이 되었는데도 자신의 주장이 실현될 수 없는 현실을 안타까워하면서, "오백년마다 반드시 성군(聖君)이 나왔고, 그 중간에는 반드시 그 이름을 세상에 떨친 훌륭한 인물이 나왔었다. 주(周) 이래 지금까지 이미 칠백년도 더 지났다. 햇수로 따져 보아도 이미 그럴 때가 지났고, 현재 세상 돌아가는 사정으로 보더라도 지금이 바로 성군과 현신(賢臣)이 나타날 때이다. 하늘이 천하를 태평하게 할 생각이 없다면 그만이지만, 만약에 천하를 태평하게 할 생각이 있다면, 지금 세상에 나 말고 누가 있겠느냐?"(4-13)고 탄식했다.

이때 맹자의 나이는 이미 칠십을 넘었기 때문에, 이후로는 현실 정치에의 참여를 통해 자신의 정치적 이상을 실현해 보려는 생각을 포기하고, 은퇴하여, "만장(萬章) 등 제자들과 함께, 공자의 사상을 천술(闡述)하여『맹자』7편을 지으면서", 남은 여생을 보내다가 향년 84세로 일생을 마쳤다.

II.『孟子』

1.『孟子』의 저자

『맹자』의 저자가 누구인가 하는 문제에 대해서는 세 가지 설(說)이 있다.

첫째는, 『맹자』는 맹자 자신이 쓴 책이라는 주장이다. 이것을 맨 처음 주장한 사람은 동한(東漢)의 조기(趙岐)였다. 그는, "이 책은 맹자가 쓴 것이다. 그래서『맹자』라 불렀다"(「孟子題辭」)고 하였다. 청(淸)의 초순(焦循)은 원(元)의 하이손(何異孫)의 말(『十一經問對』)을 인용하여 이 설을 천명하였다. 그는, "『논어』는 공자의 여러 제자들이 훌륭한 말들을 기록하여 편찬한 책이다. 그래서『논어(論語)』라고 했다.『맹자』는,『순자(荀子)』처럼, 맹가(孟軻) 자신이 쓴 책이기 때문에『맹자』라고 불렀다"고 하였다.

송(宋)의 주희(朱熹)도 이 설을 지지하였다. 그는 전체 문장의 풍격(風格)이 일치한다는 점을 들어『맹자』가 맹자 자신의 저술임을 논증하였다. 그는, "『논어』는 많은 제자들이 쓴 글을 모아 놓은 것이다. 그래서 그 말들이 때로는 길고 때로는 너무 짧은 등 같지 않은 바가 있다. 그러나『맹자』는 본인이 직접 쓴 책이기 때문에 처음부터 끝까지 쓰여진 문자가 일체(一體)를 이루고 있고, 따라서 하자(瑕疵)가 전혀 없다. 본인이 직접 쓰지 않고서야 어찌 이럴 수 있겠는가?"라고 하였으며, 그리고 또, "『맹자』전편의 문장의 세(勢)를 보면 마치 쇠를 녹여 만든 것처럼 보이는데, 그것은 짜 맞추어서 될 수 있는 성질의 것이 아니다"고 하였다. 물론 주자도, 책의 저술과정에서는 제자들도 참여해서 어느 정도의 첨삭을 가하였다는 점을 인정하였다. "그러나 책의 중간에, '맹자께서는 인간의 본성이 선한 이치를 말씀하셨는데, 말끝마다 요·순을 예로 드셨다'(5-1)고 하는 글은 아마도 제자들이 쓴 것이겠지만, 그러나 반드시 맹자 자신의 첨삭과정을 거쳐서 확정하였을 것이다"(『朱子大全』)고 하였다. 그후 원(元)의 김이상(金履祥)과 명(明)의 학경(郝敬)도 이 설을 지지하였다.

그리고 청의 염약거(閻若璩)는 이와는 다른 관점에서『맹자』가 맹자 자신의 저술임을 추론하고 있다. 그는, "『논어』는 공자의 문인들의 손에 의하여 이루어졌다. 그래서 성인(聖人)의 용모에 관한 기술이 매우 자세하다. 그러나『맹자』7편은 맹자 본인의 손에 의해 이루어졌다. 그래서 다만 언어(言語)와 출처(出處)들만 기록하고 있는 것이다"고 하였다. 그리고 또, "맹자가 죽은 후 제자들의 손에 의해 정리되고 확정되었기 때문에, 맹자가 만나본 제후들을 모두 시호(諡號)로 불렀던 것이다"(『孟子生卒年月考』)고 하였다. 청의 위원(魏源)도, "『맹자』 7편 중에는 맹자의 용모나 언동에 관한 기술이 없는데, 이는 『논어』가 그 제자들에 의해 (그 스승의 용모나 언행이) 기술된 것과는 종류가 다르다. 본인이 직접 썼다는 사실을 의심할 수 없다"(『孟子年表考』)고 하였다.

두번째는, 첫째와는 완전히 상반된 것으로, 『맹자』는 맹자가 죽은 후에 만장, 공손추 등 그의 제자들이 공동으로 저술한 것이라는 주장이다. 이것을 맨처음 주장한 학자는 당(唐)의 한유(韓愈, 『昌黎集』 「答張籍書」)와 장적(張籍, 『全唐文』 「上韓昌黎書」)이다. 그리고 이 주장에 동조한 사람들로는 당의 임신사(林愼思, 『崇文總目』)와 송(宋)의 소철(蘇轍, 『古史』 「孟子傳」)이 있지만, 이들은 그러한 주장에 대한 증거를 제시하지는 않았다.

이 주장에 대하여 구체적인 이유를 제시하면서 논증하려 한 사람은 송(宋)의 조공무(晁公武)이다. 그는, "한유는, 『맹자』는 제자들이 쓴 글을 모은 것이지 맹자가 직접 쓴 것이 아니라고 말했다. 지금 이 책을 살펴보니, 한유의 말이 허튼소리가 아님을 알겠다. 책에서는 맹자가 만난 제후들을 모두 시호로 부르고 있는데, 제 선왕(宣王), 양 혜왕(惠王), 등 정공(定公), 등 문공(文公), 노 평공(平公)이 그것이다. 대개 시호란 죽은 후에 붙여지는 것이다. 맹자가 책을 썼다면, 그 당시에는 그가 만났던 제후들이 모두 이미 죽은 후가 아니다. 그리고 또 양 혜왕 원년(元年)에서 노 평공이 죽은 해까지는 70년이나 되는데, 맹자가 양 혜왕을 만났을 때 왕은 그를 '어르신'이라 불렀으니(1-1), 그가 이미 노년이 되었을 때임이 분명하다. 그렇다면 맹자는 결코 노 평공의 죽음을 볼 수 없었을 것이다"(『郡齋讀書志』)고 하였다.

그후 청의 최술(崔述)도 두 가지 증거를 제시하면서 이 주장을 지지하였다. 그는, "『맹자』 7편의 글 가운데는 왕왕 논란의 여지가 있는 부분들이 있는데, 예컨대 우(禹)가 여수(汝水)와 한수(漢水)의 물길을 트고, 회하(淮河)와 사수(泗水)를 뚫어 그것을 장강으로 흘러들게 했다는 부분과(5-4), 이윤(伊尹)이 다섯 번 탕(湯) 임금에게 나아가고 다섯 번 걸왕(桀王)에게 나아갔다는 부분들은(12-6) 모두 사리에 합당하지 않다. 만약 맹자 자신이 쓴 책이라면 이처럼 엉성할 리가 없다"(『孟子事實錄』)고 하였으며, 또, "7편 중에는 맹자의 제자들이 '子'로 호칭되는 일이 많은데, 예를 들면 악정자(樂正子), 공도자(公都子), 옥려자(屋廬子), 서자(徐子), 진자(陳子) 등이 모두 그러하고, '子'로 불리지 않는 사람이 몇 안 된다. 정말로 맹자 자신이 썼다면, 자기 제자들을 '子'로 부르지는 않았을 것이다. 이 책을 자세히 살펴보면, 대개 맹자의 제자인 만장, 공손추 등이 나중에 저술한 것으로서, 7편 중에는 이 두 사람의 문답이 가장 많고, 또 이 두 사람만 책에서 '子'로 불리지 않고 있다"(同上)고 하였다.

최술 이전에 주광업(周廣業)도 『맹자』는 맹자가 쓴 책이 아니라고 하였다. 그는, "이 책은 수십년에 걸친 일을 기록하고 있고, 또 수십인과의 문답을 종합하여 기술하고 있으니, 결코 한꺼번에, 그리고 한 사람의 손에 의해 편집된 것이 아니다. 제자인 만장과 공손추는 처음부터 맹자를 좌우에서 모셨고, 무슨 일에서든 다 따라 다녔으므로, 맹자의 언행 가운데 깊이 알고 상세히 기록하지 않은 것이 없다. 매 장의 첫머리에, '맹자께서 말씀하셨다'라고 한 것은 스승의 가르침을 중히 여기고 그 가르침을 근엄하게 받자는 것으로서, 『논어』의 그것과 같은 방식이다"(『孟子出處時地』)고 하였다.

그러나 주광업도, 『맹자』에는 맹자 자신이 직접 쓴 부분도 있다고 인정하면서, "제 나라에서 돌아온 후에는 자기의 도를 실행하기가 이미 어렵다는 것을 알고, 맹자는 후세에 가르침을 남겨 놓고자

하였으며, 그리하여 당시의 왕들에게 하였던 말들과 제자들에게 전수해 주었던 말들을 가지고 윤색하거나, 빼거나 해서 확정하였던 것이다"고 하였다. 그의 결론은, "그후 그것들에 순서를 매기고 그 뜻을 전하려는 시점에 이르러 아마도 악정자, 공도자, 옥려자, 맹중자 등 제자들이 함께 그 일을 하지 않았나 생각된다. 그 이유는, 이들은 모두 맹자의 뛰어난 제자들로서 7편 중에는 그들의 이름도 나오는데, 등(滕) 나라 임금의 동생인 등경(滕更)을 그 이름으로 불렀던 예와는 달리(13-43), 이 부분들은 그 제자들이 나중에 고친 것들일 것이다. 첫째 편(梁惠王篇)이 맹자의 말에서 시작, 악정자의 말로 끝나고 있는 것도 반드시 이런 연유가 아니라고 할 수는 없을 것이다"(同上)고 하였다.

세번째는, 사마천이 그의 『사기』에서 주장한 것으로, 그는, "물러나서 만장 등 제자들과 함께 『시경』과 『서경』을 정리하고, 공자의 학문과 사상을 천술(闡述)하여 『맹자』 7편을 지었다"고 했다. 이 짧은 몇 마디의 말에서 이해할 수 있는 것은 이런 것이다. 즉, 『맹자』의 저술에 있어서는, 비록 '만장 등 제자들'도 참가하였지만, 주요 저자는 역시 맹자 자신이고, 그리고 또 맹자 생전에 기본적으로 완성되어 있었다는 것이다. 이에 관해서 청(淸)의 위원(魏源)은, "공도자, 옥려자, 악정자, 서자는 모두 이름을 쓰지 않고 만장과 공손추만 이름을 썼는데, 『사기』에서, '물러나서 만장 등 제자들과 함께 『맹자』 7편을 썼다'고 한 것은, 이 두 사람이 맹자가 불러 주는 것을 받아썼기 때문이다"(『孟子年表考』)고 하였다.

이상의 세 가지 주장은 모두 일응 타당해 보이는 나름대로의 이유와 근거를 갖고 있지만, 현재 통설(通說)로 받아들여지고 있는 것은 사마천의 주장이다. 그가 살았던 시기가 맹자의 시대로부터 비교적 멀지 않았고, 그가 보았던 사료(史料)와 그가 전해 들었던 이야기들이 후세 사람들에 비해 더 확실하였을 것이기 때문이다. 그리고 또한,『맹자』및 맹자의 생졸(生卒) 연대와 관련해서 살펴볼 때, 나머지 두 가지 주장이 제시하고 있는 이유와 근거들이 모두 불충분하기 때문이다.

첫번째 설에 대해서는, 그것을 주장한 조기도, "물러나서 공손추, 만장 등 뛰어난 제자들과 함께 의문점을 해설하고 질문에 대답한 내용들을 정리하고 모았다"고 하여, 7편 중에는 제자들의 기록도 포함되어 있다는 점을 인정하였다. 주자도, 비록 맹자 자신의 저술이라고 했지만, 저술과정에 그의 제자들이 참가하였다는 점을 부인하지 않고 있다. 다만『맹자』의 문체가 수미일관되게 통일되어 있는 점으로 보아 맹자가 최후에 다듬고 바로잡았을 것이라고 하였다.

두번째의 주장이 제시하고 있는 세 가지 이유들을 살펴보자. 먼저, 최술이 지적한 두 가지 이유들 중의 첫번째, 즉 "맹자 7편에는 논란의 여지가 있는 부분들이 있는데, 만약 맹자 자신이 썼다면 이처럼 엉성할 리가 없다"고 한 부분은 논박할 가치조차 없다. 맹자가 아무리 '아성'(亞聖)이라 하더라도, 그가 한 말이나 쓴 글자 한 자 한 자가 모두 정확할 수는 없다. 그리고 또, 우(禹)의 치수에 관한 이야기는 단지 그의 치수의 공적이나 치수의 원칙을 설명한 것일 뿐, 그것이 지리적, 역사적 사실과 정확히 부합되느냐 되지 않느냐 하는 것은 별로 중요한 문제가 아니다. 맹자가 말하고자 한 의도 또한 역사적 사실 그 자체에 있지 않았다. 그가 이윤에 대해서, "다섯 번 탕 임금에게 나아가고 다섯 번 걸왕에게 나아갔다"고 한 것 역시, 이윤이 전심전력으로 백성들을 위해서 일했다는 점을 말하고자 했을 뿐이다. 맹자는 언제나 역사적 사실을 끌어와서 그것을 주관적으로 개조함으로써 자신의 주장을 논증하려 하였다. 그것은 말이나 글에 생명력을 부여하고 설득력을 높이기 위한 의도적인 변형일 뿐, 결코 최술이 주장하는 이유의 근거로 될 수는 없다.

그가 지적한 또 다른 이유는, 과연 맹자 자신이 쓴 것이라면,

자기 제자들의 이름을 '子'로 부르지는 않았을 것이라고 하는 것이다. 이에 대해서는 앞에서 인용한 위원(魏源)의 설명이 있었다. 만약 제자인 만장과 공손추가 맹자의 구술(口述)을 받아 썼다면, 자기 스승을 '子'로 부르면서 왜 자기들의 동문을 '子'로 부를 수 없겠는가? 그리고 주광업(周廣業)은 악정자의 제자들이 편찬한 것이라 하였는데, 이는 잘못이다. 만약 악정자의 제자들이 편찬했다면, 왜 자기 스승인 악정자의 문답은 별로 없고, 만장과 공손추와의 문답이 가장 많이 포함되었겠는가?

마지막으로 논란거리로 되고 있는 것은, 맹자가 만났던 제후들이 모두 시호로 불려졌다는 것이다. 양 혜왕과 등 문공과 노 평공은 모두 맹자보다 먼저 죽었으므로 당연히 시호로 부를 수 있었다. 그러나 양 양왕(襄王)은 맹자보다 나중에 죽었고, 제 선왕(宣王)은 맹자보다 3년 뒤에 죽었는데 왜 시호로 불려졌는가? 이에 대해서는 염약거(閻若璩)의 해석이 가장 설득력이 있다. 그는, "맹자가 죽은 후, 글이 문인(門人)들에 의해서 수정되었다. 그래서 제후나 왕들에게 모두 시호가 붙여진 것이다"고 했다.

2. 『孟子』의 체제

『논어』와 마찬가지로 『맹자』의 체제도, 비록 각 장(章)과 편(篇)의 길이가 『논어』의 그것보다 좀 더 길기는 하지만, 장과 장 사이에 그 어떤 논리적 연관이 있는 것은 아니다. 장이 어느 정도 모여서 편이 되고, 각 편의 제1장 첫 구(句)의 몇 자를 따서 편명(篇名)으로 삼은 것이다.

사마천은 "『맹자』 7편을 썼다"고 했지만, 한(漢)의 응소(應邵)는, "물러나 만장 등 제자들과 함께 『시경』과 『서경』을 정리하고, 공자의 뜻을 풀이하여 중·외(中外) 11편을 지었다"(『風俗通』「窮通

篇」)고 하였으며, 한(漢)의 반고(班固)는 그의 『한서예문지(漢書藝文志)』에서, "『맹자』 11편"이라 하였다. 왜 이들은 4편이 더 많다고 하였는가? 이에 대하여 조기는 말하기를, "외서(外書) 4편이 또 있는데, 성선변(性善辨), 문설(文說), 효경(孝經), 위정(爲政)이 그것이다. 그러나 그 글의 내용이 넓고 깊지 못하여 내편(內篇)과 비슷한 점이 없다. 맹자에 의해 쓰여진 진짜가 아니고, 후세인들이 모방해서 그의 이름을 갖다 붙인 것 같다"(「孟子題辭」)고 하였다. 그래서 조기는 이들 4편을 위서(僞書)라고 생각, 주석을 달지 않고 다만 "7편, 261장, 34,685자"에 대해서만 주석을 달았으며, 후세 사람들도 『맹자』를 읽을 때 외서 4편은 읽지 않았으므로 그것들은 점차 사라져 없어졌다고 한다. 양계초(梁啓超)는, 현재 전해지고 있는 『맹자』 외서는 명(明)의 요사순(姚士舜)이 쓴 것으로, "위서에서 나온 위서"라고 하였다.

『맹자』 7편은 곧 「양혜왕」, 「공순추」, 「등문공」, 「이루」, 「만장」, 「고자」, 「진심」편을 말하는데, 애초에는 이들 각 편은 상·하로 나뉘어 있지 않았으나, 조기가 『맹자장구(孟子章句)』를 쓰면서 처음으로 각 편을 상·하로 나누었는데, 그후 사람들은 모두 그대로 따라 쓰게 되었다.

3. 존맹(尊孟)과 반맹(反孟)의 투쟁

인정(仁政)을 실시하여 민심을 얻고, 그리하여 사회를 안정시키고, 그 결과 통치자의 지위까지 공고하게 할 수 있다는 맹자의 주장은, 장기적인 시각에서 보면, 결국 당시의 봉건적 통치계급의 이익과도 부합될 뿐 아니라 그들에게 올바른 방향을 제시해 주었던 것이다. 그럼에도 불구하고 맹자의 사상과 그들을 위한 심모원려(深謀遠慮)는, 눈앞의 이익과 당장의 공적을 바라는 당시의 권력자들에게 세상 물정을 모르는 우활한 학설로 받아들여졌다. 당시의 시대적 상황을 보면, 그것은 어쩌면 당연한 일이었는지도 모른다.

당시의 정치적 상황은, 주(周) 왕조의 절대권력이 붕괴되면서 춘추시대의 패도(覇道) 정치가 등장하였고, 그리고 다시 그것까지 와해되면서 전국시대(戰國時代)에 진입하였다. 약육강식의 힘의 논리만이 지배하는 시대였다. 그러한 상황에서 지고(至高)의 가치를 갖는 것은 '생존'(生存) 그 자체이다. 확장을 위한 침략은 차치하고라도, 생존 그 자체를 위해서도 보다 강력한 군대, 그를 위한 보다 많은 생산과 인구, 즉 물질적 토대가 필요하였을 것이다. 굶주린 자에게는 훌륭한 백년지대계(百年之大計)보다 당장 먹을 수 있는 밥 한 그릇이 더 매력적이듯이, 인정과 도덕교화를 주장하는 맹자의 주장이 "찾아가는 나라의 실정과 부합되지 못하여" 당시 각국의 통치자들에게 받아들여질 수 없었던 것은 어찌보면 당연했다고 할 수도 있다.

맹자의 사상은 진(秦)이 중국을 통일한 후 또다시 큰 핍박을 받게 된다. 조기는 그의 「맹자제사(孟子題辭)」에서, 천하를 통일한 "진시황은 경전들을 불태워 없애고 유생(儒生)들을 생매장하여 죽임으로써 맹자를 추종하는 무리들이 없어져 버렸다"고 하였는데, 그때 입은 타격은 매우 컸다.

그러나 역사의 발전에 따라서, 통일된 정치권력에도 불구하고 지배자와 피지배자 간의 모순과 갈등은 심화되어 갔으므로, 도덕교화를 통해 사회적 모순을 완화시켜야 할 필요에서 맹자의 사상은 다시 중시되기 시작하였으며, 그에 따라 맹자의 지위도 시간이 갈수록 더욱 높아지게 되었다. 이러한 진전은 한대(漢代)에서 시작되었는데, 한의 문제(文帝)는 『논어』, 『맹자』, 『효경』, 『이아(爾雅)』 각각에 박사(博士)를 두어 그들을 전기박사(傳記博士)라 불렀다. 그 당시 사람들은 『맹자』를 『논어』와 같이 경전(經傳), 즉 『시경』, 『서경』, 『역경』의 뜻을 해석하고 보충하는 '전'(傳)으로 보았었다. 그후 동한(東漢)의 광무제(光武帝) 때에는 『시』, 『서』, 『역』, 『춘추(春秋)』, 『예(禮)』에만 오경(五經) 박사를 두고 『논어』와 『맹자』에서는 박사를 취소해 버렸다. 그러나 유학(儒學)이 홀로 높은 지위를 확립해 감에 따라서 맹자의 사상은 여전히 많은 사람들로부터 중시되고, 그의 말도 널리 인용되었다.

그 당시 맹자를 존숭하고 찬양하였던 대표적인 인물로는 조기(趙岐)가 있었다. 그는 「맹자제사」 가운데서, 『맹자』는, "천지를 망라하고, 온갖 사물을 헤아려 서술하고, 모든 인의도덕과 성명화복(性命禍福)이 찬연하게 실려 있는" 책이라고 하였다. 그리고 그 효용가치는, "제왕과 공후들이 그 가르침을 따른다면 번영과 평화를 가져올 수 있고, 따라서 종묘에서는 칭송의 음악이 맑게 울릴 수 있다. 경(卿), 대부(大夫), 사(士)들이 그 말대로 따라 실천한다면 자기의 임금과 부친을 높일 수 있고 충·신의 덕을 세울 수 있다. 지조를 지키려는 자가 그것을 본받는다면 높은 절개가 더욱 고상해지고 따라서 뜬구름과 같은 세속적인 가치에 굽히지 않을 수 있다"고 하였다. 그리고 끝으로, 맹자는 "곧으면서도 거만하지 않고, 자상하면서도 굽히지 않았던, 이 세상을 구할, 성인에 버금가는, 위대한 인물"이라고 칭송하였다.

물론 그 당시에도 맹자를 반대하는 사람들이 있었다. 그 대표적인 인물로는 왕충(王充)이 있는데, 그는 『논형』(『論衡』「刺孟」)에서 15가지의 이유를 제시해 가면서 맹자를 형편없는 속유(俗儒)라고 비난하고 있다. 그러나 그것은 모두 맹자 사상의 핵심을 논박하는 데는 실패했다. 그것은 다만 맹자의 말꼬투리를 잡아, 맹자가 예나 비유로서 들었던 내용들이 역사적 사실들과 부합되지 않는다고 욕하는 수준에 머물렀다.

한(漢)에서 당(唐)에 이르기까지, 맹자는 다만 '제자'(諸子)의 하나로서 언제나 순자(荀子)와 함께 불렸을 뿐, 특별한 존숭은 결코 받지 못하였다. 그러나 당대(唐代)에 와서 한유(韓愈)는 순자를 낮추고 맹자를 추숭하면서, 맹자야말로 유가 도통(道統)의 유일한 최후의 계승자이며, "순수하고 순수한 자"(醇乎醇乎者), "그의 공적은 결코 우(禹) 임금의 그것에 뒤지지 않는"(功不在禹下) 자라고 하였다. 그리고 또, "지금까지 여전히 공자를 받들고 인의를 숭상하며 왕도를 귀하게 여기고 패도를 천히 여길 줄 아는 것은, …, 만약 맹자가 없었다면, 우리들은 모두 야만인의 옷을 입고 야만인의 말을 하고 있을 것이다"(『與孟尙書書』)라고 하였다. 그가 유가의 도통을 말할 때에는 언제나 공자와 맹자를 함께 말하였기 때문에, 그것이 후대에 와서 공맹(孔孟)이라고 함께 말하여지는 선례가 되었던 것이다.

그후 오대십국(五代十國 ; 907~960) 시기에 이르러 후촉(后蜀)의 임금 맹창(孟昶)이 무소예(毋昭裔)에게 명하여, 『시』, 『서』, 『역』, 『주례(周禮)』, 『의례(儀禮)』, 『예기(禮記)』, 『공양(公羊)』, 『곡량(谷梁)』, 『좌전』, 『논어』, 『맹자』의 11경(經)을 돌에 새기게 하였는데, 이것이 『맹자』가 경서에 들게 된 시초였다. 이것은 곧 맹자와 『맹자』가 지배계급의 주목을 받게 되어 더욱 중요한 지위를 차지하게 되었음을 말하는데, 이로써 존맹(尊孟)의 사조는 날로 그 세력을 확대해 갔다.

북송(北宋 : 960~1127) 때에 이르러서 『맹자』는 경서에 포함되어 유가들의 주요 경전이 된다. 왕안석(王安石)의 제도개혁에 의하여 과거시험에서 고시과목의 내용이 바뀌면서 『맹자』도 고시과목의 하나로 되자, 맹자의 사상은 더욱 큰 영향을 미치게 되었다.

남송(南宋 : 1127~1279)의 주희(朱熹)는 『맹자』와 『논어』, 그리고 『예기』 속에 있던 『대학(大學)』과 『중용(中庸)』 두 편을 하나로 묶어 사서(四書)라고 부르면서, 전력을 기울여 그것을 연구하고 거기에 주(注)를 달았다. 그후 각 대에서 주희가 정하고 주를 단 이 사서는 모든 지식인들의 필독서가 되고, 또 과거시험에서도 필수과목이 되었으므로, 그 영향력은 오경(五經)보다 더욱 커져 그후 5~6백년 동안 중국의 사상계를 지배하게 되었다. 이처럼 『맹자』가 유가들의 주요 경전이 됨에 따라 맹자의 지위도 갈수록 높아져서, 송의 신종(神宗) 7년(1084)에는 맹자를 추국공(鄒國公)에 봉하고 공자묘(孔子廟)에 함께 배향하게 되었다.

그렇다고 해서 이때에 와서는 맹자를 비판하고 반대하는 사람들이 없어졌던 것은 아니다. 맹자를 "인의(仁義)를 내세워 천하를 어지럽히는 자"라고 배척한 이구(李覯)와, "공자를 의지해서 천하를 기만하는 자"라고 비난한 정후숙(鄭厚叔), "먹기 위해서 벼슬을 살고", "선왕의 도를 팔고 자기 몸을 파는 자"라고 욕한 사마광(司馬光·『疑孟』) 등이 그 대표적인 비판자들이다.

맹자를 폄척(貶斥)한 이들 반맹파(反孟派)의 주장에 대해서 당연히 맹자를 존숭하는 많은 사람들의 반론 또한 제기되었으니, "성문(聖門)에 큰 공이 있으니, 그것을 이루 다 말할 수 없다"고 하면서 맹자를 추숭한 정호(程顥)·정이(程頤) 형제, 「존맹변(尊孟辯)」을 써서 이구와 정후숙의 말을 반박한 여윤문(余允文), 이에 대하여 보충설명한 주희(『讀余隱之〈尊孟辯〉』) 등이 그 대표적인 인물인데, 주자는 그 글에서, "육경(六經)은 말하자면 곡식 일천 석을 실은 배와 같고, 맹자는 그 배의 사공과 같다"고 했다. 즉, 맹자가 없었다면 그 육경이라는 배를 운행할 길이 없다는 것이다.

명(明) 나라 초에 와서 맹자의 학설은 또 한번 풍파를 만나게 된다. 가난한 집안 출신이었던 주원장(朱元璋)이 천하의 권력을 잡아 왕위에 오른 후 『맹자』를 읽다가, "백성이 귀하고, …, 임금은 가벼운 존재이다"(14-14), "임금이 신하를 자기 손발처럼 생각한다면, 신하는 임금을 자기 배와 가슴처럼 생각한다. 임금이 신하를 개나 말처럼 생각한다면, 신하는 임금을 보통 사람같이 생각하며, 임금이 신하를 진흙이나 지푸라기처럼 생각한다면, 신하는 임금을 원수처럼 생각한다"(8-3)는 구절을 읽고는 크게 화를 내어, 공자묘에 배향하던 맹자의 위패를 걷어 치우도록 명하고(1372년), 맹자의 이름 앞에 붙던 '아성'(亞聖)이란 수식어도 못쓰게 하였으며, 유삼오(劉三吾) 등에게 명하여 『맹자』 가운데서 자기 마음에 거슬리는 구절들을 삭제하도록 했는데, 삭제된 것이 모두 85군데나 되었다. 이것이 소위 '맹자절문'(孟子節文)이라는 것이다.

그러나 봉건통치집단 자체의 이익을 위해서도 맹자의 '아성'의 위패를 복위시킬 수밖에 없었다. 그리하여 『맹자』는 다시 원래대로 사서(四書)에 포함되어 널리 반포되었다.

이처럼 여러 차례의 '존맹'과 '반맹' 사이의 투쟁에도 불구하고, 그 결과는 언제나 존맹파의 승리로 결말이 났으며, 이러한 상황은 청대(淸代)에까지 계속되었다.

4. 맹자의 道統

맹자는 자기가 공자의 충실한 추숭자(推崇者)임을 자인하면서, 자신의 입으로 말했다. "내가 바라는 바는 공자의 도를 배우는 것이다"(3-2)라고. 그리하여 공자의 지위를 더할 수 없이 높이고는, 공자의 제자들인 재아(宰我), 자공(子貢), 유약(有若)의 말을 인용하여, "인류가 있은 이래로 아직까지 우리 선생님처럼 훌륭한 분은 없었다"(3-2)고 하였다.

『맹자』의 마지막 장, 즉 「진심下」의 제38장은 요(堯)·순(舜)·우(禹)·탕(湯)·문왕(文王)·공자(孔子)를 말하고 있는데, 이들은 곧 유가에서 말하는 도통(道統)을 이어간 분들이다. 이 장을 책의 맨 끝에 놓은 것은 특별한 의미가 있다. 한유(韓愈)는 그의 『원도

(原道)』에서, "요 임금은 그것을 순에게 전하고, 순 임금은 그것을 우 임금에게 전하였고, 우 임금은 그것을 탕 임금에게 전하였으며, 탕 임금은 그것을 문왕·무왕·주공에게 전하였고, 문왕·무왕·주공은 그것을 공자에게 전하였으며, 공자는 그것을 맹자에게 전하였다"고 명확하게 말하고 있다. 맹자는 스스로 공자의 도통을 이어받았다고 생각하면서도 드러내어 말하지는 않고 단지 그것을 암시하기만 하였다. 즉, "공자로부터 지금까지는 겨우 백여년이 지났는데, 성인께서 살아계셨던 때가 이처럼 멀지 않고, 성인께서 사셨던 지역이 이처럼 가까운데, 그런데도 [공자의 도가 시행되는 것을 보고 안] 사람이 없으니, [먼 훗날 그 도를 전해 들어서 알] 사람 또한 없겠구나"(14-38)라고. 즉, 공자의 출신지와 가장 가까이 있고, 또 당시에 이미 명성이 높았던 유자(儒者)로는, 맹자 자신을 제외하면, 아무도 없다는 뜻이 함축되어 있다. 맹사는, 공자는 성인이며, 자신은 공자 학문의 계승자라고 생각하였다.

한유 또한, 비록 드러내 놓고 말하지는 않았지만, 자신이 도통의 계승자라고 생각하였다. 그는, "맹자가 죽자 그 도가 전해질 수가 없었다. 순자(荀子)와 양자(揚子)가 있었지만, 그들은 그 중에서 일부만 취하였을 뿐 정밀하지 못하였고, 말한 바는 있지만 상세하지 못하였다"고 말했다. 그리고, "우리가 지금까지 여전히 공자를 받들고 인의(仁義)를 숭상하며 왕도(王道)를 귀하게 여기고 패도(覇道)를 천하게 여길 줄 아는 것은 오로지 맹자의 덕이다. 만약 맹자가 없었다면, 우리들은 모두 야만인의 옷을 입고 야만인들의 말을 하고 있을 것이다"라고 하였다. 비록 그가 말한 방식은 달랐지만, 그 말에 함축된 의미는 맹자의 그것과 같았다.

비록 맹자가 자신을 공자의 학문의 계승자라고 생각하였지만, 그가 살았던 시대가 이미 공자가 살았던 때로부터 백년 정도 떨어져 있었고, 시대적 환경에도 이미 커다란 변화가 있었으므로, 공자의 학설 가운데서 취사선택하고, 또 그것을 더욱 발전시켜 나갔던 것은 당연하다. 따라서 이하에서는, 맹자가 공자의 학문사상을 어떻게 계승하고 발전시켜 나갔는지 살펴보도록 한다.

Ⅲ. 孟子의 思想

맹자의 사상은 철학, 윤리·도덕, 정치, 경제, 사회, 교육 등 인간과 인간사회의 제반 문제들을 폭넓고 깊이 있게 다루고 있다. 그러나 그의 전체 사상의 벼리(網)가 되고 있는 것은, "인간은 누구나 처음부터 선한 본성을 가지고 태어난다"는 성선설(性善說)이다. 이 벼리만 분명하게 이해한 다음 단단히 붙잡아 당긴다면, 맹자 사상에 대한 전체적인 이해가 확연해지고, 그의 인정(仁政)학설은 그의 성선설이 정치, 사회, 경제 등의 분야로 확충되고 응용된 것임을 알 수 있다. 그의 성선설을 보다 분명히 이해하기 위해서는 그의 천명관(天命觀)부터 알아보는 것이 옳바른 순서일 것이다.

1. 天命觀 — 尊天하고 順命하되 人爲를 중시한다

유가학설이 중시하는 것은 윤리와 정치의 문제를 연구하고 밝히는 것이다. 공자의 仁과 禮의 사상은 윤리와 정치방면에 기초를 놓았고, 子思의 中庸은 공자의 윤리·정치 사상에 '性과 大道 방면에서' 철학적 근거를 제공함으로써 초기 유학의 약점, 즉 논리적 사변성(思辨性)의 결핍을 보완해 주었다. 맹자는 이에서 한 걸음 더 나아가 '人性과 天道'에 관한 유가학설의 철학적 기초를 완성했다.

(1) 天觀

천명관(天命觀)은 원래 선진(先秦) 유가들 모두가 매우 중시하는 이론적 문제였을 뿐만 아니라, 맹자의 사상에서도 중요한 구성부분이 되고 있다. 천명론의 연구는 자연히 天과 人의 관계의 문제로 연결되는데, 유가에서 중시한 것은 실제로는 人이었고 天은 경시되었다. 공자의 천명관은 근본적으로 "人事를 다하고 나서 天命을 듣는다"(盡人事待天命)는 것이었고, 맹자도 이러한 사상을 계승하여, "天을 존중하고 命을 따른다"(尊天順命)고 하였지만, 그 실질은 '人爲'를 중시하는 것이었다.

원래 동양사상에 있어서 天은 여러 가지 의미로 사용되었다. 그냥 天이라 하더라도, 거기에는 자연으로서의 天, 의리(義理)로서의 天, 주재자(主宰者)로서의 天, 운명으로서의 天 등 그 내포된 의미가 다양하였다. 『논어』에서와는 달리, 『맹자』 전편에서는 天이 '주재자로서의 天'의 의미로 사용되지는 않았는 바, 이 점이 공자와 맹자의 차이점이다.

맹자는 선양(禪讓)의 문제를 이야기하면서, 천자가 천하를 얻는 것은 "하늘이 그에게 준 것이다"(天與之)라고 하여, 천자가 그 지위를 계승하는 것은 '하늘의 뜻'(天意)에 의해 결정된다고 했으며, "하늘이 천하를 어진이에게 주고 싶으면 어진이에게 주고, 하늘이 그 아들에게 주고 싶으면 그 아들에게 주는 것이다"(9-6)고 했는데, 이 말은, 하늘의 뜻이 일체를 결정한다는 전통사상과 동일한 것으로 생각되기 쉽지만, 그러나 실제에 있어서는 다만 '人事'에다 '天意'라는 신성한 외투를 입힌 것에 불과하다. 그가 말한 '하늘이 준다"는 것의 내용을 보면, "천자에게 조근하러 가는 천하의 모든 제후들은 요 임금의 아들에게로 가지 않고 순에게로 갔으며, 송사를 해결하고자 하는 자들도 요 임금의 아들을 찾아가지 않고 순을 찾아갔으며, 공덕을 찬양하는 자들도 요 임금의 아들을 칭송하지 않고 순을 칭송하였다"(9-6)고 하였다. 여기서 天意라는 것은 실제로는 사람의 일이고, 人心이 어디로 향하느냐 하는 것이 곧 天意의 상징으로 되고 있다. 맹자는 『서경』「태서편(泰誓篇)」의 말을 인용하여, "하늘이 준다"는 말을 해석하고 있다. "하늘은 우리 백성들이 보는 것을 통해서 보고, 하늘은 우리 백성들이 듣는 것을 통해서 듣는다." 즉, "백성들의 눈이 곧 하늘의 눈이고, 백성들의 귀가 곧 하늘의 귀"(9-5)라는 것이다. 이것은, 비록 말은 尊天이지만, 실제로는 重人을 가리키고 있다.

맹자 이전 사람들은, 天은 상을 내리기도 벌을 주기도 한다는, 天에 대한 종교적 신앙을 갖고 있었다. 그러나 맹자는 '人爲'를 중시하는 사상으로부터 이와는 전혀 다른 관점을 제시하였다. "국가가 태평하다고 해서 이럴 때 향락이나 추구하고 태만해져 놀기만 한다면, 그것은 스스로 재난을 불러들이는 것이다. 화와 복은 스스로 불러들이지 않는 것이 없다. 『시경』에서는, '영원토록 하늘의 짝이 되니, 스스로 많은 복 누리시도다'라고 했으며, 『서경』의 태갑(太甲)에서는, '하늘이 내린 재앙은 피할 수 있지만, 스스로 불러들인 재앙은 피할 길이 없다'고 하였으니, 바로 이것을 두고 한 말이다"(3-4)라고 하였다. 여기서 그는, 비록 天意라는 것이 있어서 그것이 재앙을 내릴 수 있다는 점을 인정하고는 있지만, 그러나 "하늘이 내린 재앙은 피할 수 있지만 人爲로 불러들인 재앙은 피할 수 없다"고 함으로써, 한 국가의 치란(治亂)이나 흥망성쇠, 또는 한 개인의 길흉화복을 결정하는 것은 人爲, 즉 人事이지 天意가 아니라고 하였다.

공자는 조상에 대한 제사를 도덕교화의 수단으로 생각하였고 귀신에 대한 존경심은 표시하지 않았었다. 이와 마찬가지로, 天에 대한 맹자의 숭상은 그의 사상이나 신앙에서 나온 것이 아니라 다만 정치적인 필요에서 창안된 것이다. 그가 요순의 선양(禪讓)을 이야기한 것은, 단지 '天意'를 빌려서 높은 자리에 있는 자들로 하여금 인정(仁政)을 행하도록 하려는 의도에서였다.

맹자는 가끔 자신과 天을 동일시함으로써 天의 위엄을 빌려 자기의 말에 무게를 더하려 하기도 했다. 그는 이윤(伊尹)의 입을 빌려 말하고 있다. "하늘이 이 백성들을 낳아 기름에 있어서는, 먼저 알고 먼저 깨달은 사람으로 하여금 뒤늦게 알고 뒤늦게 깨치는 사람들을 알게 해 주고 깨우쳐 주도록 하였다. 나는 하늘이 낳은 백성들 가운데서도 먼저 깨달은 자이다. 나는 이 요·순의 도로써 이 백성들을 깨우쳐 주리라. 만약 내가 이들을 깨우쳐 주지 않는다면, 그 누가 이들을 깨우쳐 주겠느냐?"(9-7)라고. 이 말은, 표면적으로는 태어날 때부터 선각자와 후각자, 가르치는 자와 가르침을 받는 자의 지위가 天意에 의해 결정되는 것처럼 말하고 있지만, 이것은 어디까지나 맹자 자신을 이윤에 의탁해서 자기의 포부를 말하고 있는 것에 지나지 않는다. 이 점을 더욱 분명히 하고 있는 것이, "하늘이 천하를 태평하게 할 생각이 없다면 그만이지만, 만약에 천하를 태평하게 할 생각이 있다면, 지금 이 세상에 나 말고 그 누가 있겠느냐?"(4-13)라고 한 것이다. 이것은, 사람들로 하여금, 자기는 天을 대신하여 말하고 있으며, 天을 대신하여 道를 행하려고 하며, 자기의 주장에는 天意가 깃들어 있다는 것을 믿게 함으로써 자기 말을 믿고 따르게 하려는 의도에서 天을 빌린 것에 지나지 않는다. 즉, 자기의 사상과 주장에 귀를 기울이도록 하려는 필요에서 天意를 이야기한 것이지, 결코 주재자로서의 天에 대한 신앙에서 말한 것은 아니다.

그러나 어쨌든, 비록 형식적이고 의도적이긴 해도 이미 주재자로서의 天의 작용을 인정하였다면, 그리고 나서 또 人爲의 결정적 중요성을 강조한다는 것은 모순이 아닐 수 없다. 그러므로 맹자는 도덕의 기초 위에서 이 양자를 통일하려고 시도한다. 그리하여 그는 天에다 도덕적 속성을 부여하여 天을 도덕과 의리(義理)의 본원으로 간주하게 된다. "인의충신과 지칠줄 모르고 선을 즐겨 행하는 것은 天의 작위(爵位)이고, 공경대부와 같은 관직은 人의 작위이다" (11-16). 여기서 맹자가, 天이 부여해 준 인의충신 등 도덕의 작위를 王이 신하에게 부여해 준 공경대부 등 인간의 작위와 대응시켜 말하고 있는 것은, 도덕의 최종적 근원은 天이라는 의미를 암시하고 있다. 그러나 이것은 단지 공자의 "天이 나에게 德을 부여해 주었다"(天生德于予)는 사상과, 자사의 "天이 부여해 준 것을 性이라 한다"(天命之謂性)는 사상의 계승에 불과하다. 맹자의 진정한 독창적인 발전은, 人性과 도덕문제의 탐색을 통하여 天과 人을 긴밀하게 하나로 연결지웠다는 것이다.

맹자의 설명에 의하면, 인간의 본성(性) 가운데는 태어날 때부터 仁義禮智 등 선한 덕의 싹이 갖추어져 있는데, 이것을 "四端", 또는 '才'(바탕이나 자질)라고 부른다. 才는 곧 天이 내려준 才(天之降才)로서 (11-7), 그것은 마음속에 간직되어 있고, '확충'과 '생각함'(思)을 통하여 인의예지의 德으로 완성된다. 그래서 "心이라는 기관의 기능은 생각함에 있으니, 생각하면 얻을 수 있고, 생각하지 않으면 얻지 못한다. 이것들은 모두 天이 人에게 부여해 준 것"(11-15)이라고 하였다.

天이 부여해 준 도덕이 人의 心에 간직되어 있고, 그것이 人性으로 체현되므로, "그 心을 끝까지 확충시켜 가면 그 性을 알 수 있다. 그 性을 알게 되면 天을 알 수 있다. 그 心을 지키고, 그 性을 기르는 것, 이것이 天을 받드는 옳바른 방법"(13-1)이라고 했다. 즉, '도덕'과 '心'과 '性'은 '天'에 근원을 두고 있으므로, 心을 지키고 性을 길러서 그 선한 싹을 확충시켜 가는 도덕수양을 해 나감으로써 '天을 받들 수' 있게 된다는 것이다. 이때 비로소 天과 人은 도덕의 기초 위에서 통일되는 것이다.

맹자는 공자의 '仁'이라는 개념을 인용하여 설명을 계속한다.

"仁은 天이 준 가장 존귀한 작위이며, 人이 거처하기에 가장 편안한 집(安宅)이다"(3-7). 사람이 거처하기에 가장 편안한 집이란 곧 사람의 마음(人心)을 비유한 것으로서, 사람이 사람일 수 있는 근본 이유가 바로 여기에 있다. 그리하여 仁은 최고의 도덕규범이 되고, 天이 준 가장 존귀한 작위이고, 사람이 사람일 수 있는 근본 이유의 소재(所在)가 되고, 따라서 天과 人은 仁의 德이란 기초 위에서 연결되고 서로 통하게 되는 것이다.

    이로부터 '天人合一'의 결론을 도출해 내기 위하여 맹자는 자사(子思)의 '誠'의 개념을 확충하여, "誠 그 자체는 天의 道이고, 誠을 생각하는 것은 人의 道"(7-12)라고 했다. 자사의 '誠'은, 맹자에 의해서, 도덕규범으로서 天이 부여해 준 中和의 덕, 즉 사람이 태어날 때부터 갖고 있는 선한 본성(善性)을 가리키게 되었다. 그리고 '생각함'(思)은 맹자에 의해 선한 싹의 확충, 즉 도덕수양이란 특정한 의미가 부여되었다. 즉, "생각하면 얻을 수 있고, 생각하지 않으면 얻지 못하는"(11-15) 것이다. 그리하여 '思誠'은 天이 부여해 준 선한 싹을 확충하여 인의예지의 덕이 구비된 君子가 될 수 있게 하는데, 그것은 또한 사람이 사람일 수 있기 위해서 반드시 걸어가야 할 길이기도 하다. 이 길을 따라 걸어갈 때, "사람이라면 누구나 요·순이 될 수 있을" 뿐만 아니라(12-2), 인류사회의 발전도 기약된다는 것이다.

    '誠'은 天의 道이자 동시에 人性이기도 하다. 따라서 인간은 '思誠'할 수 있다. 즉, '性'을 지키고 '誠'을 확충하는 것이 가능하며, 그리하여 天과 人이 合一되어 "위로는 하늘과 아래로는 땅이 함께 운행하는"(13-13) 것이 가능해진다. 이리하여 '誠'은 天과 人, 天道와 人道가 서로 통하는 다리가 되고, 이로부터 '天人合一'의 우주관이 도출되는 것이다.

(2) 命觀

'天'에 대한 인식과 마찬가지로, 맹자의 '命'에 대한 인식 역시 한편으로는 전통적인 관념을 계승하면서도 두 가지 방면에서 그것을 개조, 발전시키고 있다.

원래 '命'과 '天'은 서로 긴밀하게 연결되어 있는 두 가지 개념이었다. 은·주(殷周) 시기의 '命'은 곧 '天'의 의지 또는 명령으로서, 이것을 '天命'이라 부르기도 했다. 天은 지극히 높아서 그 위에 아무 것도 존재하지 않는 것이고, '命'은 거역할 수 없는 것이다. 이러한 전통적 관념은 춘추전국 시기까지 줄곧 이어져 왔다. 『중용』에서는 "天命之謂性"이라 하여, 人性은 天에 의하여 사람에게 '命'(부여)된 것으로 보았다. 맹자도 이 사상을 계승하여, 인의예지 등의 미덕은 天에 의해서 命된 것으로 보고, 그것을 '命'이라 부르면서(14-24), "단명하든 장수하든 괘념치 않고, 몸과 마음을 닦고 길러 기다리는 것, 이것이 立命의 방법이다"(13-1)고 하였다. 즉, 장수할 것인가 단명할 것인가 하는 것 때문에 마음이 바뀌거나 흔들려서는 안 되고, 오로지 한 마음으로 도덕수양에 힘쓰고, 그리고 죽을 때까지 그런 자세를 지켜감으로써 '立命'해야 한다. ——즉, 天이 부여해 준 인의예지 등 도덕을 온전히 간직하고, 人爲로써 그것을 손상시키는 일이 없어야 한다는 것이다. '命'에는 이런 의미가 있으므로, 맹자는, "추구하면 그것을 얻을 수 있고, 내버려 두면 그것을 잃어 버리며, 그것을 추구하는 것은 그것을 얻는 데 유익함이 있으니, 그 추구하는 대상이 나의 몸 안에 있기 때문이다"(13-3)고 했던 것이다. 그러므로 모든 사람들은 각자 그것을 추구하기 위해 열심히 노력해야 하고, 도덕수양에 더욱 힘씀으로써 하늘이 부여해 준 인생의 가치를 실현해 나가야 한다고 하였다.

맹자가 '命'에 대한 전통적인 관념을 개조하고 발전시킨 또 하나는, 命을 天으로부터 분리독립시켜 독립적인 하나의 개념으로 만든 것이다. 그는, "그것을 한 사람이 아무도 없는데도 그것이 이루어지는 것은 天이고, 그것을 불러들인 사람이 아무도 없는데도 찾아오는 것은 命이다"(9-6)고 했다. 여기서 天과 命은 독립되어 서로 나란히 열거되고 있다. 원래 불러들인 사람이 아무도 없는데도 결과가 그렇게 되는 것, 그것이 곧 '命'이다. 예를 들면, 인간의 생장(生長)과 노쇠, 사망 등은 모두 "불러들인 사람이 아무도 없는데도 찾아오는 것"들이다. 즉, 삶과 죽음, 장수와 단명과 같은 것들은 모두 맹자가 '命'으로 돌린 것들이다. 이때의 命과 앞에서의 天命은 서로 다른 것이다. 이 命은 인간이 노력한다고 해서 얻을 수 있는 것이 아닐 뿐더러, 인간의 외부에 있으면서 인간의 힘이 미칠 수 없는 그 어떤 것에 의해 초래되는 것이다. 그것은 실제로는 인간의 의지와 역량으로는 어찌해 볼 수 없는 객관적 필연성이다.

맹자는 이러한 의미의 '命'에 대해서 '順命'과 '知命'을 주장하였던 것이다. 이전의 사람들은 '順命'을 '天命'의 결정에 '順從'하는 것으로 해석함으로써 맹자의 사상에 대해 부정적인 태도를 지녔었다. 우리가 만약 '命'을 일종의 객관적 필연성으로 이해한다면, '順命'과 '知命'은 자연히 객관적 필연성을 존중하고 인식할 것을 주장하는 사상으로 된다. 맹자는, "命 아닌 것이 하나도 없으나, 순리대로 행동할 때에만 그 正命을 받아들일 수 있다. 그러므로 知命者는 위험한 담장 밑에 서지 않는다. 그 道를 다하고서 죽는 사람이 받는 것, 그것이 正命이다. 죄를 지어 손발에 쇠고랑이나 차꼬를 차고 죽는 것은 正命이 아니다"(13-2)고 하였다. 맹자가 여기서 말하고 있는 것은, 인간의 길흉화복이나 요수(夭壽)나 생사(生死)와 같은 것들은 모두 '命'에 의해 결정되며, 거기에는 불가항력적인 필연성이 존재한다. 그러나 거기에는 '正命'과 '非正命'의 구분이 있다. 천수를 다하고 침대에 누워서 생을 마치는 것만이 '正命'이고, 함부로 행동하다가 의외의 장소에서 죽게 되거나, 법을 어겨 죽임을 당하는 것은 '非正命'이다. 전자는 객관적 필연성의 지배를 받고, 사람의 힘으로는 어찌할 수 없는 것이므로, 사람들은 단지 그것을 '順受'할 뿐 거역할 수 없다. 그러나 후자는 人爲로써 불러들인 것이고, 또 사전에 인식할 수도 피할 수도 있는 것이다. 맹자가 특별히 반대한 것은 바로 이 '非正命'으로 목숨을 잃는 것이었다.

지적해 두어야 할 것은, 맹자의 '順命'은 결코 소극적인 숙명론(宿命論)이 아니고, "단명하든 장수하든 괘념치 않고 修身하면서 그것을 기다린다"는 것이다. 그리고 또, "군자는 법도에 따라 행동하고, (그 결과에 대해서는) 命을 기다릴 따름이다"(14-33)고 하였다. 단명과 장수는 모두 命에 의해 결정되므로, 그것에 대해서는 신경쓰지 않고 오직 목숨이 있는 동안 그것을 아끼면서, 안으로는 자기 몸을 닦고, 밖으로는 법도를 행하는 것만이 '命'에 대하여 지녀야 할 옳바른 태도라는 것이다. 이것은 도가류(道家類)의 소극적이고 염세적이며 비관적인 사상과는 판연히 다른 것으로, 여기에 人爲의 작용을 중시하는 유학(儒學)의 적극적인 요소가 있다.

2. 性善論―仁義禮智의 德은 마음에 뿌리를 두고 있다

맹자는 천명관(天命觀)에서 뿐만 아니라 人性論 방면에서도 공자의 윤리사상을 발전시키고 완성시켰다. 人性 문제에 대한 탐구는 인류의 인식의 심화(深化)를 보여 주는 것으로, 그 당시 이미 외세의 사물에 대한 인식으로부터 인간 자신의 본질에 대한 탐구로 깊이 들어와 있었음을 알 수 있다.

일찍이 춘추 말기에 공자는, "인간의 본성(性)은 원래 서로 가까운 것이지만, 습관이나 관습 때문에 서로 멀어진다"(『論語』「陽貨

篇」)고 하는 명제(命題)를 제기하였다. 그러나 그는 인성 문제에 대한 탐구를 더이상 진전시키지는 않았다. 그후 전국시기에 들어와서 제자백가들은 자신들이 추구하는 이상사회의 건설을 뒷받침해 줄 이론적 근거가 필요했다. 그리하여 그 이론적 기초가 될 人性의 문제는 점차 제자백가들이 爭鳴하는 주요 철학문제로 되었던 것이다.

『맹자』의 「고자 上」(11-6)에 의하면, 당시에 이미 人性에 관한 다양한 이론들이 제기되어 서로 다투고 있었다. 性은 선한 것도 악한 것도 아니라는 주장과, 性은 선하게도 악하게도 될 수 있다는 주장과, 性에는 원래 선한 것도 있고 악한 것도 있다는 주장들이 그것으로, '性은 원래 선한 것'이라는 性善論은 그 중에서도 가장 체계적이고 깊이 있는 이론이었다. 이 점은 우선 人性 개념에 대한 맹자의 이해에서 나타난다.

맹사에 의하면, 人性이란 인간의 사회성과 자연성의 통일이다. 그러나 이 두 가지 중에서 인간을 동물과 구별짓는 본질적인 특성은 인간의 사회성에 있다. 따라서 인간의 사회성을 간과하고 인간의 자연성을 人性으로 보는 관점은 잘못을 범하고 있다는 것이다.

맹자는, 人性에 관한 고자(告子)와의 변론 중에서, 인간이 태어나면서 가지고 있는 "食과 色" 등의 생리적 본성은 인간과 동물이 共有하고 있는 것임을 지적하였다. 서로 共有하고 있는 속성(共性)으로써 서로 다른 사물들을 구별할 수는 없다는 것이다. 이것은 마치, 白羽와 白雪과 白玉이 공유하고 있는 '白'이라는 속성에 의해 그들을 상호구별할 수 없는 것과 같다. 인간과 동물이 공유하고 있는 "食과 色" 등의 자연적 속성, 즉 동물성은 사람과 소와 개를 구별하는 특성으로 될 수 없다(11-3). 그의 주장은, 인간과 동물을 구별짓는 본질적 특성, 즉 '인간이 동물과 다른 점'만이 人性의 내용으로 된다는 것이다. 맹자는, 그런 본질적 특성이 바로 윤리도덕이고, '義'라고 하였다.

그렇다고 맹자가 인간의 자연성을 부정한 것은 아니다. 그는 말했다. "인간이 금수와 다른 점은 얼마 되지 않는다"(8-19)고. 이 말에는, '인간과 금수 사이에는 공통점이 많다'는 뜻이 들어 있다. 그러나 그러한 공통점들은 인간의 본질적 속성이 아니므로 그것을 '人性'이라 하지 않고 그저 '性'이라고 하였다. "입이 좋은 맛을, 눈이 고운 색깔을, 귀가 아름다운 소리를, 코가 향기로운 냄새를, 몸이 편안함을 좋아하는 것은 性이다"(14-24). 이때의 性은 인간의 감관 및 신체의 생리적 욕구, 즉 인간과 동물이 공유하고 있는 자연성을 가리킨다.

맹자는 인간의 자연성, 곧 性과 인간의 사회성, 곧 人性을 엄격히 구분하였다. 그는, 善과 義를 그 주요 내용으로 하는 '人性'은 인간을 금수와 구별짓는 귀중한 요소이기 때문에 그것을 '大體'라 부르고, 食과 色 등 자연적 생리본능을 그 주요 내용으로 하는 '性'은 인간과 동물이 공유하는 것이기 때문에 그것을 '小體'라 불렀다. "몸에는 귀중한 부분(貴)과 하찮은 부분(賤)이 있고, 작은 부분(小)과 큰 부분(大)이 있다"(11-14). "그 大體를 따르면 大人이 되고, 그 小體를 따르면 小人이 된다"(11-15)고 하였다. 이처럼 '大體'와 '小體', 또는 '人性'과 '性'은 그 淸과 濁이 분명하게 나뉘어진다.

人性을 이와 같이 개념규정한 다음, 맹자는 人性이 善하다는 것을 설명하기 위하여 '情'과 '才'의 개념을 도입한다. 그는 말했다. "그 情으로 보면 善하게 될 수 있다는 것으로서, 이것이 人性은 善하다고 말하는 이유이다. 어떤 사람이 不善이 되는 것은 그 '才'의 탓이 아니다"(11-6)라고. 여기서 情이나 才는 性과는 다르다. 情이나 才는 人性을 구성하는 요소이기는 하나 人性 그 자체는 아니다. 그것은 인간이 세상에 태어날 때부터 가지고 있는, 善을 행할 수 있는 可能性이고, 인의예지의 네 가지 싹(端)이다. 따라서 이것은 "사람이 사람일 수 있는" 근거로 된다. "人性이 善하다"는 것은 곧 이 可

能性을 말하며, 사람이 不善에 빠진다고 해서 그것이 이 싹, 즉 才 자체의 잘못일 수는 없다는 것이다.

맹자는, 『중용』의 "天命之謂性"의 사상에 따라서, '才'는 하늘이 부여한 것으로서(11-7), 그것은 인간의 마음속에 보존되어 있다고 했다. 그것이 마음속에 있을 때의 형태가 곧 동정심(惻隱之心)이며, 수치심(羞惡之心)이며, 공경심(恭敬之心)이며, 시비를 가리는 마음(是非之心)인 것이다. 맹자는, 인간이라면 누구나 이 네 가지의 마음(四心)을 가지고 있으며, 만약 이 四心이 없다면 그는 인간이라 할 수 없다(3-6)고 했다. 이로부터 알 수 있는 것은, 四心은 곧 사람이 사람일 수 있는 본질이고, 人性의 구체적 내용이다. 동시에 이 四心은 仁의 싹(端)과 義의 싹과 禮의 싹과 智의 싹(3-6)으로, 즉 인의예지의 네 가지 德의 싹으로 나뉜다. 다시 말하자면, 인의예지 네 가지 덕을 행할 수 있는 가능성을 그 내부에 간직하고 있을 때에만 '사람일 수' 있는 것이다.

이처럼 인의예지의 윤리도덕이 인간과 동물을 구별하는 기본적 특성이라고 인식했다는 것은, 맹자가 이미 인간의 본질은 인간의 사회성에 있다는 것을 인식하였음을 의미한다. 이것은 인류의 인류 자신에 대한 인식의 심화를 의미한다.

맹자는 말했다. "사람에게 이 四端이 있는 것은 마치 사람에게 四體가 있는 것과 같다"(3-6)고. 사람이 인의예지의 四端을 가지고 있는 것은 마치 사람이 태어날 때부터 四肢를 가지고 있는 것과 같이 자연적으로 구비된 것이고, "사람이라면 누구나 다 가지고 있다." 따라서 사람이라면 누구나 인의예지의 네 가지 덕을 구비한 군자가 될 수 있고, 노력 여하에 따라서는 요순 같은 성인도 될 수 있다((5-1), (12-2)). 맹자의 性善論은 바로 이러한 의미에 기초해서 논술된 것이다.

"사람이라면 누구다 다 四端을 갖고 있다"는 말에는 '人性平等'

의 사상이 들어 있다. 당시로서는 이 사상이 얼마나 진보적인 것이었는지를 그 이전에 보편적으로 통용되고 있던 관념들을 살펴보면 금방 알 수 있다. 그 이전의 서주(西周) 사회에서는 윤리도덕을 정치적 지위와 연결시켜, 도덕은 귀족들만의 전유물이고 노예나 평민들은 도덕과는 전혀 관계가 없는 존재들이라고 생각하였다. 그러한 사상의 영향은 전국시대에까지 지속되었는 바, "性에는 善한 것도 있고 善하지 않은 것도 있다"(11-6)는 당시의 人性論은 바로 그러한 전통적인 관념의 유물이었다. 이에 반하여 맹자는, 성현들만이 善을 행하려는 마음을 가지고 있는 것이 아니라, "사람이라면 누구나 다 가지고 있다"고 거듭 강조하였다. 사람마다 정치적 지위(人爵)는 서로 다르더라도 천부의 도덕(天爵), 즉 人性에 있어서는 차별이 없다. 그러므로 사회적 신분이 미천한 사람이라도 修身과 養性을 통하여 성현이 될 수 있고, 비록 그 출신 신분이 고귀하더라도 "편안하게 살면서 교육이 없다면, 금수와 다를 바가 없게 된다"(5-4)고 하였다. 이 사상은 노예주들의 전통적인 도덕관념을 부정하고 후세의 인간평등 사상의 선구가 되었다. 인간평등의 사상적 전제가 없이는 民主主義 또한 존재할 수 없으므로, 이런 점에서 민주주의 사상의 싹을 우리는 맹자에게서 볼 수 있다.

맹자는, 善을 행할 수 있는 '四端'을 "사람이라면 누구나 다 가지고 있다"고 했다. 그렇다면 어째서 금수처럼 행동하는 惡人이 존재하는 것일까? 이에 대한 맹자의 대답은 이러하다: 인간의 본성이 선하다는 것은 일종의 '선을 행할 수 있는 可能性'일 따름이고, 그 가능성을 현실로 바꾸기 위해서는 주체적이고 자각적인 培養의 과정이 필요하다. 어린 싹이 자라서 열매를 맺기 위해서는 거름을 주고 김을 매어 주어야 하듯이, 四端이 四德으로 되기 위해서는 '확충'(擴充)의 노력이 필요하다. "이 네 가지 싹을 가지고 있는 사람은 누구나 그것을 확충시켜 나갈 수 있다"(3-6)고 했다. 만약 그것을 확충시켜 나간다면 인의예지의 四德을 구비한 군자가 되고, "천하를 안정시킬 수 있는" 성인이 될 수 있지만, 그렇지 못하면 "자기 부모조차 제대로 섬길 수 없는" 소인이 되어 버리고 만다. 그는 이것을 오곡에 비유해서, "오곡은 곡식들 중에서 우수한 품종이지만, 만약 성숙하지 못한다면 익은 돌피나 피만도 못하다. 仁의 덕도 그것이 성숙했을 때에만 가치가 있는 것이다"(11-19)고 하였다.

그러므로, 사람이 善한가 善하지 못한가는 결코 人性의 차이에 있는 것이 아니라, 그것을 '擴充'하거나 '익히는' 노력을 하느냐 하지 않느냐에 달려 있다. 비록 현재는 人性을 상실하고 금수의 탈을 쓰고 있는 사람이라 하더라도, 그의 타고난 본성이 그렇다고 할 수는 없고, 단지 "四端을 확충"할 줄 모르고, 선한 본성을 '익힐'줄 몰라서 양심을 잃어 버린 결과 그렇게 된 것이다. 그래서, "어떤 사람이 선량하지 못하게 되는 것은 그 才의 탓이 아니다"(11-6)고 한 것이다. 우산(牛山)에 나무가 없어 벌거숭이가 되어 있다고 해서, 그것이 산의 본성 탓이라고 할 수 없듯이(11-8), 사람이 "금수와 다를 게 별로 없게" 되었다고 해서 그것을 그의 본성 탓으로 돌릴 수는 없다. 맹자는, 사람이 귀한 것은 오로지 이 천부의 '四心'에 있으므로, 주의를 기울여 그것을 확충하고, 보존하고, 길러서 잃어 버리지 않도록 해야 한다고 했다. '養心'이란 바로 이것을 말한다.

맹자가 말한, 선한 싹을 확충하는 '養心'은, 실제로는 그 이전 유가들의 自我省察 사상을 가다듬어 발전시킨 것이다. 자신을 반성하고 성찰하는 것은 유가에 있어서 도덕수양의 중요한 내용이었다. 공자의, "군자는 모든 원인을 자신에게서 구한다"(君子求諸己)는 말과, 증자(曾子)의, "나는 매일 여러 번 나 자신을 반성해 본다"(吾日三省吾身)는 말과, 자사의, "스스로 반성해 보고 그 원인을 자신에게서 찾는다"(反求諸己身)는 말들은 모두 사람들에게 자기성찰과 마음의 수양을 하도록 요구하는 것이다. 그러나 왜 자신을 반성하고 성찰해야 하는지에 대한 이론적 설명은 없었다. 맹자의 性善論은 유가의 이러한 전통적 수양방법에 이론적 근거를 제공하고 있다.

　善한 德의 싹을 사람이라면 누구나 다 태어날 때부터 가지고 있고, 그것이 "외부로부터 스며들어 오는" 것은 아니다. 그러므로 몸을 닦고 덕으로 나아가기 위해서 외부로부터 그것들을 구하려 해서는 안 되고, 내가 본래부터 가지고 있는 善의 싹을 '확충'하도록 노력하기만 하면 된다. 소위 '확충'은, 욕심을 줄이는 것"(寡欲)이나 "밤의 기운을 보존하는 것"(存夜氣)과 마찬가지로, 수신양성의 한 가지 방법이다. 그 명칭은 다양하지만 이들을 한 마디로 말하자면 '생각하는'(思) 것이다. "생각하면 얻을 수 있고 생각하지 않으면 얻을 수 없다"(11-15). 생각하면 善의 싹을 확충해서 善한 德이 되게 할 수 있고, 그리하여 四德이 구비된 군자가 될 수 있다. 이때의 '생각한다'는 것은 곧 자기 몸을 반성하고 성찰한다는 것이다. 이리하여, 공자의 '內省'으로부터 출발한 유가의 自我省察 사상은 맹자의 '思'에 도달함으로써 잘 가다듬어진 철학적 이론으로 정립되었던 것이다. 뿐만 아니라, 이 '확충'의 개념이 도입됨으로써 개인적 수양의 차원에 있던 유가의 전통적 가치와 덕목들은 사회적 덕목과 윤리규범으로 발전할 수 있었다. 맹자는, "자기 집 어른을 공경하는 마음을 넓혀서 남의 집 어른도 공경하며, 자기 자식을 귀여워하고 보살피는 마음을 넓혀서 남의 자식도 귀여워하고 보살펴 주어야 한다". "이처럼 가까운 곳에서 먼 곳으로 은혜를 넓혀 나가면 천하를 안정시킬 수 있고, 그렇게 하지 않으면 자기 처자식마저도 제대로 보호해 줄 수 없다"(1-7)고 했다. 즉, '확충'의 노력은 개인적 도덕수양의 차원에서 끝나서는 안 되고, 그것이 자기 외부로, 이웃으로, 사회로 계속 신장되어 갈 때 비로소 개인 차원의 善이 사회적 차원의 善德으로 될 수 있다는 것이다. 만약 이것이 결여된다면, 善의 싹은 현대적 용어로 가족 이기주의와 소집단 이기주의에 머물고 만다. 이렇게 되면 유학이 묵자(墨子)의 겸애설(兼愛說)과 양주(楊朱)의 위아설(爲我說)을 반박할 수 있는 근거가 없어진다.

이 '확충'은 바로 맹자의 전체 사상을 性善論이란 벼리(網)를 중심으로 하나로 묶어 주는 고리의 역할을 하고 있다. 그의 정치, 경제, 윤리, 교육 사상은 그의 性善論이 이 '확충'을 매개로 현실의 제반 문제에 적용된 것에 불과하다고도 할 수 있다.

3. 仁政學說―刑을 줄이고 稅를 가볍게 한다

맹자의 仁政學說은 그의 '性善論'이 '확충'을 통하여 그의 정치·경제·사회 사상에서 체현된 것이다.

공자는 일찍이 그의 '仁'의 사상에 기초하여 "德으로써 정치를 한다"(爲政以德)고 하였다. 맹자는 이 사상을 계승, 발전시켜, 당시의 백성들이 "포악한 정치에 시달려 초췌해져 있는" 상황을 보고, 유가 계통의 仁政學說을 제시하였다. 이하에서는 仁政의 對象, 內容 및 實踐의 측면에서 이를 살펴보도록 한다.

(1) 仁政의 對象

仁政을 베풀어야 할 대상은 '백성'(民)들이다. 그의 重民思想은 인정학설의 이론적 기초이자 그것의 주요 내용이 되고 있다.

그러나 중민사상이 맹자에 의해 처음으로 주장된 것은 결코 아니다. 일찍이 춘추시기에, 노동인민들의 신분적 지위가 제고되고 천명신권(天命神權) 사상이 쇠퇴함에 따라 중민경신(重民輕神) 사상이 나타났는데, 이 사상은, 民이야말로 神의 主이며, 따라서 "먼저 民을 안정시키고 나서 神에게 치성드린다"(先成民而後致力于神.『左傳』桓公六年)는 것이다. 이것은, 당시 사람들이 이미 전통적인 천명신권 관념을 버리고 사상해방의 중요한 이정표를 쟁취하였음을 의미한다. 神權은 곧 君權의 상징이다. 따라서 중민경신(重民輕神) 사상이 발전하면 필연적으로 중민경군(重民輕君)으로 나아간다. 그러나 당시 사람들은 아직 民과 神의 비교에만 머물렀고, 民과 君을 직접 비교하는 것과 같은 극히 민감한 정치문제에는 손을 대지 못했다.

맹자의 공헌은, 앞선 사람들의 사상의 궤적을 따르면서도, 처음으로 '民貴君輕'의 관점을 명확히 제기하고, 백성이야말로 국가의 보배(14-28)라고 하여, 춘추 이래의 重民思想을 크게 발전시킨 것이다. 그리고 나서 그는, "백성들에게 仁政을 행한다"(9-5)는 정치적 주장을 제시하였다. 이 사상은 후세 유가들의 정치적 주장의 기본이 되었다.

그렇다면 '民'에는 구체적으로 어떤 의미가 포함되어 있는가? 맹자에 의하면, '民'은 곧 관직에 있지 않은 일반 백성들을 가리킨다. 맹자는, "윗사람들이 인륜에 밝게 되면 아래 백성들은 자연히 서로 친밀해진다"고 함으로써, 정치를 담당하고 있는 '윗사람'과 대칭되는 지위에 있는 '아래 백성들' 속에 일반 선비(士), 상인(商), 농민(農), 여행자(旅)를 포함시키고 있다(3-5).

맹자는 '民'이 '가장 귀중한' 존재라고 인식했다. 그의 重民思想은, "백성이 가장 귀중하고, 사직이 그 다음이고, 군왕은 가장 경미한 존재"(民爲貴, 社稷次之, 君爲輕. (14-14))라고 한 말에서 가장 집중적으로 나타난다. 여기서 주의할 것은, '貴'와 '輕'을 서로 대비시키고 있는 것의 의미이다. 맹자의 말은 결코 民이 君에 비하여 '존귀'(尊貴)하다는 뜻이 아니고, 民의 문제가 君의 문제보다 중요하다는 것이다. '民의 문제'란 무엇인가? 士에 대해서는 "덕망있는 자를 존중하고 능력있는 자에게 일을 맡기는"(3-5) 것이며, 農에 대해서는 "일정한 생업을 제정해 주고"(1-7), "公田의 경작을 돕도록만 하고 세금을 거두지 않는"(3-5) 것이며, 商이나 旅에 대해서는 관세를 면제해 주고 세금부담을 경감시켜 주는 것이다(3-5). 맹자는, 만약 이런 문제들만 잘 해결되면 천하의 백성들은 모두 즐거워하면서 治者에 대하여 "그를 부모처럼 생각하고 사모하게 될 것이며"(3-5), 그리하여 "모든 백성들의 신임을 얻게 되면 천자가 되므로"(14-14), 君의 문제는 자동적으로 해결될 것이라고 하였다.

맹자가 살았던 시대의 사회상을 보면, 백성들은 전쟁과 무거운 세금과 가렴주구에 시달리고 있었고, "백성들의 얼굴에는 굶주린 기색이 역력하고, 들에는 굶어 죽은 시체들이 딩굴고 있었으며"(1-4), "백성들이 포악한 정치에 시달려 초췌해져 있는 것이 지금보다 더 심한 적이 없었다"(3-1)고 한다. 즉, 民의 문제는 전혀 해결되지 못하고 있었다.

그리하여 맹자는, "사람이라면 누구나 차마 남에게 모질게 할 수 없는 마음을 가지고 있다"는 人性論에서 출발하여, "이 모질게 할 수 없는 마음으로써 차마 남에게 모질게 할 수 없는 정치를 한다면"(3-6), 학정(虐政)을 제거하여 백성들을 "거꾸로 매달려 있는" 상태에서 풀어 줄 수 있을 것으로 생각하였다. 그래서 맹자는 위정자들에게 仁政을 실시할 것을 요구하였던 것이다.

(2) 仁政의 內容

맹자에게 있어서 仁政은 천하를 평정하고 나라를 다스리는 기본 방법이었다. 그리고 그것은 정치방면에만 국한되지 않고 경제, 교육, 군사 등 온갖 방면에 두루 적용될 수 있는 견해이자 주장이었다.

① 政治思想

정치방면에 있어서 맹자는 인간의 가치를 강조하고, 人權을 침해하는 온갖 폭행을 반대하였으며, "형벌을 줄이고", "죄를 범하더라도 죄를 범한 본인만 처벌할 뿐, 그의 처자식까지 처벌하는 일은 없어야 한다"(罪人不孥. (2-5))고 했다. 그런데도, "지금 각국의 군왕들 가운데는 사람 죽이기를 좋아하지 않는 자가 하나도 없다"(1-6)고 하면서, 당시의 포악한 통치자들이 무고한 백성들을 마구 죽이는 것을 비난하였다. 그리고는, "만약 사람 죽이기를 좋아하지 않는 군왕이 나온다면, 온 천하의 백성들은 모두 목을 길게 빼고 그가 구제해 주기를 바라게 될 것이다"(同上)고 하였다. 이처럼 맹자는 인간의 가치를 중시하고, 인간의 목숨을 초개처럼 여기던 당시의 통치자들을 향하여 격렬한 언사로써 항의하였던 것이다. 그리고 그는, "만약 높은 지위에 있는 자가 백성들에게 무관심하고 그들을 잔인하게 다룬다면", "백성들은 보복할 기회를 엿보다가", "자신들의 상관이 죽어가는 모습을 빤히 보고서도" 구해 주지 않을 것이며, 그리고 그것은 너무나 당연한 행동이므로 그것을 나무라거나 그것을 이유로 처벌해서는 안 된다고 하였다(2-12).

    맹자의 이러한 주장들은 공자의 '仁者愛人'의 사상과 일맥상통한다. 그러나 공자의 愛人이 도덕적 차원의 것임에 반해, 맹자의 인권 존중 사상은 정치적 차원의 주장이다. 포악한 통치자가 백성들을 학대하고 무고한 백성들을 함부로 죽이던 당시의 상황에서, 맹자의 이러한 주장은 사회적 생산력의 보호와 계급간 모순의 완화라는 적극적인 작용을 할 수 있는 진보적인 사상이었다. 맹자의 이러한 사상을 법가(法家)들의 다음과 같은 사상, 즉 "간사한 짓을 금하고 죄를 짓지 못하게 하는 데는 형벌을 엄하게 하는 것보다 나은 것이 없다", "죽을 죄를 지은 자는 사면해 주지 말고 그 형벌은 삼족(三族)에게까지 미치게 한다"(『商君書』「賞刑」)는, 백성들에 대한 잔혹한 진압을 주장한 사상들과 비교해 보면, 그 사상의 진보성이 명확하게 드러난다.

    당시의 통치자들이 가장 큰 관심을 가지고 있었던 군사방면에 있어서도, 맹자는, "民心을 얻어 천하를 통일한다"는 그의 사상에서 출발하여, 무력으로 천하를 통일하려는 패도(覇道)정치를 반대하고, 덕으로써 천하의 인심을 귀복시키는 왕도정치(王道政治)를 주장하였다(貴王賤覇). 맹자의 貴王賤覇 사상은, 제후들이 할거하여 천하를 서로 차지하려고 싸우는 난세에서 과연 천하통일이 겸병전쟁 아닌 다른 방식으로 가능할까 하는 데 대한 당시 위정자들의 의문을 해소시켜 줄 수는 없었다. 그러나, "땅을 빼앗기 위하여 전쟁을 일으킴으로써 죽은 사람들이 들판에 가득하고, 성을 빼앗기 위하여 전쟁을 일으킴으로써 죽은 사람들이 성안에 가득한"(7-14) 상황을 자신의 눈으로 직접 목격한 맹자로서는, 그러한 전쟁을 하지 않고서도 천하를 통일할 수 있는 방안을 모색하지 않을 수 없었으니, 그것이 바로 '王道'정치이자 '仁政'정치였다. 그것은 곧, "백성들이 원하는 것을 그들을 위하여 모아 주고, 그들이 싫어하는 것을 시행하지 않음"으로써(7-9) 백성들의 민심을 얻는 것이며, 백성들의 민심을 얻으면 천하를 통일할 수 있다는 것이다. 백성들이 원하는 것은 무엇인가? 천하가 태평해져 편히 살면서 각자의 생업에 충실할 수 있는 것이다. 백성들이 싫어하는 것은 무엇인가? 엄한 형벌과 무거운 세금, 가렴주구, 그리고 참혹한 죽음만 있는 전쟁이다. 그리하여 그는 제후들에게 "형벌을 줄이고", "세금을 가볍게 하고", "전쟁하기 좋아하는 자들을 극형에 처하라"고 주장하여, 백성들이 싫어하는 것을 제거하려고 하였다. 그리고 다른 한편으로는, "백성들을 보호할 수 있는 자는 천하를 통일할 수 있고", "덕으로써 仁政을 행하는 자는 천하를 통일할 수 있고", "사람 죽이기를 좋아하지 않는 자는 천하를 통일할 수 있다"고 그들을 타이르고 깨우쳐 줌으로써 천하통일의 정치적 이상을 실현하려 했다((1-7), (3-1), (3-3), (3-5)). 그러나, 전쟁을 하지 않고 천하를 통일하려는 그의 王道와 仁政의 정치사상은, 각국의 제후들이 전쟁만을 능사로 알고 해마다 전화(戰火)가 끊이지 않는 난세에서는, 우활(迂闊)한 것으로 받아들여져 채택될 수 없었다.

그렇다고 맹자가 일체의 전쟁이나 무력행사를 반대했던 것은 아니다. 그는 다만, "임금을 위해서 땅을 넓히고, 창고를 가득 채우는"(12-9) 약탈전쟁만을 반대하였고, 탕 임금이나 주(周)의 무왕(武王)이 했던 것과 같은 '民心'에 바탕을 둔 '征'이나 '伐'에 대해서는 찬성하였다. "폭군을 죽이고, 불쌍한 백성들을 위로해 주며", "백성들을 물과 불의 재난으로부터 구해 주기"(6-5) 위한 전쟁은, 民心의 지지를 받는 전쟁이므로, 백성들은 그것을 "마치 큰 가뭄에 비오기를 기다리듯" 하며, "때 맞추어 비가 내리는 것처럼 백성들은 모두 그것을 기뻐한다"(6-5)고 하였다. 이것이 바로 "民心을 얻고", "마음속으로 기뻐서 진정으로 복종"(3-3)하게 만드는 길이다.

그러므로 정벌전쟁은 반드시 民意에 따라 결정되어야 한다. "병단해서 연나라 백성들이 기뻐한다면 병탄하고," "백성들이 기뻐하지 않으면 병탄"해서는 안 된다(2-10)고 했다. 오로지 백성들을 위해서 惡을 베고 罪를 징벌한다면 천하에 무적(無敵)이 될 수 있다. 적국을 정벌하는데, "그 나라의 백성들이 자기들을 물과 불의 재난으로부터 구원해 줄 것으로 생각, 대그릇에는 밥을 담고 병에는 식혜를 담아 들고 와서 왕의 군대를 환영하게"(2-11) 된다면, 전쟁의 결과가 어느 편의 승리로 돌아갈 것인지는 불을 보듯 뻔하지 않은가? 그래서 국토를 방위하는 데 있어서도, "백성들과 함께 지키되, 죽으면 죽었지 백성들이 이곳을 떠나려 하지 않는다면"(2-13), 전쟁을 하지 않는다면 몰라도, "싸운다면 반드시 이긴다"(4-1)고 했던 것이다.

② 經濟思想

경제문제에 대한 맹자의 주장은, "세금을 가볍게 하고", "백성들의 생업을 제정해 줌으로써"(制民之産), 소농경제를 보호하고 생산의 발전을 촉진시키는 것이었다. 소위 "세금을 가볍게 한다"는 것은 백성들의 경제적 역량을 고려하여 세금을 거두라는 것이고, "백성들로부터 세금을 걷는 데에도 일정한 한도가 있어야 한다"(5-3)는 것은 곧 10분의 1세제를 실시하라는 것이다. 그는 '포루지정'(布縷之征)과 '속미지정'(粟米之征)과 '역역지정'(力役之征)의 세 가지 조세 항목 중에서 "한 가지만 집행하고 나머지 두 가지는 보류함"(14-27)으로써 백성들을 지나치게 착취하거나 고생시켜서는 안 된다고 했다.

그는 또한 최고통치자들에게 생산에 관심을 기울일 것, 농경을 장려할 것, 생산현황의 파악을 순수(巡狩)의 주요 내용으로 할 것, 요역(徭役)이나 병역(兵役)을 징발할 때에도 농사절기를 피할 것 등을 요구하고 있다((1-5), (13-23)). 맹자의 이러한 경요박세(輕徭薄稅)와 농경중시(農耕重視)의 경제사상은 후의 한대(漢代)에 와서 지배계급이 '휴양생식'(休養生息)의 양보적 정책을 실행하도록 하는 데 기여하였다.

맹자의 경제사상의 특징은, 重農政策을 주장하면서도 동시에 모든 산업, 특히 商業을 重視하였다는 점이다. 그는, 상업이 없으면 사회생활의 영위가 불가능하다는 점을 알고 있었을 뿐 아니라, 상인이나 여행자도 모두 '民'에 포함되므로, 그들에게도 당연히 仁政을 베풀어야 한다고 했다. 商業은 "成果를 융통시켜 주고"(通功易事) "有無를 서로 소통시켜 준다"는 점에서 다른 업종이 대신할 수 없는 중요한 기능을 맡고 있으며, 따라서 사회경제적 발전을 촉진시키는 데 유익하다는 점을 맹자는 충분히 인식하고 있었다. 그리하여 그는 상업의 보호와 발전을 주장하였고, 상업세의 면제를 통해서 타국의 상인이나 여행자들이 自國으로 찾아오는 것을 촉진하고, 그들에게도 仁政을 베풀어야 한다고 했다. 맹자의 이러한 경제사상은 봉건사회의 중농경상(重農輕商)이라는 전통적 관념과 법가(法家)들의 중본억

말(重本抑末) 사상과는 완전히 반대되는 것이었다.

　전국시기, 특히 법가의 대표적 인물인 상앙(商鞅)과 한비자(韓非子) 등은, 급히 功을 세우고 利를 보려는 단견에서, 상업과 상인을 배척하고 그들에게 타격을 주어 포기시키는 정책을 취하였다. 예를 들어, 상앙은 농업을 진흥시켜 국가를 부강하게 하려고, "나라 안의 식량가격은 반드시 비싸게 해야 하고, 농사짓지 않는 자에 대한 세금은 반드시 많게 해야 하고, 장사꾼에 대한 세금은 반드시 무겁게 해야 한다. 그렇게 한다면 백성들은 농사짓지 않을 수 없게 된다"(『商君書』「外內」)고 했다. 즉, 상업이나 수공업에 종사하는 자들에게 무거운 세금을 부과시켜 타격을 입히면, 그들은 모두 상업이나 수공업을 버리고 농업에 종사하게 된다는 것이다. 한비자는 한 걸음 더 나아가, 상인이나 수공업자들은 나라에 화(禍)가 되고 백성들을 해치는 '다섯 종류의 좀'(五蠹) 가운데 하나라고 하면서, 그들은 반드시 소멸시켜 버려야 한다고 했다(『韓非子』「五蠹」).

　이러한 사상이 일반적으로 통용되고 있던 시대적 상황에서, 농업을 중시하는 동시에 상공업을 중시하고, 중소 상인들과 수공업자에 대한 보호를 주장하고, 상품교환의 필요성과 그 사회적 중요성을 강조하였다는 것은 경제·사회 문제에 대한 맹자의 인식이 얼마나 진보적이었는지를 잘 보여준다.

　그리고 "백성들에게 일정한 생업을 제정해 주라"(制民之産)는 주장은 그의 仁政思想이 경제정책 방면에서 집약적으로 표현된 것이다.

　맹자는 비록 義를 중시하고 利를 천시하였지만, 그러나 그는 仁義를 실천하기 위해서는 반드시 일정한 물질적 기초가 있어야 한다는 점을 분명히 인식하고 있었다. "양식이 물이나 불처럼 풍족해진다면 나쁜 사람이 있을 수 없게 되고"(13-23), 가난이 극도에 달하여 죽도록 고생해봐야 "자기 목숨 하나 구제하기에도 부족한 지경"에 이른다면, 결코 인의를 배우고 실천할 마음을 가질 수 없게 된다 (1-7)고 하였다. 그리고, "일정한 생업을 가진 사람은 항심(恒心)을 가질 수 있지만, 일정한 생업이 없는 사람은 항심을 가질 수 없다" (5-3). 그러므로 德敎를 실시하고 王道를 실행하려면 반드시 그에 앞서 백성들의 기본적 물질수요를 해결해 주도록 해야 한다고 주장하면서, 백성들로 하여금 "산 사람을 봉양하고 죽은 사람을 장사지내는 데 유감이 없도록 하는 것, 이것이 王道政治의 시작"(1-3)이라고 하였다.

그렇다면, 어떻게 해야 이러한 경제적 목표를 달성할 수 있는가? 이를 위한 방안으로 맹자는 制民之産을 주장하고, 그 구체적 실시방법으로 井田制를 제시했다. 맹자의 생각은 이러했다 : 즉, 최고통치자가 토지를 각급 관리들에게 나누어 주고, 각급 관리들은 맹자가 제시한 井田制의 실시방안에 따라 그것을 경영하는데, "사방 1里의 땅을 井田으로 하는데, 1井은 9百畝(묘)가 되며, 이것을 井字 모양으로 나누어, 그 한가운데의 백묘는 公田으로 만든다. (주위의 8백묘는 私田이 되는데,) 여덟 가구가 각각 1백묘씩을 갖게 하고, 公田은 이들이 공동으로 경작한다. 公田의 일을 끝내고 나서야 개인의 일들을 할 수 있다"(5-3). 여덟 가구가 공동으로 公田을 경작해 주는 대가로 각자는 자신의 私田 100묘에 농사지어 그 수확물을 향유하게 한다는 것이다. 이 私田이 곧 '일정한 생업'(恒産)인데, 힘센 자(豪强)들의 토지겸병을 막고 농민들의 토지상실을 방지하기 위해서 이 私田의 매매는 허용해서는 안 된다. 그렇게 함으로써 그들의 기본적 물질수요를 충족시켜 줄 수 있기 때문이다. 이러한 기초 위에서 뽕나무를 심고, 가축을 기르며, 남자는 농사짓고 여자는 길쌈함으로써, "노인들은 따뜻한 비단옷을 입고 고기를 먹으며, 일반 백성들은 굶주리지 않고 추위에 떨지도 않게 된다"(1-4). 이것이 맹자가 그리고 있는 이상적인 소농경제의 모습이다.

맹자는 정전제도를 채택하여 토지의 경계를 분명히 해 놓음으로써 폭군이나 탐관오리들의 가렴주구를 효과적으로 차단시킬 수 있다고 생각하였으니(5-3), 이것이 곧 仁政의 시작이다. 봉건농업국가에서 가장 중요한 생산수단이자 사회의 財富는 토지이고, 가장 중요한 사회적 힘은 농민이다. 따라서 농민의 토지문제 해결은 봉건정권의 안위 및 존망과 직결된 것이다. 이러한 문제를 해결하기 위하여 제시된 맹자의 정전제 구상은, 비록 당시에는 채택되지 못했지만, 후세의 토지문제의 해결을 위한 많은 정책들에 영향을 미쳤다.

③ **敎育思想**

앞에서 맹자의 경제사상을 살펴보았지만, 맹자에게 있어서 경제문제는 어디까지나 인간이 태어날 때부터 하늘로부터 부여받은 선한 본성을 보존하고 길러서 '완성된 인간'으로 되기 위한 물질적 수단에 불과하고, '인간 완성'의 옳바른 길은 교육에 있다고 생각하였다. 맹자는, "사람이 아무리 배불리 먹고 따뜻한 옷을 입으면서 편히 살게 되더라도, 교육이 없으면 금수와 가깝게 된다"(5-4)고 하면서 교육의 중요성을 강조하였다.

그렇다면 교육은 어떻게 할 것인가. 이에 대하여 맹자는, "각급 학교를 충분히 세워서 부모에게 효순하고 어른을 존경하는 도리로써 백성들을 가르치고 이끌어"(1-7)주고, 그리고 "윗사람들이 인륜에 밝게 되면 아래 백성들은 자연히 서로 친밀해지고 하나로 단결된다"(5-3)는 것이다. 이러한 맹자의 사상을, "학문을 폐기함으로써 법도를 밝힌다"(『韓非子』「八說」), "德化를 중시하지 않고 法治를 중시한다"(同上.「顯學篇」)고 한 법가(法家)들의 사상과 대비해 보면, 그가 얼마나 인간을 소중하게 생각하였고 교육을 중시하였는지를 쉽게 알 수 있다. 여기에 도덕교화를 중시하였던 유학의 특징이 있다.

맹자의 교육사상 역시 그의 性善論에 뿌리를 두고 있다는 것은 앞에서 이미 말한 바 있다. 이제 그의 교육사상의 핵심내용들을 정리해 보면 다음의 세 가지로 요약될 수 있는데, 이것은 모두 후세의 교육학설에 큰 영향을 주었다.

첫째, 교육은 자발적이고 능동적이어야 한다.

맹자는 인간의 본성이 본래 선한 것임을 믿었기 때문에 피동적이고 억압적인 교육방법을 주장하지 않고, 각자가 지닌 선한 본성을 스스로 개발하고 터득하게 하는 방식을 주장하였다((3-2, 8-14, 12-16)). 맹자는, "군자가 사람을 가르치는 방법에 다섯 가지가 있는데", 그 중의 한 가지는 "때맞추어 내리는 비가 만물을 적셔 자라게 하듯이 그 덕성을 키워주는 방법"(13-40)이라고 하였다. 즉, "보리가 자라도록 김을 매어 주지 않는 것도 나쁘고", "이삭을 뽑아 올리는 것도 나쁘고", 가장 좋은 것은 "때맞추어 비와 이슬이 내려서 만물을 키워 주듯이 하는 것"(時雨而化之者)이라고 하였다.

둘째, 교육은 선한 본성을 보존하고 길러주는 것이다.

인간의 본성은 본래 선한 것이므로, 인간을 교육하는 원칙 역시 그 본래의 선한 본성이 충분히 발휘되도록 하는 것이라고 했다. "사람이 금수와 다른 점은 몇 가지 되지 않는데……, 군자는 그것을 굳게 지켜 보존한다"(8-19)고 하였다. 즉, 교육은 이 '사람이 금수와 다른' 인간의 선한 본성을 보존하게 하는 것이다.

셋째, 교육에는 표준이나 목표가 있어야 한다.

맹자는 말했다. "예(羿)가 사람들에게 활쏘기를 가르칠 적에는 반드시 활 시위를 끝까지 잡아당기는 것에 목표를 두도록 했으며……, 이름난 목수가 사람을 가르칠 적에는 반드시 콤파스와 자에 의지하도록 했다"(11-20)고. 그리고, "훌륭한 목수는 서투른 목수를 위하여 먹줄 쓰는 법을 고치거나 없애 버리지 아니하며, 예(羿)는 서투른 사수를 위하여 활 시위 당기는 법을 바꾸지 않는다. 군자는 활 시위를 끝까지 당기면서도 화살은 쏘지 않고 활시위만 팽팽하게 당겨 보인다. 군자가 옳바른 길에 서 있으면, 능력 있는 자라면 그를 따를 수 있다"(13-41)고 하였다. 이러한 표준적 교육방법이 가장 빠른 길로서, 앞선 성현들이 이러한 표준을 제정해 놓았기 때문에 후세인들은 힘들이지 않고 선인들이 쌓아 놓은 경험과 지혜를 자신의 것으로 만들고 유용하게 쓸 수 있는 것이다(7-1). 이상이 그의 교육사상의 핵심들로서, 이외에도 맹자는 기회있을 때마다 인간의 옳바른 교육방법에 대하여 말하고 있지만, 더 이상의 상세한 설명은 생략한다.

(3) 仁政의 실시

앞에서 설명한 내용들을 갖는 仁政을 실시하기 위해서는 반드시 조직 및 제도상의 보증이 있어야 한다. 맹자는 仁政의 실시는 곧 '仁心'의 구체적 체현인 바, '不忍之心'이 있기 때문에 '不忍之政'을 할 수 있는 것이라고 했다. 따라서 仁政의 실시를 보증하기 위해서는 반드시 "어진 사람만이 높은 지위에 있어야 한다"(7-1)는 원칙이 견지되어야 한다. 이 원칙을 관철시키기 위한 방법으로서 맹자는 두 가지를 제시하고 있는데, 하나는 '禪讓'으로써 어진 임금을 세우는 것이고, 다른 하나는 '尙賢'으로써 어진 신하를 임용하는 것이다.

맹자가 살았던 당시는 이미 오래 전부터 長子 계승의 宗法制度가 확립되어 있었다. 그러한 종법제도와 종법관념에 직면하여 맹자는, 전통적 관습과 세력에 대항하기 위해서, 부득이 '天'의 도움을 구하지 않을 수 없었다. 그래서 그는, 천자가 "하늘에 그를 추천하고, 하늘이 그를 받아들인다"(9-5)는 '선양'의 방식을 택하게 되었다. 그러나 그의 본심은, 天意를 빌려서 "백성들의 인심을 얻은" 어진이로 하여금 천자의 지위에 앉도록 하려는 데 있었다. 그래서 그는, "백성들의 눈이 곧 하늘의 눈이고, 백성들의 귀가 곧 하늘의 귀"라는 옛말에 의지하여, "백성들 앞에 드러내 보여 주었더니 백성들이 그를 받아들였다"는 것을 天意의 증거로 삼았던 것이다. 그리고 "백성들이 그를 받아들였다"는 것은 곧 "그에게 정사를 맡아보게 하였더니 나라가 잘 다스려져 백성들이 그를 만족스럽게 여겼다"(9-5)는 것으로 해석한다. 그리하여 결국, "모든 백성들의 신임을 얻게 되면 천자가 된다"(14-14)고 한 것이다. 이것은, "모든 백성들의 신임을 얻은" 어진이로 하여금 완고한 종법제도를 타파하고 천자의 지위에 앉도록 함으로써 王道와 仁政의 이상정치를 실현하려는 것으로서, 맹자가 '선양'제도를 고취한 숨은 의도는 바로 여기에 있었다.

이미 "모든 백성들의 신임을 얻으면 천자가 된다"고 하였으니, 그렇다면 모든 백성들의 신임을 잃으면 마땅히 폐위(廢位)되어야만 할 것이다. 그래서 맹자는, 이윤이 民心을 잃어 버린 군주 태갑(太甲)을 유배보낸 것을 찬성하고(13-31), "탕 임금이 걸왕을 내쫓고, 무왕이 주왕을 정벌한" 의거를 칭송하였던 것이다(2-8). 그 당시 법가들은 봉건전제를 주장하고 군주를 神化하면서, "임금이 비록 못났다 하더라도, 신하는 감히 그를 범할 수 없다"(『韓非子』「忠孝」)고 주장하였다. 맹자의 사상을 이 법가들의 맹목적인 복종 및 충성과 비교해 보면, 맹자의 사상이 얼마나 진보적이었는지 알 수 있게 된다.

맹자는, 국가경영에 참여할 인재들에게 관직과 지위를 주는 문제에 대해서, "어진이를 숭상해야 한다"(尙賢)고 했다. 최고통치자의 자리를 어떤 인물이 차지하느냐 하는 문제에 못지 않게 중요한 것은, 그 밑에서 그를 보좌하고 국정을 집행할 신하들을 어떤 인물들로 충용하는가 하는 것이다. 신하의 임용에 관한 맹자의 견해는 '尙賢'이었는데, 만약 "仁賢을 신임하여 등용하지 않는다면 나라가 공허해지고"(14-12), "賢者를 등용하지 않으면 나라가 멸망해 버릴 수도 있다"(12-6). 그러므로 그는 군주들에게, "현자를 존중하고 유능한 자에게 일을 맡기고"(3-5), "현자가 합당한 지위에 있게 하고, 유능한 자가 합당한 직무를 맡도록 하라"(3-4)고 요구하였다. 그는, 역사상 유명한 名相賢臣들을 예로 들면서(12-15), 널리 훌륭한 인재들을 구하기 위해서는 신분적 제한을 철폐하고, 인재를 파격적으로 등용해야 한다고 주장하였다. 사회의 하층에 있던 그들을 일단 파격적으로 등용해 썼을 때, 그들은 많은 위대한 업적들을 남길 수 있게 되었다는 것이다.

맹자는 또한 賢才를 식별하는 훌륭한 방법을 제시하고 있다. 그는, 어진자를 채용하고 못난자를 물리치는 일을 좌우의 근신들과 대부들의 말에만 의지해서는 안 되고, 반드시 전체 국민들의 의견을 광범하게 들어야 하고, 그리고 나서 그가 실제로 일을 잘 할 수 있는지 관찰해 본 후에 결정해야 한다고 했다(2-7). 맹자의 이 주장을, 군주의 독단을 주장하고, "정치를 하면서 백성들의 마음에 들기를 바라서는 안 된다"(『韓非子』「顯學」)고 주장한 법가들의 사상과 비교해 보면, 그의 사상의 민주성과 진보성이 확연히 드러난다.

4. 倫理觀 ― 善의 싹을 확충한다

맹자는 일찍이 天道를 말하고 人性을 이야기하였지만, 실제로는 이것은 모두 도덕을 논술하기 위해서였다. 이하에서 도덕규범과 도덕의 가치 및 도덕수양에 관한 맹자의 사상을 알아보기로 한다.

(1) 道德規範

맹자는 도덕규범으로서 주로 仁義禮智의 네 가지를 제시하였지만, 그 중에서도 仁과 義를 주로 삼고 있다.

공자에게 있어서 '仁'의 의미는 지극히 광범하여, 거기에는 '親親', '愛人'뿐만 아니라 '恭', '寬', '忠', '信', '恕' 등 인간 사회의 모든 덕목들이 포함된다. 그리하여 공자는, 사람에게 있어서 최고의 가치를 갖는 것은 仁이며, 사람이 사람일 수 있는 까닭도 仁에 있다고 했다.

맹자는 공자의 '仁' 사상을 계승, 발전시켜, 仁에 포함되어 있는 여러 내용들을 '人'으로 개괄하고("仁이란 곧 人이다."(14-16)), 仁이야말로 "사람이 사람일 수 있는 본질적 요소", 또는 "사람이 금수와 다른 점"이라 하였다. 보다 구체적으로 말하자면, "사람이라면 누구나 다 가지고 있는" '동정심'(惻隱之心), '수치심'(羞惡之心), '공경심'(恭敬之心), '시비심'(是非之心)이 그것으로서, 그래서 그는 "仁은 곧 사람의 마음이다"(11-11)고 하였던 것이다. 맹자는 또 人을 仁에 합일시키고 있다. 즉, 사람은 도덕적 수양을 통해서 '사람이 사람일 수 있는 이유'를 실현하고 있는데, 그것을 맹자는 '人道'라 불렀다. 즉, "仁이란 곧 人이다. 이 둘을 합하여 말하자면, 그것이 곧 道이다"(14-16)고 했다.

맹자는 또 仁과 동등한 정도의 도덕규범으로서 '誠'을 제시하고 있다. 그는 "誠은 天道"(7-12)라고 했다. 그리고는 인의예지를 일반적인 인간관계에 대응시키고, 天道인 誠을 聖人에 대응시켰다(14-24). 그리고 또 "聖人은 인륜의 표준"(7-2)이라고 하여 인의예지를 거기에 다 포함시켰다. 이로부터, 天道인 誠에는 인의예지가 포함되어 있고, 그리고 誠은 그것들을 추상화하여 개괄한 것임을 알 수 있다. 誠은 仁과 같이 맹자에게 있어서 최고의 도덕규범이 되고 있다.

이 추상적 의미의 仁에 대응하는 것이 '宜'(마땅함.정당함)의 뜻으로 해석되는 '義'이다. 공자는, "군자는 義에 밝고 소인은 利에 밝다"(『論語』「里仁篇」)고 하여, '군자'라면 모든 일에 있어서 '義인지 아닌지'를 물어야지 '利인지 아닌지'를 물어서는 안 된다고 했다. 이로부터 유가의 利를 버리고 義를 취한다는 '舍利取義'의 가치선택의 원칙이 제시되었다.

맹자 역시 이러한 전통적 의미의 '義'를 계승하여, "자기의 소유가 아닌데도 그것을 취하는 것은 義가 아니다"(13-33)고 했다. "그것을 취한 것이 義인가 不義인가"(10-4)고 물었을 때의 '義'의 표준은 '仁'으로서, '仁'에 합치되면 그것은 '義'이다. 만약 '仁'을 도덕규범의 개괄이라 한다면, '義'는 곧 '仁'에 합치되는 행위의 총칭이다. 그래서 "仁은 곧 사람의 마음이며, 義는 곧 사람이 걸어가야 할 길이다"(11-11)고 한 것이다. 맹자는 사람들에게 "仁에 거하고 義에 따를"(居仁由義)것을 요구하고, 생사의 갈림길에서도 "生을 버리고 義를 취해야 한다"(舍生取義)고 하였는 바, 이는 공자의 '殺身成仁'과 일맥상통하는 것이다.

　맹자가 구체적인 의미를 부여한 仁과 義는 통상 禮와 智와 함께 제시되고 논의되었지만, 智의 주요 내용은 仁과 義의 도리를 분명히 알고 그것을 지켜나가는 것이며, 禮의 주요 내용은 仁과 義를 실천하는 데 있어서 절도를 잃지 않고(節) 또한 적절하게 수식하는(文) 것이다(7-27). 따라서 四德 중에서도 주가 되는 것은 仁과 義이고, 智와 禮는 仁과 義에 종속되어 그것의 실천에 기여하는 것이다.

　맹자에게 있어서 '仁'은 '親親'에 한정되지 않고 '愛人'으로 확충된다. "자기 자식을 귀여워하고 보살피는 마음을 넓혀서 남의 자식도 귀여워하고 보살펴 주어야"(1-7)하며, "자기가 사랑하는 자에게 베푸는 은덕이 자기가 사랑하지 않는 자에게까지 미치게"(14-1) 할 때 비로소 '仁者'가 될 수 있다. 그리하여 "仁者는 사람을 사랑한다"(8-28)고 하였으니, 仁에 관해서는 공자의 기본사상과 일치한다.

　맹자에게 있어서 '義'는 '敬長'에 머물지 않고 확충되어 君臣 관계까지 포괄한다. 비록 맹자도, "君이 되려면 君의 도리를 다 해야 하고, 臣이 되려면 臣의 도리를 다 해야 한다"(7-2)고 했지만, 그는 결코 당시의 법가들이나 후세의 유자(儒者)들처럼 君에 대한 臣의 맹목적인 복종이나 충성을 강조하지 않고, 君과 臣은 대등한 지위에서 피차간에 요구하는 바가 있어야 한다고 주장했다. "임금이 신하를 자기 손발처럼 생각한다면, 신하는 임금을 자기의 배와 가슴같이 소중하게 생각한다. …임금이 신하를 진흙이나 지푸라기처럼 생각한다면, 신하는 임금을 원수같이 생각한다"(8-3)고 하였는데, 이는 공자가 "임금은 신하를 禮로써 부리고, 신하는 임금을 忠으로써 섬긴다"(『論語』「八佾」)고 한 사상과 같은 종류의 사상이기는 하지만, 공자가 강조한 것은 "신하는 임금을 忠으로써 섬긴다"는 쪽에 있음에 반해서, 맹자가 강조한 것은 "임금은 신하를 禮로써 부린다"는 쪽이었다. 만약 신하로 하여금 옛임금을 위해서 상복을 입게 하려면, 임금은 마땅히 신하를 三有禮로써 대해야 하고(8-3), 신하에 대한 禮를 무시하는 임금이라면 어진 신하가 그런 임금을 추방해 버리더라도 괜찮으며(13-31), 그가 만약 주왕(紂王)과 같은 포악한 임금이라면 죽여 버리더라도 크게 비난받을 일이 아니다(6-9)고 했다. 공자가 "君은 君다워야 하고, 臣은 臣다워야 한다"(『論語』「顔淵」)고 주장하면서, 폭군이었던 은(殷)의 주왕(紂王)을 죽이고 주(周) 왕조를 세웠던 무왕(武王)에 대하여 끝까지 탐탁치 않게 생각하였던 것과 비교해 보면, 군신 관계에 대한 맹자의 사상은 가히 혁명적이었다고 할 수 있다.

智에 관해서는, 맹자나 공자나 모두, 是非를 분명히 가리고 예의를 깊이 알아서 그에 부합되게 행동하는 것이라고 인식하였다. 그러나 禮에 관해서는 그 보는 시각이 공자와 판이하게 달랐다. 공자는 "克己復禮爲仁"(『論語』「顔淵」)이라 하여, 禮의 지위를 높여서 仁과 나란히 놓고 그것을 자신의 윤리사상의 핵심적 개념으로 삼았지만, 맹자는 禮를 어디까지나 仁과 義를 수식하고(文) 절제하는(節) 수단적 가치로 보았고, 義로 가기 위해 통과해야 할 출입문 정도로만 생각하였다(10-7).

(2) 道德의 價値

　　맹자는, 사람이 태어나면서 하늘로부터 부여받은 인의예지의 네 가지 싹(四端)이야말로 사람이 금수와 다른 귀중한 것이라고 생각하였다. 인간의 가치는 인의예지의 도덕의 가치에서 집약적으로 체현된다. 인간으로서 도덕이 없다면 그 존재가치는 상실되고 만다. 인간으로서의 가치를 실현하는 유일한 길은 하늘로부터 부여받은 인의예지의 도덕을 기르기 위해 힘쓰는 길뿐이다. 그는, '平天下'의 정치적 목표를 달성하는 것까지도 결국 개인의 도덕적 수양으로 귀결된다고 생각하였다(7-5). 그래서, "군자의 몸가짐은 자신의 몸을 닦음으로써 천하를 태평하게 한다"(14-32)고 했다. 여기서 '修身'의 내용은 곧 '親親의 仁'과 '敬長의 義'의 실천 및 그것의 확충이다. 특히 각급 최고봉치자의 노녁석 수양은 '전하국가'의 운명 및 징래와 직접 관련된 중대한 문제로서, "君이 仁하면 나라 안에 仁하지 않은 자가 없고, 君이 義로우면 나라 안에 義롭지 않은 자가 없으며, 君이 正하면 나라 안에 正하지 않은 사람이 없다. 일단 君을 바르게 해 놓으면 나라도 안정된다"(7-20). "하·은·주 三代가 천하를 얻은 것은 仁을 행하였기 때문이며, 그들이 천하를 잃은 것은 不仁하였기 때문이다. 한 나라가 흥망성쇠하는 도리도 이와 마찬가지다. 만약에 천자가 不仁하면 천하를 보존할 수 없고, 제후가 不仁하면 그 나라를 보존할 수 없고, 경대부가 不仁하면 그 봉지를 보존할 수 없고, 선비와 일반 백성이 不仁하면 자기 한 몸조차 보존할 수 없다"(7-3)고 했다. 이처럼 작게는 한 개인의, 크게는 한 국가의 흥망성쇠가 모두 도덕수양 여하에 달렸다는 것이다.

　　그리고 또한 맹자는, 도덕의 가치관으로부터 출발하여, 인간 가치의 실현은 도덕수양의 성취에 있고 사회적 신분의 고하(高下)에 있지 않다는 것을 분명히 인식하였다. 그리하여 그는 봉건적 신분등급으로 인간의 가치를 측량하는 것에 반대하고 도덕성의 고저(高低)와 도덕수양의 성취 여부가 인간 가치의 표준으로 되어야 한다고 주장했다. 이러한 표준에 따라서 맹자는, 사회에서 그 인생의 가치가 가장 높은 사람은 신분이나 지위가 높은 자들이 아니고 "仁에 거하고 義에 따르는" 어질고 덕이 있는 사람들이라고 생각하였다. 그래서 그들에게, "높은 지위에 있는 자들의 위세당당한 모습"을 무시하고, "저들의 높고 으리으리한 집"과 "호화롭게 차려진 식탁"과 "시중드는 수많은 처첩들"과 "화려한 사냥행렬" 따위는, 덕이 있는 사람들은 "모두 하지 않을 것들"(14-34)이므로, 안중에 두지 말고 무시하라고 했다. 그는 증자(曾子)의 말을 빌려 자신의 생각을 표현하였다. "그들이 富를 갖고 있다면 나에게는 仁이 있다. 그들이 작위를 갖고 있다면 나에게는 義가 있으니, 내가 그들에게 꿀릴 이유가 어디 있겠느냐?"(4-2)라고.

맹자가 도덕의 가치를 높이 받들었다고 해서 그가 정치권력 자체를 부정했던 것은 아니다. 그가 도덕을 높이고 부귀권세를 홀시했던 것은 어디까지나 부귀권세를 미신(迷信)하는 당시인들의 전통적 관념을 바로잡아 유교의 도덕가치 이론을 관철시키려는 의도에서였다. 도덕은 일종의 思想이자 意識으로서, 그 가치의 실현은 일정한 物的 조건과 분리될 수 없다. 그래서 맹자는, 덕이 있는 학자가 자신의 濟世安民의 가치를 실현하기 위해서는 반드시 현실 정치에 참여하여 일정한 정치권력을 획득해야 한다고 생각했다. 그러나, "옛 사람들이 관직에 나아가고 싶어하지 않았던 것은 아니지만"(6-3), 다만 "그것을 추구하는 데도 道가 있으므로", 그것을 얻기 위해서 수단방법을 가리지 않고 "담장에 구멍을 뚫고 문틈 사이로 쳐다 보는" 식의 천한 행동은 할 수 없다고 하였다.

어질고 덕이 있는 학자가 정치권력을 획득하는 옳바른 방법은, "자신의 天爵을 닦다 보면 人爵은 그것을 따라 온다"(11-16). 그러므로 인의예지 등 도덕(天爵)의 수양에 힘쓰다 보면 이루는 바가 있게 되고(成賢成聖), 그렇게 되면 공경대부와 같은 관직(人爵)은 저절로 따라 온다. 이러한 방법으로 덕이 높은 사람이 현실정치에 참여하여 정치권력을 획득함으로써 도덕적 성취와 정치적 지위의 불일치라는 모순이 해결되고, 사회적 지위나 등급의 귀천이 도덕적 수평의 고하와 일치될 수 있다. 그리하여 "어진자만이 높은 지위에 있어야 한다"(7-1)는 정치적 중간목표도 실현될 수 있다고 생각했다.

만약 도덕적 수양과 정치적 지위등급의 관계가 불일치하는 모순이 있게 되면, "어질지 못한 자가 높은 자리에 있게"(7-1) 되는 상황이 벌어지는데, 이로부터 온갖 사회적 재난과 불합리한 현상들이 발생하게 된다. 그러므로, 治國安民뿐만 아니라 지배계급 내부의 안정과 조화 자체를 위해서도 도덕의 정비와 어진자의 중용은 최우선시되어야 하는데, 이것이 맹자의 도덕 가치관의 결론이다.

(3) 道德修養

맹자는, 인간 가치의 실현 정도는 도덕의 성취 여하에 따라 결정된다는 인식에서 '도덕수양'을 특히 중시하고, 그의 性善論에 근거하여 일련의 수양원칙과 방법을 제시하였다.

맹자의 성선론이 주장하는 바를 다시 한번 요약해 보자. 인간은 태어날 때부터 그 本性 안에 善을 행할 수 있는 가능성, 즉 인의예지 등 도덕을 행할 수 있는 '善의 싹(端)'을 가지고 있다. 그리고 동시에 '飮食男女' 등 인간을 "금수와 가깝게" 만드는 '惡의 근원'도 함께 가지고 있다. 소위 '도덕수양'이란 인간이 주체적 노력을 통하여 '선을 행할 수 있는 가능성'을 '현실성'으로 실현시켜 나가는 과정을 말한다. 여기에는 '善의 싹'의 확충과 '惡의 근원'의 억제뿐만 아니라, '善의 싹'을 잃어 버린 후 '그 잃어 버린 마음'을 되찾는 노력까지 포함된다. 이 세 가지가 바로 도덕수양에 관한 맹자의 기본원칙이다.

이 원칙에 근거하여 맹자가 주장한 것을 살펴보도록 한다.

① 浩然之氣를 키워야 한다

맹자가 말한 "지극히 크고 지극히 강한 " '浩然之氣'는 실제로는 고상한 도덕적 경지에 있을 때 저절로 생겨나는 떳떳하고 늠름한 氣像과 두려울 것 없는 정신상태를 말한다. "호연지기를 기른다"는 것은 이러한 종류의 정신을 배양하고 발양(發揚)하는 것이다. 이를 위해서는 먼저 "正義로써 길러주고 부정으로 해치지 않고(3-2)", 또한 "반드시 義와 道를 배합시켜야"(配義與道) 하지만, 단, 가장 기본적인 것은, 장기간에 걸쳐 꾸준히 正義를 쌓아 가는 것이다. 한 점 한 방울의 正義도 소중히 여겨 꾸준히 축적해 나갈 때 비로소 浩然之氣는 그 內心에서 자연히 생겨나서 자라게 된다. 그것의 성장을 도와주려는 급한 마음에서 이삭을 뽑아올리는 식의 행동을 해서도 안 되고, 길러봐야 소용없다고 방치해서도 안 된다. 맹자가 강조한 것은, 누구나 장기간 동안 꾸준히 정의를 실천해 가다 보면 자연히 높은 도덕적 정신상태에 도달할 수 있다는 것이다. 역사에 그 이름을 남긴 많은 志士들은 모두 자신의 '호연지기'를 기르기 위해 힘써 노력했던 사람들이다.

② 스스로 반성하여 잘못의 원인을 자신에게서 찾아야 한다

맹자는, 도덕의 가치는 인간관계의 조화와 사회의 안정, 그리고 화합에 있다고 생각하였다. 그러므로 도덕수양을 위해서는 마땅히 자신과 다른 사회구성원간의 관계를 잘 정립해야 한다고 했다. 그는, "자기의 밭은 묵혀둔 채 남의 밭만 잘 가꾸려 하고, 남에게는 무거운 짐을 지도록 요구하면서 자기 자신은 가벼운 짐만 지려 하는"(14-32) 자세를 반대했다. 그리고, "어떤 일을 하는데, 만약 기대했던 만큼의 효과를 보지 못했을 때에는 스스로 반성하여 그 원인을 모

두 자신에게서 찾아야 한다"(7-4)고 했다. "나는 상대를 사랑하는데, 상대가 나를 친하게 대해 주지 않을 때에는, 나의 사랑하는 마음이 부족하지 않았는지 반성한다. …나는 다른 사람을 예를 갖추어 대우해 주었는데도 상대는 나에게 그에 상응한 대우를 해 주지 않을 때에는, 나의 공경하는 마음이 부족하지 않았는지 반성한다"(7-4). 이처럼, 모든 일에 있어서 자기 자신을 반성하고, 잘못된 책임을 자신에게 돌리고, 그 마음에 비추어 보아 부끄러운 점이 없도록 노력하고, 스스로 반성해 보아서 잘못이 있을 때는 그 잘못을 인정하고 고치는 데 주저하지 말아야 한다. 만약 모든 일을 스스로 반성해 보아 그 잘못의 원인을 자신에게서 찾고, 마음속에 부끄러운 점이 없도록 할 수 있다면, 자기 한 몸의 '修身'뿐만 아니라 "천하의 모든 사람들이 그에게로 귀의하게 될 것"(7-4)이다. 그리하여 도덕의 가치는 이로써 실현될 수 있다고 하였다.

③ 남과 더불어 善을 행해야 한다

맹자는, "스스로 반성하여 잘못의 원인을 자기 자신에게서 찾아야 한다"고 했지만, 그렇다고 자기 외부로부터 배우는 것을 배제하지는 않았다. 그는, "남으로부터 좋은 점을 취하여 善을 행하는 것", 즉 '남과 더불어 善을 행할' 것을 주장했다. 그는 자로(子路)와 순·우 임금의 예를 들면서, "자로는, 남이 자신의 잘못을 지적해 주면 기뻐했고, 우 임금은 좋은 말을 들으면 그에게 절을 하고 고마와 했으며, 위대한 순 임금은 이보다 더 훌륭했다. 그는 善을 행하는 데 있어서는 남과 자기의 구별이 없었으니, 자신의 잘못을 버리고 남의 옳음을 받아들였으며, 기꺼이 다른 사람의 좋은 점을 받아들여 그 자신이 善을 행하였다"(3-8)고 했다. '聖賢'이라고 해서 결코 태어날 때부터 완전한 善과 美를 갖고 태어나는 것은 아니고, 기꺼이 남의 장점을 받아들여 자기의 단점을 보완해 나갈 때 비로소

'聖人' '賢者'가 된다는 것이다. 그래서 "군자의 최고의 덕행은 남과 더불어 善을 행하는 것"(3-8)이라고 했던 것이다.

맹자는 또한, "좋은 말 듣기를 좋아하는 것"(好善)에 대해서도, "만약 좋은 말 듣기를 좋아한다면, 사방의 모든 사람들이 천리길도 가볍게 여기고 찾아와서 그에게 좋은 말을 일러 줄 것"(12-13)이며, 그렇게 되면 천하를 다스리는 일은 자유자재로 할 수 있다고 했다. 그렇지 않고 거만하고 오만한 태도를 보이면 "사람들은 천리 밖에 떨어져 있게 되고", "남을 헐뜯고 아첨하고 면전에서 아부하는 자들만 모여들게 되고", 그렇게 되면 나라를 잘 다스린다는 것은 불가능하게 된다고 하였다. 이 말은, 약간의 과장이 있을지는 몰라도, 오늘날에도 여전히 유용한 도덕수양의 방법이라 할 수 있다.

④ 言行을 오직 義에 합치시켜야 한다

사람은 누구나 사회생활을 해 나가는 과정에서 수많은 갈등과 모순에 직면한다. 어떻게 해야 하고 어느 쪽을 택해야 할지 망설인다. 이에 관해서 맹자는, "言과 行을 오직 義에 합치시킨다"(惟義所在)는 선택의 원칙을 제시하고 있다. 어느 곳에 가든지 義와 함께 있고, 어떤 일을 하든지 항상 義와 함께 행동한다. "오직 그 말과 행동을 義에 합치시킬 따름"(8-11)이고, "자기가 한 말이라고 해서 반드시 말한 그대로 지키려 하지 않고(言不必信), 자기의 행동에 대해서 기필코 그 결말을 보려 하지 않아야"(行不必果) 비로소 "덕이 높은 사람"(大人)이 될 수 있다고 했다. '信'과 '果'는 분명히 덕행이기는 하다. 그러나 그것이 義와 합치되지 않을 때는 '信'과 '果'를 과감히 포기하여야 한다. 그것을 포기할 수 있을 때 비로소 참으로 용기있는 義人이 될 수 있다고 했다.

인간생명의 가치는 至高하고 至貴하다. 그러나 만약 '生'과 '義'를 동시에 온전히 보존할 수 없을 때에는 "生을 버리고 義를 취해야"

(舍生取義) 한다. 그렇게 하는 편이 '정의와 이상의 실현을 위해서'라는 구차한 명분을 내세워 삶을 도모하는 것보다 더 값지고 용감한 행동이다. 이는 역사를 되돌아 보면 알 수 있는 일이다.

그렇다고 해서, "오직 言과 行을 義에 합치시킨다"는 가치선택의 원칙이 특수한 상황에서의 융통성까지 배제하고 있는 것은 아니다. 맹자는, 모든 일은 저울로 달아 보고 자로 재어 보아야만 그 輕重과 緩急을 알 수 있고, 그것을 알고 행동할 때 비로소 事理의 마땅함에 합치시킬 수 있다고 생각했다. 가령, 남녀간에는 "직접 손으로 물건을 주고 받지 않는 것이 예"(7-17)의 일반적인 규정이지만, 그러나 형수가 물에 빠져 목숨이 경각에 달렸을 때에도 기존의 예의규정에 얽매여 보기만 하고 구해 주지 않는다면, 이것이야말로 하늘로부터 부여받은 네 가지 善의 싹을 완전히 상실해 버린 승냥이와 이리의 행동이다. 이런 경우에는 임시변통의 權道를 발휘하여 손으로 잡아 구해 주어야 한다. 표면상으로는 그것이 예의규정을 어기는 것처럼 보일지 모르지만, 실제로는 이것은 仁心의 표현이므로 禮의 근본정신과 부합된다. 참으로 경계해야 할 것은, 표면상으로는 禮나 義의 규정에 합치되지만 실제로는 禮와 義의 정신에 위배되는 행동들이다. 그래서 맹자는, "禮인 것처럼 보이지만 禮가 아닌 것, 義인 것처럼 보이지만 義가 아닌 것을, 덕이 있는 사람(大人)은 하지 않는다"(8-6)고 했던 것이다.

5. 異端學說의 배척

(1) 楊朱·墨翟의 배척

전국시기에, 정치와 군사 방면에서는 모든 제후국들이 서로 혼전을 벌였고, "제후들은 방자하게 행동하였으며", 사상과 문화의 영역에서는 百家가 쟁명하였고, "민간의 일반학자들은 무책임한 말들을 마구 지껄여 대었다"(6-9). 서로 다른 정치세력을 대표하는 사상가들은 자신들이 속한 계급과 집단의 정치적 주장을 극력 선양하고 논증하고 다녔다. 그 중에서도 영향력이 비교적 컸던 것은 양주와 묵적의 학설이다. "양주와 묵적의 학설을 추종하는 자들이 천하에 가득차서, 천하의 모든 말들은 양주의 설에 속하지 않으면 묵적의 설에 속하는 상황이었다"(6-9). 그들이 주장하는 사상의 내용은 유학의 그것과 상치되었으므로, "양주·묵적의 학설이 사라지지 않는다면 공자의 옳바른 道가 세상에 드러나지 못할" 형편이었다.

그 외에도 농가(農家)인 허행(許行)의 학설이 있었는데, 그것도 사람들에게 큰 호소력이 있어서, 유학을 배우던 사람들까지 "자기들이 배웠던 유학을 모두 버리고 허행으로부터 그의 학설을 배우는" (5-4) 그런 지경이었다. 맹자는 이 점을 우려하여 분연히 일어서서, "양주·묵적의 잘못된 학설을 막아내고"(6-9), 허행의 학설을 배척함으로써 유가(儒家)의 학설을 밝히고, "先王의 道"(5-4)를 선양(宣揚)하는 일을 자기의 사명으로 삼게 되었다. 당시 사람들에게 상당히 설득력이 있었던 양주와 묵적의 학설에 대하여 맹자가 이토록 격렬하게 반대한 이유는 어디에 있었는가. 먼저 그들 학설의 개요부터 알아보자.

① 楊朱의 學說

楊朱의 생존연대와 사적(事迹)에 대해서는 기록이 없어 알기가 어렵다. 그의 사상에 대해서도 『맹자』, 『장자(莊子)』, 『여씨춘추(呂氏春秋)』, 『회남자(淮南子)』 등에서 산견(散見)될 뿐이다. 『한비자』(『韓非子』「顯學」)에서는 그를, "천하의 큰 이익으로써도 그 다리의 털 하나와 바꾸려 하지 않았으며", "物을 가볍게 보고 生을 중시한 학자였다"고 했다. 『맹자』(13-26)에 의하면, 양자는 "자기 자신만을 위해야 한다(爲我)고 주장"하고, "자기 몸에서 털 하나만 뽑아 주면 그것으로 천하가 이익을 보게 된다고 해도 그것을 하려고 하지 않았던"자라고 하였다. 이로부터 우리는 楊子의 기본사상을 '爲我'와 '重生'으로 요약할 수 있을 것이다.

② 墨翟의 學說

묵적은 묵가(墨家)의 창시자로서 공자와 맹자 사이의 중간 시기에 활동하였던 인물이다. '兼愛'와 '功利'를 주장하여 수공업 소생자와 노동인민의 입장을 대변했다는 설도 있고, 평화를 추구하였던 전통 무사집단의 대표자였다고 보는 설도 있지만, 『묵자』에는 이 두 가지 측면의 요소들이 모두 발견되고 있어 단정하기는 어렵다.

묵자의 사상에는 '兼愛'와 '功利', 그리고 '非攻', '節用' 등의 요소가 두루 포함되어 있지만, 그 핵심은 어디까지나 '겸애설'과 '공리주의'에 있다. 묵자는, 하늘이 모든 만물을 차등을 두지 않고 아끼고 길러 주듯이 인간들도 부모·자식, 친척, 스승과 제자, 동향 사람 등에 따른 일체의 친소후박(親疏厚薄)의 차등을 두지 말고 똑같이 사랑해야 한다(兼愛)고 주장하였고, 또한 천하를 위하여 '利益'이 되는 일이라면, 설령 "불길 속에 뛰어들고 칼날 위를 밟아 죽는 한이 있더라도", 실천해야 한다(功利)고 주장하였는데, 그의 학설의 주지(主旨)는 양자의 '爲我' 및 '重生'과 완전히 반대되는 것이었다.

그렇다면 묵자의 '兼愛'와 '功利'는 어떠한 이론적 근거로부터 도출되었는가? 묵자는, 사람은 누구나 다른 모든 사람들을 똑같이 사랑하여야 하고, 거기에 고저나 친소후박의 차등을 두이시는 안 되는데, 그 이유는 그렇게 하는 것이 하늘의 뜻이기 때문이라고 했다(『墨子』「天志篇」). 하늘은 모든 인류를 똑같이 길러 주고 똑같이 사랑한다. 인간과 하늘의 관계는 그 원근(遠近)이나 고저(高低)가 모든 인간에 대해서 똑같은 바, 이는 마치 조상의 입장에서 보면 모든 자손들이 다 똑같은 것과 같다. 따라서 자손들이 형제·부모를 따지고, 촌수를 따져 서로간의 사랑에 차등을 두는 것은 조상에게 죄를 짓는 것과 마찬가지로, 인간이 부모와 형제를 더 사랑하고 남이라고 해서 덜 사랑하는 것은 하늘에 죄를 짓는 것이 된다고 했다. 그러므로 인간에 대한 사랑에는 결코 친소후박이나 편애 등의 차등이 있어서는 안 되는 것이라고 했다.

묵자가 '功利'를 주장한 이론적 근거는 다음과 같다 : 인류사회의 모든 불행과 병적 현상들은 어떤 것이 참으로 이익이 되는지를 잘 알지 못하는 인간들의 좁은 시야에서 비롯되는데, 그들은 한 개인의 私利, 한 계급의 私利, 한 국가의 私利만을 볼 뿐 大我의 이익과 大衆의 이익과 天下의 이익은 보지 못하고 있다. 그래서 그는, 개인의 사사로운 이익을 객관화하여 '大利'란 개념을 도출한 다음, 인간의 모든 행위는 마땅히 이 '大利'로써 형량(衡量)하고, 이것으로써 표준을 삼아야 한다고 했다. 大利에 합치되면 행하고, 大利에 反하면 행하지 말아야 한다. 일체의 전쟁은 이 大利에 반하는 것이기 때문에 저지되어야 하고, 죽은 부모를 위해서 많은 비용을 들여 후장(厚葬)하는 것은, 그리고 죽은 부모를 위해서 오랫동안 상복을 입고 노동을 하지 않는 것은, 利에 반하기 때문에 나쁜 것이다. 그는 모든 일의 善惡의 판단을 이 '利'에 근거하여 내릴 때 인류사회의 많은 불행이 사라지게 될 것이라고 생각하였는데, 이것이 그의 '功利主義'의 이론적 토대이다.

'겸애'와 '공리'를 주장하는 묵자의 사상은, 전쟁의 참화와 정치적 억압에 시달리고 고통받으면서 평화와 평등을 갈구하고 있던 당시의 하층 노동인민들에게 대하여 큰 호소력을 가질 수 있었고, 그들의 열정적이고 헌신적인 실천의지는 당시의 민중들에게 큰 감명을 주었다. 그리하여 묵자의 사상을 신봉하는 자들은 그 사상의 실천을 위하여 스스로의 목숨을 초개처럼 여기고 결연히 희생할 수 있었던 것이다.

　그럼에도 불구하고 맹자가 이런 묵자의 사상을 "부모도 모르는", "금수와 같은", "허황된 주장"이라고 격렬하게 질타한 이유는 무엇인가?

　맹자는 '功利說'에 대해서, 그것이 구호로서는 그럴듯하고, 일시적으로는 사람들을 솔깃하게 만들 수 있을지 몰라도, 사물의 본성에 바탕을 둔 실체적 진실과는 거리가 멀 뿐만 아니라, 그것이 인류에게 초래할 엄청난 재앙을 보지 못하고 있다고 생각했다. 맹자는 仁義의 도덕을 앞세우지 않고 '利'를 앞세우는 행동이 가져올 결과에 대하여, "위 아래가 서로 다투면서 이익을 추구하다 보면 나라 전체가 위태로워진다"(1-1)고 하였고, 묵자의 사상을 신봉하는 대학자 송경(宋牼)을 만나서도, 비록 그들의 반전(反戰)사상과 평화사상, 그리고 그들의 열정적인 자기희생 정신에 대해서는 높이 평가하면서도, '利益'을 구호로 내세웠을 때 초래될 끔직한 결과를 유학의 정신에 입각해서 자세히 비판하고 있다(12-4). 이 외에도 '利'를 앞세웠을 때의 부정적 결과에 대해서『맹자』전편에서는 수없이 많이 경계하고 있다.

　그리고 묵자의 '겸애설'에 대해서도, "모든 사람을 차등없이 똑같이 사랑한다"는 말은 일시적으로는 사람들을 감동시킬 수 있을지 몰라도, 그것은 인간의 본성과 부합되지 않고 또한 철학적 근거도 박약하다. 그것은 감정적 차원에 머문 주장이고 진리의 뒷받침이 없는 허상을 추구하는 사상이다. 물론 인간이라면 누구나 서로 사랑하여야 하고, 또 사랑할 수 있는 공통적 기초가 존재한다는 점을 맹자도 인정하였다. 그러나 인간은 태어날 때부터 자연적인 차별관계에 있고, 이 차별관계가 인간들이 밤낮으로 접촉하고 경험하는 실제의 세계이다. 이처럼 엄연히 존재하는 차별관계를 부정한다는 것은 곧 그러한 차별관계가 존재한다는 전제 위에서 질서와 조화를 추구하려는 인간의 모든 윤리도덕을 원천적으로 부정하는 것이 되어 버린다. 그러므로, 엄엄히 존재하는 것을 부정할 것이 아니라, 그것이 존재한다는 전제 위에서 인간에 대한 사랑을 넓혀 나갈 수 있는 이론적 근거와 방안을 찾아야 한다는 것이 맹자의 생각이었다.

　유가사상 역시 인간에 대한 사랑을 강조하고 있다. 그러나 그것은 모든 사람을 동등하게 사랑하는 무차별의 '겸애'가 아니라 '차등 있는' 사랑이다. 그러므로 "자기 부모에 대한 사랑"을 강조하고 "나의 자식에 대한 사랑"을 중시한다. 그러나 이것은 어디까지나 출발점이고, 이처럼 가까운 사람에 대한 사랑을 다른 사람, 다른 사람의 부모·자식에 대한 사랑으로 '확충'해 가야 한다고 했다. 이 확충을 통해서 유가의 전통적 윤리관과 당시의 사회적 요구 사이에 존재하던 간극이 메워질 수 있게 되었고, 이로 인하여 맹자 사상의 다른 사상에 대한 우수성과 정당성이 보장될 수 있었다. 그러나 다른 한편으로 맹자의 이 사상은 묵자의 '겸애설'에 의해 촉발되고 발전된 측면이 있음도 부정할 수 없다.

③ 楊朱·墨翟의 오류

　인류가 다른 동물들과 다른 점은 바로 '윤리도덕'을 갖고 있고 '정치생활'을 영위하고 있다는 점이다. 이것이 바로 인간의 사회가 금수의 무리와 다른 근본적인 특색이다. 그러나 양주의 '爲我說'에 따르면, 인간의 '정치생활'은 존재할 수도, 존재할 필요도 없어진다. 따라서 거기에는 '君'이 존재할 이유가 없다. 이것이 맹자가 말한 "그들의 안중에는 임금도 없다"는 것이다. 그리고 묵자의 '兼愛說'에 따르면, '自'와 '他' 사이에 일체의 구별이나 차등이 없어지고, 따라서 그러한 '차등관계'가 존재한다는 전제 위에 확립된 일체의 倫常은 소멸된다. 일체의 윤상관계가 소멸되면 일체의 윤리규범도 소용이 없어지는데, 이것이 맹자가 말한 "그들의 안중에는 부모도 없다"는 것이다. 이처럼 인류사회에서 일체의 윤리도덕이 사라지고 일체의 정치생활이 소멸되면 인간과 금수를 구별짓는 본질적 특성이 존재하지 않게 되고, 따라서 "부모도 없고, 임금도 없으니, 그것은 인간이 아니라 금수"(6-9)가 되는 것이라고 하였던 것이다.

맹자의 생각에는, 묵자의 학설은 부모와 자식 간에 존재하는 '仁'을 부정하고, 양자의 학설은 임금과 신하 간에 존재하는 '義'를 부정하는 것이다. 이러한 "그릇된 학설들이 백성을 속이고, 仁義가 행하여질 길을 막아 버리는 것"을 그냥 보고만 있다는 것은, 마치 "짐승을 몰아다가 사람을 잡아먹게 하는" 것과 다름이 없다. 그리고, "사람들이 잘못된 사상을 마음속으로 신봉하게 되면" 그 하는 일도 옳바르게 될 수 없고, 따라서 "정치까지도 해를 받는" 결과를 초래한다. 그리하여 맹자는 "인심을 바로 잡고, 사설(邪說)을 사라지게 하고, 한쪽으로 치우친 행위들을 막고, 사람의 마음을 어지럽히는 허황된 말들을 추방하는"(6-9) 것을 자신의 사명으로 삼았던 것이다.

(2) 許行의 배척

허행은 맹자와 거의 동시대의 사람으로, 그의 사상과 사적에 관한 기록은 단지 『맹자』(5-4)에서만 발견된다. 『맹자』가 제공하고 있는 자료에 근거해서 볼 때, 허행은 '神農氏의 말'을 표방하고 있지만 그가 실제로 대표하였던 것은 소농민생산자들의 사상적 요구였다. 그의 학설은, 요약하면, '君民并耕'과 '市價不貳'였다.

허행의 학설은 『맹자』에서 신상(陳相)의 입을 통해 표명된 것이 우리가 알 수 있는 전부이므로, 이에 대한 이해는 본문으로 미루고, 허행의 학설을 반박하는 과정에서 표출된 맹자의 사상, 특히 사회경제사상만 요약한다.

① 맹자는 노동의 사회성과 사회적 분업의 필요성을 인식하였다.

　인간이 사회생활을 영위해 나가는 데 있어서는 다양한 직종에서의 생산품들이 필요하다. 그러나 그것들을 만들어 낼 수 있는 한 개인의 능력에는 한계가 있으므로, 한 개인이 모든 종류의 생산활동을 동시에 다 한다는 것은 불가능하다. 따라서 생활을 영위하기 위해서는 타인이 제공하는 생산품들에 의지해야만 한다. 만약 각 개인들을 사회적 교환으로부터 단절시킨다면, 살아가기 위해서는 모든 것들을 "일일이 손수 만들어 써야"하는데, 그것은 곧 "천하 모든 사람들을 이리저리 끌고 다니면서 고달프게 만드는 것이 된다"(5-4). 그러므로 반드시 "각자의 성과를 서로 융통시켜 주고, 각자의 생업에서 만들어진 것들을 서로 교환시켜 주어서, 남는 것으로 부족한 것을 보충해 주도록"(6-4)해야 한다. 즉, 사회적 분업을 실시해서 상품교환을 실시하고, 상호간의 유무를 서로 소통시켜 주어야 한다.

② 맹자는 사회적 분업의 범위를 '농업'과 '각종 공장의 일'(百工之事)로부터 사회 전체로 확대시켰다.

　맹자는 한 걸음 더 나아가, '勞心'(머리로 일하는 것 : 정신노동)과 '勞力'(몸으로 일하는 것 : 육체노동) 두 가지를 한 사람이 동시에 모두 잘 할 수는 없다고 하였다(5-4). 그는 '勞心'과 '勞力'의 구분을 사회적 분업의 시각에서 보고 있다. 그러나 맹자의 이러한 사상을 비판하는 자들은, '농업'과 '각종 공장의 일' 사이의 분업과는 달리, 이 분업은 사회적 생산력 발전의 자연적 결과가 아니라 사회발전 단계가 계급사회로 진입한 후에 나타난 것으로서, 소수인의 '勞心'은 다수인에 대한 착취와 그들의 勞役을 전제로 하는 것이고, 따라서 소농민생산자들의 평등지향적 도덕관으로 본다면 이 분업은 정의롭지 못한 것이라고 비판하였다.

　그러나, 만약 우리가 이 문제를 사회발전의 시각에서 본다면,

勞心과 勞力간의 분업은 필연적인 것일 뿐만 아니라 필요한 것이다. 역사적, 객관적으로 보더라도, 이 양자 사이의 분업은 사회문화의 발전이란 측면과 정신문명의 진보라는 측면에 대하여 유리하게 작용해 왔다. 이것은 누구나 인정하고 있는 것이다. 맹자가 이 점을 가장 먼저, 그리고 가장 분명히 주장했다는 것은 그가 인류의 인식능력의 제고에 크게 공헌하였다는 것을 의미한다.

③ 맹자는 勞心과 勞力을 일종의 사회적 분업으로 설정하고 나서, '通功易事'의 원칙을 그것에 적용시키고 있다.

농민들과 각종 공장(百工)들이 서로 각자의 노동생산물을 교환함으로써 "남는 것으로 부족한 것을 보충해 주는"(6-4) 것과 마찬가지로, '勞心者'는 자신들의 '治人'이란 서비스의 대가로 '勞力者'들로부터 '食'이란 반대급부를 받고, '勞力者'들은 자신들의 '食人'이란 노동의 대가로 '勞心者'들의 자기들에 대한 '治'라는 서비스, 즉 보호와 교육을 받게 된다는 것이다. 이리하여 '通功易事'의 원칙은 '농업'과 '각종 공장들의 일'이란 협소한 범위로부터 '勞心'과 '勞力'까지 그 내부에 포함하는 전체 사회로 그 적용 범위가 확대된다. 그리하여 이것은 '천하에 통하는 일반적 원칙'이 된다.

맹자의 이러한 사회적 분업 사상은 착취제도를 옹호하기 위한 이론적 근거를 제공하고 있다는 비판도 있지만, 그러한 비판은 상품경제를 발전시키는 합리적인 요소와, 맹자의 이 주장 속에 체현되어 있는 의미 내용을 인식하지 못한 데 기인한다. 즉, 맹자의 주장에는 백성들을 근본으로 인식하고 백성들에 대한 德教를 중시하는 유학의 특색이 담겨져 있다. 허행의 학설을 반박하면서, 맹자는, '勞力'과 '勞心'을 모두 상품교환의 범주 안으로 끌어들일 뿐만 아니라 요·순·우·후직 등 옛 성인들의 예를 가지고 그것의 含義를 구체적으로 설명하고 있다. 즉, 그들은 백성들을 걱정하고 보살피느라 '勞力'

하여 손수 농사지을 겨를이 없었다는 것이다. 그리고 '勞力者'들이 자기들의 '勞力'을 제공하는 대가로 받는 '治'라는 서비스도 보호와 부조와 교육과 같은 긍정적인 가치를 가진 것들로서, 거기에는 추호도 억압, 착취, 노역과 같은 부정적인 의미는 없었다. 그러므로 '백성의 부모가 될 수' 없는 걸왕이나 주왕과 같은 포악한 통치자는 '남을 다스리는 자'의 대열에 들 수 없고, 따라서 그들의 '治'라는 서비스는 결코 '勞力者'들의 '勞力'의 等價物이 될 수 없다. 그러므로 그런 자들에 대해서는 '통공역사'의 원칙에 따라서 '勞力'의 제공을 거부하더라도 무방하다고 했다. 그런 자들은 '治人'이 아니라 일개의 '獨夫', '民賊'일 따름이므로, 그런 자들이 백성들에게 제공하는 서비스는 결코 '治'에 속할 수 없다고 했다.

④ 맹자는 상품가격이 합리적으로 정해져야 한다고 했다.

상품가격에 대한 허행의 주장은 다음과 같다 : 즉, "시장에 나온 물건의 값은 한 가지로 통일되고, 따라서 사람들 사이에는 속이는 일이 없어진다. 설사 삼척동자를 시장에 심부름 보내더라도 그를 속이는 사람이 없다. 삼베든 비단이든 그 길이가 같으면 값도 같고, 마(麻)와 마사, 명주실과 솜 등도 그 무게가 같으면 가격도 같고, 오곡도 그 양이 같으면 값도 같고, 신발도 그 크기가 같으면 값도 같다"(5-4)는 것이다. 이는 지극히 소박한 가격이론이다. 이 이론은, 상인들은 교환과정에서 가격과 상품량 간에 존재하는 여러 모순을 이용하여 이익을 취하고 있다는 인식으로부터 확립된 것이다. 그래서 그들은, 상인들이 소생산자들을 희생시켜 가면서 폭리를 취하고 있는 폐단을 방지하기 위한 제도적 장치로서 '市價不貳', 즉 시장가격의 통일이라는 방안을 모색해 낸 것이다. 그러나 이 이론에는 치명적인 결함이 내재되어 있어서 실행될 수 없는 것이다. 왜냐하면, 이 이론은 사람들이 교환과정에서 상품의 '量'에만 관심을 기울이고 상품의 '質'에는 관심을 갖지 않는다고 전제하고 있기 때문이다. 그것은 묵자나 허행과 같은 생활태도를 가진 사람들에게만 통할 수 있는 극히 예외적인 현상이고, 일반 사람들에게는 통할 수 없는 전제이다. 사람들은 누구나 교환과정에서 '量'도 고려하지만 '質'도 따진다. 맹자는 이 점을 가지고 허행의 주장을 반박하고 있다. "물건마다 그 품질에 차이가 있다는 것은 극히 자연스런 일이다.〔그래서 같은 물건이라도 그 품질에 따라서는〕값이 한 배나 다섯 배, 또한 십 배나 백 배, 또는 천 배나 만 배로 차이가 날 수 있다." 그런데도 "종류만 같으면 모두 똑같은 것으로 간주"하는 것은 "천하를 혼란에 빠뜨리는" 주장이다. "거칠게 만든 신발과 정성들여 만든 신발에 같은 값을 매긴다면 누가 정성들여 신발을 만들겠는가?" 상품에 있어서 종류와 質 및 量의 차이는 객관적으로 존재하는 것이고, 그것에 따라서 값의 차이는 크게 벌어진다. 그럼에도 불구하고 質은 무시하고 量과 價格만 일치시키려 하는 것은 상품교환에 일대 혼란만 초래할 것이라고 맹자는 생각했다. 질 좋은 상품과 질 나쁜 상품에 같은 값을 매긴다면, 그것은 사람들로 하여금 질 나쁜 것으로써 일정한 量을 채우도록 조장하고, 서로 속이게 만들고, 따라서 상품교환체제 자체를 붕괴시킬 것이라고 하면서 허행의 주장을 비판하였다. 어느 쪽의 현실인식이 보다 정확하고 따라서 상품교환의 실제와 부합되는지는 어렵지 않게 판명될 수 있다.

　　허행의 학설에 대한 비판의 과정에서 제시된 맹자의 경제사상, 특히 '商品의 質重視' 사상은 현대의 경제현상, 특히 상품의 국제교환 과정에서 가격이 결정되는 메카니즘을 실명하는 데 있어서도 여전히 타당한 이론일 뿐 아니라, 한국 경제의 현실에 대해서도 시사하는 바가 많은 탁월한 견해이다. 오늘날 상품교환 과정에서 가격이 결정되는 현실을 보면, '상품의 量'이나 '投入勞動量'에 의해서가 아니라, 상품의 品質 및 그것의 생산에 소요되는 技術의 수준, 그리고 사람들의 욕구를 충족시켜 줄 수 있는 창의적 아이디어에 따라서 가격이 결정되는 측면이 강한데, 맹자는 이미 2천3백여년 전에 이러한 가격결정 메커니즘의 본질을 충분히 인식하고 있었던 것이다.

경제문제의 본질을 정확히 파악하였던 맹자의 경제사상은 유학의 사상기반을 더욱 공고하게 하고, 유가의 경제이론이 다른 유파의 경제이론보다 더욱 현실타당성을 갖게 함으로써, 유학을 단지 제자백가들 중의 하나에 지나지 않던 지위로부터 顯學이 되게 하는 데 큰 역할을 하였다.

6. 儒學史上에서의 孟子의 지위

맹자는 유학의 발전사에 있어서 공자의 뒤를 이은 先秦 유가의 대표적 인물이다. 그의 사상은 공자에 의해 창립된 초기 유학의 계승과 발전에 대해서, 또한 후세의 유학, 특히 宋과 明代의 理學에 대해서, 심대한 영향을 미쳤다. 그의 '先聖을 잇고 後學을 연'(繼往聖, 開來學) 역사적 공헌은 후세의 유자들에 의해 높이 추숭되는 바가 되어, 공자 다음가는 '亞聖'으로서 존중되었다.

유학사상에 있어서 맹자의 지위와 공헌을 간단히 요약해 보면 다음과 같다.

① 공자의 사상을 계승, 발전시키고 유학의 체계를 확립함으로써 전국시기 유가의 정통사상을 대표하였다.

맹자는 스스로를 '仲尼之徒'라 하면서 공자를 극히 존중하였다. 그리고 자신의 일생의 소원은 공자의 사상과 학문을 계승하고 발전시키는 것이라고 공언하였다. 공자는 유가학설의 기초를 놓았지만, 語錄體로 된 『論語』와 기타 공자의 언행이 기재된 史料로 볼 때, 초창기의 유학은 그 내용에 있어서 비교적 산만하였고, 체계적이면서 엄밀한 논증은 결여되어 있었다. 맹자의 공헌은, 이러한 기초 위에서 그것을 완성시키고 발전시킴으로써 초기 유학이 비교적 엄밀한 사상체계를 형성할 수 있게 하였다. 즉, '王天下'를 최종목표로 삼고, 그 '王天下'를 달성하기 위한 기본 방안으로서 '行仁政'을 설정하고, 그 '仁政說'은 다시 그 이론적 기초로서 人性論과 倫理觀을 취하고, 그리고 또다시 人性과 倫理의 최종적 근거를 '天'에다 두었다. 이처럼 '天'을 출발점으로 하고 '王天下'를 귀결점으로 하는 이론체계는, 공자의 사상에 비해서 더욱 이론화되고 체계화된 것이면서도 동시에 공자의 기본정신을 잃어 버리지 않음으로써, 후세 유자들의 추숭을 받고, '道의 正統'으로서의 지위를 인정받았다.

② 공자의 사상을 闡揚하고 이단학설을 배척함으로써 유학을 전국시기의 顯學으로 되게 하였다.

전국시기에는 諸子들이 벌떼처럼 일어나서 百家가 爭鳴하고 서로를 공격하고 다투면서 자신들의 세력을 확장하려 했다. 儒家는 단지 제자백가들 중의 하나에 불과하였으며, 다른 諸子들과 마찬가지로 온갖 방면으로부터 공격과 비판을 받고 있었다. 당시에 세력이 비교적 컸던 학파로는 楊朱와 墨翟의 학파, 그리고 許行으로 대표되는 農家가 있었는데, 이들 학설의 宗旨는 유가와는 상치되는 것으로서, 유가의 주요 論敵이 되었다. 맹자는 스스로 '仲尼之徒'라 자칭하면서, 양주·묵적의 학설이야말로 聖人의 道를 해치는 異端學說이라고 생각했다. 따라서 이단학설들을 제거하지 않으면 人心이 바르게 될 수 없고, 잘못된 학설을 물리치지 않으면 공자의 도가 서지 못할 것으로 생각했다. 그래서 맹자는 공자의 학설을 방위하는 것을 자신의 임무로 삼고서 분연히 일어나 그들과 논쟁을 벌이고, 양주·묵적을 비판하고, 허행을 물리치고, 邪說을 잠재우고, 人心을 바로잡으려고 그 뛰어난 웅변술로써 道家, 墨家, 兵家, 法家, 農家 등 諸子

의 학설들을 물리쳤다. 그리하여 유학을 위한 사상의 진지를 견고하게 구축할 수 있었다. "맹자가 변론하기를 좋아했기 때문에 유학의 道는 밝아질 수 있었다"(韓愈,『進學解』). 宋代의 유학자 魏了翁은, "帝王이 일어나지 않자 儒敎가 일어났다. 그러나 만약 맹자가 없었다면, 나는 大道와 異端의 학설들 중에서 과연 어느 것이 낫고 못한지 알 수가 없다"(『鶴山大全集』)고 하였으니, 이는 곧 聖王의 道를 방위하고 공자의 학문을 선양한 맹자의 공로를 칭송한 것이다.

③ '性과 天道'의 문제를 밝힘으로써 공자의 사상을 심화시키고 宋과 明代의 理學의 기초를 놓았다.

초기의 유학은 실제로는 정치윤리학설이었다. 그 중에서도 윤리를 더욱 중시하였고, 정치는 윤리의 연장이자 응용이라 생각했다. 윤리문제를 연구하는 의의는 인간관계의 조화에 있었고, 정치문제를 연구하는 목적은 治國安民에 있었다. 이 두 가지는 모두 '人'이 핵심이 되는 것으로서, 이들을 깊이 연구하자면 필연적으로 인간의 本質, 즉 人性의 문제를 다루지 않을 수 없다.

공자도 人性에 대해서 언급한 적은 있지만, 그는 한 마디로 뭉뚱그렸을 뿐("性相近也, 習相遠也.") 결코 깊이 연구하지는 않았기 때문에 이론적으로는 결함이 있었다. 그러나 맹자는 人性의 문제를 깊이 파고들어 연구함으로써 처음으로 性善說을 창안해 내었다. 그는, 仁義禮智 등 善性은 결코 외부로부터 스며들거나 강제되는 것이 아니라 태어날 때부터 가지고 있는 것이며, 그것의 최종적 근원은 하늘이 부여해 준 '善端'에 있다고 생각하고, 이로부터 天道의 문제에 대해서 언급하였다. 그리하여 공자로부터는 "들어볼 수 없었던" "性과 天道"(『論語』「公冶長」)의 문제는 맹자의 주요 연구 주제로 되었다. '性과 天道' 문제의 제기는 孔學에 이론적 근거를 제공하였을 뿐만 아니라 그것을 완성, 심화시켰고, 또한 유학을 哲學化하는 시발점이 되고, 宋과 明代의 理學의 序曲이 되었다.

④ 공자의 '德治思想'을 계승, '仁政'을 주장함으로써 유가의 政治學說을 발전시켰다.

공자는 정치에 있어서 윤리도덕의 가치를 강조하고, "德으로서 政治를 할 것"(爲政以德)을 주장하였다. 맹자는 이 사상을 계승하면서도 진일보하여 '仁政'을 주장하고, 통치자들을 향하여, "차마 남에게 모질게 할 수 없는 마음"으로써 "차마 남에서 모질게 할 수 없는 정치"를 할 것과, 형벌을 줄이고 세부담을 경감시킬 것, 백성들을 부림에 있어서 농사시기를 살펴서 할 것, 백성들의 고통에 관심을 기울일 것, 생산의 발전에 관심을 가질 것, 백성들에게 도덕교화를 실시할 것 등을 요구하였다. 이러한 주장들은, 비록 당시에는 채용되지 못했지만, 후세 유가의 정치사상의 주요 내용이 되고 이상적인 정치 모델이 됨으로써 유가의 정치학설을 크게 발전시켰다.

유학이 사회의식 형태에서 지배적 지위를 확립해감에 따라서 '仁政'은 거의 모든 통치자들에 의해 施政의 目標로 선포되었다. 그리고 사회의 병폐를 혁파하려는 뜻있는 開明 인사들은 맹자의 '仁政' 사상을 制度改革의 이론적 근거로 원용하였는데, 宋代에 제도개혁을 주도한 王安石 같은 사람은 "맹자의 학설로써 현재의 폐단들을 바라보아야 한다"고 주장하였다.

'仁政'의 실시를 보장하기 위해서, 맹자는 仁政을 행하지 않는 군주에 대한 '諫君'을 주장했다. "거듭 諫해도 듣지 않을 때는" 관직을 버리고 떠나가거나, 심지어는 나쁜 임금을 쫓아내고 새로운 임금을 세워야 한다고 주장하고(10-9), 그리고 몸소 군왕의 잘못을 면전에서 따져 보임으로써 자신의 이론을 실천하였다. 그리하여 맹자는 理論과 實踐 양면에서 '諫君'의 선구자가 되었다.

仁政을 베풀어야 할 대상은 '民衆'인 바, 따라서 인정학설은 '重

民思想'을 그 전제로 삼고 있다. 맹자는 공자보다도 民心의 향배를 더욱 중시하였으니, 民心을 얻는 것은 곧 통치자로서의 지위를 유지하고 천하를 통일하는 근본 조건이라 보았다. 이에 근거하여 그는 '民貴君輕'이란 사상을 제시함으로써 西周 이래의 '重民' 사상을 새로운 단계로 끌어올렸다.

漢 이후 유학이 봉건사상에서 특수한 지위를 점하게 됨에 따라서, 특히 宋 이후 맹자의 지위가 높아지고 유학이 신성불가침의 지위를 획득하게 됨에 따라서, 백성들의 고통에 관심을 가진 청렴강직한 인사들은 언제나 맹자의 이 '民貴君輕'을 사상적 무기로 삼아서 민중들을 해치는 폭군이나 탐관오리들의 포악한 행위를 비판하고, 전제적 통치에 제약을 가함으로써 사회 계급간의 모순을 완화시키는 데 어느 정도 기여하였다.

이 '民貴君輕' 說에 포함되어 있는 적극적인 사상적 요소는 후세의 진보적 사상가들이 현실을 비추어 생각하면서 吸取하는 바가 되었다. 明末 淸初의 黃宗羲와 같은 계몽사상가는 이로부터 계발되고 고무되어, 君主專制는 '天下의 大害'라고 배척하면서, 국가의 정권은 천하 만민의 것이 되어야지 군주 한 집안의 것이 되어서는 안 된다고 하는 反봉건사상을 주창하였다. 근대에 와서는 改良主義者들이 맹자의 이 사상으로부터 사상의 영양분을 섭취하였는데, 譚嗣同 같은 사람은 '民貴君輕'을 사상적 무기로 하여 군주전제를 옹호하는 '專君論'을 배격하고, "君統을 폐지하고, 民主를 주창하는" 개혁의 기치를 내세우게 되었다.

⑤ 공자의 도덕가치 사상을 계승, 이상적 인격의 배양을 강조함으로써, 사람들로 하여금 정신적 역량을 증진시키는 데 힘쓰도록 자극하였다.

유가가 중시한 것은 인생의 가치를 추구하는 것이었다. 공자가 일생동안 적극 주창하고 추구하였던 것도 도덕수양을 통한 이상적

인격의 완성 및 실현이었다. 맹자는 이 사상을 이어받아 도덕의 사
회적 작용과 도덕수양의 문제를 연구하는 데 힘쓰고, 이상적 인격의
배양을 주창함으로써, 후세에 대하여 심원한 영향을 미친 수많은 사
상적 명제들을 제시하였다((3-2), (6-2), (13-9)). 맹자의 이러한 도
덕수양 사상의 감화와 훈도를 받음으로써, 후세에 와서 많은 강직하
고, 아첨하지 않으며, 강권을 두려워하지 않는 청백리들과 사악한
세력에 용감히 맞서는 仁人志士들이 나오게 된 것이다.

이상으로 우리는 맹자의 사상 및 그것이 후세에 대하여, 특히
중국에 대하여, 미친 영향들을 몇 가지 측면에서 살펴보았다. 물론
이것으로 맹자 사상의 전모를 다 보았다고 할 수는 결코 없다. 큰 산
은 곳곳에 장관을 감추고 있으므로, 우리가 어느 곳에서부터 오르든
지 간에, 탄성을 금할 수 없는 광경을 우리에게 제공해 주는 것과 마
찬가지로, 맹자의 사상도 이밖의 여러 방향으로부터 그 접근을 시도
해 볼만한 충분한 가치가 있다. 여컨대 맹자의 認識論, 맹자의 方法
論, 맹자의 文學論 등 그 접근방향은 수없이 많이 있을 것이다. 유
가의 학문은 이처럼 훌륭한 사상적 요소들을 그 내부에 포함하고 있
었기 때문에 그후 2천년 가까운 동안 동양의 사상계를, 비록 중간에
단절기는 있었다 하더라도, 지배할 수 있었는 바, 우리나라도 그 예
외는 아니다.

이제 마지막으로, 맹자의 사상이 우리나라에 미쳤던 영향을 알
아 보자. 유학이 우리나라에 전래된 시기는 삼국시대 이전이시만,
조선 이전에는 토속신앙과 불교와의 혼재 속에서 그 영향이 두드러
지지 않았다. 그러므로, 유교를 國敎로서 숭상하던 조선조에 국한시
켜 살펴볼 때, 우리는 참으로 부끄러움과 탄식과 불가사의를 느끼게
된다. 舊韓末의 큰 유학자였던 朴殷植 선생께서는 일찍이 그의 『儒

敎求新論』에서, "만약 우리나라가 맹자의 학문사상을 좀더 깊이 연구하고 존숭하고 넓혀 갔더라면 나라가 망하는 지경에 이르지는 않았을 것"이라고 말한 적이 있다. 이 몇 마디의 말 속에 함축되어 있는 뜻은 이러하다. 즉, 조선조 오백년 동안 말로만 유학을 받들고, 말로만 孔孟을 들먹였지 그 실질에 있어서는 孟子를 무시하였기 때문에, 맹자의 사상과는 판이한 형편없는 정치를 하였고, 그 결과 나라가 망하는 지경까지 왔다는 것이다. 다시 말해서, 儒學을 國敎로 내세우고, 입만 열면 孔子와 孟子를 인용하는 나라에서 실제로 시행되고 있었던 제도와 관행들은 孔子·孟子의 思想의 本質과는 너무도 판이하였다. 그런데도 그런 것들이 고쳐지지 않고 존속되어 왔으니, 이처럼 엄청난 自家撞着이 어디 있겠으며, 그러고도 어찌 나라가 망하지 않을 수 있겠는가 하고 탄식하는 마음이 그 속에 들어 있다.

이하에서는 그런 자가당착의 몇 가지 예만을 들어 보자.

첫째, 맹자는 '民'의 범주 안에 학자(士), 농민(農), 상인(商), 각종 공장(工), 자기 나라를 찾아온 여행자(旅)까지 모두 포함시키고 나서, 이들은 모두 똑같이 仁政의 대상이 되어야 한다고 주장하였다. 즉, 백성들에게 신분의 차등을 두어 차별 대우해서는 안 된다고 하였다. 그러나 우리의 실제 歷史는 어떠했는가? '民'을 士, 農, 工, 商의 네 계층으로 나눈 다음 신분과 직업에 따른 차등을 두어 차별대우함으로써 국민의 에너지를 통합하여 그것을 국가발전의 원동력으로 쓰는 데 실패하였다.

둘째, 맹자는 농업의 중요성 못지 않게 商業과 工業의 중요성을 강조하였다(6-9). 그런데도 우리의 선조들은 농업만을 중시하고 商業과 工業을 천시하였을 뿐 아니라, 자생적으로 자라나던 상업과 공업의 싹마져 잘라 버렸다. 농업만을 중시하고 상업과 공업을 천시하는 사상은 원래 맹자가 그토록 배척하려고 애썼던 異端思想, 즉 백성들을 천시하고 德政을 부정하였던 法家들의 경제사상이었다. 이처럼 잘못된 경제사상을 제도화해 놓고 그것을 고집하는 나라가 가난을 벗어나기는 근본적으로 불가능한 일이다. 만약 가난을 벗어난다면 그것이 오히려 이상할 따름이다. 이 점에서 우리는 상업의 중요성을 인식하고 그것의 진흥책을 주장하였던 實學思想의 좌절을 안타까워하는 것이다.

셋째, 맹자는 舜 임금과 傅說, 百里奚 등 名相들의 예를 들어가면서(12-15), 훌륭한 인재를 등용하기 위해서는 사회적 신분의 제한을 과감히 철폐해야 한다고 『孟子』 여러 곳에서 거듭 강조하고 있다. 그런데도 우리 나라에서는 어떻게 했던가? 양반과 상놈이라는 신분의 벽을 높이 쌓아 놓고서, 양반이라는 성 밖에 있는 사람은, 그가 비록 자신들이 성현으로 숭상하던 공자나 맹자와 똑같은 훌륭한 사람이라 하더라도, 천대하고 무시하면서 그들의 뛰어난 능력을 펼 수 있는 기회조차 허용해 주지 않았다. 그렇게 하고서 어찌 나라에 인재가 있을 수 있겠는가? 우리에게 역사상 존경할만한 인물들이 별로 많지 않은 것은 이것과 결코 무관하지 않을 것이다.

넷째, 공자는 "有敎無類"(『論語』「衛靈公」)라고 하여, 교육에 있어서는 일체의 신분상의 차별을 두지 않는 것을 자신의 교육원칙으로 삼았으며, 맹자도, "사람은 아무리 배불리 먹고(食), 따뜻한 옷을 입고(衣), 편안하게 살 수 있게(住) 되더라도, 교육이 없으면 禽獸와 같게 된다"(5-4)고 하면서, 일반 백성들에 대한 교육을 누누히 강조하였다. 그런데도 공자의 말과 맹자의 말을 가장 열심히 외웠던 우리나라에서는, 양반이 아닌 일반 백성들(農·工·商)에게는 교육의 기회를 제도적으로 보장해 준 적이 없었으니, 이깃은 양반이 아닌 절대다수의 백성들은 계속 '금수'의 상태에 묶어 두고 억압하고 착취하겠다는 발상이 아니고 무엇인가?

다섯째, 공자와 맹자를 성현으로 숭상하고 孔孟의 말을 어려서부터 외웠던 사람들이, 孔子는 첩의 자식이었고(『史記』「孔子世

家」), 맹자 또한 庶子의 우수성을 강조하고 있음에도(13-18) 불구하고, 자신들이 낳은 庶子들에 대해서는 '庶孼'이라는 신분의 장벽을 쌓아 그 속에 가두어 둠으로써 그들의 우수한 능력을 발휘하지 못하게 하였을 뿐만 아니라, 그들의 가슴 속 깊이 원한을 심어 줌으로써 나라가 위태로워지는 지경까지 가게 하였으니, 이보다 더한 이중성과 자가당착이 어디에 있겠는가?

　이러한 자가당착의 예들은 이밖에도 너무나 많으므로 이곳에서 일일이 다 열거할 수는 없다. 이처럼 수많은 자가당착을 범하고 형편없는 정치를 하는 나라가 國亡의 상태로 가지 않는다면 그것이 오히려 이상할 것이다. 맹자는, "사람은 반드시 스스로 모욕당할 짓을 하고 난 후에야 남이 그를 모욕하고, 한 집안도 반드시 스스로 파멸당할 짓을 하고 나서야 남들이 그 집안을 파멸시키는 법이며, 나라도 스스로 정복당할 수밖에 없는 형편없는 정치를 하고 나서야 다른 나라에 의해 정복당하는 법이다"(7-8)고 했다.

　그렇다면, 우리의 선조들은 왜 그처럼 나라가 "정복당할 수밖에 없는 형편없는 정치를" 그처럼 오랫동안 해 왔던가? 물론 그 원인을 규명하는 것이 이 글의 주제가 될 수는 없고, 또한 그럴 능력도 역자에게는 없다. 그러나 만약 "맹자의 학문사상을 빌려서 바라본다면" 그 원인의 실마리라도 찾을 수 있지 않을까 생각하면서, 그것을 이 글의 결론으로 삼고자 한다.

　맹자의 사상에 근거하여 우리 선조들의 자가당착을 분석해 보면, 그들은 양반계급이라는 집단의 私利를 앞세우고 公義, 즉 正義를 뒤로 했으며, 治者 계급으로서의 양반이 누리던 旣得利權을 계속 독점하기 위해서 邪惡한 制度의 개혁을 거부하였으며, 民衆들의 반항을 사전에 효과적으로 억압하기 위한 방안으로 그들에 대한 일체의 교육의 기회를 박탈함으로써 그들을 계속 무지한 상태에 묶어 두었던 바, 이야말로 '不仁政'의 대표적인 실행방식들이다. 이로부터 우리는, 義를 중시하지 않고, 사악한 제도를 온존시킨 채 기득이권을 유지하려는 발상이 얼마나 무서운 결과를 가져오며, 또한 긴 역사적 안목에서 볼 때 그것이 또한 얼마나 성공하기 어려운 것인가도 알 수 있다. 기득이권은 무작정 움켜 쥐려고 해서 가능한 것이 아니다. 이로운 것과 즐거운 것은, 그것을 백성들과 함께 나누어 갖고자 할 때 참으로 유지되고 또한 증대되는 것임을, 맹자는 '與民同樂'의 效用을 예로 들어 우리에게 분명히 가르쳐 주고 있다.

〈參考文獻〉

以上의 글은 譯注者가 주로 아래의 資料들을 참고하여 編譯한 것이다.

1. 楊伯峻, 『孟子譯注』(中華書局).
2. 譚承耕, 『孟子硏究』(湖南敎育出版社)
3. 焦　循, 『孟子正義』(中華書局)
4. 趙吉惠 外編, 『中國儒學史』(中國古籍出版社)
5. 馮友蘭, 『中國哲學史』(三聯書店)
6. 張起鈞・吳怡, 『中國哲學史』(一志社)
7. 胡　適, 『中國古代哲學史』(臺灣商務印書館)
8. 崔　述, 『孟子事實錄』(目黑書店, 東京)
9. 金學主, 『新譯墨子』(明文堂)

역주자 약력

경북고등학교 졸업
서울대학교 상과대학 경제학과 졸업
비봉출판사 대표(現)
한국출판협동조합 이사장(前)

著書
「214字 部首字解說」(1995년)
「비봉한자학습법 1·2」(1998년)

譯書
「정치경제학 강의」(샤르르 지드著, 1990년)
「孟子」(1992년)
「漢字正解」(1994년)
「교양으로 읽는 論語」(2000년)
「교양으로 읽는 孟子」(2001년)
「성경과 대비해서 읽는 코란」(2001년)

東洋思想의 原形을 찾아서 ❷
孟子

초판 1쇄 발행 | 1992년 11월 25일
초판중쇄 발행 | 2005년 10월 10일

역주자 | 朴琪鳳
펴낸이 | 朴琪鳳
펴낸곳 | 比峰出版社
주 소 | 서울 마포구 합정동 419-13 합정하이빌 102호
전 화 | (02)3142-6551~5
패 스 | (02)3142-6556
E-mail | beebooks@hitel.net / bbongbooks@hanmail.net
등록번호 | 2-301 (1980년 5월 23일)
ISBN | 89-376-0118-4 03150

값 20,000원

趨而往視之苗則槁矣天下之不助苗長者寡矣以爲無益而舍之者不耘苗者也助之長者揠苗者也非徒無益而又害之長上聲揠烏八反舍上聲○必有事焉而勿正趙氏程子以七字爲句近世或并下文心字讀作正心義亦同此與大學之所謂正心者語意自不同也此言養氣者必以集義爲事而勿預期其效其或未充則但當勿忘其所有事而不可作爲以助其長乃集義養氣之節度也閔憂其苗之不長而揠之則反以害之無所益矣如告子不能集義而欲彊制其心則必不能免於正助之病其於所謂浩然者蓋不惟不善養而又反害之矣
何謂知言曰詖辭知其所蔽淫辭知其所陷邪辭知其所離遁辭知其所窮生於其心害於其政發於其政害於其事聖人復起必從吾言矣詖彼寄反復扶又反○此公孫丑復問而孟子答之詖偏陂也淫放蕩也邪邪僻也遁逃避也四者相因言之病也蔽遮隔也陷沈溺也離叛去也窮困屈也四者亦相因則心之失也人之有言皆出於心其心明乎正理而無蔽然後其言平正通達而無病苟爲不然則必有是四者之病矣卽其言之病而知其心之失又知其害於政事之決然而不可易者如此非心通於道而無疑其孰能之彼告子者不得於言勿求於心其棄絕仁義又在正助之外其爲害於心術尤甚旣失於此而又繼之以宰我子貢善爲說